CHWILOTA

Cyfrol 7

Golygydd

D. GWYN JONES

Cyhoeddwyd dan nawdd
Cynllun Gwerslyfrau ac Adnoddau Cyd-bwyllgor Addysg Cymru

CAERDYDD
GWASG PRIFYSGOL CYMRU
1989

Manylion Catalogio Cyhoeddi (CIP) y Llyfrgell Brydeinig

Chwilota.
Cyfrol 7.
1. Gwyddoniaduron a geiriaduron i blant, Cymraeg - Testunau
I. Jones, D. Gwyn (David Gwyn), *1918-*
039′. 9166

ISBN 0-7083-1055-9

Cydnabyddir cymorth ariannol Ysgrifennydd Gwladol Cymru tuag at gyhoeddi'r gwerslyfr hwn.

ARGRAFFWYD YNG NGHYMRU GAN QUALITEX, CAERDYDD

CHWILOTA

CYFROL 7

RHAGAIR

Dyma seithfed gyfrol CHWILOTA o'r wasg – yr olaf yn y gyfres. Gobeithio y caiff hon yr un croeso â'r chwe chyfrol gyntaf, ac y caiff plant Cymru foddhad a bendith wrth bori ynddi. Wrth gwrs, ni ddywedwyd y cyfan y gellid ei ddweud ar unrhyw bwnc – yn wir, ni fwriadwyd hynny. Mae teitl y gyfres yn cyfeirio, nid yn unig at y *chwilota* a wnaeth y cyfranwyr oll, ond hefyd at y ffaith fod yma gyfle i'r darllenydd *chwilota* ymhellach eto i ddod o hyd i ychwaneg o wybodaeth.

Mae patrwm y gyfrol hon yn wahanol i'w rhagflaenwyr, gan fod iddi bedair adran:

(a) Yn y rhan gyntaf, ar dudalennau 1-124, ceir erthyglau ar destunau yn ôl trefn yr wyddor, o TAFOD i YWEN, gan ddilyn patrwm y cyfrolau blaenorol.

(b) Wrth baratoi'r rhestr wreiddiol o bynciau, penderfynais osgoi llunio erthygl ar neb a oedd yn fyw ar y pryd, ond dyma gyfle yn y gyfrol hon i sôn am rai enwogion a fu farw yn y cyfamser, ynghyd ag ysgrifennu erthyglau ar bynciau yr awgrymwyd y dylem fod wedi'u cynnwys yng Nghyfrolau 1-6 a phynciau cyfoes a ddenodd sylw yn y cyfnod diweddar. Dyna gynnwys ATODIAD A ar dudalennau 125-211.

(c) Roedd hi'n amlwg y byddai angen diweddaru cynnwys rhai o'r erthyglau cynnar, a gwnaed hyn yn ATODIAD B ar dudalennau 212-28. Mae'r testun a geir yn Atodiad B i'w ddarllen ochr yn ochr â chynnwys yr erthyglau cynnar cyfatebol. Rhian Ithel fu'n gyfrifol am yr adran werthfawr hon, a mawr yw fy niolch iddi.

(ch) Er bod ym mhob cyfrol restr o'i chynnwys, teimlwyd mai buddiol fyddai cael Mynegai cyflawn ar gyfer y gyfres gyfan; mae hwn i'w weld ar ddiwedd y gyfrol, a hoffwn ddiolch i Siân Ithel a Rebecca Powell am eu gwaith trylwyr yn ei lunio.

Unwaith eto mae'n ddyletswydd ac yn bleser i mi ddiolch yn ddiffuant i eraill a'm cynorthwyodd i gynhyrchu'r gyfrol hon – y cyfranwyr a enwir isod; Anne Mainman am lunio'r brasluniau a'r diagramau; Ken ac Angela Price am y mapiau; Louise Hawkins am baratoi'r copi gwreiddiol ar brosesydd geiriau; a pherchnogion hawlfraint y lluniau sy'n cael eu henwi ar ddiwedd y gyfrol. Diolch hefyd i gyhoeddwyr y gyfres, Gwasg Prifysgol Cymru, a'r argraffwyr, Cwmni Qualitex, Caerdydd, am gyfrol raenus arall, ac yn arbennig i Susan Jenkins o Wasg y Brifysgol am lywio'r gwaith drwy'r broses argraffu.

Cyhoeddir CHWILOTA dan nawdd Cynllun Gwerslyfrau ac Adnoddau Cyd-bwyllgor Addysg Cymru, a mawr yw fy nyled i staff Adran Gymraeg y Cyd-bwyllgor am eu diddordeb yn y gwaith o'r cychwyn cyntaf – yn enwedig i Bennaeth presennol yr Adran, Iolo M. Ll. Walters, ac i Alun Treharne am ei gymorth, ei gymwynasgarwch a'i gyngor parod.

Mae'n siwr gen i fod yr holl gyfeillion hyn yn ymfalchïo o fod â rhan yn y gwaith o gynhyrchu enseiclopidia i blant Cymru yn eu hiaith eu hunain.

Yn olaf, mae'n rhaid i mi gydnabod na fyddai'r un o gyfrolau'r gyfres wedi gweld golau dydd oni bai am ddiddordeb, cefnogaeth a hir amynedd fy mhriod, Gwenllïan; diolch o galon iddi hithau hefyd.

D. GWYN JONES
Caerdydd

Mai 1989

Y CYFRANWYR

G.A.	Gwen Aaron, Bangor
G.Aw.	Gwenllïan Awbery, Caerdydd
D.B.	Derec Brown, Caerdydd
B.L.D.	B. L. Davies, Bangor
E.D.	Eirian Davies, Caerdydd
J.E.D.	J. Eirug Davies, Bangor
J.S.D.	John S. Davies, Abertawe
J.T.D.	J. Thomas Davies, Caerdydd
S.D.	Seiriol Davies, Caerdydd
M.D.	Marian Delyth, Blaen-plwyf
E.E.	Emyr Edwards, Radur
H.E.	Huw Edwards, Llundain
J.E.	John Evans, Radur
C.G.	Cecil Goodwin, Aberystwyth
S.G.	Siân Gruffydd, Caerdydd
D.H.	Dafydd Hughes, Caerffili
R.E.H.	R. Elwyn Hughes, Pentyrch
V.H.	Vaughan Hughes, Llangefni
Rh.I.	Rhian Ithel, Caerdydd
S.I.	Siân Ithel, Caerdydd
A.L.J.	Ann Lloyd Jones, Caerdydd
B.L.J.	Bedwyr Lewis Jones, Bangor
D.G.J.	D. Gwyn Jones, Caerdydd
E.B.J.	E. Breeze Jones, Talsarnau
H.P.J.	Harri Pritchard Jones, Caerdydd
J.G.J.	J. Gwynfor Jones, Caerdydd
J.R.J.	J. Rees Jones, Porthmadog
W.J.J.	W. J. Jones, Caerdydd
W.L.	William Linnard, Radur
H.M.	Hefin Mathias, Caerdydd
P.M.	Prys Morgan, Abertawe
L.R.	Lily Richards, Caerffili
E.R.	Eluned Rowlands, Aberystwyth
E.S.	Eric Sunderland, Bangor
A.T.	Alun Treharne, Caerdydd
G.T.	Gwyn Thomas, Bangor
H.T.	Huw Thomas, Caerdydd
M.E.T.	Mair Elvet Thomas, Caerdydd
R.T.	Roy Thomas, Gwenfô
Rh.T.	Rheinallt Thomas, Llanfair Pwllgwyngyll
D.T.	Delwyn Tibbott, Pentyrch
C.V.	Carwen Vaughan, Aberystwyth
E.W.	Eurwyn Wiliam, Caerdydd
M.W.	Mary Wiliam, Caerdydd
A.W.	Alice Williams, Caerdydd
A.E.W.	Anne Elizabeth Williams, Caerdydd
B.W.	Berian Williams, Hirwaun
H.W.	Harford Williams, Caerdydd

CYNNWYS

	tudalen
TAFOD	1
Afon TAFWYS	1
TALIESIN	3
TÂN	3
TÂN GWYLLT	4
TANWYDD	5
TANYMARIAN	7
TAPESTRI	8
TAPIOCA	10
TAR	10
TARANAU	11
TATWS	11
Pyotr Ilich TCHAIKOVSKY	12
TE	13
TEGANAU	14
TEIGR	16
TELEDU	16
TELEFFON	19
TELEGRAFF	20
TELESGOP	20
Thomas TELFORD	21
TELYN	22
TEML	22
TENIS LAWNT	23
Mansel THOMAS	25
D. Vaughan THOMAS	25
TÎC	26
TITW	26
TOKYO	27
TOMATO	28
TONNAU	28
TRAFNIDIAETH	29
TRAFFYRDD	30
TRALLWYSO GWAED	31
TRAWSBLANNU	33
TRETHI	35
Richard TREVITHICK	37
Y TROFANNAU	38
TROWYNT	39
TRWBADŴR	39
TRYCHFILOD	41
TRYDAN	41
Y TRYDYDD BYD	43
Y TUDURIAID	45
TUTANKHAMUN	47
TWM O'R NANT	48
TWNELAU	48
TWRCI	50
TYBACO A SMYGU	51
TYDDEWI	52

	tudalen
TYLWYTH TEG	52
TYLLUANOD	53
TYMHEREDD	54
TYMHORAU	55
William TYNDALE	56
TYNDYRN	57
TŶ'R ARGLWYDDI	58
TŶ'R CYFFREDIN	58
TŶ UNNOS	58
TYRBIN	59
TYWOD	60
TYWODFAEN	61
TYWYDD	61
TYWYSOG CYMRU	63
THEATR	65
THERMOMEDR	66
THROMBOSIS	67
THUS	67
UCHELWYDD	69
UNDEB Y GWERINIAETHAU SOSIALAIDD SOFIETAIDD	69
UNDEBAU LLAFUR	72
UNOL DALEITHIAU AMERICA	74
URANIWM	76
YR URDD (URDD GOBAITH CYMRU)	77
Ralph VAUGHAN WILLIAMS	82
Leonardo da VINCI	83
Wilhelm Richard WAGNER	85
Y *WELSH NOT*	86
John WESLEY a Charles WESLEY	87
Abaty WESTMINSTER	88
William WILBERFORCE	90
WILLIAM GONCWERWR	90
D. J. WILLIAMS	91
Grace WILLIAMS	92
Griffith John WILLIAMS	93
Ifor WILLIAMS	94
John Lloyd WILLIAMS	94
Waldo WILLIAMS	95
William WILLIAMS, Pantycelyn	96
Syr Christopher WREN	97
WRIN	99
WYAU	99
John WYCLIFFE	100
YR WYDDFA	101
YR WYDDOR	101
Ellis WYNNE	102

	tudalen
YDFRAN	104
YMBARÉL	104
YMBELYDREDD	105
YR YMENNYDD	107
YMFUDO	108
YMLUSGIAID	108
YNAD (USTUS) HEDDWCH	109
YNNI	110
YNNI NIWCLEAR	112
YNYS	113
YSBIENDDRYCH	114
YSBYTAI	114
YSGOLION	115
YSGRIFENNU	118
YSGYFAINT	119
YSGYFARNOG	120
YSTLUM	121
YSTRAD-FFLUR	122
YR YSTWYLL	123
YWEN	124

ATODIAD A

	tudalen
ABER-FAN	125
YR ACADEMI GYMREIG	126
AESOP	126
Ynys AFALLON	127
AIDS	127
ANADLENYDD	129
ANOREXIA NERVOSA	129
ANTHROPOLEG	130
ARCHIFDY	131
ARLUNIO	132
ARLUNWYR	135
ATAL CENHEDLU	143
ATGENHEDLU	145
Y *BEATLES*	147
BERDYS	148
Aneurin BEVAN	149
Y BRIFYSGOL AGORED	151
BYDDIN YR IACHAWDWRIAETH	151
CADW	152
CADWRAETH	153
CANU POP	159
CEFFYLAU	161
CERFLUNIO	163
CLAWDD OFFA A'R GORORAU	164
COELION	166
CUDDLIW	168
CULHWCH AC OLWEN	169
CURIAD CALON CYMRU	170
CYMDEITHAS YR IAITH GYMRAEG	170
CYMRAEG	172
DAWNSIO GWERIN	173
DEWINO DŴR	176
DIARHEBION	178
Y DWYRAIN CANOL	178
ECOLEG	179
ERYDU	179
Sigmund FREUD	180
FFORESTYDD GLAW	181
FFOTOGRAFFIAETH	182
GLAW ASID	184
GWLADWRIAETH LES	184
Augusta HALL	186
HENDRE A HAFOD	187
Arwel HUGHES	187
Stephen HUGHES	188
T. Rowland HUGHES	189
IECHYD	190
John Gwilym JONES	192
Y Teulu KENNEDY	194
Martin Luther KING	195
LLANW A THRAI	196
LLYCHLYN	196
LLYFRAU GLEISION	199
MARATHON	200
MYRDDIN	201
PLEIDIAU GWLEIDYDDOL	202
STAR WARS	206
Y STORI FER	206
WALIAU	207

ATODIAD B

	tudalen
ABERDAUGLEDDAU	212
ABERGWAUN	212
ABERTAWE	212
ABERYSTWYTH	212
ACROPOLIS	212
ADAR	212
AFFRICA	212
YR AIFFT	213
ALARCH	213
YR ALBAN	214
YR ALMAEN	214
AMAETHYDDIAETH	214
AMGUEDDFA GENEDLAETHOL CYMRU	214
AMGUEDDFA WERIN CYMRU	214
ANESTHETIG	214
ARCHESGOB	216
ARGRAFFU	216
ARIAN	217
ARIANNIN	218
ASBESTOS	218
ATHEN	218
AUR	218
AWSTRALIA	218
AWYREN	218
Y BALA	218
BANC	218
BANGOR	219
DR. BARNARDO	219
BBC	219
Y BEIBL	219
BERLIN	219
BETHLEHEM	219
BLAENAU FFESTINIOG	219
BRECHU	219
CAER	220
CAERDYDD	220
CAEREDIN	221
CAERFADDON	221
CAERGAINT	221
CAERGRAWNT	221
CAERLLION	221
CAERNARFON	221
CAMERA	221
CANADA	221
CANU PENILLION	222
CASNEWYDD	222
CAWS	222
Y CENHEDLOEDD UNEDIG	222
CHINA	222
COMED	223
COMIWNYDDIAETH	223
CRICED	223
CYD-BWYLLGOR ADDYSG CYMRU	224
CYFRIFIADUR	224
CYFFURIAU	225
Y GYMANWLAD	225
Y CHWARAEON OLYMPAIDD	225
DAEARGRYN	226
EGLWYS LOEGR	226
EGLWYS RUFAIN	226
YR EIDAL	226
ETHOLIAD	226
EVEREST	226
FENIS	227
FFRAINC	227
GENEFA	227
GLO	227
GLUD	227
GOFOD	227
GOLEUDY	227
HOCI IÂ	227
JAPAN	227
LLONGAU	228
SRI LANKA (CEYLON gynt)	228
MAPIAU	
Llychlyn	229
Afon Tafwys	230
Undeb y Gweriniaethau Sosialaidd Sofietaidd	231
Unol Daleithiau America	232
MYNEGAI	233

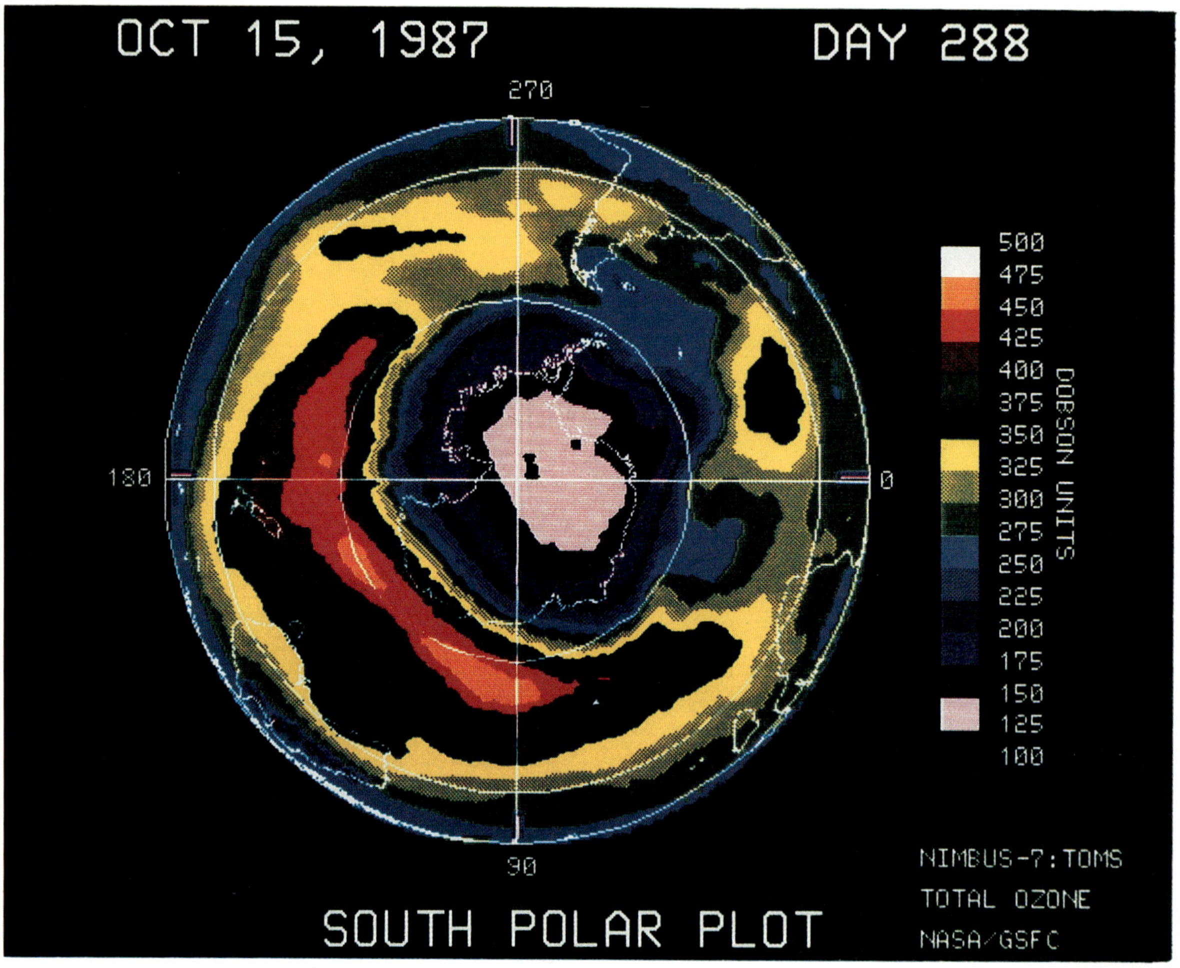

Map lloeren yn dangos man gwan neu ''dwll'' yn yr haen osôn uwchben Antarctica ar 15 Hydref 1987. Mae gwyddonwyr yn credu mai cemigion cloroffflwrocarbon (CFCs), *sy'n cael eu defnyddio mewn chwistrelli* (aerosols) *ac oergelloedd, sy'n gyfrifol am lygru a gwanhau'r haen osôn amddiffynnol sy'n amgylchynu'r byd. Bydd yr haen hon yn gwarchod bywyd ar y ddaear rhag effeithiau pelydrau uwchfioled yr haul a all achosi cancr y croen a rhwystro planhigion rhag tyfu'n iawn. Daeth gwyddonwyr o hyd i'r twll uwchben Antarctica gyntaf yn 1980, a thyfodd bob blwyddyn ers hynny. Bydd y twll ar ei fwyaf ym mis Hydref, sef tymor y gwanwyn yn y rhan honno o'r byd. Mae amlinell Antarctica i'w gweld mewn gwyn yng nghanol y map a'r ardal binc y tu mewn iddi yw canol y twll neu'r gwendid yn yr haen osôn. (Gweler yr erthygl ar CADWRAETH ar dudalen 153 yn y gyfrol hon.)*

T

TAFOD

Mae tafod dyn – yr organ llawn cyhyrau sydd yn ei geg – yn ei alluogi i brofi blas ac yn ei gynorthwyo i gnoi ei fwyd a'i lyncu; bydd hefyd yn chwarae rhan bwysig pan fydd dyn am ffurfio gwahanol seiniau wrth siarad.

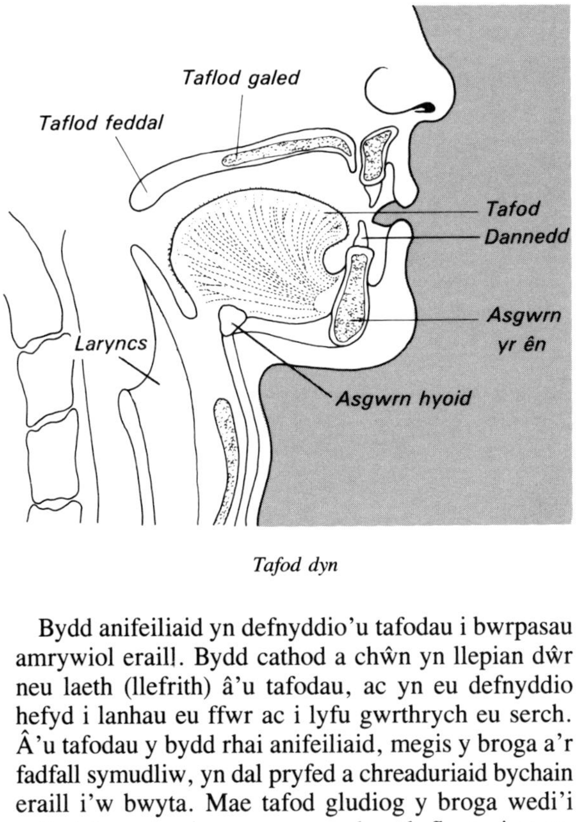

Tafod dyn

Bydd anifeiliaid yn defnyddio'u tafodau i bwrpasau amrywiol eraill. Bydd cathod a chŵn yn llepian dŵr neu laeth (llefrith) â'u tafodau, ac yn eu defnyddio hefyd i lanhau eu ffwr ac i lyfu gwrthrych eu serch. Â'u tafodau y bydd rhai anifeiliaid, megis y broga a'r fadfall symudliw, yn dal pryfed a chreaduriaid bychain eraill i'w bwyta. Mae tafod gludiog y broga wedi'i rolio i fyny yn ei geg, yn sownd wrth flaen ei enau, a phan wêl bryfyn, gopyn, abwydyn neu sildyn bydd y tafod yn saethu allan yn hynod o gyflym ac yn ei ddal. Mae tafod y fadfall symudliw yn sownd yn ei wddf, a gall yntau hefyd ei saethu allan a chwyddo'r pen blaen gludiog i ddal ei ysglyfaeth.

Bydd neidr yn edrych yn fygythiol iawn wrth i'w thafod hir, main, fforchog saethu allan o'i cheg. Ond does dim perygl yn nhafod neidr – ei brif bwrpas yw cynorthwyo'r neidr i adnabod beth bynnag y bydd hi'n cyffwrdd ag ef a gwybod pa fath o dir y mae'n symud drosto. Mae'n ei chynorthwyo i aroglu'r hyn sydd o'i chwmpas hefyd; bydd hi'n codi mân ronynnau o arogl â'i thafod ac yn eu gosod mewn dau bant yn ei cheg sy'n ei galluogi i synhwyro'r arogl.

Bydd gan rai adar (megis aderyn y si), gwyfynnod a phili-palod dafodau hir iawn ar gyfer sugno neithdar o flodau lle na all gwenyn mo'i gyrraedd. Ar y ddaear y bydd un math o gnocell y coed, y ffliciwr, yn treulio'i hamser, gan fwyaf, yn fflicio'i thafod gludiog i mewn ac allan gan lepian morgrug. Mae'n ymddangos bod rhai morgrug yn credu mai abwydyn yw tafod hirfain y ffliciwr; byddan nhw'n rhuthro tuag ato – i'w tranc! Mae tafodau mathau eraill o gnocell yn hir iawn, rhai ohonyn nhw bedair gwaith hyd pig yr aderyn, ac eraill â bachau arnyn nhw; bydd y gnocell yn gwthio'i thafod i dwll mewn pren ac yn "bachu" morgrug a chreaduriaid eraill sy'n llechu yno – a gall wneud hyn hyd yn oed pan fydd y twll yn troi ac yn gwyro i bob cyfeiriad.

Gall tafod siráff fesur bron hanner metr o hyd, a bydd yr anifail yn ei ddefnyddio i gyrraedd dail a brigau blasus, gan ei lapio amdanyn nhw a'u tynnu i'w geg i'w bwyta.

Mae gan ddyn bedwar math o flasbwyntiau ar ei dafod sy'n ei alluogi i adnabod y gwahaniaeth rhwng rhywbeth melys, sur, hallt a chwerw. Gall ddefnyddio'i dafod i symud bwyd o gwmpas yn ei geg wrth iddo'i gnoi, ac i sicrhau bod y bwyd yn mynd i'r cyfeiriad priodol pan fydd am ei lyncu.

Wrth siarad bydd dyn yn creu gwahanol seiniau trwy amrywio'r modd y bydd yn lleoli ac yn defnyddio gwahanol rannau o'i geg – ei ddannedd, ei wefusau, ei wddf a'i dafod. Gallwn sylwi ar yr amrywiaeth yn safle'r tafod wrth i ni yngan y seiniau "l", "ll", "rh", "s", "n", "t", er enghraifft.

D.G.J.

Afon TAFWYS

O'i tharddle ym Mryniau Cotswold yn Swydd Gaerloyw mae Afon Tafwys, prif afon Lloegr ac afon hiraf Ynysoedd Prydain, yn llifo'n hamddenol braf tua'r dwyrain ar draws gwastadeddau cleiog bro Rhydychen, heibio i bentrefi dymunol a ffermydd llewyrchus. Yn ninas Rhydychen mae Afon Cherwell yn ymuno â hi, a'r enw poblogaidd arni yn yr ardal hon yw Isis. (Efallai mai o'r enw *Tamesis,* sydd i'w gael mewn hen ddogfennau Lladin gan awduron Rhufeinig, y daeth yr enw hwn.)

Oddi yno mae'r afon yn llifo i'r de, gan dyfu'n fwy llydan o hyd, ar draws llechweddau sialc Bryniau Chiltern, drwy fwlch Goring, cyn troi tua'r gogledd yn Reading ac yna i'r dwyrain heibio i Windsor a'i chastell brenhinol i gyfeiriad Llundain. Hyd at y fan hon mae'r afon yn lân ac yn groyw, yn denu ymwelwyr sy'n caru mordwyo'n hamddenol ar gychod pleser, neu rwyfo; bydd rhai'n dewis ymgartrefu dros dro neu'n barhaol ar gychod sydd wedi'u hangori wrth y glannau.

Mae dwsinau o lifddorau wedi'u hadeiladu i reoli llif yr afon a'i chadw rhag gorlifo'i glannau. Mae Henley'n ganolfan rwyfo boblogaidd iawn lle caiff rasys rhwyfo eu trefnu bob haf. Gall cychod hwylio i fyny Afon Tafwys hyd at ryw ddeg kilometr ar hugain o'i tharddle.

O Henley ymlaen mae'r wlad o gwmpas yr afon yn fwy poblog, â mwy a mwy o drefi a diwydiannau yn gollwng eu sbwriel a'u budreddi i ddŵr yr afon. Yn Llundain mae'r afon yn llifo heibio i ganolfan Senedd Prydain – fel y gwelwn yn y llun ar dudalen 152 yng Nghyfrol 4 – a Thŵr Llundain cyn cyrraedd ardal y dociau. Mae Llundain yn borthladd prysur, a bydd llongau o bob cwr o'r byd yn hwylio ar hyd yr afon o'i haber rhwng Swyddi Essex i'r gogledd a Chaint i'r de hyd at Bwll Llundain. Cafodd nifer o bontydd eu codi dros yr afon yn y ddinas ei hun – pontydd Battersea, Albert, Chelsea, Vauxhall, Lambeth, Westminster, Waterloo, Blackfriars, Southwark a Llundain, ynghyd â Phont y Tŵr.

Rhwng canol Llundain a Môr y Gogledd mae'r afon yn dal i ymledu: yng nghyffiniau Pont Llundain mae tua 230 metr o led, yn Gravesend mae bron teirgwaith cymaint â hynny, ac mae'n dal i ymledu nes cyrraedd y môr. Gall trafnidiaeth ddefnyddio twnelau Rotherhithe, Blackwall a Dartford i groesi o'r naill ochr i'r afon i'r llall, ac mae'r rheilffordd danddaear, y "tiwb", yn rhedeg dan yr afon mewn sawl man.

Ers canrifoedd mae Afon Tafwys wedi tueddu i orlifo'i glannau, gan beryglu'r brifddinas ei hun ar adeg llanw uchel. Un rheswm am hyn yw bod Llundain yn araf suddo a de-ddwyrain Lloegr yn graddol oleddfu tuag i lawr fesul un rhan o dair o fetr bob can mlynedd. I ateb y broblem hon penderfynodd Cyngor Llundain Fwyaf godi argae, hanner kilometr o hyd, ar draws yr afon gerllaw Woolwich ar gost o bum can miliwn o bunnoedd. Dechreuodd y gwaith yn 1972 ac roedd yr argae – y *Thames Barrier* – ar waith erbyn mis Tachwedd 1982. Ar yr un pryd codwyd glannau'r afon o safle'r argae i gyfeiriad y môr; roedd cost cwblhau'r gwaith hwn yn fwy o lawer na chost yr argae ei hun. Wrth gynllunio'r argae, roedd yn rhaid gofalu bod trafnidiaeth yn rhydd i fynd a dod drwyddo pan na fyddai gorlif yn yr afon, ac mae'r llun yn dangos y peirianwaith sy'n codi'r llifddorau anferth a fydd yn cael eu codi i gadw'r dŵr yn ôl: ar adegau eraill bydd y rhain yn gorwedd mewn gwelyau o goncrit sydd wedi eu gosod yn ddwfn yng ngwely'r afon, fel bod llongau'n gallu hwylio'n ddiogel drostyn nhw.

Dyma'r "argae symudol" mwyaf yn y byd. Bu dros ddwy fil a hanner o weithwyr wrthi'n cynllunio'r project, yn cloddio'r sylfeini i ddal y pileri enfawr ac yn gosod yn y pileri hynny y peirianwaith hydrolig nerthol sy'n gweithio'r llifddorau. Bu Cyngor Llundain Fwyaf yn ddoeth yn plannu gerddi ac yn gosod rhodfeydd ar lan yr afon gerllaw i ddenu ymwelwyr i weld y rhyfeddod hwn sy'n diogelu'r brifddinas rhag cael ei boddi gan orlif yr Afon Tafwys. (Gweler hefyd – AFON, LLOEGR, LLUNDAIN, PONTYDD.)

Ceir map o Afon Tafwys yng nghefn y gyfrol hon.

B.L.D./D.G.J.

Peirianwaith yr argae sy'n rheoli llif Afon Tafwys.

TALIESIN

Mae erthygl ar dudalen 41 yng Nghyfrol 1 yn sôn am y bardd Aneirin a oedd yn byw yn y chweched ganrif yn yr ardal sydd heddiw'n rhan o ddeheudir yr Alban. Mewn llawysgrif o'r enw *Historia Brittonum* (hynny yw, "Hanes y Brytaniaid"), y mae haneswyr yn credu iddi gael ei hysgrifennu gan ŵr o'r enw Nennius a drigai ar ddechrau'r nawfed ganrif, mae cyfeiriad at yr Aneirin hwn fel un o bum bardd "a fu'n enwog gyda'i gilydd ar yr un pryd ym marddoniaeth Prydain". Un o'r pump oedd Taliesin.

Ymhlith y llawysgrifau pwysig sydd yn Llyfrgell Genedlaethol Cymru mae Llyfr Taliesin a ysgrifennwyd yn gynnar yn y bedwaredd ganrif ar ddeg. Mae'r llawysgrif hon yn cynnwys casgliad o farddoniaeth, ac ymhlith y cerddi sy'n dwyn enw Taliesin ceir deuddeg y gallwn fod yn sicr mai'r bardd hwn o'r chweched neu'r seithfed ganrif, sy'n cael ei enwi yn yr *Historia*, yw eu hawdur.

Cerddi moliant i Urien Rheged a'i fab Owain yw wyth o'r cerddi hyn. Mae'n debyg mai yn ne-orllewin yr Alban yr oedd rhanbarth Rheged (lle mae siroedd Wigtown a Kirkcudbright heddiw), ac yma y teyrnasai Urien yn niwedd y chweched ganrif. Gwyddom ei fod ef ac eraill wedi ymladd yn erbyn y Saeson a geisiai feddiannu tiriogaethau'r Brythoniaid, ac iddo ef y canodd y bardd Taliesin yn canmol ei haelioni yn ei gartref a'i ddewrder ar faes y gad.

Câi bardd groeso yn llys Urien, a pharch a rhoddion o wisgoedd, a chwrw a medd i'w hyfed. Wyddai Taliesin am neb a oedd yn fwy teilwng o foliant – "Molaf innau dy weithredau", meddai. Mae Taliesin yn diolch iddo am ei wrhydri a'i lwyddiant fel arweinydd i'w bobl; meddai amdano:

"Ac ef yn arbennig yn oruchel wledig,
Yn ddinas pellennig, yn geimiad cynteig;
Lloegrwys a'i gwyddant pan ymadroddant;
Angau a gawsant a mynych goddiant,
Llosgi eu trefred a dwyn eu lludded."

("Ef yw'r pennaf, yr arweinydd dihafal, dinas noddfa'r dieithryn, y gorchfygwr blaenaf. Mae'r Saeson yn gwybod hyn wrth drafod; maen nhw wedi goddef angau a phoen mynych, eu tai wedi'u llosgi a'u gwisgoedd wedi'u dwyn.")

Does dim marwnad i Urien o waith Taliesin wedi goroesi, ond mae'n siwr bod y bardd wedi teimlo'r golled yn fawr pan fu farw ei noddwr. Fodd bynnag, mae gennym farwnad a ganodd Taliesin i Owain fab Urien. Roedd hwnnw hefyd yn ymladdwr llwyddiannus:

"Cysgid Lloegr llydan nifer
A lleufer yn eu llygaid."

(Hynny yw, "Mae lluoedd enfawr Lloegr yn cysgu â golau yn eu llygaid" – maen nhw wedi marw.)

Mae Llyfr Taliesin yn cynnwys hefyd y chwedl a dyfodd o gwmpas enw'r bardd. Yn ôl y stori werin chwedlonol hon ceisiodd y dduwies Ceridwen roi dawn barddoni i'w mab, Morfran, ond, trwy ddirgel ffyrdd, plentyn arall a gafodd y ddawn honno. Cafodd y plentyn hwn ei daflu i'r môr a'i achub gan Elffin fab Gwyddno Garanhir, a rhoddodd yntau'r enw Taliesin iddo. Ar ôl i'r plentyn dyfu aeth Elffin ag ef i Lys Maelgwn Gwynedd yn Negannwy, lle synnai beirdd y llys at ei gampau barddol.

Gwelwn yr un enw mewn chwedlau eraill hefyd: yn hanes Branwen roedd gŵr o'r enw Taliesin ymysg y saith gŵr a ffodd o Iwerddon gan gludo pen Bendigeidfran. (Gweler hefyd – ANEIRIN.)

D.G.J.

TÂN

Mae'n debyg bod gwareiddiad dyn i ryw raddau wedi ei seilio ar dân. Wedi iddo ddarganfod sut i ddefnyddio tân, gallai dyn gynhesu'i gorff a choginio'i fwyd; roedd ganddo olau i weld yn y tywyllwch, a gallai feddalu metelau er mwyn creu offer ffermio a chynhyrchu bwyd, a llunio arfau rhyfel. Dydy hi ddim yn syndod felly bod ein cyndadau yn addoli tân – arfer sy'n dal yn fyw heddiw mewn rhai rhannau o'r byd.

Antoine Lavoisier, cemegydd enwog o Ffrainc, a roddodd yr eglurhad cyntaf o beth yn union yw tân, a'i ddamcaniaeth ef oedd mai adwaith gemegol rhwng ocsigen a sylweddau eraill yn yr aer sy'n creu tân. Ond ar wahân i'r tanwydd a'r ocsigen mae angen gwres hefyd i'w gynnau. Dydy papur na phren ddim yn llosgi'n naturiol yn yr aer: mae'n rhaid cynhesu'r tanwydd â matsien yn gyntaf ac yna, pan fydd y tanwydd yn ddigon cynnes, bydd yn adweithio gyda'r ocsigen i greu tân. Mae gan bob tanwydd ei dymheredd tanio arbennig ei hun, sef ei "fflachbwynt"; dydy hi ddim yn bosibl cynnau tân glo â matsien yn unig am fod fflachbwynt y glo yn uchel ac felly mae'n rhaid dechrau tân glo â phapur a choed yn gyntaf a disgwyl nes bod y rhain, wrth losgi, yn codi tymheredd y glo yn ddigon uchel iddo ddechrau adweithio gyda'r ocsigen a thanio. Fydd y cyfan o'r darnau coed a glo ddim yn llosgi ar unwaith – haenen ar yr wyneb yn unig sydd yn ddigon cynnes i chwalu a chreu nwyon, sydd wedyn yn llosgi. Y nwyon hyn, wrth losgi, sy'n cynhyrchu fflamau, a'r fflamau yn rhoi gwres a golau.

Mae'n ddiddorol damcaniaethu sut y dysgodd y dyn cyntefig gynnau tân gyntaf. Y tebyg yw iddo ddefnyddio tân cyn dysgu sut i'w gynnau. Gall tân gychwyn wrth i fellten daro hen goeden, a hwyrach bod ogof-ddyn wedi cadw'r fath dân ynghynn drwy ychwanegu ato dros gyfnod hir. Byddai gwreichion o'r tân gwreiddiol yn cynnau tanau eraill. Byddai'n hynafiaid wedi sylwi bod gwreichion yn cael eu cynhyrchu hefyd wrth iddyn nhw rwbio dwy garreg galed yn erbyn ei gilydd, gan sylweddoli bod hynny'n fodd o gynnau tân.

Fyddai cadw tân dan reolaeth ddim yn broblem fawr i'r teuluoedd hynafol, ond ar ôl i bobl ddechrau byw mewn pentrefi a threfi, bu'n rhaid meddwl am ffyrdd o ymladd tanau a oedd allan o reolaeth. Mae'n debyg bod y Rhufeiniaid gynt yn trefnu brigadau tân yn eu dinasoedd gan ddefnyddio caethweision i ymladd tanau. Ni fu llawer o drefn ar ymladd tân yng ngwledydd Prydain nes i gwmnïoedd yswiriant yn Llundain fynd ati tua 1720 i ffurfio brigadau er mwyn lleihau'r gost o adfer adeiladau a oedd wedi'u dinistrio gan dân.

Nod tân Cwmni Yswiriant Phoenix. Ar un adeg roedd y brigadau tân yn eiddo i'r cwmnïau yswiriant a byddai arwydd tebyg i'r arwydd hwn ar fur adeilad yn dangos bod yr adeilad hwnnw wedi ei yswirio rhag tân. Fyddai brigadau tân y cwmnïau yswiriant ddim yn barod i ddiffodd tân mewn tŷ heb arwydd fel hwn arno.

Wrth ymledu trwy adeilad, stryd, fforest neu baith, bydd tân yn creu dinistr mawr gan fod gwres tân mewn un rhan yn cynhesu rhagor o danwydd yn y cyffiniau. Pan fydd gwynt hefyd yn cynnal y fflamau, gall tân ar baith eang – fel sydd yn America ac Awstralia – greu problemau anferth. Mae'r hen ddihareb yn hollol wir – gall tân fod yn was da ond yn feistr creulon.

Wrth i dân gynnau bydd tonnau gwres ynghyd â fflamau yn cynhyrchu golau. Gallwn brofi bod o leiaf ddau fath o ddisgleirdeb yn deillio o dân trwy osod haen o wydr rhyngom a'r tân; bydd disgleirdeb y fflamau, sef y tonnau golau, yn dal i dreiddio drwy'r gwydr ond bydd y rhan fwyaf o donnau'r gwres yn cael eu troi'n ôl.

Sylweddolodd dyn yn gynnar iawn y gallai ddefnyddio gwres tân i roi gwell blas ar gigoedd a llysiau ac, yn ddiweddarach, i doddi mwynau i gynhyrchu metel – a hyd heddiw mae gwres yn hanfodol yn ein diwydiannau metelegol. Mae'n rhaid codi'r tymheredd wrth gynhyrchu haearn a dur naill ai drwy danio golosg neu drwy dwymo'r ffwrneisi â nwy. Bydd yn rhaid cynhesu calchfaen mewn odynnau i'w drawsnewid yn galch. Pan fydd angen gwres arbennig o uchel dan y ffwrneisi, bydd pasio ffrwd o aer drwy'r tân yn cynyddu cyfartaledd yr ocsigen sy'n cael ei gyflwyno i'r tanwydd. Gwelwn yr un egwyddor ar waith hefyd pan ddefnyddiwn fegin fach yn y tŷ i fywhau tân glo neu pan fydd gof yn defnyddio megin i dwymo haearn yn nhân yr efail. Cyn i'r fflam ocsi-asetylin gael ei dyfeisio, gallai gof gwlad asio dau ddarn o haearn at ei gilydd drwy feddalu'r haearn yn y tân ac yna'i forthwylio yn un darn.

Pan ddechreuodd dynion ddyfeisio cerbydau a allai deithio'n gynt na cheffylau, gwnaethon nhw ddefnydd o dân glo i gynhesu dŵr a'i droi'n ager, gan drosglwyddo pŵer yr ager hwnnw i'r olwynion – a gallwn ddarllen am ymdrechion cynnar Richard Trevithick yn y maes hwn ar dudalen 37 yn y gyfrol hon ac am waith George Stephenson ar dudalen 171 yng Nghyfrol 6. Dyma enghraifft arall o bwysigrwydd y gallu i reoli tân a chreu egni ohono yn natblygiad dyn a'i wareiddiad, ac fe gofiwn mai o'r tân mwyaf nerthol i gyd, sef yr haul, y daw pob egni yn y gwraidd. Yn yr haul mae hydrogen yn llosgi gan greu'r belen anferth honno o egni gwres a golau, a'r egni hwn, a gafodd ei grynhoi dros gyfnod o filiynau o flynyddoedd mewn glo ac olew, sy'n cael ei ryddhau wrth i'r sylweddau hyn losgi yn ein tanau ni heddiw. (Gweler hefyd - GLO, LLOSGI, OLEW, TANWYDD.)

J.S.D.

Dynion tân yn defnyddio ysgolion hir a thŵr hydrolig i gyrraedd llawr uchaf adeilad sydd ar dân.

TÂN GWYLLT

Dyfeisiau yw tân gwyllt sy'n cael eu llosgi neu eu ffrwydro i greu difyrrwch yn bennaf, mewn arddangosfeydd awyr agored yn arbennig. Eu prif nodwedd yw eu bod yn cynnwys ffynonellau ocsigen sy'n ei gwneud hi'n bosibl iddyn nhw losgi'n gyflym mewn gofod cyfyng heb ddibynnu ar yr ocsigen sydd yn yr aer. Potasiwm nitrad (solpitar, KNO_3) yw'r

Arddangosfa tân gwyllt yn ystod dathliadau yn Beijing (Peking), China.

deunydd ocsidio traddodiadol: câi hwn a sylffwr a sercol eu cymysgu gyda'i gilydd i ffurfio math o bowdwr gwn cyn ychwanegu sylweddau megis naddion haearn, powdwr copr a lycopodiwm i greu gwreichion a chynhyrchu fflamau o wahanol liwiau.

O China y cawsom yr adroddiadau cynharaf am wneud tân gwyllt, ond o'r ail ganrif ar bymtheg ymlaen bu cryn ddatblygu ar y grefft ledled Ewrop, yn enwedig yn yr Almaen a'r Eidal. Ymhlith yr enwau mwyaf adnabyddus yn hanes tân gwyllt roedd y brodyr Ruggieri o Bologna a ddyfeisiodd sawl math newydd ar ddechrau'r ail ganrif ar bymtheg, gan gychwyn traddodiad teuluol pwysig yn y maes. O'r ddeunawfed ganrif ymlaen byddai arddangosfeydd tân gwyllt yn cael eu trefnu ar raddfa eang i ddathlu amryfal ddigwyddiadau megis gwyliau crefyddol, buddugoliaethau milwrol a phriodasau brenhinol. Un enw sy'n cael ei gysylltu hyd heddiw â thân gwyllt yn Lloegr yw Brock; yn 1865 cynlluniodd C. T. Brock arddangosfa tân gwyllt yn y Palas Crisial yn Llundain, y gyntaf o gyfres flynyddol a barhaodd tan 1936.

Yn ystod y bedwaredd ganrif ar bymtheg bu dau newid pwysig yn natur y cyfansoddion sylfaenol a gâi eu defnyddio i gynhyrchu tân gwyllt. Trwy ddefnyddio potasiwm clorad ($KClO_4$) roedd hi'n bosibl cynhyrchu gwres a oedd yn ddigon uchel i anweddu metelau, a thrwy hynny greu nifer o liwiau newydd megis coch (o strontiwm), glas (copr) a gwyrdd (bariwm), a byddai magnesiwm ac aliwminiwm yn creu fflamau mwy llachar o lawer.

Yn dechnegol, mae dau brif fath o dân gwyllt i'w cael – y teip "grym a gwreichion" (megis gwahanol fathau o rocedi) sy'n seiliedig yn bennaf ar bowdwr gwn yn gymysg â defnyddiau sy'n creu gwreichion, a'r teip "fflamol" (megis "cannwyll Rufeinig") sy'n cael ei gynhyrchu yn bennaf i greu fflamau o wahanol liwiau.

Caiff mathau arbennig ar "dân gwyllt" eu defnyddio i ddibenion ymarferol pwysig. Math o dân gwyllt yw'r "Golau Very" sy'n cael ei saethu o ddryll er mwyn tynnu sylw at sefyllfa o argyfwng megis pan fydd llong mewn helbul ar y môr. Mae modd i weithwyr rheilffordd rybuddio gyrrwr trên fod perygl ar y lein o'i flaen trwy osod math o dân gwyllt ar y cledrau. Wrth i'r trên redeg drosto bydd y tân gwyllt yn ffrwydro gan wneud sŵn mawr a fydd yn rhybuddio'r gyrrwr ynglŷn â'r perygl. Yn adeg rhyfel byddai awyrennau'r Awyrlu yn gollwng fflerau i oleuo'r tir islaw gan ddangos iddyn nhw ble yn union i osod eu bomiau, a byddai saethwyr gynnau mawr yn defnyddio olinyddion ar y ddaear er mwyn gwybod i ble i anelu'u magnelau.

Heddiw byddwn yn defnyddio tân gwyllt yng ngwledydd Prydain yn bennaf i gofio dienyddiad Guto Ffowc, Pabydd a fu'n rhannol gyfrifol am gynllwyn aflwyddiannus i ddefnyddio powdwr gwn i chwalu'r Senedd-dy yn Llundain ar 5 Tachwedd 1605.

Yn anffodus, bydd nifer o ddamweiniau yn digwydd bob blwyddyn oherwydd diofalwch wrth drafod tân gwyllt ar 5 Tachwedd, ac mae'n anghyfreithlon bellach i siopwyr werthu'r dyfeisiau hyn i blant ifainc.

Mae disgrifiad Cymraeg o dân gwyllt a sut i'w gynhyrchu i'w gael yn "Llaw-Ddewiniaeth ...", E. Roberts (1820), ac yn "Addysg Chambers i'r Bobl" (1851).

R.E.H.

TANWYDD

Cyn darganfod ymbelydredd mewn elfennau megis uraniwm a radiwm ar droad y ganrif hon, byddai egni'n cael ei gynhyrchu trwy ddefnyddio coed, glo, olew neu nwy naturiol fel tanwydd, gan losgi'r carbon a oedd yn y sylweddau hyn â chymorth ocsigen yn yr aer. Cafodd y carbon hwn ei gynhyrchu'n wreiddiol un ai mewn planhigion a dyfai filiynau o flynyddoedd yn ôl neu mewn organebau bach a drigai yn y moroedd amser maith yn ôl.

Fforestydd a ddadfeiliodd gan droi yn fawn, a'r mawn hwnnw'n cael i gywasgu am flynyddoedd maith, a gynhyrchodd y glo sydd yn y ddaear heddiw. Cawsom olew a nwy o olion brasterog mân greaduriaid ac organebau a gafodd eu dal a'u cywasgu mewn creigiau ar waelod y môr, gan greu yno feysydd olew a chronfeydd nwyon (megis methan ac ethan) sydd yn danwydd gwerthfawr.

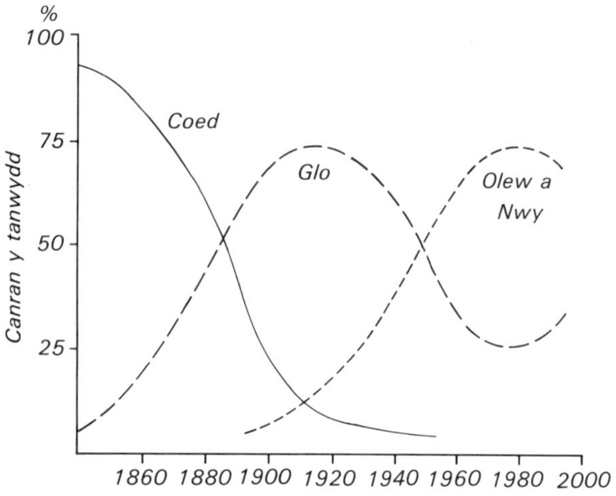

Mae'n ddiddorol sylwi ar y graff hwn, a gyhoeddwyd gan Weinyddiaeth Mwynfeydd yr Unol Daleithiau, sy'n dangos sut mae patrwm defnyddio tanwydd wedi newid ers canol y ganrif ddiwethaf.

Yn ôl y defnydd presennol a wneir o olew fel tanwydd, mae rhai yn amcangyfrif y daw ''oes yr olew'' i ben yn gynnar yn y ganrif nesaf, a gan fod profion yn darogan bod digon o lo i'w gael yn y ddaear am bum canrif o leiaf, mae'n debyg mai hwn fydd ein prif danwydd eto yn y dyfodol. Ar yr un pryd mae ymchwil ar waith o hyd i geisio dod o hyd i fathau eraill o danwydd – er enghraifft, profion ar y gell danwydd sy'n dibynnu ar yr egwyddor o greu adwaith rhwng nwyon fel hydrogen ac ocsigen i gynhyrchu trydan yn uniongyrchol.

Yn yr oes ddiwydiannol hon caiff tanwydd ei ddefnyddio'n fwyaf arbennig i gynhyrchu trydan mewn pwerdai, trydan sy'n cael ei ddefnyddio at lawer iawn o amcanion, gan gynnwys cynhesu adeiladau a gyrru trafnidiaeth. Ar yr un pryd mae defnyddio olew wedi gweddnewid ein ffyrdd o deithio, gyda chynhyrchion megis petrol, diesel a thanwydd awyrennau yn ei gwneud hi'n bosibl cludo pobl yn hwylus i bedwar ban byd. Gan fod olew yn danwydd cludiant mor hyblyg mae iddo fanteision amlwg, ac mae'r bobl sy'n frwdfrydig o blaid cadwraeth am weld neilltuo olew i'r pwrpas hwn cyhyd ag sy'n bosibl a defnyddio mathau eraill o danwydd i gynhyrchu trydan.

Mewn gwledydd sy'n brin o olew crai caiff alcohol ei ddefnyddio fel tanwydd i yrru ceir a lorïau; yn Brasil, er enghraifft, caiff alcohol ei gynhyrchu o gên siwgr mewn unedau prosesu mawr, ond prif anfantais y fath broses yw'r broblem o gael gwared ar y gwastraff a ddaw o gawl yr eplesiad a'r ffaith fod cynhyrchu defnydd crai yr alcohol yn cystadlu am dir amaethyddol â mathau eraill o dyfiant. A yw'n bosibl cyfiawnhau defnyddio'r tir i gynhyrchu tanwydd pan fo angen cnydau ar bobl sy'n dioddef o brinder bwyd? Dyna'r ddadl barhaol.

Mae'n bosibl defnyddio unrhyw fath o danwydd ar gyfer cynhyrchu trydan, gan ddilyn yr egwyddor o gynhesu dŵr i greu ager a pheri i'r ager hwnnw yrru tyrbin. Mae'r dechnoleg sy'n defnyddio glo mewn pwerdai wedi'i sefydlu ers blynyddoedd, ond mae llosgi glo yn cynhyrchu lefel uchel o sylffwr deuocsid sy'n llygru'r amgylchfyd, a bydd angen datrys y broblem hon os bydd defnyddio glo yn cynyddu ar ôl i'r cyflenwad olew ballu.

Mae technoleg defnyddio uraniwm fel tanwydd wedi datblygu hefyd mewn llawer gwlad, ond mae gwaredu'r gwastraff niwclear yn broblem fawr, ac mae diogelwch y dechnoleg yn amheus yng ngolwg llawer o bobl yn dilyn damweiniau Chernobyl yn yr Undeb Sofietaidd a Three Mile Island yn yr Unol Daleithiau.

Mae'n amlwg, felly, fod darparu systemau tanwydd yn y dyfodol yn faes anodd a chymhleth i bawb, ond i wyddonwyr a gwleidyddion mae'n faes pwysig a dadleuol iawn.

Tomen o lo anferth yn Swydd Rydychen – tanwydd ar gyfer gorsaf gynhyrchu trydan Didcot.

Prosesau aneffeithiol iawn yw'r dulliau arferol o ddefnyddio tanwydd. Enghraifft arbennig o hyn yw cynhyrchu trydan trwy gyfrwng tyrbin gan mai rhyw un rhan o dair o egni'r tanwydd sy'n cael ei droi yn egni trydanol. Felly mae gwyddonwyr yn dal i obeithio medru dyfeisio cell danwydd effeithiol a fydd yn cynhyrchu egni trydanol yn uniongyrchol o adwaith cemegol rhwng hydrogen ac ocsigen, gan amcangyfrif y byddai effeithiolrwydd cell o'r fath gyfuwch â 55 y cant.

Er bod offer y gell danwydd heddiw yn dal yn gymhleth, mae'n rhaid i ni gydnabod gwaith Cymro o Abertawe, Syr William Grove, a fu'n arloesi ym maes yr egwyddor hon mor bell yn ôl ag 1842. Hyd yn hyn, ysywaeth, yr unig ddefnydd sydd wedi'i wneud ohoni yw cynhyrchu trydan ar gyfer cynnal trawsyryddion radio ar loerennau yn y gofod.

Cafodd un math o danwydd arbennig o nerthol ei ddatblygu yn ystod y ganrif hon i danio rocedi i'r gofod ac, wrth gwrs, i ddod â'r modwlau yn ôl i'r ddaear, fel yn hanes y modwlau roced a aeth i'r lleuad. Adwaith egnïol dros ben rhwng ocsigen hylifol a chemigion megis cynhyrchion boron a hydrasin yw sail y tanwydd hwn, ac o'r egni anferth hwn y daw'r gwthiad sy'n codi'r roced i'r gofod.

Yn sgîl y duedd ddiweddar i gynilo tanwydd, bu cynnydd mewn ailddefnyddio egni. Mae'n bosibl, erbyn hyn, i ffermwyr gynhyrchu digon o'r nwy methan o garthion y buarth i gynhesu adeiladau, ac mae Cwmni Lager Wrecsam wedi datblygu uned sy'n defnyddio elifiant eu bragdy i gynhyrchu methan fel tanwydd. (Gweler hefyd – GLO, GOLOSG, OLEW, TRYDAN, YNNI NIWCLEAR.)

J.S.D.

TANYMARIAN (Edward Stephen, 1822-1885)

Ganwyd Tanymarian a Ieuan Gwyllt yn yr un flwyddyn, ond does dim hanes iddyn nhw gwrdd â'i gilydd erioed. Roedd cyfraniad y ddau i ganiadaeth gynulleidfaol yng Nghymru yn arbennig iawn; rhoddodd y ddau lyfrau tonau ac emynau i Gymru – Ieuan Gwyllt i'r Methodistiaid yn 1859, a Tanymarian i'r Annibynwyr ddeng mlynedd yn ddiweddarach – a'r casgliadau hyn a fu'n foddion i osod caniadaeth y cysegr (canu mewn gwasanaeth capel neu eglwys) ar seiliau cadarn, chwaethus, pan oedd mwyaf eu hangen.

Yn Rhydysarn, yn nyffryn Maentwrog yn yr hen Sir Feirionnydd, y ganwyd Edward Jones – canys dyna enw bedydd Tanymarian – i deulu cerddorol. Ceir hanes amdano'n fachgen yn teithio ar ben wagen lechi o'r Blaenau i gwrdd â'r badau yn y Cemlyn, ac yn diddori gweithwyr y wagenni wrth ddynwared pregethwyr adnabyddus. Aeth yn brentis i ddilledydd, lle dysgodd lawer am gerddoriaeth gan ei feistr, Joseph Jones, a oedd yn gerddor da.

Yn blentyn bu'n mynychu eglwys y Methodistiaid, ond digwyddodd rhywbeth a'i cynhyrfodd, ac yn ei arddegau ymunodd â'r Annibynwyr; yn ddeunaw oed dechreuodd bregethu o ddifrif. Yn 1843 aeth i gael ei hyfforddi yng Ngholeg yr Annibynwyr yn y Bala, gan barhau i ymddiddori mewn cerddoriaeth. Roedd myfyriwr arall o'r enw Edward Jones yn y coleg ar y pryd, ac felly ychwanegodd yntau "Stephen" at ei enw: llithrodd y "Jones" o'r enw ac fel "Edward Stephen" y câi ei adnabod o hynny ymlaen.

Yn 1847 cafodd ei urddo'n weinidog ar Eglwys Annibynnol Horeb, Dwygyfylchi, Penmaen-mawr. Tra bu yno cyfansoddodd "Storm Tiberias", yr oratorio Cymraeg gyntaf, ac anthem ar Salm 126. Roedd yn ddarlithydd poblogaidd iawn ar gerddoriaeth, yn ganwr da a ddechreuai ganu weithiau ar ganol darlith; roedd ganddo wybodaeth eang yn y pwnc, brwdfrydedd heintus, ynghyd â huodledd a hiwmor iach wrth draethu. Byddai'n barddoni yn y mesurau caeth a'r mesurau rhydd, ac yn beirniadu barddoniaeth yn ogystal â cherddoriaeth. Roedd ganddo hefyd ddiddordeb mewn daeareg.

Yr hyn a boenai Edward Stephen fwyaf oedd cyflwr caniadaeth y cysegr yng Nghymru; byddai'n dyheu am weld ei diwygio a'i gwella.

Yn 1856 derbyniodd alwad i fugeilio eglwysi Bethlehem a Charmel, Llanllechid yn Nyffryn Ogwen. Y flwyddyn honno bu farw'r gweinidog a'r cerddor enwog John Jones, Tal-y-sarn, a chyfansoddodd Edward Stephen *Requiem* iddo. Priododd weddw'r Parchedig Llywelyn Samuel, cyn-weinidog y ddwy eglwys, a bu'r ddau yn byw am weddill eu hoes yn Nhanymarian.

Bu ei gyfnod fel gweinidog yn Llanllechid yn llwyddiannus iawn, a chyflawnodd lawer o waith arall hefyd. Bu'n golygu "Cerddor y Cysegr", casgliad o emynau a thonau, gan gynnwys dwy dôn, "Treborth" a "Trefor", a gyfansoddodd ef ei hun; o 1861 tan 1863 bu'n golygu cylchgrawn cerddorol misol, "Greal y Corau", ac mae'n debyg mai ef a ysgrifennodd lawer o'r cynnwys. Roedd y cylchgrawn yn cynnwys gwersi ar harmoni a gwrthbwynt, geiriadur cerddoriaeth, hanes cyfansoddwyr, ac adroddiadau am yr hyn a oedd yn digwydd yn y maes cerddorol yng Nghymru ac am gyngherddau yn Llundain.

Yn 1868 cyhoeddwyd "Llyfr Tonau ac Emynau" Tanymarian a J. D. Jones. Roedd Edward Stephen wedi dweud mai un o'r pethau anoddaf i'w wneud oedd cyfansoddi tôn dda; mynnai fod angen gallu, medrusrwydd ac athrylith neilltuol i gyfansoddi tôn a fyddai'n deilwng o'r cysegr (sef y capel neu'r eglwys). Roedd dau gant o donau a phum cant a hanner o emynau yn argraffiad cyntaf "Llyfr Tonau ac Emynau", a thri chant o donau a dros naw cant o emynau yn yr ail argraffiad (1879). Gwaith Tanymarian oedd chwech o'r tonau – "William Evans", "St Edward", "Bethlehem", "St Menai", "Glan Dwyryd" a "Tanymarian".

Byddai Tanymarian yn ysgrifennu'n gyson i'r "Cronicl" a'r "Dysgedydd", ar ganiadaeth y cysegr gan mwyaf. Cyfansoddodd sawl anthem a nifer o ganeuon. Roedd yn Gymro pybyr, a haerai fod Cymry "yn llawer gwell a mwy teilwng yn eu hiaith a'u hadnoddau eu hunain nag wrth ddynwared cenhedloedd eraill.''

Gan gymaint eu parch tuag ato trefnodd pobl y gymdogaeth gymanfa gerddorol ym Mhafiliwn Caernarfon yn 1881 i ddathlu ei bum mlynedd ar hugain yn y weinidogaeth. Dair blynedd yn ddiweddarach, pan oedd trefniadau ar droed i gyflwyno iddo ddarlun ohono'i hun ynghyd ag anerchiad, ac i gynnal ail gymanfa yn y Pafiliwn ac yntau'n arwain, bu Tanymarian farw, ar 11 Mai 1885. Cafodd ei gladdu ym mynwent Capel Bethlehem, Talybont, Llanllechid a bu'r gymanfa yn ŵyl goffa iddo, gydag Eos Morlais ac Emlyn Jones yn arwain côr o dros dair mil.

Yn 1886 cyhoeddwyd cofiant iddo dan olygyddiaeth W.J. Parry, Bethesda; cyfrannodd rhyw ugain o bobl a oedd yn ei adnabod i'r gyfrol, a gynhwysai hefyd saith pregeth, pymtheg ysgrif, dau ddarn a deugain o farddoniaeth a naw cyfansoddiad cerddorol – y cyfan o waith Edward Stephen ei hun – a hefyd y deyrnged hon: ''Bu Tanymarian am ddeugain mlynedd yn deffro ac yn dyrchafu, yn difyrru ac yn adeiladu'r gymdeithas ddynol, a'i ddoniau yn cyfateb mor drwyadl i anghenion ei oes a'i genhedlaeth ei hun.''

L.R.

TAPESTRI

Darlun amryliw yw tapestri wedi'i ddylunio a'i wau ar wŷdd neu ffrâm mewn ffordd arbennig ar gyfer ei grogi ar fur ystafell. Fel rheol, wrth i wehydd wau darn o frethyn ar wŷdd, bydd edau'r anwe yn rhedeg yr holl ffordd o'r naill ochr i'r llall, ond wrth gynhyrchu tapestri caiff edafedd y gwahanol liwiau eu gosod lle mae eu hangen yn unig, yn ôl cynllun y darlun. Mae'n amlwg fod hyn yn gofyn am grefft arbennig, yn enwedig o gofio bod y lluniau mewn tapestri yn aml yn gymysgfa ysblennydd o liwiau.

A bod yn fanwl gywir, er gwaetha'i enw nid ''tapestri'' yw tapestri enwog Bayeux sy'n cofnodi mewn lliw sut y concrodd y Normaniaid Loegr; brodwaith ar ddefnydd yw hwn.

Mae'r grefft o wau tapestri yn hen iawn. Mae sôn amdani yn chwedlau Groeg, a gwyddom ei bod yn boblogaidd ymhlith yr Eifftiaid a'r Rhufeiniaid hefyd. Yn gynnar yn yr Oesoedd Canol byddai lleianod a mynaich mewn cwfennoedd a mynachlogydd ledled Ewrop yn llunio tapestrïau i'w gosod ar allorau a'u crogi mewn eglwysi ar wyliau arbennig. Yn ddiweddarach daeth crefftwyr Fflandrys yn feistri ar y grefft; yn y bymthegfed ganrif roedd tref Arras mor enwog fel canolfan y diwydiant nes iddi roi ei henw i'r cynnyrch ei hun – cofiwn fod Hamlet yn nrama Shakespeare wedi lladd Polonius trwy ei drywanu pan oedd yn ymguddio tu ôl i *arras*.

Byddai uchelwyr yr Oesoedd Canol yn casglu tapestrïau i addurno muriau eu cestyll a'u plastai ac i gynhesu'r ystafelloedd trwy gadw'r gwynt allan. Pan fydden nhw'n symud cartref yr arfer oedd mynd â'r tapestrïau gyda nhw, ond ni wnâi'r fath symud fawr o les i'r crefftwaith cywrain. Yn aml byddai'r lliwiau'n pylu neu'n mynd i golli ymhen amser, ond mae esiamplau gwych wedi'u cadw mewn amgueddfeydd mewn sawl gwlad; mae tapestrïau hardd i'w gweld yn y Fatican, ac eraill yn Amgueddfa Werin Cymru, Sain Ffagan.

Yn sicr roedd tapestrïau'n boblogaidd iawn yng nghyfnod y Tuduriaid yng Nghymru a Lloegr. Pan fu farw Harri'r VIII yn 1547, gadawodd dros ddwy fil o dapestrïau, yn ôl yr hanes, nifer ohonyn nhw wedi'u cipio o fynachlogydd a oedd wedi cael eu diddymu ganddo.

Roedd Gwlad Belg a Ffrainc yn dal yn enwog am eu crefftwaith tapestri yn yr unfed ganrif ar bymtheg; er bod rhai tapestrïau yn cael eu cynhyrchu yn Lloegr doedd ansawdd y gwaith ddim cystal, a'r arfer oedd mewnforio tapestrïau o'r cyfandir. Yn yr ail ganrif ar bymtheg cafodd rhai o grefftwyr y cyfandir eu denu i weithio yn Lloegr a bu Mortlake yn ganolfan iddyn nhw o 1619 tan ddiwedd y ganrif.

Braslun Graham Sutherland o ben Iesu Grist ar gyfer y tapestri ''Crist mewn Gogoniant'' a ddyluniodd ar gyfer Eglwys Gadeiriol Coventry.

Mae'r grefft o lunio tapestri yn dal yn fyw heddiw. Enghraifft wych ddiweddar yw'r tapestri anferth "Crist mewn Gogoniant", sydd dros ugain metr o uchder, a ddyluniodd yr arlunydd Graham Sutherland i'w grogi ar fur dwyreiniol eglwys gadeiriol newydd Coventry; cafodd hwn ei wau yn Aubusson-Felltin yn Ffrainc. (Gweler hefyd – NORMANIAID.)

W.J.J.

"Crist mewn Gogoniant" – tapestri anferth yr arlunydd Graham Sutherland, ar fur dwyreiniol Eglwys Gadeiriol Coventry.

TAPIOCA

Pelenni gwyn o starts a geir o gloron (twberau) planhigyn y manioc chwerw neu gasafa yw'r tapioca rydym ni'n gyfarwydd ag ef. Byddwn yn defnyddio tapioca i wneud pwdin ac weithiau i dewychu cawl neu stiw. Planhigyn sy'n tyfu mewn gwledydd poeth a gwlyb yw manioc chwerw; bydd yn tyfu i uchder o ddau i dri metr, mae ei ddail fel bysedd mawr a'i gloron yn debyg i wreiddiau trwchus sy'n gallu cyrraedd dros fetr o hyd.

I baratoi tapioca caiff y cloron eu golchi i gael gwared o'r gwenwyn (asid prwsig) sydd ynddyn nhw a'u gwasgu'n fwydion. Bydd y mwydion yn cael eu hidlo i wahanu'r gronynnau starts oddi wrth y ffibrau gwraidd, ac wrth eu sychu ar blatiau poeth bydd y gronynnau starts yn troi'n belenni bychain gwyn. Bydd yn rhaid mwydo'r rhain cyn eu coginio, a byddan nhw'n ymchwyddo ac yn tewychu'r hylif sy'n cael ei ddefnyddio i'w coginio. O'r cloron daw'r blawd sy'n ddefnyddiol ar gyfer tewychu bwydydd – dyma un o'r startsys, sy'n cael ei alw'n arorwt. Mae'n bosibl cael starts i drin dillad o'r cloron hefyd.

Daw'r tapioca y byddwn ni'n ei fwyta o Brasil, Indonesia a Malaysia yn bennaf. Yn ddiweddar dechreuodd gwledydd Prydain ddilyn rhai o wledydd eraill Ewrop trwy fewnforio tapioca i'w roi yn fwyd i anifeiliaid; caiff ei gymysgu gyda blawd soya neu fwyd tebyg sy'n cynnwys protein, gan mai ychydig iawn o brotein sydd mewn tapioca.

Yn awr ac yn y man yn unig y byddwn ni'n bwyta pwdin tapioca, ond mae cloron manioc, ar ôl eu berwi i ladd y gwenwyn sydd ynddyn nhw, yn brif fwyd i filiynau o bobl yn y gwledydd trofannol, yn enwedig yng Ngorllewin Affrica ac India'r Gorllewin. Yng Ngwlad Thai caiff pwdin ei wneud o dapioca a

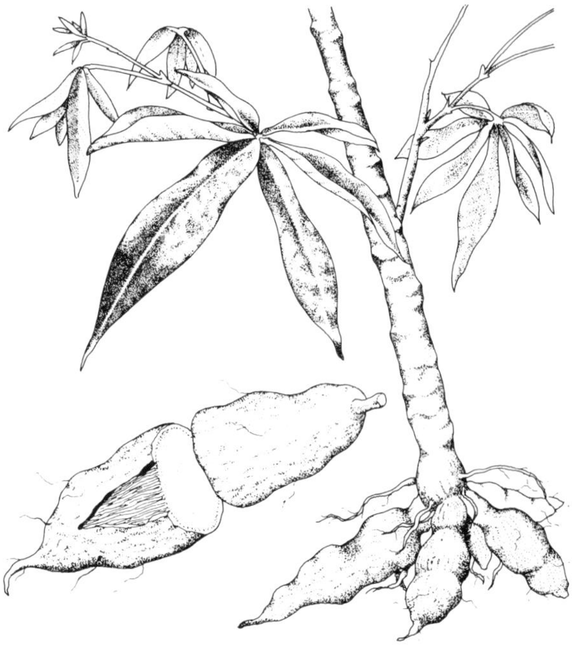

Planhigyn manioc chwerw yn dangos y cloron wrth fôn y coesyn, ynghyd â chroestoriad trwy un gloronen. O'r cloron hyn y caiff tapioca ei wneud.

choconyt, a chaiff past tapioca ei rolio'n beli a'u sychu i'w bwyta fel grawnfwyd. Bydd trigolion Viet Nam yn gwneud pancos tenau o starts tapioca.

J.E.D.

TAR

Hylif trwchus, tywyll, seimlyd yw tar. Sgîl-gynnyrch o lo yw'r math mwyaf cyffredin, sef côl tar (neu dar glo). Pan fydd glo yn cael ei boethi i dymheredd o 1000°C mewn retort neu ddysgl fawr sydd wedi'i selio i gadw aer allan, caiff mygdarthau melyn trwchus eu

Gosod wyneb newydd o dar a cherrig mân ar draffordd M6 yng nghanolbarth Lloegr yn ystod oriau'r nos.

cynhyrchu a'u cludo ymaith ar hyd pibau i'w puro. Wrth i'r mwg hwn glaearu, bydd tar glo yn cyddwyso ohono ac yn cael ei gasglu i'w ddefnyddio, tra bo gweddill yr anweddau yn mynd i'w puro ymhellach gan gynhyrchu olewau ysgafn megis bensin a twolin.

Wrth ddistyllu tar glo, caiff amrywiol gynhyrchion primaidd eu casglu sy'n ddefnyddiol ar gyfer gwneud lliwurau, peraroglau, cyffuriau, sacarin, plastigion, creosot ynghyd â deunydd coluro. Bellach mae petrocemigion yn disodli rhai o sgîl-gynhyrchion tar mewn diwydiant.

Ar ôl cynhyrchu'r sylweddau hyn, pyg yw'r sylwedd sydd ar ôl, tua hanner pwysau'r tar gwreiddiol, ac fe gaiff hwn ei ddefnyddio i glymu llwch a grafel at ei gilydd i roi wyneb newydd ar ffordd fawr.

Mae'n bosibl cynhyrchu tar hefyd trwy boethi coed. Caiff tar coed pinwydd ei gynhyrchu ar raddfa helaeth yn fforestydd yr Undeb Sofietaidd, Sweden a'r Ffindir. Wedi distyllu'r tyrpant o'r pren, trwy gyfrwng stêm fel arfer, bydd y tar yn weddill. Caiff y tar hwn ei ddefnyddio i gadw rhaffau llongau rhag pydru. (Gweler hefyd – ASFFALT.)

D.G.J.

TARANAU

Dyma'r sŵn mawr a fydd i'w glywed yn yr awyr yn dilyn fflachiadau mellt yn yr wybren. Aer sy'n cynhesu ac yn chwyddo'n sydyn wrth ddilyn llwybr y fellten, ac yna'n oeri ac yn tynnu ato yr un mor sydyn, sy'n achosi'r twrw. Byddwn yn clywed sŵn tebyg i chwyrnu uchel, neu i ruo, neu i ffrwydrad sydyn, a bydd yr amrywiol synau hyn yn cael eu creu gan wahanol rannau fflachiad y fellten ac atsain y daran oddi ar wyneb y ddaear neu o'r cymylau.

Gan fod golau'n teithio yn ôl bron 300,000 kilometr yr eiliad a sain yn teithio'n arafach o lawer – 335 metr yr eiliad – byddwn yn gweld y mellt cyn i ni glywed y daran, ac mae'n bosibl mesur y pellter rhyngom a'r fflachiad drwy nodi'r amser fydd rhwng gweld y fflachiad a chlywed y daran. Mae pob tair eiliad o oedi yn gyfystyr ag un kilometr rhyngom a'r storm.

Yng ngwledydd Prydain bydd taranau i'w clywed yn amlach yng nghefn gwlad nag ar hyd y glannau. Yn ôl ystadegau bydd taranau i'w clywed ar hyd glannau gogledd-orllewin yr Alban ar lai na phedwar diwrnod y flwyddyn ar gyfartaledd, o'u cymharu â thua phymtheng niwrnod yn y flwyddyn yng nghanolbarth Lloegr.

Bydd taranau'n digwydd ledled y byd; maen nhw'n gyffredin iawn yn y Trofannau, yn enwedig lle bydd aer poeth a llaith dros y mynyddoedd. Yn ne-ddwyrain Asia er enghraifft, ac ar ynysoedd megis Jawa, bydd taranau'n rhwygo'r awyr am dros ddau can niwrnod yn y flwyddyn, ac yng nghanolbarth Affrica am 150 o ddiwrnodau. Mae'n debyg y gall cynifer â dwy fil o stormydd mellt a tharanau ddigwydd ar yr un pryd mewn gwahanol rannau o'r byd, ar wahân i'r Pegynau – anfynych iawn y bydd taranau'n torri ar ddistawrwydd yr ardaloedd hynny.

Er mai twrw bygythiol y taranau a fydd yn codi ofn ar bobl yn ystod storm, y mellt a fydd yn achosi difrod wrth daro wyneb y ddaear. (Gweler hefyd – STORM.)

B.L.D.

TATWS

Heddiw tatws yw un o'n bwydydd mwyaf gwerthfawr, ond bedair canrif yn ôl doedd pobl Cymru a gwledydd eraill Prydain ddim yn gyfarwydd â'r llysieuyn o gwbl.

Gwyddom eu bod yn cael eu tyfu yn Ne America, gan drigolion Colombia, Bolivia a Pheriw ar ganol yr unfed ganrif ar bymtheg ac mae'n debyg mai'r Sbaenwyr, ar ôl iddyn nhw goncro cyfandir De America yn y ganrif honno, a ddaeth â thatws i Ewrop. Bwyd i'r bonedd yn unig oedd tatws ar y dechrau am eu bod yn brin ac yn ddrud. Erbyn canol y ddeunawfed ganrif, fodd bynnag, roedd galw mawr am datws i fwydo trigolion y trefi a dyfodd yn sgîl y Chwyldro Diwydiannol, ac yn fuan roedd digon yn cael eu tyfu i'w gwneud yn fwyd cyffredin. Roedd tatws yn boblogaidd iawn yn Iwerddon a daeth economi'r wlad i ddibynnu arnyn nhw'n llwyr. Bu newyn a marwolaeth ar raddfa fawr yno yn 1845-6 pan fethodd y cnwd. Erbyn ail hanner y ddeunawfed ganrif roedd llawer o datws yn cael eu tyfu yng Nghymru.

Bydd tatws yn tyfu'n dda mewn ardaloedd sy'n rhy wlyb a chymylog ar gyfer tyfu cnydau grawnfwyd ac yn cynhyrchu mwy o fwyd o ddarn o dir nag unrhyw gnwd arall. Daw dwy ran o dair o gynnyrch tatws y byd o wledydd Ewrop, yn fwyaf arbennig yr Undeb Sofietaidd, Gorllewin a Dwyrain yr Almaen, Gwlad Pwyl, Ffrainc, y Deyrnas Unedig, Tsiecoslofacia, yr Iseldiroedd ac Iwerddon. Yng ngweddill y byd, yr Unol Daleithiau sy'n cynhyrchu mwyaf.

Gallwn goginio tatws mewn sawl ffordd - eu pobi, eu rhostio, eu stemio, eu berwi, eu ffrïo, yn stwns ac yn sglodion; bydd ffatrïoedd yn eu trin i wneud creision, tatws sych a phowdwr tatws. Ar y cyfandir bydd tatws, rhai bychain fel arfer, yn cael eu bwydo i anifeiliaid y fferm, a'u defnyddio mewn diwydiant i gynhyrchu starts ac alcohol.

Bydd bridwyr planhigion yn defnyddio hadau i geisio datblygu mathau newydd o'r cnwd, ond o datws had – yr hadyd – sy'n gymharol fychan, y bydd tatws yn cael eu tyfu ar ffermydd ac mewn gerddi. Mae'n arferiad cadw'r hadyd dros y gaeaf ar silffoedd mewn tŷ gwydr neu sied lle maen nhw'n ddiogel rhag llwydrew neu farrug, er mwyn iddyn nhw ddechrau egino cyn eu plannu. Bydd yr egin newydd yn tyfu o'r "llygaid" sydd ar yr hadyd.

Caiff yr hadyd eu plannu yn y gwanwyn mewn cwysi neu rychau a'u gorchuddio â phridd. Pridd briwsionllyd ag ynddo ddigonedd o dail a gwrtaith nitrogen, ffosffad a photas sydd fwyaf addas. Caiff y tail ei osod yn y cwysi a'r gwrtaith ei wasgaru dros y pridd.

Bydd y planhigion yn tyfu i uchder o 25 i 75 centimetr. Gwyrdd neu borffor yw eu coesynnau, gwyrdd tywyll yw'r dail, ac mae'r blodau gan amlaf yn wyn, melyn neu borffor. Darnau chwyddedig o goesynnau tanddaear y planhigyn yw'r cloron y byddwn yn eu bwyta, ac mae'n rhaid gofalu eu bod bob amser wedi eu gorchuddio â phridd rhag iddyn nhw droi'n wyrdd ac yn anaddas i'w bwyta; unwaith neu ddwywaith yn ystod y tymor tyfu bydd ffermwyr a garddwyr yn priddo'r tatws, hynny yw, yn codi pridd dros eu gwreiddiau.

Ym mis Mai neu Fehefin bydd tatws cynnar, neu datws newydd fel y byddwn yn eu galw, yn barod i'w codi. Fydd tatws ddim yn gallu dygymod â llawer o lwydrew ac mae'r rhai cynnar yn cael eu tyfu'n bennaf mewn ardaloedd lle mae'r gaeafau'n fwyn a'r gwanwyn yn gynnar – ardal fel de-orllewin yr hen Sir Benfro – bydd ffermwyr yno yn ceisio gofalu bod eu tatws ar y farchnad erbyn diwedd mis Mai.

Yn yr hydref, ar ôl i'r gwlydd – y coesynnau a'r dail – wywo, y bydd y tatws diweddar yn cael eu codi. Dyma'r prif gnwd, y tatws y byddwn yn eu bwyta dros y gaeaf, a'r tatws sy'n cael eu trin i wneud creision, tatws sych a phowdwr tatws.

Er bod tatws yn gnwd cyffredin iawn, bydd amryw glefydau a phlâu yn ymosod arnyn nhw, megis clefydau ffwng – deifiad er enghraifft – sy'n gallu dinistrio cnwd cyfan, a chlefydau firws sy'n cael eu cludo gan bryfed gwyrdd. Y ddau bla gwaethaf yw'r chwilen Colorado a all gyrraedd Prydain ymysg tatws o wledydd tramor, a'r llyngyr llysiau, y naill yn bwyta'r dail a'r llall yn difa'r gwreiddiau.

J.E.D.

Pyotr Ilich TCHAIKOVSKY (1840–1893)

Tchaikovsky oedd y cyfansoddwr cyntaf o Rwsia y daeth ei gerddoriaeth yn adnabyddus ledled Ewrop a'r Unol Daleithiau yn ail hanner y bedwaredd ganrif ar bymtheg.

Ganwyd ef yn Votkinsk ar 7 Mai 1840. Symudodd ei deulu i St. Petersburg (Leningrad heddiw) pan oedd y bachgen yn ddeg oed – roedd ei dad yn bennaeth y Coleg Technegol yno.

Fel cynifer o gyfansoddwyr eraill, bu Tchaikovsky'n astudio'r gyfraith, ac yn dal swydd bwysig yn Ysgol y Gyfraith yn St. Petersburg. Yn 1861 trodd at gerddoriaeth gan astudio gwyddor y pwnc, ac ymhen dwy flynedd aeth i *Conservatoire* Cerddoriaeth St. Petersburg lle bu Anton Rubinstein, y pennaeth, o gymorth mawr iddo. Ar ôl cwblhau ei gwrs, cafodd swydd athro harmoni yn *Conservatoire* Moskva a bu yno tan 1877. Dechreuodd gyfansoddi o ddifrif yn 1866 a threfnodd pennaeth y *Conservatoire*, Nicholas Rubinstein, i nifer o'i weithiau gael eu perfformio yno.

Cymerodd gweddw gyfoethog, Nadezhda von Meck, ddiddordeb mawr yn ei waith, gan roi comisiynau iddo i'w gynorthwyo'n ariannol. Yn 1877 trefnodd hi iddo dderbyn swm arbennig bob blwyddyn er mwyn iddo ganolbwyntio'n gyfan gwbl ar gyfansoddi – ar yr amod na fyddai'r ddau byth yn cyfarfod â'i gilydd. Buon nhw'n llythyru'n gyson, a chyflwynodd Tchaikovsky ei Bedwaredd Symffoni iddi. Parhaodd y nawdd hwn tan 1890.

Dyn swil, prudd, anhapus oedd Tchaikovsky. Bu ei briodas yn 1877 yn fethiant. Trigai'n dawel yn y wlad, yn cyfleu holl emosiwn ei fywyd personol yn ei gerddoriaeth ac yn ei llanw â theimladau cynnes iawn – weithiau'n lleddf, weithiau'n llon ac yn lliwgar. Er ei fod yn hoff o'r byd y tu hwnt i ffiniau Rwsia, roedd Tchaikovsky hefyd yn genedlaetholwr brwd. Teithiai lawer i arwain cyngherddau o'i waith; ymwelodd â Llundain a Paris a chael croeso mawr a derbyniad cynnes i'w waith yn y ddwy ddinas, ac yn yr Unol Daleithiau hefyd. Pan oedd oddi cartref, ysai am gael dychwelyd i'w gynefin lle câi grwydro'r wlad fel y mynnai â'i feddwl bob amser ar y gwaith roedd yn ei gyfansoddi ar y pryd.

Cyfansoddodd chwe symffoni, y tair olaf ohonyn nhw'n gofiadwy; mae'r chweched, y *Pathetique* (1893) yn mynegi ei deimladau personol ef ei hun.

(''Emosiynol'' yw ystyr y gair Rwseg *patetichesky* yn hytrach na ''pathetic''.) Bu farw o'r colera yn fuan ar ôl y perfformiad cyntaf yn 1893, ar ôl yfed dŵr oedd heb ei buro.

Gadawodd doreth o gerddoriaeth ar ei ôl. Roedd wedi cyfansoddi tri choncerto i'r piano – y cyntaf, yn B leiaf, (1874-5) yw'r mwyaf poblogaidd heddiw; pan ymddangosodd hwn, y farn gyffredin oedd ei fod yn rhy anodd i neb ei berfformio, ond bu'n hynod lwyddiannus pan gafodd ei chwarae gan Hans von Bulow, pianydd o'r Almaen. Cyfansoddodd Tchaikovsky un concerto rhagorol i'r ffidil yn D fwyaf (1878).

Mae cynlluniau blaengar iawn i'w gathlau symffonig, ''Romeo a Juliet'' (1869), ''Y Dymestl'' (1873), *Francesca da Rimini* (1876) a ''Hamlet'' (1888). Mae ei *Capriccio italien* (1880) yn llawn bywiogrwydd a heulwen yr Eidal. Yn ei ''Agorawd 1812'' (1880) mae'n darlunio methiant Napoleon a'i fyddin i goncro Moskva yn y flwyddyn honno; mae'r gwaith yn llawn o effeithiau rhyfeddol wedi eu creu gan offerynnau'r gerddorfa.

Mae cerddoriaeth bale Tchaikovsky yn dangos ei ragoriaeth yn y maes hwn – *Lebedinoye ozero* (''Llyn yr Alarch'', 1875-6), *Spyashchaya* (''Y Rhiain Gwsg'', 1888), a *Shchelkunchik* (''Yr Efel Gnau'', 1892); cafodd y rhain eu trefnu'n gyfresi i'w perfformio gan y gerddorfa heb y dawnsio, ac mae defnydd y cyfansoddwr o'r selesta yn ''Yr Efel Gnau'' ar gyfer y Tylwythyn Teg, Eirin Siwgr, yn hynod o atyniadol. (Defnyddiodd Walt Disney y gerddoriaeth hon yn ei ffilm-gartŵn *Fantasia*.)

O'r deg opera a gyfansoddodd, dwy yn unig sy'n cael eu perfformio heddiw sef ei gampwaith *Evgeny Onyegin* (''Eugene Onegin'', 1878) a *Pikovaya Dama* (''Brenhines y Rhawiau'', 1890), y ddwy ar libreto'r bardd Rwsiaidd, Alexander Pushkin. O'i weithiau siambr, y Triawd Piano, a gyfansoddodd er cof am Nicholas Rubinstein a fu farw yn 1881, yw ei waith gorau o ddigon.

Cyfansoddodd dros gant o ganeuon a darnau i'r piano sy'n llawn o swyn rhamantaidd, a diddorol yw nodi ei fod wedi trefnu hanner cant o alawon Rwseg i ddau biano.

Yn y cyfansoddiadau hyn, llawer ohonyn nhw'n gofiadwy iawn, mae meistrolaeth Tchaikovsky ar y gerddorfa ac ar effeithiau offerynnau unigol yn gadarn.

L.R.

TE

Er bod hen ddogfennau a ysgrifennwyd yn China tua'r flwyddyn 350 O.C. yn sôn am yfed diod o ddail te, mae hen draddodiadau'n mynnu bod trigolion y wlad honno yn yfed te dair mil o flynyddoedd cyn hynny. Eu henw nhw ar y ddiod oedd *cha* a byddwn yn dal i sôn, yn Saesneg, am *a cup of char*. Ymledodd yr arfer o yfed y ddiod i Japan ac i wledydd eraill y Dwyrain Pell, ac yng nghanol yr ail ganrif ar bymtheg

Ynys Sri Lanka: gwragedd a merched yn ymgynnull yn y man derbyn wedi bod wrthi'n llenwi eu basgedi â dail te yng ngwres y dydd.

dechreuodd pobl yfed te yng ngwledydd Prydain hefyd. Am dros ddau gan mlynedd, hyd y 1870au, bu llongau hwyliau mawr cyflym – y *Tea Clippers* – yn cludo llwythi o de o China i Brydain ac i rannau eraill o Ewrop. Yn ystod y ganrif ddiwethaf cafodd ystadau neu blanigfeydd te eu sefydlu yn India a Sri Lanka – Ceylon y pryd hwnnw – ac ers hynny o'r gwledydd hyn y daeth y rhan fwyaf o'r te y byddwn ni yn ei yfed.

Bydd y llwyni te ar yr ystadau hyn yn cael eu tyfu o doriadau neu o had, ac ymhen deuddeg i ddeunaw mis bydd y planhigion yn ddigon mawr i'w symud o'r feithrinfa i'w safle parhaol, ar lechweddau am nad yw llwyni te yn hoffi bod â'u gwreiddiau mewn dŵr. Bydd y planhigion yn cael eu gosod yn rhesi, gyda metr neu fwy rhwng pob rhes; bydd ychydig dros hanner metr o fwlch rhwng y planhigion yn y rhes, a bydd coed yn cael eu plannu yma a thraw i'w cysgodi nhw. Bydd yn rhaid aros o leiaf dair blynedd cyn dechrau tynnu dail o'r llwyni, ac yn y cyfamser byddan nhw'n cael eu tocio'n gyson. Wrth gadw'r llwyni'n isel felly caiff eu nerth ei sianelu i greu dail meddal sy'n gwneud te da ac wrth gwrs mae'n haws hel y dail o lwyni o'r fath.

Dim ond y blaguryn a'r ddwy ddeilen uchaf ar bob impyn sy'n cael eu tynnu – mae'r dail eraill yn rhy wydn. Gwragedd a merched fydd yn gwneud y gwaith hwn â llaw. Yn Sri Lanka ac India, lle mae'r gwres a'r lleithder yn sicrhau tyfiant cyflym iawn, bydd y dail yn cael eu tynnu unwaith yr wythnos; bydd y tymor casglu yn ymestyn ar hyd y flwyddyn yn Sri Lanka ac am naw mis yn India. Yn y gwledydd llai poeth, megis China a Japan, tair neu bedair gwaith yn unig yn ystod yr haf y bydd y dail yn cael eu tynnu.

Gall y llwyni gynhyrchu dail te am hanner can mlynedd o'u tocio'n gyson a rhoi digon o wrtaith yn cynnwys nitrogen iddyn nhw.

Wedi iddyn nhw gael eu tynnu bydd y dail yn cael eu trin yn ffatri'r ystad. Byddan nhw'n cael eu taenu ar silffoedd i grino, eu gwasgu rhwng roleri trwm i gael y sudd ohonyn nhw ac yna'u gwasgaru ar fyrddau mewn ystafell oer a'u gadael am rai oriau; yno bydd yr ocsigen yn yr aer yn adweithio â chemigion yn y dail ac o ganlyniad bydd y dail yn troi'n ddu. Yr enw ar y broses hon yw "eplesu", ac mae'n bwysig oherwydd trwy'r broses hon y bydd te yn cael ei flas. Bydd gweithwyr profiadol yn gwybod yn union pryd bydd y te wedi eplesu digon, a bydd y dail wedyn yn cael eu gosod mewn peiriant sychu a'u rhidyllu i'w dosbarthu yn ôl eu maint cyn eu pacio mewn cistiau wedi eu leinio â ffoil aliwminiwm yn barod i'w gwerthu.

Bydd y te yn cael ei ddanfon i arwerthiant lle bydd cynrychiolwyr o'r gwahanol gwmnïau te yn cynnig pris amdano. Llundain yw un o'r canolfannau arwerthu pwysicaf er bod rhai i'w cael yn y gwledydd sy'n tyfu te. Bydd y cwmnïau yn gofalu prynu dail a dynnwyd ar nifer o ystadau ac ar wahanol adegau o'r flwyddyn; mae'n rhaid cael cymysgedd ohonyn nhw i greu te â'r blas iawn. Cymysgedd o ddail sydd mewn pacedi a bagiau te; fel arfer y gradd mwyaf mân a roddir yn y bagiau sydd mor gyffredin erbyn hyn.

Te gwyrdd sy'n boblogaidd yn China a Japan; mae hwn yn wahanol i'r te du a gawn ni am nad yw'r dail yn cael eu heplesu.

Bydd llwyni te yn tyfu orau lle bydd digon o wres, glaw a lleithder i sicrhau tyfiant cyson o ddail newydd. India, China a Sri Lanka, tair o wledydd Asia, yw'r cynhyrchwyr mwyaf, a'r pwysicaf o'r cynhyrchwyr

Llundain: blasu te. Caiff samplau o'r te sydd i'w werthu yn yr arwerthiannau eu berwi'n ofalus. Yna bydd arbenigwr yn archwilio'r te sych ac yn sylwi ar fasn o'r te berw cyn blasu llwyaid ohono a'i boeri allan. Ar farn yr arbenigwr hwn y bydd yr arwerthwr a'r sawl sy'n gyfrifol am gymysgu'r dail te yn dibynnu.

eraill yw Japan, yr Undeb Sofietaidd – caiff te ei dyfu yno yn rhan ddeheuol y wlad ger y Môr Du – Indonesia, gwledydd dwyrain Affrica a'r Ariannin. Bydd y rhan fwyaf o'r te yn cael ei dyfu ar lethrau mewn ardaloedd bryniog neu fynyddig. Ystadau te mawr sydd yn India a Sri Lanka, ond yn China a Japan a rhai gwledydd eraill, mewn gerddi bychain y bydd y llwyni te yn cael eu tyfu.

Te yw'r ddiod fwyaf cyffredin yng ngwledydd Prydain, yn China, Japan a'r Undeb Sofietaidd.

J.E.D.

TEGANAU

Pethau wedi'u llunio i blant neu oedolion chwarae â nhw yw teganau. Mae'n amhosibl dweud sut y dechreuodd yr arfer o chwarae â theganau, nac ychwaith paham, ond yn ôl archaeolegwyr bu clychau, peli a doliau ac anifeiliaid tegan yn bwysig yn natblygiad y plentyn drwy'r oesoedd. Bydd dyfeisio teganau yn rhoi cyfle i blentyn ymarfer ei ddychymyg; gall gymryd ffon a'i marchogaeth – a dyna'i ddychymyg wedi ei throi'n geffyl pren. Gall anelu darn o bren at rywun a bydd gwn ganddo, ac os bydd merch yn stwffio gwair neu bapur i hen hosan bydd ganddi ddoli glwt. Mae gallu plant i ddyfeisio yn ddi-bendraw, ac mae'n debyg mai dysgu'r grefft o fod yn berson mewn oed a wna plentyn wrth drin ei deganau.

Arferai'r Rhufeiniaid gyflwyno anrhegion eu plant i'r duwiau wedi iddyn nhw dyfu'n rhy hen i chwarae â nhw ac mewn ambell wlad byddai eu hanrhegion yn cael eu claddu gyda phlant marw. Y teganau mwyaf poblogaidd ymhlith y Groegiaid a'r Rhufeiniaid oedd doliau, pypedau, topiau, sgitlau, a cherti ac anifeiliaid a gâi eu tynnu â darn o gortyn. Mae'r teganau hyn yr un mor boblogaidd heddiw ymhlith plant bach ond daeth teganau newydd eraill yn ffasiynol ar wahanol adegau. Yn yr ail ganrif ar bymtheg, daeth y llusern hud (ffurf gynnar ar daflunydd sleidiau) yn boblogaidd, a dyma hefyd gyfnod y milwr tun. Yn yr Iseldiroedd, ar yr un adeg, roedd merched yn hoffi chwarae â thai dol cywrain, â phob ystafell ynddyn nhw wedi ei dodrefnu.

Yn y bedwaredd ganrif ar bymtheg, daeth teganau ymarfer corff megis peli, rhaffau sgipio a chylchau yn boblogaidd, ac wrth i'r oes ddiwydiannol ddatblygu daeth mwy o fri ar lunio teganau mewn ffatrïoedd ar gyfer eu gwerthu mewn siopau. Ond trwy'r holl flynyddoedd hyn parhaodd y teganau syml o waith cartref yn ffefrynnau mawr gan blant. Er na allai rhieni pawb fforddio prynu teganau mewn siop, ni fyddai'r un plentyn yn dioddef colled; byddai'n bosibl llunio rhuglen babi yn hawdd trwy osod nifer o farblis mewn bag o groen a'i ysgwyd. Mae Dafydd ap Gwilym yn sôn yn un o'i gywyddau am "rugl groen", sef cwdyn o groen â cherrig neu esgyrn sych ynddo, wedi'i lunio i godi braw ar adar, ond a wnâi'r tro hefyd i ddiddori babi. Byddai marblis pop i'w cael yng ngyddfau poteli diod a ddeuai i'r tafarnau, a byddai chwarae marblis yn galw am grefft a galluoedd arbennig.

Teganau: ddoe a heddiw. Sylwer yn arbennig ar y teganau traddodiadol ar y llaw chwith y mae sôn amdanyn nhw yn yr erthygl – chwirligwgan, cylch a bachyn, top, chwibanogl, marblis a rhaff sgipio.

Yn y gwanwyn a'r haf, byddai'n hawdd ffurfio chwibanogl o gangen y fasarnen, a byddai cnau castan aeddfed yr hydref, y concers, yn galw am allu i anelu'n dda. Byddai'n hawdd llunio gwn pop o bluen gŵydd neu ddarn o bren yr ysgawen; roedd pluen yr ŵydd ar ffurf tiwb yn naturiol, ond i wneud tiwb o'r ysgawen byddai'n rhaid tyllu'r bywyn o'r pren. Deuai'r bwledi o dafell o daten neu o gerrig aeron y ddraenen wen. Gorchwyl hawdd hefyd fyddai llunio ffon gerdded, bwa a saeth neu ffon dafl o goed y perthi, top o ril edau, a chwip ar ei gyfer o wialen a darn o gortyn. Byddai'r gof lleol bob amser yn barod i lunio cylch haearn am ychydig geiniogau. Câi plant gryn hwyl yn gyrru'r cylch yn ei flaen gan ei lywio â bachyn neu ffon bren. Roedd y chwirligwgan, hefyd, yn boblogaidd, ac yn galw am gryn grefft i'w lunio; darn tenau o bren oedd hwn, tua 15 cm o hyd, a thaten ar un pen iddo, a'r pen arall wedi'i wthio trwy dwll mewn cneuen. Câi edau ei chlymu wrth y naill ben a'i rhedeg trwy dwll arall yn y gneuen a thrwy dynnu wrth yr edau roedd yn bosibl peri i'r tegan chwyrnellu. Ar gyfer y merched byddai'r saer yn barod i lunio tŷ dol ar gyfer y ddoli glwt, a gallai hefyd lunio coets neu bram iddi.

Erbyn heddiw, dydy teganau o waith cartref ddim mor boblogaidd o bell ffordd ag y buon nhw. Caiff y rhan fwyaf o blant brynu eu teganau mewn siopau – teganau technegol, cymhleth sy'n wahanol iawn i'r teganau traddodiadol. Yn wahanol i'r ddoli glwt gall y ddol fodern wneud llawer iawn o bethau, ac mae gwn gofod wedi cymryd lle'r gwn pren. Daeth dau fath arall o degan yn boblogaidd iawn – rhai a fydd yn symud, fel trên model ar gledrau ac amrywiol geir a loriau a faniau, a modelau i'w llunio o git neu bac o ddarnau i'w ffitio at ei gilydd megis *Lego* neu i'w gludio ynghyd megis model o awyren. Bydd llawer o blant yn hoff o bendroni am hydoedd uwchben jigso neu chwaraeon bwrdd megis draffts a *Monopoly* a *Trivial Pursuit* neu'r gemau bwrdd sy'n seiliedig ar raglenni teledu – *Blockbusters, Countdown* a *Question of Sport*. Cynyddu mae'r amrywiaeth o hyd.

Mae byd y tegan yn adlewyrchu byd oedolion ym mhob ffordd – mae'r posibiliadau'n ddi-rif, a bydd y person a all ddyfeisio tegan fydd yn siwr o danio dychymyg plentyn yn debyg o wneud ffortiwn. Bellach daeth gemau a theganau electronig yn boblogaidd – cyfrifiaduron y gall plant o bob oedran eu defnyddio i amcanion addysgol neu i chwarae gemau arnyn nhw, cerbydau o bob lliw a llun a modelau'n ymwneud â'r gofod – a phwy all ddirnad pa fath deganau fydd ar werth y flwyddyn nesaf?

W.J.J.

TEIGR

Un o'r mamolion ysglyfaethus mwyaf yw'r teigr, ac fel y llew a'r llewpart mae'n perthyn i deulu'r cathod. Mae wyth gwahanol fath o deigr i'w cael, pob un ohonyn nhw'n byw yn Asia – yn Siberia, China, Manchuria, India, Sumatera, Jawa a Malaysia. Maen nhw'n wahanol i'w gilydd o ran maint a lliw ac o ran y marciau sydd ar eu cyrff. Gall teigr Siberia bwyso 227 kilogram a mesur 2½ metr, a chynffon o fetr ar ben hynny, tra bod y teigr lleiaf, sy'n byw yn Indonesia, yn pwyso 170 kilogram yn unig, yn mesur 1½ metr, ac iddo gynffon o ¾ metr.

Mae gan deigr y gwledydd oeraf orchudd tewach o flew na'r un sy'n byw yng ngwledydd poeth y Trofannau. Mae lliw melyn a streipiau duon yn guddwedd ardderchog ar gefndir bambŵ, ond mae teigr Siberia yn fwy gwyn er mwyn iddo allu ymdoddi i gefndir o eira.

Cynefin y teigr yw coedwigoedd a mynyddoedd creigiog yn ogystal â jyngl bambŵ. Fel arfer bydd yn cysgu yn ystod y dydd ac yn dod allan i hela yn y nos. Dilyn ei ysglyfaeth yn ddistaw a wna, neu ddisgwyl amdani'n llechwraidd ac aros ei gyfle i neidio am ei hysgwyddau a gafael yn ei gwddf. Ar ôl lladd anifail bydd yn ei lusgo i ryw gilfach i'w fwyta. Mae'r teigr yn anifail cryf iawn; gall lusgo corff byffalo y byddai angen dwsin o ddynion i'w dynnu. Heblaw byffalo, bydd y teigr yn bwyta moch gwyllt, ceirw a physgod; fel arfer ni fydd yn ymosod ar ddyn oni bai ei fod wedi'i frifo neu yn rhy hen i hela.

Bydd y fam yn cario'r rhai bach am tua 15 wythnos, cyn eu geni rhwng Chwefror a Mai yn y gwledydd oer, ond ar unrhyw adeg o'r flwyddyn yn y Trofannau. Bydd dau, tri neu bedwar cenau yn cael eu geni ar y tro, a gan eu bod yn noeth a dall bydd y fam yn eu cuddio mewn ogof. Bydd hi'n eu diddyfnu yn chwe wythnos oed ond fyddan nhw ddim yn gadael eu mam nes iddyn nhw ddysgu dal eu bwyd eu hunain.

Does gan y teigr ddim gelynion naturiol. Ei brif elyn yw dyn, ac am fod dyn yn hela anifeiliaid gwyllt mae perygl i'r teigr, ynghyd â nifer o anifeiliaid eraill y byd, ddiflannu. Yn ystod y ganrif ddiwethaf byddai dynion yn hela'r teigr er mwyn hwyl a sbort, yn enwedig yn India. Hefyd fe gâi ei hela am fod ei groen yn werthfawr ar gyfer gwneud dillad moethus. Rheswm arall dros y lleihad yn niferoedd teigrod yw bod y coedwigoedd lle maen nhw'n byw yn cael eu torri ac o ganlyniad mae ysglyfaeth y teigrod yn mynd yn brin. Er mwyn ceisio achub y teigr fe gaiff ei amddiffyn mewn gwarchodfeydd natur yn India a mannau eraill. Yn ogystal bydd sw mewn sawl gwlad yn eu cadw ac yn ceisio'u bridio.

J.R.J.

TELEDU

Daw'r gair Saesneg *television* o'r gair Groeg *tele* sy'n golygu "pell" a'r gair Lladin *videre* sef "gweld". Dyfais yw'r teledu sy'n galluogi pobl i "weld ymhell" trwy ddod â lluniau a seiniau o bell i'w cartrefi. Gall dyn eistedd yn ei gadair gartref a gwylio rhyfel yn cael ei hymladd ymhell, bell i ffwrdd, gwleidydd yn annerch torf mewn gwlad arall, gêm bêl-droed neu fabolgampau ym mhen draw'r byd, neu gorwynt neu lifogydd yn creu difrod ar gyfandir pell, neu hyd yn oed dyn yn cerdded ar y lleuad – y cyfan yn "fyw" (hynny yw, ar yr union adeg y mae'n digwydd,) neu wedi'i recordio ymlaen llaw.

Mae modd i ni ddysgu am ffordd o fyw pobl ac anifeiliaid ym mhellteroedd y ddaear trwy gyfrwng y teledu, neu dreulio oriau lawer yn cael ein difyrru gan yr hyn sydd i'w weld ar y sgrîn fach yng nghornel yr ystafell. Erbyn heddiw mae'r teledu'n dylanwadu mwy ar ein ffordd ni o fyw nag unrhyw ddyfais neu ddarganfyddiad arall.

Er ein bod yn cysylltu teledu ag enw'r peiriannydd o'r Alban, John Logie Baird, go brin y gallwn honni mai Baird, nac unrhyw un dyn arall, fu'n gyfrifol am ddyfeisio teledu. Bu llawer yn arbrofi yn y maes er dechrau'r bedwaredd ganrif ar bymtheg pan ddarganfu dyn sut i anfon signalau cyfathrebu trwy'r awyr ar ffurf tonnau electromagnetig. Baird oedd y cyntaf ym Mhrydain i arddangos, ym mis Ionawr 1926, ei bod yn bosibl anfon lluniau teledu trwy'r awyr, a dwy flynedd yn ddiweddarach trosglwyddodd luniau ar draws Cefnfor Iwerydd.

Yn 1936 dechreuodd y BBC ddarlledu rhaglenni teledu du a gwyn, gan arbrofi â system Baird a system arall, gan gwmni Marconi/EMI, bob yn ail wythnos; cafodd system Marconi/EMI ei fabwysiadu ar gyfer y gwasanaeth ymhen blwyddyn. Ond daliodd Baird ati i arbrofi, gan arddangos teledu lluniau lliw ychydig cyn i'r Ail Ryfel Byd gychwyn. Rhoddodd y BBC y gorau i deledu yn 1939 rhag ofn y byddai trawsyrru signalau o gymorth i'r gelyn, gan ailagor y gwasanaeth yn 1946.

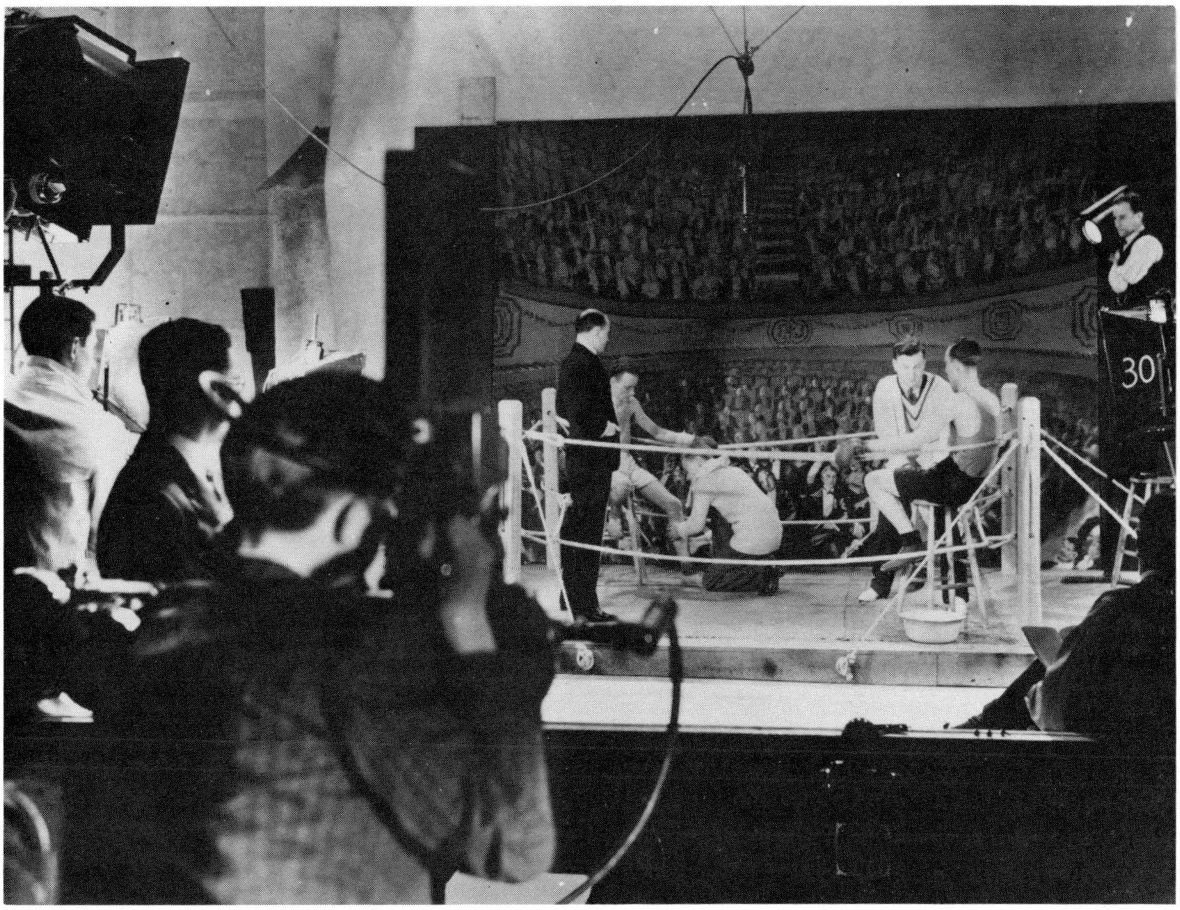

Dyddiau cynnar teledu. Darlledu gornest baffio o stiwdios Cwmni Teledu Baird, y Palas Crisial, Llundain ym mis Chwefror 1935. Sylwer ar y gynulleidfa ffug sydd wedi'i pheintio ar len y tu ôl i'r cylch paffio.

Ar y dechrau, ychydig o setiau teledu oedd i'w cael, ond daeth y cyfrwng newydd hwn yn boblogaidd iawn. Gwyddom fod nifer y setiau yng ngwledydd Prydain wedi cynyddu'n gyflym – er enghraifft, o bron pedair miliwn yn 1954 i dros ugain miliwn yn 1970. Erbyn heddiw mae gan y rhan fwyaf o wledydd y byd wasanaethau teledu.

Tan 1954 y BBC yn unig oedd yn darlledu rhaglenni teledu yng ngwledydd Prydain, a byddai'r Gorfforaeth yn derbyn ei chyllid gan y Llywodraeth o'r arian a dalai pobl am eu trwyddedau. Yn y flwyddyn honno sefydlodd y Llywodraeth yr Awdurdod Teledu Annibynnol a fyddai'n cystadlu â'r BBC, am gyfnod arbrofol o ddeng mlynedd i ddechrau. Yn wahanol i'r BBC byddai'r cwmnïau masnachol, dan drwydded o'r ATA, yn teledu hysbysebion ac yn derbyn tâl gan y gwahanol gwmnïau a fyddai'n dewis hysbysebu ar y cyfrwng; yr arian hwn fyddai'n talu am baratoi a darlledu yr amrywiaeth o raglenni.

Dechreuodd y gwasanaeth teledu annibynnol ym mis Medi 1956, yn ardal Llundain yn unig. Mae'r ddwy gyfundrefn yn dal mewn bod, ac erbyn heddiw mae pymtheg cwmni annibynnol yn darparu rhaglenni yn y gwahanol ranbarthau. Ar 2 Tachwedd 1982 cychwynnodd gwasanaeth *Channel 4*, diwrnod ar ôl dyfodiad S4C yng Nghymru, ac ar ddechrau 1983 dechreuodd y BBC a'r Awdurdod Darlledu Annibynnol eu gwasanaethau plygeiniol.

Y cwmni annibynnol sy'n gwasanaethu Cymru yw HTV. Bydd y cwmni'n darparu amrywiaeth o raglenni Saesneg ar ei sianel ei hun ar gyfer gwylwyr yng Nghymru ynghyd â rhaglenni Cymraeg ar gyfer Sianel Pedwar Cymru.

Dechreuodd y BBC deledu mewn lliw yn 1967, a'r ATA ddwy flynedd ar ôl hynny. Yn 1971 cafodd enw'r ATA ei newid i'r Awdurdod Darlledu Annibynnol, am ei fod yn gyfrifol bellach am Radio Annibynnol Lleol hefyd: agorwyd tair gorsaf RAL yn 1973 ac erbyn heddiw (1988) mae rhyw hanner cant ohonyn nhw i'w cael ar hyd a lled gwledydd Prydain.

Bydd y gwasanaeth teledu yn darparu amrywiaeth o raglenni gan gynnwys rhai doniol, rhai sydd o ddifrif, rhaglenni ysgafn i'n diddori, rhai sylweddol i'n haddysgu, rhaglenni sydd yn ymdrin â phob pwnc dan haul – y celfyddydau, crefydd, byd natur, chwaraeon o bob math, dramâu, rhaglenni plant, rhaglenni dogfen a materion cyfoes, ac wrth gwrs, y newyddion a rhagolygon y tywydd, o'r bore bach tan yn gynnar y bore wedyn.

Bydd y BBC a'r ADA yn darparu gwasanaeth teletestun (*teletext*) hefyd, sef cannoedd o dudalennau sy'n llawn o'r newyddion diweddaraf, adroddiadau ar chwaraeon a mabolgampau, newyddion am sioeau a ffilmiau, prisoedd bwydydd a ryseitiau – y cyfan yn newydd i'r funud. Gall y gwyliwr droi i ba dudalen bynnag y bydd yn dymuno, a'i chadw ar y sgrîn nes gorffen ei darllen. Enw gwasanaeth y BBC yw CEEFAX (enw da iawn, gan mai "gweld ffeithiau" y bydd y gwyliwr yn ei wneud!) ac ORACLE yw'r gwasanaeth teledu annibynnol, sy'n gwneud i ddyn feddwl am yr ymadrodd Saesneg *to consult the Oracle*. (Byddai'r Groegwyr cynnar yn troi at y duwiau am gyngor neu arweiniad. Caiff y gair *oracle* ei ddefnyddio i gyfeirio at gyngor o'r fath, neu at y lle y byddai'r Groegwyr yn mynd iddo i geisio'r cyngor hwnnw.) Os yw'n berchen ar set bwrpasol gall dyn ymgynghori â'r *Oracle* hwn pa bryd bynnag y bydd yn dymuno, o 6.30 y bore tan yn hwyr y nos neu'n gynnar y bore wedyn.

Sbectel yw enw gwasanaeth teletestun S4C. Mae rhyw dri deg o dudalennau o wybodaeth ar gael trwy'r gwasanaeth hwn, yn cynnwys manylion am raglenni teledu pob sianel; erthyglau cefndir ar raglenni teledu o ddydd i ddydd; tudalennau cylchgrawn i blant a llythyrau gwylwyr. Bydd *Sbectel* hefyd yn cynnwys y penawdau newyddion diweddaraf ynghyd ag is-deitlau Saesneg i rai rhaglenni Cymraeg.

Mae modd cysylltu setiau teledu cyfoes â pheiriant recordio fideo. Gallwn wylio un rhaglen tra bo rhaglen arall yn cael ei recordio ar gasét fideo i ni ei gwylio pan fydd yn gyfleus i ni, neu gallwn fynd oddi cartref gan adael i'r set recordio rhaglen y byddwn am ei gwylio ar ôl i ni ddychwelyd.

Paratoi gwybodaeth ar gyfer Sbectel *– gwasanaeth teletestun S4C – yn swyddfeydd y gwasanaeth yn Llundain.*

Er ein bod yn cymryd y set deledu yng nghornel yr ystafell yn ganiataol, mae'r modd y datblygodd y gwasanaeth dros gyfnod cymharol fyr a'r amrywiaeth y mae'n ei gynnig i'r gwylwyr, yn dal yn rhyfeddod. Gall teledu roi oriau o bleser i rai sy'n gaeth i'w cartrefi, neu mewn ysbytai neu sefydliadau tebyg lle bydd amser yn llusgo'i draed. Ond mae defnyddiau eraill i deledu hefyd.

Technoleg teledu'r wythdegau. Cafodd y rhaglen sy'n cael ei darlunio yma ei chynhyrchu heb ddefnyddio trydan o'r prif gyflenwad trydan. Yn y rhaglen cafodd ynni o belydrau'r haul ei drawsnewid trwy gyfrwng generadur solar (sydd i'w weld yn y cefndir) i ynni trydanol wrth i'r cyflwynydd esbonio i'w wylwyr ddulliau o gael ynni o'r haul ac o dywod!

Trwy ddefnyddio teledu cylch cyfyng gall un dyn mewn ystafell ganolog mewn pwerdy, er enghraifft, gadw golwg ar nifer o luniau sy'n ei gyrraedd yno o gamerâu sy'n gwylio medryddion gwasgedd ac offer eraill mewn mannau allweddol yn y pwerdy. Yn yr un modd, mae'n bosibl gwylio ar gyfres o sgriniau teledu brosesau fel profi peiriannau a rocedi, neu arllwys dur tawdd o ffwrnais, pan fydd hi'n amhosibl mynd yn agos atyn nhw, neu wylio deifiwr yn gweithio ar long sydd wedi suddo i waelod y môr.

Heddiw bydd yr heddlu yn defnyddio'r teledu i warchod torf mewn gêm bêl-droed a chadw llygad ar rai a allai fod yn camymddwyn. Gall darpar-feddygon wylio triniaeth lawfeddygol ar sgriniau sydd yn derbyn lluniau o'r hyn sy'n mynd ymlaen o gamerâu sydd wedi'u lleoli yn y theatr driniaeth. Bydd banciau a siopau mawr yn defnyddio camerâu teledu i gadw llygad ar bobl amheus yr olwg a allai fod â'u bryd ar ddwyn. Gall camerâu ar loerennau yn y gofod dynnu lluniau o batrymau tywydd a'u trawsyrru i'r ddaear i arbenigwyr eu defnyddio i ddarogan y tywydd. Does dim diwedd i'r rhestr o wahanol ffyrdd o ddefnyddio'r ddyfais hon.

Bellach, mae datblygiadau pwysig eraill ar y gorwel. Ymhen dwy flynedd byddwn yn disgwyl gwasanaeth o loeren a fydd yn cynnig tair sianel newydd dan ofal yr ADA a'r cwmni *British Satellite Broadcasting*. Eisoes mae disgiau i'w gweld ar hyd a lled y wlad sydd yn derbyn rhaglenni o loerennau, a bydd yr offer hyn yn dod yn amlwg iawn yn ystod y blynyddoedd nesaf. Bydd nifer y sianeli a fydd ar gael, a'r dewis o raglenni, yn cynyddu'n sylweddol. (Gweler hefyd – BBC, RADIO, SIANEL PEDWAR CYMRU.)

D.G.J.

TELEFFON

O bryd i'w gilydd ym myd gwyddoniaeth bydd sawl person yn cael syniad tebyg am ddyfais arbennig tua'r un adeg. Yn 1861 cafodd peiriant trydan ei lunio yn yr Almaen a fedrai gludo negesau cerddorol. Cafodd y peiriant hwn ei alw'n "teleffon" sef "llais pell", o ddau air Groeg - *tele* (pell) a *phone* (sŵn). Yn 1876 cafodd dau batent eu cofrestru am declyn a allai gario llais dyn. Yn dilyn y rhain cafodd sawl dyfais debyg eu llunio, gan gynnwys un gan Thomas Edison, gŵr a oedd eisoes wedi dyfeisio'r gramoffon cyntaf. Mae'n debyg bod y patent neu'r hawl i ddatblygu'r teleffon yn un o'r rhai mwyaf gwerthfawr erioed. Dyma un rheswm pam y bu'n rhaid troi at y gyfraith er mwyn penderfynu eiddo pwy oedd yr hawl honno. Yn 1893, wedi cyfnod hir o ddadlau cyfreithiol, penderfynodd llys uchaf yr Unol Daleithiau mai Alexander Graham Bell oedd dyfeisiwr y teleffon.

Dwy ran sydd i bob teleffon, sef microffon sydd i'w gynnal ger genau'r siaradwr a derbynnydd i'w ddal wrth y glust. Pan fydd rhywun yn siarad, bydd tonnau sain yn cael eu cynhyrchu yn yr aer sy'n achosi i ddiaffram y microffon ddirgrynu yn ôl ac ymlaen. Y tu ôl i'r diaffram mae gronynnau carbon sy'n cael eu cywasgu gan ddirgryniadau'r diaffram. Bydd hyn yn newid gwrthiant trydanol y carbon, ac felly, os oes cerrynt yn llifo drwy'r carbon ar yr un pryd bydd y newidiadau hyn yn y gwrthiant yn peri i'r cerrynt gynyddu a gostwng yn ôl yr amrywiadau yn y sain sy'n taro'r diaffram. Bydd y microffon yn cymryd patrwm yr egni sain ac yn ei gopïo yn union mewn egni trydanol.

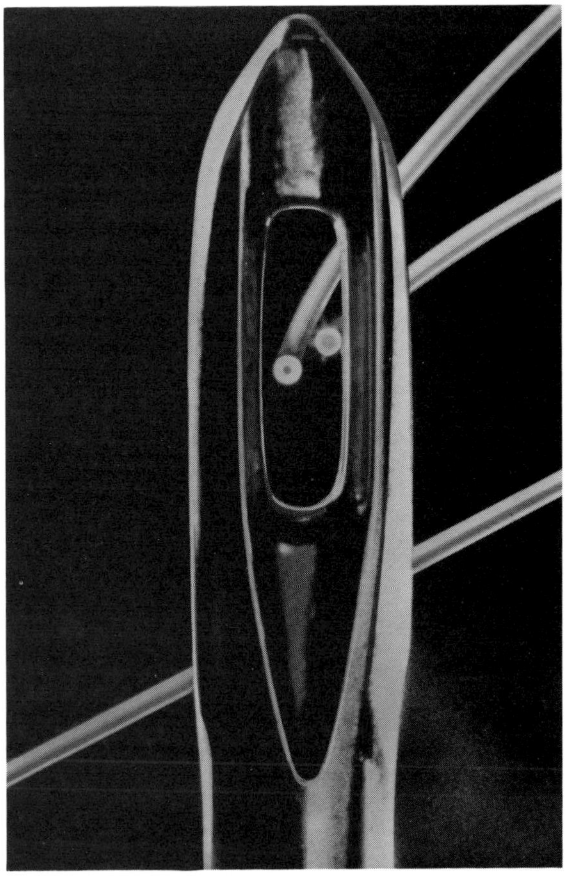

Mae mwy a mwy o negesau teleffon a data yn cael eu gyrru ar hyd ffibrau gwydr optig y dyddiau hyn. Mae'r ffibrau hyn yn hynod o denau ($\frac{1}{8}$ milimetr/ $\frac{5}{1000}$ modfedd o drwch) ac fel y gwelir yn y llun hwn o nodwydd wedi'i chwyddhau gall dwsinau ohonyn nhw basio trwy dwll bychan iawn.

(Mae llun microffon ar dudalen 39 yng Nghyfrol 5.)

Bydd y negesau trydan yn teithio ar hyd gwifrau copr i'r derbynnydd yn nheleffon y gwrandawr. Yno mae'r cerrynt yn teithio trwy'r troadau mewn electromagnet sy'n tynnu diaffram haearn tuag ato, ac yn ei ryddhau yn ôl yr amrywiadau yn y cerrynt. Bydd y diaffram yn peri i'r aer ddirgrynu a bydd ton sain newydd yn symud tua'r glust, ton sydd yn atgynhyrchiad perffaith o'r sain a'i hachosodd.

Yn ystod y blynyddoedd diwethaf bu gweddnewid sylweddol yn y system gyfathrebu drwy gyfrwng y teleffon. Nid ar hyd gwifrau copr y bydd y negesau'n teithio mwyach, ond ar hyd ffibrau gwydr optig. Caiff y cerrynt ei drawsffurfio yn signal golau sy'n teithio ar hyd y gwydr. Mantais fawr y datblygiad hwn yw bod y ffibrau mor fain, gall dwsinau ohonyn nhw – digon i gludo 100,000 sgwrs deleffon – basio drwy crau (twll) mewn nodwydd. Mae'r gwaith o osod ceblau teleffon tanfor neu danddaear lawer iawn yn haws bellach. (Gweler hefyd – CEBL, MICRO-FFON.)

G.A.

TELEGRAFF

Go brin bod unrhyw faes gwyddonol neu beirianegol wedi gweld cynifer o ddatblygiadau â'r byd cyfathrebu yn ystod y ganrif a hanner ddiwethaf.

Yn nhridegau'r bedwaredd ganrif ar bymtheg dyfeisiodd Samuel Morse delegraff trydan a allai anfon neges o un lle i'r llall ar hyd gwifren – mae'r hanes i'w gael ar dudalen 56 yng Nghyfrol 5. Erbyn diwedd 1962 roedd y lloeren gyfathrebu gyntaf wedi'i lansio – yng Nghyfrol 4, ar dudalen 145, mae'r sôn am hon. Mae'r datblygu wedi parhau ers hynny, a bydd yn parhau yn y dyfodol, gan ei gwneud hi'n hawdd i bobl gyfathrebu â'i gilydd ledled y byd – ac yn y gofod.

Yng nghyfnod cynnar hanes, ymhell cyn dyddiau Morse, byddai gan ddynion amrywiol ddulliau o anfon negesau – drwy daro bonau coed a drymiau â ffyn a pheri iddyn nhw atseinio; drwy chwythu pibau cyrs, chwibanoglau wedi'u llunio o esgyrn a thrwmpedau o gyrn anifeiliaid; drwy ddefnyddio mwg tân liw dydd a golau fflamau'r tân liw nos. Mae sôn bod y Pictiaid, mor gynnar â'r ganrif gyntaf, wedi cynnau coelcerthi ar uchelfannau amlwg yn Lloegr fel cyfrwng trosglwyddo gwybodaeth ynglŷn â symudiadau byddinoedd Rhufain.

Gwnâi unrhyw gyfrwng y tro os oedd hi'n bosibl ei weld o bell, a daeth y gair "telegraff" i gael ei ddefnyddio am rai o'r dulliau a fyddai'n cael eu harfer. Rhoddodd Claude Chappe yr enw ar y system semaffor a ddyfeisiodd yn Ffrainc yn niwedd y ddeunawfed ganrif. Gosododd drawst, â braich symudol ar bob pen iddo, ar ben tŵr mewn lle amlwg; trwy amrywio safle tri darn y trawst gallai gyfleu bron hanner cant o lythrennau'r wyddor a symbolau eraill.

Bu nifer o ddyfeiswyr yn Lloegr, yr Almaen a'r Unol Daleithiau yn ceisio darganfod sut i anfon signalau ar hyd gwifrau copr. Arbrofodd Morse yn nhridegau a phedwardegau'r ganrif ddiwethaf, cyn anfon ei neges enwog ar hyd gwifren rhwng Baltimore a Washington, pellter o drigain kilometr, yn 1844. Yn ei ffurf symlaf, dyfais yw telegraff trydan sy'n cynnwys batri ac allwedd yn un pen, teclyn i greu sain y pen arall, a gwifrau yn cysylltu'r ddau fel bo cerrynt trydan yn llifo o'r naill i'r llall. Dyna'r fath drefniant a oedd gan Morse.

Erbyn diwedd y ganrif ddiwethaf roedd gwifrau telegraff yn croesi rhan helaeth o arwynebedd y byd, ac roedden nhw wedi'u gosod dan Gefnfor Iwerydd hefyd.

Mae'r erthygl ar Morse yn crybwyll teleprinter. Bellach mae rhwydwaith rhyngenedlaethol o'r enw *Telex* yn cysylltu teleprinterau mewn swyddfeydd busnes sydd weithiau'n bell oddi wrth ei gilydd: gall rhywun deipio'r neges yn un pen a daw honno allan ar stribed o dâp mewn teleprinter ar ben arall y system. Hanner canrif yn ôl gallai teleprinter anfon pum cant o nodau mewn awr: ymhen chwarter canrif roedd y nifer hwn wedi codi i naw cant. Erbyn heddiw bydd dolennau radio microdon (*microwave radio links*) yn cludo bron dwy fil o sianelau mewn cylched sengl, a

Enghraifft o'r genhedlaeth ddiweddaraf o beiriannau telex *sy'n defnyddio technoleg gyfrifiadurol – y TX3000S a gynhyrchir gan gwmni STC. Mae modd rhaglennu'r derfynell hon ymlaen llaw i ddanfon negeseuon* telex *ar amser penodol ac os bydd y derfynell* telex *y mae'n ceisio cysylltu â hi yn digwydd bod yn brysur bydd y peiriant yn ceisio anfon ei neges eilwaith yn awtomatig.*

chaiff defnydd helaeth ei wneud o loerennau i drawsyrru negesau mewn côd rhwng gwledydd, ac o gyfrifiaduron i ddatru'r côd.

Er bod unigolion yn fwy tueddol bellach i ddefnyddio'r teleffon na'r telegraff, bydd byd masnach yn manteisio ar y dulliau newydd hyblyg o gyfathrebu sydd ar gael heddiw, sy'n wahanol iawn i'r offer syml a ddyfeisiodd Samuel Morse ganrif a hanner yn ôl. (Gweler hefyd – CEBL, MORSE, TELEFFON.)

D.G.J.

TELESGOP

Dyfais yw telesgop a gaiff ei hanelu at wrthrych pell ac sy'n ffurfio delwedd wedi'i chwyddhau ohono. Mae'n bosibl gwneud hyn i belydrau golau â'r telesgop optig, a bydd telesgop radio yn canfod ac yn chwyddhau pelydredd electromagnetig y tu allan i'r rhan weledol o'r sbectrwm electromagnetig.

Mae dau fath o delesgop optig, un sydd yn plygu pelydrau golau â lensys a'r llall sydd yn eu hadlewyrchu â drychau. Y cyntaf i'w adeiladu oedd y telesgop plygu gan Almaenwr o'r enw Hans Lippershey yn 1608. Aeth yr hanes am y teclyn rhyfeddol ar hyd a lled Ewrop gan ddod i sylw mathemategydd ym Mhrifysgol Padua o'r enw Galileo Galilei. Copïodd ef y ddyfais a'i pherffeithio nes iddo lwyddo i gael delwedd tri deg a dwy waith maint y gwrthrych gwreiddiol. Yna defnyddiodd ei ddyfais i gynyddu ei wybodaeth am y sêr a'r planedau. Roedd Galileo yn athro dihafal, yn awyddus i bawb glywed am y ffeithiau newydd, ac yn fuan iawn sylweddolodd pawb a glywsai amdani pa mor bwysig oedd y ddyfais newydd hon.

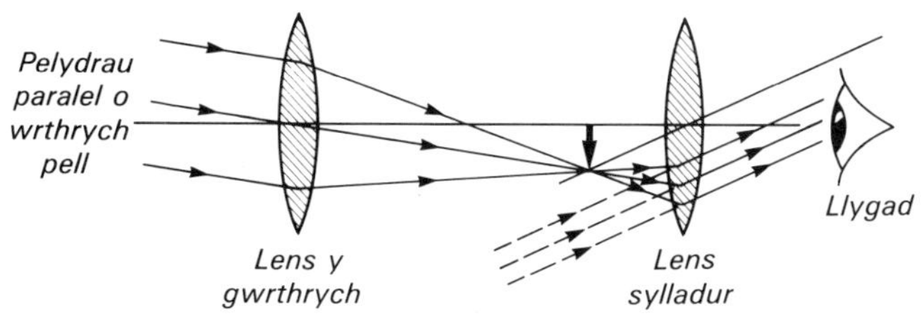

Telesgop plygu.

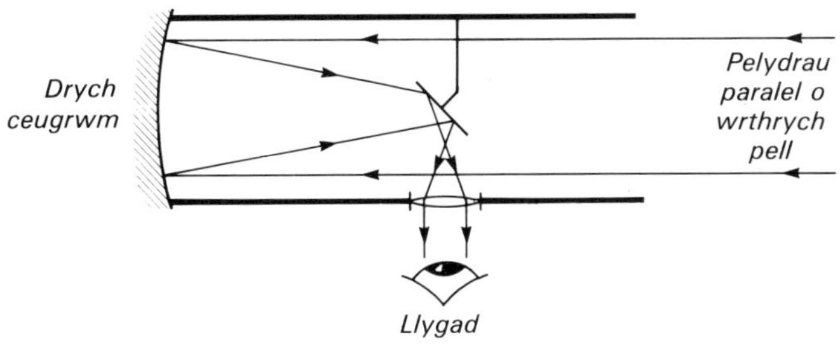

Telesgop adlewyrchu.

Fel mae'r llun ar dudalen 4 yng Nghyfrol 3 yn dangos, tiwb hir oedd telesgop Galileo; roedd ynddo lens amgrwm a fyddai'n cydgyfeirio golau yn un pen, a lens ceugrwm neu ddargyfeiriol – y sylladur – yn y pen arall, nesaf at y llygad. Heddiw, lens amgrwm sy'n cael ei osod yn y pen hwn hefyd, ond, pa lensys bynnag sy'n cael eu defnyddio gall y ddelwedd fod yn aneglur am nad yw'n bosibl eu ffocysu'n union. Dydy'r broblem hon ddim yn digwydd yn y telesgop adlewyrchu gan fod pelydrau golau o wrthrych pell yn cyrraedd drych ceugrwm yn gyfochrog â'i gilydd ac felly'n cael eu ffocysu bob un ar brif ffocws y drych. Syr Isaac Newton, dyn a anwyd y flwyddyn y bu Galileo farw a'r un a ddatblygodd syniadau sylfaenol Galileo mewn modd mor ddisglair, oedd y cyntaf i wneud telesgop adlewyrchu. Defnyddiodd yntau ddrych 25 milimetr o ddiamedr; heddiw mae drych 5 metr o ddiamedr mewn telesgop ar Fynydd Palomar ger San Diego, California yn rhoi llawer o wybodaeth i ni am y sêr a'r nifylau pellaf. (Gweler hefyd – Y DADENI DYSG, SERYDDIAETH.)

Mae llun telesgop Mynydd Palomar ar dudalen 139 yng Nghyfrol 6.

G.A.

Thomas TELFORD (1757-1834)

Ganwyd Thomas Telford yn fab i fugail yn Eskdale yn Swydd Dumfries yn neheudir yr Alban. Yn fachgen, aeth i weithio i saer maen, ond roedd yn uchelgeisiol ac am weld mwy o'r byd. Bu'n gweithio am gyfnod ar godi tai hardd yn ninas newydd Caeredin, ac yna aeth i Lundain lle bu'n trin cerrig ar gyfer adeiladu Tŷ Somerset yn y Strand, cyn mynd i weithio i'r penseiri enwog, y brodyr Adam. Ar ôl treulio ysbaid yn iard longau'r Llynges yn Portsmouth, aeth i Amwythig yn 1787 i adfer y castell lle dymunai'r Aelod Seneddol lleol wneud ei gartref. Yn yr un flwyddyn cafodd ei benodi'n Dirfesurydd Swydd Amwythig.

Wrth deithio ar hyd a lled y wlad roedd Telford wedi gweld cyflwr truenus y ffyrdd, a gwyddai pa mor anodd oedd cludo nwyddau o fan i fan. Sylweddolai fod camlesi'n fwy hwylus na ffyrdd gwael ar gyfer y gwaith hwn, ac am weddill ei oes bu'n ddiwyd yn adeiladu ffyrdd a chamlesi a phontydd, gan gyflawni llawer o'i waith pwysicaf yng Ngogledd Cymru.

Yn 1793 derbyniodd gais i gynllunio ac adeiladu camlas a fyddai'n uno afonydd Dyfrdwy a Hafren, ac er na chafodd hon ei chwblhau mae rhannau ohoni yn dal i gael eu defnyddio heddiw. Ar dudalen 137 yng Nghyfrol 1 mae hanes codi'r ddwy bont ddŵr fawr - Pont y Waun a Phontcysylltau - a oedd yn rhan o'r gamlas, heb fod ymhell o Langollen.

Pont Waterloo – y bont haearn a adeiladodd Thomas Telford ym Metws-y-coed yn 1815. THIS ARCH WAS CONSTRUCTED IN THE SAME YEAR THE BATTLE OF WATERLOO WAS FOUGHT *yw'r geiriau yn y bwa sy'n cynnal y bont.*

Yn 1801 gofynnodd y Llywodraeth i Telford baratoi adroddiad ar broblemau teithio a thrafnidiaeth Ucheldiroedd yr Alban. Ychydig o ffyrdd da oedd yno ar y pryd, ac, ar ôl i'r Llywodraeth dderbyn ei adroddiad, aeth Telford ati i gynllunio ac adeiladu dros fil o bontydd bach a mawr a thua 1,600 kilometr o ffyrdd newydd, rhai ohonyn nhw mewn gwlad wyllt a garw ym mynydd-dir gogledd y wlad ac eraill yn uwchdiroedd y de. Bu'n gyfrifol hefyd am adeiladu porthladdoedd yn Dundee, Peterhead a Banff.

Roedd wedi cymeradwyo torri camlas i longau drwy Glen Mor, o Fort William yn y gorllewin i Inverness yn y dwyrain, i uno Cefnfor Iwerydd a Môr y Gogledd. Bwriadai Telford i'r gamlas fod yn ddigon mawr i longau'r Llynges Frenhinol a llongau masnach hwylio ar hyd-ddi gan osgoi'r fordaith hir a thrafferthus o gwmpas Penrhyn Wrath yn y gogledd eithaf - ond methiant a siom fu'r fenter hon. Cymerodd y gamlas - Camlas Caledonia - ddeunaw mlynedd i'w chwblhau, ond ar ôl gorffen y gwaith ychydig o ddefnydd a fu arni.

Wrth gwrs, wedi cynllunio'i ffyrdd a'i gamlesi a'i bontydd roedd yn rhaid i Telford ddirprwyo'r gwaith adeiladu i eraill a dibynnu arnyn nhw i'w gwblhau yn iawn. Byddai'n rhoi rheolau pendant i'w gynorthwywyr eu dilyn wrth adeiladu. Rhoddai gyfarwyddyd am union faint yr amrywiol gerrig a gâi eu defnyddio wrth osod ffordd, a'r drefn o'u gosod yn eu lle. Roedd ganddo farn bendant ynglŷn â'r graddiant mwyaf y byddai'n barod i'w ganiatáu ar ddarn arbennig o ffordd a gwnâi ymdrech i sicrhau bod pob ffordd yn addas i'w hamgylchedd a'r drafnidiaeth a fyddai'n ei defnyddio. Roedd gan Telford reolau tebyg ar gyfer codi pontydd hefyd; yn y cyswllt hwn eto roedd graddiant dau hanner y bont yn bwysig, ynghyd â nifer y bwâu a lled y bont, a fyddai'n amrywio yn ôl y galw.

Roedd y Llywodraeth am weld gwella'r cyfleusterau teithio rhwng Llundain a Dulyn, a rhoddwyd y gwaith i Telford. Aeth yntau ati i wella cyflwr yr hen ffordd Rufeinig, Stryd Watling, rhwng Llundain ac Amwythig, ac adeiladu ffordd newydd o'r dref honno ymlaen i Gaergybi. Dyma'r A5 heddiw, sy'n dal yn ffordd lydan braf ar draws Gogledd Cymru, ag arni rai o gampweithiau Telford.

Ym Metws-y-coed cododd bont haearn yn 1815; dyma flwyddyn Brwydr Waterloo yng Ngwlad Belg, a choffaodd Telford fuddugoliaeth byddinoedd Prydain a Phrwsia dros Napoleon yng nghynllun y bont trwy gynnwys y geiriau canlynol yn y bwa sy'n ei chynnal: *This arch was constructed in the same year the Battle of Waterloo was fought.*

Mae un o orchestion Telford yn cydio'r tir mawr wrth Ynys Môn, sef y bont grog, "Pont y Borth", dros Afon Menai sy'n cael ei defnyddio hyd heddiw. Credai Telford yn gryf y dylai pob pont a godai gydweddu â'r wlad o'i hamgylch; cododd bont grog arall, yng Nghonwy, a gofalodd fod tyrau'r bont honno yn debyg i byrth yr hen gastell.

Mae'r erthygl ar PONTYDD yng Nghyfrol 6 yn esbonio pam y dewisodd Telford godi pont grog dros

Pont Menai, "Pont y Borth", tua'r flwyddyn 1870. Yn 1938 cafodd y ddwy res ganol o gadwyni eu symud i ledu'r ffordd, a'r cadwyni allanol eu hadnewyddu er mwyn i gerbydau modern allu croesi'r bont i'r naill gyfeiriad a'r llall ar hyd ffordd darmac.

y Fenai. Roedd i'w bont ef saith bwa, a chafodd y cerrig ar gyfer y tyrau a'r pileri a fyddai'n cynnal cadwyni'r bont eu cloddio yn chwarel Penmon, tua 13 kilometr i'r dwyrain ar arfordir Ynys Môn. Cafodd y cadwyni eu llunio a'u profi mewn ffowndri yn Upton Magna yn Swydd Amwythig; codwyd y gyntaf i'w lle ym mis Ebrill 1825, ac ym mis Awst dechreuodd y dasg o osod y ffordd i grogi o'r cadwyni. Am hanner awr wedi un y bore ar 31 Ionawr, 1826, ar ganol noson stormus, croesodd coets fawr Bont Grog y Fenai am y tro cyntaf erioed ar ei ffordd o Lundain i Gaergybi.

(Mae llun "Pont y Borth" ar dudalen 30 yng Nghyfrol 5.)

Llysenw Thomas Telford oedd *Pontifex Maximus*, "y Pen Bontiwr" – enw a wir haeddai. Mae'n braf meddwl iddo gyflawni cynifer o'i gampweithiau yng Nghymru. (Gweler hefyd – CAMLAS, PONTYDD, PONTYDD DŴR.)

D.G.J.

TELYN – *gweler* **OFFERYNNAU CERDD**

TEML

Lle i addoli duw yw teml. Yn aml bydd teml yn cynnwys delw neu symbol o'r duw ac yn cael ei hystyried fel cartref iddo. Mae "temlau" i'w cael heddiw yn India a'r Gorllewin Pell, ond caiff Tŷ Duw ei adnabod fel "eglwys" neu "gapel" gan Gristnogion, fel "synagog" gan Iddewon ac fel "mosg" gan Fwslimiaid.

Yn Jerwsalem yr oedd Teml yr Iddewon, teml wedi'i hadeiladu gyntaf gan Solomon ar ben y mynydd yn y ddinas honno. Ar ôl ei gorffen, meddai Solomon wrth Dduw: "Gan adeiladu yr adeiledais dŷ yn breswylfod i ti; trigle i ti aros yn dragywydd ynddo." Doedd y Deml hon ddim yn cynnwys unrhyw ddelw oherwydd bod y Deg Gorchymyn wedi gwahardd hynny. Roedd Arch y Cyfamod yn cael ei chadw yn y Deml, ac ynddi hi roedd tabledi'r Gyfraith, sef y llechi a gafodd Moses gan Dduw, a'r Deg Gorchymyn wedi'u hysgrifennu arnyn nhw. Cafodd y Deml hon ei dinistrio gan Nebuchodonosor a'i hailadeiladu ar ôl y gaethglud ym Mabilon. Yn ystod teyrnasiad Herod Fawr cafodd y Deml ei harddu ac ychwanegwyd ati, ond cafodd ei dinistrio eto gan fyddin yr Ymerawdwr Rhufeinig yn ymgyrch 70 O.C.

Teml Hindŵaidd wedi'i chysegru i'r duw Sifa yn Khajuraho yng nghanolbarth India. Ar un adeg safai 85 o demlau yn yr ardal hon, wedi'u codi o dywodfaen dros gyfnod o ryw ganrif, rhwng tua 950 a 1050 O.C. Bellach rhyw 20 o'r temlau hyn sy'n dal i sefyll.

Roedd temlau Groeg ymhlith y rhai mwyaf hardd yn y byd, ac mae eu hadfeilion i'w gweld yng Ngroeg a'r ynysoedd Groegaidd, yn yr Eidal ac ar arfordir Twrci hyd heddiw. Yn Athen mae'r Parthenon yn dal i sefyll ar ben y bryn, teml wedi'i chysegru i'r dduwies Athena, sef duwies y ddinas, ac wedi'i hadeiladu o farmor gwyn gyda cholofnau o'i hamgylch. Teml enwog arall o'r hen fyd oedd teml Artemis (Diana) yn Effesus; roedd colofnau'r deml hon dros 18 metr o uchder ac roedd yn un o saith rhyfeddod y byd.

Mae gan demlau India doeau uchel â cherfluniau cymhleth arnyn nhw, ond yn China a Japan mae cynllun y temlau yn wahanol. Mewn teml Chineaidd mae'r fynedfa trwy borth a chwrt allanol, ac oddi mewn mae wedi'i haddurno'n ddrudfawr; yn aml bydd arni do crwn fel cromen. Mae temlau Japaneaidd y Shinto yn symlach â'u toeau gwellt, ond mae temlau Bwdhaidd yn debycach i rai China. (Gweler hefyd – ACROPOLIS, ATHEN.)

Rh.T.

TENIS LAWNT

Yn gynnar yn y bedwaredd ganrif ar ddeg roedd gêm o'r enw *jeu de paume* yn boblogaidd mewn rhannau o Ffrainc, gêm a oedd rhywbeth yn debyg i'r tenis y byddwn ni yn ei chwarae heddiw. Ystyr *paume* yw "cledr y llaw", a nod y gêm oedd taro pêl o gorc, neu o rawn ceffyl â gorchudd lledr amdano, â chledr y llaw, yn ôl a blaen dros glawdd o bridd tua metr o uchder. Yn nes ymlaen dechreuodd y chwaraewyr ddefnyddio racedi.

Ar ddechrau'r gêm byddai'r Ffrancod yn gweiddi *Tenez!* ("Daliwch!") ac efallai mai'r gair hwn a drodd yn *tennis* pan ddaeth y gêm i Loegr.

Gwyddom fod sawl cwrt neu sgwâr caeedig wedi'u hadeiladu yn Lloegr ar gyfer chwarae'r gêm, yr enwocaf efallai yn Hampton Court, i'r de-orllewin o Lundain, lle hoffai'r Brenin Harri'r VIII chwarae.

Yn 1873 roedd Sais, yr Uwchgapten Walter Clopton Wingfield, yn aros gyda ffrindiau iddo ym Mhlas Nantclwyd yn Nyffryn Clwyd, ac ef biau'r clod am ddyfeisio rheolau newydd y pryd hwnnw wedi'u seilio ar y gêm a chwaraeai Harri'r VIII. Y gwahaniaeth mwyaf rhwng y ddwy gêm oedd na fyddai angen cwrt caeedig mwyach; fe wnâi unrhyw ddarn o dir gwastad neu lawnt y tro.

Rhag cymysgu'r ddwy gêm, cafodd yr un newydd ei galw'n "tenis lawnt"; enw'r llall yn Saesneg yw *real tennis*, hynny yw, *royal tennis*, a bydd rhai pobl yn dal i chwarae'r gêm frenhinol hon heddiw.

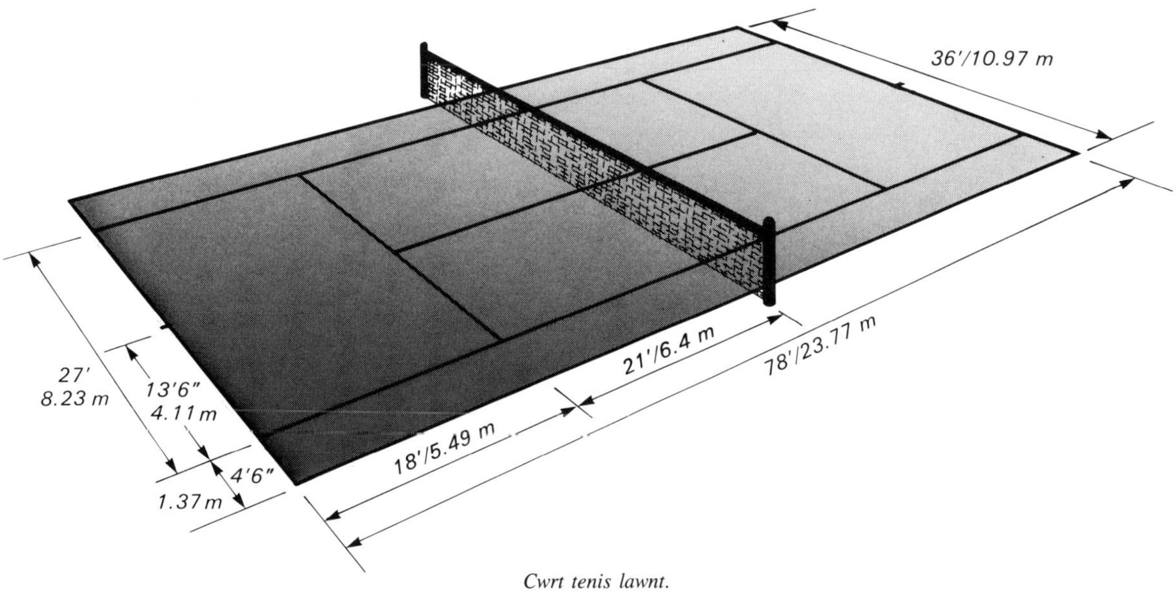

Cwrt tenis lawnt.

Er mwyn cadw'r hawlfraint ar y gêm newydd, ychwanegodd Wingfield yr enw rhyfedd *Sphairistikè*, ac ar flychau'r setiau cyntaf o'r offer chwarae a gynhyrchodd argraffodd yr arysgrif hon:

The game of Sphairistikè or Lawn Tennis. Dedicated to the party assembled at Nantclwyd in 1873.

Daeth y gêm ar ei newydd wedd yn boblogaidd yn fuan iawn, ac yn 1875 bu arddangosfa tenis lawnt ar faes criced Thomas Lord yn Llundain. Bu rhywfaint o addasu ar y rheolau ac ar fesuriadau'r cwrt chwarae, a dwy flynedd yn ddiweddarach cafodd y pencampwriaethau cyntaf erioed eu cynnal yn Wimbledon dan nawdd yr *All England Croquet and Lawn Tennis Club*. Yn 1888 ffurfiwyd y Gymdeithas Tenis Lawnt – *The Lawn Tennis Association (L.T.A.)* sy'n dal i reoli'r gêm yng ngwledydd Prydain. Erbyn heddiw bydd y gêm yn cael ei chwarae ledled y byd.

Mae'r llun yn dangos mesuriadau cwrt tenis lawnt, y raced a'r bêl; uchder y rhwyd ar y ddau ben yw 1·067 metr (3½ troedfedd) a 0·914 metr (3 troedfedd) yn y canol. Gall dau unigolyn neu ddau bâr chwarae yn erbyn ei gilydd; fel y gwelwn yn y llun mae'r cwrt chwarae 2·74 metr yn lletach (1·37 metr ar hyd bob ochr) pan fydd dau bâr yn chwarae'r gêm ddwbl.

Gall y cwrt chwarae fod yn lawnt o laswellt, neu yn ddarn o dir â'i wyneb o asffalt neu o glai wedi sychu – neu, dan do, o bren.

Paratoi i dderbyn y bêl yn ystod gornest denis broffesiynol.

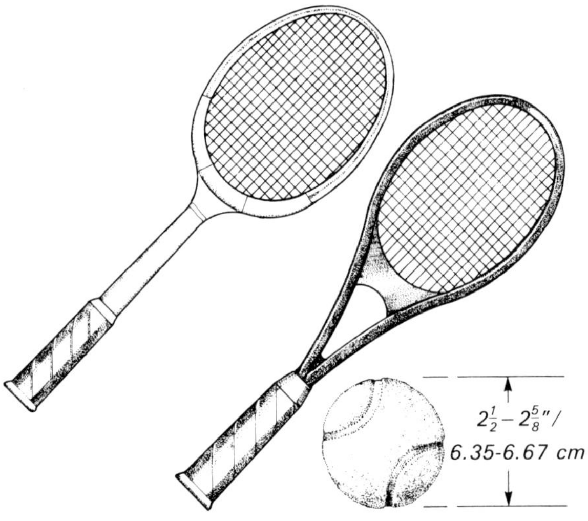

Raced wedi'i gwneud o bren neu o ddur. Bydd raced dyn yn pwyso rhwng 13½ a 14 owns (382.7-396 gram) a raced dynes rhwng 13 a 13½ owns (368.5-382.7 gram).

Rhaid i'r bêl fod yn wyn neu'n felyn, a phwyso rhwng 2 a $2\frac{1}{16}$ owns (56.7-58.5 gram).

Nod y gêm yw taro'r bêl â'r raced dros y rhwyd yn y fath fodd fel ei bod yn anodd neu'n amhosibl i'r gwrthwynebydd ei dychwelyd. I gychwyn bydd yn rhaid i'r sawl sy'n serfio sefyll y tu ôl i'w linell ôl ei hun a tharo'r bêl fel ei bod yn glanio yn y cwrt derbyn sydd ar letraws iddo, a bydd ei wrthwynebydd yn ceisio'i tharo nôl wedi iddi sboncio unwaith yn unig.

Wedi hynny bydd yn rhaid cadw'r bêl y tu mewn i derfynau'r cwrt: os bydd y sawl sy'n derbyn y bêl yn methu'i tharo, neu'n ei bwrw i'r rhwyd, neu'n ei tharo allan o'r cwrt, neu'n gadael iddi sboncio mwy nag unwaith, bydd yn colli'r pwynt.

Caiff sgôr o 15 ei roi am y pwynt cyntaf, yr un sgôr am yr ail bwynt, 10 am y trydydd, a bydd y pedwerydd pwynt yn ennill y gêm – ond, os bydd y sgôr yn gyfartal ar 40 yr un, bydd yn rhaid i un chwaraewr neu un pâr ennill dau bwynt yn olynol, fel bod ganddo ddau bwynt clir o fantais, er mwyn ennill y gêm. Y chwaraewr cyntaf i ennill chwe gêm fydd yn cipio'r set, ar yr amod fod ganddo ddwy gêm o fantais; os bydd y sgôr yn cyrraedd chwe gêm yr un, bydd yn rhaid mabwysiadu trefn wahanol o sgorio cyn i'r naill chwaraewr neu'r llall ennill y set, sef y cyntaf i ennill saith pwynt gyda mantais o ddau. Cafodd y rheol ddiwethaf hon – sy'n cael ei galw'n *tie break* – ei mabwysiadu yn nechrau'r saithdegau er mwyn ceisio osgoi chwarae setiau hir iawn.

Mewn gornestau i ddynion, rhai sengl a rhai dwbl, y gorau o bum set sy'n ennill yr ornest – hynny yw, y chwaraewr neu'r pâr cyntaf i ennill tair gêm; y gorau o dair set sy'n ennill gornestau i ferched, rhai sengl a rhai dwbl, ynghyd â gornestau i barau cymysg. Chaiff y *tie-break* mo'i ddefnyddio yn y set olaf mewn gornest – hynny yw, y bumed set mewn gornestau dynion neu'r drydedd set mewn gornestau i ferched a pharau cymysg: bydd yn rhaid dal i chwarae nes bod gan un ochr ddwy gêm o fantais.

Erbyn heddiw bydd campwriaethau'n cael eu trefnu ar hyd y flwyddyn mewn amryw wledydd – rhai allan yn yr awyr agored lle bydd miloedd yn gwylio, eraill dan do mewn canolfannau mawr megis Neuadd Albert a Chanolfan Wembley yn Llundain. Bydd gwobrau mawr i'w hennill yn y gemau hyn a bydd chwaraewyr proffesiynol yn treulio'r flwyddyn yn cystadlu mewn cyfres o gampwriaethau ledled y byd. Y gornestau sydd â'r bri mwyaf, y bydd y chwaraewyr gorau yn anelu at eu hennill, yw Pencampwriaethau Wimbledon – gornest sengl i ddynion ac i ferched a gornest ddwbl i ddynion, i ferched ac i barau cymysg – sy'n cael eu cynnal ym mis Gorffennaf bob blwyddyn.

J.E.

Mansel THOMAS (1909–1985)

Ganwyd Mansel Thomas yn Tylorstown, y Rhondda, yn 1909. Roedd cerddoriaeth yn rhan bwysig o'i gefndir, yn ei gartref a'i gymdogaeth, a byddai ei dad wrth ei fodd yn arwain corau. Yn fachgen dysgodd Mansel ganu'r piano a bu'n cyfansoddi'n ifanc iawn.

O Ysgol Ramadeg y Porth enillodd Ysgoloriaeth Gerddoriaeth y Rhondda yn un ar bymtheg oed a mynd i Academi Frenhinol Llundain i astudio'r piano a chyfansoddi, a pharatoi ar gyfer gradd mewn Cerddoriaeth a enillodd yn 1928. Arhosodd am ddwy flynedd ychwanegol yn yr Academi ar ôl ennill Ysgoloriaeth Gyfansoddi Blumenthal.

Bu'n gweithio fel cerddor annibynnol am ryw bum mlynedd wedyn, yn dysgu piano, yn cyfeilio, yn arwain corau ac yn organydd.

Ar 1 Ionawr 1936 dechreuodd ar ei waith yn Ddirprwy Bennaeth Cerddoriaeth y BBC yng Nghymru. Idris Lewis oedd y Pennaeth, a bu'r ddau yn teithio ledled Cymru yn gwrando ar gorau ac unawdwyr gyda'r bwriad o ddod o hyd i ddefnydd darlledu addas. Roedd cerddorfa o ugain o ddatgeiniaid, ynghyd â phianydd, hefyd yn hawlio llawer o sylw.

Yn 1939 priododd Megan Lloyd, sielydd a fu'n gydfyfyriwr ag ef yn yr Academi. Pan ddechreuodd yr Ail Ryfel Byd chwalwyd cynlluniau cerddoriaeth y BBC yng Nghymru. Symudwyd Mansel Thomas i Fryste, ac yna i Fangor i'r Adran Rhaglenni Ysgafn lle bu'n gyfrifol am raglen boblogaidd iawn yn y dyddiau hynny o'r enw *Bandstand*. Yn 1943 cafodd ei anfon i Frwsel gyda'r Lluoedd Arfog a chyn pen dim roedd wedi ffurfio côr meibion a cherddorfa yno.

Yn 1946 dychwelodd Mansel Thomas i'r BBC. Roedd Cerddorfa Gymreig y Gorfforaeth wedi tyfu i 33 aelod ac fe fyddai'n arwain chwe chyngerdd yr wythnos yn aml. Yn 1950 pan ymddeolodd Idris Lewis, penodwyd Mansel Thomas yn Bennaeth Cerddoriaeth y BBC yng Nghymru a bu yn y swydd tan 1965 pan ymddeolodd yn gynnar, yn 56 oed.

Roedd am gael amser a llonydd i gyfansoddi ac aeth i fyw yn Nhreadam ger y Fenni. Parhaodd yn brysur, serch hynny, yn beirniadu, yn arwain ac yn arholi i Fyrddau Unedig Colegau Cerddoriaeth Llundain. Fel Cymrawd Athro Anrhydeddus yng Ngholeg Prifysgol Cymru, Aberystwyth, byddai'n darlithio yn y coleg yn achlysurol. Bu'n Gyfarwyddwr Gŵyl Gerddorol lwyddiannus Llandeilo Gresynni (Llantilio Crossenny).

Hyd at 1965 bu'n cyfansoddi ar gyfer corau meibion, corau merched a chorau plant, a hefyd ar gyfer unawdwyr. Roedd ar ei orau yn gyfansoddwr caneuon; mae ei gân "Y Bardd"(ar englynion coffa R. Williams Parry i Hedd Wyn) yn enghraifft nodedig o'i ddawn ac felly hefyd "Gwyn ap Nudd", *Four Prayers from the Gaelic*, a chyfrol "Caneuon Grace a Siân" a gyfansoddodd i'w ddwy ferch pan oedd ym Mrwsel adeg y Rhyfel. Byddai'n aml yn cyfansoddi ar gyfer achlysuron arbennig, megis "Salm 135" ar gyfer alto, côr meibion ac organ, a gyfansoddodd ar gyfer Gŵyl gyntaf Llandaf.

Bu 1966-1971 yn gyfnod toreithiog. Ymhlith cyfansoddiadau'r cyfnod hwn mae "Gwas y Goruchaf"; "Y Brenin Orchfygwr"; *Rise, O my Soul*; *I saw a new Heaven and a new Earth*; "Salm 150" ac "Amrywiadau i Fand Pres ar Hob y Deri Dando". Yn 1971 collodd ei iechyd, ond ni roddodd y gorau i'w waith creadigol. Yn 1975 cyfansoddodd ddau ddwsin o ganeuon, ar ôl cael comisiwn i ysgrifennu Cylch o Ganeuon ar eiriau gan Alun Lewis, R.S. Thomas, Harri Webb, A.G. Prys Jones ac Idris Davies.

Soniwyd uchod am "Caneuon Grace a Siân" ar gyfer ei ddwy ferch; erbyn y saithdegau, ac yntau'n dad-cu, roedd Mansel Thomas am ysgrifennu i'r genhedlaeth nesaf, a dyma gyfansoddi saith darn dan y teitl *For the Children*, "Amrywiadau i Unawd Sielo", "Tri Darn i Obo" a "Cerddoriaeth i Joanna".

L.R.

D. Vaughan THOMAS (1873–1934)

Ganwyd David Thomas ar 15 Mawrth 1873 yn Ystalyfera; symudodd y teulu droeon cyn ymsefydlu ym Mhontarddulais yng Nghwm Tawe. Dangosodd y bachgen yn ifanc iawn fod ganddo ddawn canu'r piano, gan ennill mewn eisteddfodau a chyfeilio'n gyhoeddus cyn cyrraedd deuddeg oed.

Enillodd ysgoloriaeth i Goleg Llanymddyfri yn 1888, a phum mlynedd yn ddiweddarach cafodd ysgoloriaeth i Goleg Exeter ym Mhrifysgol Rhydychen; astudiodd fathemateg yno, gan ennill gradd dosbarth cyntaf yn y pwnc. Bu'n amlwg hefyd ym mywyd cerddorol y coleg; astudiodd farddoniaeth Gymraeg, a daeth yn hyddysg yn y mesurau caeth. Ymaelododd â Chymdeithas Dafydd ap Gwilym.

Bu'n dysgu mathemateg mewn sawl ysgol breswyl, ac yn Ysgol Harrow bu hefyd yn Is-gyfarwyddwr Cerdd. Cymaint oedd ei ddiddordeb mewn cerddoriaeth nes iddo ennill graddau *B.Mus* a Doethur mewn Cerddoriaeth.

Teimlai awydd cryf i ddychwelyd i weithio yng Nghymru, ac ar ôl priodi Morfydd Lewis ymsefydlodd yn Abertawe. Cafodd ei benodi'n organydd a chôr-feistr yng Nghapel Mount Pleasant – swydd y bu ynddi tan 1918 – a chyfoethogodd fywyd cerddorol Abertawe drwy ffurfio Cymdeithas Gerddorfaol a Cherddorfa Siambr yno. Roedd yn feirniad eisteddfodol craff, yn ddarlithydd difyr ac ysgolheigaidd, ac yn arloeswr yn ei gyfansoddi.

Yn 1911 cafodd David Thomas ei dderbyn i Orsedd Beirdd Ynys Prydain, ac ychwanegodd ''Vaughan'' at ei enw bedydd. Ar yr adeg honno roedd bri ar ganu gwerin yng Nghymru a Lloegr hefyd, a phwysleisiai cyfansoddwyr fel Vaughan Williams a Gustav Holst mor bwysig oedd i gerddor dynnu'n helaeth ar ei gefndir cenedlaethol ef ei hun. Cytunai David Vaughan Thomas â syniadau'r cyfansoddwyr hyn. Astudiodd farddoniaeth Gymraeg yn drwyadl, ac yn ''Saith o Ganeuon'', wedi'u seilio ar gywyddau o waith Dafydd ap Gwilym, Dafydd Ddu Eryri ac eraill, clywn ef yn ''cyfieithu'r cywyddau hyn i gerddoriaeth''. (Yr unig gyfansoddwr blaenorol i geisio gwneud hyn oedd David Jenkins, yn ei gân ''Y Gof'' ar eiriau Gwilym Hiraethog; yn ddiweddarach bu David de Lloyd hefyd yn arbrofi yn yr un maes.) O'r caneuon a gyfansoddodd yn y mesurau caeth, mae ''Y Nos'' ar eiriau Dafydd Ionawr, a ''Berwyn'' ar gywydd Cynddelw, yn dal yn ffefrynnau.

Cyfansoddodd D. Vaughan Thomas weithiau corawl i unawdwyr, côr a cherddorfa, megis ''Llyn y Fan'', *The Bard* ac *A Song for St. Cecilia's Day*, rhanganau di-ri i gorau cymysg a chorau meibion, anthemau, darnau i'r piano a chaneuon o bob math. Mae ei ganeuon ar eiriau'r bardd Saesneg George Meredith yn hyfryd dros ben. Ymhlith ei weithiau offerynnol sy'n dal mewn llawysgrif mae ''Pumawd Llinynnol'' (i ddwy feiolin, fiola a dwy sielo), sy'n dangos mynegiant barddonol ac aeddfedrwydd a meistrolaeth ar dechneg.

Yn ystod deng mlynedd olaf ei fywyd, teithiodd yn helaeth yn arholi dros Goleg Cerdd Llundain. Ar un o'r teithiau hyn bu farw yn Johannesburg yn Ne Affrica ar 14 Medi 1934 yn 61 mlwydd oed. Claddwyd ei ludw ym Mynwent Ystumllwynarth ger Abertawe.

Roedd gan D. Vaughan Thomas a'i wraig dri mab; daeth un ohonyn nhw, Wynford, yn enwog iawn ym myd darlledu a theledu.

L.R.

TÎC

Un o'r coed mwyaf gwerthfawr sy'n tyfu yn Nhrofannau Asia a'r Dwyrain Pell yw tîc. Bydd yn ffynnu yng nghoedwigoedd a jyngloedd India, Gwlad Thai, Indonesia a Malaysia, a gall gyrraedd uchder o bron hanner can metr. Dros y canrifoedd cafodd llawer o'r coed tîc gorau eu torri lawr a'u symud i'r melinau llifio gan eliffantod neu ar rafftiau ar yr afonydd. Caiff coed tîc eu plannu ar raddfa eang yn y Trofannau heddiw, er mwyn sicrhau cyflenwad cyson o'r pren.

(Mae llun eliffantod wrth eu gwaith i'w weld ar dudalen 75 yng Nghyfrol 3.)

''Mor wydn â thîc'' yw'r hen ddywediad, a dyna'r rheswm am werth a phoblogrwydd y pren, yn enwedig ymhlith adeiladwyr llongau. Mae'n wydn ac yn gryf, a chan ei fod yn gallu gwrthsefyll effaith dŵr yn dda, mae'n ddelfrydol ar gyfer deciau llongau, yn ogystal â phontydd, dodrefn yn yr ardd ac eitemau eraill sy'n cael eu defnyddio yn yr awyr agored.

Mae resin mewn pren tîc sy'n ei gadw rhag cael ei dyllu gan forgrug gwyn a chreaduriaid eraill. Dydy'r pren ddim yn camdroi a does dim angen ei beintio gan ei fod mor wydn. Un o nodweddion y goeden yw bod y dail yn aml yn cyrraedd dwy ran o dair o fetr o hyd a hanner metr o led.

W.L.

TITW

Mae chwe aelod o deulu'r titw yn nythu yng Nghymru, ond y titw tomos las yw'r un y bydd pawb yn ei adnabod. Aelodau eraill y teulu ydy'r titw mawr, y titw penddu, titw'r wern, titw'r helyg a'r titw cynffonhir.

Ar wahân i'r titw cynffonhir, byddan nhw i gyd yn nythu mewn tyllau. Nyth ar ffurf pelen, wedi'i adeiladu ynghanol perth, fydd ganddo fe.

Tua 11 cm ydy hyd y titw tomos las, ac mae ei gorun, ei adenydd a'i gynffon yn las, mae'n felyn oddi tanodd, ac mae ymyl gwyn i'r corun glas. Mae ei fochau'n wyn hefyd, ond melyn ydy bochau'r cywion.

Coedwigoedd dail llydain ydy ei hoff gynefin, ond bydd yn mynychu llwyni a gwrychoedd, ac mae'n un o adar adnabyddus ein gerddi. Er mai pryfed, lindys a chopynnod ydy ei hoff fwyd, bydd yn ymborthi ar gnau, siwet a bara ar y bwrdd adar. Mae'n dwlu ar hufen, ac os caiff gyfle bydd yn rhwygo caeadau poteli llaeth (llefrith) i'w gyrraedd. Bydd yn nythu mewn twll mewn coeden neu glawdd, ac mae'n barod iawn i

Titw tomos las.

dderbyn blwch nythu; bydd yn casglu mwsog a gwair i godi'r nyth, ac yn gosod leinin o rawn a phlu ynddo. Wyau gwyn â smotiau browngoch arnyn nhw sy'n cael eu dodwy, a chafwyd 14 mewn un nyth! Efallai mai'r titw tomos las ydy prif acrobat byd yr adar, gan ei fod wrth ei fodd yn hongian ar frigau main, wyneb i waered, wrth hela'i damaid.

E.B.J.

TŌKYŌ (pob. 1984 – c. 11,600,000)

Tōkyō yw prifddinas Japan, ac yn ôl pob tebyg hi yw'r ddinas fwyaf yn y byd heddiw. Mae'n sefyll ar lannau Afon Sumida ar arfordir dwyreiniol Ynys Honshu, prif ynys Japan, ac yn ymestyn, gan gynnwys trefi Kawasaki a Yokohama, yn un stribed ddryslyd o gartrefi, siopau a ffatrïoedd ar hyd glan orllewinol Bae Tōkyō ar wastadedd Kanto. Dyma'r fangre lle safai castell Edo, cartref y *shoguns,* rheolwyr militaraidd y wlad, o'r ail ganrif ar bymtheg tan 1868. Yn ystod y cyfnod hwnnw trigai teulu ymerodrol Japan yn Kyoto, prifddinas hynafol y wlad, ond pan gafodd grym yr ymerawdwr ei ailsefydlu yn 1868, symudodd ymerodraeth Meiji ei chanolfan o Kyoto i Tōkyō.

Wedi hynny, tyfodd Tōkyō yn gyflym iawn mewn maint. Adeiladau o goed yn bennaf oedd yno tan fis Medi 1923, pan ddigwyddodd daeargryn a achosodd dân mawr a ddinistriodd ganolfan fasnachol y ddinas ar hyd glan y môr. Ailadeiladwyd y rhan hon o'r ddinas gan osod strydoedd llydan, a chodi adeiladau uchel, aml-lawr, o ddur a choncrit, alwminiwm a gwydr, â'u goleuadau neon modern.

Yn ystod yr Ail Ryfel Byd cafodd llawer o'r ddinas ei chwalu gan gyrchoedd awyr, ond erbyn hyn mae canol y ddinas yn debyg iawn o ran cynllun ac adeiladau i un o ddinasoedd y Gorllewin, gyda'i gwestai a'i thai bwyta moethus, siopau drudfawr a siopau-cadwyn modern, theatrau, clybiau, llyfrgelloedd, amgueddfeydd a swyddfeydd cwmnïau diwydiannol megis Mitsui a Mitsubishi. Mae'r Japaneaid yn ymffrostio bod Tŵr Tōkyō, y tŵr darlledu, a godwyd wedi'r Ail Ryfel Byd, rai troedfeddi'n uwch hyd yn oed na Thŵr Eiffel ym Mharis.

Er bod canol y ddinas yn drefnus ac yn urddasol, digon di-drefn yw'r miloedd o dai bychain a chytiau coed sy'n gymysg â'r ffatrïoedd a'r gweithdai ar gyrion y ddinas. Mae'r twf enfawr o ran diwydiant a phoblogaeth, y twrw di-baid a'r mwg trwchus o'r gweithfeydd wedi peri bod y rhannau hynny o'r ddinas yn llawer llai poblogaidd a derbyniol.

Canolfan y ddinas yw Palas yr Ymerawdwr, ac oddi yno mae strydoedd y ddinas yn rhedeg fel breichiau olwyn i bob cyfeiriad. O gwmpas y Palas mae swyddfeydd y llywodraeth a'r llysoedd barn, ynghyd â phrif adeiladau cyhoeddus y wlad, y colegau a'r prifysgolion lle bydd tua 40 y cant o fyfyrwyr Japan yn astudio. Mae Tōkyō'n ganolfan cyhoeddi llyfrau o bwys ac yng nghanol y ddinas mae swyddfeydd y

Plant ysgol yn ymweld â Theml Meiji yn Tōkyō. Mae'r deml wedi'i chysegru i Meiji Tenno, Ymerawdwr Japan o 1867 hyd 1912. Yn ystod ei deyrnasiad ef cafodd Japan ei gweddnewid o fod yn wlad gymharol gyntefig i fod yn un o wledydd cryf y byd modern. Caiff y deml ei hystyried yn gofeb genedlaethol ac yn ganolfan bererindod i'r wlad gyfan.

cyhoeddwyr llyfrau; mae'r ardal yn fan cyfarfod hyfryd i artistiaid a llenorion hefyd.

Ar wahân i fod yn brifddinas, Tōkyō yw un o ganolfannau diwydiannol blaenllaw Japan. Ar gyrion y ddinas mae ffatrïoedd yn cynhyrchu pob math o nwyddau gweol, peirianegol, trydanol, cemegol, yn ogystal â rwber, gwydr, papur a bwydydd o bob math; yno hefyd mae man cychwyn amryw briffyrdd a rheilffyrdd Japan. Ar waethaf y bae bas, mae Tōkyō a Yokohama yn borthladdoedd prysur iawn ac yn ganolfannau adeiladu llongau. Mae masnach y ddinas yn cynyddu'n gyflym o flwyddyn i flwyddyn.

Bydd miloedd ar filoedd o weithwyr yn teithio i Tōkyō bob dydd mewn bysiau, trenau, trenau tanddaearol, moduron, tacsis, ac ar feiciau modur a beisiclau cyffredin, gan greu tagfeydd ofnadwy yno bob bore a hwyr; gwaith anodd iawn ydy datrys problem o'r fath mewn dinas sy'n tyfu mor gyflym o ddydd i ddydd. Heddiw mae 10 y cant o drigolion Japan yn byw yn Tōkyō; mae yno brinder tai, prisoedd uchel iawn am dir, prinder dŵr a gwasanaethau cyhoeddus, a phrinder lle i'r ddinas ddatblygu. Bydd tua 300,000 o bobl yn mudo i'r ddinas bob blwyddyn a chan nad oes digon o le i'r ddinas ddatblygu ar lannau Bae Tōkyō, mae cynlluniau ar y gweill ar hyn o bryd i ennill tir o'r môr trwy lenwi rhan o'r bae a darnau bas eraill o lan y môr, a chodi dinas newydd yno.

Cyfuniad yw dinas brysur Tōkyō heddiw o hen nodweddion traddodiadol a datblygiadau newydd anturus iawn. O ran gwisgoedd pobl, adeiladau, gwestai, tai bwyta, swyddfeydd, siopau a mannau adloniant o bob math, mae canol Tōkyō bellach yn debyg iawn i un o ddinasoedd y Gorllewin. Mae'r bobl ifainc yn hoffi gwrando ar ganu pop America a dawnsio iddo, a mynychu gemau pêl-fâs, ond mae traddodiadau'r Japaneaid yn dal yn gryf a llawer o drigolion Tōkyō yn cadw'r hen wyliau, yn ymweld â themlau a chysegrleoedd hynafol eraill a mynychu gornestau ymaflyd codwm traddodiadol. (Gweler hefyd – JAPAN.)

(Mae'r map ar dudalen 107 yng Nghyfrol 4 yn dangos lleoliad Tōkyō.)

B.L.D.

TOMATO

Planhigyn sy'n perthyn i'r un teulu â thatws (*solanaceae*) yw'r tomato; ei enw Lladin yw *Lycopersicum esculentum*. Daeth i wledydd Prydain o America tua diwedd yr unfed ganrif ar bymtheg, ond ni ddaeth yn fwyd poblogaidd am dair canrif wedi hynny. Credai pobl ar un adeg fod ei ffrwyth yn wenwynig. Ei enw gynt yn Saesneg oedd *love apple* ("afal cariad" yn y Gymraeg). Yn ei gynefin mae'r tomato'n blanhigyn lluosflwydd (h.y. mae'n parhau am fwy nag un flwyddyn) ond caiff ei dyfu yng Nghymru fel unflwyddiad am na all wrthsefyll rhew.

Erbyn heddiw caiff y ffrwythau eu defnyddio'n helaeth wrth goginio, mewn saladau ac i wneud saws. Maen nhw'n cynnwys y pigment lycopen (un o'r carotenoidau) a hwn sy'n gyfrifol am eu lliw coch er bod mathau melyn o domato ar gael hefyd.

Does dim llawer o werth i'r tomato fel bwyd am ei fod yn cynnwys dros 93 y cant o ddŵr. Fodd bynnag, mae'n cynnwys peth fitamin C (20 miligram ym mhob 100 gram) a byddai'n bosibl cael digon o'r fitamin i ateb gofynion y corff trwy fwyta hanner pwys (0·226 Kg) o domatos bob dydd.

R.E.H.

TONNAU

Bydd morwyr a phobl sy'n byw ar lan y môr yn wyliadwrus iawn o donnau'r môr. Bydd gwyntoedd yn achosi cynnwrf ar wyneb y dŵr, ac yn ystod cyfnodau o wyntoedd cryfion gwelwn donnau anferth o ran maint ac uchder. Dyma'r tonnau a all ddryllio llongau'r cefnfor a dinistrio tiroedd y glannau.

Bydd maint y tonnau yn dibynnu ar dri ffactor – maint arwyneb y môr y bydd gwyntoedd yn chwythu drosto, cyflymdra'r gwynt, a pha mor hir y bu'n chwythu dros y darn môr hwnnw. Wrth groesi Cefnfor Iwerydd bydd rhai llongau o dro i dro yn gorfod wynebu tonnau dros ddeg metr ar hugain o uchder.

Allan yn y môr agored, yn rhyfedd iawn, fydd y dŵr sydd mewn ton ddim yn symud yn ei flaen gyda'r don; bydd yn codi a gostwng yn yr unfan wrth i'r don fynd heibio. Ond wrth nesáu at y lan bydd cafn pob ton o'r diwedd yn taro gwely'r môr, ac yna bydd rhythm y don yn dod i ben, a bydd brig y don yn rhuthro yn ei flaen nes chwalu wrth daro'r lan, gan redeg i fyny'r traeth yn llen denau o ddŵr nes i'w nerth ballu. Ar draeth tywodlyd bydd y dŵr yn llifo'n ôl i gyfarfod â'r don nesaf, ond ar draeth o raean bydd llai o ddŵr yn rhedeg yn ôl gan fod llawer ohono'n suddo rhwng y graean.

Fel rheol bydd chwe neu saith ton yn torri ar ein traethau bob munud, a bydd y tonnau hyn yn tueddu i wthio'r tywod a'r graean tua'r lan gan ffurfio twyni

Tonnau'r môr yn hyrddio eu hunain yn erbyn creigiau arfordir talaith Oregon, UDA.

tywod, fel sydd i'w cael, er enghraifft, ym Morfa Dyffryn Ardudwy. Ond pan fydd y tonnau yn amlach na hyn, bydd brig y don nesaf yn chwalu ac yn dechrau llifo i fyny'r traeth cyn i'r don flaenorol orffen cilio nôl, a'r duedd felly fydd i'r tywod a'r graean symud yn ôl i gyfeiriad y môr. Fel hyn bydd ein glannau yn cael eu herydu.

Tonnau a luniodd y tywod a'r graean sydd ar hyd ein traethau drwy hyrddio cerigos ag egni anferthol yn erbyn clogwyni a chreigiau'r glannau. Mewn storm bydd tonnau mawr yn gallu hyrddio cerrig mawrion yn erbyn clogwyni'r glannau, gan eu tanseilio a'u gwanhau; y creigiau meddal gaiff eu herydu a'u chwalu gyntaf, ond ymhen amser, bydd y tonnau yn llwyddo i hollti'r graig galetaf gan ffurfio ogofâu, bwâu a hyd yn oed staciau ar hyd y lan fel sydd i'w gweld ger Caergybi ar Ynys Môn ac ar hyd traethau yr hen Sir Benfro. (Gweler hefyd – ERYDU, LLANW A THRAI, TYWOD.)

B.L.D.

TRAFNIDIAETH (TRAFFIG)

Pobl yn teithio a nwyddau'n cael eu symud o un man i fan arall yw trafnidiaeth. Wrth iddo edrych o'i gwmpas heddiw, mae'n anodd i ddyn gredu mai ychydig o drafnidiaeth oedd yn y byd i gyd tan yr ugeinfed ganrif, fel mae nifer o erthyglau yn y cyfrolau hyn yn esbonio.

Wrth ystyried trafnidiaeth, mae'n rhaid edrych ar dir, dŵr ac awyr. Ar dir y cawn ddechrau'r stori, sef dyn yn torri llwybr iddo'i hun, ac yn ei gerdded gan gario'i nwyddau ar ei gefn. Yna byddai eraill yn ei ddilyn gan droi llwybr un yn llwybr pawb. Yn y dyddiau cynnar, pur anaml yr âi person ymhellach nag ychydig kilometrau o'i gartref yn ystod ei oes, ac roedd hyn yn wir am lawer o bobl Cymru yn y ganrif ddiwethaf hyd yn oed. Doedd dim angen i'r rhan fwyaf o bobl deithio'n bell ac oherwydd hyn roedd llwybrau'n ddigon. Yn gynnar iawn yn ei hanes, darganfu dyn y gallai hwylio afon ar foncyff, a chario'i bac gydag ef; sylweddolodd yn fuan y gallai glymu boncyffion wrth ei gilydd i wneud ysgraff neu gafnu boncyff i lunio cwch – a thrwy gyfrwng y rhain, deithio'n bell o'i gartref. Wrth gwrs, roedd yn rhaid iddo ddefnyddio'i nerth ei hun i'w symud a'i lywio trwy'r dŵr.

Ar ôl i ddyn ddysgu sut i ddofi anifeiliaid, bu newid mawr yn ei ddull o symud o fan i fan ar draws gwlad. Wedi iddo ddofi'r ceffyl, yr asyn a'r ych, gallai eu defnyddio i gario'i nwyddau drosto – a'i gario yntau hefyd – dros bellteroedd pan fyddai angen. Ond pan ddechreuodd eu harneisio wrth gert llusg ac, yn ddiweddarach, gert olwyn, roedd galw am lwybrau lletach a heolydd, ac felly y datblygodd y ffyrdd cynnar.

Hwyrach mai'r bobl gyntaf i adeiladu heolydd oedd y Rhufeiniaid, heolydd i hwyluso'u trafnidiaeth, ond ychydig iawn o geirt a deithiai ar y ffyrdd Rhufeinig ar wahân i gerbydau rhyfela, a phan ddaeth oes aur y Rhufeiniaid i ben, adfeiliodd eu ffyrdd. Adeiladodd y Rhufeiniaid sawl ffordd yng Nghymru: mae nifer o ffyrdd modern Cymru yn dilyn llwybr eu ffyrdd nhw. Ond ffyrdd diweddar iawn ydy'r rhan fwyaf o ffyrdd Cymru – doedd dim galw am ffyrdd da tan y bedwaredd ganrif ar bymtheg a datblygiad y goets. Cafodd nifer o ffyrdd eu hadeiladu wrth i'r goets fawr ddod yn boblogaidd, ond roedd eu cyflwr yn wael iawn yn aml.

Yn y cyfamser roedd trafnidiaeth ar ddŵr wedi newid yn sylweddol yn sgîl y datblygiad mewn adeiladu badau a llongau. Câi afonydd eu defnyddio lle roedd hynny'n bosibl ond lle nad oedd afon yn hwylus, câi camlesi eu hadeiladu. Gallai badau hir, yn cario llwythi trymion, hwylio ar y rhain, yn cael eu tynnu fel arfer gan geffylau. Daeth oes aur y camlesi i ben yn sydyn yn y bedwaredd ganrif ar bymtheg yn dilyn darganfod peiriant a gâi ei yrru gan stêm. Newidiodd y trên system drafnidiaeth gwledydd Prydain yn llwyr. Yn fuan roedd rhwydwaith helaeth o reilffyrdd yn cysylltu trefi a phentrefi – a daeth cludo teithwyr a nwyddau o fan i fan ar drên yn waith hwylus.

Ond gyda datblygiad y peiriant modur daeth tro newydd ar fyd eto. Galwai hwn am ffyrdd da, a llawer ohonyn nhw. Erbyn hyn, roedd yr ugeinfed ganrif yn gwawrio, a gallai'r peiriant modur a gâi ei yrru gan danwydd newydd, petrol, redeg faniau a lorïau a bysiau yn ogystal â cheir. Cyfnod o ddatblygu ffyrdd a phontydd oedd dechrau'r ugeinfed ganrif, i ddarparu llwybrau ar gyfer y cerbydau newydd hyn. Yn yr un cyfnod roedd llongau stêm yn gyfrwng pwysig o gludo nwyddau a theithwyr ar foroedd a chefnforoedd y byd a chafodd porthladdoedd allweddol eu datblygu yng Nghymru a sawl gwlad arall.

Erbyn heddiw, a hithau'n tynnu at ddiwedd yr ugeinfed ganrif, mae patrwm trafnidiaeth wedi newid cryn dipyn eto; daeth teithio trwy'r awyr yn bwysig bellach. Yn nechrau'r dauddegau, ni chredai neb y datblygai'r awyren yn gyfrwng trafnidiaeth o bwys, ond erbyn heddiw mae wedi cymryd lle'r llong i raddau helaeth i gario teithwyr yn gyflym i wahanol rannau o'r byd. Mae'r lori anferth, y *juggernaut*, wedi

Dulliau teithio: ddoe a heddiw.

disodli'r trên fel cyfrwng cludo nwyddau, ac mae llawer o reilffyrdd wedi'u cau. Yn eu lle, cafodd rhwydwaith o draffyrdd eu hadeiladu, a'r rheiny'n gwegian dan bwysau trwm yr holl drafnidiaeth – yn lorïau, yn fysiau ac yn geir – sy'n eu defnyddio.

Mae'n amhosibl dweud beth fydd hanes trafnidiaeth yn y dyfodol. Mae cyflenwad olew y byd yn prinhau, a gallai hyn beryglu dyfodol y peiriant modur. Os digwydd hyn, bydd dyfodol y lori fawr a'r awyren yn ansicr hefyd. Mae'n fwy na phosibl y daw ail oes aur i'r rheilffordd. Pa beth bynnag a ddigwydd mae un peth yn sicr, sef bod trafnidiaeth yn anhepgor i'r byd modern: tra bydd dyn ar y ddaear bydd angen cyfleusterau trafnidiaeth arno. (Gweler hefyd – CAMLESI, Y GOETS FAWR, CYCHOD, Y CHWYLDRO DIWYDIANNOL, FFYRDD, INJAN, INJAN JET, LLONGAU, OLWYN, RHEILFFYRDD, TANWYDD, THOMAS TELFORD, TRAFFYRDD.)

W.J.J.

TRAFFYRDD

Priffyrdd eang yw traffyrdd sy'n cael eu hadeiladu i'w gwneud hi'n bosibl i drafnidiaeth fodern deithio'n gyflym o fan i fan. Caiff rhai mathau o drafnidiaeth eu gwahardd rhag eu defnyddio – pobl ar droed, beiciau bach a beiciau modur o dan 50cc, ceir pobl

Golygfa gyfarwydd ar draffordd yn ystod cyfnodau prysuraf wythnos waith, ar adeg gwyliau neu yn sgîl damwain neu waith trwsio ar y ffordd – cerbydau'n cripian yn hytrach na gwibio ar hyd y draffordd.

fethedig, cerbydau fferm ac anifeiliaid; chaiff neb sy'n dysgu gyrru eu defnyddio ychwaith, a bydd yn rhaid i ambell gerbyd mawr gael caniatâd arbennig cyn teithio arnyn nhw.

Yn y gorffennol, câi ffyrdd eu hadeiladu er mwyn cysylltu mannau poblog â'i gilydd. Yn aml byddai'n rhaid mynd trwy ganol nifer o drefi a phentrefi wrth deithio o un man i'r llall. Heddiw, gall trafnidiaeth dagu ffyrdd trefi a phentrefi ac mae'n ddoethach eu hosgoi.

Yr Eidal oedd y wlad gyntaf i adeiladu traffyrdd – *autostrada* – a hynny mor gynnar â 1925. *Autobahn* yw'r enw ar draffordd yn yr Almaen, *route nationale* yn Ffrainc a *freeway* yn yr Unol Daleithiau. Ar ôl yr Ail Ryfel Byd y dechreuodd y gwaith o adeiladu traffyrdd yng ngwledydd Prydain. Ymhlith y traffyrdd cyntaf i'w cynllunio roedd yr M1 o Lundain i Swydd Efrog, yr M5 o Birmingham i Fryste, yr M6 o Birmingham i Gaerliwelydd – a'r M4 o Lundain i Dde Cymru. Erbyn heddiw mae dros drigain o draffyrdd wedi'u hadeiladu, a hyd yn hyn yr M4 yw'r unig un yng Nghymru; mae hon yn cychwyn yng ngorllewin Llundain, yn mynd heibio i faes awyr anferth Heathrow a threfi Stroud, Maidenhead, Reading, Swindon, Chippenham a dinas Bryste cyn croesi Pont Hafren; yna ymlaen â hi drwy Gasnewydd, i'r gogledd o Gaerdydd, Pen-y-bont ar Ogwr, Abertawe a Llanelli, gan ddod i ben ei thaith ym Mhont Abraham, heb fod nepell o bentref Cross Hands yn Nyfed, ychydig dros dri chan kilometr o'i man cychwyn yn Llundain.

Mae traffyrdd yn wahanol i ffyrdd eraill mewn sawl ffordd. Does dim croesffyrdd arnyn nhw na goleuadau traffig na'r un tro sydyn; mae ganddyn nhw gyfleusterau ar gyfer cerbydau modur lle gall y gyrrwr brynu olew a phetrol neu, weithiau, drwsio'i gar, ac ar gyfer teithwyr, megis tai bwyta a thoiledau fel sydd ym Mharc Sarn ger Pen-y-bont ac ym Mhont Abraham. Mae traffordd ar ffurf dwy ffordd mewn gwirionedd, y naill yn cludo cerbydau i un cyfeiriad a'r llall yn eu cludo i'r cyfeiriad arall. Bydd dwy neu dair lôn i bob ffordd a llain o dir â barier yn rhedeg ar hyd-ddi rhwng y ddwy ffordd i rwystro cerbydau rhag croesi o'r naill i'r llall. Mae rheolau wedi'u pennu ynglŷn â defnyddio'r lonau sy'n mynd i'r un cyfeiriad; ar draffordd ddwy lôn, mae'n rhaid defnyddio'r lôn allanol ar gyfer goddiweddyd yn unig, ac os oes iddi dair lôn, rhaid i'r cerbydau araf deithio ar y lôn fewnol a chadw'r lôn allanol fel lôn oddiweddyd yn unig.

Wrth gwrs, wrth adeiladu traffordd bydd yn rhaid darparu cyffyrdd ar hyd-ddi fel y gall cerbydau ei gadael er mwyn ymuno â ffyrdd eraill neu i alluogi cerbydau i ymuno â hi. Er enghraifft, pe bai rhywun yn gyrru ar hyd yr M4 o gyfeiriad Pont Hafren, ac am fynd i Bontypridd neu Ferthyr Tudful, byddai'n gadael y draffordd honno yng Nghyffordd 32 ger Castell Coch, ac yn teithio i'r gogledd ar hyd y briffordd A470. Pe bai am deithio o Gaerdydd i Orllewin Bryste byddai'n croesi'r bont ac yn gadael y draffordd yng Nghyffordd 20 ac yn gyrru ar hyd yr M5 cyn belled â Chyffordd 17 ar y draffordd honno.

Mae pob traffordd yn brysur iawn heddiw, gyda llawer iawn o gerbydau yn teithio arni, rhai ohonyn nhw'n gerbydau anferth. Bydd rhai gyrwyr yn eu hosgoi oherwydd hynny, yn enwedig os oes ganddyn nhw ddigon o amser i gyrraedd pen eu taith. Ond does dim dadl nad yw traffyrdd o fendith mawr i yrwyr sydd ar frys, ac i ddiwydianwyr a dynion busnes sydd am symud eu nwyddau o fan i fan yn gyflym. Mae llawer o drefi a phentrefi lle digwyddai tagfeydd blinedig a gwastraffus gynt, bellach yn fannau tawelach a mwy diogel gan fod traffyrdd newydd wedi'u hadeiladu i gludo trafnidiaeth drwm heibio iddyn nhw. (Gweler hefyd – FFYRDD.)*(Mae lluniau traffyrdd ar dudalen 19 yng Nghyfrol 2 a thudalen 15 yng Nghyfrol 6.)*

W.J.J.

TRALLWYSO GWAED

Ers oesoedd mae dynion wedi credu bod i waed rinweddau arbennig, a'i fod yn gyfrifol am briodoleddau megis dewrder, cyfeillgarwch, egni, nerth a haelioni. Yn ôl yr hanes byddai'r Rhufeiniaid gynt, er mwyn cadw'n heini ac yn fythol ieuanc, yn yfed gwaed ymladdwr dewr a fu farw ar faes y gad neu mewn gornestau yn yr ymrysonfa, er mwyn trosglwyddo'i rinweddau ef iddyn nhw'u hunain.

Dros y canrifoedd cafodd dyn ei ddenu gan y syniad o drosglwyddo gwaed dyn iach i gorff claf er mwyn gwella haint neu afiechyd, yn enwedig ar ôl 1628 pan eglurodd William Harvey sut y bydd gwaed dyn yn cylchredeg yn y corff. Yn 1657, gan ddefnyddio teclyn a gafodd ei ddyfeisio gan Harvey, llwyddodd y pensaer enwog, Syr Christopher Wren, i chwistrellu gwahanol hylifau i gyrff creaduriaid byw, heb eu lladd; ychydig flynyddoedd wedi hynny trosglwyddodd gwyddonydd o'r enw Dr Richard Lower waed un anifail i system gylchredol anifail arall. ''Trallwyso gwaed'' yw'r enw a roddwn ni ar y ''trosglwyddo'' hwn.

Bu llawer o arbrofi wedi hynny. Cafodd rhai cleifion drallwysiad o waed anifeiliaid; gwellodd rhai ohonyn nhw o'u hanwylderau, ond bu farw eraill – gan ennyn dig llywodraeth ac eglwys na fynnai weld yr arbrofion yn parhau. Yn gynnar yn y bedwaredd ganrif ar bymtheg defnyddiodd Dr James Blundell waed dynol yn llwyddiannus wrth drin mamau a oedd yn gwaedu llawer ar ôl geni eu babanod, ond bu arbrofion eraill yn aflwyddiannus.

Yn 1900 darganfu Karl Landsteiner o Wien ei bod hi'n bosibl dosbarthu gwaed dynion i wahanol grwpiau, a phrofodd na fyddai gwaed o rai o'r grwpiau hyn yn cymysgu'n llwyddiannus â'i gilydd – fel y gwelwn yn yr erthygl ar GWAED ar dudalen 18 yng Nghyfrol 4. Roedd hwn yn gam mawr ymlaen, ond roedd problemau eraill yn aros i'w datrys.

Ar ôl ei dynnu o gorff dyn, byddai gwaed yn debyg o geulo, ond gwelwyd ei bod hi'n bosibl osgoi hyn drwy ei gymysgu â sodiwm sitrad. Gynt byddai'n rhaid trallwyso gwaed yn union ar ôl ei gasglu o gorff y person iach, ond darganfu rhywun ei bod hi'n bosibl ei gadw mewn cyflwr diogel am ysbeidiau byr mewn rhewgell, ac estyn ei oes yn fwy eto o'i gymysgu â thoddiant o sitrad a glwcos.

Camgymeriad mawr fyddai meddwl mai gwaed cyflawn yn unig sy'n addas i'w ddefnyddio wrth drin cleifion. Mae'n wir mai gwaed cyflawn sy'n cael ei ddefnyddio pan na fydd digon o hylif yn cylchredeg yng nghorff y claf i gynnal ei fywyd (er enghraifft, os collodd yntau lawer o'i waed mewn damwain neu wrth iddo dderbyn triniaeth lawfeddygol), a hefyd pan fydd ansawdd a nifer y corffilion yng ngwaed y claf yn is na'r hyn a ddylai fod. Yn y naill achos a'r llall fydd gwaed y claf ddim yn cyflenwi digon o ocsigen i brif organau'i gorff, yn enwedig ei ymennydd, a bydd yn rhaid rhoi trallwysiad gwaed cyflawn iddo.

Ym mhumdegau'r ganrif hon cafodd peiriant ei ddyfeisio a allai gymryd trosodd waith y galon a'r ysgyfaint tra bo llawfeddyg yn trin y naill neu'r llall – er enghraifft, wrth drwsio'r galon am fod clefyd neu nam arni. Yr enw ar y driniaeth hon yw ''triniaeth galon agored'' (*open heart surgery*) a bydd angen cyfran helaeth o waed cyflawn ar y peiriant yn ystod y driniaeth hon.

Ond mewn achosion eraill, er bod angen triniaeth ar y claf, does dim angen gwaed cyflawn arno – yn wir, fe allai trallwyso gwaed cyflawn i glaf sy'n dioddef o anaemia cronig wneud mwy o ddrwg nag o les iddo os oes ganddo galon wan. Mae'n bosibl gwahanu gwahanol elfennau gwaed oddi wrth ei gilydd, a defnyddio'r elfen addas yn unig. Gall trallwysiad o gorffilion gwyn gynorthwyo cleifion i wrthsefyll heintiad, a chaiff platennau eu defnyddio wrth drin lewcimia a chlefydau gwaed eraill.

Plasma yw'r hylif yn y gwaed sy'n cynnal y corffilion a'r platennau; prif gyfansoddion plasma gwaed dyn yw dŵr (90-92 y cant) a phroteinau (6-8 y cant). Ar ôl gwahanu'r plasma oddi wrth y corffilion a'r platennau, caiff ei rewi'n galed a'i gadw ar dymheredd o $-40°C$ mewn banc arbennig, a'i alw'n FFP (*Fresh Frozen Plasma*); os caiff ddadmer dan amodau arbennig, bydd Ffactor VIII yn gwaddodi ynddo, ac mae Ffactor VIII yn cynnwys ffibrinogen, elfen geulo gwaed, sy'n werthfawr iawn ar gyfer trin cleifion sy'n dioddef o haemoffilia.

Mae'n amlwg felly fod llawer iawn mwy i drallwyso na throsglwyddo gwaed i glaf yn y ffurf y daw o'r rhoddwr.

Erbyn 1925 roedd nifer o grwpiau o aelodau mudiadau gwirfoddol yn rhai o brifddinasoedd gwledydd Prydain yn barod i gyfrannu gwaed yn gyson ar gyfer ysbytai lleol. Cafodd pedair canolfan drallwyso eu sefydlu yn ymyl Llundain ar ddechrau'r Ail Ryfel Byd, ac wyth canolfan ranbarthol y flwyddyn ganlynol. Dyma'r tro cyntaf i waed a phlasma gael eu defnyddio ar raddfa sylweddol wrth drin sifilwyr ac aelodau o'r lluoedd arfog a oedd wedi'u clwyfo ar adeg o ryfel. Ar ôl y Rhyfel ffurfiwyd y Gwasanaeth Cenedlaethol Trallwyso Gwaed (*National Blood Transfusion Service*), sydd bellach yn rhan o Wasanaeth Iechyd Prydain. Mae ganddo dair ar ddeg o ganolfannau trallwyso yn Lloegr ac un yng Nghymru, yn Rhydlafar, Caerdydd.

Bydd canolfan Rhydlafar yn trefnu sesiynau cyfrannu gwaed yn Ne a Chanolbarth Cymru mewn trefi a phentrefi, mewn ffatrïoedd a gweithfeydd eraill, mewn

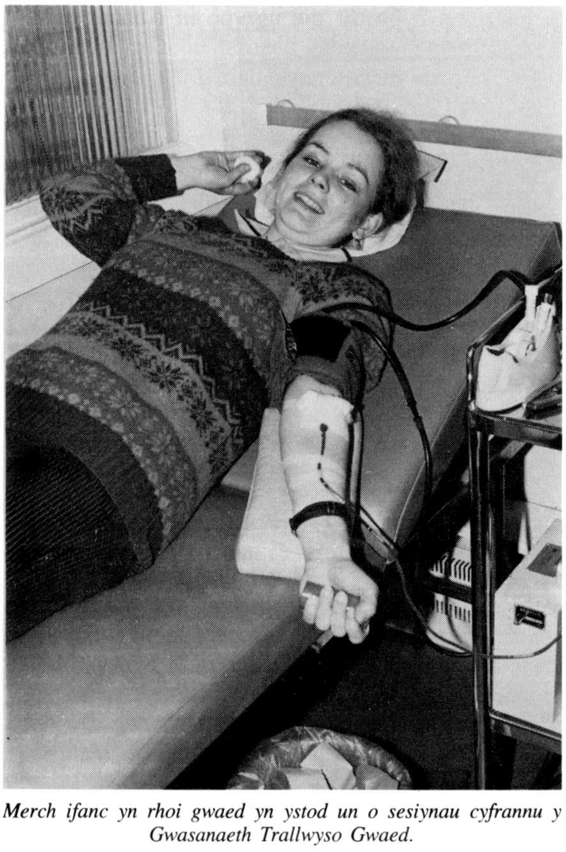

Merch ifanc yn rhoi gwaed yn ystod un o sesiynau cyfrannu y Gwasanaeth Trallwyso Gwaed.

colegau a swyddfeydd a chanolfannau'r lluoedd arfog. Canolfan Glannau Mersi sy'n gofalu am Ogledd Cymru. Mae'n rhaid i gyfranwyr fod rhwng 18 a 65 mlwydd oed, ac mewn iechyd da; bydd pob un yn wynebu profion megis prawf pwysedd gwaed a phrawf anaemia bob tro y bydd yn ateb y gwahoddiad i gyfrannu. Caiff tua hanner litr o waed ei gymryd oddi arno ar y tro, a bydd hwnnw'n cael ei gasglu mewn cwdyn plastig; mae cwdyn o'r fath yn fwy cyfleus na photel wydr am ei fod yn pwyso llai ac yn haws ei bacio; fydd y gwaed ddim yn glynu wrth y deunydd plastig (fel y gwna wrth wydr) a bydd yn llai tebyg o geulo. Caiff y gwaed ei gadw yn y Banc Gwaed Rhanbarthol, wedi'i labelu'n ofalus, nes bydd angen ei drin neu ei ddefnyddio.

Yn wahanol i'r hyn sy'n digwydd mewn rhai gwledydd tramor, yng ngwledydd Prydain mae'r gwasanaeth hwn yn hollol wirfoddol; chaiff neb ei dalu am gyfrannu'i waed. Bydd rhai o'r cyfranwyr yn cael bendith a boddhad mawr o gyfrannu gwaed i gleifion di-enw, waeth beth fyddo'u rhyw, eu hoedran, eu lliw, na'u crefydd; bydd eraill yn teimlo ei bod yn ddyletswydd arnyn nhw i gyfrannu – ac eraill hwyrach, yn rhagweld y gallai fod angen gwaed arnyn nhw'u hunain ryw ddydd yn y dyfodol. Yn anffodus, does byth digon o gyfranwyr i ateb yr holl angen, a bydd y Gwasanaeth Trallwyso Gwaed yn hysbysebu'n gyson am fwy o wirfoddolwyr.

Ni ddylai rhai pobl roi gwaed, gan gynnwys dynion a merched sy'n eu pigiadu eu hunain â chyffuriau, rhai sy'n gwybod eu bod wedi'u heintio â'r firws *AIDS* neu sy'n dioddef o'r clefyd hwnnw, puteiniaid a phartneriaid rhywiol pobl sy'n dioddef o haemoffilia. (Gweler hefyd – *AIDS*, GWAED, TRAWSBLANNU.)

D.G.J.

Grafftio croen: patholegydd yn archwilio meithriniad croen. Cafodd y croen ei gymryd o gorff person claf a'i feithrin a'i dyfu ar fat o gelloedd ffibroblast dros gyfnod o bedair wythnos. Erbyn diwedd y cyfnod hwn roedd y darn croen yn ddigon mawr i orchuddio'r darn o'r corff a oedd wedi'i losgi.

TRAWSBLANNU

Mae'r erthygl flaenorol yn egluro sut mae'n bosibl trosglwyddo gwaed un dyn i ddyn arall er mwyn gwella neu reoli diffyg yng nghorff y dyn hwnnw. Erbyn heddiw, wrth gwrs, nid gwaed yn unig sy'n cael ei drosglwyddo o gorff un dyn i ddyn arall; mae gan lawer ohonom berthynas neu gyfaill neu gymydog a gafodd gornea newydd yn un o'i lygaid, neu galon newydd a'i gwnaeth hi'n bosibl iddo fyw bywyd llawn ar ôl bod yn wael iawn cyn derbyn y driniaeth.

Ers amser mawr bu garddwyr yn grafftio neu'n impio darn o blanhigyn ar blanhigyn arall, gyda'r bwriad o gynhyrchu planhigyn newydd iach, ac ers canrifoedd bu llawfeddygon yn arbrofi yn yr un maes, sef grafftio neu drawsblannu darn o feinwe o'i safle naturiol i fan arall ar gorff dyn. Mae cofnodion hanesyddol i'w cael sy'n sôn am lawfeddygon Hindŵaidd yn ail-lunio trwynau dynion trwy ddefnyddio darnau o groen wedi'u cymryd o'r fraich – a hynny chwe chanrif cyn geni Crist. Gwyddom hefyd fod y gwyddonydd enwog o'r Eidal, Gaspare Tagliacozzo, wedi defnyddio'r un dechneg yn yr unfed ganrif ar bymtheg.

Erbyn heddiw y dull arferol o grafftio croen yw cymryd haenen denau iawn o fraich dyn neu o'i goes neu o'r tu mewn i'w glun, a'i gosod lle mae ei hangen i gymryd lle croen a gafodd ei ddifa – er enghraifft, i orchuddio clwyf sylweddol ei faint neu olion llosgiad. Mewn amgylchiadau arbennig mae'n bosibl defnyddio haen fwy trwchus o groen, gan gynnwys peth o'r dermis, ond mae i'r grafftiau hyn eu problemau, a bydd perygl i'r fath drawsblaniad gael ei wrthod. Pan fydd y llawfeddyg yn cymryd darn o groen y claf ei hun, sef awtografft, bydd y driniaeth yn fwy tebyg o lwyddo na phan fydd yn defnyddio croen rhywun arall, sef alografft.

Math arall o drawsblannu yw impio cornea ar lygad. Gall llygad dyn fod yn hollol iach ar wahân i'r ffaith fod y cornea, y "ffenest ffrynt", fel canlyniad i haint neu anaf, bellach yn ddidraidd yn hytrach nag yn dryloyw. Dydy celloedd cornea ddim yn dirywio'n gyflym ar ôl ei dynnu oddi ar lygad corff marw, ac fel rheol bydd y driniaeth yn llwyddiannus os caiff y cornea iach ei drawsblannu o fewn deuddeg awr i farwolaeth y rhoddwr.

Weithiau bydd pibellau gwaed dyn yn culhau, a hyd yn oed yn cau, wrth i waed geulo ar hyd wal y bibell, fel sy'n digwydd pan fydd y rhydwelïau'n caledu. Os bydd y pibellau coronaidd (y rhydwelïau sy'n darparu gwaed i feinweoedd y galon) yn dioddef felly, gall y cyflwr achosi trawiad ar y galon; os digwydd i'r pibellau carotid (sef y rhydwelïau sy'n cludo gwaed i'r pen), gall arwain at strôc. Yn aml, bydd yn bosibl goresgyn y broblem trwy drawsblannu darn o wythïen arwynebol, o'r goes fel arfer, ei droi wyneb i waered os bydd angen fel bod y falfiau'n peri i'r gwaed lifo i'r cyfeiriad cywir, a'i drawsblannu i osgoi'r man lle mae'r diffyg yn y bibell wreiddiol.

Pan fydd asgwrn sydd wedi torri yn gwrthod gwella, gall llawfeddyg osod darn o asgwrn o fan arall i gynnal y ddau ben nes eu bod yn uno. Prop yn unig yw hwn, yn hytrach na gwir drawsblaniad, ond pan fo mêr esgyrn dyn yn ddiffygiol mae'n bosibl trawsblannu mêr rhywun arall i'w esgyrn ef; er bod perygl i'w gorff wrthod y fath alografft, mae'r datblygiadau diweddar i oresgyn y broblem hon yn galonogol.

Bydd problemau'n codi hefyd wrth geisio trawsblannu nerfau. Mae mwyafrif y nerfau yn gyfuniad cymhleth o nerfau ymudol (hynny yw, rhai sy'n rheoli symudiadau) a nerfau synhwyro, ac ar ôl i nerf gael ei dorri mae'n anodd trawsblannu darn o nerf arall yn y bwlch a sicrhau y bydd pob ffibr yn mynd, wedi'r driniaeth, i'r cyfeiriad cywir – onide, ni all y trawsblaniad weithio. Mae'r broblem hon ynglŷn â chysylltu nerfau yn un rheswm pam mae'n anodd ailosod yn ei le aelod o'r corff a gafodd ei dorri i ffwrdd.

Hyd yn hyn buom yn sôn am drawsblannu gwahanol fathau o feinwe, o un rhan o'r corff i ran arall neu o gorff un dyn i gorff dyn arall. Mae'n bosibl trawsblannu organau cyflawn hefyd er bod y rhain weithiau yn fwy anodd eu trin yn llwyddiannus. Bellach mae trawsblannu arennau yn driniaeth gyffredin; yn ystod yr ugain mlynedd diwethaf derbyniodd nifer fawr o gleifion galon neu afu (iau) neu bancreas newydd, a gwnaeth llawfeddygon gamau breision yn y dechneg o drawsblannu calon ac ysgyfaint gyda'i gilydd.

Y broblem fwyaf ynglŷn â thrawsblannu organau yw cael corff y claf i dderbyn y grafft newydd; mae hyn yn wir, ond i raddau llai, mewn achosion o drawsblannu meinwe hefyd. Mae gan gorff dyn beirianwaith i'w amddiffyn rhag effeithiau bacteria a firysau a phopeth estron sy'n cael mynediad i'r corff na ddylai fod yno. Yn anffodus, fodd bynnag, ohoni'i hun all y system imwneiddio hon ddim gwahaniaethu rhwng yr hyn sy'n debyg o achosi haint a thrawsblaniad ag iddo bwrpas da; i'r system imwneiddio mae'r naill fel y llall yn estron, ac felly'n rhywbeth y mae'n rhaid ei wrthsefyll a'i ymladd. O ganlyniad bydd perygl i'r grafft gael ei wrthod – oni bai bod cyffuriau effeithiol ar gael a all wrthweithio yn erbyn y duedd hon heb wneud drwg pellach i gorff y claf.

Tua 1963 cafodd y cyffur asathioprin ei ddatblygu; cafodd hwn ei ddefnyddio'n effeithiol dros ben gan lawfeddygon wrth drawsblannu arennau. Byddai aren wedi'i chymryd o berthynas agos i'r claf yn llai tebyg o gael ei gwrthod, ond gwnaeth y cyffur hwn hi'n bosibl defnyddio arennau o gyrff pobl oedd newydd farw, a hynny gyda chryn fesur o lwyddiant. Wrth gwrs, wrth drefnu'r driniaeth hon bydd yn rhaid ceisio sicrhau bod nodweddion y rhoddwr mor debyg ag sy'n bosibl i nodweddion y claf, fel sy'n digwydd mewn gefeilliaid unfath – eu bod yn rhannu'r un grŵp gwaed, er enghraifft – a bod y naill fel y llall yn rhydd o bob afiechyd a haint. Mae'r cyfartaledd sy'n cael eu gwrthod yn dal yn uchel, yn enwedig yn yr achosion hynny lle daw'r aren sydd i'w thrawsblannu o gorff rhywun sy'n ddieithr i'r claf, a bydd ambell glaf yn dioddef y driniaeth drawsblannu ddwywaith, weithiau deirgwaith, cyn i'w gorff dderbyn yr aren newydd. Os caiff grafft aren ei dderbyn, heb unrhyw gymhlethdod, ymhen ychydig fisoedd gall yr un fu'n glaf fyw bywyd llawn – bywyd a fydd mwy neu lai yn normal, ond iddo barhau i gymryd, am gyfnod hir, y cyffuriau megis seiclosporin y bydd y meddyg yn eu pennu.

Yn 1958 trawsblannodd gwyddonydd yn nhalaith California, UDA, Norman E. Shumway, galon ci mewn ci arall. Naw mlynedd yn ddiweddarach, ar 3 Rhagfyr 1967, yn Ysbyty Groote Schuur yn Cape Town, llwyddodd y llawfeddyg Christiaan Barnard drawsblannu calon dyn a oedd newydd farw mewn dyn a oedd yn dioddef o ddolur y galon heb obaith gwella. Yn dilyn y llwyddiant hwn cafodd dros gant o galonnau eu trawsblannu yn ystod y deuddeng mis canlynol mewn gwahanol wledydd ar draws y byd.

Roedd nifer o broblemau yn dal heb eu datrys, yn arbennig y duedd i gorff y claf wrthod y galon newydd, cost enfawr y driniaeth, yr egwyddor o ganolbwyntio adnoddau meddygol prin ar driniaeth o'r fath, a hefyd y ffaith mai am amser byr yn unig roedd hi'n bosibl cadw calon, cyn ei thrawsblannu, heb beri niwed iddi. Oherwydd hyn i gyd, rhoddodd nifer o lawfeddygon y gorau i'w harbrofion, ond daliodd Shumway a Barnard ac ychydig o feddygon eraill ati, gan wella'r dechneg nes bod 50 y cant o'r cleifion a dderbyniodd galonnau newydd, a fyddai wedi marw oni bai am y driniaeth hon, yn byw am flwyddyn ar ôl y driniaeth, a 25 y cant yn byw bywyd normal, fwy neu lai, am gyfnod o bum mlynedd, a rhai am fwy na hynny. Erbyn heddiw, mae cyffuriau newydd, megis seiclosporin, perdnison ac antithimoceit globwlin yn lleihau'r perygl i'r galon newydd gael ei gwrthod – diolch i ymchwil gwyddonwyr fel y diweddar Syr Peter B. Medawar, Athro Swoleg ym Mhrifysgol Llundain, a rannodd, yn 1960, Wobr Nobel mewn Ffisioleg a Meddygaeth gyda gwyddonydd o Awstralia, Syr Macfarlane Burnett, am ei waith ar imwneiddio mewn achosion o drawsblannu.

Mae anawsterau mawr ynghlwm wrth drawsblannu ysgyfaint, ac, er bod rhai o'r problemau wedi'u datrys bellach, pan fydd angen trawsblannu ysgyfaint bydd yn well gan lawfeddygon yn gyffredinol drawsblannu calon ac ysgyfaint gyda'i gilydd. Bu'r driniaeth drawsblannu hon yn hynod o lwyddiannus er bod yn rhaid gorffen y trawsblanaid yn fuan ar ôl marw'r rhoddwr ac er bod cyflenwad organau addas yn brin o'r hyn y mae eu hangen.

Mae anawsterau hefyd ynglŷn â thrawsblannu'r pancreas, y chwarren y tu ôl i'r stumog sy'n cynorthwyo dyn i dreulio'i fwyd yn y glas goluddyn ac yn cynhyrchu inswlin, yr hormon sy'n galluogi'r corff i dreulio siwgr ac felly osgoi'r clefyd melys. Bu rhai trawsblaniadau'n llwyddiannus ac mae'r ymchwil a'r datblygiadau yn parhau.

Yn ychwanegol at yr anawsterau meddygol a nodwyd uchod, problem fawr ynglŷn â thrawsblannu yw prinder rhoddwyr. Ar wahân i'r arennau, o gyrff meirw y daw'r organau sy'n cael eu trawsblannu, ac mae'n rhaid cael caniatâd i'w tynnu o'r cyrff hynny – un ai gan berson cyn iddo farw neu gan ei deulu ar ôl iddo farw. Mae nifer y rhai sy'n ewyllysio hyn yn ystod eu bywyd yn rhy ychydig i ateb y galw ac yn rhy aml mae'n anodd, weithiau'n amhosibl, cael y caniatâd gan deulu'r sawl sydd wedi marw mewn pryd i'r organau gael eu defnyddio cyn iddyn nhw ddirywio. Problem enfawr i lawfeddyg yw gorfod dewis, o blith nifer o gleifion, ar bwy mae'r angen mwyaf am yr organ sydd ar gael.

Pan ddaw'r meddyg o hyd i galon neu aren a all fod yn addas i'w thrawsblannu, ac ar ôl iddo gael caniatâd i'w defnyddio, bydd yn rhaid gwneud trefniadau arbennig, ar frys mawr, i'w chludo i'r ysbyty lle mae'r claf wedi'i baratoi ac yn disgwyl amdani, hynny yw cyn i gyflwr yr organ ddirywio a mynd yn ddiwerth.

Mae un anhawster arall yn blino rhai pobl, sef sut mae modd penderfynu'n bendant fod dyn wedi marw cyn mynd ati i dynnu darnau o'i gorff i'w trawsblannu. Weithiau bydd yn bosibl adfywio rhywun sy'n ymddangos fel petai wedi marw am ei fod wedi rhoi'r gorau i anadlu – trwy chwythu anadl i'w ysgyfaint (dull a elwir yn "gusan bywyd") i beri iddo ailddechrau anadlu, trwy dylino'i gorff o gwmpas ei galon os yw honno wedi peidio â churo, neu drwy roi ysgytwad i'w galon llonydd ag offer trydanol i geisio'i hailgychwyn. Bellach mae meddygon yn cytuno'n gyffredinol fod dyn wedi marw pan fydd ei ymennydd wedi marw, a'r ffordd orau o benderfynu a yw hyn wedi digwydd yw profi'n ddiamheuol fod bôn yr ymennydd wedi'i ddistrywio. Dim ond arbenigwr clinigol annibynnol, heb unrhyw gysylltiad â thrawsblaniad a all fod yn yr arfaeth, all benderfynu hyn.

Ddeng mlynedd ar hugain yn ôl fyddai neb wedi breuddwydio y byddai'n bosibl yn fuan iawn roi calon dyn marw i glaf sâl iawn a pheri iddi weithio fel bod y claf hwnnw'n cael byw bywyd llawn. Mae'n amhosibl rhagweld pa ddatblygiadau pwysig a chyffrous ym maes trawsblannu y gallwn eu disgwyl yn y dyfodol. (Gweler hefyd – ASGWRN, BACTERIA, CELLOEDD, GWAED, LENS, LLYGAID, NERFAU, PIBELL WAED, Y SYSTEM NERFOL, TRALLWYSO GWAED.)

D.G.J.

TRETHI

Er mwyn cynnal ei holl weithgarwch bydd yn rhaid i bob llywodraeth ddod o hyd i arian. Caiff llywodraethau y rhan fwyaf o'u harian drwy orfodi pobl (yn unigolion ac yn gwmnïau) i dalu trethi. Dros y canrifoedd bu pob math ar wahanol drethi mewn grym. Weithiau byddwn yn sylwi ar hen dai â'u ffenestri wedi'u llenwi â briciau; digwyddodd hyn fel canlyniad i Dreth Ffenestri a ddaeth i rym yn 1696 ac a barhaodd hyd at 1851. Bu'n rhaid i bob perchen tŷ oedd â mwy na deg ffenestr yn ei dŷ dalu treth ar bob un o'r ffenestri ychwanegol, ac, o ganlyniad, penderfynodd llawer o berchenogion tai dynnu allan pob ffenestr nad oedd yn gwbl angenrheidiol a llenwi'r bwlch â briciau.

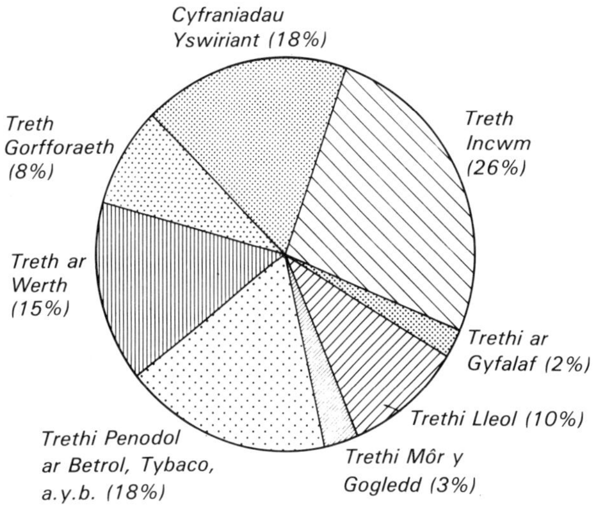

Mae'r siart yn dangos pwysigrwydd y gwahanol drethi a gafodd eu codi gan y Llywodraeth ganolog a'r awdurdodau lleol yng ngwledydd Prydain yn 1987-8. Gallwn rannu'r trethi hyn yn ddau brif ddosbarth: trethi *uniongyrchol* (sef y trethi hynny sy'n cael eu gosod yn uniongyrchol ar *bersonau neu gwmnïau*) a threthi *anuniongyrchol* (sef trethi sy'n cael eu gosod ar *bethau* y mae pobl yn eu prynu neu yn eu defnyddio).

Y *Dreth Incwm* yw'r enwocaf a'r bwysicaf o'r trethi uniongyrchol. William Pitt yr Ieuangaf fu'n gyfrifol am gyflwyno'r dreth hon i Brydain yn 1798, i gyfrannu at gynnal y rhyfel yn erbyn Ffrainc; er iddi gael ei diddymu pan ddaeth y rhyfel i ben, cafodd y dreth ei hadfer yn 1842, gyda'r addewid ar y pryd mai dros dro yn unig y byddai'n parhau. Bydd maint y dreth sy'n cael ei thalu gan yr unigolyn yn dibynnu ar gyfanswm ei incwm o wahanol ffynonellau, ac ar ei amgylchiadau – er enghraifft, os yw'n briod neu'n sengl. I ddechrau, caiff pob un (gan gynnwys plant) sydd yn derbyn incwm ariannol lwfans personol sy'n golygu bod y rhan gyntaf o'i incwm yn ddi-dreth; os yw ei incwm yn is na lefel y lwfans, yna does dim rhaid iddo dalu treth o gwbl. Yn ogystal â'r lwfans personol, gall yr unigolyn hawlio gostyngiad yn ei dreth am unrhyw dreuliau sy'n angenrheidiol er mwyn iddo gyflawni ei waith, a hefyd am gyfraniadau tuag at gynlluniau pensiwn, taliadau llog ar forgais tŷ, a rhai taliadau tebyg eraill. Fel canlyniad, gall *incwm trethadwy* yr unigolyn (sef y swm sy'n weddill ar ôl tynnu allan bob lwfans a gostyngiad y mae ganddo hawl iddo) fod dipyn yn is na chyfanswm ei incwm.

I'r mwyafrif o drethdalwyr, mae'r canran o'u hincwm trethadwy y bydd yn rhaid iddyn nhw ei dalu i Gyllid y Wlad (*Inland Revenue*, sef yr adran sy'n gyfrifol am gasglu treth incwm i'r Llywodraeth) yn dibynnu ar *gyfradd safonol* y Dreth Incwm sy'n bodoli ar y pryd; er enghraifft, pe bai'r cyfradd safonol yn 25 y cant, byddai'n rhaid i unigolyn sydd ag incwm trethadwy o £10,000 dalu £2,500 mewn treth incwm. Fodd bynnag, pe bai ei incwm trethadwy yn uwch na ryw lefel benodol (£19,300 yn 1988-9) câi cyfraddau uwch eu codi ar yr incwm ychwanegol. Yn ystod yr Ail Ryfel Byd, cafodd system o gasglu treth incwm ei dyfeisio sy'n hynod o gyfleus o safbwynt y Trysorlys; dan y system *Talu wrth Ennill (PAYE)* cyflogwyr sy'n gyfrifol am dynnu'r dreth briodol o incwm eu gweithwyr a'i throsglwyddo i Gyllid y Wlad.

Yr ail bwysicaf o'r trethi uniongyrchol yw'r *Cyfraniadau Yswiriant Gwladol*; mae'n rhaid i bob gweithiwr sydd â chyflog yn uwch nag isafswm penodol (£41 yr wythnos yn 1988-9) gyfrannu tuag at Gronfa'r Yswiriant Gwladol. Ar ben hyn, mae'n rhaid i gyflogwyr hefyd gyfrannu at y Gronfa ar ran pob un o'u gweithwyr. Yn groes i'r hyn y mae llawer yn ei gredu, dydy'r cyfraniadau hyn ddim yn cael eu buddsoddi gan y Llywodraeth er mwyn darparu pensiwn yn y dyfodol i'r rheiny a fydd wedi cyfrannu at y Gronfa, ond maen nhw'n cael eu defnyddio i dalu costau cyfredol y Llywodraeth – er enghraifft, i dalu pensiynau i'r rhai sydd wedi ymddeol yn barod, a budd-daliadau i'r diwaith a'r anabl. Dydy'r cyfraniadau yswiriant sy'n cael eu talu gan y gweithiwr felly yn ddim amgenach na thaliadau treth incwm ychwanegol, tra bod cyfraniadau'r cyflogwr i bob pwrpas yn dreth ar swyddi.

Bu llawer o sôn, yn ystod y saithdegau yn arbennig, am godi treth flynyddol ar *gyfoeth* yr unigolyn yn ogystal ag ar ei incwm; hyd yma, fodd bynnag, yr unig drethi sy'n cael eu gosod ar gyfoeth yng ngwledydd Prydain yw'r rheiny y mae'n rhaid i berson eu talu wrth drosglwyddo ei eiddo i berson arall. Y gyntaf o'r math yma o drethi oedd y *Doll Ystad*, sef treth ar werth ystad person adeg ei farwolaeth, a ddaeth i fod gyntaf yn 1894. Roedd y *Dreth Drosglwyddo Cyfalaf* a gafodd ei chyflwyno gan y Llywodraeth Lafur yn 1974 yn daladwy nid yn unig ar yr ystadau a adawai'r person oedd newydd farw i'w etifeddion, ond hefyd ar y cyfoeth (gan gynnwys tai, ceir, celfi ac asedion tebyg) a drosglwyddai person i eraill yn ystod ei fywyd. Cafodd y dreth hon ei diddymu yn 1986. Treth debyg i'r hen Doll Ystad yw'r Dreth Etifeddu bresennol; bydd yn rhaid i'r sawl sy'n etifeddu ystad dalu'r dreth hon os yw gwerth yr ystad honno'n uwch na swm penodol (£100,000 yn 1988-9), ac mae'r dreth yn daladwy hefyd ar roddion sy'n cael eu trosglwyddo i eraill yn ystod saith mlynedd olaf ei fywyd.

Treth ar elw cwmnïau yw'r *Dreth Gorfforaeth*. Mae'n dreth ar elw trethadwy y cwmni, hynny yw, yr elw sy'n weddill ar ôl tynnu allan holl gostau'r cwmni, gan gynnwys llog ar fenthyciadau a lwfans dibrisiad sy'n cael ei ganiatáu ar gyfer y draul sylweddol ar offer a pheiriannau wrth iddyn nhw gael eu defnyddio.

Yn ogystal â'r Dreth Gorfforaeth, bydd trethi ychwanegol yn cael eu codi ar elw cwmnïau o'r olew a ddaw o Fôr y Gogledd. Erbyn canol yr wythdegau roedd y trethi hyn yn dwyn llawer mwy o gyllid i'r Trysorlys na'r Dreth Gorfforaeth, ond y disgwyl yw y bydd eu pwysigrwydd yn lleihau wrth i lif yr olew arafu.

Prif ffynhonnell arian y Llywodraeth yn y dyddiau a fu oedd *trethi penodol* ar nwyddau a gweithgareddau arbennig. Ffactorau gweinyddol oedd yn bennaf gyfrifol am hyn ac mae'r math hwn o dreth yn llawer haws ei gasglu na threthi uniongyrchol.

Hyd heddiw bydd llywodraethau yn parhau i wneud defnydd helaeth o drethi penodol. Er enghraifft, mae'n rhaid wrth drwydded i redeg car ac i wylio set deledu; mae angen stamp arbennig ar rai dogfennau cyfreithiol, fel y rhai hynny sy'n ymwneud â throsglwyddo eiddo. Bydd trethi penodol yn cael eu codi hefyd ar gamblo ac ar hysbysebion teledu. Ond y bwysicaf o bell ffordd o'r trethi penodol ers blynyddoedd bellach yw'r tollau ar alcohol, tybaco a phetrol.

Yn ychwanegol at y trethi penodol hyn, caiff treth arall ei chodi ar *wariant* yr unigolyn sy'n llawer mwy cynhwysfawr, sef y *Dreth ar Werth (VAT)*. Bydd y dreth hon yn cael ei gosod ar bris bron popeth y byddwn yn ei brynu; yr unig eithriadau o bwys ar hyn o bryd yw bwydydd, dillad plant, llyfrau a chylchgronau. Caiff Treth ar Werth ei chasglu ym mhob un o wledydd y Farchnad Gyffredin, a bu'n rhaid i Brydain fabwysiadu'r dreth pan ymunodd â'r Gymuned Ewropeaidd yn 1973.

Ym mis Mawrth bob blwyddyn, wrth i Ganghellor y Trysorlys gyflwyno ei Gyllideb i'r Senedd, caiff y cyhoedd wybod a fydd unrhyw newid yng nghyfraddau'r holl drethi sy'n cael eu codi gan y Llywodraeth ganolog. Mae'n rhaid i awdurdodau lleol hefyd ddod o hyd i arian i gynnal eu gweithgarwch, a byddan nhw'n derbyn y rhan fwyaf o'u cyllid o ddwy ffynhonnell: grantiau o'r Llywodraeth ganolog a threthi lleol, sef trethi sy'n cael eu codi ar dir (ac eithrio tir amaethyddol) ac ar adeiladau. Bydd maint y dreth y mae'n rhaid i berchennog unrhyw adeilad ei thalu yn dibynnu ar ddau beth: *gwerth trethadwy* yr adeilad (sef y rhent blynyddol y byddai'n bosibl ei godi petai'r adeilad yn cael ei osod), a *chyfradd* y dreth. Cyllid y Wlad fydd yn gyfrifol o bryd i'w gilydd am asesu gwerth trethadwy tir ac adeiladau ym mhob ardal, a bydd pob awdurdod lleol yn pennu'r gyfradd a fydd yn briodol er mwyn codi'r arian y mae ei angen arno. Cyhoeddodd y Llywodraeth yn 1987 y byddai treth newydd, sef y Dreth Gymuned, yn cymryd lle'r trethi lleol presennol yn 1990 – treth y byddai'n rhaid i bawb dros ddeunaw oed (gydag ambell eithriad prin) ei thalu. Bu cryn ddadlau ynglŷn â'r dreth newydd hon, â'i gwrthwynebwyr yn honni mai annheg fyddai codi'r un dreth ar y tlawd a'r cyfoethog, gan ragweld y byddai'n gostus iawn ei gweinyddu a'i chasglu. Ar y llaw arall, mynnai'r rheiny a oedd o'i phlaid y byddai'r awdurdodau lleol yn fwy atebol i'w hetholwyr trwy sicrhau bod pawb yn cyfrannu tuag at y gost o gynnal gwasanaethau lleol.

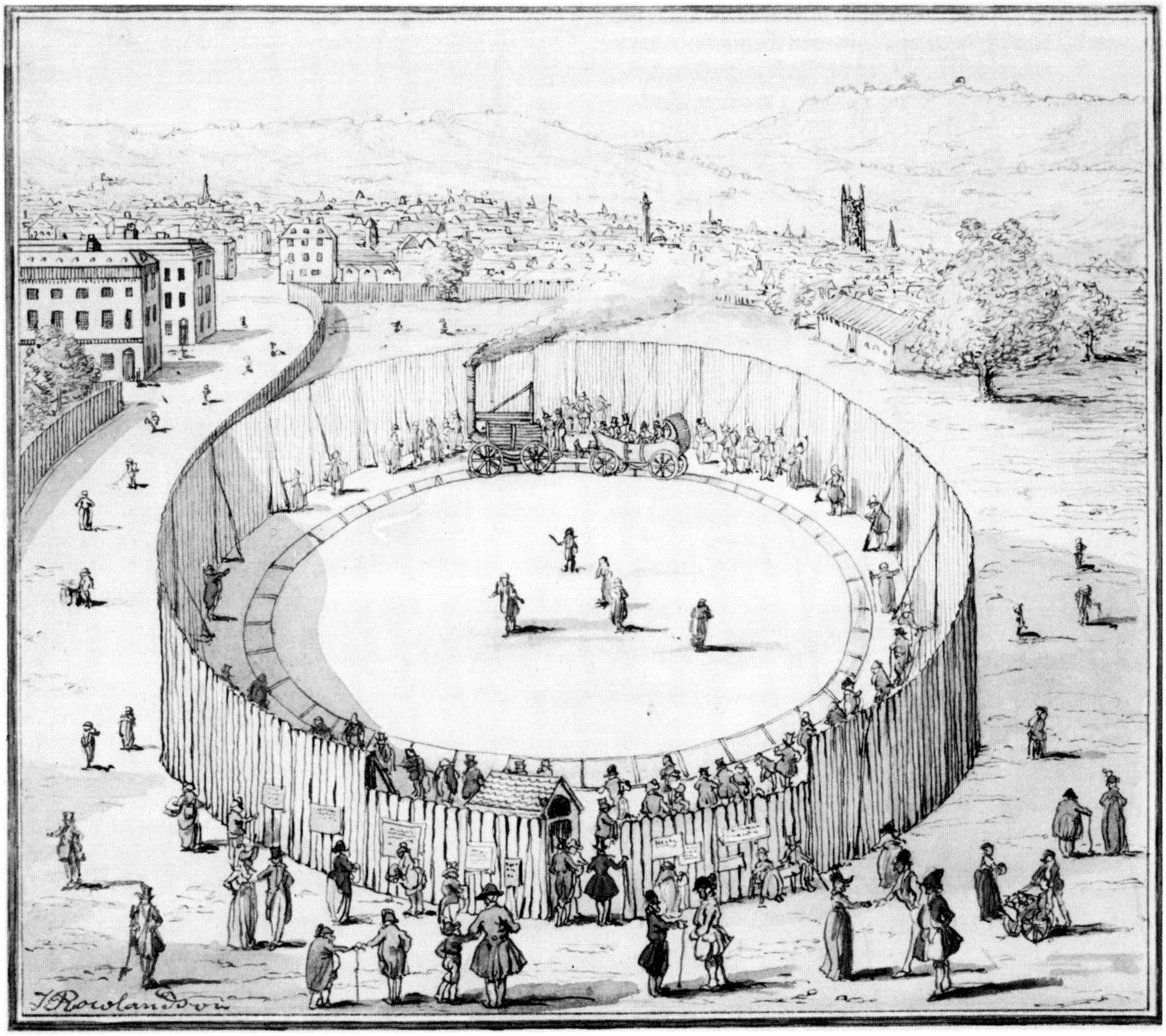

Arddangosfa Catch-me-who-can *trwy lygaid yr arlunydd Thomas Rowlandson.*

Er mai prif bwrpas trethi yw codi arian i dalu am wariant y Llywodraeth, byddan nhw'n cael eu defnyddio yn ogystal i hyrwyddo amryw amcanion eraill – er enghraifft, i ailddosbarthu incwm rhwng y cyfoethog a'r tlawd. At ei gilydd, mae trethi uniongyrchol yn fwy addas i'r pwrpas hwn na threthi anuniongyrchol; bydd trethi uniongyrchol yn cymryd cyfran uwch o incwm y cyfoethog nag o incwm y tlawd, ond tuedd trethi anuniongyrchol, ar y llaw arall, yw pwyso'n drymach ar deuluoedd tlawd.

Caiff trethi eu defnyddio hefyd i geisio atal gorddefnydd o rai nwyddau megis tybaco ac alcohol. Yn olaf, mae'r gallu i newid cyfraddau trethi yn arf pwysig ym mholisi economaidd y Llywodraeth; pan fo cynnyrch y wlad yn arafu a diweithdra'n cynyddu, gallai gostwng trethi helpu i adfer y sefyllfa drwy roi hwb i wario a thrwy hynny gynyddu'r galw am nwyddau.

R.T.

Richard TREVITHICK (1771–1833)

Mae enw Richard Trevithick yn cael ei grybwyll yn yr erthyglau ar Y CHWYLDRO DIWYDIANNOL yng Nghyfrol 2 a RHEILFFYRDD yng Nghyfrol 4.

Ganwyd ef ger Redruth yng Nghernyw, lle roedd ei dad yn gweithio mewn mwynglawdd alcam. Yn ifanc iawn dechreuodd ymddiddori mewn peiriannau; bu'n arbrofi ar ddefnyddio stêm i droi olwynion, a daeth yn beiriannydd da iawn. Dyfeisiodd injan stêm i weithio peiriannau pwmpio a weindio yn y gwaith mwyn.

Ar ddiwedd y ddeunawfed ganrif a dechrau'r ganrif nesaf bu nifer yn ceisio llunio peiriant symudol a allai deithio ar y ffordd fawr yn gyflymach na cherbydau a fyddai'n cael eu tynnu gan geffylau. Rhwng 1801 a 1803 adeiladodd Trevithick sawl cerbyd stêm; rhedai un i fyny ac i lawr heol yn Camborne yng Nghernyw, ac un arall ar hyd heolydd Llundain.

Yn 1803 daeth Trevithick i Ferthyr Tudful i weithio i Samuel Homfray, perchennog Gwaith Haearn Penydarren ger Dowlais. Eisoes roedd wedi dyfeisio ac adeiladu injan a redai ar gledrau haearn, yn pwyso tua phedair tunnell, ond ychydig a wyddom am brofion yr injan hon a gynhaliwyd yn Coalbrookdale yn Swydd Amwythig. Ar 21 Chwefror 1804 rhedodd ei ail injan ar gledrau haearn o Benydarren i Abercynon ar gyflymder o wyth kilometr yr awr, gan dynnu llwyth o ddeg tunnell o haearn, a llwyddo i oresgyn graddiannau mor serth ag 1 mewn 36 – ac ennill bet o £500 i Samuel Homfray! Teithiodd tua saith deg o bersonau mewn tramiau y tu ôl i'r locomotif ar y daith hon – mae llun ohonyn nhw ar dudalen 95 yng Nghyfrol 4 – a, hyd nes y bydd mwy o wybodaeth ar gael am brofion Caolbrookdale, teg yw tybio mai'r injan hon oedd y gyntaf i dynnu llwyth a theithwyr ar hyd llwybr cledrau haearn. Mae model o'r injan hon yn yr Amgueddfa Gwyddoniaeth yn Llundain ac un arall yn yr Amgueddfa Diwydiant a Môr yn ardal y dociau yng Nghaerdydd.

Yn 1808 arddangosodd Trevithick injan stêm o'r enw *Catch-me-who-can* yn Llundain. Adeiladodd reilffordd ar ffurf cylch ar ei chyfer ger y fan y codwyd gorsaf Euston yn ddiweddarach. Talai pobl i ymweld â'r arddangosfa, gan dalu'n ychwanegol am gyfle i deithio mewn cerbyd y tu ôl i'r injan. Ond rhoddodd Trevithick y gorau i'r gwaith o ddatblygu'r locomotif stêm wedi i'r cledrau haearn bwrw fethu o dan bwysau ei injans stêm. Sylweddolodd gŵr arall, fodd bynnag, fod y gwaith arloesol a wnaeth Trevithick wrth ddechrau datblygu dull cludiant ar reilffordd yn hynod o bwysig. George Stephenson oedd y gŵr hwnnw, a gwelir ei hanes ef ar dudalen 171 yng Nghyfrol 6.

Lluniodd Trevithick ddyfeisiau eraill gan gynnwys injan ddyrnu yn 1812, a theithiodd dros y môr i egluro'i ddyfeisiau a'i syniadau am welliannau. Bu'n gweithio yn Periw am gyfnod, ond collodd ei arian pan fu chwyldro yno yn nauddegau'r ganrif ddiwethaf. Ni chafodd fawr o lwyddiant fel dyn busnes, a bu farw'n ddyn tlawd yn 1833. (Gweler hefyd – ABER, Y CHWYLDRO DIWYDIANNOL, INJAN, RHEILFFYRDD.)

P.M.

Y TROFANNAU

Mae'r map o'r byd ar dudalen 77 yng Nghyfrol 4 yn dangos llinellau Trofan Cancr a Throfan Capricorn sy'n gorwedd un bob ochr i'r Cyhydedd. Byddwn yn cyfeirio at y darn hwnnw o'r Ddaear sydd rhwng y llinellau hyn fel y Trofannau. Fe welwn fod de México, Ynysoedd India'r Gorllewin a rhan ogleddol De America ymysg tiroedd y Trofannau; yn Affrica maen nhw'n cynnwys rhannau helaeth o'r cyfandir, o'r Sahara a'r Sudan yn y gogledd i Botswana a Zimbabwe yn y de, ac yn y Trofannau hefyd mae darnau helaeth o dde a de-ddwyrain Asia, gogledd Awstralia ac ynysoedd y Cefnfor Tawel.

Mae'r enw Cymraeg "trofan" yn esbonio ystyr y gair Saesneg sy'n cyfateb iddo, *tropic,* sef "man troi". Rhwng 21 Mawrth, pan fydd yn union uwchben y lleoedd sy'n gorwedd ar linell y Cyhydedd, a 21 Mehefin, bydd yr haul canol dydd fel pe bai'n symud tua'r gogledd nes cyrraedd Trofan Cancr; yna bydd yn troi nôl tua'r de nes bydd uwchben mannau sydd ar linell y Cyhydedd ar 22 Medi. O hynny ymlaen bydd fel pe bai'n dal i deithio tua'r de, nes ei fod uwchben Trofan Capricorn ar 21 Rhagfyr cyn troi nôl eilwaith tua'r Cyhydedd. Felly y tu mewn i'r Trofannau yn unig y bydd yr haul uwchben ganol dydd; hyn sy'n achosi bod y tymheredd yno bob amser yn uchel, a bod yno ddau dymor poeth bob blwyddyn pan fydd yr haul yn union uwchben. Bydd glaw trwm yno hefyd mewn rhai mannau ac yn enwedig felly yn ystod y cyfnodau poeth iawn.

Yn y Trofannau mae llawer o amrywiaeth mewn tyfiant, yn dibynnu ar y tywydd a'r hinsawdd, o fforestydd glaw trwchus y Cyhydedd i weirdiroedd y safana a diffeithdiroedd crasboeth fel y Sahara.

Fforestydd glaw trwchus ar lannau Afon Manu ym Mharc Cenedlaethol Manu, Periw. Y dull mwyaf hwylus o deithio yn rhannau helaeth o Amazonia yw ar hyd yr afonydd. Mae'r canŵ modur sydd i'w weld yn y llun yn cludo nwyddau ac offer i orsaf genhadol ar lan yr afon.

Gwelwn berthynas agos rhwng y mathau o dyfiant a'r tymheredd, y glawiad, y priddoedd a hefyd uchder y tiroedd uwch lefel y môr.

Canlyniad naturiol i'r tymereddau uchel a'r glawiad trwm sy'n digwydd o bryd i'w gilydd ar hyd y flwyddyn ar y Cyhydedd yw tyfiant cyflym a thoreithiog nad oes ei debyg yn unman arall yn y byd. Ceir yno goed anferth fel mahogani ac eboni, ac ar lawr y fforest mae'r holl dyfiant yn gwau drwy'i gilydd yn ddrysni gwyllt. Dydy hi ddim yn ddymunol byw yng ngwres llethol a glawogydd trwm y fforestydd, lle mae toreth o bryfed, mwncïod a nadroedd gwenwynig. Hel anifeiliaid gwyllt a chasglu gwreiddiau megis casafa, tatws melys a iams, a ffrwythau megis papaia, gwafa a phinafalau yw prif weithgarwch y brodorion. Mae fforestydd helaeth i'w cael ym masn Afon Amazonas yn Ne America ac Afon Congo yng Nghanolbarth Affrica, ym Malaysia Orynysol, Indonesia a Borneo. Erbyn heddiw cafodd planigfeydd rwber, coco a phalmwydd-olew eu sefydlu yn rhai o'r ardaloedd hyn.

I'r gogledd ac i'r de o'r Cyhydedd bydd y coedwigoedd trofannol yn troi yn raddol yn laswelltiroedd trofannol. Yno mae'r coedydd yn wasgaredig neu'n tyfu ar lannau nentydd, ac fel arfer yn llawer llai eu maint. Yn ystod cyfnodau o law bydd y glaswellt yn tyfu'n sydyn i bron 4m o uchder, ond mewn cyfnodau sych crasboeth bydd y porfeydd yr un mor sydyn yn llosgi, ac yn cael eu difa. Weithiau bydd y brodorion yn cynnau tanau'n fwriadol er mwyn gyrru'r anifeiliaid o'r glaswellt uchel iddyn nhw'u hela a'u lladd i'w bwyta, a hefyd fel bod lludw'r planhigion sy'n cael eu llosgi yn gwella ansawdd y pridd ar gyfer tyfu cnydau. Yn y glaswelltiroedd trofannol hyn mae anifeiliaid mwya'r byd yn byw; dyma gynefin y llew, y teigr, y llewpart, y sebra, y siráff, yr eliffant a'r afonfarch (*hippopotamus*). Bydd rhai llwythau brodorol yn cadw gwartheg, ac yn codi cnydau fel miled yno, ond dydy ansawdd y priddoedd ddim yn dda, a bydd y brodorion yn mudo o fan i fan yn fynych iawn i chwilio am dir newydd i dyfu cnydau.

Ymhellach eto oddi wrth y Cyhydedd bydd y glaswelltiroedd trofannol yn dirywio'n araf nes troi yn ddiffeithwch llwyr fel yn y Sahara a'r Kalahari. Anfynych iawn y bydd glaw i'w gael yno, ac felly ychydig iawn fydd yn tyfu yno ar wahân i dyfiant y gwerddonau. Heblaw camelod prin iawn yw'r creaduriaid sy'n llwyddo i fyw yn y parthau hyn. Yn y gwerddonau bydd rhai llwythau yn llwyddo i godi cnydau a byw mewn tai, tra bydd llwythau eraill yn crwydro o fan i fan gan fyw mewn pebyll. Erbyn hyn mae dyn wedi darganfod cyflenwad o olew, nwy, mwyn haearn a gwrteithiau gwerthfawr yn y tiroedd hyn. Bydd y defnyddiau hyn yn cael eu hallforio oddi yno i wledydd y byd. (Gweler hefyd – AMAZON, ANIALWCH, ARABIA, CONGO, GWERDDON, Y SAHARA.)

B.L.D.

TROWYNT

Colofn o wynt chwyrn yn cylchdroi yn yr awyr yw trowynt, a bydd yn digwydd, fel rheol, pan fydd arwyneb y ddaear yn cael ei wresogi yn anghyson. Bydd haen o aer poeth yn codi yn y gwynt, a gall gyrraedd uchder o gannoedd o fetrau. Bydd y gwynt yn hynod o gryf, ac yn gallu creu difrod; mae sôn am gnwd cyfan o wair ar gae, a oedd yn barod i'w gynaeafu, yn cael ei godi a'i hyrddio i fyny i'r awyr.

Mewn ardaloedd diffaith bydd corwyntoedd yn digwydd amlaf, lle bydd yr haul yn poethi'r aer ger arwyneb y ddaear a hwnnw'n codi gan gario tywod gydag e mewn colofn hir. Bydd y golofn, sydd tua phum metr o drwch, yn symud yn ei blaen – weithiau'n araf, weithiau'n gyflym – gan godi popeth sy'n digwydd gorwedd ar draws ei llwybr.

Pan fydd trowynt yn digwydd uwchben môr neu lyn yn y Trofannau, gall greu colofn uchel o'r hyn sy'n edrych fel dŵr, fel pe bai dŵr o'r môr neu'r llyn yn cael ei godi yn yr un modd â'r tywod yn y diffeithwch. Ond mewn gwirionedd anwedd dŵr sydd yn y golofn, yn disgyn o gwmwl *cumulonimbus* uwchben ac yn cwrdd â chwistrelliad o'r dŵr islaw gan greu math o niwl. Gall y golofn gyrraedd trwch o ddeg metr, ond mae modd i gychod a llongau ei hosgoi am ei bod yn symud yn araf.

D.G.J.

TRWBADŴR

Mae'r erthygl ar FFRAINC yng Nghyfrol 3 yn sôn ar dudalen 104 am y ddwy dafodiaith a ddatblygodd yn y wlad honno o'r iaith Ladin, y *langue d'oc* yn y de a'r *langue d'oil* yn y gogledd.

Yn ystod y ddeuddegfed ganrif a'r drydedd ganrif ar ddeg byddai beirdd crwydrol yn ymweld â llysoedd tywysogion ac uchelwyr yn ardal Provence yn neheudir Ffrainc ac yn canu barddoniaeth delynegol, ramantaidd, yn iaith yr ardal honno, y *langue d'oc*. Roedd y mwyafrif o'r beirdd hyn yn uchelwyr, yn bendefigion neu'n dywysogion eu hunain. Yn aml bydden nhw'n cyfansoddi'u caneuon ar y pryd, a'r enw cyfarwydd arnyn nhw oedd *troubadours*; o hen air am "ddyfeisio" y daeth yr enw hwn.

Mae'n debyg bod Rhisiart I, brenin Lloegr, yn drwbadŵr, ond, yn ôl yr hanes, cyfansoddai yntau yn nhafodiaith gogledd Ffrainc hefyd, y *langue d'oil* – tafodiaith y byddai beirdd llysoedd uchelwyr y rhanbarth hwnnw'n ei defnyddio. *Trouvères* oedd enw'r rhain – enw o'r un gwreiddyn â'r gair *troubadour*, gan eu bod nhw hefyd yn llunio neu'n dyfeisio'u caneuon eu hunain.

Serch oedd prif destun eu canu. Wrth ymweld â llys, byddai'r trwbadŵr yn canmol gwraig arglwydd y llys hwnnw ar gân, a pho fwyaf tanllyd fyddai datganiadau'r bardd o'i gariad tuag ati, mwyaf y byddai'r arglwydd yn cael ei blesio. Yn hytrach na chael ei ysu gan genfigen, byddai wrth ei fodd o gael bardd enwog yn canmol ei wraig. Byddai'r trwbadwriaid hefyd yn canu i urddas a dewrder marchogion. Bu cyfnod canu telynegol y trwbadwriaid yn un o'r cyfnodau mwyaf cynhyrchiol erioed yn hanes barddoniaeth yn Ewrop. Goroesodd llawer o ganu trwbadŵr Ffrainc hyd heddiw mewn llyfrau a elwir yn *chansonniers* ("llyfrau caneuon").

Pum merch wedi eu swyno gan ganu serch trwbadŵr.

Yn ôl Syr Ifor Williams, dylanwadodd canu'r trwbadwriaid ar waith beirdd amryw wledydd, yn eu plith Dafydd ap Gwilym. Hoff destunau Dafydd, fel beirdd Provence, oedd serch a natur. Cwynai am y dolur a achosai ei gariad iddo, a byddai'n ffugio dyheu am gael ei ryddhau:

"Gwell bedd a gorwedd gwirion
Na byw'n hwy yn y boen hon."

Mae ei gywyddau yn frith o ddisgrifiadau rhagorol o'r gwanwyn a choed ac adar – rhyfeddodau sy'n peri syndod iddo.

I fyd natur y byddai yntau hefyd, fel y trwbadwriaid, yn troi am lateion (negeswyr serch) i'w hanfon â negesau drosto at y ferch; anfonodd geiliog coed, "eos fain adenllwyd" ac eog:

"Dywed, iaith gall doed i'th gof,
Wrth wen fod hiraeth ynof.

Yr eog rywiog ben rhaith,
At wen dos eto unwaith.
Gofyn oedd gyfion iddi,
Ddyn fain deg, ddwyn f'enaid i."

Defnyddiai Dafydd ambell ffurf ar gerdd a oedd yn newydd yng Nghymru ond yn gyffredin iawn ymysg y trwbadwriaid. Weithiau mae'n sôn am ddau gariad, ar ôl bod gyda'i gilydd drwy'r nos, yn dadlau a yw'r wawr wedi torri ai peidio, a hwythau'n gorfod ymwahanu. Fe gofiwn fod enghraifft o'r math hwn o ganu gan Shakespeare yn ei ddrama *Romeo and Juliet* – dydy hithau ddim am i Romeo ei gadael:

Wilt thou be gone? it is not yet near day;
It was the nightingale, and not the lark,
That pierc'd the fearful hollow of thine ear.

Mae yntau'n ateb:

It was the lark, the herald of the moon,
No nightingale: look, love, what envious streaks
Do lace the severing clouds in yonder east.

I must be gone.

Mae cywydd Dafydd ap Gwilym, "Y Wawr", yn cyfateb i'r patrwm hwn.

Yn ogystal â'r *aubade*, sef cerdd y wawr, canai'r trwbadŵr *serenade*, neu hwyrgan, am fardd serchog gyda'r nos yn dadlau â'i gariad drwy ffenestr ei hystafell lle mae hi'n glyd yn ei gwely, yn gwrthod agor iddo ac yntau'n oer allan yn y glaw. Felly hefyd Dafydd ap Gwilym:

"Clo a roed ar ddrws y tŷ
Claf wyf o serch, clyw fyfy.

Mi rynnaf, mawr yw'r annwyd,
Dan dy fargod ...

Ni byddwn dan law ac ôd, (ôd = eira)
Ennyd awr, onid erod."

Mae'n ddiddorol cofio hefyd i Giuseppe Verdi gyfansoddi opera fawr, *Il Trovatore* – teitl sy'n golygu "Y Trwbadŵr" – a thrwbadŵr oedd Manrico, arwr yr opera honno.

D.G.J.

TRYCHFILOD

Creaduriaid bychain yw trychfilod, â'u cyrff wedi'u rhannu'n segmentau, ond gan fod rhai creaduriaid nad ydyn nhw ddim yn wir drychfilod yn meddu ar gyrff segmentiedig, mae'n briodol ychwanegu nad oes gan drychfilyn fyth mwy na chwe choes. Bydd corff y trychfilyn wedi'i rannu'n dri darn pendant – y pen, y thoracs a'r abdomen; bydd ganddo, fel arfer, bâr o antenae ar ei ben, a thri phâr o goesau ynghyd ag un neu ddau bâr o adenydd wedi'u cysylltu â'i thoracs.

Enw arall ar drychfilod yw "pryfed", ond gan fod tuedd i ni, wrth siarad Cymraeg, ddefnyddio'r gair "pryf" am nifer o greaduriaid nad ydyn nhw'n "bryfed" go iawn (megis pryf copyn, pryf genwair, pry'r gannwyll, pryf llwyd, pryf gweryd a phryf yr afu), hwyrach y dylem lynu at yr enw "trychfilod" ac osgoi dryswch!

Mae'r englyn hwn yn profi nad "pryfyn" mo'r "pryf copyn"!

"Hen leiddiad anfarchnadol – â'i wythgoes
Ymwthgar, syfrdanol;
Dannedd â brath dirdynnol,
A'i edau fain lond ei fol."

Aled Jones

(Gweler hefyd – PRYFED.)

D.G.J.

TRYDAN

Mor bell yn ôl â 600 C.C. gwyddai'r Groegiaid pe bai dyn yn rhwbio resin amber â darn o ffwr y byddai'n gallu'i ddefnyddio i godi gwrthrychau ysgafn fel darnau o bapur. Bydd amber yn gallu codi pethau am ei fod wedi'i wefru. Dau fath yn unig o wefr sydd; bydd gwefrau tebyg yn gwrthyrru ei gilydd tra bo gwefrau annhebyg yn atynnu ei gilydd. Er mwyn cyfleustra caiff y naill ei galw'n wefr bositif a'r llall yn wefr negatif. Byddan nhw'n dod i'r amlwg wrth i atomau amber gael eu rhwbio. Mae atom arferol yn ddiwefr oherwydd bod yr un nifer o wefrau positif (y protonau) yn y niwclews yng nghanol yr atom ag sydd o wefrau negatif (yr electronau) yn chwyrlïo mewn orbit o'u cwmpas. Mae'r gwefrau yn hafal a dirgroes, ac felly'n cydbwyso'i gilydd, gan adael yr atom cyfan yn drydanol niwtral. Wrth i'r amber gael ei rwbio, effaith hyn fydd symud rhai electronau o'r atom, gan adael protonau sydd bellach heb wefr negatif i'w canslo – ac felly bydd gan yr atom wefr bositif. Caiff hon ei galw yn ïon positif. Diddorol yw nodi mai'r gair Groeg am amber yw *electron* a bod trydan yn ymwneud ag ymddygiad electronau.

Tra bo'r gwefrau positif a negatif wedi'u gwahanu ac yn aros yn llonydd, dim ond effaith y grymoedd atynnu a gwrthyrru a welwn: dyma drydan statig (electrostateg). Rydym yn gyfarwydd â'r clecian sydd i'w glywed a'i deimlo wrth dynnu dilledyn neilon; mae'r corff a'r dilledyn wedi bod yn rhwbio yn erbyn ei gilydd gan gynhyrchu gwefrau ac wrth i ni geisio gwahanu y rhain bydd effaith y grymoedd yn amlwg. Caiff mellt ei gynhyrchu pan fo cymylau wedi bod yn rhwbio yn erbyn ei gilydd gan grynhoi stôr o wefr drydanol. Enghraifft arall o effaith trydan statig yw'r gwreichion sy'n cael eu cynhyrchu wrth i wallt gael ei frwsio'n gyflym.

Unwaith y bydd y gwefrau trydan yn llifo, bydd llu o effeithiau'n dilyn, ac am y rhain y byddwn ni'n meddwl wrth sôn am drydan. Fel arfer yr electronau fydd yn symud, gan greu cerrynt trydanol; mae cerrynt trydanol yn cynhyrchu pedair effaith, sef golau, gwres, effaith fagnetig ac effaith gemegol.

Mae'n anodd os nad yn amhosibl i ni heddiw ddychmygu bywyd pob dydd heb olau a gwres. Ar wahân i ganhwyllau a lampau olew neu nwy, bydd pob system oleuo yn dibynnu ar drydan. Bydd y cerrynt yn teithio trwy ddarn tenau o wifren, ac yn cael cymaint o drafferth wrth wneud hynny fel bo'r wifren yn poethi'n wynias, ac yn rhoi golau. Bydd gwthio electronau trwy fath gwahanol o wifren yn cynhyrchu gwres; dyma sut mae tân trydan, tegell trydan, popty trydan, blanced drydan, sychwr gwallt ac yn y blaen yn gweithio.

Yr effaith fagnetig yw sail yr electromagnet sy'n chwarae rhan bwysig yn y system deleffon, ynghyd â'r gloch drydan yn ei holl amrywiadau; mae'r erthygl ar dudalen 12 yng Nghyfrol 5 yn sôn am enghreifftiau eraill o electromagnetedd.

Mae effaith gemegol cerrynt trydan i'w gweld yn bennaf mewn hylifau sy'n gallu dargludo cerrynt. Un o'r enghreifftiau gorau yw'r canlyniad a gawn o yrru cerrynt drwy ddŵr a'i weld yn newid i nwy hydrogen yn un man a nwy ocsigen mewn man arall. Caiff dwywaith cymaint o hydrogen ei gynhyrchu ag o ocsigen yn y broses, sy'n cadarnhau'r fformwla gemegol am ddŵr, sef H_2O.

Mae'n bosibl storio trydan mewn cell neu fatri a'i ddefnyddio i gynhyrchu cerrynt. Y gŵr cyntaf i wneud hyn oedd yr Eidalwr Alessandro Volta (1745-1827). Darganfu ef, pe bai'n gosod darn o sinc a darn o gopr mewn dŵr hallt a'u cysylltu â gwifren, y byddai cerrynt yn llifo yn y wifren. Heddiw byddwn yn galw'r uned sy'n mesur ynni'r gell yn folt (V) o barch iddo ef. Enw'r uned o gerrynt sy'n llifo yw'r amper (A) ar ôl André Ampère a fu'n arbrofi'n helaeth ar drydan a magnetedd.

Mae dau fath o gerrynt i'w cael – cerrynt union (*Direct Current* neu *D.C.*), a ddaw o gell, a cherrynt eiledol (*Alternating Current* neu *A.C.*). Mae'r dull o gynhyrchu cerrynt eiledol yn dibynnu ar yr hyn a elwir yn anwythiad electromagnetig. Pan fo unrhyw ddargludydd trydan yn symud yn agos i fagnet, sef o fewn unrhyw faes magnetig, cynhyrchir cerrynt trydan yn y dargludydd. Dyma sy'n digwydd mewn generadur neu ddynamo lle ceir coil o wifren yn troi rhwng pegynau magnet. Yr un egwyddor sy'n cynhyrchu'r cerrynt eiledol a gawn o'r prif gyflenwad trydan.

Mae'n werth astudio'r ffordd y caiff y trydan hwn ei gynhyrchu mewn pwerdai. Y dull traddodiadol o gynhyrchu trydan yw trwy losgi tanwydd – glo neu olew yn bennaf – i ferwi dŵr a chynhyrchu stêm; defnyddir y stêm hwn dan wasgedd uchel i droi olwynion tyrbin a fydd yn eu tro yn gyrru generadur gan gynhyrchu trydan. Bellach daeth pwerdai o fathau gwahanol i ddisodli rhai o'r pwerdai traddodiadol. Yma yng Nghymru mae gennym y pwerdy trydan-dŵr mwyaf yn Ewrop, Pwerdy Dinorwig, wedi'i leoli mewn ogof anferth ger Llanberis, dan Elidir Fawr, un o fynyddoedd Eryri. Ar dudalen 44 yng Nghyfrol 6 mae llun o neuadd dyrbinau'r pwerdy hwn yn cael ei hadeiladu yng nghrombil y mynydd, ynghyd â disgrifiad o sut mae'r system gynhyrchu trydan yn gweithredu yno. Ar y dudalen gyferbyn mae sôn am bwerdai o fath arall, pwerdai niwclear, sydd hefyd yn cynhyrchu trydan.

Un o fanteision trydan yw ei bod yn bosibl ei gludo ar hyd gwifrau dros bellteroedd mawr, ac felly dydy hi ddim yn angenrheidiol iddo gael ei gynhyrchu yn agos at y fan lle bydd ei angen. Ar hyd a lled y wlad mae peilonau mawr hyll wedi'u codi i gynnal gwifrau sy'n cludo'r trydan; mewn rhai mannau mae'r gwifrau wedi'u cuddio dan y ddaear – a'r enw sydd ar yr holl system sy'n cludo trydan o fan i fan yw'r Grid (Grid Trydan Prydain). Mae cyfeiriad at y Grid yn yr erthygl ar PWERDY yng Nghyfrol 6. Yn anffodus nid yw'n bosibl storio llawer o drydan am gyfnod ac mae cyfeiriad hefyd yn yr erthygl at y defnydd sy'n cael ei wneud yn rhai o bwerdai Cymru o'r trydan na chaiff ei anfon yn syth i'r Grid.

Dyfais drydanol holl bwysig yw'r modur trydan sy'n troi ynni trydanol yn ynni mecanyddol; hwn sy'n gyrru'r holl beiriannau a weddnewidiodd ein bywydau yn ystod y ganrif a aeth heibio. Ond yn y degawd diwethaf daeth chwyldro arall, y chwyldro electronig. Gynt, falfiau a thransistorau digon afrosgo a chostus a fyddai'n rhedeg systemau electronig, ond heddiw maen nhw'n gweithio ar gylched gyfannol (*integrated circuit*) sy'n cael ei brintio ar ddarn bach o silicon. Dyma'r sglodyn silicon y mae sôn amdano yng Nghyfrol 6.

Cyn gorffen sôn am drydan mae'n rhaid crybwyll bod gan rai mathau o bysgod y ddawn i gynhyrchu trydan! Mae gan rai aelodau o deulu cathod y môr a'r llysywen drydan (er nad yw hon yn "llysywen", a dweud y gwir) organau arbennig yn eu cyrff sy'n cynhyrchu'r trydan; gall y pysgod hyn roi sioc trydanol i bysgod a chreaduriaid eraill y byddan nhw am eu dal i'w bwyta, ac mae'r sioc weithiau'n ddigon cryf i barlysu dyn, a hyd yn oed ceffyl, a ddaw ar draws y pysgodyn yn y dŵr. (Gweler hefyd – AMBER, ATOM, BATRI, MAGNET, PWERDY, SGLODYN SILICON, TYRBIN, YNNI NIWCLEAR.)

G.A.

Trydan ar waith fin nos o aeaf – yn goleuo ac yn gwresogi tai a swyddfeydd, ac yn goleuo ffyrdd.

Y Trydydd Byd: India. Athrawes yn dysgu dosbarth o blant bach i rifo trwy gyfrwng abacus ym mhentref Soharauna. Mae cant o deuluoedd yn y pentref hwn yn ceisio cynnal eu hunain ar gant o erwau o dir gwael.

Y TRYDYDD BYD

Rydym yn gyfarwydd â thermau megis ''byd cyfoethog'' a ''byd tlawd'', ''gwledydd sydd wedi'u datblygu'', ''gwledydd sydd yn datblygu'' a ''gwledydd sydd heb ddatblygu'' – ac enw arall a ddaeth yn gyfarwydd bellach yw ''Y Trydydd Byd''.

Mae'n debyg mai awduron o Ffrainc oedd y rhai cyntaf i arfer yr enw olaf hwn. Roedden nhw'n cofio i'r term *Tiers État* gael ei ddefnyddio yn Ffrainc cyn y Chwyldro Ffrengig i ddisgrifio'r trigolion hynny nad oedd o blith y boneddigion na'r offeiriaid, y ddau ddosbarth (neu *état*) uchaf. Felly y *Tiers État*, sef y Drydedd Ystad, oedd y bobl heb fanteision – ac i raddau helaeth mae hyn yn ddisgrifiad da o'r bobl hynny y byddwn yn dweud heddiw eu bod yn rhan o'r Trydydd Byd.

Dydy pawb ddim yn fodlon â'r term hwn, gan ofni y gall olygu ''trydedd ran o'r byd'' i rai; mewn gwirionedd, mae'n debyg bod cynifer â chant a deugain o wledydd y ddaear yn rhan o'r hyn a alwn y Trydydd Byd, am eu bod un ai *yn* datblygu, neu heb eu datblygu, neu wedi'u datblygu i raddau llai na gwledydd eraill neu, yn syml, yn dlawd. Maen nhw'n wahanol iawn i'w gilydd, ond mae un elfen yn gyffredin iddyn nhw i gyd, sef eu tlodi – yn rhannol neu'n gyfan. Y syndod yw bod rhai gwledydd megis Saudi Arabia, Kuwait a Libya yn gyfoethog yn eu hadnoddau naturiol ac eto wedi cadw rhai o nodweddion gwledydd eraill sydd wedi'u datblygu i raddau llawer llai.

Mae bron pob gwlad yn y byd, gwledydd tlawd a gwledydd cyfoethog fel ei gilydd, yn ''datblygu'' rhywfaint o hyd, ond bydd rhai yn datblygu'n gynt nag eraill mewn termau economaidd. Gallwn fesur cyfoeth ariannol gwlad yn fras trwy gyfeirio at werth y nwyddau a'r gwasanaethau sy'n cael eu cynhyrchu ar gyfartaledd gan bob un o drigolion y wlad honno; felly gallwn lunio rhestr sy'n dangos y gwledydd lle mae'r cynnyrch hwn yn isel neu'n gymharol isel. Yn ôl Banc y Byd mae tuag wyth can miliwn o drigolion y byd yn byw mewn tlodi llwyr, yn byw ar ymyl eithaf bywyd, heb ddigon o fwyd, o gysgod, o gyfleusterau addysg a gofal iechyd. Mae'r mwyafrif mawr o'r rhain yn byw yng ngwledydd tlawd Asia, Affrica a De America. (Byddwn weithiau'n cyfeirio at y gwledydd hyn fel gwledydd y De ac yn sôn am y gwledydd datblygedig fel gwledydd y Gogledd.)

Fe allem restru hefyd nifer o resymau pam nad yw'r gwledydd hyn wedi'u datblygu yr un fath â gwledydd Ewrop a Gogledd America. Mae llawer o dir y gwledydd tlawd yn anaddas ar gyfer cynhyrchu mwy na'r hyn sydd ei angen ar y trigolion eu hunain.

Canlyniad yr hinsawdd, i raddau helaeth, yw cynnyrch prin y rhanbarthau poeth – yn absenoldeb cronfeydd a ffynhonnau dŵr digonol bydd diffyg glawiad yn peri i'r cnydau fethu, a hyd yn oed pan fydd digon o ddŵr ar gael bydd chwyn, plâu a heintiau yn debyg o ymledu'n gyflym yn y gwres, gan achosi difrod mawr i'r cnwd am nad oes gan y trigolion mo'r wybodaeth na'r adnoddau i wrthsefyll y drygau hyn.

Yn hanesyddol bu llawer o wledydd y Trydydd Byd gynt dan reolaeth pwerau imperialaidd* na fynnai gefnogi sefydlu diwydiannau yn y trefedigaethau rhag peryglu datblygiad eu diwydiannau cartref nhw eu hunain. O ganlyniad ni wnaeth y trefedigaethau hynny fawr ddim mwy na darparu defnyddiau crai a'u gwerthu i'w meistri imperialaidd am brisiau isel iawn.

Cymunedau bychain gwasgaredig oedd i'w cael yn llawer o'r gwledydd hyn, heb fanteision marchnata a chyfnewid syniadau ardaloedd mwy cryno gwledydd cyfandir Ewrop, er enghraifft. Felly datblygodd y "gwledydd cyfoethog" gan ymgyfoethogi fwyfwy, tra methodd y "gwledydd tlawd" ddatblygu, a mynd yn dlotach fyth.

Bydd poblogaeth y gwledydd tlawd yn tueddu i godi'n gyflym gan ddwysáu problemau cynhaliaeth. Cafodd y ffigurau cyfartaledd cynnydd poblogaeth blynyddol hyn eu cyhoeddi yn 1978:

Ledled y byd – 1.7 y cant
Ewrop – 0.4 y cant
Gogledd America – 0.6 y cant
Affrica – 2.7 y cant
America Ladin – 2.7 y cant
Asia – 1.9 y cant
Oceania – 1.2 y cant.

Mae'n amlwg bod angen llawer o gymorth ar wledydd Affrica, America Ladin ac Asia yn arbennig. Bydd llywodraethau ac asiantaethau eraill yn estyn cymorth mewn amryw ffyrdd i wella cyflwr trigolion gwledydd y Trydydd Byd, ond go brin y gall unrhyw un honni bod yr hyn sy'n cael ei gynnig yn ddigon o bell ffordd.

Yr ymgyrchoedd y byddwn yn clywed mwyaf amdanyn nhw yw apelau arbennig mudiadau fel *Oxfam*, Cymorth Cristnogol, Cronfa Achub y Plant, *War on Want*, y rhaglen deledu *Blue Peter* ac eraill, ar adeg o argyfwng yn un neu fwy o'r gwledydd hyn. Ychydig flynyddoedd yn ôl bu llifogydd trychinebus yn aber Afon Ganges yn Bangladesh – collodd miloedd eu bywydau a miloedd eraill eu cartrefi a'u holl eiddo; bu llawer o gasglu arian i gynorthwyo'r bobl hyn.

Yn fwy diweddar gwelsom ar y teledu luniau trueiniaid Ethiopia yn dioddef newyn ar ôl i'w cnydau fethu sawl tymor ar ôl ei gilydd. Ar y fath adegau bydd pobl yn hael iawn eu hymateb i apelau am gyfraniadau, er bod amgylchiadau yn y wlad ei hun weithiau yn ei gwneud hi'n anodd iawn trefnu i'r cymorth gyrraedd

(**Imperialaeth* = polisi gwlad arbennig o ymestyn ei hawdurdod dros wledydd estron neu o feddiannu trefedigaethau a thaleithiau dibynnol.)

Y Trydydd Byd: Sénégal, gorllewin Affrica. Gwragedd yn paratoi'r tir cyn plannu reis.

y man lle mae mwyaf ei angen. Un enghraifft o'r anhawster hwn oedd y rhyfel cartref yn Ethiopia ac anallu llywodraeth y wlad i wneud dim i gynorthwyo eu trueiniaid eu hunain.

Weithiau bydd unigolion yn helpu oherwydd ewyllys da; fe gofiwn am waith mawr y canwr pop, Bob Geldof, a gododd filiynau o bunnoedd trwy ei ymgyrchoedd *Band Aid* a *Live Aid* i gynorthwyo Ethiopia. Prynodd fwyd a lorïau i'w gludo, ac aeth ef ei hun i Ethiopia i weld bod y bwyd yn cyrraedd y bobl a oedd yn newynu. Yn sgîl yr ymgyrchoedd hyn aeth eraill ati i drefnu ymgyrchoedd megis *Sports Aid* a *Comic Relief*. Yng Nghymru fe gofiwn ni am waith clodwiw Osian Wyn Jones, Trefnydd yr Eisteddfod Genedlaethol yng Ngogledd Cymru ar y pryd, a'r trefniadau a wnaeth adeg Eisteddfod y Rhyl a'r Cyffiniau yn 1985 i godi arian ar gyfer Cronfa Arian Byw. Recordiodd cwmni lluosog o gantorion a cherddorion y byd roc/gwerin Cymraeg gân o waith Huw Chiswell, "Dwylo dros y Môr", er mwyn codi arian ar gyfer y newynog yn Ethiopia. Cafodd llyfr ryseitiau yn dwyn y teitl "Blas Byw" ei gyhoeddi a'r elw o werthiant y llyfr ei gyfrannu i Gronfa Arian Byw.

Bydd enwadau crefyddol yng Nghymru yn cysylltu'u hunain ag ymdrechion Cymorth Cristnogol i godi arian; enghraifft o'u gweithgarwch nhw oedd y siec am £150,000 a gasglodd aelodau Eglwys Bresbyteraidd Cymru yn 1987–8 mewn ymateb i Apêl y Sahel, i'w defnyddio i wella cyflwr trigolion y rhan honno o ogledd-orllewin Affrica sy'n cynnwys gwledydd Tchad, Niger a Mali.

Er bod angen dybryd am fwyd ar lawer o wledydd y Trydydd Byd, bydd mathau eraill o gymorth lawn cyn bwysiced, ac mae angen gofalu bod y cymorth sy'n cael ei estyn yn addas ar gyfer yr amgylchiadau lleol. Er enghraifft, gwastraff arian fyddai adeiladu ysgolion ac ysbytai, er bod angen mawr amdanyn nhw, heb ofalu bod athrawon a meddygon a nyrsys cymwys i'w cael yno i'w rhedeg.

Gallem restru enghreifftiau o'r math o gymorth sy'n werthfawr ac yn dwyn ffrwyth, megis adeiladu ffyrdd, suddo pydewau, hyfforddi ffermwyr sut i godi cnydau newydd lle buon nhw'n dibynnu ers blynyddoedd lawer ar un cnwd neu ddau yn unig. Un o amcanion pwysicaf rhaglen gymorth llywodraeth Prydain yn Tanzania yn ddiweddar oedd cynyddu nifer y tyddynnod a all gynhyrchu cyflenwad digonol o fwydydd sylfaenol, angenrheidiol gan arwain yn y man at wlad hunangynhaliol. Yn Bangladesh, o gofio pwysigrwydd pysgod fel ffynhonnell protein, trefnodd llywodraeth Prydain i godi cyfleusterau magu pysgod, megis deorfeydd, meithrinfeydd a thanciau lle gall y pysgod brifio, ynghyd â storfeydd oer a pheiriannau cynhyrchu iâ, a chyfleusterau marchnata. Caiff yr elw o'r fath ymgyrchoedd ei ddefnyddio i wella cyflwr ffyrdd a chyflenwadau pŵer a suddo pydewau – gan wella felly gyflwr iechyd y trigolion yn ogystal â'u hamodau byw.

Yn saithdegau'r ganrif hon bu pwyllgor rhyngwladol, dan gadeiryddiaeth Cyn-ganghellor Gorllewin yr Almaen, yn ystyried datblygiad gwahanol wledydd y byd. Cyhoeddodd Pwyllgor Brandt ei adroddiad yn 1980, gan ofyn am newid yn ymddygiad llywodraethau gwledydd cyfoethog y Gogledd tuag at eu brodyr llai ffodus yng ngwledydd tlawd y De. Pwysleisiodd yr adroddiad yr angen am roi'r flaenoriaeth i ddileu newyn a thlodi yn y gwledydd tlawd hynny. Cynnig mwyaf herfeiddiol y Pwyllgor oedd bod pob gwlad, ar wahân i'r rhai tlotaf, yn cyfrannu i gronfa arbennig ar raddfa a fyddai'n adlewyrchu eu hamrywiol incwm blynyddol – math o dreth incwm ryng-genedlaethol. Chafodd yr argymhelliad hwn mo'i wireddu eto.

Mae sôn yng Nghyfrol 2 am waith y Cenhedloedd Unedig yn cynorthwyo trigolion – gan gynnwys plant – gwledydd y Trydydd Byd. Sefydlodd y Cenhedloedd Unedig yr *International Labour Organisation* sy'n anelu at greu gwaith, gwella trefniadau cyfiawnder cymdeithasol a datblygu adnoddau dynol gwledydd y Trydydd Byd er mwyn gwella ansawdd bywyd trigolion y gwledydd hynny.

Ychydig enghreifftiau yn unig yw'r rhain o'r ymdrechion sy'n cael eu gwneud i ymateb i angen gwledydd y Trydydd Byd. Mae'r angen hwnnw'n ddirfawr ac yn amlochrog, ac mae'n hawdd i unigolion a llywodraethau osgoi ymateb, gan ymesgusodi a gofyn, "Ai ceidwad fy mrawd ydwyf i? Beth sydd a wnelo'r bobl hyn â mi?" Mae pob ymdrech sy'n cael ei gwneud yn ganmoladwy, ond bydd yn rhaid gwneud llawer iawn mwy cyn y caiff anghenion trigolion anffodus gwledydd annatblygedig y Trydydd Byd eu diwallu. (Gweler hefyd – Y CENHEDLOEDD UNEDIG, NEWYN.)

D.G.J.

Y TUDURIAID

Teulu brenhinol y Tuduriaid fu'n teyrnasu ar orsedd Lloegr o 1485 hyd at 1603. Deuai'r teulu'n rhannol o dras Gymreig gan fod Owen Tudur, taid Harri'r VII (1485-1509), yn aelod o'r teulu Tudur o Benmynydd, Môn. Bu ef yn was yn llys y brenin Lancastraidd Harri'r V, ac wedi i hwnnw farw yn 1422 priododd Owen ei weddw, Catherine de Valois, a ganwyd dau fab iddyn nhw, Edmwnd a Siasper. Er nad oedd safle'r tad yn ddiogel yn y llys, dyrchafwyd Edmwnd yn Iarll Richmond a Siasper yn Iarll Penfro gan eu hanner-brawd, Harri'r VI.

Yn ystod Rhyfeloedd y Barwniaid (1460-85) rhwng teuluoedd York a Lancaster, pleidiai Siasper Tudur achos Lancaster, ac wedi i'r blaid honno gael ei threchu ym Mrwydr Tewkesbury yn 1471 cipiodd yntau Harri Tudur, mab ei frawd Edmwnd Tudur, a'i wraig Margaret Beaufort, i Lydaw. Roedd gan Harri hawl (hawl wan, mae'n wir) i orsedd Lloegr yn rhinwedd tras ei fam, a dychwelodd gyda'i ewythr Siasper a byddin o Ffrancwyr a Llydawyr ar 7 Awst 1485, a glanio ar draeth ger Aberdaugleddau yn yr hen Sir Benfro. Teithiodd gyda chefnogaeth gref drwy rannau o Gymru i ganolbarth Lloegr a threchu'r Brenin Rhisiart III (brawd Edward IV) a oedd wedi cipio'r orsedd trwy drais, ym Mrwydr Maes Bosworth yn Swydd Gaerlŷr ar 22 Awst. Cafodd Harri ei goroni yn frenin yn ei le, ac ef a sefydlodd linach frenhinol y Tuduriaid.

Er cymaint ei anawsterau a'r bygythiadau i'w frenhiniaeth llwyddodd Harri'r VII, trwy bolisïau gofalus a rhagweld craff, i'w sefydlu ei hun yn gadarn ar yr orsedd. Lleihaodd awdurdod y barwniaid, cryfhaodd gysylltiadau masnachol ei deyrnas â gwledydd tramor, trefnodd briodasau manteisiol i'w blant a gadawodd drysordy llawn pan fu farw yn 1509.

Yr oedd ei fab, Harri'r VIII (1509-47), ei olynydd ar yr orsedd, yn frenin cyfoethog a phenderfynol, ac yn ŵr llawn ynni ag ysbryd y Dadeni Dysg yn ei waed. Daeth yn gyfeillgar â dyneiddwyr* mwyaf ei oes, ac ymddiddorai mewn diwinyddiaeth, athroniaeth, cerddoriaeth ac, yn ei ddyddiau cynnar, chwaraeon o bob math. Yn 1533 ysgarodd ei wraig gyntaf, Catrin o Aragon, am nad oedd ganddo fab yn etifedd i'r orsedd. Yn yr un cyfnod, pan oedd y Diwygiad Protestannaidd yn ymledu ar y Cyfandir, torrodd Harri'r cysylltiadau rhwng yr Eglwys Babyddol yn Lloegr a Chymru a phencadlys yr eglwys honno yn Rhufain – digwyddiad tyngedfennol a gafodd effeithiau pwysig iawn ar hanes y ddwy wlad o hynny ymlaen. O ganlyniad fe'i dyrchafodd ei hun yn ben ar yr Eglwys yn 1534, a diddymodd y mynachlogydd Pabyddol rhwng 1536 a 1539. Yn 1535 ymddangosodd y cyfieithiad Saesneg cyntaf o'r Beibl, gan William Tyndale.

Bu Harri'r VIII yn briod chwe gwaith. Yn 1536 unodd Cymru a Lloegr yn weinyddol trwy ddeddf. Yn ystod rhan olaf ei deyrnasiad estynnodd ei awdurdod, mewn gwlad ac eglwys, yn gadarn dros ei deyrnas. Ei olynydd oedd Edward VI, ei fab o'r drydedd briodas â Jane Seymour, a gan ei fod ef yn rhy ifanc i reoli ac yn wan ei iechyd, llywodraethodd Dug Somerset,

(**Dyneiddiwr* = 1.rhywun a astudiai hanes a llenyddiaeth Groeg a Rhufain yng nghyfnod y Dadeni Dysg; 2.rhywun sy'n astudio dyn a'r natur ddynol.)

Swyddogion y Brenin Harri'r VIII wrthi'n dwyn trysorau'r mynachlogydd.

ac yna Dug Northumberland, y deyrnas ar ei ran. Roedd y rhain yn awyddus iawn i hybu eu buddiannau eu hunain, ac er mwyn gallu gwneud hynny cefnogodd y ddau y ffydd Brotestannaidd a syniadau Calfinaidd a oedd wedi dod i'r wlad o Genefa a mannau tebyg ar y Cyfandir. Yn ystod teyrnasiad Edward VI cynyddodd Protestaniaeth, ac yn 1549 ymddangosodd y Llyfr Gweddi Gyffredin cyntaf yn Saesneg.

Wedi marw Edward VI yn 1553 daeth Mari (1553–8) ei hanner-chwaer (a merch Catrin o Aragon) i'r orsedd, a chan mai pabyddes ronc oedd hi ceisiodd adfer yr "hen ffydd" ac awdurdod y Pab. Yn 1555 gorchmynnodd losgi tua 300 o ferthyron Protestannaidd, ond methiant fu ei hymdrechion a bu farw o dor-calon yn 1558. Ar ei hôl daeth Elisabeth i'r orsedd, hanner-chwaer iddi a merch Anne Boleyn, ail wraig Harri'r VIII, a theyrnasodd hi o 1588 hyd 1603. Hi oedd y fwyaf ysblennydd, lliwgar a llwyddiannus o'r Tuduriaid brenhinol i gyd.

Mae holl fawredd a gorchestion cyfnod y Tuduriaid wedi'u crisialu yn nheyrnasiad Elisabeth – *Good Queen Bess* fel y cafodd ei galw. Llywodraethodd yn ddoeth; rhoddodd drefn ar gyfundrefn grefyddol y deyrnas a sefydlu'r eglwys Anglicanaidd Brotestannaidd; cadwodd Loegr yn annibynnol ac yn ddiogel rhag bygythiadau o'r Cyfandir, ac enillodd deyrngarwch ei chynghorwyr a'i swyddogion a'i phobl yn gyffredinol. Enillodd fuddugoliaeth bwysig dros y Sbaenwyr yn 1588 pan gafodd eu llynges enfawr, yr *Armada,* ei threchu – yr un flwyddyn â chyfieithu'r Beibl i'r iaith Gymraeg, camp arbennig William Morgan, yr oedd y Frenhines wedi rhoi sêl ei bendith arni.

Yn ystod ei theyrnasiad hi bu morwyr anturus Lloegr, megis Drake a Hawkins, yn gwrthdaro â'r Sbaenwyr ar y cefnforoedd, ac yn 1577 y cychwynnodd Syr Francis Drake ar ei fordaith o amgylch y byd. Ymestynnodd dylanwad masnachol Lloegr dros y byd a chafodd tiroedd newydd eu darganfod. Cynrychiolai cyfnod Elisabeth "Oes y Dadeni Dysg" ar ei gorau yn Lloegr – cyfnod beirdd megis Syr Philip Sidney ac Edmwnd Spenser, dramodwyr fel Christopher Marlowe a William Shakespeare, a cherddorion o safon Thomas Tallis a William Byrd. Ymddangosodd ffasiynau pensaernïol ac arluniol newydd a bu twf mewn addysg fonedd.

Ym mlynyddoedd olaf teyrnasiad Elisabeth cyrhaeddodd gwladgarwch Seisnig ei binacl ac edrychai'r bobl ar y Frenhines fel symbol o annibyniaeth ac urddas y deyrnas. Bu Elisabeth I farw'n ddibriod yn 1603 yn 70 mlwydd oed. Ei holynydd oedd Iago'r VI o'r Alban, mab Mari, Brenhines y Sgotiaid, a disgynnydd Margaret (merch Harri'r VII) a Iago'r IV o'r Alban. Teithiodd ef i Lundain wedi ei marwolaeth hi ac ymsefydlu fel Iago'r I a brenin cyntaf teulu Stiwart ar orsedd Lloegr.

HARRI'R VII (1485-1509)

HARRI'R VIII (1509-47)

EDWARD VI	MARI'R I	ELISABETH
(1547-53)	(1553-8)	(1558-1603)
(Mab Jane Seymour)	(Merch Catrin o Aragon)	(Merch Anne Boleyn)

(Gweler hefyd Y BEIBL, Y DADENI DYSG, Y DIWYGIAD PROTESTANNAIDD, WILLIAM TYNDALE.)

J.G.J.

TUTANKHAMUN

Pharo (brenin) di-nod oedd Tutankhamun a deyrnasai yn yr Aifft yn y bedwaredd ganrif ar ddeg cyn geni Crist. Go brin y byddai neb yn cofio'i enw heddiw oni bai bod Sais o'r enw Howard Carter, ar ôl chwe blynedd o chwilio dyfal, wedi darganfod ei feddrod yn 1922 yn Nyffryn Beddrodau'r Brenhinoedd, y fynwent i'r de o El Qâhira lle cafodd sawl pharo ei gladdu rhwng 1500 a 1200 C.C.

Y syndod yw bod y beddrod hwn yn gyflawn pan ddaeth Carter o hyd iddo a'i agor, am y tro cyntaf, mae'n debyg, ers dros ddeuddeg canrif ar hugain. Bu llawer o archaeolegwyr a haneswyr yn chwilio am olion gwareiddiad cynnar yr Aifft, a chael, dro ar ôl tro, fod beddrodau wedi'u hagor a'u hysbeilio, a'u trysorau wedi'u dwyn, rhai ohonyn nhw o fewn ychydig flynyddoedd i'w selio – ond nid felly beddrod Tutankhamun.

Credai'r hen Eifftiaid y gallai dyn da fyw eilwaith ar ôl iddo farw, pe bai rhywrai yn gofalu na fyddai ei gorff yn dadfeilio, gan droi'n llwch a diflannu, bod y corff yn cael ei osod mewn beddrod diogel, na allai neb ei ddistrywio, a bod gwahanol eitemau – "offrymau" – yn cael eu gadael yn y bedd iddo ef eu defnyddio yn ei fywyd newydd.

Y drefn arferol oedd symud yr organau, y fiscera, o gorff marw dyn pwysig i'w claddu ar wahân; stwffio'r corff a'i daenu drosto â pheraroglau, sbeis a resin; ei drochi am gyfnod mewn sodiwm carbonad i'w sychu cyn ei rwymo â stribedi o liain ag aroglau gwm persawrus arnyn nhw – ac ymhen amser byddai'r corff yn troi'n fwmi. Câi'r corff ei osod mewn arch a'i gladdu mewn ogof neu siambr wedi'i chloddio yn y graig, neu mewn pyramid, ynghyd â'r offrymau, ei eiddo personol a thrysorau a fyddai o ddefnydd iddo yn nes ymlaen. Byddai'r beddrod yn cael ei selio yn y gobaith o gadw pawb allan a gadael llonydd i'r corff am byth.

Byddai'r driniaeth hon yn cadw'r corff mewn cyflwr da; yn 1880 daeth archaeolegwyr o hyd i fwmi'r Pharo Mer-en-re yn ei byramid yn Saqqarah, wedi'i gadw'n berffaith ar ôl 4,500 o flynyddoedd, ac yn y cyflwr hwn y cafodd corff Tutankhamun ei ddarganfod.

Roedd yntau wedi'i gladdu mewn arch o aur coeth solet, wedi'i haddurno'n gywrain; roedd yr arch aur wedi'i gosod y tu mewn i arch o bren wedi'i gorchuddio â dalen aur; roedd hon yn ei thro mewn arch arall o bren wedi'i goreuro, ac roedd arch garreg am y cyfan. Roedd mwgwd aur, wedi'i addurno â gemau drud, wedi'i osod ar wyneb y mwmi.

Pedair ystafell oedd ym meddrod Tutankhamun. Yn yr ystafell fewnol, a agorodd Carter ar 16 Chwefror 1923, roedd y corff yn ei bedair arch ynghyd â'r offrymau personol a ffiolau yn cynnwys ymysgaroedd y brenin. Yn y tair ystafell arall roedd dodrefn – gwelyau, cadeiriau a chistiau wedi'u gorchuddio ag aur a gemau gwerthfawr; gorsedd o bren â haen o aur drosti a phennau llewod yn ei haddurno; cerbydau rhyfel; offerynnau cerdd; teganau o ddyddiau plentyndod y brenin a'i wraig ynghyd â llu o fodelau o'r ddau ohonyn nhw. Pan agorodd Carter y beddrod roedd yr eitemau hyn mewn anhrefn llwyr, sy'n awgrymu un ai bod y pharo wedi'i gladdu'n frysiog neu fod rhywrai wedi'u dal yn ceisio aflonyddu ar y beddrod cyn iddyn nhw lwyddo i ddwyn dim a bod y lle wedi'i selio eilwaith. Mae rhai o'r farn nad hwn oedd y beddrod a oedd wedi'i fwriadu ar gyfer Tutankhamun, ond iddo farw cyn bod ei feddrod ei hun yn barod iddo.

Mwgwd aur angladdol Tutankhamun.

Ychydig iawn a wyddom am fywyd y pharo hwn, ond mae'n lled sicr iddo farw pan nad oedd ond deunaw mlwydd oed, ac mai ychydig iawn o flynyddoedd y bu ar yr orsedd. Ni chafodd fawr o gyfle i wneud enw iddo'i hun fel brenin o bwys. Mae rhai yn credu ei fod yn fab i'r Pharo Akhenaton a'i wraig brydferth Nefertiti (neu un o'i wragedd eraill), rhai yn credu mai brawd Akhenaton oedd ef, ac eraill eto yn credu iddo esgyn i'r orsedd ar ôl y pharo hwnnw am ei fod, pan oedd yn dal yn fachgen, wedi priodi un o'i ferched. Ar gefn yr orsedd a oedd yn y beddrod mae llun gŵr a gwraig: ai Tutankhamun a'i wraig Ankhesenamun yw'r rhain, ynteu Akhenaton a'i wraig yntau?

Mae'r rhan fwyaf o drysorau beddrod Tutankhamun ar gadw yn Amgueddfa'r Aifft yn El Qâhira. Yn 1972 bu hanner cant o'r eitemau hyn mewn arddangosfa yn yr Amgueddfa Brydeinig yn Llundain. Mae'n rhyfedd bod mwy o feddiannau personol y brenin di-nod hwn ar gael heddiw, dros 3,300 o flynyddoedd ar ôl ei farw, nag odid neb arall o ddyddiau cynnar hanes. (Gweler hefyd – YR AIFFT, PYRAMIDIAU.)

D.G.J.

TWM O'R NANT (Thomas Edwards) (1739–1810)

Ar dudalen 46 yng Nghyfrol 1 mae cyfeiriad at Twm o'r Nant fel "awdur enwocaf anterliwtiau". Math o ddrama ar ffurf penillion a gâi ei chwarae mewn ffair a thafarn i ddiddanu pobl gyffredin oedd anterliwt. Er bod beirdd eraill, megis Huw Morus o blwyf Llansilin, Mathew Owen o Langar yn Edeirnion, William Roberts o Lannor ac Elis Roberts o blwyf Llanddoged ger Llanrwst, yn cyfansoddi anterliwtiau, Twm o'r Nant yn ddiau oedd y meistr ar y grefft o lunio'r math hwn o weithgarwch dramatig a oedd mor boblogaidd yn siroedd Gogledd Cymru yn y ddeunawfed ganrif.

Thomas Edwards oedd ei enw bedydd. Ganwyd ef i deulu tlawd ym Mhenparchell Isaf yn 1739, yr hynaf o ddeg o blant; ddwy flynedd ar ôl ei eni, symudodd y teulu i'r Nant Isa, Nantglyn, gerllaw Dinbych. Rhag peri dryswch rhyngddo ef a bachgen o'r enw Thomas Williams a oedd yn byw ar fferm arall yn y cyffiniau, daeth Thomas Edwards yn "Twm o'r Nant" a glynodd y ffugenw hwn wrtho ar hyd ei oes.

Aeth i weithio ar fferm yn wyth oed. Dysgodd ddarllen pan ddaeth un o ysgolion teithiol Griffith Jones i ardal Nantglyn, a chafodd bythefnos o ysgol yn Ninbych. Daeth yn hoff o ddarllen, a dysgodd sut i farddoni yn gynnar iawn; yn ei hunangofiant (1805) mae'n dweud ei fod wedi cyfansoddi cerddi ac anterliwtiau cyn cyrraedd naw oed, ac wedi dechrau chwarae mewn anterliwtiau yn fuan wedi hynny.

Bu'n byw mewn sawl man yng Ngogledd a De Cymru, yn dilyn amrywiol alwedigaethau – yn cario coed gyda wagen a cheffylau, yn ffermio, yn saer maen, yn gofalu am dollborth (disgrifiodd ei hun unwaith fel "y turnpeiciwr â'r trwyn pica"), yn cadw tafarn yn Llandeilo, yn gweithio am ysbaid i W.A. Maddocks ar godi'r cob ym Mhorthmadog – ac yn canlyn anterliwtiau. Cyfansoddai'n gyson, gan lunio caneuon yn ogystal ag anterliwtiau; mae llawer o'i ganeuon yn dal mewn llawysgrif ond cafodd eraill eu cyhoeddi – rhai yn "Gardd o Gerddi" (1790) – a byddai baledwyr yn eu canu mewn ffeiriau a marchnadoedd.

Byddai rhai anterliwtiau'n adrodd hanesion a chwedlau ar ffurf ddramatig; eraill yn cyflwyno pregethau neu drafodaethau crefyddol ar ffurf drama, ac eraill eto heb stori ond yn cynnwys elfen feirniadol ar agweddau ar fywyd cymdeithas nad oedd wrth fodd yr awdur. I'r dosbarth olaf hwn y perthyn anterliwtiau Twm o'r Nant. Mae'n ymosod yn gyson ar gyfrwystra cyfreithwyr; ar y cybydd-dra, afradedd, diogi a meddwdod a welai yng nghymdeithas ei ddydd; ar offeiriaid segur, ac ar bawb a fyddai'n gormesu a thwyllo pobl dlawd – megis meistri tir a'r stiwardiaid a weithiai iddyn nhw. Yn un o'i anterliwtiau, "Pedair Colofn Gwladwriaeth", mae'n dweud:

"Digiwch ŵr bonheddig, cewch bardwn ganddo,
Ond os digiwch stiward, chwi gewch eich andwyo;
Mae hynny'n druenus ym marn pob dyn,
Fod rhyw helynt fel hyn yn riwlio."

(Gweler y llun ar dudalen 46 yng Nghyfrol 1.)

Canmoliaeth ormodol fu galw Twm o'r Nant yn *Cambrian Shakespeare* ond mae'n deg cydnabod ei barodrwydd i ymosod, heb flewyn ar ei dafod, ar yr hyn a welai o'i le mewn cymdeithas yn y ddeunawfed ganrif. (Gweler hefyd – ANTERLIWT, THEATR.)

D.G.J.

TWNELAU

Weithiau bydd yn rhaid i beirianwyr ac adeiladwyr ffyrdd a rheilffyrdd dyllu trwy fynyddoedd neu dan afonydd a llunio twnelau, er mwyn arbed y drafnidiaeth a fydd yn eu defnyddio rhag gorfod mynd ar deithiau hir o gwmpas y rhwystrau hyn.

Ar y daith reilffordd o Gaerdydd i Fryste neu Lundain, bydd trenau'n rhedeg trwy'r twnnel dan Fôr Hafren, bron saith kilometr o hyd, a adeiladodd Isambard Kingdom Brunel i gwtogi'r daith o Lundain i Dde Cymru ac osgoi'r siwrnai trwy Gaerloyw; rhedodd y trên cyntaf drwyddo yn 1886.

Wrth gynllunio llwybr traffordd M4, penderfynodd y peirianwyr mai'r ffordd hwylusaf iddi dramwyo cyrion Casnewydd fyddai turio dau dwnnel ar ei chyfer trwy graig Brynglas.

Bydd pobl Gogledd Cymru sy'n teithio i Lerpwl trwy Gilgwri yn gyfarwydd â thwnelau'r ffordd fawr a thwnnel y rheilffordd danddaearol sy'n rhedeg dan Afon Mersi rhwng Penbedw a Lerpwl. Ar hyn o bryd (1988) mae twnnel yn cael ei adeiladu dan aber Afon Conwy er mwyn i lwybr newydd y ffordd A55 osgoi tref Conwy.

Edrych allan o dwnnel wedi ei gloddio trwy iâ yn Rhewlif Rhone yn y Swistir.

Dyna enghreifftiau o rai o'r twnelau rydym ni yng Nghymru yn gyfarwydd â nhw. Mae'r erthygl ar yr ALPAU yng Nghyfrol 1 yn sôn am dwnelau a gafodd eu hadeiladu trwy'r mynyddoedd uchel hynny ac sydd ymhlith y rhai hiraf yn y byd; mae twnnel y ffordd fawr trwy Mont Blanc – y mynydd uchaf ar gyfandir Ewrop – dros un kilometr ar ddeg o hyd.

Yn y mwyafrif o ddinasoedd mawr y byd bydd rheilffyrdd, ar gyfer teithwyr gan mwyaf, yn rhedeg drwy dwnelau tanddaearol. Yr enw cyffredin ar y system yn Llundain yw ''y tiwb''; ym Mharis caiff ei galw'n *le métro*, a'r *subway* yw'r enw arni yn Efrog Newydd. Yn Llundain cafodd darn cyntaf ''y tiwb'' rhwng Paddington a Farringdon ei agor yn 1863; injan stêm fyddai'n tynnu'r trenau cynharaf, ond erbyn heddiw trydan sy'n cael ei ddefnyddio'n gyfan gwbl. Bydd moduron gyrru ar gerbydau'r teithwyr, yn cael eu rheoli gan y gyrrwr o ben blaen y trên, tebyg i'r ''Gwibiwr'' a threnau eraill sy'n rhedeg bellach ledled y wlad. Mae gan y trefniant hwn fanteision amlwg dros y dull traddodiadol lle byddai un injan neu uned drydan ar y pen blaen yn tynnu'r trên cyfan.

Cafodd y rheilffyrdd tanddaearol cynnar eu hadeiladu yn agos at wyneb y tir; câi trychfa ei chloddio ar hyd stryd a'i chau ar ôl adeiladu'r twnnel er mwyn ailosod y stryd a chodi tai ac adeiladau eraill. Ond roedd hwn yn ddull costus ac anghyfleus; gwelwyd mai llawer haws fyddai turio tyllau mawr trwy'r is-haen o glai meddal y mae Llundain yn sefyll arni.

Erbyn heddiw mae system ''y tiwb'' yn Llundain yn ymestyn dros bedwar can kilometr: mae bron hanner y trac danddaear mewn twnelau a'r gweddill, sy'n gwasanaethu'r maestrefi, yn rhedeg allan yn yr awyr agored. Ar gyfartaledd bydd teithwyr yn gwneud bron dwy filiwn o siwrneiau bob dydd ar y system. Nid y Rheilffyrdd Prydeinig sy'n gyfrifol am ''y tiwb'' yn Llundain ond Trafnidiaeth Llundain (*London Transport*).

Mae gan Swyddfa'r Post hefyd system o reilffyrdd tanddaearol yn Llundain, ond fydd neb yn teithio ar hon! Cafodd ei hagor yn 1927 i gysylltu wyth gorsaf fawr – megis Paddington, King's Cross a Waterloo – â'r prif swyddfeydd dosbarthu llythyrau a pharseli. Trydan sy'n gyrru'r ''trenau'' hyn, a byddan nhw'n cael eu rheoli'n awtomatig, heb yr un gyrrwr na gard; eu pwrpas yw cario'r post yn gyflym i brif orsafoedd rheilffyrdd y brifddinas i'w ddosbarthu oddi yno ledled y wlad mor gyflym ag sy'n bosibl.

Mae llawer o dwnelau tanddaearol eraill na fyddwn ni byth yn eu gweld. Dan strydoedd ac adeiladau ein trefi a'n dinasoedd mae rhwydwaith ohonyn nhw wedi'u gosod – rhai ar gyfer cario dŵr o gronfeydd at wasanaeth y trigolion, eraill i gludo carthion ymaith, ac eraill ar gyfer piblinau nwy a gwifrau trydan.

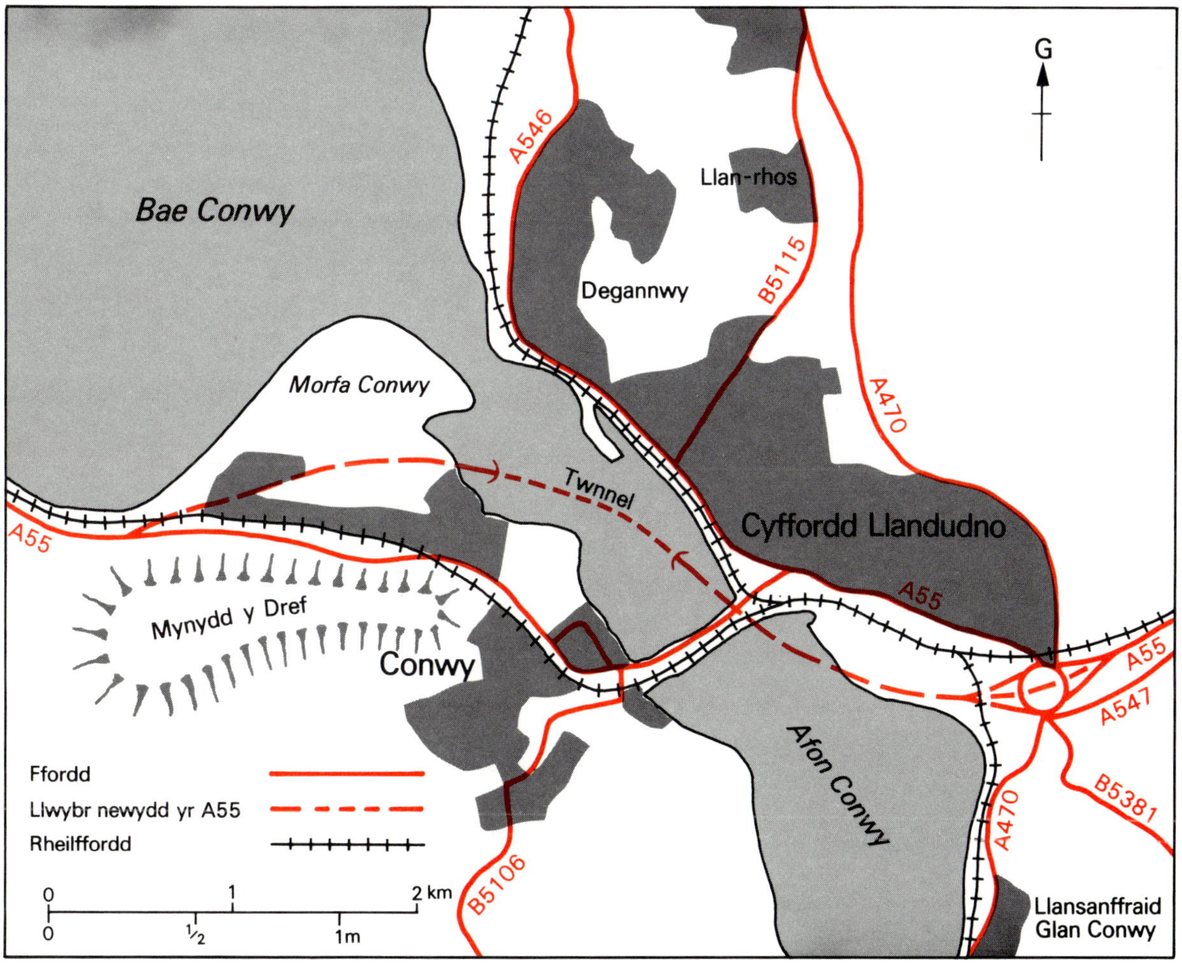

Llwybr newydd y ffordd A55 yn ardal Conwy, Gwynedd, yn dangos y gwaith twnnel sylweddol.

Cafodd y twnnel hwn ei adeiladu er mwyn hwyluso cylchrediad awyr iach yn system "y tiwb" o dan strydoedd Llundain.

Bydd twnelau i'w cael mewn mwyngloddiau megis pyllau glo, i gyrraedd y mwyn a all fod ymhell o waelod y siafft. Mewn rhai pyllau glo, yn lle suddo siafft cafodd twnnel hir ei dyllu ar oleddf o wyneb y tir i mewn i'r ddaear at y fan lle mae'r wythïen lo – *drift mine* yw'r enw Saesneg ar bwll o'r fath; twnelau wedi'u turio yn ochr bryn yw llawer o'r pyllau preifat sy'n gweithio glo sydd yn agos at wyneb y tir. Twnelau sy'n arwain at y gwythiennau aur yng ngweithfeydd aur yr hen Sir Feirionnydd hefyd.

Un o'r twnelau cyntaf y gwyddom amdano yw hwnnw a adeiladodd un o frenhinoedd Babylon dan Afon Iwffrates dros ugain canrif cyn geni Crist, er mwyn cysylltu ei balas â theml a oedd ar y lan arall. Roedd y twnnel hwn tua phedwar metr o uchder a phum metr o led, wedi'i leinio â briciau a'i do ar ffurf bwa. Mae hanes yn cyfeirio at dwnelau eraill, wedi'u hadeiladu i gario dŵr i drefi ac ar gyfer carthffosiaeth, ac mae storïau plant ar hyd yr oesoedd wedi sôn am dwnelau dirgel mewn cestyll a phlastai.

Gynt byddai'n rhaid turio â llaw, gan ddefnyddio offer syml – gwaith llafurus iawn a gymerai amser hir i'w gwblhau. Mae'n debyg bod miloedd o Rufeiniaid wedi llafurio am un mlynedd ar ddeg i gloddio twnnel ychydig dros bum kilometr o hyd. Tua dechrau'r ail ganrif ar bymtheg cafodd powdwr gwn ei ddefnyddio gyntaf i ffrwydro craig, ac ers hynny bu datblygiadau mawr yn y dulliau sydd ar gael i durio'r twll sylweddol y bydd ei angen i lunio twnnel.

Wrth yrru twnnel trwy graig bydd peirianwyr yn defnyddio aer cywasgedig neu bŵer hydrolig i ddrilio tyllau ar gyfer y powdwr fydd yn cael ei danio i hollti'r graig; os yw'r graig yn gadarn, does dim angen cynnal to ac ochrau'r twnnel er bod y rheiny'n edrych yn well o gael eu leinio â briciau neu gerrig nadd. Cafodd rhai o dwnelau enwocaf y byd – Mont Blanc, St Gotthard, Simplon, Arlberg a Mont Cenis, y cyfan yn yr Alpau – eu llunio drwy ffrwydro craig solet.

Ar y llaw arall, wrth durio trwy bridd meddal neu glai neu silt, bydd yn rhaid i'r peirianwyr ofalu gosod leinin cryf yn y twnelau rhag ofn i'r cyfan gwympo. Bydd yn rhaid gofalu trefnu dulliau i gael gwared o'r dŵr a all ddiferu i dwnnel a fydd yn cael ei gloddio dan afon neu aber.

Wrth gloddio twnelau trwy bridd meddal heddiw bydd peirianwyr fel arfer yn defnyddio silindr anferth â blaen llym iddo; bydd hwn yn torri drwy'r pridd wrth i'r silindr symud yn ei flaen ac yn cynnal y twnnel nes bod y gweithwyr yn gosod leinin o haearn neu ddur neu goncrit ynddo. Mae'n debyg mai Syr Marc Isambard Brunel a ddyfeisiodd y silindr cyntaf a'i ddefnyddio i gloddio twnnel dan Afon Tafwys rhwng Wapping a Rotherhithe rhwng 1825 a 1842. Gwellodd peiriannydd arall, J.H. Greathead, ar ddyfais Brunel, a defnyddiodd yntau'r silindr – y Greathead *shield* – wrth adeiladu'r twnelau ar gyfer rhai o reilffyrdd tanddaearol Llundain.

Ym mis Ionawr 1988 agorwyd twnnel tanfor hiraf y byd, rhwng ynysoedd Honshu a Hokkaido yn Japan. Mae'r twnnel rheilffordd hwn yn 34 milltir (54 km) o hyd a chymerodd bum mlynedd ar hugain i'w gloddio. (Gweler hefyd – AUR, GLO, RHEILFFYRDD.)

D.G.J.

TWRCI

Mae'n debyg mai'r twrci ydy'r creadur dof pwysicaf a ddaeth o America. Yn gynnar yn yr unfed ganrif ar bymtheg, yn fuan ar ôl darganfod y cyfandir newydd hwnnw, cafodd yr adar cyntaf eu cludo yn ôl i Ewrop o México. Ond pam y cafodd yr aderyn hwn yr enw

Magu twrcïod i'w lladd a'u bwyta.

"twrci"? Bryd hynny roedd popeth a darddai yn y Dwyrain Canol yn cael ei gysylltu â gwlad Twrci, a gan fod pobl yn credu mai yno yr oedd cartref yr aderyn dieithr, dyna sut y cafodd ei enw camarweiniol.

Roedd twrcïod gwyllt yn gyffredin iawn yn America, a dyna fwytaodd yr ymfudwyr cynnar i ddathlu eu llwyddiant cyntaf. Byth er hynny aeth bwyta twrci yn draddodiad yn yr Unol Daleithiau ar eu Dydd Diolchgarwch nhw, y pedwerydd dydd Iau ym mis Tachwedd. Gan ei fod mor flasus bu difa diddiwedd ar yr aderyn yno, ac yn fuan aeth yn brin iawn mewn rhannau o'r wlad. O ganlyniad bu'n rhaid gwarchod a magu'r adar, ac erbyn heddiw, mae twrcïod gwyllt yn niferus unwaith eto.

Bydd gan y ceiliog gwyllt sawl cymar, ond ni fydd yn helpu i godi nyth na gofalu am ei gywion. Bydd yr iâr yn dodwy rhwng 8 a 15 o wyau, a'r cywion yn hedfan cyn bod yn bythefnos oed. Mae'r ceiliog ddwywaith maint yr iâr. Cynefin naturiol y twrci ydy coedwigoedd agored, a bydd yn bwydo ar gnau ŷd, aeron, mes, hadau a blagur.

Erbyn heddiw, mae i'r twrci dof werth masnachol a bydd tua 6 miliwn yn cael eu magu i'w lladd a'u bwyta bob blwyddyn. Aeth twrci i ginio Nadolig yn rhan o'n traddodiad ninnau bellach.

E.B.J.

TYBACO A SMYGU

Cynefin naturiol y planhigyn tybaco yw Gogledd a De America. Mae hi'n naturiol, felly, mai ymhlith brodorion cyntefig y rhannau hynny o'r byd y dechreuodd yr arferiad o smygu neu smocio'r dail tybaco, ganrifoedd lawer cyn i longau o Ewrop gyrraedd y cyfandir hwnnw. Credai'r smygwyr cynnar hyn fod gan ddail tybaco rinweddau meddyginiaethol arbennig, a bu lle pwysig hefyd i smygu tybaco mewn rhai seremonïau crefyddol. Mae rhai olion o'r arferion hyn yn aros hyd heddiw, ac mae pawb wedi clywed am yr arferiad o smygu "pib (cetyn) heddwch" ymhlith Indiaid Gogledd America.

Yn dilyn mordeithiau Columbus ac eraill y daeth tybaco i Ewrop am y tro cyntaf; bu pobl yn smygu tybaco yn Ffrainc yn 1556, yn Sbaen yn 1559 ac yng ngwledydd Prydain yn 1565. Syr Walter Raleigh fu'n bennaf cyfrifol am boblogeiddio smygu ymhlith aelodau'r Llys Brenhinol yn Lloegr, ac yn ddiddorol ddigon, gan bennaeth y llys hwnnw – y Brenin Iago'r I – y cafwyd un o'r ymosodiadau ffyrnicaf ar smygu. Cyhoeddodd ef ei syniad mewn llyfr Lladin *Misocapnus seu de abusi tabaci* yn 1603, a'r flwyddyn ganlynol ymddangosodd fersiwn Saesneg, *A Counterblaste to Tobacco*. Yn ôl traddodiad, un o'r rhai cyntaf i smygu'n gyhoeddus ar strydoedd Llundain oedd y bardd forwr Tomos Prys o Blas Iolyn yng Nghlwyd, a hynny cyn diwedd yr unfed ganrif ar bymtheg.

Enwyd y planhigyn tybaco cyffredin *(Nicotiana tabacum)* ar ôl Jean Nicot, llysgennad Ffrainc yn Sbaen. Gall y planhigyn gyrraedd rhwng un a dau fetr o uchder ac mae'n nodedig am mai hadau mân iawn,

Tomos Prys a'i gyfeillion yn smygu tybaco yn y Pied Bull *yn Llundain.*

iawn, sy'n cael eu cynhyrchu ganddo – rhyw 500,000 mewn owns (28.35 gram). Y dail sy'n cael eu defnyddio i gynhyrchu tybaco; bydd yn rhaid eu ciwrio a'u sychu, dros gyfnod o hyd at hanner can niwrnod, mewn un o dair ffordd – gan yr awyr, gan wres tanau neu gan yr haul. O safbwynt ansawdd y cynnyrch, gorau po hwyaf y cyfnod sychu. Y prif gynhyrchwyr tybaco yw'r Unol Daleithiau, China, India, Rwsia, Twrci a Zimbabwe.

Y cyfansoddyn pwysicaf yn y dail tybaco – a'r un sy'n effeithio fwyaf ar y corff – yw nicotin. Nid yw'n folecwl cymhleth, ond mae ei ddylanwad ar y corff dynol yn bell-gyrhaeddol.

Caiff peth o'r nicotin ei golli yn ystod y prosesau sychu, ond eto bydd crynodiad y nicotin yn y dail sych yn gallu cyrraedd hyd at 7 y cant o'r cynnwys. O'r dail tybaco mae'n bosibl echdynnu'r nicotin sy'n hylif gwenwynig iawn – mae 3g o nicotin pur (rhyw ddegfed ran o owns) yn ddigon i ladd dyn. Byddai nicotin yn cael ei ddefnyddio gynt fel pryleiddiad mewn amaethyddiaeth a garddwriaeth i ladd pryfed niweidiol.

Mae sylweddau eraill heblaw nicotin mewn tybaco – yn bennaf, alcaloidau ac asidau organig. Yr alcaloidau, ynghyd â'r nicotin, sy'n gyfrifol am briodoleddau narcotig tybaco; y rhain hefyd sy'n gyfrifol am y mwynhad a'r rhyddhad sy'n cael eu profi gan y rhai sy'n smygu. Hyd at ryw ganrif yn ôl, defnyddio cetyn fyddai'r dull arferol o smygu ond yn ystod y ganrif bresennol cafodd y cetyn ei ddisodli i raddau helaeth iawn gan y sigarét, ac i raddau llai gan y sigâr. Dail tybaco hefyd sy'n cael eu defnyddio i baratoi snisin (*snuff*); caiff peth o'r dail a'r bonyn eu heplesu cyn eu malu a'u cymysgu â halwynau ac â sylweddau blasu.

Yn 1950 cafodd tystiolaeth gadarn ei chyhoeddi fod smygu'n gallu arwain at nifer o glefydau yn y gyfundrefn anadlu – yn fwyaf arbennig, canser yr ysgyfaint. Yn Ewrop, hwn bellach yw'r math mwyaf cyffredin o ganser ymhlith dynion ac mae'n digwydd llawer amlach ymhlith smygwyr nag ymhlith y rhai nad ydyn nhw'n smygu. Erbyn heddiw mae gwyddonwyr yn credu hefyd fod cysylltiad rhwng smygu a rhai clefydau

Clawr llyfryn a gafodd ei gyhoeddi gan y Cyngor Addysg Iechyd i geisio perswadio pobl i roi'r gorau i smygu.

eraill, megis clefyd y galon. Mae nicotin yn gallu peri codi pwysedd y gwaed – cyflwr y dylai pawb ei osgoi os oes modd. Mae tystiolaeth fod hyd yn oed baban yn y groth dan anfantais os yw'r fam yn smygu yn ystod y cyfnod beichiogi. Am y rhesymau hyn mae nifer o wledydd yn gwahardd hysbysebion teledu am sigaretau, ac yng ngwledydd Prydain ar bob paced o sigaretau mae rhybudd i'r perwyl fod smygu'n beryglus i'n hiechyd.

R.E.H.

TYDDEWI

Pentref yng ngorllewin Dyfed yw Tyddewi ym mhen draw yr hen Sir Benfro – pentref o ran ei faint, ond un sy'n gallu hawlio ei alw'n ddinas am fod yno eglwys gadeiriol. Mae hanes Dewi, nawddsant Cymru, yn sefydlu cymdeithas fynachaidd yng Nglyn Rhosyn i'w gael ar dudalennau 32 a 33 yng Nghyfrol 3, a llun y gadeirlan fel y mae heddiw yn wynebddarlun y gyfrol honno.

Mae'n debyg mai yn y chweched ganrif y sefydlodd Dewi ei gell yng Nglyn Rhosyn ym mro Mynyw, ac i'r ardal ddod yn bwysig fel canolfan dysg, a barnu wrth y llawysgrifau a chroniclau a fyddai'n cael eu cadw yno. Cafodd y lle ei anrheithio droeon gan ymosodiadau Daniaid yn y ddegfed ganrif a'r unfed ganrif ar ddeg, ac mae cofnodion ar gael sy'n sôn bod o leiaf dau esgob wedi'u lladd yn y cyfnod hwnnw.

Cafodd y lle ei freintio gan y Pab Calixtus (1119-24) fel cyrchfan i bererinion, ac ordeiniodd ef fod dwy daith i Dyddewi i'w hystyried yn gyfwerth ag un i Rufain. Bu ymwelwyr eraill yno, yn eu plith William Goncwerwr yn 1081, Harri'r II yn 1171 ac Edward I yn 1284. Bu Gerallt Gymro yno gydag Archesgob Baldwin ar eu taith trwy Gymru yn 1188 i geisio cael dynion i ymuno â byddin o Brydain i ymladd yn y Drydedd Groesgad yn erbyn y Tyrciaid.

Y pryd hwnnw gwelodd Gerallt y gwaith o godi eglwys newydd a oedd wedi dechrau wyth mlynedd cyn hynny, ac a barhaodd heb ei gwblhau tan 1522. Y brifeglwys bresennol yw'r drydedd o leiaf a fu ar y safle hwn. O Gaerfai gerllaw y daeth llawer o'r cerrig sydd yn yr adeilad hwn, sy'n gymharol ddiolwg o'r tu allan; cafodd ei lunio felly'n fwriadol, rhag tynnu sylw ato'i hun a denu gelynion i'w ddifrodi, a chafodd y gwychder ei neilltuo ar gyfer y tu mewn.

Bu cryn dipyn o newid ar yr adeilad dros y canrifoedd; yn 1248 dioddefodd rhannau ohono mewn daeargryn, a phan gafodd y rhain eu hailgodi, dilynodd yr adeiladwyr ffasiynau newydd y dydd wrth gynllunio ffenestri a bwâu cerrig. Yn 1797 cafodd plwm y to ei droi'n fwledi i'r milwyr lleol allu cadw draw ymosodwyr o gyfeiriad y môr.

Gerllaw mae olion Coleg y Santes Fair a'r Palas gwych lle trigai'r esgob gynt. Erbyn canol yr unfed ganrif ar bymtheg roedd cartre esgobion Tyddewi wedi symud i Abergwili ger Caerfyrddin, lle mae heddiw. Tan 1923 roedd esgobaeth Tyddewi yn ymestyn dros ganolbarth Cymru a'r deheudir (ac eithrio ardal yn y de-ddwyrain a oedd dan lywodraeth esgobaeth Llandaf); yn y flwyddyn honno cafodd esgobaeth newydd Abertawe ac Aberhonddu ei chreu.

O gwmpas Tyddewi mae ardal hyfryd iawn – hithau a'r ddinas yn rhan o Barc Cenedlaethol Arfordir Penfro. Lle dymunol iawn yw'r ddinas fechan heddiw, er i John Wesley ei chael yn 1781 yn "lle diflas" ag ynddo "ond un cartref goddefol o dda". Mae Tyddewi ei hun ryw kilometr neu ddau o'r arfordir, ond gerllaw mae traethau rhagorol, clogwyni mawreddog a baeau deniadol megis Whitesands, Caerbwdi, Caerfai a Bae'r Santes Non a gafodd ei enwi ar ôl mam Dewi – yn ôl hen goel, yma y ganwyd ef. Allan yn y môr, heb fod nepell i ffwrdd, mae Ynys Dewi (*Ramsey Island*), gwarchodfa natur lle bydd dros ddeg rhywogaeth ar hugain o adar yn nythu.

Bydd ymwelwyr wrth y miloedd yn tyrru i'r ardal bob blwyddyn i syllu ar odidowgrwydd y gadeirlan a mwynhau golygfeydd anghymarol y fro. (Gweler hefyd – ARCHESGOB, CANGELL, CROESGAD, DEWI SANT, EGLWYS GADEIRIOL, ESGOB, PARCIAU CENEDLAETHOL.)

D.G.J.

TYLWYTH TEG

Creaduriaid dychmygol goruwchnaturiol yw Tylwyth Teg, yn ddigon tebyg yn aml i bobl gyffredin, ond dro arall yn fychan, heb fod yn fwy na rhyw ddeg centimetr o daldra. Yn ôl traddodiad roedden nhw unwaith yn byw yn y byd, ond maen nhw'n trigo bellach mewn gwlad hud a lledrith rywle dan y byd. Mae i'r Tylwyth Teg enwau eraill hefyd, enwau fel "Dynion Bach

Teg'', ''Trwtyn Tratyn'' a ''Bendith y Mamau''. Yn rhai o chwedlau cynnar Cymru mae rhai o'r cymeriadau yn cyfeirio at y Tylwyth Teg fel ''dynion mwyn''; roedden nhw'n credu mai enw eu gwlad danddaearol oedd Annwfn, ac mai enw eu brenin oedd Gwyn ap Nudd.

Mae pobl wedi bod yn gyfarwydd â'r Tylwyth Teg ers canrifoedd lawer. Credai llawer y gallai'r Tylwyth Teg beri i niwl ddisgyn yn sydyn. Cyfansoddodd bardd anhysbys a oedd yn byw yr un pryd â Dafydd ap Gwilym gywydd i'r niwl, gan ei ddisgrifio fel ''Hir barthlwyth (gartref) y Tylwyth Teg''.

Byddai llawer yn credu y gallai'r Tylwyth Teg fod yn beryglus, ac yn ofni eu galw wrth eu henwau. Y farn gyffredin oedd na fydden nhw ddim yn hoffi haearn na thir wedi ei aredig; bod eu merched yn dda am ofalu am anifeiliaid; eu bod nhw'n hyddysg mewn hudoliaeth o bob math ac yn gallu newid eu ffurf fel y mynnen nhw; a'u bod nhw'n byw'n hen iawn – yn wir, credai rhai na fyddai Tylwyth Teg byth yn marw.

Mewn ambell chwedl âi pobl ar ddamwain i fyd y Tylwyth Teg, a phan ddigwyddai hyn, fydden nhw byth yr un peth wedyn. Drysai rhai yn llwyr gan anghofio popeth, a dychwelai eraill ymhen blynyddoedd lawer a chael bod eu ffrindiau'n hen neu wedi marw, ond gan gredu na fuon nhw eu hunain i ffwrdd am fwy nag ychydig eiliadau. Fyddai hi ddim yn ddiogel bwyta bwyd o unrhyw fath yng ngwlad y Tylwyth Teg.

Yn ôl traddodiad, byddai'r Tylwyth Teg yn dod o'u gwlad ledrith ar noson olau leuad fel y gallen nhw ddawnsio ar y glaswellt; ar ôl iddyn nhw fod yn dawnsio am beth amser, byddai cylch o borfa gwyrdd tywyll i'w weld yn amlwg; gallai camu i'r cylch hwn fod yn beryglus – gallai bod meidrol orfod aros yn y cylch am flwyddyn a diwrnod. Roedd hi'n anlwcus aredig y cylchoedd hyn.

Doedd hi ddim yn amhosibl i Dylwyth Teg briodi person cyffredin, ac un o'r rhai enwocaf i wneud hyn oedd morwyn Llyn y Fan. Yn ôl y chwedl roedd hi'n byw gyda'i theulu yn Llyn y Fan Fach, Dyfed, ond mentrodd o'i chartref i briodi mab fferm Blaen Sawdde. Yr unig amod ynglŷn â'r briodas oedd nad oedd ei gŵr i gyffwrdd â hi dair gwaith â haearn, nac â thair ergyd ddiangen. Buon nhw'n briod am flynyddoedd lawer, ond wedi i'w gŵr ei tharo'n ddamweiniol ar dri achlysur galwodd ei wraig ar ei hanifeiliaid i gyd a dychwelyd i'r llyn. Ond gadawodd ei thri mab ar ôl gyda'i gŵr; daeth Rhiwallon, y mab hynaf, a'i feibion yntau, yn enwog trwy Gymru fel meddygon – Meddygon Myddfai.

Yn ôl traddodiad, byddai Tylwyth Teg yn dueddol o ladrata – o leiaf, nhw a gâi'r bai pan âi rhywbeth ar goll. Eu camp mwyaf erchyll oedd lladrata plentyn rhywun a rhoi un o'u plant eu hunain yn ei le, fel y gallai gael llaeth dynol. Er mwyn cadw'r Tylwyth Teg draw byddai'r fam yn ceisio trefnu bedyddio'i baban cyn gynted ag y byddai hynny'n bosibl, neu'n gosod darn o haearn megis procer neu efail dân i orwedd ar draws crud y plentyn am fod ofn haearn ar y Tylwyth Teg.

W.J.J.

TYLLUANOD

Adar ysglyfaethus sy'n hela liw nos ydy'r tylluanod, er bod rhai'n barod i hela liw dydd golau, ac yn y gwyll. Ledled y byd ceir 133 o wahanol rywogaethau, ond dim ond pump ohonyn nhw sy'n nythu yng Nghymru, sef y dylluan wen, y dylluan frech, y dylluan glustiog, y dylluan gorniog a'r dylluan fach. Mae cryn amrywiaeth ym maint gwahanol dylluanod; y fwyaf ydy'r eryr dylluan, sy'n mesur 75 cm o hyd, a'r corrach dylluan ydy'r lleiaf – prin 15 cm yw hyd hon, fawr mwy nag aderyn y to.

Tylluanod gwyn.

Enw arall ar y dylluan yw gwdihŵ. Drwy'r oesoedd cododd tylluanod ofn ar bobl, â'u chwyrnu, sgrechian a hwtian yn gychwyn i lu o storïau ysbryd. Yn wir, does gan yr un aderyn arall enw gwaeth, ac eto, mewn gwirionedd, dyma un o gyfeillion pennaf yr amaethwr. Cafodd y dylluan ei disgrifio fel cath asgellog, i'r dim i hela llygod. Fel pob aderyn ysglyfaethus, mae ganddi grafangau miniog, pig fachog a llygaid craff. Mae gan rai tylluanod glustiau arbennig, yn enwedig y rhai sy'n hela drymder nos, pan fydd eu clyw yn gymorth iddyn nhw ddarganfod eu prae. Mae dau dusw o blu ar bennau rhai tylluanod (y glustiog a'r gorniog) ond does a wnelo rhain ddim â'u clustiau.

Gan fod ymylon meddal i blu hirion yr adenydd a'r gynffon, gall tylluan hedfan yn hollol ddistaw a chipio'i phrae cyn iddo sylwi ei bod hi'n agos. Mae'r ddau lygad mawr yn wynebu ymlaen, fel ein llygaid ni, ac mae hynny hefyd yn gymorth iddi hela liw nos; all hi ddim symud y llygad yn ei soced i edrych o'i chwmpas, ond gall droi ei phen drwy 270 gradd.

Tylluan fach a'i chywion.

Bydd tylluanod yn hela llygod bach a mawr, cwningod, adar, pryfed a phryfed genwair, ac mae ambell un yn gallu cipio pysgod o'r dŵr.

Bydd y dylluan yn llyncu anifeiliaid bychain yn gyfan, ond caiff rhai mwy eu darnio. All tylluan ddim treulio'r esgyrn, a byddan nhw'n cael eu taflu i fyny ar ffurf pelen sy'n llawn o esgyrn, ffwr, plu a gweddillion eraill ei phryd bwyd. Bydd naturiaethwyr yn casglu'r pelenni ac yn eu dadansoddi i ddarganfod pa brae y bu'r dylluan yn ei fwyta. Ychydig o wybodaeth sydd gennym am oed adar gwyllt, ond mewn caethiwed bu tylluan yr eira fyw am fwy na 24 blynedd, a chyrhaeddodd eryr dylluan 68 mlwydd oed.

E.B.J.

TYMHEREDD

Mesur yw tymheredd o ba mor boeth neu oer yw rhywbeth. Byddwn yn sôn am dymheredd defnyddiau mewn amrywiol gyflyrau ac am dymheredd y corff dynol. Byddwn yn sôn yn gyson hefyd am "y tymheredd" wrth gyfeirio at ba mor oer neu boeth yw hi yn ystod y dydd a'r nos.

Caiff tair graddfa eu defnyddio'n gyffredinol heddiw i fesur tymheredd. Caiff Graddfa Farenheit ei defnyddio yn yr Unol Daleithiau yn bennaf. Defnyddir Graddfa Celsius ym mhob gwlad sydd wedi mabwysiadu'r system fetrig: ar y raddfa hon mae can gradd rhwng pwynt rhewi a phwynt berwi dŵr. Caiff Graddfa Celsius ei defnyddio'n eang i fesur tymheredd ym myd gwyddoniaeth, ynghyd â graddfa arall o'r enw Graddfa Kelvin.

Mae tymheredd yn elfen bwysig iawn yn ein tywydd a'n hinsawdd. O'r haul y daw bron yr holl wres sydd yn yr aer, ac wrth chwyldroi o amgylch yr haul bob dydd bydd y rhan honno o'r ddaear sy'n wynebu'r haul yn gynhesach o lawer na'r rhannau hynny sy'n cefnu ar yr haul.

Dau fachgen bach yn lleddfu effaith gwres yr haul trwy sefyll o dan gawod o ddŵr oer.

Wrth i egni'r haul daro wyneb y ddaear, mae gwres yn cael ei drawsgludo i'r aer, ac wrth i'r aer gynhesu bydd yn esgyn ac yn cymysgu ag aer uwchben sydd yn llawer iawn oerach. Ar gyfartaledd, bydd tymheredd yr aer sy'n esgyn yn gostwng tua 1°C bob 550 troedfedd, a'r enw ar y broses hon yw ''darfudiad''. Felly mae'n llawer iawn oerach ar ben mynyddoedd nag yw ar lawr gwlad. Ffaith ddiddorol yw bod eira'n sefyll ar gopaon Mynyddoedd Kenya a Kilimanjaro er bod y mynyddoedd hyn ar y Cyhydedd. Mae'r tymheredd ym mhobman yn dibynnu ar uchder y tir.

Mae perthynas bendant hefyd rhwng lledred unrhyw le a'r tymheredd yno. Yn y Trofannau, lle mae'r haul bron yn union uwchben ganol dydd ar hyd y flwyddyn, mae'r tymheredd bron ym mhobman yn uchel iawn. Ond wrth fynd tua'r gogledd neu i'r de o'r Trofannau ni fydd yr haul ar unrhyw gyfnod yn hollol fertigol uwchben, ac o ganlyniad ni fydd y tymheredd byth mor uchel yn y gwledydd hynny. Rydym ni yng Nghymru yn y lledredau tymherus; fydd ein hafau ni ddim yn eithafol o boeth na'n gaeafau yn eithafol o oer. Wrth nesáu at Begwn y Gogledd neu Begwn y De bydd yn oer iawn bob amser. Felly, mae'r tymheredd yn sicr yn newid yn ôl y lledred.

Hefyd, ym mhob gwlad bydd tymheredd yr hinsawdd yn newid yn ôl y pellter o'r môr. Ar hyd y glannau fydd y tymheredd ddim mor oer yn y gaeaf nac mor gynnes yn yr haf ag y bydd yng nghanol y cyfandiroedd; hynny yw, dyw'r tymheredd ddim mor eithafol ar hyd y glannau ag yw ym mherfeddion cyfandir mawr.

Mae cerhyntau'r môr hefyd naill ai yn cynhesu neu yn oeri'r glannau ac arfordiroedd y byd. Cerhyntau cynnes sy'n llifo o gyfeiriad y Cyhydedd tuag at y Pegynau, a cherhyntau oer sy'n llifo o gyfeiriad y Pegynau tuag at y Cyhydedd. Oherwydd bod Llif y Gwlff a Drifft Gogledd Iwerydd yn golchi glannau Cymru bydd ein gaeafau ni yn llawer iawn cynhesach. Fydd y moroedd ar hyd ein glannau ni byth bron yn rhewi, ond ar hyd glannau gogledd-ddwyrain Canada mae cerrynt oer Labrador yn llifo o'r gogledd i'r de ac o ganlyniad mae'r gaeafau yno'n oer iawn a'r glannau'n rhewi'n gorn yn ystod y gaeaf.

Yn ogystal, bydd gwyntoedd hefyd naill ai'n cynhesu neu yn oeri hinsawdd gwledydd. Mae'r gwyntoedd sy'n chwythu o gyfeiriad y Cyhydedd yn gynnes, a'r gwyntoedd sy'n chwythu o gyfeiriad y Pegynau yn llawer llai cynnes. Gwyntoedd o'r de-orllewin, sef gwyntoedd cynnes, yw'r prif wyntoedd sy'n chwythu dros Gymru, ac felly mae tymereddau ein hinsawdd ni yn gymharol gynnes. Ond gwyntoedd oer iawn yw gwyntoedd y dwyrain sy'n chwythu o dro i dro dros wledydd Prydain o gyfandiroedd Ewrop ac Asia; pan fydd y rhain yn chwythu bydd eu brathiad i'w deimlo i'r byw.

Gellir dangos dosbarthiad tymheredd mewn gwahanol leoedd a gwledydd ar fap trwy ddefnyddio llinellau o'r enw isothermau. Bydd isotherm yn cysylltu mannau sydd â'r un tymheredd ar adeg arbennig neu â thymheredd tebyg dros gyfnod o amser. Bydd gan y tymereddau hyn ddylanwad pendant ar bob tyfiant naturiol, ar gynhyrchu cnydau, ar ein bywyd bob dydd mewn gwaith a hamdden, a hyd yn oed ar ddosbarthiad gwahanol fathau o anifeiliaid drwy'r byd. (Gweler hefyd – GWRES, HINSAWDD.)

B.L.D.

TYMHORAU

Mae pedwar tymor mewn blwyddyn, sef gwanwyn, haf, hydref a gaeaf. Byddwn yn disgwyl gwahaniaeth amlwg yn y tywydd ac yn nifer oriau golau-dydd o dymor i dymor. Byddwn yn sôn am gynhesrwydd haf ac am oerni gaeaf, ac am ddiwrnodau hir – sef cyfnod hir o oriau golau-dydd – yn ystod yr haf, a diwrnodau byr – sef cyfnod byr o oriau golau-dydd – yn y gaeaf. Yn yr haf bydd y wawr yn torri'n fore iawn a'r haul yn machlud yn hwyr iawn, ond yn ystod y gaeaf mae'r wawr yn hwyr a machlud haul yn gynnar. Bydd yn well gennym ddiwrnodau hir a chynnes yr haf fel arfer na dyddiau byr ac oer y gaeaf.

''Cwrlid gwyngalchog'' y gaeaf.

Yn ystod cyhydnos y gwanwyn (21 Mawrth), a chyhydnos yr hydref (21 Medi) yn unig, pan fydd yr haul yn union uwchben ganol dydd ar y Cyhydedd, y bydd y dydd a'r nos yng Nghymru o'r un hyd. Ar y diwrnodau hyn bydd yr haul yn codi yn union yn y dwyrain ac yn machlud yn union yn y gorllewin, ac fe gawn 12 awr o olau dydd a 12 awr o dywyllwch nos.

Yn hemisffer y gogledd fe gawn ni ein diwrnod hiraf yn ystod heuldro'r haf, ar 21 Mehefin, pan fydd yr haul yn ymddangos yn union uwchben ganol dydd ar Drofan Cancr; bryd hynny bydd yr haul yn codi yn y gogledd-ddwyrain ac yn machlud yn y gogledd-orllewin. Fe gawn ni ein diwrnod byrraf yn hemisffer y gogledd ar 21 Rhagfyr yn ystod heuldro'r gaeaf, pan fydd yr haul yn union uwchben ganol dydd ar Drofan Capricorn; ar y dyddiad hwnnw bydd yr haul yn codi yn y de-ddwyrain ac yn machlud yn y de-orllewin. Yng nghanol gaeaf bydd yr haul yn isel hyd yn oed ganol dydd.

Symudiad y ddaear wrth iddi gylchdroi o gwmpas yr haul sy'n gyfrifol am ein tymhorau, a gan fod ein gwlad ni ryw hanner ffordd rhwng y Cyhydedd a Phegwn y Gogledd mae gwahaniaeth amlwg yn y tywydd o dymor i dymor. Ar y Cyhydedd nid oes fawr o newid.

Wrth i'r ddaear chwyldroi o gwmpas yr haul unwaith y flwyddyn bydd echelin y ddaear, sydd 23½° o'r fertigol, yn gogwyddo i'r un cyfeiriad ar hyd yr amser. Yn ystod ein haf ni bydd Pegwn y Gogledd yn gogwyddo tua'r haul, a dyma'r tymor o gynhesrwydd a diwrnodau hir, ond yn y gaeaf bydd Pegwn y Gogledd yn gogwyddo oddi wrth yr haul, a dyma'r adeg y cawn ni dywydd oer a diwrnodau byr. Rhwng y ddau dymor hyn, yn y gwanwyn ac yn yr hydref, yn ystod y cyhydnos, bydd Pegwn y Gogledd a Phegwn y De yn cael yr un faint o heulwen.

Dyma sut y canodd rhai o'n beirdd i wahanol dymhorau'r flwyddyn:

Y GWANWYN

Darfu'r gaeaf, darfu'r oerfel,
Darfu'r glaw a'r gwyntoedd uchel;
Daeth y gwanwyn glas eginog,
Dail i'r llwyn, a dôl feillionog.

(Hen Bennill)

YR HAF

Yr haul ar las orielau, – a gweunydd
Fel gwenyg o flodau,
A chwa bêr o ryw iach bau
Yn yngan ar las gangau.

(Hedd Wyn)

YR HYDREF

Hydref yn teimlo'i oedran – yn y cwm,
A'r coed yn eu cwman;
Hen wŷr yn rhannu arian
Hyd y dŵr, a'r dŵr ar dân.

(Gerallt Lloyd Owen)

Y GAEAF

Cwrlid gwyngalchog hirlwm – y gaeaf
Ar y gwiail pendrwm;
Cytir yn gwisgo cotwm
A gwlân wrth ganghennau'n glwm.

(Alan Llwyd)

B.L.D.

William TYNDALE (c.1492–1536)

Fe ddylai'r Saeson edmygu a chanmol William Tyndale yn yr un modd ag y byddwn ni'n gwerthfawrogi gwaith mawr yr Esgob William Morgan.

Yn ôl traddodiad, cafodd ei eni heb fod ymhell o'r ffin rhwng Cymru a Lloegr, yn Stinchcombe yn Swydd Gaerloyw, a'i addysgu ym Mhrifysgolion Rhydychen a Chaergrawnt. Ar ôl cael ei ordeinio'n offeiriad aeth i Little Sodbury, ger Bryste, yn diwtor i blant Syr John Walsh, un o wŷr llys Harri'r VIII – a'r pryd hwnnw y penderfynodd fynd ati i gyfieithu'r Beibl i'r Saesneg.

Doedd Fwlgat (cyfieithiad Lladin o'r Beibl) Sant Jerome ddim wrth fodd Tyndale; roedd yntau'n hyddysg iawn mewn Groeg a Lladin, ac roedd yn ymwybodol o'r gwahaniaethau lu rhwng y Fwlgat a'r Groeg gwreiddiol. Mae'n wir bod John Wycliffe wedi cyfieithu'r Fwlgat i'r Saesneg tua diwedd y bedwaredd ganrif ar ddeg, ond roedd awdurdodau'r Eglwys Babyddol wedi llosgi bron y cyfan o'r copïau am eu bod o'r farn nad rhywbeth i'w ddarllen gan bawb oedd y Beibl. Lladin oedd iaith swyddogol gwasanaethau'r Eglwys, ac yn aml ni fedrai hyd yn oed yr offeiriaid ddeall yr hyn roedden nhw'n ei ddarllen, heb sôn am y rhai oedd yn gwrando.

Bwriad mawr Tyndale oedd darparu Beibl y gallai'r bobl gyffredin ei ddarllen a'i ddeall. Un diwrnod, mewn dadl ffyrnig â rhai o arweinwyr yr Eglwys Babyddol, mentrodd broffwydo y byddai'n sicrhau y byddai hyd yn oed y bachgen a yrrai'r wedd yn gwybod mwy am yr Ysgrythurau ryw ddydd na'r Pab ei hun.

Ond ni allai gyflawni'i waith yn Lloegr gan gymaint yr erlid arno gan awdurdodau'r Eglwys. Yng ngwanwyn 1524 ciliodd i'r Almaen lle cafodd loches ymhlith dilynwyr Martin Luther. Defnyddiodd fersiwn Roeg o waith Erasmus, ysgolhaig o'r Iseldiroedd, ynghyd â'r Hebraeg gwreiddiol. Hyd yn oed ar y cyfandir roedd yn rhaid iddo weithio yn y dirgel rhag cael ei garcharu, ond erbyn 1525 roedd ei gyfieithiad o'r Testament Newydd yn barod i'r wasg.

Archebodd dair mil o gopïau gan argraffydd yng Nghwlen (Köln) ond deg dalen yn unig oedd wedi'u hargraffu pan gafodd Tyndale rybudd bod un o'i brif elynion wedi darganfod ei gyfrinach ac wedi gorchymyn nad oedd y wasg i argraffu dim mwy. Cafodd Tyndale afael ar y deg dalen orffenedig a ffodd mewn cwch i'r de, i ddinas Worms, lle roedd argraffydd arall yn barod i ymgymryd â'r gwaith. (Mae darn o argraffiad y wasg yng Nghwlen, sef bron y cyfan o Efengyl Mathew, i'w weld yn yr Amgueddfa Brydeinig yn Llundain.)

Cafodd y Testament Newydd ei argraffu yn Worms, a chopïau ohono'u hanfon, wedi'u cuddio mewn byrnau cotwm, sacheidiau o flawd a bwndeli o lin, i Loegr, lle roedd galw mawr amdanyn nhw ym Mhrifysgolion Rhydychen a Chaergrawnt, ac ymhlith crefftwyr, dynion busnes a phobl gyffredin a allai fforddio dalu am gopi. Cyrhaeddodd y copïau cyntaf Loegr yn 1526. Cafodd awdurdodau'r Eglwys fraw, yn enwedig o weld nodiadau a sylwadau Tyndale ar ymylon y tudalennau yn eu condemnio am nad oedd eu dysgeidiaeth nhw (hynny yw, yr hyn roedd Eglwys Loegr yn ei ddysgu a'i bregethu) wedi'i seilio ar eiriau Iesu Grist.

Mae un copi o Destament Newydd Tyndale (argraffiad diwygiedig 1534) i'w weld yn yr Amgueddfa Brydeinig, wedi'i argraffu ar felwm a'i addurno'n gywrain; arno mae'r arysgrif *Anna Regina Angliae* sy'n awgrymu ei fod unwaith ym meddiant Anne Boleyn, un o wragedd Harri'r VIII.

Aeth Tyndale ymlaen â'i waith, gan fynd ati i gyfieithu'r Hen Destament i'r Saesneg. Bu'n rhaid iddo symud o le i le er mwyn osgoi cael ei garcharu. Ond yn 1535 cafodd ei ddal yn Antwerpen gan wrthwynebwyr y Diwygiad Protestannaidd a'i daflu i garchar yn Vilvoorde gerllaw Brwsel yng Ngwlad Belg; yno dioddefodd flinder ac oerni am bymtheng mis, heb ddim i'w ddarllen, cyn sefyll ei brawf fel heretic (am anghytuno â dysgeidiaeth yr Eglwys Babyddol) a'i gondemnio i farwolaeth. Ar 6 Hydref 1536 cafodd ei dagu a'i gorff ei losgi ar y stanc; ei eiriau olaf cyn marw oedd, "Arglwydd, agor lygaid Brenin Lloegr."

Cafodd gweddi William Tyndale ei hateb yn gynt nag a feddyliai ar y pryd. Cyn diwedd y flwyddyn honno roedd ei Destament Newydd yn cael ei argraffu yn Lloegr. Ymddangosodd nifer o gyfieithiadau Saesneg ar ôl dyddiau Tyndale, ond cafodd pob un ei seilio ar ei waith mawr ef. Mae'n ddiddorol sylwi mai ychydig iawn o wahaniaeth sydd rhwng fersiwn Tyndale o Weddi'r Arglwydd a'r fersiwn a gaiff ei ddefnyddio heddiw.

Yn wir, mae William Tyndale yn haeddu cael ei alw'n Dad y Beibl Saesneg. (Gweler hefyd – Y BEIBL.)

D.G.J.

TYNDYRN

Yn nhridegau'r ddeuddegfed ganrif cododd cwmni o fynaich o'r Urdd Sistersaidd ("Brodyr Gwynion") o Normandi yng ngogledd Ffrainc abaty ar lan orllewinol Afon Gwy, tua chwe kilometr i'r gogledd o Gas-gwent. Arglwydd y Mers, Walter de Clare, a sefydlodd yr abaty yn 1131, a chafodd eglwys yr abaty ei chysegru yn 1288.

Yng nghwrs y blynyddoedd codwyd nifer o ychwanegiadau at yr adeilad gwreiddiol, ond, ynghyd â nifer o abatai eraill yng Nghymru a Lloegr, cafodd Abaty Tyndyrn ei ddatgorffori a'i ysbeilio ar orchymyn y Brenin Harri'r VIII, yn dilyn pasio'r Ddeddf Ddiddymu yn 1536. Erbyn heddiw olion yn unig sydd ar ôl, ond mae'r adfeilion yn dal yn nodedig – er i Francis Kilvert ddweud, pan ymwelodd â'r lle yn 1875, eu bod yn rhy berffaith i fod yn hollol brydferth!

Bu miloedd o bererinion ac ymwelwyr eraill yn syllu ar fawredd yr abaty, gan gynnwys, yn naturiol, nifer o arlunwyr, yn eu plith yr enwog J. M. W. Turner. Bu William Wordsworth yno ddwywaith o leiaf, yr ail dro gyda'i chwaer Dorothy yn 1798, pan luniodd ei

Abaty Tyndyrn fel yr oedd yn ystod yr Oesoedd Canol, yn ôl dehongliad yr arlunydd Alan Sorrell.

gerdd *Lines Composed a few Miles above Tintern Abbey*. Canodd Alun gerdd i "Abaty Tintern", lle mae'n dychmygu gweld y lle fel yr oedd ar un adeg:

"Pa sawl gwaith, ar wawr a gosber,
Swniai'r gloch ar hyd y glyn?
Pa sawl ave, cred a phader
Ddwedwyd rhwng y muriau hyn?"

Yna mae'n sylweddoli bod y lle'n wahanol iawn heddiw:

"Ond Distawrwydd wnaeth ei phabell
Lle cartrefai'r anthem gynt,
Nid oes yma, o gôr i gangell,
Un erddigan ond y gwynt."

Ffenestr orllewinol Abaty Tyndyrn heddiw.

Mae'r adfeilion yn ein hatgoffa am y mynaich a fu'n llafurio yno ddydd ar ôl dydd: gallwn adnabod y festri, y cabidyldy a'r parlwr sy'n dwyn i gof ddyletswyddau crefyddol y "brodyr gwynion", a'r gegin, yr ystafell fwyta a'r lletyau – adfeilion tawel, hardd, yn un o ddyffrynnoedd prydferthaf Cymru. (Gweler hefyd – ALUN, MYNACH.)

D.G.J.

TŶ'R ARGLWYDDI – gweler **Y SENEDD**

TŶ'R CYFFREDIN – gweler **Y SENEDD**

TŶ UNNOS

Arfer cyffredin iawn ymysg tlodion Cymru, yn y cyfnod 1750-1850 yn arbennig, oedd codi tŷ unnos. Yn ôl hen draddodiad, dim ond i'r sawl a fynnai adeiladu tŷ ar dir comin wneud hynny dros nos a chael mwg o'r simdde erbyn y wawr, câi fyw yno wedyn heb ofn ei erlid gan y gyfraith, a châi berchenogi'r tir o'i amgylch cyn belled ag y medrai daflu bwyell.

Erbyn ail hanner y ddeunawfed ganrif roedd y boblogaeth ar gynnydd, a doedd dim digon o dir addas i bawb godi cartref arno yn ôl y galw. Yr unig dir nad oedd neb yn amlwg yn berchen arno oedd y tir comin, sef yr erwau lawer o dir diffaith oedd yn dal o amgylch y wlad. Tir heb ei drin oedd hwn fel rheol, un ai yn gors wlyb neu'n rhostir anial, a byddai angen cryn waith i'w gau a'i rannu â chloddiau neu wrychoedd er mwyn ei sychu a'i wrteithio i ffurfio rhan gynhyrchiol o ffarm neu dyddyn. Drwy gydol hanes, y tiroedd brasaf a'r rhwyddaf i'w hamaethu gafodd eu cau a'u trin gyntaf, ond yn 1795 roedd 1,700,000 erw, sef tua thraean o dir Cymru, yn dal yn agored. Yn groes i goel gwlad, nid tir nad oedd iddo berchennog oedd y tir hwn: roedd yn eiddo i'r Goron ac yn aml yng ngafael y tirfeddianwyr a fyddai hefyd yn gweinyddu'r gyfraith fel ustusiaid heddwch. Roedd yn arferol i'r ffermwyr a'r tyddynwyr oedd â'u tir yn ffinio ar dir comin gael pori eu gwartheg a'u defaid arno. Yn ogystal roedd cerrig a choed y comin yn ffynhonnell rwydd o ddefnyddiau adeiladu a thanwydd i'r tlawd.

Tua'r un adeg roedd y tirfeddianwyr hwythau yn ceisio amgáu mwy o'r comin at eu dibenion eu hunain, sef gwella ansawdd amaethu yn gyffredinol a gwneud mwy o arian iddyn nhw yn y broses. Cafodd tua 200,000 erw eu cau gan ddeddfau'r Senedd yn ystod rhyfeloedd Napoleon (1793-1815) – rhywfaint o dir, mae'n debyg, ym mhob plwyf yng Nghymru. Bu gwrthdaro mawr rhwng y tirfeddianwyr a oedd â'u bryd ar gau miloedd o erwau a'r tlodion a oedd am godi cartref rhad ar y tir comin a oedd yn weddill. Does dim rhyfedd felly i'r tlodion ei chael yn anodd iawn cael caniatâd i godi tŷ yn gyfreithiol, a'r canlyniad anorfod fu cynnydd sylweddol yn yr hen arfer o godi tŷ unnos.

Ar ôl dewis llecyn addas byddai dyn yn paratoi cymaint ag y gallai o'r tŷ ymlaen llaw (megis y trawstiau a'r cyplau, y drysau a fframau'r ffenestri). Ar ôl crynhoi'r holl ddefnyddiau ynghyd hysbysai ei gyfeillion a'i gymdogion o'i fwriad ac o'r fan lle bwriadai godi ei dŷ, gan bennu amser cyfarfod. Ar y noson arbennig deuai pawb at ei gilydd cyn mynd ati yn llechwraidd ond yn ddiymdroi i godi'r tŷ. Go simsan fyddai'r adeilad gorffenedig ond o leiaf yr oedd yn ddigon yn ôl coel gwlad i sicrhau'r tir i'w berchennog newydd. Cerrig a thywyrch fyddai defnyddiau muriau'r tŷ unnos gan amlaf, gyda tho gwellt neu frwyn amrwd, oherwydd fyddai neb yn disgwyl iddo barhau ar ei draed am fwy nag ychydig fisoedd, gan y byddai'r perchennog yn mynd ati'n ddi-oed i godi tŷ tipyn gwell a mwy parhaol.

Does dim cyfrif yn bod o'r holl dai unnos a godwyd ond mae'n rhaid bod miloedd lawer ohonyn nhw. Mae cofnod i'w gael bod 37 wedi'u hadeiladu heb ganiatâd ar gomin Llanddeiniolen rhwng 1785 a 1810, a 51 ar gomin Mynydd Mynytho yn Llŷn rhwng 1783 a 1808.

Ar 20 Mai 1988 aeth wyth myfyriwr ati i ail-greu codi tŷ unnos ar dir Amgueddfa Werin Cymru. Cymeron nhw wyth awr i wneud yr adeilad yn ddiddos ond bu'n rhaid twyllo tipyn bach trwy godi'r tŷ yn ystod oriau dydd!

Mae'n bosibl i gynifer â 25,000 o dai unnos gael eu codi yng Nghymru rhwng 1700 a 1870, a does dim rhyfedd felly i'r ffenomenon afael yn nychymyg a chof cenedl. Mae'n haws penderfynu sawl tŷ unnos sy'n dal ar ei draed heddiw: mae'n annhebyg iawn bod un ar gael bellach. Dim ond dwy dynged oedd i dŷ unnos – un ai byddai'n cael ei chwalu gan yr awdurdodau neu ei ddisodli gan dŷ gwell a gâi ei godi wrth ei bwysau gan y tyddynnwr ei hunan. Gyda diwedd oes aur cau'r tiroedd comin tua 1870, daeth diwedd hefyd ar yr arfer o godi tai unnos.

E.W.

TYRBIN

Olwyn neu roden yn cael ei throi gan wasgedd aer, dŵr, ager neu nwy yw tyrbin, a'r enghreifftiau symlaf o dyrbin yw rhod y felin flawd, melin wynt a'r felin bapur y bydd plant yn chwythu arni.

Ystyr y gair *turbo* yw rhywbeth sy'n chwyldroi neu'n troelli. Mewn rhai peiriannau, megis injan car modur neu injan ager ar reilffordd, bydd pistonau'n symud yn ôl ac ymlaen, a bydd yn rhaid newid y mudiant hwn yn fudiant cylchdro er mwyn troi'r olwynion. Mudiant cylchdro yn unig sydd mewn tyrbin, fel mae'r enw'n awgrymu – mudiant sy'n addas ar gyfer peirianwaith sy'n troelli, megis dynamo neu sgriw mewn llong.

Gwasgedd aer, dŵr, ager neu nwy ar lafnau sy'n creu'r mudiant mewn tyrbin fel arfer. Mewn melin wynt, yr hwyliau mawr yw'r llafnau; maen nhw'n sownd wrth roden, a bydd honno'n troi'r meini sy'n malu'r grawn. Yr un egwyddor sydd ar waith pan fydd plentyn yn chwythu ar adenydd melin bapur neu blastig (chwirligwgan) – er, yn yr achos hwn bydd yr adenydd yn chwyrlïo'n rhydd ar yr hoelen sy'n eu cysylltu â'r ffon. Ond dydy melin bapur ddim yn cynhyrchu llawer o egni am fod llawer o'r aer o enau'r chwythwr yn cael ei wasgaru, heb gyrraedd adenydd y felin o gwbl. Er mwyn sicrhau'r effaith fwyaf fe fyddai'n rhaid amgáu'r felin a gwynt y chwythwr fel bo hwnnw i gyd yn cael ei gyfeirio at adenydd y felin – a dyma sy'n cael ei wneud mewn tyrbin mecanyddol.

Llafnau dur cryf tyrbin cynhyrchu trydan mewn gorsaf bŵer sy'n defnyddio glo yn danwydd.

Mae'r un peth yn wir am felin wynt – bydd llawer o nerth y gwynt yn cael ei wastraffu. Yn 1986 cafodd melin wynt, tua 25 metr o uchder, ei chodi ar safle hen Bwerdy Bae Caerfyrddin ym Mhorth Tywyn, ychydig i'r gorllewin o Lanelli, gyda'r bwriad o gynhyrchu trydan. Byddai'r gwynt yn peri i'r llafnau mawr ar ben y tŵr chwyrlïo gan weithio tyrbin a fyddai'n cynhyrchu trydan; cafodd y tyrbin ei gysylltu â'r Grid Cenedlaethol, a bu'n cynhyrchu digon o drydan i gyflenwi anghenion pentref bychan. Yn sgîl llwyddiant y felin hon ac arbrofion tebyg mewn rhannau eraill o wledydd Prydain, mae'r Bwrdd Canolog Generadu Trydan yn chwilio ar hyn o bryd (1988) am safleoedd addas ar gyfer gosod ''parciau gwynt'' arbrofol; y bwriad yw bod pob parc yn cynnwys nifer o felinau 30 metr o ddiamedr ar ben tyrau 30 metr o uchder, a fyddai'n cynhyrchu trydan i ateb gofynion 15,000 o bobl.

Mae'r syniad hwn yn un atyniadol iawn am fod y gwynt ar gael yn rhad ac am ddim, a'r gobaith yw y gallai nerth y gwynt, yn y pen draw, gynhyrchu ugain y cant o anghenion trydan gwledydd Prydain. Dydy melinau gwynt ddim yn cynhyrchu unrhyw lygredd ychwaith. Mae peirianwyr yn amcangyfrif, fodd bynnag, y byddai angen dros bum mil o kilometrau sgwâr o dir i gynnwys digon o felinau a thyrbiniau i gynhyrchu cyflenwad trydan o'r fath.

Hwyrach mai un o'r ffurfiau symlaf a hynaf ar dyrbin yw'r felin ddŵr. Mae'n debyg bod y Groegiaid a'r Eifftiaid a phobl eraill a drigai ganrifoedd lawer yn ôl o gwmpas y Môr Canoldir yn defnyddio melinau dŵr i falu grawn ac i ddyfrhau'r tir. Caiff nerth dŵr ei ddefnyddio heddiw i droi llafnau tyrbiniau sy'n cynhyrchu trydan mewn pwerdai trydan-dŵr. Egwyddor y broses yw cael dŵr i ruthro'n gyflym drwy biben gan droi llafnau ac olwynion tyrbin a thrawsnewid egni'r dŵr yn drydan. Mae'n bosibl gwneud hyn mewn mynydd-dir gan ddefnyddio llyn parod neu adeiladu cronfa ar dir uchel, ac arwain y dŵr trwy bibau, dan wasgedd mawr, i bwerdy wrth droed y mynydd. Mae nifer o'r pwerdai hyn yng Ngogledd Cymru; a sonnir amdanyn nhw ar dudalennau 43–5 yng Nghyfrol 6 – gan gynnwys y diweddaraf, un o'r mwyaf o'i fath yn y byd, sef gorsaf bŵer trydan-dŵr Dinorwig. Yn Ne Cymru mae cynllun uchelgeisiol yn cael ei drafod (1988) i godi argae ar draws Afon Hafren o fan yn ymyl Penarth i Brean Down yng Ngwlad yr Haf. Byddai'r cynllun hwn, y mwyaf o'i fath yn y byd, yn cynnwys llifddorau i reoli llif y llanw ac yn ei gwneud hi'n bosibl harneisio'r egni anferth hwnnw trwy arwain y dŵr trwy bibau i yrru tyrbiniau cynhyrchu trydan.

Proses debyg fydd yn digwydd mewn tyrbiniau ager, ond eu bod yn defnyddio ager dan wasgedd uchel yn lle dŵr i droi'r llafnau, a rhai yn defnyddio anwedd mercwri. Caiff glo neu olew neu nwy naturiol ei losgi i dwymo'r dŵr a chynhyrchu ager dan wasgedd sy'n troi olwynion neu lafnau y tyrbin, tra bydd adweithyddion niwclear yn defnyddio'r gwres a gaiff ei greu wrth hollti atomau i wneud yr un gwaith. Gall yr ager gyrraedd tymheredd sydd dros bum gwaith yn uwch na thymheredd dŵr berwedig. Bydd yn llifo i mewn i'r tyrbin ar gyflymder o 1,600 kilometr yr awr, ond bydd yn rhaid gostwng y cyflymder hwn trwy gyfrwng gerau – dyna sy'n digwydd mewn llong, er enghraifft, lle bydd tyrbin sy'n troi yn gyflym iawn yn peri i'r sgriw droi yn gymharol araf.

Weithiau bydd tyrbiniau ager yn rhedeg am fisoedd ar y tro, yn ddi-baid ac yn chwilboeth, ac felly mae'n rhaid eu llunio o ddur cryf iawn. Rhaid hefyd ddarparu cyfleusterau i oeri'r dŵr sy'n cadw'r tyrbin ar dymheredd lle gall weithio'n effeithiol; caiff y dŵr ei glaearu mewn cyddwysydd cyn ei ailddefnyddio.

Bydd tyrbiniau nwy yn gweithio ar yr un egwyddor, yn cael eu gyrru gan nwyon poeth a gaiff eu cynhyrchu wrth losgi nwy naturiol neu danwydd hylif megis paraffîn. Bydd tyrbin o'r fath yn defnyddio nwyon poeth yn uniongyrchol, yn hytrach na'u llosgi i dwymo dŵr a'i droi'n ager. Bydd tymheredd tyrbin nwy yn uwch hyd yn oed na thyrbin ager; byddai'r tymheredd hwn, rhwng 700 ac 800°C, yn toddi dur, ac felly mae'n rhaid llunio tyrbin nwy o fetelau neu sylweddau ceramig a all wrthsefyll y fath dymheredd uchel.

Caiff tyrbiniau nwy eu defnyddio mewn awyrennau a llongau, ac amrywiaeth o beiriannau megis generaduron a phympiau, a bu peirianwyr wrthi ers blynyddoedd yn ceisio cynhyrchu tyrbiniau nwy a allai yrru trenau a cheir modur.

Gwelwn felly fod tyrbiniau ymhlith y peiriannau symlaf a mwyaf nerthol y byddwn yn eu defnyddio. Wrth feddwl am y tyrbiniau mawr nerthol sy'n cynhyrchu trydan mewn pwerdai, fe gofiwn hefyd fod tyrbin bychan, yn cael ei weithio gan aer cywasgedig, yn y teclyn y bydd deintydd yn ei ddefnyddio i ddrilio twll mewn dant: bydd yn troi ar gyflymder aruthrol – 250,000 cylchdro'r funud – er mwyn gorffen y dasg annymunol mewn amser byr mae'n debyg! (Gweler hefyd – INJAN, INJAN JET, PWERDY, TRYDAN.)

D.G.J.

TYWOD

Creigiau wedi eu malurio dros gyfnod o filiynau o flynyddoedd yn ronynnau mân yw tywod. Bydd creigiau'n cael eu malurio mewn sawl ffordd. Bydd wyneb craig sy'n cynhesu yn ystod y dydd ac yn oeri gyda'r nos yn hollti ymhen amser yn ddarnau rhydd; dyna hefyd sy'n digwydd pan fydd dŵr mewn hollt yn y graig yn rhewi ac yn ymdoddi'n gyson dros gyfnod. Bydd afon, yn enwedig pan fydd hi mewn llif, yn treulio'r creigiau ar ei gwely a'i glannau, ac ar lan y môr bydd tonnau yn ymosod yn ddi-baid ar glogwyni. Yn y diffeithdir bydd y gwynt yn chwythu gronynnau o dywod caled yn erbyn y creigiau. Yr enw ar yr amrywiol ddulliau hyn o falurio creigiau yw ''hindreuliad''.

Wrth i'r malurion gael eu cludo gan afon neu gan y gwynt, neu gael eu symud yn ôl ac ymlaen gan y môr, byddan nhw'n taro yn erbyn ei gilydd ac yn graddol ffurfio cerigos; bydd y cerigos yn eu tro yn cael eu treulio'n llai ac yn llai, yn troi'n ro ac yna'n ronynnau tywod. Gronynnau o faint arbennig, llai na'r rhai mewn gro ond mwy na'r rhai mân, mân mewn silt – dyna yw tywod.

Mae myrddiynau o'r gronynnau hyn mewn dyrnaid o dywod. Crisialau cwarts ydyn nhw'n bennaf er bod tywod yn cynnwys pethau eraill hefyd – darnau o gregyn, er enghraifft. Gall cwarts fod yn ddi-liw neu'n wyn fel llaeth, ond gall gronynnau tywod fod yn wyn, yn felyn, yn goch a hyd yn oed yn ddu; mwynau ar wahân i gwarts sy'n rhoi'r lliwiau hyn iddyn nhw.

Bydd gronynnau tywod hefyd yn amrywio yn eu ffurf, a gall y ffurf ddweud wrthym ble y cawson nhw'u dyddodi. Os ydyn nhw'n grwn, gan y môr y cawson nhw'u gollwng; fydd gronynnau a gafodd eu gollwng gan afon ddim wedi symud mor bell, a bydd eu hochrau yn llai llyfn a chrwn, tra bod gronynnau tywod y diffeithdir sy'n cael eu cludo gan y gwynt yn arw a fflat. Lle bynnag y ceir tywod heddiw, roedd ar un adeg afon neu fôr neu ddiffeithdir, ac mae'n ddigon posibl mai ar wely môr y dyddodwyd tywod sydd yn awr ymhell i mewn yn y tir.

Mae tywod yn gyffredin iawn ar lan y môr ac yn y diffeithdiroedd. Os yw'n sych gall y gwynt ei chwythu yn dwyni uchel, gyda llethrau sy'n wynebu'r gwynt yn gymharol esmwyth ac ochrau sydd yng nghysgod y gwynt yn gymharol serth. Mae twyni tywod eang mewn sawl man ar arfordir Cymru, yn eu plith Aberffraw a Niwbwrch ar Ynys Môn, Morfa Harlech, Morfa Dyffryn ac Ynyslas ar arfordir Bae Ceredigion, a Thalacharn, Pen-bre, Pentywyn a Chynffig yn y De. Gall y gwynt o'r môr chwythu'r twyni i gyfeiriad y tir gan dagu afonydd a chladdu caeau a ffermydd a hyd yn oed bentrefi a threfi; wyth gan mlynedd yn ôl roedd Cynffig yn dref brysur ond yn yr unfed ganrif ar bymtheg cafodd ei gorchuddio yn gyfan gwbl gan dywod yn ystod storm fawr. Un ffordd o atal y twyni rhag symud yw plannu gwair arbennig arnyn nhw, fel bo gwreiddiau'r gwair yn clymu ac yn sefydlogi'r tywod.

Tywod tir diffaith talaith California, UDA.

Mae tywod yn ddefnyddiol iawn hefyd. Dyma un o brif ddefnyddiau adeiladwyr; caiff ei gymysgu â sment i wneud concrit ac â chalch i wneud mortar – er nad yw tywod glan y môr yn addas i'r pwrpas hwn am fod halen ynddo. Ar gyfer gwneud gwydr bydd tywod sy'n cynnwys gronynnau cwarts yn unig yn cael ei boethi mewn ffwrnais nes i'r cwarts ymdoddi; yna wrth oeri bydd y cwarts yn ailymffurfio'n wydr. Tywod o fath arall sy'n cael ei ddefnyddio i lunio mowldiau ar gyfer gwaith castio metel mewn ffowndri, a gronynnau tywod miniog sydd ar bapur gwydrog ar gyfer rhwbio pren yn llyfn. Caiff adeiladau ac amryw wrthrychau brwnt eraill eu glanhau trwy chwythu tywod dan wasgedd uchel drostyn nhw. (Gweler hefyd – CONCRIT, DAEAREG, ERYDU, GWYDR, SMENT, TYWODFAEN.)

J.E.D.

TYWODFAEN

Gronynnau o dywod wedi eu gwasgu at ei gilydd i ffurfio craig yw tywodfaen. Yn aml wrth rwbio darn o'r graig gallwn ryddhau'r gronynnau. Cafodd y gronynnau eu cywasgu gan wasgedd haen ar ben haen o dywod, a'u cydio wrth ei gilydd gan fath o sment naturiol; sylweddau toddedig mewn dŵr yn diferu rhwng y gronynnau a ffurfiodd y sment hwn gan amlaf. Gall natur y sment benderfynu lliw y graig; os bydd yn cynnwys ocsidau haearn bydd y tywodfaen yn felyn neu'n goch. Mae'r pridd yn rhannau o'r hen Sir Frycheiniog yn goch am fod y tywodfaen oddi tano yn goch. Os bydd y sment yn galchaidd, bydd y tywodfaen yn llwyd.

Natur y sment hefyd sy'n penderfynu pa mor galed yw'r graig; bydd sment silica yn rhoi craig galed iawn. Cwartseit yw'r enw ar dywodfaen caled iawn. Ond bydd tywodfaen â sment ocsidau haearn yn feddal ac yn hawdd ei falu.

Mae tywodfaen yn gyffredin dros y byd i gyd ac mae i'w gael mewn sawl ardal yng Nghymru; ym Mannau Brycheiniog, Mynydd Epynt a'r Mynydd Du mae ar ffurf tir mynyddig ond yng Ngwent mae'n dir isel.

Bydd tywodfaen caled a dwys yn cael ei ddefnyddio yn amlach nag unrhyw graig arall i godi adeiladau. Mae'n dda ar gyfer gwneud fflagiau ar gyfer palmantu, cerrig llifio a cherrig hogi. Math o dywodfaen caled iawn yw grit melinfaen; cafodd y graig hon ei henw am ei bod yn cael ei defnyddio'n helaeth mewn melinau yn y cyfnod pan gâi ŷd ei falu rhwng dwy garreg fawr wastad. Mae'n bosibl malu tywodfaen meddal a llac i gael tywod. (Gweler hefyd – DAEAREG, TYWOD.)

J.E.D.

TYWYDD

Wrth drafod y tywydd byddwn fel arfer yn cyfeirio at gynhesrwydd neu oerni, at heulwen neu gymylau, at rew neu eira, at wynt neu law. Bydd yr holl nodweddion hyn yn newid ac yn amrywio'n barhaus drwy gydol y flwyddyn, er ein bod ni yn dal i ddisgwyl rhyw fath o rythm yn y tywydd o dymor i dymor. Bydd natur y tywydd yn dylanwadu llawer ar ein gwaith, ein

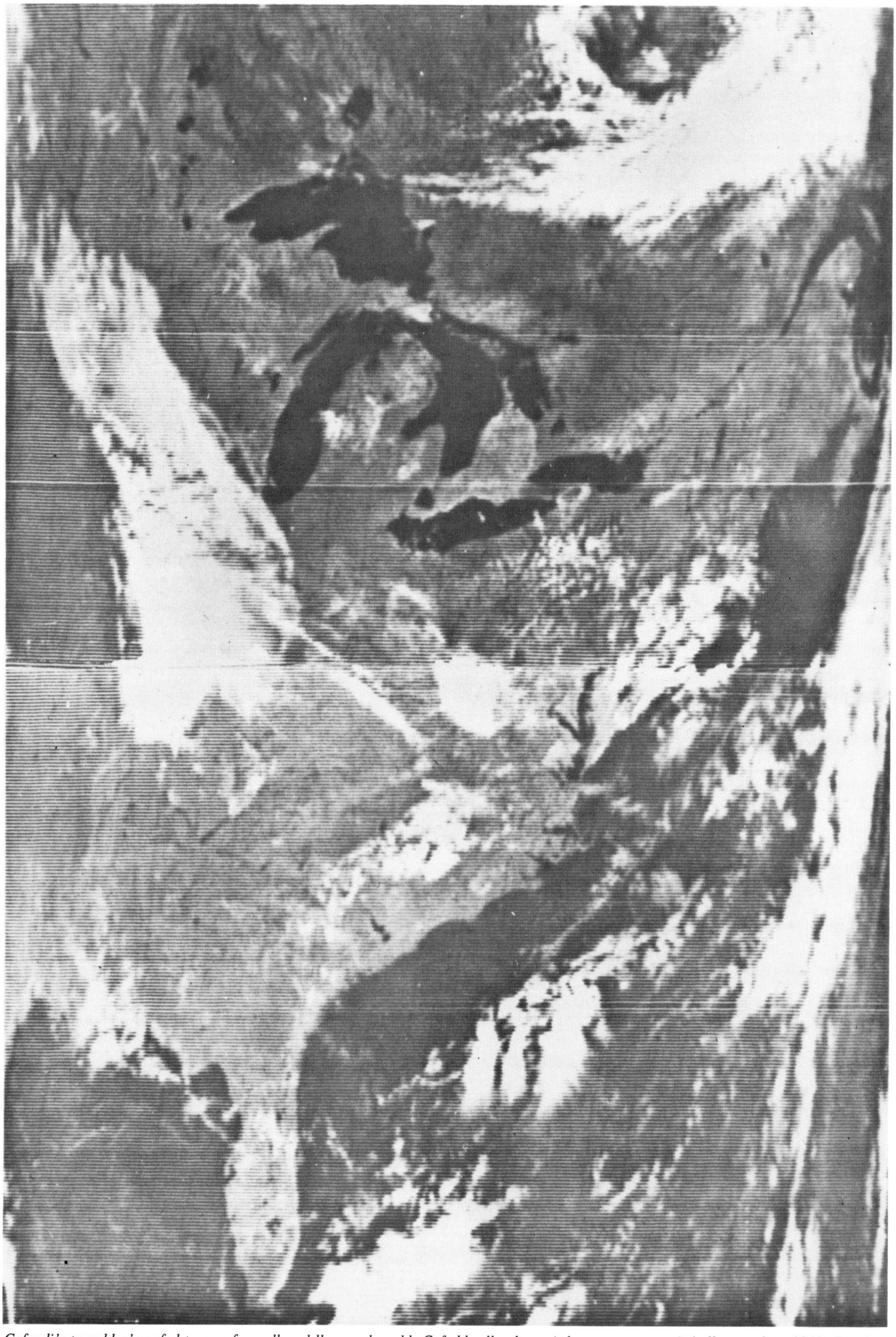

Cofnodi'r tywydd o'r gofod trwy gyfrwng llygad lloeren dywydd. Cafodd y llun hwn ei dynnu gan gamerâu'r lloeren dywydd Nimbus-3 ar ddiwrnod eithriadol o glir o uchder o 700 milltir (1,126 km) uwchlaw Unol Daleithiau America. Mae penrhyn Florida i'w weld fel bys ar waelod y llun ac arfordir dwyreiniol y wlad yn rhedeg i fyny ar draws y llun o'r chwith i'r dde. Mae'r Llynnoedd Mawrion i'w gweld yn glir yn y canol yn hanner uchaf y llun.

Cofnodi manylion am y tywydd trwy gyfrwng offer traddodiadol yn Tanzania, Affrica. Ar y chwith, medrydd (i fesur glawiad); yn y canol baromedr (i fesur gwasgedd); ac ar y dde, thermomedr (i fesur tymheredd).

horiau hamdden, ein cartrefi, ein bwyd, ein dillad a weithiau ein hiechyd.

Yma yng Nghymru bydd y tywydd yn aml yn newid o adeg i adeg drwy gydol y dydd, weithiau mewn dull dramatig iawn. Yn yr hen amser byddai pobl yn sylwi'n ofalus ar gyflwr y lleuad, ar gyfeiriad y gwynt, ar ansawdd y cymylau, ar liw yr wybren, neu ar ymateb adar ac anifeiliaid a manylion am blanhigion, wrth geisio proffwydo'r tywydd. Ond heddiw mae gan yr arbenigwyr bob math o offer addas i fesur holl elfennau'r tywydd yn fanwl iawn er mwyn penderfynu rhagolygon y tywydd. Bydd y rhai sy'n cofnodi manylion am y tywydd yn defnyddio thermomedr (i fesur tymheredd), baromedr (i fesur gwasgedd), anemomedr (i fesur cyfeiriad a chyflymder y gwynt), hygromedr (i fesur gwlybaniaeth yr awyr), a medrydd (i fesur glawiad). Wrth fesur yr elfennau hyn yn fanwl gywir mae'n bosibl darogan rhagolygon y tywydd am weddill y dydd ac am y diwrnod canlynol. Gwelwn fapiau ar ein setiau teledu yn dangos y tymheredd, nerth a chyfeiriad y gwynt, natur y gwasgedd, dosbarthiad y cymylau, a phresenoldeb glaw neu heulwen – y cyfan ar adegau arbennig, a'r manylion hyn sydd yn disgrifio nodweddion ein tywydd dros dro. Er hynny, gwyddom fod y manylion hyn yn newid mor gyflym yn ein gwlad ni nes ei gwneud yn anodd iawn bod yn gwbl sicr ynglŷn â rhagolygon y tywydd dros gyfnod.

Cyn bod sôn am Swyddfa Feteorolegol (Swyddfa Dywydd) byddai pobl yn cadw ac yn credu eu "harwyddion tywydd" eu hunain. Er enghraifft, byddai rhai yn credu mai darogan glaw fyddai defaid wrth brancio, cathod yn troi eu cefnau at y tân, neu sgyfarnog allan ganol dydd heb neb yn ei hymlid, neu adar y môr yn hedfan i'r tir:

"Yr wylan fach adnebydd
Pan fo'n gyfnewid tywydd:
Hi hed yn deg ar adain wen
O'r môr i ben y mynydd."

Proffwydo tywydd braf fyddai gwenoliaid yn hedfan yn uchel, neu'r chwilen ddu yn hedfan yn hwyr y prynhawn, tra gallai'r fuwch fach gota ddarogan tywydd braf a thywydd gwlyb, os gwir y pennill hwn:

"O d'wed, y fuwch fach gota,
Pa un ai glaw ai hindda:
Os daw glaw, fe syrth i'r baw;
Os tywydd braf, hedfana."

Byddai moch yn rhedeg ac yn gwichian yn arwydd o wynt cryf, a llwynogod yn cyfarth a thyrchod daear yn codi pentyrrau pridd uwch nag arfer yn darogan eira a rhew.

Hen ddywediad cyffredin oedd:

"Os deila'r deri o flaen yr ynn
Tymor sych a geir 'rôl hyn."

A dyma rai eraill:

"Enfys y bore, aml gawode;
Enfys y pnawn, hindda a gawn."

"Awyr goch y bore, brithion gawode;
Awyr goch y pnawn, tegwch a gawn."

"Niwl o'r mynydd, gwres ar gynnydd;
Niwl o'r môr, glaw yn stôr."

Ond roedd yn rhaid cyfadde nad oedd arwyddion o'r fath yn ddibynadwy bob amser – fel chwilen y bwm:

"Mae chwil y bwm yn canu,
Cawn dywydd teg yfory:
Does fawr o goel ar chwil y baw,
Gall fod yn law er hynny."

(Gweler hefyd – HINSAWDD.)

B.L.D.

TYWYSOG CYMRU

Heddiw "Tywysog Cymru" yw teitl swyddogol mab hynaf brenin gwledydd Prydain ac etifedd yr orsedd. Erbyn hyn bu un ar hugain yn dwyn y teitl, ond mae hanes y teitl yn ymestyn yn ôl i'r drydedd ganrif ar ddeg.

Dafydd ap Llywelyn oedd y rheolwr gwleidyddol cyntaf i'w alw ei hun yn Dywysog Cymru, a hynny yn 1245, a defnyddiodd nai iddo, Llywelyn ap Gruffydd (''Ein Llyw Olaf''), y teitl hefyd ar ôl 1258. Ef oedd y cyntaf i gael ei gydnabod yn swyddogol yn Dywysog Cymru; yn Heddwch Trefaldwyn yn 1267, pan oedd Llywelyn yn rheolwr grymus iawn, cafodd ei gydnabod yn Dywysog Cymru gan y Brenin Harri'r III. Golygai'r anrhydedd hon fod Llywelyn yn brif reolwr ei Dywysogaeth yng Ngwynedd ac yn uwch-arglwydd ar is-arglwyddi eraill yng Nghymru y tu hwnt i'r Mers. Rhoddai ef wrogaeth (arwydd o ffyddlondeb a theyrngarwch) i'r brenin ar ei ran ef ei hun ac ar ran yr is-arglwyddi, a derbyniodd gryn urddas yn rhinwedd ei statws newydd. Yn 1284, fodd bynnag, lladdwyd Llywelyn gerllaw Llanfair-ym-Muallt yn ystod yr Ail Ryfel dros Annibyniaeth a chafodd ei diroedd eu meddiannu gan Edward I.

Yn 1284 gosododd Edward I drefn weinyddol a chyfreithiol newydd ar y tiroedd hynny, ac yn 1301 dyrchafodd ei fab Edward – ei etifedd i'r orsedd (a anwyd yng Nghastell Caernarfon) – yn Dywysog Cymru a rhoi iddo'r Dywysogaeth yn rhan o'i etifeddiaeth. Hwn oedd y Sais cyntaf i feddiannu'r teitl, ac mae traddodiad di-sail yn dweud iddo gael ei gyflwyno i'r Cymry yn faban o Dŵr yr Eryr yn y castell hwnnw yn 1284. Teithiodd uchelwyr Cymru i ddinas Caer i dalu gwrogaeth yn ffurfiol iddo ym mlwyddyn ei ddyrchafiad yn Dywysog Cymru.

O hynny ymlaen rhoddwyd y teitl ''Tywysog Cymru'', bron yn ddieithriad, i etifeddion y Goron. Yn eu plith bu rhai enwog megis Edward y ''Tywysog Du'', mab Edward III, ymladdwr brwd ar faes y gad yn Ffrainc yn y Rhyfel Can Mlynedd; yn 1337 cafodd ef ei ddyrchafu yn Ddug Cernyw, teitl arall a feddiannodd pob Tywysog Cymru o hynny ymlaen. Yn 1399 pan gafodd Harri o Drefynwy y teitl, ychwanegodd yntau deitl Iarllaeth Caer ato'n swyddogol. Plu wystrys yw bathodyn Tywysog Cymru a'r arwyddair *Ich Dien* (''Gwasanaethaf'') oddi tano. Yn ôl traddodiad lladdodd y ''Tywysog Du'' frenin dall Bohemia ym mrwydr Crécy yn 1346 a mabwysiadu ei fathodyn a'i arwyddair ef yn rhinwedd ei statws fel etifedd y Goron.

Hawliodd Owain ap Tomos ap Rhodri (Owain Lawgoch), hurfilwr a dreuliodd y rhan fwyaf o'i oes yn gwasanaethu brenhinoedd Ffrainc, deitl Tywysog Cymru am ei fod yn disgyn o dywysogion Gwynedd. Yn 1400 cafodd Owain Glyndŵr ei gyhoeddi'n Dywysog Cymru, ac yn 1404 ei goroni ym mhresenoldeb cynrychiolwyr o Ffrainc, Castile a'r Alban.

Nid esgynnodd rhai o'r Tywysogion Cymru ''Seisnig'' i'r orsedd am wahanol resymau. Er enghraifft, cafodd Edward, mab hynaf Harri'r VI, ei ladd ar faes Brwydr Tewkesbury (1471), a bu farw Edward (mab hynaf Rhisiart III), Arthur (mab hynaf Harri'r VII) a Harri (mab hynaf Iago'r I) o afiechyd cyn eu tadau.

Ni allai mab unrhyw un o'r Tywysogion etifeddu'r teitl wedi marw'i dad, ond gallai brawd iau iddo gael ei ddyrchafu i'r anrhydedd cyn cael ei orseddu; dyna ddigwyddodd i Harri'r VIII (ail fab Harri'r VII) a Siarl (ail fab Iago'r I). Ffoadur fu Iago Edward, mab hynaf y brenin Pabyddol Iago'r II wedi i'w dad gael ei ddiorseddu yn 1688. Bu Siôr IV (un o'r etifeddion brenhinol mwyaf afradlon) yn Dywysog Cymru am bum deg wyth o flynyddoedd cyn cael ei orseddu, a bu'n rhaid i Edward VII barhau'n Dywysog am drigain mlynedd – y cyfnod meithaf i unrhyw Dywysog Cymru – cyn iddo esgyn i'r orsedd yn 1901 wedi marw ei fam Victoria.

Y Tywysog Cymru presennol yw Charles, mab hynaf y Frenhines Elisabeth II. Ar 26 Gorffennaf 1958, yn ystod seremoni cloi Chwaraeon y Gymanwlad yng Nghaerdydd, cyhoeddodd y Frenhines ei bod wedi creu ei mab yn Dywysog Cymru y diwrnod hwnnw, ac yntau'n naw oed, ac addawodd hi y byddai'n ei gyflwyno, ar ôl iddo dyfu, i'r Cymry yng Nghaernarfon. Un mlynedd ar ddeg yn ddiweddarach, ar 1 Gorffennaf 1969, cafodd seremoni'r arwisgo ei chynnal yng Nghastell Caernarfon. (Gweler hefyd – CAERNARFON, LLYWELYN AP GRUFFYDD.) *(Mae llun o seremoni'r arwisgo ar dudalen 91 yng Nghyfrol 1, a llun o Dywysog Cymru yn cyflwyno gradd er anrhydedd yn rhinwedd ei swydd fel Canghellor Prifysgol Cymru ar dudalen 32 yng Nghyfrol 6.)*

J.G.J.

Th

THEATR

Ble bynnag y bydd llwyfan i'w gael ag arno actorion yn perfformio i gynulleidfa, bydd yno theatr. Mae'n rhaid cael y tair elfen hyn, sef llwyfan, actor a chynulleidfa, cyn y gall neb ddweud bod yno sefyllfa theatr. Fel arfer, byddwn ni'n meddwl am theatr fel adeilad lle gallwn weld drama neu opera neu bale, ond yn yr oes dechnolegol hon gallem yn hawdd ddisgrifio set deledu neu set radio neu sinema yn fathau ar theatr.

Cafodd y theatrau cynharaf y gwyddom amdanyn nhw eu hadeiladu gan y Groegiaid, yn gyntaf o gerrig a phren ac yna o gerrig yn unig, ac mae olion rhai o'r theatrau cerrig hyn ar gael hyd heddiw. Nodweddion pob un oedd awditoriwm neu fan i'r gynulleidfa eistedd, *orchestra* neu gylch gwastad i ddawnswyr berfformio, a *scena* neu lwyfan lle byddai'r actorion yn perfformio. Theatr awyr agored oedd hon, a golau naturiol yr haul yn goleuo'r olygfa. Roedd y theatr yn Epidaurus yn dal rhyw 14,000 o bobl.

Yn wreiddiol, man dangos llawenydd mewn dawns i'r duwiau oedd y syniad o theatr i'r Groegiaid, a phan ddatblygodd y ddrama yng Ngroeg felly, roedd y theatr yn dal i fod yn rhan o grefydd y bobl. Byddai pawb yn mynd i'r theatr ar adegau arbennig o'r flwyddyn; dyna pam roedd y theatrau mor fawr. Bydden nhw'n cael eu hadeiladu mewn cewyll yn y bryniau ac felly roedd acwsteg y theatrau hyn yn ddelfrydol, a byddai pawb yn gallu clywed yr actorion a'r cantorion yn glir.

Datblygodd y theatr yn yr Oesoedd Canol hefyd o grefydd y bobl, ac o ddefodau a seremonïau'r eglwys y daeth y sbardun. Byddai'r offeiriaid yn perfformio dramodigau bychain fel rhan o'r gwasanaethau adeg y Nadolig a'r Pasg, a phan ddaeth y perfformiadau bychain hyn yn boblogaidd iawn, rhaid oedd symud y perfformiadau y tu allan i gyfyngder llawr yr eglwysi; urddau crefftwyr a gafodd y cyfrifoldeb o berfformio'r dramodigau crefyddol hyn mewn dinasoedd. Bydden nhw am y gorau yn ceisio cyflwyno storïau'r Beibl, gan adeiladu wagenni ag arnyn nhw olygfeydd o'r Geni a'r Croeshoeliad, er enghraifft. Byddai'r wagenni hyn yn cael eu tynnu o gwmpas y trefi o fan i fan er mwyn rhoi cyfle i bawb weld y perfformiadau. Theatr symudol oedd hi felly, a theatr liwgar iawn hefyd. Mewn rhai mannau ym Mhrydain ac Ewrop fe fyddai'r cyflwyniadau hyn yn digwydd yn un lle penodol ac mewn cylch, a byddai'r gynulleidfa yn ymgasglu o gwmpas i weld neges eu crefydd yn cael ei dehongli gan actorion.

Theatr awyr agored oedd theatr oes Elisabeth I hefyd, ond roedd to dros y llwyfan, a dan do yr eisteddai'r bobl ffodus hynny yn y galerïau o gwmpas yr awditoriwm. Y werin a safai o gwmpas y llwyfan oedd yr unig rai heb do dros eu pennau. Yn y theatrau hyn byddai'r dramâu yn cael eu llwyfannu heb gymorth llawer o setiau o gwbl, ar wahân i ambell wrthrych

Sara Harris-Davies, Manon Eames a Derec Parry, actorion Theatr Gorllewin Morgannwg, yn perfformio eu sioe Para 'Mlân, *cynhyrchiad theatr mewn addysg ar gyfer ysgolion cynradd Cymraeg y sir (1987). Diwydiant Cocos Penclawdd oedd testun y sioe a'i nod oedd arwain plant Gorllewin Morgannwg i ddatblygu cywaith yn trafod hanes eu gorffennol, y gymdeithas o'u cwmpas a'r newidiadau a oedd wedi digwydd i'r diwydiannau a oedd yn cynnal y gymdeithas honno.*

neu offer i awgrymu sefyllfa – megis cadair ar gyfer cegin, gorsedd ar gyfer palas neu foncyff ar gyfer coedwig. Yn y cyfnod hwn byddai boneddigion weithiau yn eistedd ar y llwyfan ei hun i wylio'r ddrama.

Ar wahanol gyfnodau yn hanes y theatr byddai'r actorion yn teithio gyda'u llwyfan a'u hoffer o gwmpas gwlad a thref. Llwyfan syml o estyll pren, gyda chefnlen gynfas, ac ychydig offer a gwisgoedd sylfaenol oedd cymhorthion yr anterliwtwyr, er enghraifft, yng Nghymru a'r *commedia dell'arte* yn Ewrop hwythau. Wedi i'r theatr fynd dan do yn Lloegr ac yn Ewrop yn ystod yr ail ganrif ar bymtheg, datblygodd y gelfyddyd o beintio setiau cymhleth ac o oleuo'r llwyfan.

Gwasanaethodd y theatr wahanol rannau o gymdeithas ar wahanol gyfnodau. Yn ystod yr ail ganrif ar bymtheg, y dosbarth aristocrataidd a fynychai'r theatr yn Lloegr i weld comedïau a adlewyrchai'r gymdeithas honno, ond yn ystod y bedwaredd ganrif ar bymtheg fe âi'r werin ddiwydiannol wrth eu miloedd i weld melodrama yn theatrau anferth y cyfnod. Roedd angen llawer iawn o offer mecanyddol i gyflwyno golygfeydd grymus melodrama, gan gynnwys golygfeydd stormydd ar fôr, brwydrau rhwng byddinoedd ac ymrafael ar glogwyni.

Ond ar ganol y bedwaredd ganrif ar bymtheg fe ddaeth tro ar fyd; daeth realaeth i newid syniad dramodwyr, cynhyrchwyr ac actorion am bwrpas theatr, sef anelu at gyflwyno darlun o fywyd fel y mae i gynulleidfaoedd. Mae'r syniad hwn wedi dylanwadu ar bwrpas theatr trwy gydol ein canrif ni hefyd.

Un o brif nodweddion y theatr yn yr ugeinfed ganrif, er hynny, yw'r amrywiaeth ym maint yr adeiladau, ym maint y llwyfannau ac yn natur y dramâu sy'n cael eu cyflwyno arnyn nhw. Rhai o nodweddion eraill y theatr yn ein cyfnod ni yw datblygu adeiladau sydd yn cynnal theatrau cenedlaethol; datblygu cwmnïau bychain sydd yn mynd â'r theatr i bobman lle mae pobl yn galw amdani, gan gynnwys cynyrchiadau arbennig ar gyfer ysgolion (theatr mewn addysg); adfer hen ffurf ar theatr sef theatr y stryd a'r palmant a'r parc.

Er gwaethaf poblogrwydd teledu, mae theatrau yn dal i ddenu cynulleidfaoedd da, yn enwedig ar gyfer dramâu cerddorol, opera a phantomeim. Gyda datblygiadau gwyddonol a thechnegol mae goleuo a sain a pheirianwaith llwyfan theatrau wedi dylanwadu ar y grefft o gyflwyno dramâu. Ar yr un pryd mae cyfarwyddwyr enwog fel Peter Brook a Jersy Grotowski yn dal i gredu mai'r cyfan sydd ei angen yn y pen draw i greu yr hyn sy'n cael ei alw'n "theatr" yw llwyfan, actorion a chynulleidfa.

Mae'r syniad o theatr fel *adeilad* yn cynnwys elfennau megis llwyfan, awditoriwm, cyntedd, ystafelloedd gwisgo a choluro, ystafell werdd (ar gyfer actorion pan na fyddan nhw ar y llwyfan), gweithdai, swyddfa docynnau, offer goleuo, offer sain, lle i gerddorfa, stordy setiau ac offer.

Mae'r syniad o theatr fel *profiad* ynghlwm wrth y wefr a geir o weld drama dda yn cael ei pherfformio'n raenus, ac mae hynny'n tyfu'n uniongyrchol o'r cyswllt rhwng actor a'i gynulleidfa. (Gweler hefyd – ANTERLIWT, WILLIAM SHAKESPEARE, TWM O'R NANT.)

E.E.

THERMOMEDR

Dyfais yw thermomedr ar gyfer mesur tymheredd. Mae'n defnyddio sylwedd ag iddo un nodwedd sydd yn newid gyda thymheredd; y sylwedd mwyaf cyffredin yw mercwri a'r nodwedd sydd yn newid gyda'r tymheredd yw ei gyfaint. Bydd mercwri yn ehangu wrth ei gynhesu ac os caiff ei gynnwys mewn tiwb tenau hir, bydd yr ehangiad i'w weld yn glir. Dyma lun o'r thermomedr sy'n cael ei ddefnyddio fynychaf yn y labordy.

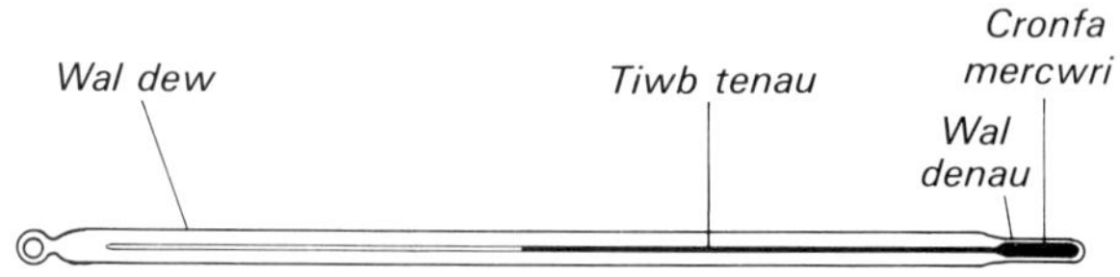

Caiff y mercwri ei gadw mewn cronfa neu fwlb ar waelod y tiwb gyda wal wydr denau o'i chwmpas. Pan gaiff y thermomedr ei osod yn y sylwedd y mae ei dymheredd i'w fesur, bydd y gwres yn gallu treiddio'n rhwydd trwy'r gwydr tenau i mewn i'r mercwri, gan beri i hwnnw ehangu a symud i fyny'r tiwb. Bydd gwydr y tiwb yn fwy trwchus na gwydr y gronfa ar ei waelod. Gan fod diamedr y tiwb yn fach iawn bydd hyd yn oed newid tymheredd bychan yn achosi newid yn hyd y golofn mercwri gan wneud y thermomedr yn sensitif. Trwy gymharu hyd y golofn o fercwri yn y tiwb ar ddau dymheredd sy'n adnabyddus, megis tymheredd dŵr sy'n berwi, a dŵr sy'n rhewi, mae'n bosibl rhannu hyd y golofn mewn graddau o dymheredd.

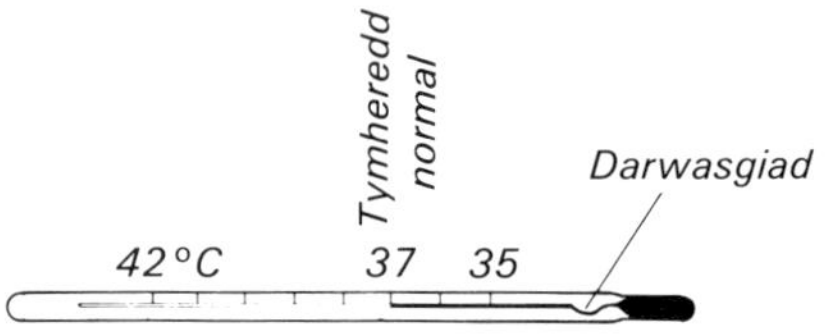

Thermomedr clinigol

Yn ein cartrefi, bob tro y bydd aelod o'r teulu yn teimlo'n sâl byddwn yn defnyddio thermomedr clinigol. Gwaith y teclyn hwn yw nodi unrhyw amrywiad yn nhymheredd y corff ac felly mae ei raddfa yn ymestyn ychydig raddau yn unig o bobtu tymheredd normal y corff, sef 37°C neu 98.4°F. Mantais y thermomedr clinigol yw ei fod yn gallu cofnodi tymheredd person tra bydd yng ngheg neu dan gesail y claf, ac ar ôl ei dynnu oddi yno bydd yn parhau i ddangos yr un tymheredd gan roi cyfle i rywun ddarllen y tymheredd yn hwylus. Fel arfer bydd man cul neu ddarwasgiad ym mhen isaf y tiwb tenau; pan fydd y mercwri yn twymo ac yn ehangu bydd yn gwasgu ei ffordd drwy'r darwasgiad, ond wrth oeri eto nid yw'n gallu gwthio ei ffordd yn ôl. Cyn ei ddefnyddio eto bydd yn rhaid ysgwyd y thermomedr er mwyn gyrru'r mercwri yn ôl i'r gronfa.

Mwy sensitif ond mwy lletchwith i'w ddefnyddio yw'r thermomedr nwy; yn hwn y nodwedd sydd yn newid gyda thymheredd yw gwasgedd y nwy tra bo'i gyfaint yn aros yn gyson. Thermomedr ag ystod mawr iddo yw'r un sydd yn defnyddio'r newid yng ngwrthiant gwifren blatinwm. Gall thermomedr thermocwpl fesur tymereddau sy'n newid yn gyflym a bydd thermomedr optegol yn mesur tymheredd uchel dros ben. (Gweler hefyd - GWRES, MERCWRI.)

G.A.

THROMBOSIS

Cyflwr annormal yn y corff dynol yw thrombosis, sy'n digwydd am fod thrombws (neu dolchen) yn bresennol yn y gwaed. Mae'r thrombws yn gorffyn solet sy'n cael ei ffurfio o wahanol elfennau'r gwaed; does dim sicrwydd paham na sut y bydd thrombysau yn digwydd er bod mwy a mwy yn credu bod gan natur ein diet ran bwysig yn y broses, ac mae'n ymddangos bellach fod y platennau gwaed yn chwarae rhan hefyd.

Mân-ddarnau yn y gwaed yw'r platennau (neu'r thrombocytau), sy'n llawer llai o ran maint na'r celloedd coch a'r celloedd gwyn, ac mae'n debyg mai'r cam cyntaf yn y broses yw bod y platennau, am ryw reswm neu'i gilydd, yn gadael y gwaed ac yn glynu wrth fannau anwastad ar furiau mewnol y pibellau gwaed. Bydd sylweddau eraill, megis celloedd a ffibrau, yn glynu wrth y platennau a dyna ddechrau'r thrombws. Bydd gludiogrwydd (*stickiness*) y platennau a chyflymder llif y gwaed yn ffactorau pwysig ar ddechrau'r broses. Bydd heparin (sylwedd gwrthgeulol sy'n cael ei gynhyrchu gan yr iau/afu) yn rhwystro thrombysau rhag ffurfio yn y corff normal.

Bydd y rhan fwyaf o'r thrombysau yn digwydd yn y gwythiennau, ond mae'n bosibl iddyn nhw ddigwydd yn y rhydwelïau (yr arterïau) hefyd. Bydd y thrombws yn symud yn y gwaed o amgylch y corff, a'r perygl pennaf yw y bydd yn cyrraedd un o'r pibellau llai ac yn rhwystro llifeiriant y gwaed trwyddi. Pan ddigwydd hyn mewn rhydweli sy'n cyflenwi cyhyrau'r galon â gwaed, gall amharu ar y cyflenwad ocsigen i'r galon gan achosi trawiad ar y galon, sef thrombosis coronaidd. Pan ddigwydd yn un o'r rhydwelïau sy'n cyflenwi'r ymennydd ag ocsigen, gall beri i strôc ddigwydd, sef thrombosis cerebrol.

Un o'r afiechydon mwyaf peryglus yw thrombosis coronaidd, a bydd cyfran uchel o'r dioddefwyr yn marw o'r trawiad cyntaf. Am ryw reswm mae Cymru'n un o'r mannau sydd â'r cyfartaledd uchaf o ddioddefwyr, a dyna un rheswm paham mae ymgyrch Curiad Calon Cymru yn rhybuddio pobl Cymru am y clefyd, ac yn ceisio ei rwystro trwy gynnig cyngor am ddulliau posibl o'i osgoi – er enghraifft, trwy beidio â smygu, trwy ymarfer y corff yn ddigonol a thrwy fwyta'n "ddoeth". Bydd rhai yn credu'n bendant fod cysylltiad agos rhwng ein patrwm bwyta a mynychder thrombosis coronaidd; y farn swyddogol ar hyn o bryd yw bod bwyta gormod o fraster anifeiliol, ac yn enwedig o golesterol, yn cynorthwyo thrombysau i ymffurfio, a'r awgrym felly yw y dylem ostwng lefel menyn, braster cig ac wyau yn ein lluniaeth.

Mae hefyd gryn gwaith ymchwil yn digwydd yn y maes. Un posibilrwydd yw dyfeisio cyffur fydd yn chwalu'r thrombws a thrwy hyn yn achub bywyd y sawl sy'n dioddef. Bydd dros 50 y cant o ddioddefwyr yn goroesi'r trawiad cyntaf gan thrombosis coronaidd ac yn adennill eu hiechyd, ac iddyn nhw mae sawl math o "therapi rhwystrol" yn bosibl – heblaw'r awgrymiadau dietegol a gafodd eu crybwyll uchod – er mwyn osgoi ail drawiad. Bydd rhai yn defnyddio cyffuriau i rwystro rhagor o thrombysau rhag ymffurfio – megis y sylweddau gwrthgeulol o'r grŵp coumarin, y mae'r gwenwyn-lladd-llygod, *warfarin,* yn enghraifft ohono; mae'r rhain yn fwyaf effeithiol wrth rwystro ffurfiant thrombws yn y gwythiennau ac yn siambrau'r galon. Mae ail grŵp o sylweddau yn gweithredu trwy ostwng gludiogrwydd platennau'r gwaed, ac i'r grŵp hwn y perthyn sylweddau megis dipyridamol a'r aspirin cyffredin – mae rhai pobl o'r farn fod cymryd tabled aspirin bob dydd yn gymorth i osgoi clefyd y galon.

Yn anffodus, does dim prawf diamheuol fod y dulliau hyn o driniaeth yn llwyddo bob amser i arbed rhagor o thrombysau rhag ymffurfio, ac annoeth iawn fyddai ymyrryd gormod â'r broses ceulo yn y gwaed am mai un o brif briodweddau gwaed normal yw ei allu i geulo pan ddigwydd cwt neu archoll yn y corff. Yn wir, gallai cymryd gormod o gyffuriau gwrthgeulo achosi gwaedlif.

Weithiau bydd llawfeddyg yn gosod pibell waed newydd – gwythïen o goes y claf fel arfer – yn lle'r rhydweli coronaidd diffygiol, triniaeth sy'n cael ei galw'n "impio coronaidd dargyfeiriol" – *coronary by-pass grafting/surgery.* (Gweler hefyd – CURIAD CALON CYMRU, GWAED, TRAWSBLANNU.)

R.E.H.

THUS

Math o resin peraroglus yw thus, sydd i'w gael o goeden arbennig. Rhaid torri yn ddwfn i foncyff y pren i ddod o hyd iddo. Caiff ruban cul o risgl, tua 12 cm o hyd, ei bilio i ffwrdd o dan y toriad, a daw hylif tebyg i laeth ohono. Wedi i'r hylif gyrraedd ansawdd arbennig, caiff ei gasglu – rhwng mis Mai a mis Medi.

Bydd y resin yn llosgi gyda fflam beraroglus, ddisgleirwyn; byddai'r hen Eifftiaid yn ei ddefnyddio mewn seremonïau crefyddol, ac o'r seithfed ganrif ymlaen gwnâi'r Israeliaid yr un fath. Roedd ganddyn nhw enw arall, hefyd, ar thus, sef "arogldarth". Ceir sawl cyfeiriad ato yn y Beibl; er enghraifft, mae rhan o Exodus xxxi. 11 yn sôn amdano yn cael ei ddefnyddio mewn aberth mewn seremoni grefyddol: "olew yr eneinio, a'r arogldarth peraidd ar gyfer y cysegr". Yn

Taenu arogldarth o lestr yn cynnwys thus yn mudlosgi yn ystod gwasanaeth eglwysig.

hanes geni Iesu Grist ceir sôn am sêr-ddewiniaid yn dod ag anrhegion at y preseb, a thus oedd un o'r anrhegion hyn.

Bu thus yn enwog yn y gorffennol fel moddion i wella afiechydon o sawl math. Yn China, er enghraifft, câi ei gynnig i bobl a ddioddefai o'r gwahanglwyf. Erbyn hyn, mae gwyddonwyr yn gwybod nad oes dim gwerth meddygol mewn thus, ond caiff ei ddefnyddio o hyd yn y broses o wneud persawr.

W.J.J.

U

UCHELWYDD

Planhigyn yw'r uchelwydd sy'n tyfu ar fonau a changhennau amryw goed, ar yr afallen yn fwyaf arbennig ond hefyd ar goed dail llydan eraill megis y ddraenen, yr helygen, y griafolen, y fasarnen fach, y boplysen a'r balalwyfen, ac weithiau ar y dderwen. Yr enw cyffredin ar blanhigyn sy'n byw ar blanhigyn arall yw parasit. Fel rheol bydd parasit yn peryglu bodolaeth y planhigyn sy'n ei gynnal, y planhigyn lletyol, trwy dynnu gormod o faeth ohono, ond fydd yr uchelwydd ddim yn gwneud llawer o niwed i'w blanhigyn lletyol yntau. Gyda chymorth y cloroffyl gwyrdd yn ei ddail gall gynhyrchu peth o'i fwyd ei hun, ond bydd yn sugno'r dŵr a'r halwynau y mae arno eu hangen o nodd y goeden letyol, yn hytrach na'u cael o'r pridd fel y rhan fwyaf o blanhigion gwyrdd.

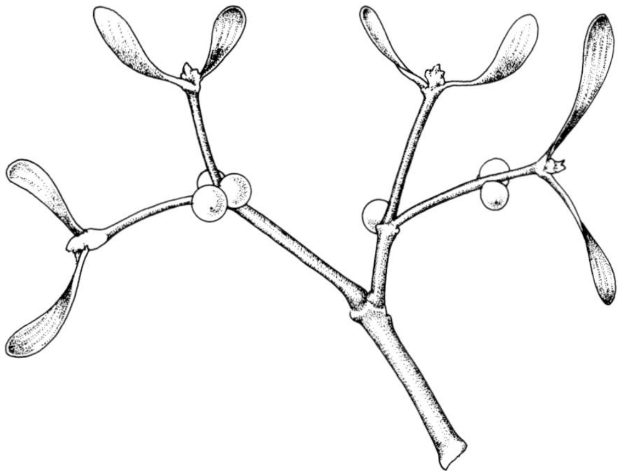

Sbrigyn o uchelwydd.

Bydd blodau bychain melynwyrdd yr uchelwydd yn ymddangos yn y gwanwyn, y rhai gwrywol a'r rhai benywol ar blanhigion ar wahân. Bydd adar yn hoff o fwyta'r aeron sy'n wenwynig i ddyn; bydd yr had gludiog yn glynu wrth bigau'r adar, yn cael eu sychu ymaith ar goed eraill ac yn egino yno mewn hollt yn y rhisgl, gan wthio gwreiddiau i nodd y goeden letyol.

Tyfodd nifer o chwedlau ac ofergoelion o gwmpas yr uchelwydd. Mae'n debyg bod gan y Derwyddon gynt barch mawr i'r planhigyn hwn, efallai am ei fod yn tyfu ar dderw – y coed sanctaidd y bydden nhw'n eu haddoli. Yn ôl traddodiad bydden nhw'n torri darnau ohono â chyllell aur mewn defod arbennig, ac yn dosbarthu'r rhain i'w dilynwyr fel swyngyfareddion, gan gredu bod rhinweddau arbennig gan y planhigyn.

Mae sôn am yr uchelwydd ym mytholeg gwledydd Llychlyn – cafodd Balder, mab y dduwies Frigg, ei ladd gan saeth wedi'i llunio ohono. Credai pobl rhai gwledydd y byddai sbrigyn uchelwydd mewn crud baban yn cadw ellyllon draw, tra gwisgai rhai pobl ddarn yn eu hetiau i'w hamddiffyn rhag dewiniaeth gwrachod.

Byddwn yn addurno ein cartrefi â changhennau uchelwydd dros gyfnod y Nadolig; ŵyr neb pam, ond hwyrach bod yr arfer ynghlwm wrth hen goel fod y planhigyn yn dwyn dedwyddwch a lwc dda ond iddo beidio â chyffwrdd â'r ddaear. Caiff ei hongian yn y tŷ, neu uwchben y drws fel arwydd o heddwch a lletygarwch, ac os bydd rhywun yn cael ei ddal yn sefyll oddi tano bydd yn rhaid iddo estyn cusan i'r sawl sy'n dod o hyd iddo. (Gweler hefyd – Y NADOLIG, PARASIT.)

D.G.J.

UNDEB Y GWERINIAETHAU SOSIALAIDD SOFIETAIDD

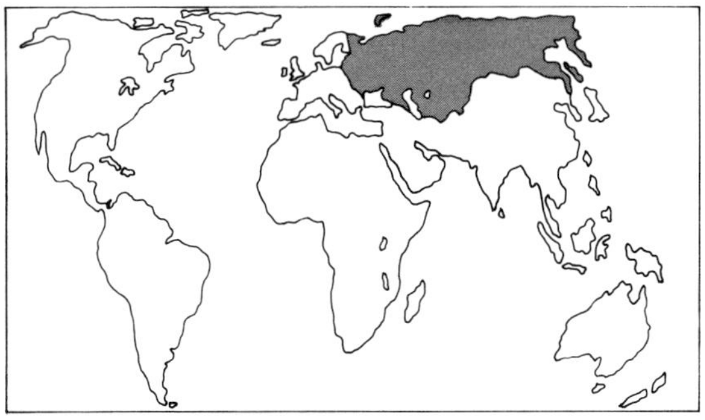

Lleoliad yr Undeb Sofietaidd – y wlad fwyaf yn y byd.

Mae'r Undeb Sofietaidd, y wlad fwyaf yn y byd, yn ymestyn dros seithfed rhan o diroedd y byd, o'r Môr Gwyn a'r Cefnfor Arctig yn y gogledd hyd at y Môr Du a Mynyddoedd Cawcasws yn y de, a thrwy ddwyrain Ewrop hyd at lannau'r Cefnfor Tawel yn y dwyrain. Mae'n fwy na gwledydd Canada, yr Unol

Medi cynhaeaf cotwm ***ffrwythlon ar gaeau fferm gyfunol Rossia yn ardal*** *Osh, yn neheudir yr Undeb Sofietaidd, ger y ffin â China. Casgliad o nifer o ffermydd bychain a thyddynnod yw fferm gyfunol lle y bydd pob ffermwr yn rhannu'r cyfrifoldeb o'i rhedeg. Bydd ffermydd o'r fath yn tyfu grawn, cotwm a betys siwgr yn bennaf.*

Daleithiau, México a Chanolbarth America gyda'i gilydd.

O'r bymthegfed ganrif hyd at yr ugeinfed, cafodd Ymerodraeth Rwsia ei rheoli gan y Czariaid, ac am wahanol resymau bu amryw ohonyn nhw'n enwog iawn. Yn yr unfed ganrif ar bymtheg roedd Ifan Arswydus (*Ivan the Terrible*) yn nodedig am ei greulondeb, a Pedr Fawr (1682–1725) a Catherine Fawr (1762–96) yn amlwg yn eu hymdrechion i wella cyflwr y wlad ac amodau byw y bobl. Ond yn ystod y bedwaredd ganrif ar bymtheg roedd y bobl gyffredin yn anfodlon iawn ar eu tlodi a'u bywyd caled, a dan ddylanwad athronydd o'r enw Karl Marx penderfynodd y werin nad oedden nhw bellach am ddioddef gormes y teulu brenhinol a'r uchelwyr.

Yn 1917 bu chwyldro gwaedlyd yn Rwsia a daeth Lenin yn ben ar wlad newydd enfawr gomiwnyddol sydd bellach yn cael ei galw yn Undeb y Gweriniaethau Sosialaidd Sofietaidd – neu, yn fyr, yr Undeb Sofietaidd. Mae'r Undeb yn cynnwys pymtheg gweriniaeth, ac felly mae'r wlad heddiw yn llawer iawn mwy o faint nag oedd yn yr hen Rwsia cyn 1917. Drwy uno'r tiroedd hyn i gyd yn yr Undeb Sofietaidd cynyddodd y boblogaeth i 235 miliwn. Er bod trydedd ran o'r wlad yn Ewrop a'r gweddill yn Asia, yn Ewrop mae tri chwarter o'r holl boblogaeth yn byw. Ymhlith yr holl bobloedd hyn mae dros gant o wahanol genhedloedd, ac o leiaf drigain o wahanol ieithoedd yn cael eu siarad. Camp fawr fu uno'r cenhedloedd hyn i gyd dan un gyfundrefn.

Fe welwn o'r map mai gwastadedd eang yw'r wlad hon gan mwyaf, gyda chadwyn Ural yn y gorllewin yn gwahanu cyfandiroedd Ewrop ac Asia, Mynyddoedd Tien Shan a Pamir (sy'n cynnwys copa uchaf yr Undeb, sef Kommunizma, sydd 7,495 metr o uchder) yn y de a'r de-ddwyrain, Mynyddoedd Cawcasws rhwng y Môr Du a Môr Caspia, a nifer o rengoedd yng ngogledd-ddwyrain Siberia. Mae'r map yn dangos prif afonydd y wlad hefyd, y mwyafrif ohonyn nhw'n llifo i'r gogledd neu i'r de, a'r llynnoedd mawr sy'n cynnwys Llyn Baikal, y llyn dyfnaf yn y byd, sydd 1,700 metr o ddyfnder mewn un man.

Gan ei bod yn wlad mor fawr does gan gerhyntau nac awelon y môr yr un dylanwad ar hinsawdd y canolbarth, ac felly y duedd yw i'r tywydd a'r hinsawdd fod yn eithafol ym mhob man – yr hafau yn boeth iawn a'r gaeafau'n eithriadol oer. Yng ngogledd-ddwyrain Siberia, yn ystod tywydd rhewllyd y gaeaf

Gorsaf Komsomolskaya-Koltsevaya ar system drenau danddaearol dinas Moskva. Cafodd y system ei datblygu yn ystod yr hanner can mlynedd diwethaf ac mae'n enwog am bensaerniaeth wych ei gorsafoedd, sy'n cynnwys marmor, gwydr lliw, cerfluniau a goleuadau crog addurnol.

gall y tymheredd ddisgyn i – 90°F (– 68°C). Bydd yn wahanol iawn yn yr haf pan fydd y tymheredd yn y de-orllewin yn anialwch Kara Kum yn cyrraedd dros 120°F (49°C).

Bydd y glawiad blynyddol yn amrywio'n fawr hefyd drwy'r holl wlad; yn rhyfedd iawn bydd mwy o law yn syrthio mewn un storm ym mynyddoedd Cawcasws na thrwy gydol y flwyddyn ar wastadeddau sychion canolbarth Asia Sofietaidd lle bydd y glawiad cyn lleied â rhwng pum ac wyth modfedd (13–18 cm) mewn blwyddyn. Yn ffodus pan fydd yr iâ a'r eira ar y mynyddoedd yn dadmer yn ystod y gwanwyn a'r haf bydd digonedd o ddŵr i'w gael ar gyfer anghenion dyn, anifail a chnydau.

Yn naturiol, mewn gwlad mor fawr bydd cynnyrch y tir yn amrywio dan effaith yr hinsawdd a'r tywydd. Ar hyd arfordir rhewllyd y gogledd mae daear y twndra diffaith wedi'i rhewi am sawl metr dan yr wyneb. I'r de i'r twndra mae coedwigoedd anferth o goed bythwyrdd (y *taiga*) yn gorchuddio bron hanner tiroedd y wlad fawr hon; mae'n debyg bod trydedd ran o goed y byd yn tyfu yn yr Undeb Sofietaidd.

Ymhellach eto i'r de mae gwastadeddau'r canolbarth yn enwog am fagu gwartheg, defaid, geifr, moch a cheffylau, ac mae priddoedd du gwastadeddau'r Ukrain a dyffrynnoedd afonydd Don a Kuban yn ffrwythlon iawn. Gwenith yw'r prif gnwd, ynghyd â rhug, haidd, ceirch, corn, betys siwgr, cnau soya, cywarch, llin a thatws. Yn neheudir a de-ddwyrain y wlad y cnydau mwyaf cyffredin yw cotwm, te, tybaco, a ffrwythau o bob math.

Merch ifanc o ranbarth Uzbek yn ei gwisg draddodiadol.

Mae pysgota'n elfen bwysig yn economi'r Undeb Sofietaidd. Japan sydd â chynnyrch uchaf y byd yn y maes hwn; Periw sy'n ail; ac yn drydydd daw'r Undeb Sofietaidd sy'n cynhyrchu dros bum miliwn tunnell y flwyddyn.

Mae'r wlad yn ffodus fod yn ei thir gyflenwad da o lo, mwyn haearn, olew, nwy naturiol, copr, sinc, plwm, nicel, cromiwm, mercwri, bawcsit a pheth aur – defnyddiau crai a fu'n gymorth mawr i'r Undeb Sofietaidd ddatblygu'n ddiwydiannol, yn enwedig ar ôl Chwyldro 1917. Cyn hynny tair canolfan ddiwydiannol yn unig o bwys oedd yn Rwsia, y tair yn Ewrop, sef St. Petersburg (Leningrad bellach), Moskva a Krivoy Rog yn Ukrain; oddi ar 1917 datblygodd canolfannau eraill ymhellach i'r dwyrain – megis Sverdlovsk, Chelyabinsk a Magnitogorsk ychydig i'r dwyrain o Fynyddoedd Ural; Omsk a Tashkent yn y de; a'r ardaloedd o gwmpas Novosibirsk (ar faes glo Kuzenetsk) ac Irkutsk yn fforestydd y *taiga*, y ddwy yn Siberia. Cafodd argae ei godi ar draws Afon Yenisei gerllaw Krasnoyarsk, ac un arall dros Afon Angura ger Bratsk lle mae un o bwerdai trydan-dŵr mwya'r byd.

Bydd defnydd helaeth yn cael ei wneud o'r afonydd llydan a rhwydwaith o gamlesi ar gyfer cludo nwyddau o bob math, ond tan yn ddiweddar ychydig o reilffyrdd a phriffyrdd da oedd yn y wlad o gofio cymaint y mae wedi datblygu'n ddiwydiannol; mae pob ymdrech yn cael ei wneud i wella'r diffyg hwn. Erbyn hyn mae yno nifer fawr o borthladdoedd prysur, rhai ohonyn nhw wedi bod gynt ym meddiant gwledydd eraill; bydd yn rhaid defnyddio llongau arbennig i chwalu'r iâ sy'n crynhoi yn aberoedd afonydd mawr Siberia o gwmpas porthladdoedd y Cylch Arctig a Vladivostok yn y dwyrain pell. Porthladdoedd pwysig yw Odessa a Batumi ar lan y Môr Du; oddi yno aiff llongau trwy gulforoedd Dardanelles a Bosporus allan i'r Môr Canoldir.

Mae rhwydwaith o biblinau wedi'i osod i ddosbarthu cyflenwad enfawr o olew a nwy naturiol ar draws y wlad yn ogystal ag i rai o wledydd eraill COMECON* – Hwngari, Tsiecoslovacia, Dwyrain yr Almaen a Gwlad Pwyl. (* COMECON = *Council for Mutual Economic Assistance* – cymdeithas i hybu buddiannau nifer o wledydd comiwnyddol.)

Yn ystod yr hanner can mlynedd diwethaf, yn ogystal â'r datblygu anferth ym myd diwydiant, bu gwelliannau mawr ym myd addysg; cafodd ysgolion a cholegau o bob math eu sefydlu, a heddiw mae cyfleusterau ardderchog ar gael i blant a phobl ifainc dderbyn addysg dda. Mae gorchestion gwyddonwyr Sofietaidd yn adnabyddus ledled y byd; yn 1957 cafodd y lloeren gyntaf erioed, y Sputnik, ei saethu i'r gofod o'r Undeb Sofietaidd, ac oddi ar hynny bu'r Undeb ar y blaen ym mhob agwedd bron ar wyddoniaeth y gofod.

Ym myd y celfyddydau bu Rwsia'n enwog ers canrifoedd am ei balé, ei dawnsio, ei cherddorion a'i hawduron; Rwsiaid oedd y dawnswyr balé adnabyddus Anna Pavlova, Vaslav, Nijinsky a Galina Ulanova; y cyfansoddwyr bydenwog Glinka, Mussorgsky, Rimsky Korsakov, Rachmaninov, Stravinsky a Tchaikovsky;

Mikhail Voronin, un o bencampwyr gymnasteg y byd yn arddangos ei ddawn ar y barrau.

a'r awduron Pushkin, Chekhov, Turgenev, Tolstoy, Gorky a Pasternak. Yn ystod y blynyddoedd diwethaf daeth yr Undeb Sofietaidd yn enwog ym myd chwaraeon, yn enwedig pêl-droed, mabolgampau – gymnasteg yn arbennig – ac athletau.

Erbyn heddiw mae'r Undeb Sofietaidd yn un o bwerau mawr y byd. Go brin bod unrhyw wlad arall wedi datblygu i'r safon hon mewn amser mor fyr. (Gweler hefyd – ASTRONOT, COMIWNYDDIAETH, STALIN.)

B.L.D.

UNDEBAU LLAFUR

Gallwn olrhain gwreiddiau'r undebau llafur yng ngwledydd Prydain i flynyddoedd cynnar y Chwyldro Diwydiannol, yn ail hanner y ddeunawfed ganrif. Eu prif waith o'r cychwyn oedd amddiffyn y gweithwyr yn erbyn drygau gwaethaf y system ffatri – cyflogau isel, oriau hir, diffyg diogelwch yn erbyn afiechyd a diweithdra, cartrefi gwael. O'r cychwyn hefyd gwrthwynebodd y cyflogwyr yr undebau yn ffyrnig, a chael eu cefnogi gan y Llywodraeth. Yn 1799, yng nghanol y rhyfeloedd yn erbyn Ffrainc Chwyldroadol, pasiodd y Senedd Ddeddfau Cyfuno a wnaeth undebau yn anghyfreithlon. Ni allai dim rwystro'r gweithwyr rhag anesmwytho, fodd bynnag, yn enwedig yn ystod y cyfnod ar ôl i'r rhyfeloedd ddod i ben yn 1815. Fel canlyniad i ymgyrchu gwŷr fel Francis Place a Joseph Hume, cafodd y Deddfau Cyfuno eu diddymu yn 1824, ond, er y gallai undebau fodoli wedi hynny, allen nhw ddim ar unrhyw gyfrif ddefnyddio arf y streic i hybu eu hachos.

Er mwyn cryfhau undebaeth bu ymdrech i uno'r undebau mewn un corff cynhwysfawr. Y Cymro Robert Owen o'r Drenewydd sy'n cael ei gysylltu amlaf â'r ymgais hon, ac ef fu fwyaf cefnogol i'r *Grand National Consolidated Trades Union* fel y cafodd ei alw adeg ei sefydlu yn 1829. Ychydig o rym oedd gan y mudiad hwn, ac ymhen ychydig flynyddoedd roedd wedi methu'n lân. Ergyd fawr arall i dwf undebaeth oedd Achos Tolpuddle yn 1834, pan gafodd grŵp o weision fferm, dan arweiniad George Loveless, eu dedfrydu i gyfnod o garchar yn Awstralia am iddyn nhw dyngu llwon cyfrinachol wrth sefydlu eu hundeb llafur eu hunain. Byddwn yn dal i gofio'r gwŷr hyn fel "Merthyron Tolpuddle".

Dangosai'r digwyddiadau hyn na allai undebau llafur ffynnu yn wyneb grym y cyflogwyr a'r Llywodraeth. Yr unig ffordd y gallen nhw ennill eu plwyf oedd drwy brofi nad oedden nhw'n berygl naill ai i wŷr busnes nac i'r Llywodraeth, a daethon nhw i sylweddoli hyn ym mlynyddoedd llewyrchus canol Oes Victoria, rhwng 1850 ac 1870, pan oedd digon o waith ar gael. Yn 1851 ymddangosodd math newydd o undeb – y cyntaf o'r "undebau model", sef Cymdeithas y Peirianwyr. Dyma undeb o grefftwyr, gwŷr a enillai ddigon o gyflog i fedru fforddio cynnal cronfa undebol gref, ac undeb a oedd ar yr un pryd yn barod i gydweithio â chyflogwyr drwy beidio â streicio. Cafodd undebau tebyg i hwn eu sefydlu yn ystod yr ugain mlynedd nesaf, ac yn 1868 daethon nhw at ei gilydd dan faner corff cyffredinol o'r enw "Cyngres yr Undebau Llafur".

Y cam nesaf oedd darbwyllo'r Llywodraeth i ddiwygio'r gyfraith ar undebau, a ffrwyth hynny oedd nifer o ddeddfau ffafriol yn ystod saithdegau'r ganrif ddiwethaf. Yn 1871 pasiodd Llywodraeth Ryddfrydol W.E. Gladstone ddwy ddeddf, y naill yn cydnabod hawl undebau i fodoli, a'r llall yn eu gwahardd rhag picedu (sef ceisio perswadio gweithwyr i beidio â gweithio yn ystod streic). Fodd bynnag, yn 1875 penderfynodd Llywodraeth Geidwadol Benjamin Disraeli roi hawliau cyflawn i undebau fel bod ganddyn nhw'r hawl i streicio mewn anghydfod diwydiannol.

Roedd y deddfau hyn yn gryn fuddugoliaeth i achos yr undebau, cymaint felly nes y gallai gweithwyr di-grefft bellach fynd ati i sefydlu eu hundebau eu hunain. Hwb mawr i achos y gweithwyr hyn oedd Streic y Docwyr yn 1889 dan arweiniad Ben Tillett – ond doedd pob streic ddim yn fuddugoliaeth i'r gweithwyr. Yng Ngogledd Cymru, er enghraifft, collodd chwarelwyr ardal Bethesda y dydd yn erbyn eu cyflogwr, yr Arglwydd Penrhyn, ar ôl streic hir a chwerw a barodd am dair blynedd, o 1900 hyd 1903. Serch hynny, roedd y blynyddoedd hyn yn gyfnod o dwf pendant yn hanes yr undebau. Gwelodd 1898 sefydlu Ffederasiwn Glowyr De Cymru, neu'r "Ffed" fel y câi ei alw ar lafar gwlad. Yn 1900 rhoddodd Cyngres yr Undebau Llafur eu cefnogaeth i sefydlu'r Blaid Lafur, sef plaid wleidyddol wedi'i bwriadu i ymladd achos y gweithwyr yn y Senedd.

Roedd y blynyddoedd rhwng 1900 ac 1914 yn gyfnod o wrthdaro mawr rhwng y cyflogwyr a'r gweithwyr. Yn 1901, er enghraifft, aeth y perchnogion ag Undeb Gwŷr y Rheilffyrdd i gyfraith am alw streic

DESOLATE BETHESDA.

Fellow Workers,

The old men and women, the wives and children of the Slate Quarrymen of Bethesda are suffering great want and privation; and support is urgently needed.

To help to provide this support, and to let it be known that the workers of Barnsley and district are not deaf to the cry for help of their fellow workers in Wales, several Trade Union and kindred societies have arranged for the **Bethesda Quarrymen's Prize Choir** to give several **Concerts** in and about Barnsley.

You are perhaps aware that, by his arbitrary action, begot of his hatred to the men's Trade Union, my Lord Penrhyn has made it impossible for employer and employees at the Bethesda Quarries to work in harmony. This has resulted in a dispute that has already lasted more than seven months. It is true that his Lordship is generously allowing the men to return to work, but on the degrading condition that they forsake their Union, which has been their true friend through many bitter years. Remember! this dispute, which is causing such wholesale suffering and ruin throughout the district, is the outcome of a sustained effort on the part of an obsolete and obstinate feudal relic to smash up Trade Unionism on "his property." By his action, Lord Penrhyn bars the way to **15,000** peoples' means of life!

In asking you for your support at one or more of the Concerts, or by subscription, we feel that every worker ought to support the Quarrymen, because for years a deliberate attempt has been made to smash all combination among these workers. Will you help? What is your response?

Any communications addressed to the undersigned will receive prompt attention.

WILL MELLOR, Hon. Sec.,
Ardsley, Barnsley.

Llythyr oddi wrth ysgrifennydd undeb llafur yn Barnsley, Swydd Efrog, yn apelio ar i'w gyd-weithwyr gefnogi cyfres o gyngherddau gan gôr chwarelwyr Bethesda yn ystod y streic dair-blynedd yn chwarel y Penrhyn, 1900–1903. Cafodd y streic effaith drychinebus ar Fethesda ac achosodd galedi mawr i'r chwarelwyr a'u teuluoedd. Teithiodd corau o'r ardal ar hyd a lled y wlad yn canu i godi arian i gynnal y teuluoedd hyn, a daeth llawer o arian i mewn i'w cynorthwyo trwy fudiad yr undebau llafur.

a oedd wedi dechrau yn Nyffryn Taf; y cyflogwyr a enillodd yr achos hwnnw. Golygai hyn y gallai unrhyw undeb, o hynny ymlaen, gael ei gosbi'n ariannol am streicio. Fodd bynnag, yn 1906 fe ddiddymodd y Llywodraeth Ryddfrydol ddyfarniad cyfreithiol 1901 gan ei gwneud hi'n haws i'r undebau ymgyrchu. Yn 1913 pasiodd y Senedd Ddeddf Undebau Llafur arall yn caniatáu i'r undebau ofyn i'w haelodau gyfrannu'n ariannol tuag at y Blaid Lafur.

Pan gychwynnodd y Rhyfel Byd Cyntaf yn 1914 bu cadoediad rhwng yr undebau a'r cyflogwyr, ond pan ddaeth y rhyfel i ben yn 1918, fe ailymddangosodd yr hen elyniaeth. Cyfnod economaidd blin oedd yr ugain mlynedd nesaf, cyfnod hir o ddiweithdra a thlodi difrifol. Cafodd hyn effaith ddrwg ar yr undebau; yn ogystal â cholli aelodau, cawson nhw eu gwanhau hefyd yn eu brwydrau yn erbyn y cyflogwyr. Cyrhaeddodd y chwerwder hwn ei benllanw adeg Streic Gyffredinol 1926. Yn gefndir i'r helynt hwn roedd y frwydr rhwng y perchnogion glo a'r glowyr. Oherwydd yr argyfwng a wynebai'r diwydiant glo, bu'n rhaid i'r perchnogion gyhoeddi yn 1921 eu bod am gwtogi cyflogau'r glowyr. Atebodd Undeb y Glowyr drwy alw streic ac apelio ar eu ffrindiau yn yr undebau mawr eraill i ddod i'w helpu. Ni ddaeth yr un undeb arall i'r adwy, fodd bynnag, a bu'n rhaid i'r glowyr streicio ar eu pennau'u hunain. Dri mis yn ddiweddarach ildiodd yr undeb a bu'n rhaid i'r glowyr dderbyn telerau'r cyflogwyr.

Bedair blynedd yn ddiweddarach, yn 1925, cyhoeddodd y perchnogion y byddai'n rhaid cwtogi ymhellach ar gyflogau'r glowyr. Er mwyn arbed gwrthdaro, ymyrrodd Llywodraeth Geidwadol Stanley Baldwin yn yr helynt, a datgan y byddai'n cynnig cymorth ariannol i'r diwydiant glo am gyfnod o ddeuddeng mis tra byddai comisiwn annibynnol yn gwneud arolwg manwl o gyflwr y diwydiant. Cwblhaodd Comisiwn Samuel ei adroddiad ym mis Mawrth 1926 gan gytuno â'r perchnogion glo fod lleihau cyflogau'r glowyr ac estyn eu horiau gwaith yn fater o raid. Dan eu harweinydd, A.J. Cook, cyhoeddodd Undeb y Glowyr streic arall, a'r tro hwn cytunodd yr holl undebau eraill i'w chefnogi. Ar 3 Mai 1926, felly, cychwynnodd y Streic Gyffredinol.

Roedd y Llywodraeth wedi paratoi ar gyfer y fath ddigwyddiad, ac fel canlyniad ni pharodd y Streic Gyffredinol am fwy na deng niwrnod. Ar 12 Mai rhoddodd yr undebau eraill y gorau i'w hymgyrch gan adael i'r glowyr frwydro ymlaen ar eu pennau'u hunain am chwe mis arall, hyd nes iddyn nhw hefyd ildio ym mis Rhagfyr 1926. Yn 1927 pasiodd y Senedd Ddeddf Anghydfod Diwydiannol a wnâi streiciau cyffredinol yn anghyfreithlon a gosod rhwystrau ar allu'r undebau i godi arian i gynnal y Blaid Lafur.

Er gwaethaf hyn oll, parhaodd yr undebau yn sefydliadau pwysig ym mywyd Prydain, a phan gychwynnodd yr Ail Ryfel Byd yn 1939 roedd ganddyn nhw ran allweddol i'w chwarae yn yr ymgyrch yn erbyn yr Almaen Natsïaidd. Un o arweinwyr undebol amlycaf y cyfnod hwn oedd Ernest Bevin, arweinydd yr Undeb Cludiant, a gafodd swydd bwysig yn Llywodraeth Ryfel Churchill, ac a gafodd ei benodi'n Ysgrifennydd Tramor yn Llywodraeth Lafur Clement Attlee yn y pum mlynedd ar ôl y rhyfel. Mewn gwirionedd, gwireddodd y Llywodraeth Lafur nifer o amcanion yr undebau: cenedlaetholodd y diwydiannau pwysicaf a chreodd y wladwriaeth les. Yn ystod y pumdegau, daeth yr undebau yn bwysicach fyth wrth i'r economi adennill ei nerth gan ddenu mwy o aelodau, yn enwedig ymysg menywod, a dechreuodd undebaeth ymledu hefyd ymysg gweithwyr proffesiynol megis athrawon a nyrsys.

Yn ystod y chwedegau ailymddangosodd hen broblemau economaidd. Yn wyneb hynny, ceisiodd llywodraethau'r dydd roi ffrwyn ar bŵer yr undebau. Yn 1968 cyhoeddodd Llywodraeth Lafur Harold Wilson gynllun o'r enw *In Place of Strife* i reoli'r undebau, ond bu cymaint o wrthwynebiad i hwnnw nes

Aelodau o Undeb Cenedlaethol y Glowyr yn protestio yn erbyn cau pyllau glo yn Ne Cymru.

i'r cynllun gael ei ddileu. Fodd bynnag, pan ddaeth y Blaid Geidwadol i rym dan Edward Heath yn 1970, aeth ati ar unwaith i osod trefn ar yr undebau. Pasiodd y Senedd y Ddeddf Gydberthynas Ddiwydiannol yn 1972, ac ym mis Tachwedd 1973 bu gwrthdaro ffyrnig rhwng y Llywodraeth ac Undeb y Glowyr. Arweiniodd hynny at etholiad cyffredinol ym mis Chwefror 1974. Collodd y Ceidwadwyr yr etholiad, a phan ddychwelodd Harold Wilson i rym fel Prif Weinidog fe fu cyfaddawd rhwng y Llywodraeth a'r glowyr. Ym mis Tachwedd 1978 dechreuodd cyfres o streiciau amhoblogaidd a drodd y farn gyhoeddus yn erbyn yr undebau.

Enillodd y Ceidwadwyr etholiad cyffredinol Mehefin 1979, ac yn ystod yr wyth mlynedd nesaf aeth Mrs Margaret Thatcher a'i Llywodraeth ati i dorri crib yr undebau drwy basio deddfau cyflogaeth yn cyfyngu ar ryddid yr undebau, a thrwy orchfygu Undeb y Glowyr dan Arthur Scargill yn ystod 1984–5. Collodd yr undebau filoedd o aelodau wrth i ddiweithdra uchel daflu gweithwyr ar y clwt.

Mae'r undebau hefyd wedi gorfod addasu eu hunain i gwrdd â'r amgylchiadau newydd sydd ynghlwm wrth y chwyldro technolegol sydd ar gerdded drwy'r wlad. O edrych ar y datblygiadau hyn, does dim amheuaeth na fydd y blynyddoedd nesaf yn rhai tyngedfennol yn hanes yr undebau llafur. (Gweler hefyd – GWLADWRIAETH LES, STREIC.)

H.M.

UNOL DALEITHIAU AMERICA

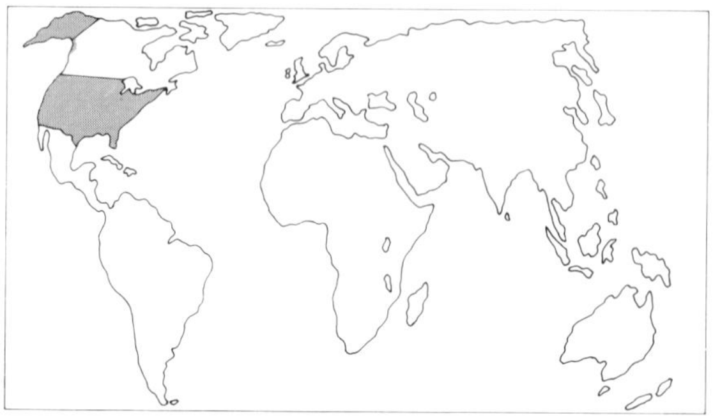

Lleoliad Unol Daleithiau America.

Heddiw mae'r Unol Daleithiau yn un o wledydd pwysicaf a mwyaf nerthol y byd. Mae hi hefyd yn wlad fawr: yn fawr o ran maint – tua 4,800 km o'r dwyrain i'r gorllewin; mae ganddi boblogaeth enfawr – dros 220 miliwn yn y cyfrifiad diwethaf; mae ei mynyddoedd yn uchel – yr uchaf, Mynydd McKinley yn Alaska, yn 6,194 m; mae ei hafonydd yn hir iawn ac Afon Mississippi yn un o afonydd hwyaf y byd. Mae'r hinsawdd yn eithafol – rhannau o'r wlad yn dioddef gaeafau sy'n ddifrifol oer, a rhannau eraill yn mwynhau hafau eithriadol o boeth. Yn ddiau hefyd hi yw un o wledydd cyfoethocaf y byd, ac mae safonau byw i'w cael yno sy'n uwch nag mewn unrhyw wlad arall.

Tan yr ail ganrif ar bymtheg yr ''Indiaid Cochion'' oedd yn byw yng Ngogledd America, ond yn 1607 dechreuodd pobl o wledydd Prydain ymgartrefu yn Virginia, ar arfordir dwyreiniol y wlad, a chael eu dilyn gan ymfudwyr o lawer o wledydd Ewrop. Aeth nifer

Adeiladau aml-lawr yn crafu'r awyr ym Manhattan, Efrog Newydd, ar arfordir dwyreiniol yr Unol Daleithiau.

fawr o Gymru, ac mae Cymry wedi chwarae rhan amlwg ym mywyd yr Unol Daleithiau. Yn raddol collodd yr Indiaid eu tiroedd, ac erbyn heddiw rhyw 500,000 yn unig ohonyn nhw sydd ar ôl, yn byw bellach mewn gwarchodfeydd arbennig.

Yn 1776 daeth yr Unol Daleithiau yn wlad annibynnol, ac felly mewn llai na dwy ganrif mae wedi datblygu yn un o bwerau mwyaf y byd. O gyfrif Alaska a Hawaii, mae'n cynnwys 50 talaith unigol.

Gallwn rannu tiroedd y wlad yn dri rhanbarth. Yn y gorllewin, yn ymestyn dros drydedd ran o'r wlad, mae Mynyddoedd y Rockies a'r Sierra Nevada yn rhedeg yn rhengoedd o'r gogledd i'r de, eu copaon uchaf dan eira gydol y flwyddyn. Yn y rhanbarth hwn mae rhai o olygfeydd mwyaf diddorol y byd, yn enwedig ym Mharciau Cenedlaethol Grand Canyon a Yellowstone.

Yn y dwyrain mae Mynyddoedd Appalachia yn ymestyn o'r gogledd i'r de y tu ôl i Lwyfandir Piedmont sy'n gorwedd ar hyd arfordir Cefnfor Iwerydd. Mae'r mynyddoedd hyn yn cyrraedd 2,000 m uwch wyneb y môr mewn mannau. Wedi glanio ar arfordir y dwyrain bu'n rhaid i'r Ewropeaid cynnar groesi'r mynyddoedd hyn ar eu ffordd i ymgartrefu yn y canolbarth.

Mae'r trydydd rhanbarth yn cynnwys gwastadeddau eang y canolbarth a'r peithdir maith. Yma mae dyffrynnoedd anferth nifer fawr o afonydd, gan gynnwys Mississippi a Missouri, sy'n llifo tua'r de i Gwlff México. Mae Afon Mississippi dros 6,000 km o hyd. Yn y rhanbarth hwn hefyd mae llynnoedd Superior, Huron a Michigan, sydd ymhlith llynnoedd mwyaf y byd.

Mewn gwlad sydd mor eang mae'n naturiol bod y tywydd a'r hinsawdd yn amrywio'n fawr o un pen i'r llall. Fel rheol bydd y tymhorau ar hyd yr arfordir yn llawer llai eithafol nag yn y canolbarth, ac wrth reswm, bydd taleithiau'r de, fel Louisiana ac Alabama, yn llawer iawn cynhesach ym mhob tymor na thaleithiau'r gogledd, megis Dakota a Minnesota sydd am y ffin â Canada. Mae'r hinsawdd ar fynyddoedd uchaf y gorllewin yn eithafol iawn o'i chymharu â gweddill y wlad, ac mae'n debyg mai ar arfordir California y mae'n bosibl mwynhau'r hinsawdd fwyaf dymunol. Ar y llaw arall, yn Nevada ac Arizona, i'r dwyrain o California, mae rhanbarthau eang o anialdir crasboeth diffaith, ac erbyn hyn mae cronfeydd mawr o ddŵr wedi'u codi yno i ddyfrhau'r tir ac ar gyfer cynhyrchu trydan. Mae rhai o'r taleithiau sydd ar hyd glannau Gwlff México yn dioddef yn ddrwg oddi wrth stormydd, corwyntoedd a thornadoau enbyd.

Wrth reswm, bydd tyfiant naturiol y wlad enfawr hon yn amrywio yn ôl yr hinsawdd. Mae'r Unol Daleithiau yn ffodus yn yr amrywiaeth cyfoethog o goed bythwyrdd a choed collddail sy'n tyfu yn y gogledd-ddwyrain gan mwyaf; bydd y fforestydd hyn yn cynhyrchu digonedd o goed ar gyfer adeiladu, llunio dodrefn a gwneud papur. Gynt byddai llawer o anifeiliaid gwylltion yn byw yn y fforestydd hyn ac yn cael eu hel am eu crwyn a'u ffwr.

Cystadlu egnïol pêl-droed Americanaidd.

Ar y peithdir maith, lle byddai bison yn pori ar un cyfnod, bydd ffermwyr heddiw yn trin y tir ac yn codi amrywiaeth o gnydau. Ar diroedd bras y gogledd gwenith yw'r prif gnwd, ac wrth symud tua'r de down i diroedd y corn, cyn cyrraedd y rhanbarth lle caiff cotwm ei dyfu'n bennaf. Yn ogystal â'r prif gnydau hyn, bydd cnydau haidd, ceirch, betys siwgr a thybaco yn cael eu tyfu yn ôl yr hinsawdd, ac ym mhob rhanbarth bydd y ffermwyr yn magu gwartheg a moch. Mae ffermydd y gwastadeddau hyn gan amlaf yn enfawr, a bydd y ffermwyr yn defnyddio amrywiaeth o beiriannau modern i droi'r tir a hau a medi'r cnydau. Yn y rhanbarthau amaethyddol hyn mae pob math o gyfarpar i'w gael ar gyfer storio'r cnwd a'i gludo i farchnadoedd America a phellafoedd byd. Mae'n bosibl mai ffermwyr yr Ardal Corn a Moch (*Corn Hog Belt*) yw ffermwyr cyfoethocaf y byd; ar wahân i werthu cnydau, byddan nhw'n pesgi ac yn lladd miloedd o foch ac eidionnau bob blwyddyn, ac yn gwerthu'r cig gartref ac mewn llu o wledydd tramor.

Mae talaith California yn enwog am ei ffrwythau, ac oddi yno cawn orennau, lemonau, grawnffrwyth, afalau, grawnwin – wedi'u canio neu wedi'u cadw'n ffres.

Mae gan yr Unol Daleithiau gyfoeth o fetelau a mineralau hefyd – glo, haearn, copr, sinc, aur, arian, alwminiwm, uraniwm, olew a nwy naturiol; mae yno feysydd glo enfawr yn nhaleithiau Pennsylvania ac Illinois, a meysydd olew yn California, Texas a glannau Gwlff México. Yn Oklahoma, New México ac ar lannau Gwlff México mae meysydd nwy naturiol.

Gan fod yno gymaint o gyfoeth mewn adnoddau nid yw'n rhyfedd fod trigolion yr Unol Daleithiau wedi datblygu pob math o ddiwydiannau anferth sy'n cynhyrchu peiriannau, moduron, trenau, awyrennau, llongau, offer tŷ, a chyfarpar peirianegol ar gyfer amryw ffatrïoedd, mewn canolfannau diwydiannol enwog fel Chicago, Detroit, Pittsburgh, Buffalo, San Francisco a Los Angeles. Ymhlith y diwydiannau prysur eraill mae melinau blawd, cotwm, gwlân, coed a siwgr sy'n trin cynnyrch y tir, yn ogystal â ffatrïoedd sy'n canio cig, ffrwythau a physgod.

Nid yw'n rhyfedd felly fod safonau byw yr Unol Daleithiau yn uwch nag unrhyw wlad arall. Bydd rhai o foduron mwya'r byd i'w gweld ar briffyrdd y wlad; yn ei ffatrïoedd ac ar ei ffermydd mae'r peiriannau mwyaf; ac mae gan y trigolion yr offer mwyaf moethus a modern yn y byd yn eu cartrefi.

Er bod priffyrdd rhagorol a rheilffyrdd enwog yn croesi'r is-gyfandir o'r dwyrain i'r gorllewin, gan fod y wlad mor fawr bydd yn well gan lawer hedfan o un man i'r llall. Mae rhwydwaith cynhwysfawr o wasanaethau awyr yn cysylltu prif ddinasoedd a threfi'r wlad, a meysydd awyr rhyngwladol fel Maes Awyr John F. Kennedy yn Efrog Newydd yn ddolen gyswllt â gwledydd tramor.

Golygfa nodweddiadol ar strydoedd San Francisco ar arfordir gorllewinol UDA – cerbyd cebl yn dringo un o strydoedd serth y ddinas.

Mae yno hefyd borthladdoedd pwysig fel Boston, Efrog Newydd a Norfolk ar arfordir y dwyrain; New Orleans ar lannau Gwlff México; Portland i fyny Afon Columbia a Seattle, San Francisco a Los Angeles ar draethau'r gorllewin. Ar lannau'r Llynnoedd Mawr mae porthladdoedd prysur Detroit, Cleveland a Buffalo. Er mai Efrog Newydd yw'r dref fwyaf yn yr Unol Daleithiau, y brifddinas yw Washington, un o ddinasoedd prydferthaf yr holl daleithiau ag ynddi nifer o sefydliadau hanesyddol diddorol. Yno mae'r Tŷ Gwyn, cartref yr Arlywydd, y Senedd-dy a swyddfeydd y Llywodraeth.

Saesneg yw prif iaith y trigolion, ond bydd llawer ohonyn nhw sydd o wahanol genhedloedd yn dal i siarad eu hieithoedd eu hunain ymhlith ei gilydd. O ran eu daliadau crefyddol mae yno Brotestaniaid, Pabyddion, Iddewon, Groegiaid a Mormoniaid, ynghyd ag amryw eraill sy'n arddel crefyddau eraill. Yn nhaleithiau'r de, yn enwedig, mae llawer iawn o bobl ddu eu croen yn byw; disgynyddion yr hen gaethweision yw'r rhain gan mwyaf.

Daeth nifer fawr o lenorion a beirdd America yn adnabyddus iawn y tu allan i ffiniau'r Unol Daleithiau – yn eu plith Washington Irving, Nathaniel Hawthorne, Edgar Allan Poe, Pearl S. Buck, Herman Melville, Harriet Beecher Stowe, James Fenimore Cooper, Saul Bellow, Mark Twain, Henry W. Longfellow, Ernest Hemingway, Sinclair Lewis a John Steinbeck, a'r dramodydd Eugene O'Neill; mae chwe llenor o'r Unol Daleithiau wedi ennill Gwobr Llenyddiaeth Nobel. Daeth ffilmiau Hollywood, yn enwedig ffilmiau am y "gorllewin gwyllt", yn boblogaidd ledled y byd.

Yn 1969 digwyddodd un o'r gorchestion mwyaf yn hanes y byd; ar 20 Gorffennaf glaniodd dau astronot o'r Unol Daleithiau, Neil Armstrong ac Edwin Aldrin, ar y lleuad – y cyntaf erioed i wneud hynny.

Tua thair canrif yn ôl roedd y rhan fwyaf o'r hyn a alwn ni heddiw yn Unol Daleithiau America yn ddiffeithwch anial. Dros y blynyddoedd daeth miloedd ar filoedd o bobl yno o nifer fawr o wledydd y byd, gyda'u delfrydau, eu dyheadau, eu syniadau a'u celfyddyd eu hunain. Datblygodd y wlad fawr hon yn helaeth mewn llawer iawn o feysydd – ac mae'n dal i wneud. (Gweler hefyd – ASTRONOT, CAETHION, EFROG NEWYDD, GOFOD.)

B.L.D.

URANIWM

Y cemegwr Almaenig, Martin Heinrich Klaproth (1743–1817) oedd yn gyfrifol am ddarganfod uraniwm yn 1789, ac yntau a roddodd yr enw hwn iddo i goffáu Syr William Herschel a ddarganfu'r blaned Uranws yn 1781. Symbol yr elfen yw U, ac er mwyn gwahaniaethu rhwng y gwahanol atomau, byddwn yn defnyddio termau fel U-235 neu U-238 yn ôl rhif y niwtronau sydd yn yr atomau hynny. Cymysgedd o U-235 ac U-238 yw'r uraniwm naturiol.

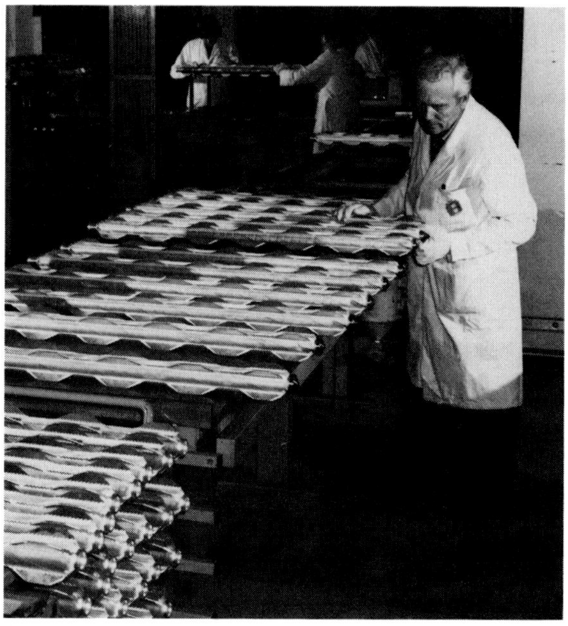

Paratoi elfennau tanwydd Magnox i'w defnyddio mewn adweithydd niwclear. Mae elfennau o'r math hwn yn cynnwys uraniwm.

Gan yr elfen uraniwm mae'r atom trymaf o'r holl elfennau naturiol. Yn ei ffurf naturiol mae ganddi hanner oes ymbelydrol o 4,500 miliwn o flynyddoedd. Ceir cyfartaledd o ryw bedair rhan o uraniwm i bob miliwn rhan o sylweddau eraill mewn creigiau crisialog, yn enwedig granit; yn y mwynau uranitit a *pitchblende* mae'n gymysg â thoriwm a phlwm.

Mae cyflenwadau da o'r mwynau sy'n cynnwys uraniwm i'w cael yn yr Unol Daleithiau, Canada a De Affrica ac, i raddau llai, yn Tsiecoslofacia a rhannau eraill o Ewrop, yr Undeb Sofietaidd, ac Awstralia.

Gwaith cymhleth yw echdynnu uraniwm. Un dull o wneud hyn yw malu'r mwyn cymysg yn bowdwr mân a thrin hwnnw ag asid neu alcali, ac yna adennill uraniwm ocsid o'r hylif. Gall y gwaith o gynhyrchu'r metel uraniwm o'r ocsid fod yn beryglus oni chaiff ei reoli'n ofalus iawn. Bydd y metel yn edrych yn debyg i ddur gloyw, ond bydd yn pwyso dros ddwywaith yn fwy.

Hyd at ddiwedd y bedwaredd ganrif ar bymtheg, sgîl-gynnyrch oedd uraniwm o'r defnydd a fyddai'n cael ei wneud o thoriwm mewn mantlau goleuo nwy; câi ei ddefnyddio hefyd ar gyfer creu fflwrolau gwyrdd mewn gwydr, ac yn ddiweddarach ei gyfuno â dur i wneud aloi.

Yn 1896 darganfu'r Ffrancwr Henri Becquerel (1852–1908) fod cyfansoddion uraniwm, dan rai amgylchiadau, yn rhyddhau pelydrau tebyg i belydrau golau, er na allai neb eu gweld. (Bu Pierre a Marie Curie yn archwilio'r briodwedd hon cyn darganfod elfen ymbelydrol gryfach fyth, sef radiwm.)

Erbyn diwedd tridegau'r ganrif hon roedd gwyddonwyr wedi llwyddo i hollti atom o uraniwm, a sylweddoli y gallai ymholltiadau o'r fath greu ynni niwclear aruthrol; cynyddodd y diddordeb mewn uraniwm yn ddirfawr ac o hynny ymlaen bu uraniwm yn fwy gwerthfawr nag aur. Uraniwm yw un o'r sylweddau sy'n cael eu defnyddio wrth lunio bomiau atomig.

Bellach, caiff yr ynni enfawr hwn ei ddefnyddio mewn adweithyddion niwclear. Yno bydd yr adweithiau yn cael eu rheoli trwy arafu cyflymder y niwtronau sy'n cael eu rhyddhau wrth i'r atomau ymhollti; cymedrolydd megis rodiau graffit fydd yn rheoli'r gwres a gaiff ei gynhyrchu. Mewn atomfa bydd yr ynni gwres yn cael ei drawsnewid yn drydan. Mae cannoedd o atomfeydd yn y byd yn cynhyrchu trydan, ac mae cyfran uchel o'r trydan a ddefnyddiwn ni yng Nghymru yn cael ei gynhyrchu gan ymholltiadau uraniwm yn atomfeydd Trawsfynydd a'r Wylfa yng Ngwynedd.

Mae'r broses gynhyrchu trydan yn creu gwastraff ymbelydrol, a bydd rhai pobl yn cyflwyno dadleuon cyhoeddus brwd – dadleuon gwleidyddol a chymdeithasol – ynglŷn â'r dull gorau o gael gwared â'r gwastraff hwn yn ddiogel. Diffyg ffydd mewn technoleg sydd wrth wraidd y pryder yn aml. Cafodd gweithfeydd arbennig eu codi yn Sellafield ar arfordir Cumbria i drin gwastraff o atomfeydd gwledydd Prydain, a bydd llawer yn honni bod y dŵr sy'n cael ei ollwng oddi yno i Fôr Iwerddon, ar ôl ei ddefnyddio yn y broses, yn dal i fod yn ymbelydrol. Mae'n deg dweud bod record diogelwch gymharol dda gan y diwydiant ynni niwclear, ond, er hynny, bu ffrwydrad mawr mewn atomfa yn Chernobyl, ger Kiev yn yr Undeb Sofietaidd yn 1986, a gynhyrchodd gwmwl ymbelydrol a effeithiodd hyd yn oed ar lefelau ymbelydredd yng Nghymru.

Fflasg yn cynnwys gwastraff ymbelydrol yn cael ei dadlwytho o gefn lori yng ngweithfeydd British Nuclear Fuels CCC yn Sellafield.

Sgîl-gynnyrch ymhollti uraniwm mewn adweithyddion yw cynhyrchu llu o elfennau newydd a elwir yn elfennau synthetig neu elfennau "wedi'u gwneud gan ddyn". O ganlyniad, ar ôl yr elfen uraniwm yn Nhabl Cyfnodol yr elfennau cawn bellach enwau newydd fel neptwniwm, plwtoniwm, americiwm, cwriwm, berkeliwm, californiwm, einsteiniwm, ffermiwm, mendelefiwm, nobeliwm, lawrensiwm, khurchatofiwm, rutherffordiwm a hahniwm. Fydd hi ddim yn anodd i neb ddyfalu sut y cafodd yr elfennau hyn eu henwi. (Gweler hefyd – ATOM, CADWRAETH, MARIE CURIE, RADIWM, TRYDAN, YNNI NIWCLEAR.)

J.S.D.

YR URDD (URDD GOBAITH CYMRU)

Yr Urdd yw'r mudiad ieuenctid mwyaf adnabyddus yng Nghymru. Mae ei holl weithgaredd eang ac amrywiol wedi'i seilio ar addewid triphlyg: gwasanaeth i Gymru, i gyd-ddyn, i Grist. Caiff y rhain eu hamlygu yn ei bathodyn, sydd ar ffurf triongl â'r haen isaf yn wyrdd i ddynodi daear Cymru, yr haen ganol yn goch i ddynodi gwaed cyd-ddyn, a'r pegwn yn wyn i ddynodi purdeb Crist.

Actorion ifanc Cwmni Theatr Cenedlaethol Urdd Gobaith Cymru yn ymdaflu iddi wrth ymarfer ar gyfer cynhyrchiad 1988 – ''Elfis''.

Rhoddodd yr Urdd bwyslais sylfaenol ar yr iaith Gymraeg o'r cychwyn. Y Gymraeg yw iaith y gweithgareddau i gyd, ond dydy hyn ddim yn golygu bod y mudiad yn cau'r di-Gymraeg allan; i'r gwrthwyneb, bydd yn gwneud popeth posibl i'w helpu i ddysgu'r iaith trwy gynnal cyrsiau yn lleol ac mewn canolfannau. Yn fwyaf arbennig, bydd yn eu helpu i arfer yr iaith, gan amlaf mewn gweithgarwch adloniadol, gan wneud dysgu yn fwynhad. Drwy wneud hyn mae'r Urdd yn gyfrwng i greu Cymry Cymraeg rhugl sy'n cael boddhad mawr yn yr iaith ei hun a'i diwylliant.

Ychydig amser cyn iddo sylfaenu'r Urdd etifeddodd Syr Ifan ab Owen Edwards y dasg o olygu ''Cymru'r Plant'', cylchgrawn ei dad. Yn wir, llythyr gan Syr Ifan at blant Cymru yn y cylchgrawn hwnnw yn Ionawr 1922 a roddodd gychwyn i'r Urdd – mae hanes Syr Ifan i'w gael yng Nghyfrol 3, ar dudalennau 57-9. Mae'r mudiad wedi credu erioed fod cyhoeddi cylchgronau yn rhan bwysig iawn o'i waith. Bu'n cyhoeddi ''Cymru'r Plant'' nes ei ddirwyn i ben yn 1987, ac ymhlith y cylchgronau eraill a gyhoeddodd cawsom ''Y Capten'', ''Cymraeg'', ''Bore Da'', ''Mynd'', ''Deryn'', ''Cymru'', ''Hamdden'', ''Yr Aelwyd'' a ''Blodau'r Ffair''. Roedd mwyafrif y cylchgronau hyn wedi'u llunio ar gyfer plant a phobl ifainc, rhai ohonyn nhw'n arbennig i ddysgwyr. O bryd i'w gilydd bu'r Urdd yn gyfrifol am gyhoeddi llyfrau, gan gynnwys dramâu, cyfrolau sy'n ymdrîn â dawnsiau a chaneuon actol, llawlyfrau gwaith, ac, wrth gwrs, llyfrau o ddiddordeb i blant a phobl ifainc.

Ni fu'r fasnach lyfrau Cymraeg erioed yn llewyrchus iawn i gyhoeddwyr na llyfrwerthwyr. Yn 1937 penderfynodd yr Urdd geisio cynorthwyo trwy gynnal ymgyrch gwerthu llyfrau. Bu aelodau'r mudiad wrthi yn gwerthu llyfrau trwy ddefnyddio amryw ddulliau, yn bennaf trwy fynd o ddrws i ddrws yn eu hardaloedd. Bu'r ymgyrch yn llwyddiant ysgubol trwy flynyddoedd yr Ail Ryfel Byd, yn gymaint felly nes bod perygl iddo filwrio yn erbyn gwerthiant y siopau llyfrau. Roedd yr Urdd a'r cyhoeddwyr eisoes yn rheoli'r ymgyrch ar y cyd, a chafodd cynrychiolwyr y llyfrwerthwyr wahoddiad i ymuno â nhw. Dyma sut y daeth Undeb Cyhoeddwyr a Llyfrwerthwyr Cymru i fod, gyda'r bwriad o roi trefn ar y gwaith o gyhoeddi a gwerthu llyfrau Cymraeg. Parhaodd yr ymgyrch hon tan 1965; rhwng 1937 a'r flwyddyn hon cafodd dros 400,000 o lyfrau eu gwerthu; yna cymerodd y Cyngor Llyfrau Cymraeg at y cyfrifoldeb.

Uchafbwynt gweithgarwch diwylliannol yr Urdd yw'r eisteddfodau. Yn gynnar bob blwyddyn bydd eisteddfod yn cael ei threfnu ym mhob cylch, pryd y

Wynebau siriol aelodau Band Ysgol Hafod Lon ym Mhinacl yr Urdd, Bangor, 1987.

bydd nifer fawr o blant a phobl ieuanc yn cystadlu ar amrywiaeth o destunau gosod. Bydd yr enillwyr yn cystadlu yn erbyn ei gilydd mewn eisteddfodau sir, a'r buddugwyr yn yr eisteddfodau hynny yn eu tro yn mynd ymlaen i gystadlu yn Eisteddfod Genedlaethol yr Urdd. Caiff hon ei chynnal yn union ar ôl Gŵyl Banc y Gwanwyn, mewn ardaloedd yng Ngogledd a De Cymru am yn ail ac yn wrthwyneb i drefn Gogledd/De Eisteddfod Genedlaethol Cymru. Fydd yr enillwyr ddim yn derbyn gwobrau ariannol o gwbl, ond yn ennill marciau dros eu haelwydydd, eu cylchoedd a'u siroedd. Ar ddiwedd yr Eisteddfod Genedlaethol bydd y siroedd, cylchoedd ac aelwydydd sydd wedi ennill y marciau mwyaf yn derbyn cwpanau neu dlysau i'w dal am flwyddyn. Daeth nifer o enillwyr y prif wobrau, yn enwedig y goron, y gadair, y fedal ddrama a'r fedal lenyddiaeth, yn enwog yn eu priod feysydd.

Cafodd Eisteddfod Genedlaethol gyntaf yr Urdd ei chynnal yng Nghorwen yn 1929. Y Parchedig T. Arthur Jones, gweinidog yn y dref, oedd y cyntaf i awgrymu cynnal Eisteddfod Genedlaethol ar gyfer plant Cymru, ac ef fu'n bennaf cyfrifol am wneud y trefniadau ar ei chyfer. Roedd hi'n ŵyl ar raddfa fawr, ac yn neilltuol o lwyddiannus o ran safon a brwdfrydedd.

Am fwy nag ugain mlynedd trefnodd y mudiad Ŵyl Sir bob blwyddyn. Gŵyl adloniadol a chymdeithasol oedd hon, heb ddim cystadlu ynddi. Byddai'n cynnwys dramâu, cymanfaoedd canu, cyngherddau, nosweithiau llawen a ffeiriau, er mwyn codi arian i'r Urdd. Fel yn achos yr Eisteddfod Genedlaethol byddai nifer fawr o bobl yn y gwahanol siroedd yn eu tro yn gweithio'n ddygn gyda'r paratoadau, a thrwy hynny fe ddeuai'r Urdd a'i gweithgaredd i sylw mwy a mwy o bobl.

Yn ystod y blynyddoedd diwethaf hyn gwelsom sefydlu Cwmni Theatr Cenedlaethol Urdd Gobaith Cymru. Bydd nifer o actorion ifainc o bob rhan o Gymru yn cael eu dewis i ddod at ei gilydd yn ystod gwyliau'r Pasg i baratoi drama, a chyn diwedd y gwyliau bydd y cwmni'n ymweld â nifer o ganolfannau yng Nghymru i'w pherfformio. Bu'r gweithgarwch hwn yn fodd i roi profiad i rai actorion a aeth ymlaen wedi hynny i actio'n broffesiynol ar y cyfryngau. Gyda thwf S4C bu cryn alw am fwy o actorion, a bu Cwmni Theatr yr Urdd yn help i ddiwallu'r angen.

Yn 1986 cafodd cystadlaethau drama eu gwahanu o'r Eisteddfod a'u cynnal mewn Gŵyl Ddrama; bu'r gyntaf ym Mrynaman, a'r ail ymhen llai na blwyddyn yn y Bala.

Mae'r Urdd yn rhoi pwyslais ar gampau corfforol yn ogystal ag ar weithgarwch diwylliannol. O 1932 hyd ddechrau'r Ail Ryfel Byd, ac ar ddau achlysur ar ôl y rhyfel, trefnodd y mudiad Fabolgampau mewn gwahanol leoedd bob blwyddyn. Bellach bydd yn cynnal Chwaraeon Cenedlaethol, sy'n cynnwys nifer o gemau awyr agored ynghyd â gemau dan do megis snwcer a dartiau, yn ogystal â Gala Nofio Cenedlaethol tua'r un adeg â'r Eisteddfod Genedlaethol. Ond bydd aelodau'r Urdd yn cysylltu campau corfforol yn bennaf â'r gwersylloedd.

Bu'r gwersylloedd cyntaf yn 1928 yn Llanuwchllyn, y pentref lle'r oedd gwreiddiau'r sylfaenydd, Syr Ifan ab Owen Edwards, ac am dair blynedd wedi hynny yn Llangollen. Yn 1932 sicrhaodd y mudiad brydles ar ddarn o dir uwchben y môr ger Llangrannog yn yr hen Sir Aberteifi, ac erbyn mis Awst y flwyddyn honno roedd y paratoadau wedi'u gwneud, gan gynnwys codi rhai adeiladau pren, ar gyfer cynnal y gwersyll cyntaf yno. Am ychydig flynyddoedd bu gwersyllfan arall ar fferm Porthdinllaen, ger Morfa Nefyn ar Benrhyn Llŷn; yn y dyddiau hynny byddai bechgyn a merched yn cael eu cadw ar wahân – y bechgyn yn gwersylla yn Llangrannog a'r merched ym Mhorthdinllaen, gan newid drosodd bob blwyddyn.

Cyfle i ddysgu crefft newydd – hwylio ar Lyn Tegid yn un o gychod Gwersyll yr Urdd, Glan-llyn.

Yn 1950 fe sicrhaodd Syr Ifan feddiant o blasty Glan-llyn ar lan Llyn Tegid, y Bala, a'r tir o'i gwmpas, ar gyfer agor gwersyll arall. Bu'n llygadu'r lle hwn ers blynyddoedd, gan deimlo y byddai cael gwersyll ym Mhenllyn, cadarnle'r iaith a'r diwylliant Cymraeg, yn gaffaeliad mawr i'r Urdd a'i waith. Bu'r lle yn eiddo i deulu Wynn o Wynnstay am gyfnod hir, ond bu ym meddiant y Trysorlys yn rhan o dreth marwolaeth a oedd yn ddyledus gan y teulu. Oddi wrth y Llywodraeth, felly, y cafodd Syr Ifan afael ar y lle.

I lawer o bobl – pobl ifainc yn arbennig – y gwersylloedd yw prif weithgarwch yr Urdd, er bod hyn ymhell o fod yn llythrennol wir, fel y mae gweddill yr erthygl hon yn dangos. Yn y gwersylloedd bydd pob math o chwaraeon a champau corfforol, yn ffurfiol ac anffurfiol, yn cael eu cynnal, gan gynnwys cyrsiau hyfforddi dan arweiniad arbenigwyr. Bydd gweithgarwch diwylliannol yno hefyd, cyrsiau ar gyfer dysgwyr yn fwyaf arbennig. Ond yn bennaf oll, caiff pobl ifainc Cymru gyfle i gyd-fyw am gyfnod, i ddod i adnabod ei gilydd, a chael hwyl yng nghwmni'i gilydd. Caiff y dysgwyr gyfle i ymdoddi i fyd Cymry Cymraeg, ac i arfer yr iaith yn naturiol mewn awyrgylch hapus.

Gallai'r pwyslais ar genedl Cymru fod wedi meithrin agwedd fewnblyg a chul ymhlith yr aelodau, ond y gwrthwyneb oedd bwriad Syr Ifan. Rhoddai yntau bwyslais mawr ar frawdgarwch, ac ar roi cyfle i'r aelodau gyfarfod â phobl ieuainc o genhedloedd eraill a dod i'w hadnabod. Yn 1930 aeth â phymtheg o fechgyn ifainc i Genefa i ymweld â chartref Cynghrair y Cenhedloedd, ac aeth rhyw chwe pharti arall i'r Swistir yn ystod y blynyddoedd cyn y rhyfel; bu eraill ar fordeithiau i Norwy yn 1933, ac i nifer o wledydd eraill Ewrop yn ystod y blynyddoedd canlynol.

Croesawodd yr Urdd barti o ferched o'r Almaen i wersyll Llangrannog yn 1932; hwn oedd y tro cyntaf i'r mudiad wahodd pobl o wlad dramor i Gymru, ond ar ôl yr Ail Ryfel Byd gwnaeth gyfraniad pwysig at ail-greu brawdgarwch. Roedd llawer o gasineb yn bod tuag at Almaenwyr yn dilyn y rhyfel, yn enwedig ymhlith trigolion gwledydd a fu dan reolaeth byddin yr Almaen. Yn 1948 trefnodd yr Urdd Wersyll Cydwladol yn Aberystwyth; cyrhaeddodd grŵp o Almaenwyr i ddechrau, a chael croeso twymgalon a chariadus gan y Cymry, er mawr syndod iddyn nhw. Ymhen ychydig ddyddiau cyrhaeddodd grwpiau o wledydd eraill, a derbyn yr un croeso gan y Cymry a'r Almaenwyr ar y cyd. Trwy gyd-fyw yn llawen

Mwynhau her y graig – un o aelodau'r Urdd yn dringo dan hyfforddiant arweinydd profiadol.

gyda'i gilydd am bythefnos fel hyn llwyddodd y bobl ifainc i ailgynnau brawdgarwch, ac mae'n siwr fod effaith y profiad wedi ymledu y tu hwnt i ffiniau'r gwersyll i wledydd y rhai oedd yno. Hwn oedd y cyntaf o nifer o wersylloedd tebyg, ac mae'n enghraifft deg o weithgarwch yr Urdd ymhlith pobl o genhedloedd eraill.

Yn yr un flwyddyn ag y sefydlodd Syr Ifan ab Owen Edwards yr Urdd, cychwynnodd y Parchedig Gwilym Davies draddodiad y Neges Ewyllys Da; neges heddwch yw hon sy'n cael ei darlledu ar ran plant Cymru i blant y byd ar y deunawfed o Fai bob blwyddyn. Bu'r Parchedig Gwilym Davies yn gadeirydd Pwyllgor Materion Cydwladol yr Urdd am gyfnod o wyth mlynedd. Dri mis cyn ei farwolaeth ar ddechrau 1955 trefnodd i'r Urdd a Chyngor Cymreig Cymdeithas y Cenhedloedd Unedig fod yn gyfrifol am y Neges. Caiff ei darlledu heddiw, a bydd un o ysgolion Cymru yn cael ei dewis bob blwyddyn i'w llunio a'i thraddodi.

Mae'n rhaid cyfeirio at un datblygiad pwysig iawn a darddodd o weledigaeth arall gan Syr Ifan, sef sefydlu'r ysgol gynradd Gymraeg gyntaf. Yn 1939 dylifodd *evacuees* o Lerpwl i Aberystwyth gan greu anhrefn llwyr yn ysgolion y dref. Cynigiodd Syr Ifan le yng Nghanolfan yr Urdd i ddau ddosbarth babanod Cymraeg o un o'r ysgolion; ymhen pythefnos dychwelodd y dosbarthiadau i'w hysgol eu hunain, ond penderfynodd Syr Ifan sefydlu dosbarth babanod ar unwaith ar waethaf yr anawsterau. Dechreuodd y dosbarth gyda saith o ddisgyblion, a Miss Norah Isaac yn athrawes arnyn nhw. (Bu hi yn aelod o staff yr Urdd cyn hynny, ac yn ddiweddarach fe gyfrannodd lawer i fywyd Cymru fel darlithydd ym myd addysg a'r ddrama, ac mewn meysydd eraill.) Yn raddol tyfodd y dosbarth yn ysgol, gan gynyddu o saith disgybl i saith deg mewn chwe blynedd. Yn 1946 symudodd yr ysgol i blasty Lluest ar gyrion y dref, ac yno y bu hyd nes i'r awdurdod addysg lleol sefydlu ysgol Gymraeg yn y dref i gymryd ei lle. Ysgol breifat oedd ysgol Lluest, ond fe brofodd y gallai addysg trwy gyfrwng y Gymraeg lwyddo, ac erbyn hyn mae ysgolion Cymraeg dan nawdd awdurdodau addysg lleol i'w cael drwy Gymru benbaladr.

Ar lefel leol mae'r Urdd wedi'i threfnu fesul "aelwyd", gydag "adrannau" i'r plant iau. Hyd yn ddiweddar roedd llawer iawn o'r aelwydydd i'w cael yn ysgolion Cymru. Bydd pwyllgor yn goruchwylio'r gweithgarwch ym mhob rhanbarth, a swyddogion datblygu yn cael eu cyflogi gan yr Urdd i drefnu'r gwaith ac i arwain yn y rhanbarthau. Ar lefel genedlaethol caiff y mudiad ei lywodraethu gan y Cyngor, gyda mwyafrif ei aelodau yn cynrychioli'r rhanbarthau. Yn ogystal â'r swyddogion datblygu rhanbarthol a staff y gwersylloedd, mae gan yr Urdd staff amser llawn yn y brif swyddfa yn Aberystwyth. Y Cyfarwyddwr yw'r prif swyddog, ac yn gyfrifol iddo ef mae penaethiaid a staff y gwahanol adrannau a'r Swyddog Datblygu Cenedlaethol.

Y Llywydd yw Pennaeth yr Urdd. Y cyntaf i ddal y swydd oedd J.M. Howell, Aberdyfi, cefnogwr brwd i'r mudiad a'i sylfaenydd, a gŵr hael iawn ei roddion ariannol. Pan ymddeolodd ef yn 1944, ac yntau dros ei bedwar ugain oed, cafodd Syr Ifan ei hun ei ddewis i fod yn Llywydd, a daliodd y swydd hyd ei farw yn 1970. Ei olynydd yntau oedd Lady Edwards, a oedd wedi bod yn gefn mawr i'w gŵr, a'r un mor weithgar ag ef. Ifan Prys Edwards, mab iau Syr Ifan a Lady Edwards, yw'r Llywydd presennol.

Braslun yn unig sydd yma o brif weithgarwch yr Urdd a'i hanes. Cafodd manylion yr hanes hwnnw eu cofnodi dros y blynyddoedd mewn tair cyfrol drwchus gan R.E. Griffith, gŵr a roddodd dros ddeugain mlynedd o wasanaeth fel aelod o'r staff, ac a fu'n Brif Drefnydd yr Urdd am y rhan fwyaf o'r cyfnod hwnnw. (Gweler hefyd – IFAN AB OWEN EDWARDS.)

D.T.

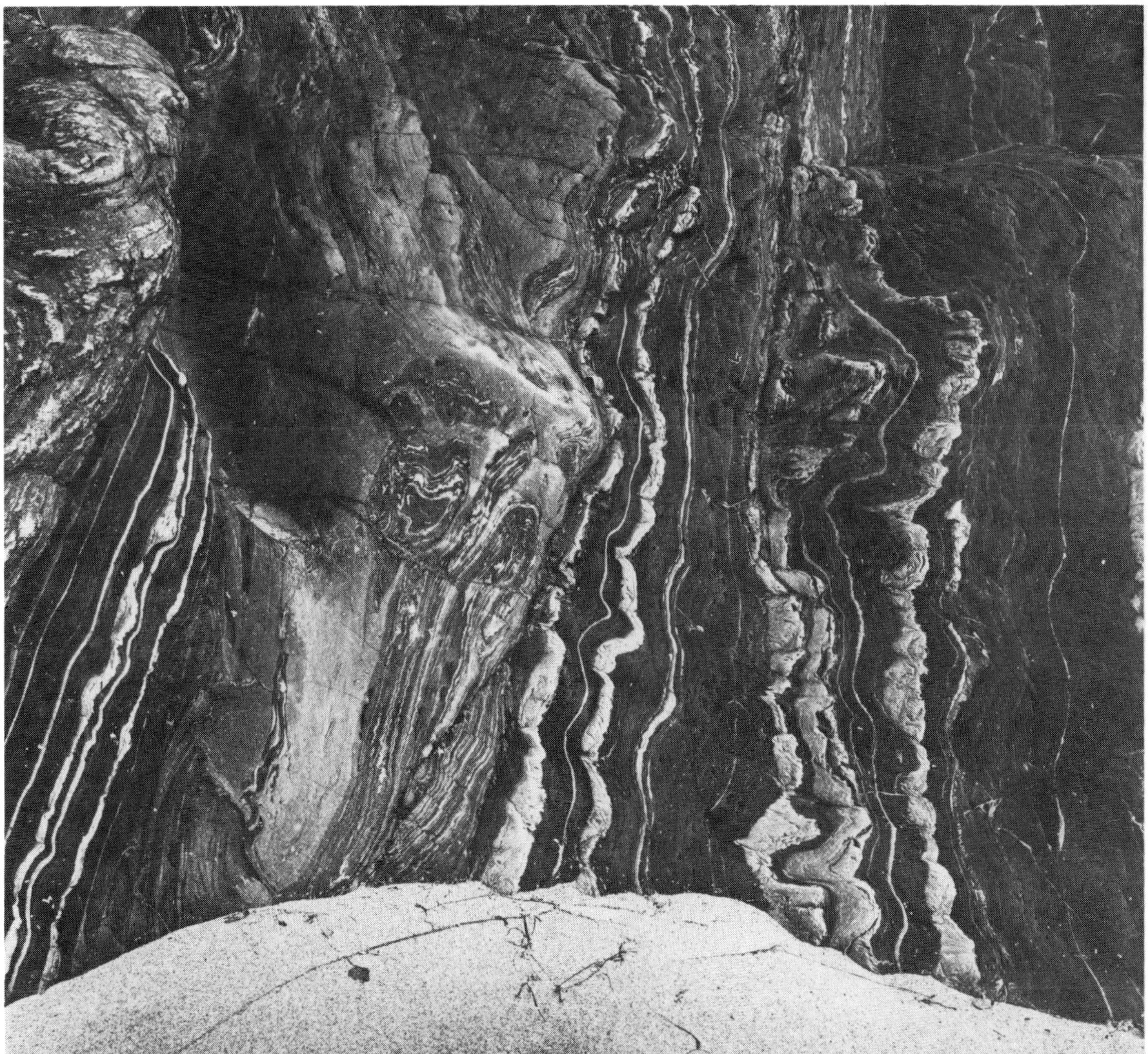

''Llangrannog '87'' – ffotograff gan Marian Delyth yn dangos gwead creigiau glan y môr. Dyma enghraifft o lun sydd nid yn unig yn ddiddorol o ran crefft y ffotograffydd ond sydd hefyd o ddiddordeb gwyddonol i'r daearegwr. Mae i'r ffotograff werth fel darn o gelfyddyd ac fel deunydd sy'n cyflwyno gwybodaeth ddaearegol. (Gweler yr erthygl ar FFOTOGRAFFIAETH yn atodiad cyntaf y gyfrol hon.)

V

Ralph VAUGHAN WILLIAMS (1872-1958)

Cafodd Ralph Vaughan Williams ei eni yn y Ficerdy, Down Ampney, Swydd Gaerloyw, yn fab ieuengaf y Parchedig a Mrs Arthur Vaughan Williams. Roedd ei fam o deulu Wedgewood, y cynhyrchwyr llestri, ac yn nith i Charles Darwin. Bu farw'i dad pan oedd Ralph yn dair oed, a symudodd y fam a'i phlant i fyw i Leith Hill Place ger Dorking yn Swydd Surrey.

Aeth i Ysgol Charterhouse ac wedyn bu'n astudio yn y Coleg Cerddoriaeth Brenhinol yn Llundain, yng Nghaergrawnt (lle cyfarfu â Gustav Holst a fu'n gyfaill iddo weddill ei oes), ac yn Berlin lle roedd Max Bruch, y cyfansoddwr a'r arweinydd, yn athro arno.

Magodd ddiddordeb mawr mewn canu gwerin a oedd yn graddol ddiflannu yn y dinasoedd a'r trefi. Cafodd ei swyno gan Charles Potiffer, canwr alawon gwerin, yn enwedig pan ganai *Bushes and Briars*. Dechreuodd ar y gwaith pwysig o gofnodi alawon gwerin er mwyn eu cadw a'u diogelu – gwaith tebyg i'r hyn a wnaeth Béla Bartók a Zoltán Kodály yn Hwngari, a Janáček yn Tsiecoslofacia, gyda'r bwriad o gyfoethogi cerddoriaeth eu gwledydd nhw. Mewn deng mlynedd cofnododd Vaughan Williams ryw 800 o alawon.

Ralph Vaughan Williams yn trafod agwedd ar ei Sinfonia Antarctica *gydag aelod o Gerddorfa Hallé yn ystod sesiwn ymarfer.*

Yn 1904 golygodd *The English Hymnal*, gan gyfansoddi tonau fel *Sine Nomine* a *Down Ampney* ar ei gyfer. Y flwyddyn ganlynol treuliodd gyfnod yn King's Lynn lle cafodd ei ysbrydoli i gyfansoddi'r *Norfolk Rhapsody* gan ei seilio ar dair alaw werin a gasglodd yn yr ardal honno. Yn sicr, fe dreiddiodd naws yr alaw werin Seisnig yn ddwfn i'w ymwybyddiaeth; credai llawer mai alaw werin oedd y gân *Linden Lea* – ond cân wreiddiol gan Vaughan Williams ydoedd.

Ar wahân i ddylanwad alawon gwerin, cafodd cerddoriaeth Lloegr yn Oes y Tuduriaid ddylanwad cryf arno hefyd, gan ei ysgogi i gyfansoddi *Fantasia on a Theme by Thomas Tallis*, darn hyfryd iawn i linynnau, gyda chydbwysedd ac atseinedd cain ynddo. (Darn o gerddoriaeth ddychmygus heb ormod o bwyslais ar ffurf yw *fantasia*, a chyfansoddwr cerddoriaeth eglwysig Seisnig yn yr unfed ganrif ar bymtheg oedd Thomas Tallis.)

Daeth Vaughan Williams i deimlo bod gormod o ddylanwad yr Almaen ar ei gerddoriaeth – o ganlyniad i'r gwersi a gafodd gan Max Bruch, mae'n debyg – ac felly aeth i Baris at Maurice Ravel, a dysgu yno am arddull gain, dyner a lliwiau cerddorfaol anarferol.

Byddai'n cefnogi gwyliau cerdd ledled y wlad, ac yn aml derbyniai gomisiwn i gyfansoddi'n arbennig ar eu cyfer. Credai na ddylai cyfansoddwr ei gloi ei hun i ffwrdd a myfyrio ar ei gelfyddyd; dylai yn hytrach fyw gyda'i gymdogion a mynegi yn ei gelfyddyd holl fywyd y gymdeithas yr oedd yn rhan ohoni. Rhoddodd Vaughan Williams y gred honno ar waith trwy arwain Gŵyl Gerdd Leith Hill (lle roedd yn byw) o 1909 hyd 1953, gan ddysgu gweithiau Bach a chlasuron eraill i'r côr, a chyfansoddi rhai darnau pwysig ar eu cyfer, megis *Benedicite* (''Bendith'').

Roedd amrywiaeth mawr yn ei gyfansoddiadau, o symffonïau mawrion i *Rhapsody for Harmonica* (a luniodd yn arbennig ar gyfer Larry Adler a oedd yn feistr ar yr offeryn), o oratorïau fel *Sancta Civitas* (i ddau unawdydd, tri chôr a cherddorfa ar eiriau Saesneg o Lyfr y Datguddiad) i *goncerto* i'r tiwba.

Cyfansoddodd naw symffoni – Symffoni'r Môr (1910) i leisiau a cherddorfa, ar farddoniaeth Walt Whitman; Symffoni Llundain (1914), sy'n darlunio agweddau ar y ddinas megis clychseiniau Westminster, cri gwerthwr lafant, sŵn cerbydau a cherddorion stryd; Symffoni Fugeiliol (1922), sydd ag unawd heb eiriau i soprano yn y symudiad olaf; y Bedwaredd Symffoni (1935), lle mae'n bosibl clywed anghytseiniau cras a rhythmau cymhleth; y Bumed Symffoni (1943), a gyfansoddodd yn ystod yr Ail Ryfel Byd, lle mae serenedd, fel gweledigaeth o heddwch, i'w deimlo, wedi'i seilio ar ddarnau o'i opera *The Pilgrim's Progress*; y Chweched Symffoni (1948) lle gallwn deimlo tensiwn a thrasiedi, yn atgof o'r rhyfel a oedd wedi gorffen ers tair blynedd; *Sinfonia Antarctica* (1953) wedi'i haddasu o'i gerddoriaeth i'r ffilm *Scott of the Antarctic*; yr Wythfed Symffoni (1956) sydd â llawer o hyfrydwch telynegol ynddi er ei bod yn ddramatig hefyd; a'r Nawfed Symffoni (1956 hefyd) sy'n drist ac yn llawn anobaith.

Pan oedd yn 68 oed dechreuodd Vaughan Williams gyfansoddi cerddoriaeth ar gyfer ffilmiau. Ef a gyfansoddodd y gerddoriaeth ar gyfer y ffilm *49th Parallel*, gan gael hwyl ar addasu'r cyfansoddi i gyfarfod â phob gofyn.

Ymhlith gweithiau Vaughan Williams i gôr a cherddorfa mae *Toward the Unknown Region* (1907) ar eiriau Walt Whitman; *Sancta Civitas* ("Y Ddinas Sanctaidd", oratorio, 1926); *Benedicite* (1930); *Magnificat* ("Cân o Fawl", 1932); *Five Tudor Portraits* a *Dona Nobis Pacem* ("Dyro i ni Heddwch", 1936).

Cyfansoddodd ganeuon hyfryd – *On Wenlock Edge* (1909) i denor, pedwarawd llinynnol a phiano, ar eiriau A.E. Housman, a *Five Mystical Songs* ar eiriau George Herbert. Mae ei gerddoriaeth siambr yn goeth a soniarus.

Seisnig iawn yw naws ei operâu – *Hugh the Drover* (1914) – opera/faled â naws canu gwerin ynddi; *Sir John in Love* (1929), wedi'i seilio ar ddrama Shakespeare, *The Merry Wives of Windsor*; *The Poisoned Kiss* (1929), opera y mae i bob un o'i chymeriadau enw botanegol; a *Riders to the Sea* (1929) ar ddrama'r Gwyddel o lenor, J.M. Synge. Ymhlith y gerddoriaeth ddawns a gyfansoddodd y mae *Old King Cole* (1923) a *Job, a Masque for Dancing*. Cyfansoddodd lawer o ranganau, gosodiadau o emynau ac alawon gwerin. Trefnodd dair emyn-dôn Gymreig ar gyfer yr organ, sef "Rhosymedre", "Hyfrydol" a "Bryn Calfaria".

Roedd yn gymeriad rhadlon, braf, yn annwyl gan y sawl a oedd yn ei adnabod, ac yn gyfansoddwr a wasanaethodd ei gyfnod, ei genedl a'i gymdogaeth. Bu farw ar 26 Awst 1958 a chafodd ei gladdu yn Abaty Westminster.

L.R.

Leonardo da VINCI (1452-1519)

Roedd Leonardo da Vinci yn feistr ar gynifer o feysydd gwahanol nes ei fod yn aml yn cael ei ddyfynnu fel enghraifft berffaith o "athrylith". Cafodd ei eni yn Vinci heb fod ymhell o ddinas Firenze (Fflorens) yn yr Eidal, yng nghanol cyfnod blodeuog iawn yn hanes y celfyddydau cain yn y wlad honno, cyfnod y Dadeni. Cafodd ei hyfforddi gan Verrocchio i fod yn arlunydd, ac, yn ôl un stori, pan welodd Verrocchio berffeithrwydd gwaith y llanc ifanc, tyngodd na fyddai ef ei hun yn peintio byth mwy ond yn cadw at gerflunio, gan na allai gystadlu â pherffeithrwydd.

Daeth Leonardo yn enwog iawn am ei waith yn Firenze. Yna, tua 1483, symudodd i ogledd yr Eidal i ddinas Milano, i wasanaethu'r teulu Sforza a oedd yn rheoli'r ddinas honno. Byddai'n cyflawni pob math o waith iddyn nhw – tynnu lluniau, yn ogystal â chynllunio mapiau, caerau ac arfau rhyfel a dillad i ddawnsfeydd; medrai ysgrifennu hefyd a chanu â'i lais a chanu offerynnau fel y liwt. Tua 1495 peintiodd ddarlun bydenwog "Y Swper Olaf" ar furiau ystafell a oedd yn rhan o Abaty Santa Maria delle Grazie ym Milano.

Mona Lisa – *portread enwog Leonardo da Vinci.*

Yn 1499 dechreuodd grwydro eilwaith, a phan ddychwelodd i Firenze peintiodd bortread o ferch yn lled-wenu, y *Mona Lisa*, portread enwoca'r byd heb amheuaeth. Yn ôl yr hanes, llun gwraig marsiandïwr o Firenze o'r enw Giocondo oedd y portread hwn, a dyna pam y bydd rhai yn rhoi'r enw *La Gioconda* ar y llun, sydd yn crogi yn oriel enwog y Louvre ym Mharis. Ar wahoddiad brenin Ffrainc aeth Leonardo i'r wlad honno, ac yn Cloux ger Amboise bu farw yn 1519.

Roedd meddwl anarferol o effro ganddo a dyfeisgarwch cwbl ryfeddol; roedd yn gyfuniad o'r rhamantydd a'r gwyddonydd manwl. Ef oedd y cyntaf i ymchwilio i rannau mewnol y corff dynol a gwneud darluniau ohonyn nhw, a'r cyntaf i ddyfeisio llawer math o beiriannau fel yr awyren. Ysgrifennodd yn helaeth ar natur a chelfyddyd hefyd. (Gweler hefyd – Y DADENI.)

P.M.

Rhanbarth yr "Haul Canol Nos" ger Ynysoedd Lofoten oddi ar arfordir Gogledd-orllewin Norwy. Dyma un o ardaloedd pysgota mwyaf toreithiog Norwy. (Gweler yr erthygl ar LLYCHLYN yn atodiad cyntaf y gyfrol hon.)

W

Wilhelm Richard WAGNER (1813–1883)

Fel cyfansoddwr o fri y byddwn yn cofio am Richard Wagner, Almaenwr a ddaeth ag opera Almaenig i'w phen llanw ac a greodd ffurf newydd arni, sef y "ddrama gerdd". Roedd ganddo ddiddordeb yn y ddrama ac mewn ffurfiau eraill ar lenyddiaeth, ac ysgrifennai'n helaeth ar y pynciau hyn. Ymddiddorai hefyd mewn gwleidyddiaeth – treuliodd ddeuddeng mlynedd yn y Swistir ar ôl cael ei alltudio o'r Almaen am ei ran mewn mudiad gwleidyddol a fu'n gyfrifol am chwyldro cymdeithasol aflwyddiannus.

Ganwyd ef i deulu cerddorol yn Leipzig. Doedd ganddo fawr o ddiddordeb yn ei waith ysgol ar wahân i gerddoriaeth; pan oedd tua 15 oed dechreuodd gyfansoddi ac astudiodd y pwnc ym Mhrifysgol Leipzig. Pan oedd yn ugain mlwydd oed gwelodd berfformio symffoni o'i waith yn y Gewandhaus yn Leipzig.

Doedd ei ymdrechion cyntaf i lunio opera ddim yn llwyddiannus; aeth i Baris i weithio i gyhoeddwr cerddoriaeth, gan obeithio cael perfformio yno *Rienzi*, gwaith yn null operâu Ffrengig, ond cafodd ei siomi er gwaethaf cymorth Meyerbeer, cyfansoddwr Ffrengig poblogaidd. Yn Dresden, ymhen tair blynedd, y cafodd yr opera hon ei pherfformio gyntaf.

Yn Dresden hefyd, pan oedd Wagner tua 30 mlwydd oed, y cafodd ei opera fawr gyntaf ei pherfformio, *Der Fliegende Hollander* ("Yr Isalmaenwr Hedegog"), a bu yntau am gyfnod yn gyfarwyddwr cerdd yn y ddinas honno, yn arwain yn y Tŷ Opera.

Magodd ddiddordeb byw mewn chwedlau Almaenig, a chyfansoddodd ddwy opera, *Tannhäuser* (1845) a *Lohengrin* (1848) wedi'u seilio ar hanesion marchogion Almaenig yn yr Oesoedd Canol; fe gofiwn fod y naill yn cynnwys ymdeithgan adnabyddus a'r llall yr ymdeithgan briodas boblogaidd. Wagner ei hun fyddai'n cyfansoddi geiriau (*libretto*) pob un o'i operâu.

Tra bu'n byw yn Zurich yn y Swistir dechreuodd lunio *libretto* ei gampwaith mwyaf, *Der Ring des Nibelungen* ("Modrwy'r Nibelung"), wedi'i seilio ar hen chwedlau Almaenig am dduwiau, cewri a chorachod: trigai'r duwiau uwchben y ddaear, y cewri ar y ddaear, a'r corachod – y *Nibelung* – dan y ddaear. Cylch o bedair drama gerdd anferth sydd yn y "Fodrwy": *Das Rheingold* ("Aur y Rhein"); *Die Walküre* (menywod oedd y rhain a fyddai'n marchogaeth ceffylau yn yr awyr, gan gludo cyrff y meirw i Falhala, eu nefoedd nhw); *Siegfried* (ef oedd yr arwr); a *Die Götterdämmerung* ("Cyfnos y Duwiau"). Cymerodd dros ugain mlynedd iddo orffen y gwaith mawr hwn, ond yn y cyfamser cyfansoddodd *Tristan und Isolde* ("Trystan ac Esyllt"), opera wedi'i hysbrydoli gan wraig noddwr hael i Wagner o'r enw Wesendonck.

Bu'n brysur hefyd yn ysgrifennu cyfrolau swmpus yn dwyn y teitlau "Celfyddyd a Chwyldro", "Celfyddyd y Dyfodol", "Llythyr at fy Nghyfeillion" ac "Opera a Drama".

Ar hyd ei fywyd bu Wagner yn brin o arian ac mewn dyled. Yn 1864 daeth gwaredigaeth trwy law Ludwig II, brenin deunaw oed Bafaria (Bayern); gwahoddodd yntau Wagner i München lle bu am gyfnod yn gynghorydd cerdd i'r llys gan gael cyfle i berfformio "Trystan ac Esyllt" yno yn 1865. Bu'n braf ei fyd am ychydig, ond bu'n rhaid iddo ddychwelyd i'r Swistir eto, ac yno y cyfansoddodd ei unig gomedi, *Die Meistersinger von Nürnberg* ("Meistri Cerdd Nürnberg").

Credai Wagner y dylai drama gerdd fod yn gyfuniad o'r gwahanol gelfyddydau – cerddoriaeth, drama, barddoniaeth, arlunio a llwyfannu. Yn ei farn ef, bu gormod o bwyslais ar y gerddoriaeth yn y gorffennol, gyda'r ddrama yn ddim ond esgus i gynnal y gerddoriaeth; anelai ef at gynhyrchu ffurf ar opera lle byddai elfennau eraill celfyddyd mewn cytgord perffaith. Ei freuddwyd fawr oedd cael ei dŷ opera ei hun lle gallai weithredu yn ôl y patrwm hwn, ac o'r diwedd, diolch i haelioni Ludwig II eto, cododd theatr yn Bayreuth – a thŷ nobl iddo'i hun yn y fargen. Yn y theatr hon cafodd y "Fodrwy" ei pherfformio yn gyflawn yn 1896, a *Parsifal*, ei ddrama gerdd gysegredig, chwe blynedd yn ddiweddarach.

I Wagner, diben cerddoriaeth mewn opera neu ddrama gerdd oedd hyrwyddo mynegiant dramatig. Gwaith y gerddorfa oedd dehongli'r sefyllfaoedd dramatig a fyddai'n cael eu hamlinellu gan y *libretto*, ac i'r diben hwn, ac er mwyn manteisio ar holl bosibiliadau'r gerddorfa, ychwanegodd Wagner at nifer y chwaraewyr, yn enwedig yn adran yr offerynnau pres lle daeth y tiwbâu yn amlwg iawn.

Peth cyffredin mewn operâu oedd arafu'r plot er mwyn rhoi cyfle i'r cantorion ganu ariâu a deuawdau, ond roedd yn well gan Wagner fod y gerddoriaeth yn llifo'n ddi-dor, ac yn ei waith aeddfed prin yw'r ariâu a'r deuawdau a'r cytganau. Casâi'r cyfansoddwr actio "operatig" hefyd, gan fynnu bod y cantorion yn cyfyngu eu hunain i'r symudiadau a'r stumiau y byddai'r gerddoriaeth yn eu hawgrymu.

Ef oedd y cyfansoddwr cyntaf i ddefnyddio *leitmotiv*, sef thema gerddorol a fyddai'n cael ei chysylltu ag un cymeriad neu sefyllfa neu syniad arbennig, ac a gâi ei datblygu gan y gerddorfa bob tro y byddai'r cymeriad neu'r sefyllfa neu'r syniad yn chwarae rhan amlwg yn y plot.

Priododd Wagner ddwywaith; bu farw ei wraig gyntaf, actores o'r enw Minna Planer, yn 1866 ar ôl deng mlynedd ar hugain o fywyd priodasol stormus, ac ymhen pedair blynedd priododd Cosima, merch y cyfansoddwr Franz Liszt. Ganwyd un mab iddyn nhw, Siegfried, a chyfansoddodd Wagner ddarn diddorol i 16 o offerynnau, y *Siegfried Idyll*, a'i gyflwyno i Cosima i ddathlu'r achlysur. Cafodd y gwaith ei berfformio gyntaf ar ddydd Nadolig 1870, diwrnod pen-blwydd Cosima yn 33 oed, yn eu fila ar lan Llyn Luzern yn y Swistir.

Bu Wagner farw yn Venezia yn gynnar yn 1883, ac am gyfnod hir ar ôl ei farw parhaodd Cosima a Siegfried i drefnu cynhyrchu ei waith – yn Bayreuth yn arbennig. Bu'r ddau farw yn 1930.

L.R.

Y *WELSH NOT*

Mae nifer o awduron Cymraeg wedi sôn, o'u profiad nhw'u hunain, am yr arfer mewn rhai ysgolion yng Nghymru yn ystod y ddeunawfed ganrif a'r bedwaredd ganrif ar bymtheg o gosbi plant am siarad Cymraeg. Y dull arferol oedd gosod darn o bren, â'r llythrennau WN wedi'u marcio arno, i hongian ar linyn am wddf plentyn a gâi ei glywed yn siarad Cymraeg yn yr ystafell ddosbarth yn ystod oriau gwersi, neu, mewn rhai ardaloedd, hyd yn oed yng nghyffiniau'r ysgol amser chwarae neu yn ystod yr awr ginio.

Gallai'r plentyn hwnnw basio'r "tocyn" ymlaen i ddisgybl arall os clywai ef neu hi yn siarad Cymraeg, a byddai'r un â'r darn pren am ei wddf ar ddiwedd y dydd yn cael blas cansen neu wialen fedw. Mae sôn am brifathro a fyddai'n cosbi pob plentyn a fyddai wedi gwisgo'r darn pren yn ystod y dydd, gan ofyn i bob un wrth roi'r gansen iddo, *Who gave it to you?* er mwyn darganfod pwy i'w gosbi nesaf!

WN – Welsh Not. Mae'r llun uchod tua'r un maint â'r 'tocyn' y câi plant ysgol eu gorfodi i'w wisgo yn gosb am siarad Cymraeg, iaith yr aelwyd.

Mewn rhai ardaloedd yr enw ar y tocyn oedd *Welsh Note* neu *Welsh Stick*. Mae sôn am ddefnyddio *Welsh Lump* mewn ysgol yn Sir y Fflint (Clwyd heddiw), sef darn mawr o blwm, ac mae'n debyg bod hyn yn arfer cyffredin yn y sir honno, a barnu wrth y sylw, *This mark of ignominy has had the desired effect; all the children of Flintshire speak English very well.*

Yn ôl Syr Henry Jones byddai amrywiad diddorol yn Ysgol Llangernyw lle bu yntau'n ddisgybl; weithiau yn lle cael ei daro â'r gansen, câi'r plentyn a siaradodd Gymraeg ei orfodi i ddysgu dwy adnod o'r Beibl – o'r Beibl Saesneg, wrth gwrs.

Ar ei fore cyntaf yn yr ysgol cafodd T. Gwynn Jones ei osod i sefyll ar fainc am siarad Cymraeg a'i gosbi ar ddiwedd y dydd. Y felltith oedd na allai'r Cymry bach uniaith ddeall Saesneg, heb sôn am ei siarad. Meddai O. M. Edwards yn "Clych Atgof" am ei brofiad yn ysgol Llanuwchllyn:

"Daeth yr ysgolfeistres yno â gwialen yn ei llaw. Gofynnodd ryw gwestiwn, a chyfeiriodd pob plentyn gwasaidd ei fys ataf fi . . . Dywedodd ryw rigwm hir wrthyf na fedrwn ddeall gair ohono, dangosodd y wialen i mi ond ni chyffyrddodd â mi. Tynnwyd y tocyn i ffwrdd a deallais wedi hynny mai am siarad Cymraeg y rhoddid ef am fy ngwddf."

Wedi hynny byddai'n gwrthod pasio'r tocyn ymlaen i neb arall; gwell ganddo ddioddef cosb ei hun bob dydd yn hytrach na pheri poen i blentyn arall am siarad iaith ei rieni – a honno'n aml yr unig iaith y medrai'i siarad. Darllenwn mewn cofnod arall am ferch, Martha Rhys y Siop, yn siarad Cymraeg o bwrpas tua diwedd y prynhawn er mwyn arbed plentyn ifancach rhag cael ei gosbi.

Mynnai rhai prifathrawon fod defnyddio'r teclyn hwn yn hollol anhepgorol yn eu hysgolion er mwyn sicrhau bod Saesneg yn cael ei dysgu, am eu bod yn credu bod mwy o urddas i'r iaith honno a'i bod yn fwy tebyg o helpu'r plant i "ddod ymlaen yn y byd". Cymry Cymraeg oedd llawer iawn o'r prifathrawon hyn, yn credu'n gydwybodol eu bod yn gwneud tro da â'r plant trwy fygu'r Gymraeg a'u gorfodi i ddysgu Saesneg.

Yn ôl O.M. Edwards, cyfundrefn felltigedig oedd hon a ddiflannodd o'r ysgolion erbyn canol y ganrif ddiwethaf – ond nid cyn i lawer iawn o blant ddioddef. Dyma sut y disgrifiodd cyfaill i O.M. ei brofiad yn ei ysgol yntau:

"Rwy'n cofio'n dda
Y bythol bla
Oedd Saesneg main i'm henaid:
Am iaith fy mam
(O chwithig gam!)
Mi gawn *Welsh note* yn ddibaid."

(Gweler hefyd – YSGOLION.)

D.G.J.

John WESLEY (1703-91) a Charles WESLEY (1707-88)

Y brodyr Wesley a sefydlodd fudiad y Methodistiaid yn Lloegr ar ddiwedd dauddegau'r ddeunawfed ganrif. Cawson nhw'u geni i deulu mawr; roedd eu tad, Samuel, yn rheithor eglwys plwyf yn Epworth yn Swydd Lincoln. Credai eu mam, Susanna, mewn disgyblu'i phlant; y ffordd orau i'w trin, meddai, oedd *conquering their will and bringing them to an obedient temper*. Bu bron i John golli'i fywyd yn chwech oed pan gafodd y rheithordy ei ddifa gan dân, ac ar hyd ei oes arferai ddisgrifio'i hun fel "pentewyn wedi'i achub o'r tân".

Aeth i ysgol fonedd Charterhouse, ac yna i Brifysgol Rhydychen lle cafodd ei ethol yn Gymrawd Coleg Lincoln yn dair ar hugain mlwydd oed. Derbyniodd urddau eglwysig a bu'n gurad i'w dad am gyfnod.

Dilynodd Charles ei frawd hynaf, Samuel, i Ysgol Westminster cyn mynd i Brifysgol Rhydychen, lle trefnodd i grŵp o'i gydfyfyrwyr gyfarfod i weddïo a darllen y Beibl. Cawson nhw'u llysenwi *The Holy Club* gan y myfyrwyr eraill, ac yn *Methodists* am eu bod yn ceisio byw yn unol â'r dulliau a'r rheolau sydd i'w cael yn y Testament Newydd, gan roi cymaint ag y gallen nhw i'r tlodion, ymweld â charcharorion ac ufuddhau i orchmynion Crist.

Dychwelodd John i Rydychen yn 1729; ymunodd â'r "Clwb Sanctaidd", ac yn fuan daeth yn arweinydd arno. Wrth edrych yn ôl ar ei fywyd, gwelai'r "clwb" fel tarddle Methodistiaeth yn Lloegr.

Yn 1735 aeth y ddau frawd i Ogledd America dan nawdd y Gymdeithas er Lledaenu Gwybodaeth Gristnogol (*SPCK*), i bregethu i'r brodorion a'r bobl o wledydd eraill a oedd wedi ymsefydlu yn nhalaith Georgia. Daethon nhw i gysylltiad ag aelodau sect y Morafiaid, a gredai'n gryf mai arwydd pendant gan Dduw yw ffydd, sy'n sicrhau dyn, y tu hwnt i bob amheuaeth, ei fod wedi'i achub yn ysbrydol, a bod ymddwyn yn dda, credu ac ymarfer duwioldeb yn werth dim heb y gras achubol hwn.

Dychwelodd y ddau frawd i Loegr, ac ar 24 Mai 1738, mewn cyfarfod yng nghapel y Morafiaid yn Llundain, clywodd John ragymadrodd Martin Luther i'r Epistol at y Rhufeiniaid yn cael ei ddarllen, a sylweddolodd fod yn rhaid iddo, o hynny allan, ganolbwyntio ar achub eneidiau. Credai bellach nad oedd ei bregethu hyd yn hyn wedi darbwyllo'i wrandawyr, yn enwedig y tlawd a'r anghenus, fod Duw yn caru pob un ohonyn nhw.

Byddai'n cofnodi popeth mewn dyddiadur, ac am yr achlysur hwn, a barodd gymaint o lawenydd iddo, ysgrifennodd yn ei *Journal*:

I felt my heart strangely warmed. I felt I did trust in Christ, Christ alone, for salvation; and an assurance was given me that he had taken away my sins, even mine.

Mae'n debyg mai fel hyn yr edrychai'r brodyr Wesley wrth iddynt farchogaeth trwy'r wlad ar eu teithiau pregethu. Un o weinidogion Methodistaidd Cernyw a fu'n gyfrifol am ail-greu'r olygfa hon yn ein cyfnod ni.

O hyn allan teithiodd y wlad i bregethu. Ni châi bregethu y tu mewn i'r eglwysi, ond doedd hynny ddim yn ei boeni. Ni allai fod yn dawel, ac felly rhaid oedd mynd allan i'r caeau a'r marchnadleoedd ac i dai ei gyfeillion – i unrhyw fan lle byddai pobl yn barod i ddod i wrando arno. Weithiau câi ef a'i ddilynwyr eu herlid gan bobl yr oedd yn well ganddyn nhw daflu cerrig na gwrando, ond parhâi John Wesley i bregethu er gwaethaf pob gelyniaeth. Enillai barch ei gynulleidfa oherwydd ei ddewrder ac am eu bod yn medru deall yr hyn a ddywedai wrthyn nhw am Dduw a'i fab Iesu – bod Duw yn caru pob un ohonyn nhw, ac y medren nhw ei wasanaethu Ef trwy wasanaethu'u cyd-ddyn.

Trefnai gymdeithasau (*societies*) tebyg i seiadau Howel Harris a Williams Pantycelyn, a theithiai bellteroedd mawr yn gyson ar hyd ffyrdd gwael a garw i ymweld â nhw. Âi ar gefn ceffyl nes mynd yn rhy hen i farchogaeth, pryd y mynnai gael ei gario o fan i fan mewn math o goets. Mae'n debyg iddo deithio dros chwarter miliwn o filltiroedd (pedwar can mil kilometr) dros gyfnod o hanner can mlynedd.

Ymwelodd y brodyr â Chymru sawl gwaith. Ym mis Hydref 1739, ar wahoddiad Howel Harris, daeth John i Gaerdydd o gartref ei frawd ym Mryste, gan alw yn Llanfaches, Pont-y-pŵl a lleoedd eraill. Pregethodd yn Neuadd y Sir, y tu mewn i feili'r castell – *a very convenient place*. Ymhen ychydig ddyddiau roedd ei frawd yn pregethu yng Nghasnewydd *to a people as ill-behaved as I have ever seen in Wales*. Daeth John yn ôl yn 1741, gan aros gyda'i gyfaill, Robert Jones, yn Ffwl-y-Mwn (Ffon-mon) ym Mro Morgannwg. Yn 1742 cafodd y *Cardiff Society* ei sefydlu, *a haven of peace and rest* a chanolfan achos y Methodistiaid yng Nghaerdydd; ymwelodd John â'r gymdeithas hon ym mis Mai 1743, ac aeth ymlaen i Lantrisant lle tarfodd *one or two wretches called gentlemen* ar y cyfarfod gan luchio cerrig. Bu yn Ne Cymru droeon wedi hyn; ym mis Awst 1763 arhosodd gyda Howel Harris yn ei gartref yn Nrefeca, *one of the most elegant places I have seen in Wales, a little paradise*.

Yn 1749 priododd Charles Sarah Gwynne, merch Marmaduke Gwynne o'r Garth, yn yr hen Sir Frycheiniog. Saith mlynedd yn ddiweddarach penderfynodd roi'r gorau i deithio yma a thraw i bregethu, ac aeth i fyw i Fryste, lle sefydlodd ei frawd y capel Methodist cyntaf yn y byd; mae i'w weld o hyd yn Broadmead yng nghanol y ddinas, dan yr enw Capel Coffa John Wesley, ac mae yno hefyd ddwy gofgolofn – un i John ac un i'w frawd Charles.

Cyfieithodd John Wesley rai emynau o'r Almaeneg, ond daeth ei frawd, Charles, yn un o brif emynwyr y byd. Roedd Charles hefyd yn bregethwr huawdl, ond ei brif gyfraniad i Fethodistiaeth, ac yn wir i Gristnogaeth, oedd ei emynau a'i donau. Mae'n debyg iddo lunio ymhell dros 6,000 o emynau, llawer ohonyn nhw'n dal yn gyfarwydd i ni heddiw – heb i ni sylweddoli, efallai, mai Charles Wesley a'u cyfansoddodd – gan gynnwys *Hark! The herald-angels sing; Jesu, lover of my soul* a *Gentle Jesus, meek and mild*. Cafodd y tri hyn eu trosi i'r Gymraeg, ynghyd â llawer o'r lleill a gyfansoddodd, megis "Oes modd i mi, bechadur gwael" (*And can it be that I should gain*), "O! am dafodau fil ar gân" (*O for a thousand tongues to sing*), "Fy ngorchwyl yn y byd" (*A charge to keep I have*), "Iesu yw'r enw mawr di-goll" (*Jesus, the name high over all*), "Hwn ydyw'r dydd o ras ein Duw" (*This is the time, no more delay*).

The best of all is . . . God is with us – *geiriau olaf John Wesley sy'n rhan o'r ffenestr liw yn y capel coffa i'r ddau frawd yn Epworth.*

Bu farw Charles Wesley yn bedwar ugain oed ar ôl bod yn wael am ddeng mlynedd. Ychydig cyn i John farw yn 87 oed, meddai wrth y cyfeillion o gwmpas ei wely: *The best of all is... God is with us*; daeth y geiriau hyn yn fath o arwyddair i'r Methodistiaid Saesneg cynnar, ac maen nhw i'w gweld o amgylch llun pennau'r ddau frawd mewn ffenestr liw mewn capel coffa yn Epworth. (Gweler hefyd – HOWEL HARRIS, WILLIAM WILLIAMS PANTYCELYN.)

D.G.J.

Abaty WESTMINSTER

Ar lan Afon Tafwys yn Llundain mae Abaty Westminster, un o'r eglwysi mwyaf adnabyddus yn y byd. Yno cafodd pob un o frenhinoedd a breninesau Lloegr ei goroni er 1066 pan enillodd y Norman, William Goncwerwr, frwydr ar faes enwog Hastings a'i gyhoeddi ei hun yn frenin Lloegr.

Roedd eglwys yn bod yno ymhell cyn hynny; yn ôl yr hanes cafodd eglwys ei chodi yn y fan, ar gors ar lan yr afon, yn y seithfed ganrif, a'i chysegru i Sant Pedr. Yn gynnar yn yr unfed ganrif ar ddeg sefydlodd y Brenin Edward Gyffeswr abaty yno, ond yn ystod teyrnasiad y Brenin Harri'r III (1216-72) gan mwyaf y codwyd yr adeilad fel y mae heddiw. Ei henw llawn yw "Eglwys Sant Pedr yn Westminster" – hynny yw, y *minster* (cadeirlan/eglwys gadeiriol) yn y gorllewin, i'w wahaniaethu oddi wrth Gadeirlan Sant Paul yn y dwyrain.

Yn ystod seremoni'r coroni bydd y brenin neu'r frenhines yn eistedd ar gadair bren, ac o dan y sedd mae Carreg Scone – darn hirsgwâr o dywodfaen a gâi ei gadw gynt yn Abaty Scone yn Swydd Perth yn yr Alban, lle byddai brenhinoedd y wlad honno yn cael eu coroni. Yn 1297 cipiodd Edward I, brenin Lloegr, y garreg a'i chludo i Lundain i'w gosod yng nghadair y coroni yn Abaty Westminster, lle bu ers hynny – ar wahân i un cyfnod byr pan gafodd ei dwyn, ar ddydd Nadolig 1950, gan grŵp o genedlaetholwyr Sgotaidd, pobl sy'n dal y dylai'r Alban fod yn wlad annibynnol. Ymhen pedwar mis roedd y garreg yn ôl yn Llundain yn ei lle priodol, wedi i rywun ddod o hyd iddi yn adfeilion Abaty Arbroath yn Swydd Angus.

Does neb yn gwybod o ble y daeth y garreg yn wreiddiol. Yn ôl un traddodiad hi oedd clustog Jacob ger ffynnon Bethel – mae'r hanes hwn i'w gael yn Llyfr Genesis, pennod xxviii. Cafodd nifer o leoedd eraill eu henwi fel man tarddiad y garreg, ac mae proffwydoliaeth Ladin o'r drydedd ganrif ar ddeg yn rhagfynegi y byddai Albanwyr yn teyrnasu ble bynnag y byddai'r garreg hon wedi'i gosod – a chredai llawer o drigolion yr Alban i'r broffwydoliaeth hon gael ei gwireddu yn 1603 pan ddaeth Iago'r VI, brenin yr Alban, yn frenin Lloegr hefyd, gan gymryd y teitl Iago'r Cyntaf.

Roedd dau o Ddeoniaid yr abaty yn Gymry. Cafodd Gabriel Goodman (1529–1601) ei eni yn Rhuthun lle sefydlodd ysgol ramadeg yn 1574. Bu'n Ddeon Abaty

Beddrod Gabriel Goodman, y Cymro a fu'n Ddeon Abaty Westminster rhwng 1561 a 1601 – cyfnod o ddeugain mlynedd.

Abaty Westminster: Bedd Milwr Anhysbys ym mhrif rodfa'r eglwys.

Westminster am gyfnod o ddeugain mlynedd, rhwng 1561 ac 1601, ac mae ei feddrod i'w weld yng Nghapel Sant Benedict yn yr abaty heddiw. Yn ei gartref ef y bu William Morgan yn aros tra oedd yn arolygu'r gwaith o argraffu'r Beibl Cymraeg yn Llundain a chynorthwyodd Gabriel Goodman ef gyda'i waith. Mae'r copi o'r Beibl a gyflwynodd William Morgan i Ddeon a Chabidwl Westminster yn 1588 yn Llyfrgell yr abaty hyd heddiw.

Cafodd y Deon arall o Gymro, John Williams (1582–1650), ei eni yng Nghonwy. Yn 1623 darparodd swm sylweddol o arian i brynu celfi a llyfrau i Lyfrgell yr Abaty ac mae llun ohono yn dal mewn lle amlwg ar y mur yno.

Bydd rhai o'r teulu brenhinol yn priodi yn Abaty Westminster, ac mae nifer o frenhinoedd a breninesau Prydain wedi'u claddu yno. Mae yn yr eglwys gornel arbennig, Cornel y Beirdd, lle cafodd llawer o lenorion Seisnig eu claddu, yn eu plith Chaucer, Spenser, Tennyson, Browning, Dickens a Kipling. Bydd lludw enwogion, gan gynnwys gwleidyddion, milwyr a gwyddonwyr, yn cael eu claddu yno weithiau, a phlaciau yn cael eu gosod yn yr eglwys i goffáu eraill. Ymhlith y rhai â chysylltiadau Cymreig sydd wedi'u coffáu yno mae'r gwleidydd David Lloyd George (1863–1945) a Dylan Thomas y bardd (1914-53). Yn Rhodfa Ogleddol y Côr mae llwch Ralph Vaughan Williams y cerddor (1872–1958) yn gorwedd.

Ym mhrif rodfa'r eglwys mae Bedd Milwr Anhysbys: cafodd gweddillion milwr, na wyddai neb pwy ydoedd, eu cludo o Fflandrys a'u claddu yn yr Abaty yn 1920 i goffáu'r holl filwyr a gollodd eu bywydau yn y Rhyfel Byd Cyntaf.

Abaty Westminster yw un o ganolfannau mwyaf poblogaidd ymwelwyr â Llundain heddiw.

W.J.J.

William WILBERFORCE (1759-1833)

Mab i fasnachwr cyfoethog o Hull yng ngogledd Lloegr oedd William Wilberforce. Wedi iddo gael addysg dda, cafodd ei ethol yn Aelod Seneddol dros Hull. Roedd ei fryd yn bennaf ar fwynhau ei hun yn Llundain, ond yn 1784 aeth ar daith i'r Môr Canoldir yng nghwmni clerigwr, Dr Isaac Milner, a chael tröedigaeth grefyddol a gafodd effaith barhaol ar ei fywyd. Dechreuodd gymryd ei hun o ddifrif, gan ystyried yn ddwys ei ddyletswydd tuag at eraill, ac yn 1787 ceisiodd sefydlu cymdeithas i wella moesau pobl.

Roedd yn gyfaill i William Pitt, y prif weinidog, ac i Thomas Clarkson a oedd yn arwain ymgyrch yn erbyn caethwasiaeth. Ymdaflodd Wilberforce i'r frwydr yn erbyn y fasnach gaethion. Manteisiodd ar bob cyfle i siarad yn Nhŷ'r Cyffredin yn erbyn yr arfer ffiaidd o brynu a gwerthu caethion, ac yn 1807 pasiodd y Senedd ddeddf i roi terfyn ar y fasnach. Ar ôl 1 Mai 1807 daeth hi'n anghyfreithlon cludo caethion o unrhyw borthladd dan awdurdod Prydain. Aeth Wilberforce ymlaen â'i waith o geisio perswadio llywodraethau eraill i weithredu yn yr un modd ac i ryddhau caethion a oedd dan eu rheolaeth yn barod. Wilberforce oedd prif sefydlydd yr *Anti-Slavery Society* (Y Gymdeithas yn erbyn Caethwasiaeth) yn 1823.

Yn 1797 aeth i fyw i bentref Clapham, lle bu ei gartref yn ganolfan i grŵp o efengylwyr pwysig, y *Clapham Sect*. Bu aelodau'r sect hon yn ddylanwadol iawn yn y gwaith o droi bywyd ysgafnfryd a difeddwl y ddeunawfed ganrif yn fywyd difrifol a phiwritanaidd Oes Victoria.

Bu William Wilberforce farw ym mis Gorffennaf 1833, a chafodd ei gladdu yn Abaty Westminster. Fis yn ddiweddarach pasiodd y Senedd ddeddf arall a ddaeth â rhyddid llawn i holl gaethion gwledydd ymerodraeth Prydain erbyn 1838. (Gweler hefyd – CAETHION.)

P.M.

WILLIAM GONCWERWR (*c.* 1028-1087)

Hwn oedd y brenin Normanaidd cyntaf i deyrnasu ar Loegr. Roedd yn fab anghyfreithlon i Robert, dug Normandi, a daeth i'r olyniaeth yno wedi marw ei dad yn 1035. Wynebodd anawsterau mawr wrth geisio sefydlu ei awdurdod ar ei ddugiaeth yn ei flynyddoedd cynnar, ond roedd yn filwr glew ac yn arweinydd cadarn, a llwyddodd i oresgyn y rhwystrau hyn. Ymwelodd â Lloegr yn 1051 ac, yn ôl un hanes, addawodd Edward Gyffeswr, brenin Lloegr ar y pryd a pherthynas i William, y câi yntau yr orsedd yn rhodd wedi iddo ef farw am nad oedd ganddo etifedd. Priododd William Matilda, merch brenin Fflandrys a oedd yn hawlio ei bod yn disgyn o Alffred Fawr, arweinydd mawr yn Lloegr yn ystod ail hanner y nawfed ganrif.

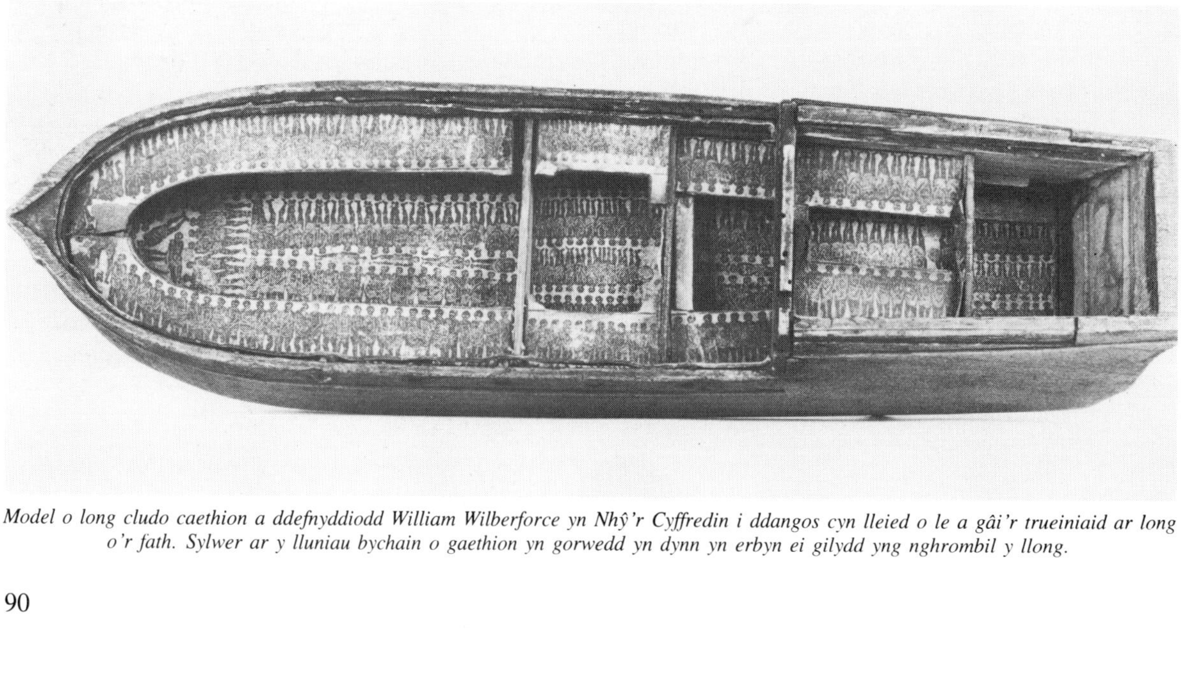

Model o long cludo caethion a ddefnyddiodd William Wilberforce yn Nhŷ'r Cyffredin i ddangos cyn lleied o le a gâi'r trueiniaid ar long o'r fath. Sylwer ar y lluniau bychain o gaethion yn gorwedd yn dynn yn erbyn ei gilydd yng nghrombil y llong.

Yn 1064 ymwelodd Harold, Iarll Wessex, mab Godwin, un o wŷr cryfaf y deyrnas a phrif gynghorwr Edward Gyffeswr, â llys William, ac yn ôl yr hanes addawodd yntau hefyd gefnogi hawl William i orsedd Lloegr. Ond hawliai Harold ei hun yr orsedd, ac ar farwolaeth Edward yn 1066 cafodd ei goroni yn frenin gan anwybyddu ei addewid i William. Penderfynodd amddiffyn ei urddas newydd pan ddaeth William â byddin o 10,000 o filwyr drosodd i Loegr o Normandi a glanio yn Pevensey ar 28 Medi y flwyddyn honno. Cafodd Harold ei drechu ar 14 Hydref ym mrwydr enwog Hastings (neu Fryn Senlac a bod yn fanwl gywir), a chael ei ladd wedi i saeth suddo i'w lygad. Cafodd William gymorth yng ngogledd Lloegr gan Tostig (brawd Harold) a Harold Hardrada, brenin Norwy. Mae Tapestri Bayeux yn darlunio Brwydr Hastings yn llawn.

Wedi i William esgyn i'r orsedd sefydlodd drefn ffiwdal yn y deyrnas, ond bu hefyd yn ddigon doeth i ddefnyddio nifer o sefydliadau yr Eingl-Sacsoniaid. (O dan y drefn ffiwdal byddai tenantiaid yn dal tir o dan arglwydd ar yr amod eu bod yn talu gwrogaeth iddo ac yn rhoi gwasanaeth milwrol iddo.) Erbyn 1072, fodd bynnag, roedd William wedi dod â heddwch i'r wlad, yn arbennig gogledd Lloegr. Rheolodd y wlad yn gadarn gan gyflwyno diwygiadau mewn llywodraeth ac yn yr Eglwys. Yn 1086 ymddangosodd Llyfr Domesday (Llyfr Dydd y Farn), sef arolwg manwl o holl diroedd y Normaniaid a ffynhonnell hynod bwysig i ddangos i ba raddau roedd ffiwdaliaeth wedi ymestyn dros y wlad.

Bu teyrnasiad William yn gyfrwng i gysylltu Lloegr fwyfwy â gwleidyddiaeth a diwylliant y Cyfandir. Bu farw yn 1087, yn Rouen, pan oedd draw yn Ffrainc yn rhyfela, a chafodd ei gladdu yn Caen. Ei fab William II (William Rufus) a'i dilynodd ar orsedd Lloegr.

Wnaeth William erioed ymgais i goncro unrhyw ran o Gymru, ond daeth ar bererindod i Dyddewi unwaith. Yn fuan ar ôl ei farw concrodd arglwyddi Normanaidd rannau o arfordir De Cymru. (Gweler hefyd – NORMANIAID.)

P.M.

D.J. WILLIAMS (1885-1970)

Ym mhumdegau'r ganrif hon daeth hunangofiant llenor o'r wasg mewn dwy ran – "Hen Dŷ Ffarm" (1953) ac "Yn Chwech ar Hugain Oed" (1959). Yn 1970, ychydig fisoedd ar ôl marw'r llenor, casglodd dau fardd o'r hen Sir Gaerfyrddin nifer o gerddi coffa iddo, dan y teitl "Y Cawr o Rydcymerau". David John Williams oedd enw'r llenor, a'r "filltir sgwâr" o gwmpas Rhydcymerau, ei fro enedigol, a'i symbylodd ef i lenydda ac a gafodd ei hanfarwoli ganddo yn ei waith.

Yn ôl ei dystiolaeth ef ei hun, ganwyd "D.J." – fel y byddai pawb yn cyfeirio'n annwyl ato – "ym Mhen-riw, plwyf Llansawel, Sir Gaerfyrddin, rhwng pedwar a phump o'r gloch y bore, y 26 o Fehefin, yn y flwyddyn 1885." Yn "whech a chwarter oed" symudodd gyda'i deulu i Abernant, Rhydcymerau, sef yr "Hen Dŷ Ffarm".

Yn bymtheg oed aeth i weithio ym mhyllau glo cymoedd y De – yn y Rhondda, Betws ger Rhydaman a Blaendulais yng Nghwm Nedd – cyn dychwelyd i Sir Gâr i ymbaratoi ar gyfer cwrs prifysgol. Enillodd raddau yng Ngholeg Prifysgol Cymru, Aberystwyth a Choleg Iesu, Rhydychen, a chael swydd athro yn Ysgol Lewis, Pengam, cyn symud i swydd debyg yn Ysgol Ramadeg Abergwaun lle yr arhosodd nes iddo ymddeol yn 1945.

Mae sôn am D.J. Williams yn yr erthygl ar Saunders Lewis yng Nghyfrol 4, fel un o'r tri aelod o Blaid Genedlaethol Cymru a dreuliodd naw mis yng ngharchar Wormwood Scrubs am osod rhan o Ysgol Fomio Penyberth ger Pwllheli ar dân yn 1936.

Gwaith pwysig cyntaf "D.J." i'w gyhoeddi oedd "Hen Wynebau", sef disgrifiadau diddorol a diddan o gymeriadau ei "filltir sgwâr" yng ngogledd Sir Gâr, megis Dafydd 'R Efail fach, Dafydd Ifans Siopwr, Jones y Goetre Fawr a John Troedrhiw. Cyhoeddodd dair cyfrol o storïau byrion, "Storïau'r Tir Glas" (1936), "Storïau'r Tir Coch" (1941) a "Storïau'r Tir Du" (1949), casgliadau o straeon digrif a difrif sy'n portreadu'n fyw fywyd cefn gwlad a'r digwyddiadau difyr a gofiai'r awdur am ei fro ei hun.

Ar hyd ei oes roedd ganddo feddwl uchel iawn o'r ardal honno. Dyma a ddywed yn "Hen Dŷ Ffarm":

> "I mi, dyma fro y bröydd, y godidocaf ohonynt oll. Dysgais ei charu, mi gredaf, cyn dysgu cerdded. Ni theithiais y darn yma o wlad erioed – o Fwlch Cae Melwas i Fwlch Cefen Sarth ac o Graig Dwrch i'r Darran Fawr – heb deimlo rhyw gynnwrf yn cerdded fy natur – cynnwrf megis un yn teimlo penllanw ei etifeddiaeth ddaearol ac ysbrydol yn dygyfor ei enaid. Dyma wlad fy nhadau mewn gwirionedd. Fe'm meddiannwyd i ganddi; ac, yn ôl y gynneddf syml a roddwyd i mi, fe'i meddiannwyd hithau gennyf innau."

Yn ôl awdur arall:

"Molawd i gymdeithas Gymreig a Chymraeg yw yr 'Hen Dŷ Ffarm', a hefyd gyffes ffydd un o genedlaetholwyr hoffusaf Cymru. Dyma ddarn o Gymru yn dyfod yn fyw o dan law llenor medrus, a'i osod ar gof a chadw fel y gallo cenedlaethau ddyfod i wybod rhywbeth am rin a chyfrinach y Gymdeithas Gymraeg yn niwedd y bedwaredd ganrif ar bymtheg a dechrau hon."

Ysgrifennai "D.J." yn helaeth ar bynciau gwleidyddol, yn Gymraeg a Saesneg, ac mae cynnwys y gyfrol goffa iddo, "Y Gaseg Ddu a Gweithiau Eraill" (1970), yn dyst i'w ddaliadau heddychol.

Yn ei Ragymadrodd i'r gyfrol honno meddai'r Golygydd (Dr J. Gwyn Griffiths, Abertawe):

"Bu farw'r Dr D.J. Williams, Abergwaun, Nos Sul, 4 Ionawr, 1970, yn bedwar ugain a phedair mlwydd oed. A marw yn Rhydcymerau! Prin y bu ymadawiad mwy addas. Bu'n annerch cynulleidfa yn ei hen gapel yn ystod cyngerdd gysegredig ac yn eu hannog i gefnogi ein llenyddiaeth mewn ffordd ymarferol."

Ni allwn ond dyfalu beth y gallai D.J. Williams fod wedi'i gynhyrchu pe bai wedi treulio llai o'i amser yn gwleidydda a mwy yn llenydda. Mae llawer mwy wedi'i ysgrifennu amdano fel llenor nag a ysgrifennodd ef ei hun, ond bydd yr hyn a gynhyrchodd yn ein hatgoffa am ddyn hoffus, llawn hiwmor, cadarn ei gariad at Gymru ac yn frwd dros bopeth Cymraeg. Allai neb feddwl am well disgrifiad o "D.J." na'r adnod o Lyfr Esther a oedd wedi'i hargraffu ar daflen ei wasanaeth angladdol:

"yn gymeradwy ym mysg lliaws ei frodyr; yn ceisio daioni i'w bobl ac yn dywedyd am heddwch i'w holl hiliogaeth."

D.G.J.

Grace WILLIAMS (1906-1977)

Pan ofynnodd rhywun i'r cyfansoddwr Grace Williams sut y byddai hi'n disgrifio "ysbrydoliaeth", dywedodd ei bod yn bosibl i ysbrydoliaeth ddigwydd mewn lleoedd rhyfedd, a chael ei thanio gan amryw gyfryngau – gall ddod hyd yn oed ar ddiwrnod golchi! Pan ddaw, meddai, mae'n rhaid ei chadw'n fyw trwy ei hymarfer, ei disgyblu a'i beirniadu, ei gweddnewid a'i haileni. Mae'n amhosibl ei throi o'r neilltu nes i'r cyfansoddwr ddefnyddio'i holl ddawn arni, er nad oes dim sicrwydd, ar ôl hyn oll, y daw fflam lachar o'r lludw; ond os na chaiff yr ysbrydoliaeth driniaeth drwyadl, ddaw dim llygedyn o oleuni.

Mae'r geiriau hyn yn crynhoi personoliaeth a nodweddion Grace Williams i'r dim, yn dangos ei hunplygrwydd, ei gonestrwydd, ei hiwmor, ei hagwedd broffesiynol tuag at ei gwaith, ei hunanfeirniadaeth lem a'i gostyngeiddrwydd.

Cafodd ei geni yn y Barri i deulu cerddorol; bu ei thad yn arwain yr enwog Gôr Bechgyn Romilly ac yn canu'r piano, ei brawd yn chwarae'r *cello* a hithau'r feiolin. Yn ddisgybl yn Ysgol Sir y Barri câi ei hysbrydoli i gyfansoddi wrth gerdded ar lan y môr; parhaodd y diddordeb hwn ar hyd ei hoes, a phan oedd yn 70 oed cafodd dau ddarn o'i gwaith â chefndir y môr iddyn nhw eu perfformio gan y BBC – *Harp Song of the Dane Women* ar eiriau Kipling, lle mae lleisiau'r merched yn dynwared sŵn y môr, a *To sea, to sea* ar eiriau J.L. Beddoes â lleisiau'r dynion yn cyflawni'r un gorchwyl.

Parhâi i gyfansoddi pan oedd yn fyfyrwraig yng Ngholeg y Brifysgol, Caerdydd, cyn mynd i'r Coleg Cerdd Brenhinol yn 1926 yn ddisgybl i Vaughan Williams, ac yna i Wien. Erbyn 1932 roedd Grace Williams yn ôl yn Llundain yn dal dwy swydd ran-amser, y naill yn Ysgol Camden i Ferched a'r llall yng Ngholeg Hyfforddi Southlands. Trefnodd operâu Gilbert a Sullivan, "Hansel a Gretel" (Humperdinck) a *The Bartered Bride* (Smetana) i'r disgyblion eu perfformio.

Yn ystod yr Ail Ryfel Byd cyfansoddodd *Sinfonia Concertante* i biano a cherddorfa, a'i symffoni gyntaf, "Argraffiadau Symffonig o Glyndŵr" – yn seiliedig ar *Henry IV*, Rhan 5 gan Shakespeare.

Er na fedrai siarad Cymraeg, roedd Grace Williams yn ymwybodol iawn mai Cymraes oedd hi; cyfansoddodd "Hen Walia", a hefyd *Four Illustrations from the Legend of Rhiannon* sydd wedi'i seilio ar y Mabinogi gan ddefnyddio'r emyn-dôn "Yr Hen Ddarbi" a "Cainc Dafydd Broffwyd". Yn y pedwardegau daeth ei chyfansoddiad *Fantasia on Welsh Nursery Tunes* â hi i'r amlwg. Yn 1944 cyhoeddodd *Sea Sketches* i gerddorfa linynnol – darluniau byw o'r môr wedi'u cyflwyno i'w rhieni "am iddyn nhw wneud eu cartref ar arfordir Morgannwg".

Am nad oedd ei hiechyd yn dda dychwelodd Grace Williams i'r Barri yn 1946. Bu'n brysur yn ysgrifennu sgriptiau i'r BBC, yn trefnu llawer iawn o alawon gwerin – o Gymru ac o wledydd eraill – a charolau i'w darlledu mewn rhaglenni ysgolion, ac yn cyfansoddi cerddoriaeth achlysurol ar gyfer ffilmiau a dramâu. Defnyddiodd "Yr Hen Ddarbi" eto yn ei "Concerto i'r Feiolin".

Bu ar staff Coleg Cerdd a Drama Cymru am gyfnod, ond yn 1954 penderfynodd ymddeol er mwyn cael mwy o amser a rhyddid i gyfansoddi. Y flwyddyn ganlynol cyhoeddodd ddarn i gerddorfa â dylanwad cerdd dant arno, sef "Penillion".

Roedd alaw yn bwysig iddi, a chyfansoddodd ganeuon ar hyd ei hoes. Yn gynnar yn ei gyrfa hoffai gyfansoddi'r cyfeiliant i gerddorfa, ond o ddiwedd y pedwardegau y piano a gâi'r flaenoriaeth ganddi. Mae ganddi bedwar cylch o ganeuon.

Cafodd gomisiynau gan y BBC, yr Urdd er hyrwyddo Cerddoriaeth Cymru, a chan Gyngor Celfyddydau Cymru a drefnodd recordio peth o'i gwaith. Yn 1966 derbyniodd gomisiwn gan Gwmni Opera Cenedlaethol Cymru i lunio opera un act, a chyfansoddodd *The Parlour*, yn seiliedig ar stori fer Ffrangeg, *En famille* ("Fel Teulu", Guy de Maupassant); ysgrifennodd hithau'r libreto yn gelfydd iawn, ac mae'r gerddoriaeth yn llawn hwyl a lliw sy'n taro deuddeg bob tro. (Yn 1969 derbyniodd Wobr Goffa John Edwards gan yr Urdd er hyrwyddo Cerddoriaeth Cymru am y gwaith hwn.)

Rhwng 1959 a 1973 cyfansoddodd, ar gomisiwn, weithiau pwysig i gôr a cherddorfa, megis *All Seasons shall be Sweet* (1959) – i gôr merched a cherddorfa (i'r BBC); *Carmina Avium* ("Cân adar", 1967) ar eiriau Lladin (i Ŵyl Caerdydd); *Ye Highlands and Ye Lowlands* (1972, ar gais Côr Meibion y Barri); dau waith cysegredig – *Benedicite* (1965) i gôr ysgolion uwchradd Trefaldwyn (ar gais Eisteddfod Genedlaethol y Drenewydd) a *Missa Cambrensis* (1971), ei phrif waith i gôr a cherddorfa (i Ŵyl Llandaf); *Fairest of Stars* (1973) i soprano a cherddorfa (i Gwmni Recordio EMI); ac *Ave Maris Stella* (1973), darn digyfeiliant (i Ŵyl Gogledd Cymru). Parhaodd i gyfansoddi – cafodd ei hail symffoni ei pherfformio yn 1976 i ddathlu ei phen-blwydd yn 70 oed.

Gwraig annwyl, ddiymhongar oedd Grace Williams, a oedd bob amser yn barod i gefnogi cyfansoddwyr ifainc.

L.R.

Griffith John WILLIAMS (1892–1963)

Yn ei delyneg "Gwladus Ddu" mae Griffith John Williams yn sôn am "femrwn melyn hen"; roedd yntau'n ifanc pan luniodd y gân hon, ond daeth memrynau a llawysgrifau yn gyfarwydd iawn iddo, gan iddo dreulio blynyddoedd lawer yn eu hastudio.

Brodor o Gellan, ychydig i'r gogledd-ddwyrain o Lanbedr Pont Steffan, ydoedd. Brawd iau iddo oedd David Matthew Williams a ddaeth yn adnabyddus fel dramodydd (a ddefnyddiai'r ffugenw Ieuan Griffiths) ac fel Arolygwr Ysgolion.

Ar ôl ymserchu yn llenyddiaeth Saesneg yn Ysgol Sir Tregaron dewisodd Griffith John Astudiaethau Celtaidd fel pwnc gradd yng Ngholeg Prifysgol Cymru, Aberystwyth, er y gallai'n hawdd fod wedi dewis Gwyddoniaeth neu Fathemateg. Wedi iddo raddio dewisodd ymchwilio i draddodiad llenyddol Morgannwg, gan ddechrau astudio llawysgrifau Iolo Morganwg yng nghasgliad Llanofer a oedd newydd gyrraedd y Llyfrgell Genedlaethol yn Aberystwyth.

Bu'n athro ysgol am ychydig yng Nghwm Rhondda a Dolgellau cyn ei benodi, yn 1921, yn ddarlithydd yn yr Adran Gymraeg yng Ngholeg y Brifysgol, Caerdydd, yn gynorthwywr i'r Athro W. J. Gruffydd. Cafodd ei benodi'n bennaeth yr adran honno pan ymddeolodd yr Athro Gruffydd yn 1947, a bu yn y swydd nes ymddeol ei hun yn 1957.

Daliodd ati ar hyd ei oes i astudio bywyd a gwaith yr hynod Iolo Morganwg, ar ôl sylweddoli, yn gynnar iawn, fod hwnnw ynghlwm wrth draddodiad llenyddol Morgannwg. Dyn rhyfedd oedd Iolo; awgrymodd rhywun mai ef a luniodd yrfa Griffith John, a dywedodd rhywun arall fod angen athrylith o ysgolhaig i'w ddeall – ac athrylith o'r fath oedd Griffith John Williams.

Yn y gyfrol "Iolo Morganwg a Chywyddau'r Ychwanegiad" a gyhoeddodd yn 1926, dangosodd sut roedd Iolo wedi cyfansoddi cywyddau yn enw Dafydd ap Gwilym ar gyfer yr atodiad (sef yr "ychwanegiad") at argraffiad newydd o "Barddoniaeth Dafydd ap Gwilym" yr oedd Cymdeithas y Gwyneddigion yn Llundain i'w gyhoeddi yn 1789. Yn 1948 cyhoeddodd "Traddodiad Llenyddol Morgannwg", ac yn 1956 gyfrol gyntaf ei gofiant anorffenedig, "Iolo Morganwg", sy'n portreadu'r bardd yn fwy o grëwr rhamantaidd nag o ffugiwr.

Roedd Griffith John Williams yn ysgolhaig amlochrog iawn, a'i ddysg yn eang. Darlithiai yn y coleg ar Hen Wyddeleg ac ar Ieitheg Gymharol – byddai wrth ei fodd yn olrhain ystyr a thras geiriau.

Lluniodd ragymadroddion gwych i ''Gramadegau'r Penceirddiaid'' (1934) ac i ''Gramadeg Cymraeg Gruffydd Robert'' (1939); cychwynnodd y cylchgrawn ysgolheigaidd, ''Llên Cymru'', yn 1950, a bu'n olygydd arno hyd ei farw yn 1963. Ef hefyd oedd Llywydd cyntaf yr Academi Gymreig, cymdeithas genedlaethol o awduron Cymreig a gafodd ei sefydlu yn 1959. Cyfansoddodd nifer helaeth o erthyglau ac adolygiadau safonol a chynhwysfawr, ynghyd ag ychydig farddoniaeth.

Yn un o'i lyfrau mae Griffith John Williams yn dyfynnu o lyfr Iolo, ''Trioedd Beirdd Ynys Prydain'':

> ''Tri pheth y dylai Cymro eu caru o flaen dim, cenedl y Cymry, defodau a moesau Cymru, ac iaith y Cymry. . .''

Gallwn yn hawdd gymhwyso'r egwyddorion hyn i Griffith John Williams ei hun. Nid gormodiaith oedd teyrnged goffa Gwilym R. Jones iddo:

> ''Un mawr aeth at y meirwon,
> Homer iaith y Gymru hon.''

(Gweler hefyd – YR ACADEMI GYMREIG, IOLO MORGANWG.)

D.G.J.

Ifor WILLIAMS (1881–1965)

Yn ei erthygl ar Y MABINOGI yng Nghyfrol 5 mae Delwyn Tibbott yn cyfeirio at y testun beirniadol ac astudiaeth o'r ''Pedair Cainc'' a gyhoeddodd Ifor Williams yn 1930. Roedd yr ysgolhaig disglair hwn wedi golygu'n barod nifer o destunau rhyddiaith eraill o'r Oesoedd Canol – ''Breuddwyd Maxen'' (1908), ''Cyfranc Lludd a Levelys'' (1910) a ''Chwedlau Odo'' (1926); yna trodd at ganu cynnar Cymraeg a golygu ''Canu Llywarch Hen'' (1935), ''Canu Aneirin'' (1938), ''Armes Prydain'' (1955) a ''Canu Taliesin'' (1960).

Mae'n anodd amgyffred sut y gallai un dyn gynhyrchu cymaint â hyn yn ystod ei fywyd, ond golygodd Ifor Williams hefyd destunau cerddi nifer o feirdd yr uchelwyr a'u cyhoeddi – gwaith Dafydd ap Gwilym, Dafydd Nanmor, Ieuan Deulwyn, Iolo Goch a Guto'r Glyn – a lluniodd lu o erthyglau, adolygiadau ac ysgrifau ysgolheigaidd.

Cafodd ei eni yn Nhre-garth ger Bethesda, Dyffryn Ogwen, yn 1881. Graddiodd mewn Groeg a Chymraeg yng Ngholeg Prifysgol Gogledd Cymru, Bangor, a bu'n aelod o'r staff yno nes iddo ymddeol yn 1947, pryd y cafodd ei urddo'n farchog. Yn 1920 derbyniodd Gadair bersonol yn y Brifysgol, a'i benodi'n bennaeth yr Adran Gymraeg yn 1929. Cafodd ei ethol yn Gymrawd yr Academi Brydeinig yn 1938, a derbyniodd Fathodyn Anrhydeddus Gymdeithas y Cymmrodorion yn yr un flwyddyn.

Yn ystod yr Ail Ryfel Byd darganfu'r BBC ddawn sgwrsio Ifor Williams, a chafodd rhai o'i sgyrsiau radio poblogaidd eu casglu a'u cyhoeddi mewn cyfrolau – ''Meddwn i'' (1946), ''I Ddifyrru'r Amser'' (1959) a ''Meddai Syr Ifor'' (1968). Roedd ei ddull hamddenol agos-atoch yn dderbyniol gan blant ac oedolion fel ei gilydd; dyma enghraifft o sgwrs ar y testun ''Y Pethau hyn a Garaf'':

> ''Ac wedyn, mi drof i mewn i'r tŷ, i'm priod ystafell fy hun, ac at fy ngwaith fy hun; achos, wedi'r cwbl, dyma'r lle y mae fy hoffter pennaf. Am yr hyn a welaf yma, bron na feiddiwn arfer y gair *caru*, nid *hoffi*. Wedi cefnu ar y byd a'r coleg, a chyrraedd adref, a dringo'r grisiau i'm llyfrgell, gwelaf yr olygfa a garaf yn fwy na'r un. Tân siriol yn y grât, cadair esmwyth i orffwys ynddi, os bydd angen; cadair galed i weithio wrth y bwrdd; llun fy mam ar y pared, llun f'athro, llun cyfaill neu ddau. Ac o'm cwmpas ar bob llaw gannoedd o lyfrau ar fy mhwnc fy hun, hen gymdeithion a chyfeillion ers cenhedlaeth gyfan. Mi wn ple mae pob un ohonynt, medraf daro llaw arnynt yn eu tro, fel y bydd angen help a goleuni ar hyn a'r llall. Yn y cwpwrdd ar fy neheulaw y mae cofnodion pob ymchwil a wnes erioed. Ar fy chwith y mae'r ddesg lle gwthiaf fy mhapurau mewn aflerwch annisgrifiadwy o olwg ymwelydd damweiniol. Braidd o'm hôl y mae bwrdd crwn hen ffasiwn, bwrdd derw: ni fedraf ei weld, wrth lwc, heb droi fy mhen. Arno mae mwdwl o lythyrau yn disgwyl yn llychlyd i mi eu hateb.''

D.G.J.

John Lloyd WILLIAMS (1854–1945)

Athro Llysieueg yng Ngholeg Prifysgol Cymru, Aberystwyth, o 1915 hyd 1925 ac awdur llyfrau ac erthyglau mewn cylchgronau gwyddonol; Doethur mewn Gwyddoniaeth yn 62 oed am ei waith ar algae'r môr; Doethur er anrhydedd mewn Cerddoriaeth yn 74 oed; awdur ''Y Tri Thelynor'' (1945), sef hanes ''arloeswyr cerddorol Cymru yn y ddeunawfed ganrif''; sefydlydd Cymdeithas Alawon Gwerin Cymru yn 1906 a golygydd cylchgrawn y gymdeithas honno a'r ''Cerddor'' – dyna grynodeb fer, anghyflawn o yrfa John Lloyd Williams a gafodd ei eni yn y Plas Isa, Llanrwst, lle bu cartref William Salesbury dair canrif cyn hynny. Dywedodd amdano'i hun – ''Tlawd oedd fy amgylchedd cymdeithasol, ond yr oedd gennyf fyd arall, llawer ehangach – byd y coed a'r creigiau, y ffrydiau a'r rhaeadrau, gyda'u poblogaeth amrywiol o adar a phryfed a blodau a rhedyn a mwsog.''

Er mai llysieueg oedd ei gariad cyntaf, ymddiddorai mewn canu gwerin hefyd, ac aeth ati, fel y gwnaeth R. Vaughan Williams yn Lloegr, Béla Bartók yn Hwngari ac eraill, i gasglu alawon Cymru a'u cyhoeddi, a sefydlu cymdeithas i'w cadw a hybu'u defnyddio. Ffurfiodd grŵp, Y Canorion, i'w canu, a chafodd gymorth Llew Tegid i gyfansoddi geiriau i'r alawon lle roedd eu hangen.

Yn ystod ei yrfa bu'n fyfyriwr yn y Coleg Normal, Bangor (1873–5); yn brifathro Ysgol Elfennol Garndolbenmaen; yn ddarlithydd yng Ngholeg Brenhinol Gwyddoniaeth Llundain ac yn Adran Lysieueg Coleg Prifysgol Gogledd Cymru, Bangor

(1897–1912); ac yn gynghorydd cynorthwyol i'r Bwrdd Amaethyddiaeth cyn ei benodi i'r gadair Lysieueg yn Aberystwyth.

Bu'n ddyfal ar ôl ymddeol yn 71 oed, yn darlithio ar lysieueg a cherddoriaeth, yn arwain cymanfaoedd canu ac yn beirniadu. Ar ôl ei farw, awgrymodd Cymdeithas Linnaeus iddo ddarganfod ffeithiau pwysig am y gametoffyt, ond mai arall a gafodd y clod am mai hwnnw a ysgrifennodd amdano gyntaf. Mae sôn bod ei ddarganfyddiadau ym myd llysieueg yn "glasuron", a bod sawl maes yn ei astudiaethau sydd eto heb eu pori'n fanwl.

L.R.

Waldo WILLIAMS (1904-1971)

Brodor o'r hen Sir Benfro, gŵr diymhongar, athro da a garai blant ac a oedd yn ffefryn ganddyn nhw, bardd a ganodd gerddi mawr, dyn â synnwyr digrifwch ganddo a fedrai lunio cerddi ysgafn, heddychwr cadarn ei farn, cwmnïwr difyr, brogarwr a chenedlaetholwr – dyna Waldo Williams, a anwyd yn Hwlfforddd – i deulu na fedrai Gymraeg – ac a ddechreuodd ddysgu'r iaith yn saith oed pan symudodd ei deulu i Fynachlog-ddu.

Ar ôl gadael Ysgol Ramadeg Arberth aeth i Goleg Prifysgol Cymru, Aberystwyth, i astudio Saesneg. Yno cyfansoddai ef a'i gyfaill, Idwal Jones, ganeuon ysgafn; galwodd Waldo rai ohonyn nhw'n "Odlau Idwaldo, sef ambell donc gan Waldo Williams ac ambell dinc gan Idwal Jones". Dyma ran o un o ddarnau mwyaf gogleisiol Waldo – "Y Nefoedd":

"Lle nad oes cysgu, caru, siarad
Na chywen gwair, na dilyn arad,
Na thwmpian yn freuddwydiol iawn
Pan ddelo'r hwyr wrth dân o fawn.
Ond canu, canu dibendraw
Ar delyn aur – 'Dwy fawr o law
Ar delyn aur – Fe weda'i hyn
Sai'n well 'da fi gâl whisl dun."

Ychydig o farddoniaeth a ganodd ar gyfer plant, ond mae rhai o'i linellau'n gofiadwy iawn, fel y cwpledau hyn o'i gywydd "Byd yr Aderyn Bach" – mewn cynghanedd:

"Codi, yntê, y bore bach
Am y cyntaf, dim cintach.
I'w gwely wedi'r golau,
Gwasgu'n glos i gysgu'n glau.
Pa eisiau dim hapusach
Na byd yr aderyn bach?"

Felly hefyd ei ganeuon myfyriol. Un o'i arwyr oedd Mahatma Gandhi; canodd Waldo gerdd goffa iddo, sy'n cynnwys dwy linell a wnâi ddisgrifiad da iawn o Waldo ei hun:

"Eneidfawr, nid cawr ond cyfaill, a'i nerth yn ei wên yn dygyfor
O'r gwaelod lle nid oes gelyn, yn tynnu trwy ruddin ei wraidd."

Roedd yn gas ganddo ryfel; roedd ei rieni'n heddychwyr brwd, a bu yntau'n wrthwynebydd cydwybodol (person sy'n gwrthwynebu, ar sail cydwybod, ymuno â'r lluoedd arfog) yn ystod yr Ail Ryfel Byd. Poenai rhyfel Korea gymaint arno nes iddo wrthod talu'i dreth incwm, a gorfod treulio cyfnod yn y carchar yn 1960. Wrth wraidd y penderfyniadau hyn oedd ei gred, "os un yw Duw, un ydyw dynion hefyd"; casâi bob awdurdod a gorfodaeth a geisiai ddifetha cymdeithas pobl a'u perthynas â'i gilydd, ond disgwyliai dro ar fyd:

"Daw dydd y bydd mawr y rhai bychain,
Daw dydd ni bydd mwy y rhai mawr,
Daw'r bore ni wêl ond brawdoliaeth
Yn casglu teuluoedd y llawr."

Carai ei fro ei hun, sef Gogledd Penfro. Mae'n wir i'r cariad hwn at fro droi'n gariad at wlad a chenedl, ac iddo deimlo na fedrai unrhyw iaith ar wahân i'r Gymraeg fynegi'r Gymru a garai ef:

"Dyna'r mynyddoedd. Ni fedr ond un iaith eu codi
A'u rhoi yn eu rhyddid yn erbyn wybren cân."

Canodd gywydd i'r "Preseli", gan fynegi ei bryder ynglŷn â'r bygythiad i'w fro yn sgîl y cyhoeddiad bod y lluoedd arfog am ddefnyddio tuag un fil ar bymtheg o aceri o dir yr ardal yn faes ymarfer saethu:

"Cadwn y mur rhag y bwystfil, cadwn y ffynnon rhag y baw."

Ar wahân i gasgliad o gerddi i blant a luniodd ar y cyd â E. Llwyd Williams ("Cerddi'r Plant"), un gyfrol o farddoniaeth a gyhoeddodd Waldo Williams, sef "Dail Pren". Cafodd y gyfrol hon ei chyhoeddi yn 1956, ac yn yr un flwyddyn traddododd Waldo ddarlith yng Nghyfarfod Heddwch Undeb y Bedyddwyr yn Abergwaun, gan ddatgelu llawer o'r syniadau a roddodd fod i'w gerddi. Caiff Waldo Williams ei ystyried yn un o feirdd mwyaf Cymru'r ugeinfed ganrif a chaiff ei gofio â hoffter ac edmygedd.

D.G.J.

William WILLIAMS, Pantycelyn (1717-1791)

Pe bai William Williams, gŵr ifanc ugain oed o fferm Cefncoed, Llanfair-ar-y-bryn ger Llanymddyfri, heb sefyll i wrando ar Howel Harris yn pregethu y tu allan i eglwys Talgarth, un prynhawn yn 1737, go brin y byddem wedi clywed dim amdano. Roedd ei dad yn ŵr blaenllaw yn Eglwys Annibynnol Cefnarthen, ac mae'n debyg mai ar ei ffordd adre o athrofa'r Annibynwyr yn Llwyn-llwyd, rhwng Talgarth a'r Gelli Gandryll, yr oedd Williams pan gafodd dröedigaeth wrth wrando ar bregethu Howel Harris; teimlodd iddo gael ''gwŷs oddi uchod'' a phenderfynu rhoi heibio ei fwriad o fynd yn feddyg er mwyn cynnig am urddau eglwysig.

Yn 1740 cafodd ei benodi'n gurad i Theophilus Evans, awdur ''Drych y Prif Oesoedd'' a ficer Llanwrtyd ac Abergwesyn, ond am iddo ymuno â'r Methodistiaid, oddi mewn i'r Eglwys Wladol, ac am fod Theophilus Evans yn elyn chwyrn i Fethodistiaeth, chafodd Williams erioed godi i safle eglwysig uwch na churad. Ymhlith y cofnodion eglwysig yn y Llyfrgell Genedlaethol mae dogfen ddiddorol sy'n cynnwys *The names of the 43 Candidates for Orders at Abergwilly August 28, 1743*; mae enw William Williams arni ac ar ei gyfer mae'r sylw – *A Methodist refused.*

Mae'n debyg iddo roi'r gorau i'w guradiaeth ac, yng ngeiriau Thomas Charles, ''myned allan i'r priffyrdd a'r caeau''. Treuliodd weddill ei oes yn cefnogi achos y Methodistiaid ac yn gweithio'n frwd drosto. Mae sôn ar dudalen 41 yng Nghyfrol 3 am y ''seiat brofiad'', sef cyfle i'r rhai a oedd wedi profi tröedigaeth grefyddol ddod at ei gilydd i drafod eu profiadau ac i dderbyn arweiniad ynglŷn â sut i ymddwyn yn y dyfodol. Ar ôl i Howel Harris gychwyn y seiadau hyn aeth Williams ati i'w sefydlogi a'u trefnu, ac erbyn 1750 roedd bron 450 ohonyn nhw ar hyd a lled y wlad. Byddai wrth ei fodd yn teithio o fan i fan i gwrdd â'r bobl ifainc a fyddai'n mynychu'r cyfarfodydd hyn – ''cwmpeini o lanciau hoenus a gwrol, tyrfa o ferched yn eu grym a'u nwyfiant'', yn ôl Williams – yn gwrando ar eu profiadau, yn eu holi a'u cynghori.

Teithiai ymhell i bregethu hefyd. Roedd yn bregethwr huawdl a derbyniol iawn, a byddai tyrfaoedd yn crynhoi i wrando arno. Ychydig cyn ei farw ysgrifennodd lythyr at Thomas Charles o'r Bala, yn gofidio na allai mwyach deithio'r wlad fel y bu'n gwneud am dros hanner canrif:

> ''deallwch, er fy mod wedi gwella rhyw faint o'r poen dirfawr fu arnaf, nid wy' ond gwan a llesg eto, ac yn analluog iawn ac nid oes genny' fawr obaith galla'i ddyfod allan fawr neu ddim byth mwy; am fy mod yn driugain a thair ar ddeg oed, ond meddyliwch fath siomedigaeth i ddyn ag oedd yn trafaelio agos i dair mil o filltiroedd bob blwyddyn tros 50 o flynyddau fod yn awr heb drafaelio rhagor na 40 troedfedd y dydd, sef o'r tân i'r gwely. . .''

Yn ddiamau roedd Williams yn llenor mawr, ac mae'n anodd amgyffred heddiw sut y llwyddodd i gyfansoddi cymaint, o gofio'r oriau lawer y byddai'n eu treulio ar gefn ceffyl yn teithio'r wlad benbaladr. Cyhoeddodd dros ddeg a phedwar ugain o lyfrau a llyfrynnau, rhai yn cynnwys rhyddiaith o fri, ar amrywiol destunau. Un o'r cyfrolau hyn oedd ''Drws y Society Profiad'' (1777), heb os un o glasuron Cristionogol Cymru. Mae'n cynnwys deialog, ar ffurf holi ac ateb, ar werth y seiat, yr angen am ddiffinio swyddi a doniau stiwardiaid, trefn a disgyblaeth y seiat, a chymwysterau'r rhai fyddai'n holi:

> ''medr holiedydd cyfarwydd adnabod yr achosion o bob cnawd; gwybod am holl droion nattur, gwir edifeirwch, ac oriau o dristwch y byd hwn neu ffits o felancoli.''

Y cerflun o William Williams, gan L. S. Merriefield, sydd i'w weld yn Neuadd y Ddinas, Caerdydd.

Ei waith mwyaf uchelgeisiol oedd ''Pantheologia neu Hanes holl Grefyddau'r Byd'' (1762 a 1779), casgliad o gyfieithiadau Cymraeg o waith awduron eraill gan mwyaf, ond cynhyrchodd swmp o waith gwreiddiol hefyd gyda'r bwriad o hyfforddi a chynghori a hyrwyddo twf y llu a brofodd dröedigaeth yn sgîl y Diwygiad Methodistaidd.

Roedd galw ymhlith y bobl hyn am emynau, ac mae cyfeiriad ar dudalen 76 yng Nghyfrol 3 at gyfansoddiadau William Williams. Yn ôl Thomas Charles o'r Bala trefnodd Howel Harris fath o gystadleuaeth ymhlith arweinwyr y Methodistiaid er mwyn gweld a oedd Duw wedi donio un ohonyn nhw i gyfansoddi emynau; Williams enillodd, a derbyn y cyfrifoldeb o hynny allan o feithrin ei ddawn er gogoniant Duw – ond hwyrach mai chwedl yw hon. Dechreuodd ar y gwaith yn gynnar iawn; yn 1744, pan oedd yn 27 oed, cyhoeddodd ei gasgliad cyntaf, "Aleluia", ac wedi hynny daeth cyfrolau o emynau o'r wasg yn gyson, gan gynnwys dau gasgliad Saesneg. Cyfansoddai benillion i'w canu ar donau ysgafn a bywiog – efallai gyda chymorth ei wraig Mali, a oedd yn deall cerddoriaeth ac yn gantores dda. Roedd ei waith yn boblogaidd iawn – soniodd Robert Jones, Rhos-lan, am gynulleidfa fawr yn Llŷn yn canu emynau am dri diwrnod a thair noson o'r bron – a phrin bod unrhyw ddetholiad wedi'i gyhoeddi tan y dydd heddiw heb ei fod yn cynnwys rhai o emynau Williams. Yn sicr haeddai ef yr enw anwes, "Y Pêr Ganiedydd", a roddodd y Cymry arno.

Yn ddiau William Williams yw'r emynydd pwysicaf a gynhyrchodd Cymru erioed, ac ym marn rhai beirniaid ef yw ein bardd pwysicaf hefyd. Chanodd neb erioed gerddi serch tebyg i'w gerddi ef; dyma un o'r enwocaf, sy'n mynegi hiraeth tanbaid Williams am ei Anwylyd, ei Arglwydd:

"Gwyn a gwridog yw fy Arglwydd,
Gwyn a gwridog yw ei wedd,
Brenin y brenhinoedd ydyw
Yma a thu draw i'r bedd;
Mae dy degwch
Wedi'm hennill ar dy ôl."

Telynegion yw llawer o'i emynau; dyma gân arall i'w gariad:

"O, Rosyn Saron hardd,
O'r lili wen ei lliw,
Nid oes o'r ddae'r a dardd
Flaguryn fel fy Nuw;
Ymhlith y coed rhyw gangen lawn
O sypiau grawn, f'Anwylyd yw."

Darllenai Williams yn eang, yn Saesneg yn ogystal â Chymraeg, a symbylodd ambell emyn Saesneg ef i gyfansoddi un tebyg yn Gymraeg, ond fel arfer cyfleu ystyr yr emyn Saesneg yn Gymraeg a wna, fel adlais ohono, yn hytrach na'i gyfieithu.

Canodd Williams ganeuon hir hefyd, megis "Golwg ar Deyrnas Crist", sy'n portreadu teyrnas Crist yn y Greadigaeth, mewn Rhagluniaeth ac mewn Gras, a "Bywyd a Marwolaeth Theomemphus" sy'n dangos taith enaid dyn o golledigaeth i achubiaeth. Mae rhai o'r emynau y byddwn yn eu canu heddiw yn gyfuniadau o benillion wedi'u dethol o'r cerddi mawr hyn gan olygyddion casgliadau.

Cyfansoddai farwnadau hefyd, gan gynnwys marwnad i Howel Harris sy'n cynnwys cyfeiriad at y bregeth yn Nhalgarth, "o flaen porth yr eglwys eang" a effeithiodd gymaint arno:

"Dyma'r boreu, fyth mi gofiaf,
Clywais innau lais y Nef;
Daliwyd fi wrth wŷs oddi uchod
Gan ei sŵn dychrynllyd ef;
Ac er crwydro'r dyrus anial,
Ôl a gwrthol di-leshad,
Tra fo anadl yn fy ffroenau
Mi a'i galwaf ef yn dad."

Mae ei waith yn cynnwys llawer o gyfeiriadau wedi'u cymryd o'r Ysgrythurau, megis "manna nefol", "yr anialwch", y darlun o Moses yn cael dŵr allan o graig wrth arwain yr Israeliaid ar eu ffordd i Ganaan, caethiwed y genedl yn yr Aifft, "tiroedd Moab", "y ddwyfol groes", "y winwydden", "pen y bryn" (Calfaria), a'r gair mawr "Gorffennwyd".

Tua 1748 priododd Williams Mary Francis o Lansawel ac ymgartrefu ym Mhantycelyn, tŷ fferm heb fod nepell o fan ei eni yng Nghefnarthen, lle ganwyd ei fam a lle symudodd hi a'i theulu pan fu farw'i gŵr. Cafodd Mali, fel y galwai Williams hi, wyth o blant, a bu'r ail fab, John, yn weithgar gyda'r Methodistiaid.

Bydd llawer o bobl yn cyfeirio at William Williams wrth enw'i gartref; mae dweud "Pantycelyn" yn ddigon – neu "yr hen Bant", chwedl Wil Bryan yn "Rhys Lewis". Does dim angen yr enw priod; dyma arwydd o hoffter y Cymry ohono. (Gweler hefyd – Y DIWYGIAD METHODISTAIDD, EMYNAU, JOHN A CHARLES WESLEY.)

D.G.J.

Syr Christopher WREN (1632-1723)

Yn Eglwys Gadeiriol Sant Paul yn Llundain mae arysgrif Ladin, *Si monimentum requiris, circumspice*, sy'n golygu "Os ydych am weld cofeb iddo, edrychwch o'ch cwmpas." Cyfeirio at Syr Christopher Wren y mae'r arysgrif hon; fel pensaer galluog iawn y cofiwn amdano heddiw, ond fel gwyddonydd y daeth i'r amlwg gyntaf.

Cafodd ei eni yn Swydd Wiltshire, yn fab i glerigwr. Ar ôl derbyn addysg dda yn Ysgol Westminster, aeth i Brifysgol Rhydychen, a graddio yno yn 1651. Chwe blynedd yn ddiweddarach, ac yntau'n bump ar hugain oed, cafodd ei benodi'n Athro Seryddiaeth yng Ngholeg Gresham yn Llundain.

Roedd ganddo ddiddordeb mewn mathemateg a gwyddoniaeth yn ifanc iawn. Yn 13 oed dyfeisiodd declyn i'w ddefnyddio wrth astudio'r sêr – a lluniodd ddarn o farddoniaeth Ladin amdano. Dyluniodd lygad gwydr, a disgrifiodd sut i geisio gwella claf trwy gymryd peth o'i waed oddi wrtho, ymhell cyn i'r Gwasanaeth Trallwyso Gwaed gael ei sefydlu. Yn ystod ei oes bu'n gyfrifol am lunio rhyw hanner cant o wahanol ddyfeisiau.

Ymddiddorai hefyd mewn pensaernïaeth. Yr adeilad cyntaf a gynlluniodd oedd capel un o golegau Prifysgol Caergrawnt; dyluniodd hefyd do newydd i Theatr Sheldon yn Rhydychen. Gofynnodd y Brenin Siarl II iddo baratoi cynlluniau ar gyfer cadeirlan newydd i gymryd lle hen Eglwys Gadeiriol Sant Paul yn nwyrain Llundain a oedd mewn cyflwr gwael. Ond yn 1666 cafodd rhan helaeth o'r brifddinas ei llosgi gan Dân Mawr Llundain, ac, er nad oedd ganddo y pryd hwnnw lawer o brofiad o gynllunio adeiladau, derbyniodd Wren gais i ailgynllunio'r ddinas.

Doedd pawb ddim yn barod i dderbyn ei gynlluniau mawredddog am wahanol resymau – rhai yn

Coron gwaith pensaernïol Syr Christopher Wren yn Llundain – Eglwys Gadeiriol Sant Paul.

gwrthwynebu'r gost, eraill am weld ailgodi'r ddinas yn debyg i'r hyn ydoedd cyn y tân – ac felly cafodd ei fwriad i adeiladu ffyrdd yn arwain i bob cyfeiriad o'r gadeirlan newydd, fel adenydd olwyn, fyth mo'i wireddu.

Cymerodd y gwaith o adeiladu Eglwys Gadeiriol newydd Sant Paul dros ddeugain mlynedd i'w gwblhau. Ar wahân iddi hi, cynlluniodd Wren dros hanner cant o eglwysi eraill yn Llundain, rhai ohonyn nhw ar batrwm gwreiddiol iawn o achos anawsterau a chyfyngiadau'r safleoedd a oedd ar gael ar eu cyfer – mae gan un eglwys ddeg ochr ac un arall wyth – ac roedd gan lawer ohonyn nhw glochdyrau a thyrau pigfain gwych. Cafodd amryw o'r eglwysi hyn eu difrodi neu eu llwyr ddinistrio yn ystod cyrchoedd bomio'r Ail Ryfel Byd.

Bu Wren yn Aelod Seneddol am rai blynyddoedd. Cafodd ei urddo'n farchog yn 1673, a'i ethol yn Llywydd y Gymdeithas Frenhinol wyth mlynedd yn ddiweddarach. (Gweler hefyd – LLUNDAIN.)

P.M.

WRIN

Hylif yw wrin a fydd yn cael ei gynhyrchu gan greaduriaid i waredu sylweddau gwastraff o'r corff – proses sy'n cael ei galw yn "ysgarthiad". Mae wrin amffibiaid a physgod yn llawer gwannach nag wrin dyn; mae wrin adar ac ymlusgiaid, ar y llaw arall, yn wyn ac yn drwchus, a chaiff ei gymysgu â'r ysgarthion (tom) cyn ei ysgarthu o'r corff.

Bydd wrin yn cael ei ffurfio yn yr arennau (elwlod) lle bydd y glomerwli yn hidlo sylweddau gwastraff o'r gwaed. Aiff o'r arennau ar hyd yr wteri i'r bledren, a chael ei gadw yno nes bydd angen ei waredu o'r corff trwy biso. Ar gyfartaledd bydd dyn yn cynhyrchu rhyw 1.5 litr o wrin bob dydd. Caiff mwy o wrin ei ffurfio yn ystod y dydd nag yn ystod y nos, a mwy yn y gaeaf nag yn yr haf am nad oes eisiau cynhyrchu cymaint o chwys i oeri'r corff yn y gaeaf. Hormon o'r chwarren bitwidol sy'n rheoli faint o wrin sy'n cael ei gynhyrchu bob dydd.

Y prif sylweddau gwastraff yn yr wrin yw asid wrig, creatinin (o'r cyhyrau), sodiwm clorid – caiff tua 15 gram eu gwaredu yn yr wrin bob dydd – ac wrea. Wrea, mae'n debyg, yw'r pwysicaf o'r rhain; fe ddaw o amonia sydd yn ei dro yn dod o'r proteinau nad oes eu hangen ar y corff i ffurfio meinweoedd newydd. Ar gyfartaledd caiff rhyw 30 gram o wrea eu hysgarthu yn yr wrin bob dydd, er gall y swm hwn amrywio yn ôl crynodiad y protein yn y lluniaeth.

Mae archwilio wrin y claf yn rhan bwysig o waith pob ysbyty erbyn hyn, gan ei fod yn gallu cynnig gwybodaeth werthfawr am natur rhai clefydau. Mae hyn yn arferiad hynafol iawn a chawn gyfeiriadau ato mewn llawysgrifau Cymraeg cynnar, fel yr un canlynol o'r bedwaredd ganrif ar ddeg:

> "Os bydd coch y trwnc (hynny yw, wrin) neu debyg i frwmstan a'i weld yn symud yn fynych, cryd enbyd yw. . ."

Mae archwilio wrin claf yn arferiad hynafol iawn. Mae'r llun hwn yn perthyn i'r bymthegfed ganrif ac yn dangos meddyg yn archwilio sampl o wrin.

Diwerth hollol oedd y rhan fwyaf o'r cyfarwyddiadau cynnar hyn, ond nid felly heddiw. Bydd gwyddoniaeth fodern yn ein galluogi i adnabod nifer o glefydau trwy archwilio'r wrin; er enghraifft, bydd siwgr (glwcos) yn yr wrin yn arwydd o'r clefyd siwgr (diabetes), protein yn yr wrin yn awgrymu afiechyd yr arennau ac asid wrig yn yr wrin yn arwydd o'r gymalwst (cryd yn y cymalau).

Pigment o'r enw wrocrom sy'n gyfrifol am liw melyn yr wrin; hyd y gwyddom does dim arwyddocâd arbennig i'r wrocrom.

R.E.H.

WYAU

Er ein bod yn cysylltu wyau ag adar, bydd creaduriaid eraill hefyd yn dodwy wyau – er enghraifft, nadroedd, llyffaint, brogaod, pysgod a phryfed. Dim ond dau o'r mamaliaid, yr anifeiliaid sy'n rhoi llaeth i'w rhai bach, sy'n dodwy, sef y platipws a'r echidna. Mae wyau pysgod a phryfed yn hynod o niferus; bydd y penfras yn dodwy 6,000,000 o wyau bob blwyddyn, ond bydd miloedd o'r wyau hyn yn cael eu bwyta neu eu difetha, a dyna pam mae cynifer yn cael eu dodwy.

Wyau amrywiol eu ffurf:
(a) Sfferig – tylluanod a nifer o adar ysglyfaethus eraill.
(b) Siâp gellygen – carfilod a rhydwyr.
(c) Hirfain – gwyachod, mulfrain gwyrddion a throchyddion.
(ch) Cyffredin – hwyaid a'r rhan fwyaf o adar eraill.

Caiff amrywiol ddulliau eu defnyddio i geisio diogelu wyau; bydd y llyffant melyn yn eu dodwy mewn jeli llithrig tra bydd crwban y môr yn cuddio'i wyau yntau yn ddwfn yn y tywod ar y lan. Mae patrymau o liwiau hyfryd ar wyau rhai adar, ac mae patrwm rhai wyau, fel wyau cornchwiglen, yn eu cuddio rhag gelynion.

Arferiad y mwyafrif o adar ydy eistedd ar eu hwyau i'w cadw'n gynnes, ond mae rhai yn defnyddio dulliau eraill. Dull un o adar Awstralia ydy claddu'r wyau mewn tomen o ddail wedi pydru: gall yr aderyn fesur tymheredd y domen, a'i reoli drwy ychwanegu mwy o ddail neu dynnu rhai i ffwrdd.

Rhaid cofio bod bywyd pob anifail, boed yn bry neu'n fuwch, yn cychwyn o ryw fath o wy. Rhan bwysicaf yr wy ydy'r gell, yr ofwm, ac ar ôl cael ei ffrwythloni bydd hon yn tyfu'n anifail ieuanc. Yng nghorff mamal bydd yr embryo yn cael bwyd o waed ei fam, a chynhesrwydd i dyfu.

Bydd plisgyn o amgylch pob wy sy'n cael ei ddodwy, a gall hwn fod yn feddal neu'n galed; plisgyn caled sydd i wy aderyn, ond plisgyn meddal, gwydn sydd am wyau nadroedd. Yng nghanol wy aderyn mae'r melynwy maethlon, sy'n fwyd i'r embryo wrth iddo ddatblygu. Rhwng y melynwy a'r plisgyn bydd y gwynwy, sydd fel jeli clir. Y tu mewn i'r plisgyn bydd dau groen, sy'n cadw cynnwys yr wy rhag haint, ac ym mhen mwya'r wy bydd cell o aer rhwng y ddau groen. I gadw'r embryo ar ochr ucha'r melynwy, mae darn o groen gwydn fel cortyn yn sownd rhwng y melynwy a dau ben yr wy. Mae aer yn gallu treiddio drwy'r plisgyn.

E.B.J.

John WYCLIFFE (*c.* 1330–1384)

Mewn hen lyfrau Cymraeg ar hanes crefydd mae John Wycliffe yn cael ei alw yn "Seren Fore Protestaniaeth". Diwygiwr crefyddol ydoedd, yn frodor o Swydd Efrog yng Ngogledd Lloegr. Ar ôl cael ei addysgu yn Rhydychen, aeth yn glerigwr (offeiriad); roedd yn ysgolhaig ac yn ddarlithydd diddorol ar grefydd.

Wedi 1372 daeth yn enwog y tu allan i furiau Rhydychen am iddo gymryd rhan yn y dadleuon brwd a oedd yn gyffredin ar y pryd ynglŷn â pherthynas Lloegr ag Eglwys Rufain. Daeth Wycliffe yn boblogaidd yn Llundain a mannau eraill wrth iddo ymosod ar wendidau ei gyd-glerigwyr, a dechrau beirniadu'r Pab a'r Eglwys. Credai ef a'i ddilynwyr fod yr Eglwys yn rhy gyfoethog, fod yr offeiriaid yn llygredig, ac nad oedd hawl gan y Pab ddisgwyl cyfraniadau ariannol o Loegr i'w goffrau ei hun yn Rhufain.

Condemniodd y Pab feirniadaeth Wycliffe arno, a bu sawl ymdrech i'w gyhuddo o heresi – hynny yw, o gyhoeddi daliadau a oedd yn groes i gredoau swyddogol yr Eglwys.

Cyfieithodd Wycliffe a'i gyfeillion y Beibl i'r Saesneg er mwyn i'r bobl gyffredin fedru'i ddarllen eu hunain heb orfod dibynnu ar yr hyn a ddywedai'r offeiriaid wrthyn nhw – yn hyn o beth roedd yn debyg i Tyndale ddwy ganrif yn ddiweddarach.

Yn 1381 daeth tro ar fyd; cododd gwerinwyr Lloegr yn erbyn eu meistri gan ofyn am ryddid mewn byd ac eglwys, ac mewn ateb i hynny, datblygodd ton o geidwadaeth yn Lloegr a oedd yn dechrau ofni unrhyw newid neu feirniadaeth. Trodd llawer yn erbyn Wycliffe a'i gyfeillion. Roedd yntau'n offeiriad erbyn hyn yn Lutterworth, yn Swydd Gaerlŷr; yn 1383 cafodd ei daro gan y parlys, a bu farw yn 1384 cyn i awdurdodau'r Eglwys lwyddo i'w gludo i Rufain i gael ei holi (a'i gosbi, mae'n debyg) gan y Pab.

Cafodd Wycliffe gryn ddylanwad y tu allan i Loegr, yn arbennig ymhlith pobl Bohemia yng nghanolbarth Ewrop, a phan ddaeth Lloegr dan ddylanwad Protestaniaeth, roedd dynion yn ei ystyried yn arweinydd ac arloeswr y gred Brotestannaidd.

P.M.

YR WYDDFA

Mae rhai o olygfeydd mynyddig prydferthaf Cymru i'w cael yng Ngwynedd; yno mae mynyddoedd Eryri, ac yn ganolbwynt i'r cyfan mae copa'r Wyddfa, yr

Llyn Llydaw yng nghysgod yr Wyddfa.

uchaf yng Nghymru a Lloegr, sydd yn 1085 m uwch wyneb y môr.

Daw miloedd o ymwelwyr i Eryri bob blwyddyn yn unswydd i fwynhau golygfeydd y cribau miniog, fel Crib y Ddisgl, Crib Goch, Lliwedd, Clogwyn Ddu'r Arddu, y llethrau serth, y rhaeadrau ewynnog a'r llynnoedd tywyll megis Llyn Glas, Llyn Llydaw, Llyn Nadroedd, Llyn Ffynnon y Gwas a Llyn Du'r Arddu, a bylchau dwfn Nant Peris, Nant Gwynant a Dyffryn Gwyrfai sydd o gwmpas y mynydd-dir uchel.

Daw llawer i gerdded i gopa'r Wyddfa ar hyd y llwybrau cyfarwydd – y llwybr o Lanberis sy'n cyd-redeg â thrac y rheilffordd am ryw bum milltir, neu'r llwybr byrrach o Ben-y-Gwryd, neu ar hyd Lwybr Gwatkin o Nant Gwynant, neu o'r ochr orllewinol o Afon Colwyn neu o Lyn Colwyn. Bu cymaint o gerdded ar y llwybrau hyn dros y blynyddoedd fel y bu'n rhaid gwneud gwaith trwsio sylweddol i'w cryfhau a'u hadfer.

Yn Oes Victoria byddai llawer o'r ymwelwyr yn arfer dringo'r llwybrau hyn ar ferlod, ond heddiw gall y rhai llai egnïol gael eu cario bob cam i'r copa mewn trên. Cafodd y rheilffordd gul hon o Lanberis i'r copa ei hagor yn 1896, a does dim gwell siwrne mewn trên yn unman yn y wlad. Daw amryw wŷr a gwragedd ieuanc anturus bob blwyddyn i wersylla wrth droed yr Wyddfa a mentro dringo ar wyneb y creigiau serth. Felly gall pobl o bob oed fwynhau gwyliau o gwmpas yr Wyddfa, ac erbyn hyn mae twristiaeth yn ddiwydiant pwysig yn y rhan hon o Gymru.

O gopa'r Wyddfa ar ddiwrnod braf mae'n bosibl gweld holl diroedd gogledd-orllewin Cymru, gan gynnwys Ynys Môn a gwlad Llŷn, a thros Fôr Iwerddon hyd at rai o fynyddoedd Iwerddon ar y gorwel draw.

Yn ystod y ganrif ddiwethaf bu llawer o durio ar lechweddau'r Wyddfa am fwynau fel copr, ac ar y llechweddau hwnt ac yma hyd y dydd heddiw mae tomennydd rwbel – olion o'r gweithfeydd hyn – i'w gweld. Bu rhai hefyd yn chwarela am lechi ar hyd y llethrau.

Dydy ffermio ar y llethrau moel hyn ddim yn waith hawdd, ond eto bydd defaid yn pori'n ddygn ar y rhannau uchel, yn enwedig yn ystod misoedd yr haf. Ychydig iawn sy'n byw ar gyrion yr Wyddfa heddiw, er bod adfeilion hen fythynnod i'w gweld ar y llechweddau. (Gweler hefyd – DŴR, ERYRI.)

B.L.D.

YR WYDDOR

Cyfres o symbolau mewn ysgrifen sy'n cynrychioli seiniau llafar yw'r wyddor (neu, a defnyddio enw arall, yr "egwyddor"). Bydd pob symbol yn cynrychioli llafariad neu gytsain syml fel arfer. Does neb yn hollol sicr sut y datblygodd yr wyddor gyntaf, er bod arbenigwyr yn derbyn mai dyfais Roegaidd wedi'i seilio ar nifer o ieithoedd eraill yw gwraidd yr wyddor Ewropeaidd. Daw'r gair Saesneg, *alphabet*, o ddwy lythyren gyntaf yr wyddor Roegaidd, *alpha* a *beta*, ond does dim arwyddocâd arbennig i hyn o safbwynt olrhain tarddiad yr wyddor.

Ffurf ar ysgrifennu sydd wedi datblygu'n gywrain yw'r wyddor, a does dim perthynas rhwng y sain sy'n cael ei llefaru a'r symbol a gaiff ei ysgrifennu i'w chynrychioli.

Datblygodd yr wyddor Roegaidd yn nifer o ganghennau dwyreiniol a gorllewinol; trwy'r gangen Etruscaidd y datblygodd yr wyddor Ladin, a seiliwyd gwyddorau ieithoedd Ewrop ar yr wyddor hon. Dewisodd yr wyddor Ladin 21 o lythrennau'n unig o'r wyddor Etruscaidd, a datblygodd y newidiadau pennaf ynddi gyda'r blynyddoedd oherwydd yr angen am lunio ysgrifennu rhedol, neu gysylltu llythrennau â'i gilydd mewn ysgrifen.

Caiff yr wyddor Ladin ei defnyddio'n fwy helaeth na'r un wyddor arall yn y byd. Dyma'r wyddor sy'n mynegi'r rhan fwyaf o ieithoedd Ewrop, gan gynnwys Cymraeg a Saesneg.

Mae gwahanol ieithoedd wedi addasu'r wyddor Ladin ar gyfer eu seiniau hwy. Er enghraifft, bydd yr iaith Saesneg yn rhannu'r sain *V* Ladin yn *u*, *v* ac *w*. Ond does gan y Saesneg ddim symbol o gwbwl ar gyfer rhai o'i seiniau, fel *ch*, er enghraifft. Yr wyddor ddelfrydol yw honno sy'n cynnwys un symbol ar gyfer pob sain sy'n cael ei hynganu yn yr iaith honno, ac yn hyn o beth mae'r wyddor Gymraeg yn well na llawer o ieithoedd eraill. Rydym yn hen gyfarwydd â dweud bod ynddi ugain o lythrennau syml ac wyth cyfuniad o ddwy lythyren.

Mae tair ar ddeg o'r llythrennau syml yn gytseiniaid – *b, c, d, f, g, h, l, m, n, p, r, s* a *t* – ac erbyn hyn gallwn dderbyn *j* fel rhan o'r wyddor Gymraeg hefyd (fel y gwna geiriaduron modern) gan ei fod yn digwydd mewn benthyciadau megis "jam", "jac-y-do", "joch" a "joio". Cytseiniaid yw'r cyfuniadau o ddwy lythyren hefyd – *ch, dd, ff, ng, ll, ph, rh* a *th*, ac mae'n rhaid cydnabod y gallai'r rhain fod yn gamarweiniol; er enghraifft, does dim cysylltiad rhwng yr *c* a'r *h* yn *ch* a'r llythrennau sengl *c* ac *h*. Diddorol hefyd yw sylwi bod gennym ddau symbol sy'n dynodi'r un sain, sef *ff* a *ph*, er mai fel treiglad o'r llythyren *p* yn unig y gallwn ddefnyddio *ph* ar ddechrau gair, ar wahân i ambell enw priod fel "Philistiad". Bron na ddylem ychwanegu nawfed cyfuniad, sef *si* fel "siop", "siarad", "sied", "siwr", sy'n cyfateb i'r Saesneg *sh*. (Hwyrach y byddai'n haws pe bai symbol sengl wedi'i ddewis ar gyfer pob un o'r seiniau hyn, yn lle'r cyfuniadau, fel y byddai rhai pobl yn arfer ysgrifennu *ð* am *dd*!)

Llafariaid yw'r saith lythyren syml arall – *a, e, i, o, u, w* ac *y*, ond gall dwy o'r saith, *i* ac *w*, fod yn gytseiniog o flaen llafariaid eraill, fel yn "*i*ach", "cot*io*", "*w*edi" a "g*wy*n". Gall y symbol *y* gynrychioli tair sain, fel yn "hyn" a "hynn*y*". Gallwn gyfuno dwy lafariad i greu deusain megis *wy*, a gallwn newid sain llafariad trwy osod acen grom uwch ei phen, fel yn "c*a*n" a "c*â*n", "ll*e*n" a "ll*ê*n", "t*o*n" a "t*ô*n"; sylwn fod yr acen grom yn creu llafariad hir,

Erbyn 1988 roedd y Beibl cyfan wedi ei gyfieithu i gyfanswm o 310 o ieithoedd, a rhannau ohono, yn destamentau neu'n llyfrau, ar gael mewn 1,597 iaith arall. Dyma un o adnodau mwyaf cyfarwydd y Beibl, adnod 16 o drydedd bennod yr Efengyl yn ôl Ioan, mewn nifer o wahanol ieithoedd a gwyddorau:

Cymraeg

Do, carodd Duw y byd gymaint nes iddo roi ei unig Fab, er mwyn i bob un sy'n credu ynddo ef beidio â mynd i ddistryw ond cael bywyd tragwyddol.

Arabeg (Algeria)

على خاطر هكذا حبّ الله العباد حتّى
سلّم في ابنه الوحيد الفريد باش ما يتّهلك
في كلّ من يامن به لكن تكون له الحياة
الدايمة *

Chinaeg (Ardal Shanghai)

因爲神愛世界上人，甚至於拏伊个獨養兒子撥伊拉，以致凡係相信伊个人，免脫滅亡㖸得著永生。

Groeg

Διότι τόσον ἠγάπησεν ὁ Θεὸς τὸν κόσμον, ὥστε ἔδωκε τὸν Υἱὸν αὐτοῦ τὸν μονογενῆ, διὰ νὰ μὴ ἀπο-λεσθῇ πᾶς ὁ πιστεύων εἰς αὐτόν, ἀλλὰ νὰ ἔχῃ ζωὴν αἰώνιον.

Gujurati (India)

કેમકે દેવે જગત પર એટલી પ્રીતિ કીધી કે
તેણે પોતાનો એકાકીજનિત દીકરો આપ્યો
એ સારૂ કે, જે કોઈ તેના પર વિશ્વાસ કરે તેનો
નાશ ન થાય, પણ તે અનંત જીવન પામે.

Hebraeg

כִּי־אַהֲבָה רַבָּה אָהַב הָאֱלֹהִים אֶת־הָעוֹלָם עַד־
אֲשֶׁר נָתַן אֶת־בְּנוֹ אֶת־יְחִידוֹ לְמַעַן אֲשֶׁר לֹא־יֹאבַד
כָּל־הַמַּאֲמִין בּוֹ כִּי אִם־יִחְיֶה חַיֵּי עוֹלָם׃

Rwsieg

Ибо так возлюбил Бог мир, что отдал Сына Своего единородного, дабы всякий, верующий в Него, не погиб, но имел жизнь вечную.

ond mae'r llafariad mewn rhai geiriau yn hir heb yr acen – fel yn y gair ''h*i*r''. Felly gall y symbol (neu'r llythyren) *e*, er enghraifft, gynrychioli llafariad fer yn ''ll*e*n'' a llafariad hir yn ''h*e*n'' (heb yr acen grom) a ''ll*ê*n'' (gyda'r acen) – ond un llythyren yw *e* yn yr wyddor Gymraeg. (Gweler hefyd – YSGRIFENNU.)

W.J.J.

Ellis WYNNE (1671–1734)

Yn ôl beirniaid llenyddol roedd Ellis Wynne yn feistr ar lunio rhyddiaith Gymraeg. Heddiw cofiwn amdano yn arbennig fel llenor crefyddol ac awdur ''Gweledigaetheu y Bardd Cwsc''.

Cafodd ei eni i deulu diwylliedig yn y Lasynys, fferm lewyrchus rhwng Talsarnau a Harlech yn yr hen Sir Feirionnydd. Wyddom ni ddim am ei addysg gynnar. Mae'n debyg iddo raddio yng Ngholeg Iesu, Rhydychen, a chael ei ordeinio'n offeiriad yn yr Eglwys Anglicannaidd ym mis Rhagfyr 1704. Bu'n rheithor eglwysi Llanbedr a Llandanwg gerllaw Harlech am saith mlynedd, cyn symud yn 1711 i ofalu am eglwys Llanfair yn yr un fro, ac arhosodd yno nes iddo farw yn 1734. Claddwyd ei gorff dan yr allor yn yr eglwys honno.

Yn 1701 cyhoeddodd ei gyfieithiad o *The Rule and Exercises of Holy Living* gan Jeremy Taylor (1650), dan y teitl ''Rheol Buchedd Sanctaidd'', a'i gyflwyno i gâr iddo, Humphrey Humphreys, Esgob Bangor. Yn 1710 ymddangosodd cyfieithiad o'r Llyfr Gweddi Gyffredin wedi'i olygu ganddo, ac yn cynnwys ''Salmau Cân'' Edmwnd Prys ac emyn mwyaf adnabyddus Ellis Wynne sy'n dechrau:

''Myfi yw'r Atgyfodiad Mawr,
Myfi yw gwawr y bywyd;
Caiff pawb a'm cred, medd f'Arglwydd Dduw,
Er trengi, fyw mewn eilfyd.''

Ei gampwaith llenyddol oedd ''Gweledigaetheu y Bardd Cwsc'', a gafodd ei gyhoeddi yn 1703. Mae'n cynnwys tair ''gweledigaeth'' – Gweledigaeth Cwrs y Byd, Gweledigaeth Angau yn ei Frenhinllys Isa a Gweledigaeth Uffern. Yn y ddeunawfed ganrif aeth rhai o lenorion Cymru ati i drosi gweithiau Saesneg i'r Gymraeg, yn aml gan newid llawer ar y gwreiddiol. Seiliodd Ellis Wynne ei gyfrol ar rydd-gyfieithiad Saesneg Roger L'Estrange o *Los Sueños* (''Y Breuddwydion''), gwaith yr awdur Sbaenaidd Quevedo, ond addasodd y gwreiddiol yn helaeth nes y gallwn ystyried ei fersiwn ef yn waith newydd, hollol Gymreig.

Yn wahanol i Gymraeg coeth ac arddull hamddenol glasurol "Rheol Buchedd Sanctaidd", iaith lafar gyfoethog ac arddull gryno ddramatig sydd yn y "Gweledigaetheu", ac mae'r rhain yn disgrifio'n ddychanol hynt pechaduriaid drwy'r byd a thir Angau tuag Uffern; cawn hefyd ddarlun byw o fywyd Cymru yn yr ail ganrif ar bymtheg.

Ysgrifennai Ellis Wynne o safbwynt clerigwr yn Eglwys Loegr a gasâi Babyddion ac Anghydffurfwyr. Y Frenhines, pen yr Eglwys honno, oedd y cymeriad canolog yn ei freuddwyd ef am dŷ Dduw. Yn wir mae'n uniaethu teyrnas y Frenhines Anne â gorseddfainc Duw, ac yn gosod Ffrainc a Louis XIV, Rhufain a'r Pab yn sicr yn Uffern.

Dyma enghraifft o'i arddull o Weledigaeth Uffern:

"Trwy'r gymysgfa fawr arswydus, ni a dorasom, o'r diwedd, allan i'r llaw chwith; a chyn trafaelio nepell yno, lle'r oedd pob peth yn dechreu mynd hyllach hyllach, clywn y galon yng nghorn fy ngwddf, a'm gwallt yn sefyll fel gwrych draenog, cyn gweled; ond pan welais, och ormod olwg i dafod ddatgan, nac i ysbryd dyn marwol ei edrych! Mi a lewygais. O aruthrol anferthol gyfwng tra erchyll yn ymagor i fyd arall!"

D.G.J.

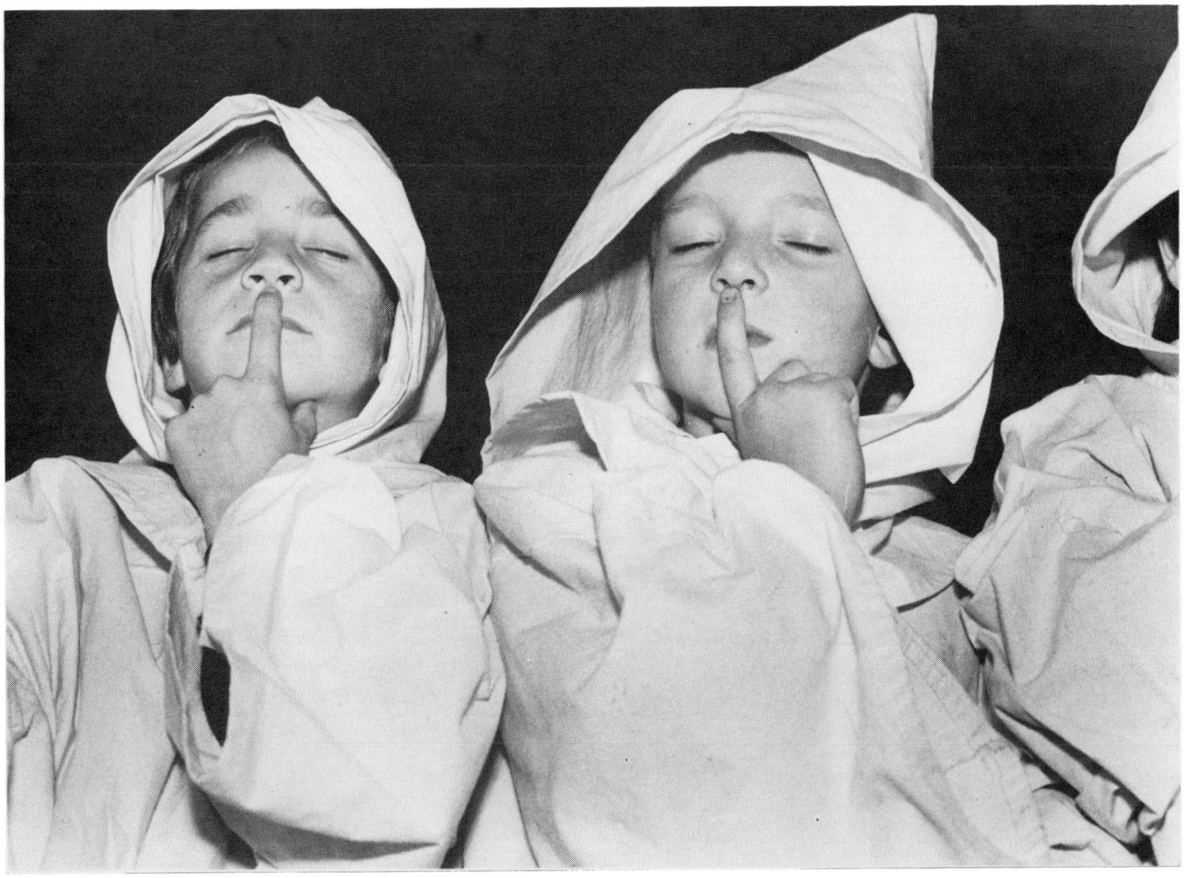

"Mynachod" ifainc yn ymarfer cadw'n ddistaw yn ystod eu diwrnod yn Abaty Nedd. Trefnodd Cadw (Henebion Cymru) i nifer fawr o blant ymweld â'r abaty a chael treulio diwrnod, wedi'u gwisgo fel mynachod, fel y byddai trigolion yr abaty wedi'i dreulio yn y ddeuddegfed ganrif. (Gweler yr erthygl ar CADW yn atodiad cyntaf y gyfrol hon.)

Y

YDFRAN

Aderyn mawr, du, ydy'r ydfran, bron hanner metr o hyd o flaen ei big i ben ei gynffon. Mae'n siwr mai hi ydy'r fwyaf cymdeithasol o deulu'r brain, yn hedfan, nythu a bwydo mewn cwmni; ym mrig yr hwyr bydd heidiau o ydfrain yn chwilio am fan i glwydo dros nos. Hoff gynefin yr ydfran ydy gwlad agored, amaethyddol, a llwyni o goed talfrig iddi nythu ynddyn nhw. Gan fod heidiau mawr o frain yn disgyn ar eu caeau, byddai ffermwyr gynt yn poeni ac yn pryderu beth oedden nhw'n ei fwyta yno: pryfed, cynrhon, hadau a phryfed genwair ydy eu prif fwyd, ac felly maen nhw'n gwneud cymwynas â'r ffermwr, ond, fel y mae enw'r aderyn yn ei awgrymu, mae'r ydfran yn hoffi ŷd hefyd!

Mae'r ydfran a'r frân dyddyn yn debyg iawn i'w gilydd, ond mae'n rhaid cofio bod croen noeth a llwyd ar fôn pig yr ydfran – dyna pam y bydd weithiau'n cael ei galw'n frân bigwen. Hefyd, ar wahân, fesul pâr, y bydd brain tyddyn yn nythu, ond arfer yr ydfrain ydy nythu mewn cwmni; yn aml bydd nifer o'u nythod yn yr un goeden, yn edrych fel bwndeli anniben o frigau ym mhen y goeden.

Bydd y pâr yn nythu ym mis Mawrth. Brigau a llaid ydy deunydd y nyth, ag ynddo leinin o wair, gwlân a rhawn. Bydd yr iâr yn dodwy rhwng 3 a 6 o wyau gwyrddlas â brychni brown a llwyd arnyn nhw. Bydd y cywion i'w clywed yn galw'n ddi-baid am fwyd.

E.B.J.

YMBARÉL

Y gair Lladin am ''cysgod'' yw *umbra* ac o'r gair hwnnw y cawsom ''ymbarél'', sef dyfais i gysgodi'r person sy'n ei gario rhag glaw neu haul. Caiff ei wneud o ddefnydd wedi'i daenu dros ffrâm o asennau sydd wedi'u cysylltu wrth ffon a dolen. Mae ar y ffon ddyfais i alluogi'r person sy'n ei gludo i agor a chau'r ymbarél yn hawdd.

Gallwn olrhain yr ymbarél yn ôl yn bell, bell mewn hanes. Mae sôn eu bod i'w cael yn China yn y ddegfed ganrif C.C., ac mae cerfiad yn yr Amgueddfa Brydeinig yn dangos brenin Assyria yn cario ymbarél wrth arwain ei fyddin i frwydr saith gant o flynyddoedd cyn Crist. Roedd y ddyfais yn ffasiynol unwaith ymhlith pobl fonheddig Groeg a Rhufain – i'w diogelu rhag gwres yr haul yn fwy na dim – ond aeth allan o ffasiwn yn y Dwyrain Canol. Erbyn yr ail ganrif ar bymtheg, roedd yn boblogaidd yng ngwledydd Prydain fel parasol ysgafn gwraig fonheddig; erbyn y bedwaredd ganrif ar bymtheg teclyn bychan cymharol ddiwerth oedd y math hwn o ymbarél, ac erbyn yr ugeinfed ganrif roedd y parasol wedi peidio â bod yn y gwledydd hyn.

Mae hanes defnydd dynion o'r ymbarél ychydig yn wahanol. Mae'n debyg bod gŵr o'r enw Jonas Hanway wedi cario ymbarél ar strydoedd Llundain yn 1712; dechreuodd pobl ifanc redeg ar ei ôl a thaflu wyau a llysiau drwg ato – am ei fod yn defnyddio rhywbeth a oedd wedi'i fwriadu ar gyfer merched! Ond roedd Jonas yn benderfynol o gysgodi'i hun rhag y glaw, a chymerodd ddim sylw o'i erlidwyr. Byddai'r rhai a oedd yn gyfrifol am wasanaeth y goets fawr yn anfodlon gweld pobl yn cario ymbarél gan y byddai hyn, yn eu tyb nhw, yn arwain at lai o deithwyr! Aeth cryn amser heibio cyn i'r ymbarél ddod yn boblogaidd ymhlith dynion, ond mae'n cael ei ddefnyddio'n gyson

Llun wedi'i gerfio o garreg yn yr wythfed ganrif cyn Crist yn dangos Asurbanipal, brenin mawr olaf Assyria, yn gorymdeithio yn ei gerbyd dan gysgod ymbarél.

erbyn hyn gan ddynion a merched – yn enwedig mewn gwledydd fel gwledydd Prydain sy'n cael glaw cyson. Yn ddiweddar daeth ymbarél o faint a golwg newydd – yr ymbarél golff – yn ffasiynol. Ymbarél mawr lliwgar sy'n denu'r llygad yw hwn a dyna'r rheswm pam y bydd cwmnïau masnachol yn eu defnyddio i ddibenion hysbysebu.

Mewn rhai gwledydd pwrpas cario ymbarél yw dangos statws dyn yn y gymdeithas; ymhlith brodorion Affrica bydd penaethiaid yn cario ymbarél i ddangos nad pobl gyffredin mohonyn nhw.

W.J.J.

YMBELYDREDD

Yn fuan iawn wedi i Wilhelm Röntgen ddarganfod pelydrau X yn 1895 darganfu'r gwyddonydd o Ffrancwr, Henri Becquerel, fod halwynau uraniwm a thoriwm yn gyrru allan math arall, gwahanol, o belydrau. Dangosodd Ernest Rutherford fod yn yr allyriad ymbelydrol hwn o leiaf ddau fath o ronyn a alwodd yn alffa (α) a beta (β). Awgrymodd Rutherford a'r cemegydd ifanc Frederick Söddy (Coleg Prifysgol Cymru, Aberystwyth) fod ymbelydredd yn deillio o niwclews yr atom yn dadfeilio ohono'i hun. Bydd atomau pob elfen ymbelydrol yn ansefydlog a'r niwclews yn dadfeilio i ffurfio atomau newydd gan allyrru gronynnau bychain.

Ym Mharis, tua 1900, darganfu Marie a Pierre Curie ymbelydredd mwy treiddiol mewn samplau o'r mwyn *pitchblende*. Dangosodd Pierre Curie fod yr allyriad hwn, a alwodd yn gama (γ), yn allyriad o donnau electromagnetig yn hytrach nag allyriad o ronynnau. Llwyddodd Marie a Pierre Curie hefyd i wahanu dwy elfen ymbelydrol, gan roi'r enwau poloniwm (ar ôl mamwlad Marie, Gwlad Pwyl) ar y naill a radiwm ar y llall.

Mae tri math o allyriad ymbelydrol felly, a bydd pob sylwedd ymbelydrol yn allyrru un neu ragor o'r tri math. Mae gronyn alffa yn cynnwys dau niwtron a dau broton (hynny yw, niwclews yr atom heliwm). Oherwydd presenoldeb y protonau mae gwefr bositif ar ronyn alffa. Maen nhw'n weddol drwm ac felly'n ddiogel i'w defnyddio mewn labordy. Ychydig gentimetrau yn unig y bydd y gronynnau alffa'n llwyddo i deithio trwy aer a gall darn o bapur neu wydr eu hatal.

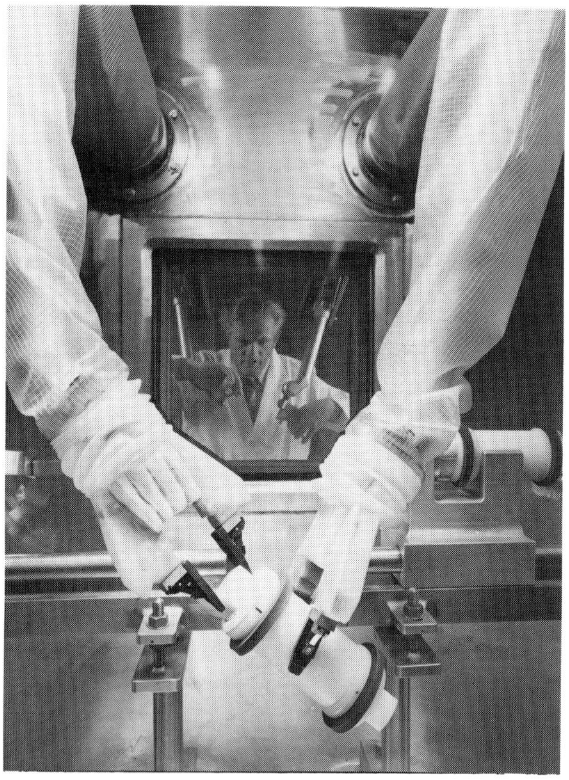

Rhaid trin deunydd ymbelydrol yn ofalus ac yn ddiogel iawn. Yma mae'r sampl ymbelydrol yn cael ei thrafod y tu mewn i gell dur gwrthstaen y tu ôl i darian goncrit 350 mm o drwch sy'n ynysu'r gwyddonydd oddi wrth yr ymbelydredd sy'n cael ei ryddhau yn y gell. Gall y gwyddonydd weithio'r "dwylo" sy'n trin y sampl trwy gyfrwng dolenni o'r tu allan, gan wylio'r hyn sy'n digwydd y tu mewn trwy ffenestr wydr drwchus.

Electron, sef màs bychan iawn ac iddo wefr negatif, yw gronyn beta. Bydd yn teithio'n gyflym (hyd at naw deg y cant o gyflymder golau) ac o ganlyniad mae'n fwy treiddiol na gronyn alffa. Bydd angen metr neu ddau o aer neu ddarn o alwminiwm i'w atal.

Tonnau tebyg i belydrau X sydd heb fàs na gwefr yw pelydrau gama. Gan eu bod yn gallu treiddio mor effeithiol rhaid cael sawl centimetr o blwm neu fwy na metr o goncrit i'w hatal yn ddiogel. Caiff pelydrau gama eu rhyddhau mewn adweithydd niwclear. Yr egwyddor sydd ar waith mewn adweithydd niwclear ac mewn rhai mathau o fomiau atomig yw anelu niwtronau at niwclews atom trwm fel uraniwm-235. Yn y ddau achos caiff niwclews yr uraniwm-235 ei hollti (ymholltiad niwclear) i ffurfio atomau newydd a swm enfawr o egni ei ryddhau: caiff yr egni hwn ei ddefnyddio i ddinistrio yn achos y bom, ond ei reoli'n ofalus iawn mewn adweithydd i gynhyrchu gwres ar gyfer gyrru generaduron trydan yn achos pwerdy niwclear. Rhaid sicrhau nad yw'r ymbelydredd niweidiol a gaiff ei ryddhau yn ystod y broses yn dianc o grombil yr adweithydd.

Mae'n bosibl defnyddio allyriad gama dwys yn llesol, dan reolaeth manwl, i ladd celloedd cancr yn y corff. Rhaid bod yn ofalus iawn nad yw'r meinwe iach hefyd yn cael ei ddifrodi. Caiff offer arbennig eu defnyddio i ffocysu'r pelydriad ar y tyfiant, neu mae modd mewnblannu capsiwl bach o'r isotop yn y rhan o'r corff sydd angen triniaeth i ryddhau pelydriad yno. Cobalt-60 sy'n cael ei ddefnyddio fel arfer i'r diben hwn.

Mae'r pelydrau a gaiff eu rhyddhau gan isotopau ymbelydrol fel cobalt-60 yn egnïol iawn ac yn gallu lladd bacteria. O ganlyniad cafodd dull newydd o steryllu ei ddatblygu. Caiff offer meddygol plastig eu steryllu trwy ddefnyddio pelydrau niwclear; does dim modd steryllu plastig â gwres gan y byddai'n meddalu. Yn yr un modd mae'n bosibl steryllu dillad, blancedi a rhwymau sy'n cael eu defnyddio mewn theatr lawfeddygol ac ysbyty. Mae'n bosibl hefyd steryllu bwyd trwy gyfrwng isotopau ymbelydrol; er enghraifft, caiff cnydau grawn eu steryllu mewn porthladdoedd cyn eu hallforio.

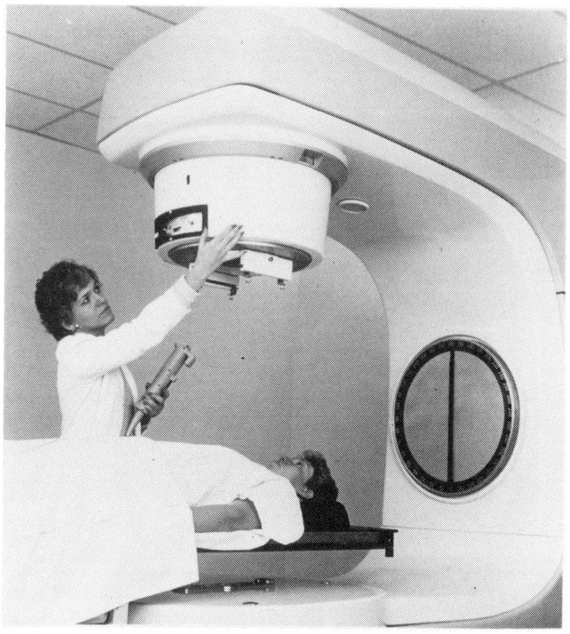

Claf yn derbyn triniaeth ymbelydrol (radiotherapi) ar ffurf pelydrau X foltedd uchel o gyflymydd gronynnau llinol. Caiff radiotherapi ei ddefnyddio i drin gwahanol fathau o gancr, weithiau ynghyd â thriniaeth lawfeddygol a chyffuriau.

Mae modd dilyn symudiad neu ymddygiad dogn bach o ddefnydd ymbelydrol wrth iddo deithio trwy system, a chaiff y ffaith hon ei defnyddio mewn nifer o wahanol ffyrdd. Er enghraifft, gallwn archwilio i weld a yw pibau hylif yn gollwng trwy ychwanegu radioisotop at yr hylif sy'n llifo trwyddyn nhw ac yna ddilyn ei hynt ar hyd y pibau. Trwy'r dull hwn mae modd dod o hyd i wallau mewn system – boed y system yn un ddiwydiannol neu'n un o systemau cymhleth y corff dynol.

Mae modd defnyddio ymbelydredd i ddarganfod dyddiad neu oed gwrthrych. Mae un math o garbon yn ymbelydrol ac wrth fesur faint ohono sydd yn dal heb ddadfeilio mewn crair neu wrthrych arbennig mae'n bosibl i wyddonydd fedru mesur ei oedran. (Gweler hefyd – ATOM, MARIE CURIE, RADIWM, TRYDAN, YNNI NIWCLEAR.)

D.G.J.

YR YMENNYDD

Casgliad cymhleth o nerfau wedi'u cysylltu â chelloedd arbenigol yw'r ymennydd, sydd yn gorwedd y tu mewn i'r pen. Mewn anifeiliaid sydd ag asgwrn cefn, mae madruddyn yn gorwedd mewn bwlch yn yr asgwrn hwnnw, a'r madruddyn sydd yn galluogi'r negesau, sy'n cael eu derbyn gan y nerfau o rannau pell y corff, i gyrraedd yr ymennydd, ac yn danfon atebion yn ôl i'r corff. Mae'r ymennydd i'w gael ar ben uchaf y madruddyn mewn dyn (ac ar ei ran flaen mewn anifeiliaid pedwartroed), ac os caiff y cysylltiad rhwng y naill a'r llall ei dorri, bydd y rhannau hynny o'r corff a fydd wedi colli cysylltiad â'r ymennydd yn cael eu parlysu.

Mae nerfau yn treiddio i bob rhan o'r corff a chaiff negesau eu trosglwyddo ganddyn nhw ar ffurf ysgogiadau trydanol. Bydd anifail yn casglu gwybodaeth am ei amgylchfyd trwy gyfrwng y pum synnwyr, sef teimlo, gweld, clywed, aroglu a blasu. Yn ogystal, bydd yr ymennydd yn cael ei fwydo â gwybodaeth am gyflwr mewnol y corff gan nerfau eraill – er enghraifft, cyflwr y galon, yr ysgyfaint a'r cyhyrau. Mae'r holl gyfundrefn nerfol yn cael ei rheoli gan gyfres o wahanol gemigion, a gall diffyg neu ormodedd ohonyn nhw achosi tostrwydd.

Er nad dyn biau'r ymennydd mwyaf oll o ran ei faint, o ran cywreinrwydd ei ddatblygiad mae'r ymennydd yn cyrraedd ei uchafbwynt mewn dyn. Mae maint yr ymennydd dynol ychydig yn fwy mewn dynion (1360–1400 gram) na mewn gwragedd, ond dydy hyn yn ddim ond adlewyrchiad o'r gwahaniaethau ym maint cyrff y ddau ryw.

Bydd yr ymennydd yn tyfu yn rhwyddach yn ystod plentyndod, ac yn fwy araf wedyn at ddiwedd yr arddegau pan fydd yn cyrraedd ei lawn dwf. Gan nad yw celloedd yr ymennydd, yn wahanol i gelloedd gweddill y corff, yn cael eu hadnewyddu ar ôl iddyn nhw farw, mae'n rhaid i'r ymennydd barhau i dderbyn cyflenwad llawn o ocsigen yn gyson, trwy rydwelïau'r pen a'r gwddf. Heb y cyflenwad hwn, bydd yn amhosibl cynnal bywyd yr unigolyn, neu, o leiaf, bydd y diffyg yn achosi niwed mawr i ran uchaf yr ymennydd gan effeithio'n ddirfawr ar ansawdd bywyd.

Mae sawl rhan i'r ymennydd. Mae'r rhan isaf yn ymwneud â rheoli'r prosesau ffisiolegol sydd yn angenrheidiol er mwyn cadw'r corff yn gweithio'n effeithiol – er enghraifft, er mwyn i'r ysgyfaint anadlu ac i'r galon guro. Er bod y rhan hon o'r ymennydd dynol wedi'i datblygu, i raddau beth bynnag, yn llawer mwy arbenigol, dydy hi ddim yn annhebyg o ran ei chyfansoddiad cyffredinol i'r hyn a geir mewn anifeiliaid eraill.

Yr ymennydd bach, neu'r cerebelwm, sydd yn rheoli cydbwysedd y corff, ac, o'i niweidio, bydd y corff yn colli'i sefydlogrwydd.

Y rhan fwyaf o'r ymennydd dynol – tuag 85% ohono – yw'r rhan uchaf, y cerebrwm. Erbyn hyn, mae'n bosibl lleoli'n weddol gywrain rai o'r canolfannau arbenigol sydd yn cyfarwyddo gwahanol weithrediadau'r unigolyn. Y tu mewn i *ganolfan synhwyraidd* y cerebrwm, er enghraifft, mae'r rhannau o'r croen sydd yn cyfleu mwyaf o wybodaeth i'r ymennydd yn cael eu cynrychioli ar radd ehangach na'r rhannau eraill: mae angen llawer mwy o gelloedd ymenyddol i drin negesau o'r dwylo, yn enwedig o'r bysedd, na sydd eu hangen ar groen y bol. Yn rhan ôl yr ymennydd mae'r *ganolfan weled* wedi'i lleoli. I'r celloedd hyn daw'r negesau o'r llygaid; oherwydd cyfyngiadau lens y llygad a maint y pen, dylai pob llun sy'n cael ei drosglwyddo i'r cerebrwm fod wyneb i waered ond gall yr ymennydd gywiro hyn yn fuan ar ôl i blentyn gael ei eni.

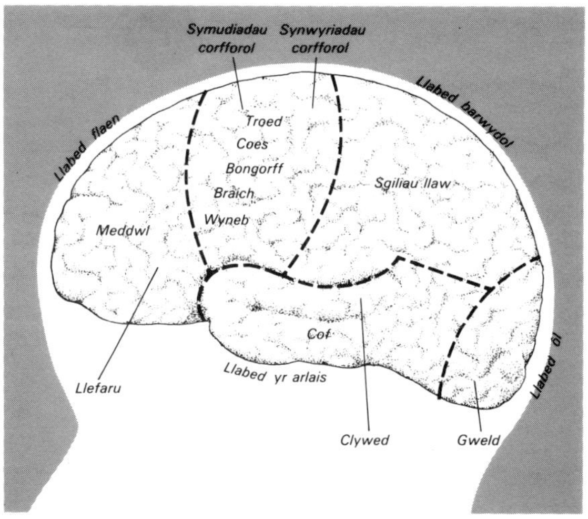

Lleoliad pedair prif labed yr ymennydd a rhai o'r canolfannau arbenigol sy'n cyfarwyddo gwahanol weithgareddau'r unigolyn.

Hefyd, mae'r cerebrwm yn rheoli'r holl nodweddion deallusol sydd yn gwneud dyn yn wahanol i anifeiliaid eraill. Mae'r rhain yn cynnwys y gallu i feddwl ac i ddeall, i ddysgu, ac i gofio ar radd eang. Mae'n debyg mai'r nodwedd ymenyddol fwyaf unigryw sydd gan ddyn yw'r gallu i ddysgu a defnyddio ieithoedd, sydd yn rhoi modd iddo gyfathrebu â'i gyd-ddyn. Mae gan y cerebrwm sawl canolfan sydd yn ymwneud â meistrolaeth ar iaith; yn ymennydd pobl sydd yn sgrifennu â'r llaw dde, mae'r rhain ar yr ochr chwith, ond yn ymennydd y sawl sydd yn sgrifennu â'r llaw chwith gallan nhw fod naill ai ar ochr dde'r ymennydd neu wedi'u rhannu'n gyfartal rhwng y ddwy ochr.

Mae'r bylchau sydd i'w gweld rhwng gwahanol ddarnau'r cerebrwm yn fodd i gynyddu ei arwynebedd – ac felly ei effeithiolrwydd – heb fod angen ychwanegu at ei faint. Mae'r ymennydd wedi'i orchuddio gan dair haenen – y *pia mater*, yr *arachnoid mater* ac, ar y tu allan, nesaf at y benglog, y *dura mater*; rhwng y *pia* a'r *arachnoid* ceir yr hylif cerebro-spinal sydd yn ogystal yn llanw'r fentriglau yng nghanol yr ymennydd ac yn cysylltu â madruddyn y cefn.

Mae'r nerfau sydd yn cysylltu'r corff â'r ymennydd yn croesi o'r naill ochr i'r llall yn y madruddyn. Felly, pan gaiff rhywun drawiad (strôc), dyweder, ar ochr chwith yr ymennydd – sydd wedi'i achosi gan waedlif, neu ryw anffawd tebyg, i'r cerebrwm – ochr dde'r corff sydd yn cael ei barlysu.

Gwir y dywedodd rhywun mai ymennydd dyn yw'r gwrthrych mwyaf rhyfeddol yn y byd i gyd. (Gweler hefyd – Y SYSTEM NERFOL.)

R.E.H.

YMFUDO

Bydd llawer o bryfed, pysgod, adar a mamaliaid yn teithio'n rheolaidd ar dymhorau arbennig o'r flwyddyn. Daw glöynnod byw o gyfandir Ewrop i wledydd Prydain, a bydd rhai'n croesi o America. Un o'r pryfed mudol mwyaf niweidiol ydy'r locust, a bydd heidiau anferth o'r rhain yn ymfudo ar draws Affrica, gan ddinistrio cnydau ar eu llwybr.

Yr eog ydy'r pysgodyn mudol enwocaf, yn dychwelyd o'r môr i ddodwy ei wyau yn yr afon lle cafodd ei eni. Ymfudo o chwith fydd arfer y llysywen – ar ôl byw a thyfu mewn nant neu ffos, bydd yn teithio i Fôr Sargasso yng nghanol gogledd Môr Iwerydd i ddodwy a marw yno; yna bydd y rhai bychain yn teithio miloedd o filltiroedd i nentydd a phyllau gwledydd Ewrop.

Arferiad y gniw ac eraill o famaliaid mwyaf Affrica ydy crwydro'n bell i chwilio am damaid, gan ddychwelyd wrth i'r borfa dyfu ar ôl glaw. Yng ngwledydd y gogledd bydd y caribŵ yn mudo i fanteisio ar dyfiant y gwanwyn.

Un o'r mamaliaid lleiaf sy'n mudo ydy'r leming, cnofil bychan, rhyw 10–18 centimetr o hyd, sy'n trigo yng ngogledd Ewrop. Dros gyfnod o flynyddoedd bydd nifer yr anifail yn cynyddu'n rhyfeddol, a bydd miloedd ohonyn nhw i'w gweld yn mudo ar draws gwlad – yn y gwanwyn a'r hydref fel arfer. Fydd dim yn eu rhwystro rhag croesi afonydd, mynyddoedd a chorsydd. Bydd patrwm mudo leming Norwy (*Lemmus lemmus*), yn arbennig, yn un dramatig gan y bydd y mwyafrif ohonyn nhw'n nofio allan i'r môr mawr ac yn boddi yno.

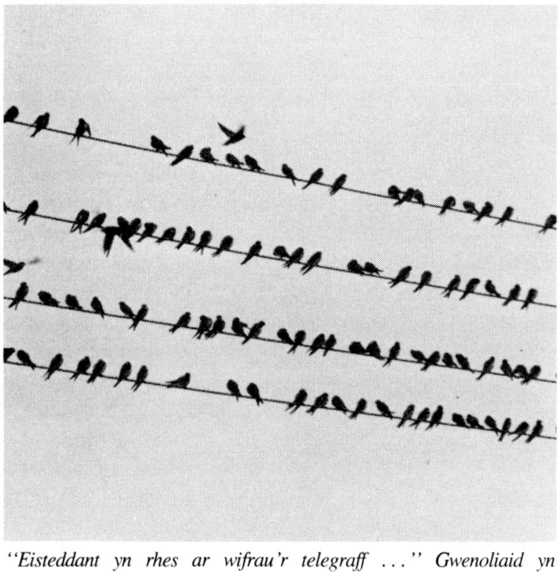

"Eisteddant yn rhes ar wifrau'r telegraff ..." Gwenoliaid yn ymgasglu'n llu yn yr hydref cyn ymfudo tua'r de dros fisoedd y gaeaf.

Mae ymfudiad adar yn fwy amlwg na symudiadau anifeiliaid eraill, ac mae pawb wedi sylwi ar heidiau o wenoliaid yn ymgynnull ar wifrau telegraff yn yr hydref. Dyma'r cam cyntaf ar y daith fudol i dreulio'r gaeaf yng ngwledydd y de. Miloedd o flynyddoedd yn ôl byddai pobl yn sylwi ar adar yn ymfudo – y Groegiaid gynt, er enghraifft, yn gwylio'r garan yn gadael y wlad cyn y gaeaf. Dros 2,000 o flynyddoedd yn ôl gwyddai'r proffwyd Jeremeia am ymfudiad adar:

> "Y mae'r crëyr yn yr awyr yn adnabod ei dymor; y durtur a'r wennol a'r fronfraith yn cadw amser eu dyfod;..."
>
> (Jeremeia viii. 7.)

Roedd pobl ers talwm yn credu hefyd fod rhai adar yn troi'n adar o fath gwahanol dros y gaeaf – y tingoch, er enghraifft, yn troi'n robin goch yn yr hydref! Roedden nhw'n credu hefyd fod y wennol yn suddo i'r llaid ar waelod pyllau dŵr a chorsydd i aros am y gwanwyn, ac meddai hen bennill:

> "Carwn wybod er ei gwaetha
> Ble mae'r gog yn cysgu'r gaea."

Mae o leiaf un aderyn yn America, sydd o deulu'r troellwr, yn gallu cysgu'r gaeaf, ond bydd mwyafrif yr adar yn effro drwy'r flwyddyn, a nifer fawr ohonyn nhw'n mudo, rhai'n symud ychydig filltiroedd, ac eraill yn teithio miloedd o filltiroedd dros fôr a thir.

Dechreuodd dynion astudio ymfudiad adar tua diwedd y ganrif ddiwethaf. Bydd adaryddion heddiw yn dal aderyn ac yn gosod modrwy aliwminiwm ysgafn ar ei goes ag arni rif a chyfeiriad; os caiff yr aderyn hwnnw ei weld eilwaith mewn gwlad arall, a chael ei adnabod wrth ei fodrwy, mae'n bosibl dilyn llwybr ei ymfudiad. Dros y blynyddoedd, cafodd dros chwe miliwn o adar eu modrwyo.

Wyddom ni ddim yn union sut mae adar yn gallu teithio yn ôl a blaen mor ddidrafferth, ond efallai eu bod yn defnyddio haul y dydd a'r sêr liw nos i lywio'u teithiau. Hefyd, wyddom ni ddim sut a pham y cychwynnodd adar ymfudo. Efallai eu bod wedi cychwyn drwy ddilyn y rhew tua'r gogledd ar derfyn yr olaf o oesoedd yr iâ. Bydd adar yn ymfudo tua'r gogledd i fagu eu cywion yn y gwanwyn, er mwyn gallu manteisio ar gynefin eang, a digonedd o fwyd. Er yr holl fodrwyo, mae llawer o gyfrinachau patrymau ymfudo adar yn dal heb eu datgelu. (Gweler hefyd – GWENOLIAID.)

E.B.J.

YMLUSGIAID

Un o bum dosbarth o anifeiliaid a chanddyn nhw asgwrn cefn yw ymlusgiaid, ac felly maen nhw'n perthyn i'r *Vertebrata*. Anifeiliaid o'r dosbarth hwn oedd y rhai cyntaf i ddod o'r dŵr i fyw ar y tir, ac roedd y cennau a orchuddiai eu croen trwchus yn gymorth i'w cadw rhag sychu. Peth arall o'u plaid oedd bod plisgyn o groen am eu hwyau, ac felly, yn wahanol i'r amffibiaid, gallen nhw hepgor y cyfnod penbwl o'u cylch bywyd. (Bydd rhai ymlusgiaid, fodd bynnag, yn geni eu rhai bach yn fyw.) Ffactor pellach yw bod gan

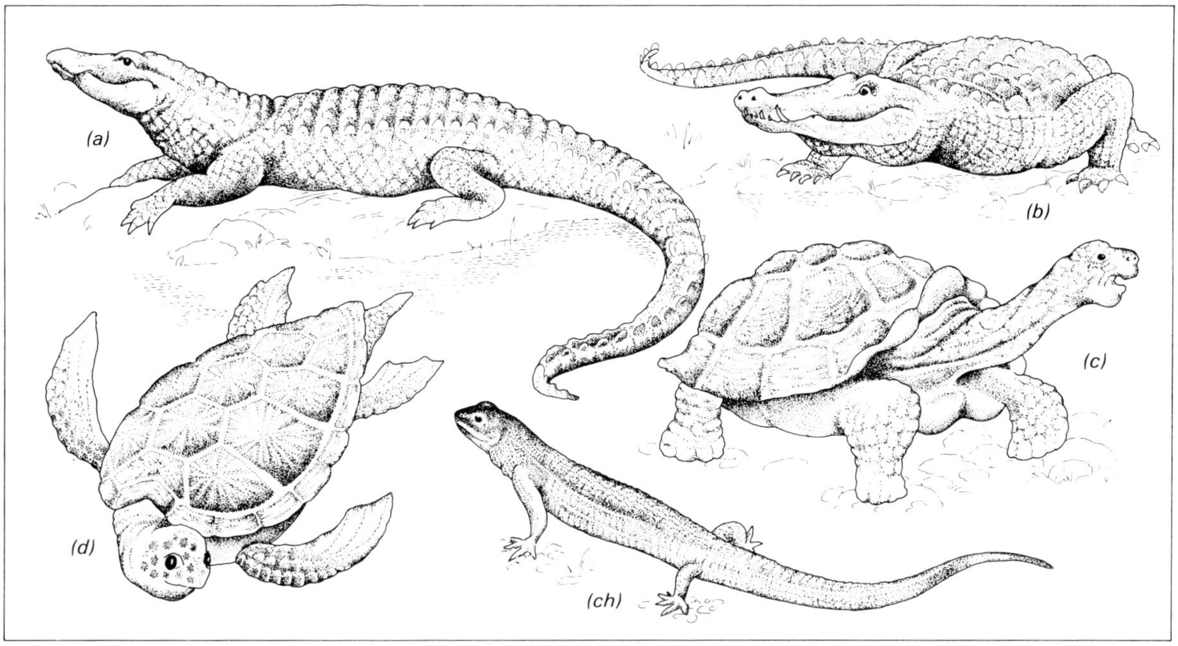

Amrywiol ymlusgiaid: (a) aligator; (b) crocodil; (c) crwban mawr; (ch) genau-goeg; (d) crwban y môr.

ymlusgiaid ysgyfaint i'w galluogi i gael ocsigen o'r awyr ar gyfer anadlu. Er bod ymlusgiaid wedi'u haddasu'n dda i fyw ar y tir, ac felly'n ffurf uwch ar fywyd nag amffibiaid, eto dydyn nhw ddim ar yr un lefel ag adar a mamaliaid am nad yw eu gwaed yn gynnes.

Bydd astudio ffosilau yn dangos mai ymlusgiaid oedd y prif anifeiliaid ar y ddaear o 200 miliwn i 60 miliwn o flynyddoedd yn ôl. Oes y deinosoriaid oedd hon, ac efallai mai'r rheswm pam y daeth eu cyfnod nhw i ben oedd eu bod yn rhy fawr neu fod y tywydd wedi oeri'n sydyn a hwythau wedi methu ymaddasu ar gyfer hynny. Ond o'r holl wahanol fathau o ymlusgiaid a oedd yn fyw y pryd hwnnw, pedwar grŵp neu urdd yn unig sydd ar ôl erbyn heddiw, sef *(a)* y tuatara, *(b)* grŵp y crocodil a'r aligator, *(c)* grŵp y neidr a'r genau-goeg, ac *(ch)* grŵp y crwban a chrwban-y-môr.

Ymlusgiad tebyg i'r genau-goeg (madfall) yw'r tuatara; ar un adeg roedd i'w gael yn Seland Newydd ond er ei fod wedi diflannu o dir mawr y wlad honno mae'n dal i fyw ar rai o'r mân ynysoedd sydd o'i chwmpas.

Ymlusgiaid sy'n byw yn bennaf mewn dŵr yw crocodilod – dyma berthnasau byw agosaf y deinosoriaid.

Grŵp y neidr a'r genau-goeg yw'r grŵp mwyaf; mae tua 3,000 o wahanol fathau o nadroedd a 2,500 o enau-goegiaid yn y byd. Dwy rywogaeth yn unig o enau-goeg sy'n wenwynig – un ohonyn nhw yw'r anghenfil Gila sy'n trigo yn ne-orllewin yr Unol Daleithiau – ond mae gan lawer o'r nadroedd frathiad gwenwynig. Gwahaniaeth arall rhwng y ddau ddosbarth yma yw'r gorchudd o groen sydd dros dwll clust neidr. Eto, mae gên genau-goeg yn un darn, ond gall dwy ochr gên isaf neidr ymwahanu gan ei galluogi i lyncu anifail mwy na hi ei hun. Mae gan y rhan fwyaf o'r genau-goegiaid goesau, ond does dim coesau gan yr un neidr.

Mae crwbanod a chrwbanod-y-môr yn wahanol i'r tri grŵp arall am fod ganddyn nhw gragen galed o blatiau esgyrnog a'r rheiny wedi'u gorchuddio â chennau caled. Dydyn nhw ddim yn gallu symud eu hasennau gan eu bod yn sownd yn y gragen. Mae dros gant o wahanol fathau o grwbanod i'w cael, rhai ohonyn nhw'n byw ar y tir ac weithiau'n cael eu cadw fel anifeiliaid anwes, tra bod eraill yn byw mewn dŵr croyw. Gwelodd Charles Darwin y cawr-grwbanod sy'n byw ar Ynysoedd Galapagos; gall y rhain fod dros fetr o hyd a phwyso 220 kilogram, ond bellach maen nhw'n brin iawn ac mewn perygl o ddiflannu. Bwyd crwbanod yw planhigion, ond does ganddyn nhw ddim dannedd; byddan nhw'n malurio'r bwyd â math o big cyn ei fwyta. Gall crwbanod-y-môr nofio trwy ddefnyddio'u haelodau sydd wedi eu haddasu ar ffurf rhwyfau. Mae eu cyrff yn hir a llilin. Byddan nhw'n dod i'r lan i ddodwy eu hwyau. (Gweler hefyd – AMFFIBIA, CROCODIL, CHARLES DARWIN, MADFALL, NEIDR.)

J.R.J.

YNAD (USTUS) HEDDWCH

Swyddogion cyfraith di-dâl yw ynadon heddwch sy'n cael eu penodi yn lleol dan sêl yr Arglwydd Ganghellor i gadw'r heddwch mewn siroedd neu yn y bwrdeistrefi. Mae hanes swydd yr ynad neu'r ustus heddwch yn ymestyn yn ôl i gyfnod y Brenin Harri'r III, pan gafodd y *custodes pacis* neu warcheidiaid heddwch eu sefydlu yn lleol. Yn ystod teyrnasiad ei fab, Edward I, buon nhw'n cadw'r heddwch yn y siroedd. Y mae'r teitl "ustus heddwch" yn deillio o 1361 pryd y rhoddodd y Brenin Edward III awdurdod cyfreithiol i'r hen warcheidiaid heddwch hynny i wrando achosion troseddol yn eu llysoedd. Yn ystod teyrnasiad Harri'r VII bydden nhw'n gwrando pob achos ac eithrio teyrnfradwriaeth a throseddau difrifol eraill.

Nid cyfreithwyr proffesiynol oedd yr ustusiaid heddwch. Dros y canrifoedd bydden nhw'n cael eu penodi o blith tirfeddianwyr a bonedd lleol, a byddai disgwyl bod ganddyn nhw, yng nghyfnod y Tuduriaid er enghraifft, dir ac eiddo gwerth £20 y flwyddyn cyn iddyn nhw gael eu hystyried am y swydd. Bydden nhw'n gweithredu mewn llysoedd Sesiwn Chwarter a fyddai'n cael eu cynnal bedair gwaith y flwyddyn, a châi Clerc yr Heddwch ei benodi i'w cynorthwyo yn eu llysoedd ac i ofalu am drefniadaeth y llys. Byddai gan yr ustusiaid gryn awdurdod dros is-swyddogion y sir megis cwnstabliaid a beiliaid.

Erbyn dechrau'r ganrif bresennol roedd y swm yr oedd disgwyl i ustus fod yn berchen arno wedi cynyddu i £100, ond cafodd y cymhwyster hwnnw ei ddileu yn 1906. Bellach caiff y swydd ei chynnig i bersonau sy'n cael eu cydnabod yn rhai cymwys i weithredu fel swyddogion cyfreithiol mewn llysoedd barn. Bydd llawer o'r bobl hyn yn dal swyddi amser-llawn ac yn cael eu rhyddhau o'u gwaith i fynychu'r llys.

Yn 1888, pan gafodd y cynghorau sir eu creu, collodd yr ustusiaid heddwch y rhan fwyaf o'u gwaith gweinyddol ac eithrio'r awdurdod i drwyddedu tafarndai. Roedd nifer o uchel-swyddogion a gweinidogion y Goron yn ustusiaid yn rhinwedd eu safle proffesiynol, megis yr Atwrnai Cyffredinol, meiri trefi a dinasoedd ac ati. Erbyn hyn gall yr Ysgrifennydd Cartref benodi Ustus Cyflogedig (*Stipendiary Magistrate*) mewn trefi poblog ac mae'n rhaid iddo ef fod yn gyfreithiwr proffesiynol. Bydd yr ustusiaid yn gweithredu mewn llysoedd bach o fewn gwahanol unedau gweinyddol mewn sir – arfer a gychwynnodd ym mlynyddoedd canol yr unfed ganrif ar bymtheg. Yn 1971 cafodd yr hen deitl "Sesiwn Chwarter" ar eu llysoedd ei newid i Lysoedd y Goron, ond mae swydd a dyletswyddau cyfreithiol yr ustus heddwch yn parhau.

Yng Nghymru cafodd ustusiaid heddwch eu penodi am y tro cyntaf yn ôl deddf yn 1536; roedd wyth ohonyn nhw i weithredu ym mhob sir, a bydden nhw, gyda'i gilydd, yn ffurfio Comisiwn Heddwch. Cynyddodd eu nifer, fodd bynnag, a bellach nhw oedd prif gynheiliaid cyfraith a threfn yn y siroedd a'r trefi. Mae ustusiaid i'w cael hefyd yn yr Alban, wedi'u penodi gan yr Ysgrifennydd Gwladol.

J.G.J.

YNNI

Un ffordd o ddiffinio ynni yw "y gallu i wneud gwaith". Wrth i waith gael ei gyflawni caiff ynni ei drawsnewid o un ffurf i ffurf arall, fel y gwelwn yn yr enghreifftiau canlynol:

a) Mae bwyd yn cynnwys ynni cemegol. Wrth inni symud o gwmpas bydd yr ynni cemegol yn cael ei drawsnewid i ynni symudol, sef ynni cinetig. Ynni cemegol hefyd yw'r ynni sydd wedi'i storio mewn tanwydd, boed yn lo, olew neu nwy. Pan gaiff y tanwydd ei losgi, bydd yr ynni cemegol yn troi yn ynni gwres ac yn ynni golau.

b) Pan fydd darn o elastig neu sbring yn cael ei weindio, bydd yn storio ynni ar ffurf ynni potensial, a bydd yn bosibl defnyddio'r ynni hwn pan fo angen gyrru peiriannau bychain. Yn y broses caiff yr ynni potensial ei drawsnewid yn ynni cinetig. (Dwy ffurf wahanol ar ynni mecanyddol yw ynni potensial ac ynni cinetig.)

c) Mae technoleg yr ugeinfed ganrif yn defnyddio llawer o ynni trydanol, a bydd yr ynni hwn yn cael ei droi yn ynni golau (mewn bylbiau), ynni gwres (mewn tanau, poptai a blancedi trydan), ac ynni sain (radio a stereo).

Deddf bwysig i'w chofio wrth drafod ynni yw Deddf Cadwraeth Ynni. Dydy hi ddim yn bosibl creu na distrywio ynni; y cyfan y gallwn ei wneud yw ei drawsnewid o un ffurf i ffurf arall. Yn aml iawn mewn proses lle caiff ynni ei drawsnewid, bydd yn ymddangos fel pe bai ychydig o'r ynni yn cael ei golli; er enghraifft, pan fydd bricsen yn cwympo, dydy'r cyfan o ynni potensial y fricsen cyn iddi gwympo ddim yn cael ei drawsnewid yn ynni cinetig pan fydd yn disgyn. Gallwn ddisgrifio'r broses fel hyn:

ynni potensial → ynni cinetig + ynni "coll"

Bydd y rhan helaethaf o'r ynni "coll" yn ymddangos fel ynni gwres. Pan fydd y fricsen yn taro'r ddaear, bydd ei thymheredd a thymheredd y ddaear yn codi ryw ychydig; bydd clec i'w chlywed hefyd, sy'n profi bod ychydig o'r ynni "coll" yn ymddangos ar ffurf ynni sain.

Rydym wedi dweud eisoes fod bwyd yn stôr o ynni sy'n ein galluogi i weithio, ac yn hanes cynnar dyn ei gyhyrau oedd unig ffynhonnell yr ynni mecanyddol yr oedd ei angen arno i wneud pob math o waith, caled ac ysgafn. Ond dros y canrifoedd dyfeisiodd dyn lawer o beiriannau i wneud gwaith trwy drawsnewid ynni. Un o'r peiriannau cyntaf oedd yr olwyn ddŵr, lle câi ynni cinetig dŵr ei drawsnewid i ynni mecanyddol a allai droi meini melinau. Yn ddiweddarach byddai'r felin wynt yn trawsnewid ynni cinetig yr aer yn ynni mecanyddol. Yn ystod y Chwyldro Diwydiannol yn y ddeunawfed ganrif dyfeisiodd dynion beiriannau a allai drawsnewid ynni cemegol tanwydd; un o'r rhai enwocaf oedd peiriant ager James Watt a losgai lo (ynni cemegol) i gynhyrchu ager (ynni gwres) i wthio piston mewn silindr i fyny ac i lawr (ynni cinetig) i wneud gwaith megis codi glo o'r pyllau ac, yn ddiweddarach, i yrru cerbydau. Erbyn heddiw petrol neu diesel yw'r tanwydd a gaiff ei losgi i yrru ceir, awyrennau a rocedi. Ym mhob achos bydd ynni cemegol y tanwydd yn cael ei droi yn ynni cinetig, a fydd yn gwthio'r peiriant yn ei flaen. Yn anffodus dydy'r un o'r peiriannau hyn ddim yn effeithiol iawn, gan fod llawer o ynni cemegol y tanwydd yn cael ei wastraffu fel ynni gwres.

Mae llawer o'r offer sydd mewn tai, ysgolion, swyddfeydd a diwydiant yn defnyddio ynni trydan, ac mae'r ugeinfed ganrif yn hollol ddibynnol ar yr ynni hwn. Caiff ynni trydanol ei gynhyrchu mewn pwerdai trwy drawsnewid ynni niwclear neu ynni cemegol yn ynni trydan, ond yn y cyswllt hwn eto, mae'r effeithiolrwydd yn isel.

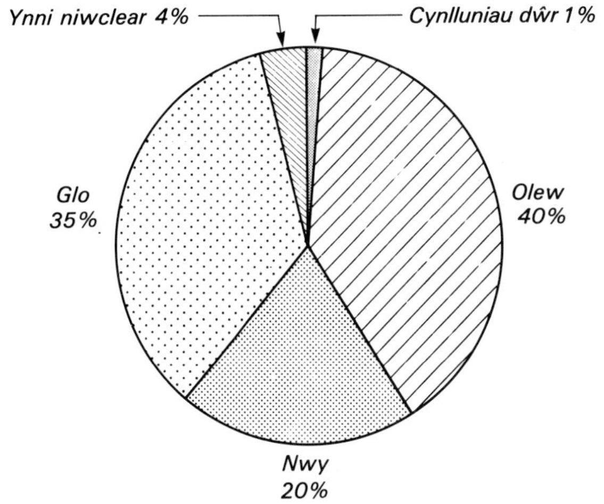

Ffynonellau ynni yng ngwledydd Prydain (1988).

Gallwn weld o'r siart mai olew, glo a nwy yw prif ffynonellau ynni ein pwerdai; ffynonellau a fydd yn darfod yw'r rhain – olew a nwy o fewn ugain neu ddeng mlynedd ar hugain, a glo mewn rhyw 200–300 o flynyddoedd eto. Bydd yn rhaid felly i ni ddod o hyd i ffynonellau newydd os ydym am gadw ein safonau presennol o fyw. Un posibilrwydd yw ynni niwclear, ond mae gofid am ddiogelwch atomfeydd yn peri i lawer gredu y dylem wrthod y ffynhonnell hon. Yn ogystal â hyn, oes fer yw oes atomfa – tua deng mlynedd ar hugain.

Ateb arall yw defnyddio ffynonellau na fydd yn darfod tra bod dyn, sef yr haul, dŵr, gwynt a'r ddaear. Mae'r ynni gwres sy'n cyrraedd y ddaear o'r haul tua 10,000 o weithiau'n fwy na'r hyn sydd arnom ei angen. Wrth i ni geisio harneisio'r ynni hwn bydd yn bwysig darganfod sut i'w storio, fel y gallwn ei ddefnyddio pan nad yw'r haul yn gwenu – er enghraifft, gyda'r nos neu yn ystod y gaeaf. Yng ngwledydd Prydain bydd rhai yn casglu ynni'r haul trwy gyfrwng paneli solar ar y to, ac yn ei ddefnyddio i dwymo system dŵr poeth y cartref. Mewn gwledydd poeth bydd miloedd o ddrychau parabolig yn cael eu defnyddio i ganolbwyntio'r heulwen ar gasglwr ynni, a'u troi fel eu bod bob amser yn wynebu'r haul. Caiff yr ynni hwn ei ddefnyddio i droi dŵr yn ager i yrru tyrbinau cynhyrchu trydan.

Mae cynlluniau trydan-dŵr eisoes i'w cael yng Nghymru – yn Ffestiniog a Dinorwig. Yn y rhain bydd dŵr yn crynhoi y tu ôl i argae yn uchel ar y mynydd, a phan fo angen trydan caiff ei ollwng dan wasgedd uchel, i ddisgyn yn gyflym i bwerdy islaw. Wrth i'r dŵr ddisgyn bydd ei ynni potensial yn troi yn ynni cinetig i weithio'r tyrbinau.

Mae cynlluniau ar waith ar hyn o bryd (1988) hefyd i godi bared ar draws Afon Hafren er mwyn harneisio'r ynni sydd yn llanw'r môr – cynllun tebyg i hwnnw sydd ar draws Afon La Rance yng Ngogledd Ffrainc. Bydd lefel y dŵr ym Môr Hafren yn codi cymaint â 15 m wrth i'r llanw ddod i mewn, a bwriad y cynllun yw defnyddio symudiad y dŵr wrth iddo lifo i mewn ac allan trwy furiau'r bared gyda'r llanw, ddwywaith y dydd, i yrru tyrbinau.

Mae tonnau'r môr yn cynnwys swm sylweddol iawn o ynni hefyd – ynni sydd i'w weld yn glir yn ystod storm wrth iddyn nhw ergydio yn erbyn y lan. Bu gwyddonwyr wrthi'n ceisio harneisio'r ynni hwn trwy gyfrwng cyfresi o arnofion symudol (rafftiau sy'n arnofio ar wyneb y môr) gyda'r nod o drawsnewid y symudiad mecanyddol sy'n digwydd wrth i'r tonnau eu gwthio i fyny ac i lawr i ffurf ynni trydanol y mae modd ei ddefnyddio ar y lan. Gan fod llawer o arfordir Cymru yn wynebu Cefnfor Iwerydd a'i donnau mawr byddai'n bosibl diwallu rhan sylweddol o anghenion ynni trydanol y wlad o ynni'r tonnau pe bai'n bosibl datblygu a pherffeithio'r dechnoleg angenrheidiol. Un ystyriaeth bwysig yw bod ynni'r tonnau ar ei gryfaf yn ystod y gaeaf pan fydd mwyaf ei angen, o'i gymharu ag ynni'r haul sy'n cyrraedd ei uchafbwynt ganol haf pan na fydd cymaint o alw amdano.

Mae bwriad ar droed i adeiladu fferm o felinau gwynt yn Nyfed yn y dyfodol agos i harneisio ynni'r aer. Bydd y gwynt uchaf a chyflymaf yn digwydd yn y gaeaf pan fydd yr angen mwyaf am drydan – yr un fath ag ynni tonnau'r môr.

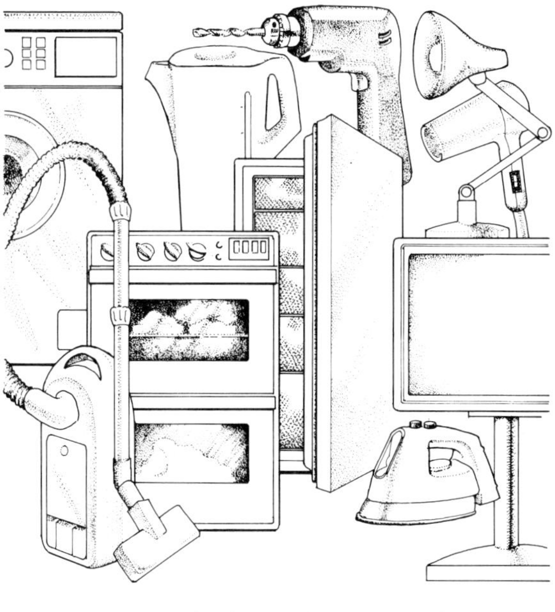

Ynni trydanol ar waith yn y cartref.

Yn nwfn yng nghreigiau'r ddaear mae stôr anferthol o ynni gwres. Er mwyn cael gafael ar y gwres hwn, byddai'n bosibl tyllu dau dwll yn ddwfn i'r ddaear, a phwmpio dŵr oer i mewn i un twll lle caiff ei gynhesu gan wres y ddaear cyn dod i fyny'r ail dwll yn ddŵr poeth neu yn ager, i'w ddefnyddio i droi tyrbinau a chynhyrchu trydan.

Cyn y gallwn ddefnyddio'r ffynonellau naturiol hyn yn effeithiol i gyfarfod â'n holl anghenion, bydd angen llawer o ymchwilio, arbrofi a datblygu.

Rydym wedi sôn am sawl ffynhonnell wahanol o ynni ond yr haul yw ffynhonnell wreiddiol bron pob un ohonyn nhw. Effeithiau'r haul ar yr atmosffer sy'n gyfrifol am y gwynt a thonnau'r môr, ac mae olew, glo a nwy yn weddillion anifeiliaid a phlanhigion a oedd ar y ddaear filiynau o flynyddoedd yn ôl ac a gâi ynni i fyw a thyfu oddi wrth yr haul. (Gweler hefyd – ARGAE, ATOMFA, CRONFA DDŴR, Y CHWYLDRO DIWYDIANNOL, GLO, GWYNT, HAUL, INJAN, INJAN JET, MELIN, MODUR, PWERDY, TRYDAN, YNNI NIWCLEAR.)

E.D.

YNNI NIWCLEAR

Mae popeth wedi'i wneud o atomau, a'r atomau hynny yn cynnwys tri math gwahanol o ronynnau – protonau, electronau a niwtronau. Mae nifer cyfartal o electronau a phrotonau gan atomau pob elfen, ac mae'r nifer hwn yn gwahaniaethu o elfen i elfen. Yn aml mae nifer y niwtronau mewn gwahanol atomau o'r un elfen yn amrywio a gelwir yr atomau hyn yn isotopau. Mae'r protonau a'r niwtronau wedi'u lleoli yng nghnewyllyn yr atom, ac mae'r electronau yn amgylchynu'r cnewyllyn. Mae cnewyllyn rhai atomau yn ansefydlog, ac o'r herwydd yn torri'n rhannau llai; byddwn yn galw'r broses hon yn "ddadfeiliad ymbelydrol", ac yn ystod y broses bydd ychydig bach iawn o fàs yr atom gwreiddiol yn cael ei drawsnewid yn ynni, a bydd yr ynni hwnnw yn cymryd ffurf gwres. Gallwn gyfrifo'r ynni trwy gyfrwng hafaliad Einstein:

$$E = mc^2$$

ynni sy'n cael ei ryddhau = màs a gaiff ei golli x (cyflymder goleuni)^2

Gan fod cyflymder goleuni yn uchel ($c = 3 \times 10^8$ metr/eiliad), mae'n bosibl cael ynni aruthrol o ostyngiad bach iawn mewn màs.

Yn hytrach na gadael i atomau ymhollti trwy ddadfeilio naturiol, mae'n bosibl eu hollti trwy eu hergydio â niwtronau – er enghraifft, hollti isotop o uraniwm â niwtron:

uraniwm-235 + niwtron → bariwn + krypton + 2 niwtron + ynni

Bydd ynni anferth yn cael ei gynhyrchu yn yr achos hwn gan fod y màs a gaiff ei golli yn fawr. Yn yr adwaith caiff dau niwtron newydd eu cynhyrchu, a gall y rhain ergydio dau atom arall o uraniwm-235, gan ryddhau ynni a chynhyrchu pedwar niwtron newydd, a fydd yn eu tro yn ergydio atomau o uraniwm-235. Dyma gychwyn adwaith gadwynol. Er mwyn sicrhau parhad yr adwaith gadwynol bydd yn rhaid i'r darn o uraniwm fod o faint arbennig – y maint critigol – sydd tua'r un maint â phêl denis.

Gan fod 1 kilogram o uraniwm-235, wrth ymhollti fel hyn, yn cynhyrchu mwy o ynni na dwy filiwn kilogram o lo, gallwn ddeall pam bod dyn wedi ceisio harneisio'r ynni hwn trwy ddefnyddio uraniwm-235 fel tanwydd mewn pwerdai. Er mwyn gwneud hyn mae'n rhaid rheoli'r adwaith gadwynol trwy wthio rhodenni boron, sy'n amsugno niwtronau, i mewn i'r tanwydd uraniwm ac allan ohono. Wrth wthio'r rhodenni i mewn, mae'r adwaith gadwynol yn arafu neu hyd yn oed yn sefyll. O amgylch y tanwydd mae cymedrolydd (graffit), a phwrpas hwn yw arafu'r niwtronau gan fod uraniwm-235 yn ymhollti'n fwy effeithiol gyda niwtronau araf na chyda rhai cyflym.

Bydd gwres aruthrol yn cael ei gynhyrchu yn yr adweithydd niwclear, a'i ddefnyddio i gynhesu oerydd; caiff yr oerydd ei bwmpio i mewn i'r adweithydd yn oer a'i yrru allan yn boeth. Yn y cyfnewidydd bydd gwres yr oerydd yn cael ei ddefnyddio i droi dŵr yn ager, sy'n gyrru'r generaduron ac felly'n cynhyrchu trydan. Fel arfer nwy carbon deuocsid yw'r oerydd, ond bydd rhai gorsafoedd yn defnyddio dŵr ysgafn (H_2O) fel oerydd a dŵr trwm (D_2O) fel cymedrolydd.

Neuadd adweithydd niwclear atomfa Hunterston. Mae'r adweithydd ei hun o'r golwg o dan y patrwm sgwariau sydd i'w weld ar y llawr.

Pan fydd isotop arall o uraniwm – uraniwm-238 – yn amsugno niwtron caiff elfen newydd, plwtoniwm-239, ei chynhyrchu, a gall hon gael ei hollti gan niwtronau cyflym. Wrth iddi ymhollti, bydd yn cynhyrchu mwy o niwtronau. Mewn adweithyddion bridio cyflym bydd plwtoniwm-239 yn cael ei gynhyrchu o uraniwm-238 trwy amsugniad niwtronau. Bydd plwtoniwm-239 yn cael ei ergydio â niwtronau eraill er mwyn iddo ymhollti. Caiff y niwtronau sy'n ffrwyth yr ymholltiad eu defnyddio i gynhyrchu mwy o blwtoniwm-239 neu i hollti'r plwtoniwm-239. Ar hyn o bryd un orsaf niwclear o'r math hwn sydd yng ngwledydd Prydain, sef honno yn Dounraey yn Swydd Caithness yn yr Alban, ond mae cynlluniau ar waith i adeiladu mwy ohonyn nhw.

Dull cwbl wahanol o gynhyrchu ynni niwclear yw ymasiad. Yn y broses hon bydd atomau ysgafn fel deuteriwm yn ergydio ei gilydd ar gyflymder uchel gan asio i greu un atom newydd, mwy. Unwaith eto bydd y màs yn gostwng, a'r gostyngiad hwnnw yn cael ei newid i ynni:

deuteriwm + deuteriwm heliwm + niwtron + ynni

Pan ddigwydd ymasiad caiff digon o ynni ei ryddhau i barhau'r adweithiadau ymasiad hyn.

Atomfa Chernobyl yn yr Undeb Sofietaidd yn dilyn y ffrwydrad yno a ollyngodd gwmwl o ddefnydd ymbelydrol i'r awyr ym mis Ebrill 1986. Mae'r saeth yn cyfeirio at y difrod helaeth a gafodd ei wneud i'r orsaf ei hun.

Pe bai'n bosibl rheoli'r adwaith hwn, byddai ffynhonnell ddiddiwedd o ynni ar gael inni trwy ddefnyddio'r deuteriwm sydd yn nŵr y môr. Mae llawer o waith ymchwil wedi'i wneud i'r posibilrwydd hwn, heb fawr o lwyddiant eto; y prif broblemau yw'r tymheredd angenrheidiol – 10^8 neu 10^9°C – a'r angen i gadw'r isotopau hydrogen rhag cyffwrdd ag ochrau'r llestr sy'n eu dal. Pe bydden nhw'n cyffwrdd â'r ochrau, byddai eu tymheredd yn cwympo'n gyflym gan atal yr adwaith.

Byddai gan bwerdai ymasiad ddau brif fantais ar bwerdai ymholltі. Yn gyntaf, dydy eu tanwydd na'u cynnyrch ddim yn ymbelydrol; yn ail, bydd mwy o ynni'n cael ei gynhyrchu o un kilogram o danwydd mewn ymasiad nag mewn ymholltiad.

Soniwyd yn y paragraff diwethaf am un o'r prif broblemau sy'n gysylltiedig ag ynni niwclear fel y caiff ei gynhyrchu heddiw, sef ymbelydredd. Mae adroddiadau wedi'u cyhoeddi sy'n honni bod achosion o gancr yn uwch mewn ardaloedd sy'n cynnwys atomfeydd, a bydd llawer yn pryderu mai ymbelydredd yn dianc o'r atomfeydd sy'n gyfrifol am hyn. Bu damwain Chernobyl yn Ukrain yn yr Undeb Sofietaidd (Ebrill 1986) yn gostus iawn yn nhermau bywyd, a bydd effeithiau'r ymbelydredd a ddihangodd o'r pwerdy yno yn parhau i achosi marwolaeth ac anabledd am flynyddoedd i ddod. Bu'r ddamwain hon, fel damwain Three Mile Island yn Unol Daleithiau America (1979), yn ergyd i'r diwydiant niwclear a chafodd cynllunwyr atomfeydd y dyfodol eu gorfodi i roi llawer mwy o sylw i ddiogelwch.

Er yr hoffai amryw gael gwared o ynni niwclear yn gyfan gwbl, mae'n rhaid ystyried a oes digon o ffynonellau economaidd eraill ar gael i'n cynnal i'r ganrif nesaf, a faint yw cost y rhain yn nhermau iechyd a bywyd. Mae glo, olew a nwy yn sicr o ddarfod yn ystod yr unfed ganrif ar hugain, a bu dod o hyd iddyn nhw'n ddrud o ran colli bywydau, er gwaethaf pob technoleg fodern – er enghraifft, trychineb llwyfan olew Piper Alpha ym Môr y Gogledd (Gorffennaf 1988). Mae ffynonellau natur, fel gwynt, haul, llanw a thonnau'r môr, yn ddiddiwedd, ond ar hyn o bryd rydym ymhell o berffeithio'r dechnoleg o harneisio'r ynni sydd yn y ffynonellau hyn. Felly allwn ni ddim dibynnu ar y rhain i gyfarfod â'n hanghenion ynni. Mae defnyddio ynni niwclear felly yn bosibilrwydd real iawn am beth amser, ond bydd yn rhaid i wyddonwyr a thechnegwyr sicrhau moddion diogel o ddefnyddio'r ynni aruthrol yma. (Gweler hefyd – PWERDY, YMBELYDREDD, YNNI.)

E.D.

YNYS

Darn o dir sydd wedi'i amgylchynu gan ddŵr yw ynys, a ledled y byd mae miloedd o ynysoedd mawr a mân i'w cael. Awstralia a Seland Newydd, Grønland ac Ynys Baffin, yw rhai o ynysoedd mwyaf y byd, ond mae llawer o ynysoedd poblogaidd a rhamantus sy'n llai o ran maint, fel Jamaica yn y Môr Caribî ac ynysoedd fel Fiji a Hawaii yn y Cefnfor Tawel. Ynysoedd yw Prydain Fawr ac Iwerddon, ac ar hyd eu glannau mae dwsenni o ynysoedd llai fel ynysoedd Shetland, Orkney, Hebrides, Manaw ac Ynys Wyth. Yng Nghymru mae pawb yn gwybod am ynysoedd Môn, Enlli, Dewi, Skomer, Skokholm ac Ynys Bŷr. Ar un adeg roedd amryw o'r ynysoedd hyn yn rhan o'r tir mawr cyfagos, cyn i erydiad y moroedd neu symudiadau yng nghramen y ddaear eu gwahanu oddi wrth y tir.

Yn y moroedd trofannol cafodd amryw o'r ynysoedd sydd yno eu ffurfio o gwrel, ac eraill o lafa wedi ffrwydradau folcanig dan y môr. Mae llawer o'r ynysoedd hyn mewn mannau anghysbell ac yn yr hen amser byddai'n rhaid i rai ohonyn nhw ddibynnu ar longau i'w cysylltu â'r tir mawr; erbyn heddiw mae'n bosibl cyrraedd amryw ohonyn nhw mewn hofrennydd neu awyren, ac mae radio a theledu wedi rhoi terfyn ar eu hunigedd mawr.

B.L.D.

YSBIENDDRYCH - gweler **TELESGOP**

YSBYTAI

Sefydliadau ar gyfer ymgeleddu a thrin pobl glaf yw ysbytai.

Mae'n amhosibl dweud pa bryd y dechreuodd cymdeithas drin ei chleifion mewn mannau y tu allan i'w cartrefi. Yng Ngroeg, ymhell cyn geni Crist, arferai pobl sâl fynd i demlau i dderbyn triniaeth gan yr offeiriaid, ac roedd gan y Rhufeiniaid ysbytai o ryw fath ar gyfer milwyr a chaethion. Cafodd dyfodiad Cristnogaeth gryn ddylanwad ar ofal am y claf. Rhoddai Iesu Grist bwys mawr ar wella cleifion, ac un o ganlyniadau'r pwyslais hwn ymhlith Cristnogion oedd sefydlu nifer o fannau y gallai'r afiach fynd iddyn nhw am ymgeledd. Gwaith gwirfoddol oedd hyn i gyd, ac, yn raddol, daeth ymgeleddu cleifion yn rhan o waith mynachlogydd; cafodd nifer o fynachlogydd eu codi yng Nghymru, megis Ystrad-fflur yn Nyfed, er enghraifft, a Glyn-y-groes yng Nghlwyd. Y drefn oedd codi ysbyty arbennig, sef adeilad a letyai'r cleifion, fel rhan o'r fynachlog, ond ychydig o wybodaeth feddygol oedd gan y mynachod, a phobl cyfnod yr Oesoedd Canol yn gyffredinol o ran hynny. Wydden nhw ddim, er enghraifft, am fodolaeth germau (microbau gwenwynllyd); fedren nhw ddim gwybod am nad oedd ganddyn nhw mo'r offer i'w gweld.

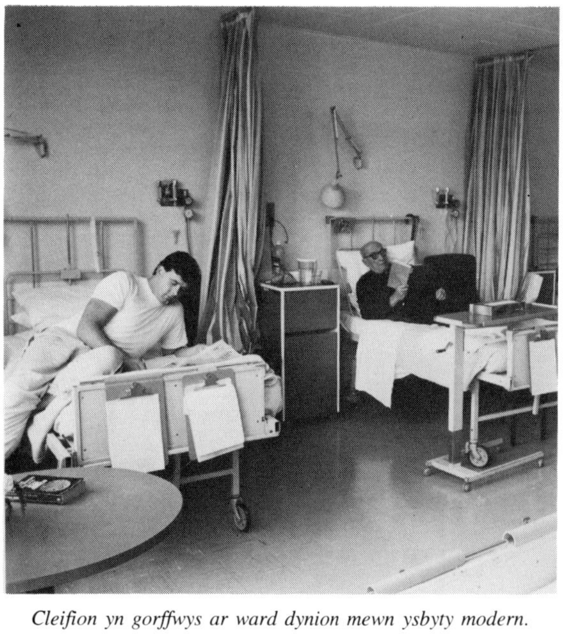

Cleifion yn gorffwys ar ward dynion mewn ysbyty modern.

Yn yr unfed ganrif ar bymtheg datblygodd diddordeb newydd mewn gwyddoniaeth, gan gynnwys astudio'r corff. Un o ganlyniadau hyn fu i fannau heblaw'r eglwysi a'r mynachlogydd gymryd diddordeb mewn ymgeleddu cleifion; er enghraifft, rhoddodd y Brenin Harri'r VIII arian i gynnal ysbyty enwog Sant Bartholomew yn Llundain, ysbyty a sefydlwyd gan fynach yn 1123.

Tua diwedd y ddeunawfed ganrif, cafodd y gwasanaethau cyhoeddus gyfrifoldeb am iechyd y cyhoedd, ac o'r cyfnod hwn y dechreuodd yr ysbyty modern ddatblygu. Ychydig a wyddai meddygon am afiechydon o hyd, er hynny, ac roedd triniaeth mewn ysbyty yn aml yn amrwd a phoenus. Er enghraifft, ni ddaeth cwsgfeddygaeth, sef rhoi triniaeth i bobl dan anesthetig, i'r ysbytai tan y bedwaredd ganrif ar bymtheg. Problem barhaus arall oedd prinder arian, a dibynnai adeiladu ysbytai newydd lawer gormod ar ewyllys da gwahanol bobl. Roedd pob triniaeth a phob gwasanaeth yn gostus, ac felly ychydig o bobl a fentrai'n agos i ysbyty.

Dywed un hen bennill:

''Pan basio gŵr ei ddeugain oed,
Er bod fel coed yn deilio,
Fe fydd sŵn 'goriadau'r bedd
Yn peri i'w wedd newidio.''

Hynny yw, teimlai pobl eu bod yn ffodus i fyw'n hen. Byddai nifer mawr o drigolion Cymru yn marw'n fuan ar ôl cyrraedd eu deugain oed, ac un o'r rhesymau am hyn oedd prinder cyfleusterau meddygol o unrhyw fath. Pan oedd ysbytai ar gael, roedden nhw'n aml yn frwnt ac yn anhrefnus, gyda'r cleifion mewn rhesi hirion mewn wardiau cul, yn berygl bywyd i'w gilydd oherwydd eu gwahanol heintiau.

Gwraig a wnaeth lawer i wella'r drefn oedd Florence Nightingale. Nyrs wirfoddol oedd hi, a chafodd fynd i ymgeleddu milwyr a oedd wedi cael eu clwyfo yn rhyfel y Crimea, ar lan y Môr Du, yng nghanol y bedwaredd ganrif ar bymtheg. Cafodd hi ei sbarduno i weithredu gan y diffyg gofal a'r aflendid; mynnodd godi safonau glendid a threfn, a gwelodd ei syniadau hi'n cael eu mabwysiadu trwy'r byd i gyd.

Erbyn dechrau'r ugeinfed ganrif, roedd rhyw fath o ysbyty yn y rhan fwyaf o drefi Cymru, ond fel cynt dibynnai'r rhain yn drwm ar wirfoddolwyr. Yn 1948 cymerodd Llywodraeth Prydain Fawr gam anferth tuag at wella'r sefyllfa trwy basio'r Ddeddf Iechyd Cenedlaethol; o hynny ymlaen, y wladwriaeth fyddai'n gyfrifol am gyllid meddygaeth, gan gynnwys yr ysbytai. Bu'r datblygiad hwn o fudd mawr i'r ysbytai.

Gyda'r blynyddoedd, cafodd ysbytai mawr, modern, eu codi ar hyd a lled Cymru, yn cynnwys wardiau bychain, cymdogol, yn lle'r rhai mawr, agored. Cafodd nifer o ysbytai bach lleol eu cau wrth i'r gwasanaethau gael eu canoli yn yr ysbytai newydd. Un o anfanteision cau'r ysbytai bach oedd bod yn rhaid i glaf deithio'n bellach i gael triniaeth ac i'w deulu a'i gyfeillion deithio hefyd i ymweld ag ef, ond roedd y manteision yn bwysicach o lawer. Bellach roedd yn bosibl gwario llawer o arian ar godi ysbyty mawr, ar brynu'r offer gorau a denu'r meddygon mwyaf medrus. O ganlyniad gallai'r ysbytai mawr gynnig gwasanaeth mwy cynhwysfawr ac arbenigol i'r claf.

Bydd ysbytai mawr modern yn cynnwys labordai o'r radd flaenaf hefyd. Canlyniad yr ymchwilio manwl i wahanol afiechydon yw bod ambell afiechyd, a oedd yn bla ar fywyd pobl ychydig dros chwarter canrif yn ôl, bron wedi peidio â bod mwyach. Er enghraifft, ar ddechrau'r ganrif hon roedd sawl ysbyty wedi'i sefydlu yng Nghymru i ymdrin ag un afiechyd yn arbennig, sef y pla gwyn neu'r dicáe; bellach mae'r clefyd hwn wedi peidio â bod am fod y bacteria a oedd yn gyfrifol amdano wedi cael eu concro yn sgîl ymchwil. Afiechyd arall sydd bron wedi'i reoli'n llwyr a'i ddileu o'r byd i gyd yw'r frech wen.

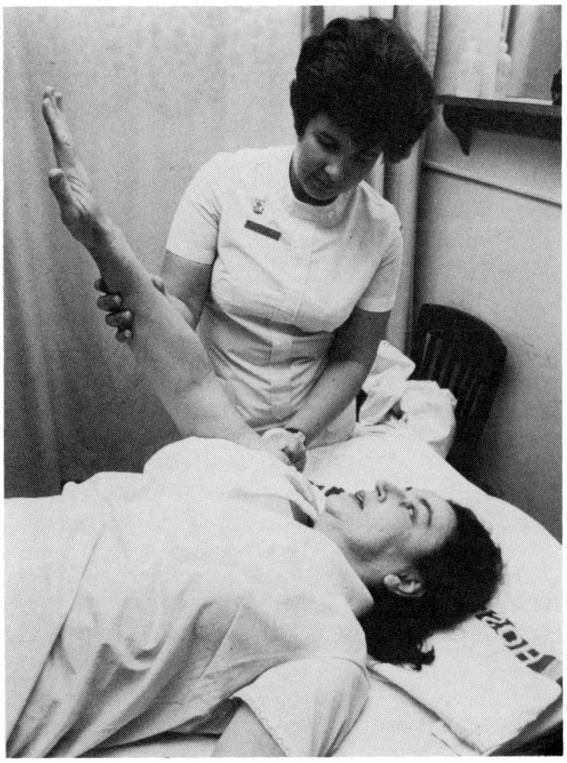

Ffisiotherapydd wrth ei gwaith yn ystwytho symudiadau corfforol gwraig.

Ac eithrio'r gweithgarwch ar y ward ychydig o waith ysbyty modern y bydd y sawl sy'n ymweld â chlaf yn ei weld. Ni fydd yr ymwelydd yn gweld yr holl labordai, y fferyllfeydd, yr ystafelloedd pelydr X, y theatrau llawdriniaeth, y banciau gwaed, nac ysgolion y myfyrwyr meddygaeth a'r nyrsys. Ni chaiff fynediad i'r wardiau arbennig sydd yno ar gyfer gofal dwys; bydd person sy'n dioddef yn ddrwg o anhwylder y galon, er enghraifft, yn cael ei wylio gan offer sy'n mesur pob datblygiad yn ei gorff bob eiliad o'r dydd, ac yn arddangos y wybodaeth trwy gyfrwng sgrîn deledu ac offer dadansoddi arbenigol.

Un o ysbytai mwyaf modern Ewrop yw Ysbyty'r Mynydd Bychan yng Nghaerdydd, De Morgannwg, ysbyty ag ynddo dros wyth gant o welyau – un sy'n derbyn cleifion o sawl rhan o Gymru pan fo angen triniaeth arbennig arnyn nhw. (Gweler hefyd – ANESTHETIG, MEDDYG, MEDDYGAETH, NYRSIO.)

W.J.J.

YSGOLION

Sefydliad ar gyfer addysgu plant a phobl ifainc yw ysgol.

Bu addysg yn rhan bwysig o fywyd cymdeithasau gwâr trwy'r canrifoedd, ond ni fu'n rhaid i blant Cymru fynychu ysgol hyd ddiwedd y bedwaredd ganrif ar bymtheg.

Ond roedd yn bosibl i rai plant gael addysg mor bell yn ôl ag Oes y Tuduriaid; er enghraifft, roedd ysgol ym Mangor yn 1557 o'r enw "Ysgol y Friars", sy'n awgrymu bod cysylltiad rhyngddi a mynachlog ac addysg mewn mynachlog, ac fe wyddom fod y *Fratres Predicatorum* – Brodyr Duon Urdd Sant Dominic – wedi diflannu o Fangor erbyn 1538 pan gafodd y mynachlogydd eu diddymu. Ond ni fyddai sôn am y Gymraeg yn yr ysgolion hyn; roedd y prif bwyslais ar yr ieithoedd clasurol – Lladin a Groeg.

Plant o deuluoedd cyfoethog fyddai'n debyg o fynychu ysgol o'r fath, ond rhwng 1672 ac 1681 roedd addysg ar gael i blant rhieni gwerinol mewn ysgolion elusennol dros Gymru gyfan. Y gŵr a sefydlodd yr ysgolion hyn (gyda chymorth Cymry fel Stephen Hughes) oedd Sais, Thomas Gouge, a'u prif ddiben oedd dysgu plant i ddarllen y Beibl.

Yn 1699 cychwynnodd yr *SPCK* (*Society for Promoting Christian Knowledge*) ar ei waith yn Llundain. Un o amcanion y gymdeithas hon oedd trefnu ysgolion tebyg i rai Thomas Gouge gyda'r pwyslais ar ddysgu darllen y Beibl, a rhwng 1699 a 1740 cafodd 96 o'r ysgolion hyn eu sefydlu yng Nghymru. Saesneg oedd iaith y rhan fwyaf ohonyn nhw ond newidiodd y drefn hon pan ddechreuodd Griffith Jones o Landdowror, Dyfed, a fu'n athro mewn ysgol o'r fath, ar waith mawr ei fywyd. Cychwynnodd ef ysgolion cylchynol yn yr iaith Gymraeg yn gynnar yn y ddeunawfed ganrif. O dan ei gynllun ef byddai athro teithiol yn ymweld ag ardal arbennig, gan drefnu ysgol mewn unrhyw adeilad cyfleus – porth eglwys, er enghraifft. Roedd yr ysgolion hyn yn agored i blant ac oedolion a bydden nhw'n parhau mewn ardal dros gyfnod o rai misoedd yn unig nes i'r athro symud i ardal arall. Dros gyfnod o ryw bum mlynedd ar hugain cafodd dros dair mil o'r ysgolion hyn eu sefydlu mewn 1,600 o leoedd ledled Cymru. Bu'r ysgolion farw'n raddol ar ôl marw'u sylfaenydd yn 1761.

Yn ddiweddarach gwnaeth yr Ysgolion Sul waith tebyg. Cychwynnodd y gyntaf ohonyn nhw yng Nghroesoswallt yn 1782 a'r gŵr a wnaeth fwyaf i'w datblygu yng Nghymru oedd Thomas Charles. Mae'r Ysgolion Sul gyda ni o hyd, er eu bod yn gryfach mewn rhai ardaloedd na'i gilydd ac er bod natur yr addysg a geir ynddyn nhw wedi ehangu gyda'r blynyddoedd.

Ail-greu'r profiad o fod yn ddisgybl mewn ysgol gynradd wledig yng Nghymru ar ddechrau'r ganrif hon i blant y 1980au yn Ysgol Maestir. Safai'r ysgol hon yn wreiddiol ger Llanbedr Pont Steffan ond bellach cafodd ei symud i Amgueddfa Werin Cymru.

Yn gynnar yn y ganrif ddiwethaf cafodd dwy gymdeithas wirfoddol eu sefydlu i osod addysg yng Nghymru a Lloegr ar sail gadarnach, i gael mwy o ysgolion sefydlog ac i ddysgu mwy o bynciau. Yn ysgolion y cymdeithasau hyn byddai'r pwyslais yn cael ei roi ar ddysgu darllen, ysgrifennu a rhifyddeg – ond heb anghofio'r Beibl ac addysg grefyddol. Enwau'r ddwy gymdeithas oedd y *British and Foreign School Society* (a sefydlodd Joseph Lancaster yn 1808) a'r *National Schools Society* (a sefydlodd Andrew Bell yn 1811, ac a oedd yn gysylltiedig ag Eglwys Loegr). Roedd Ysgol Genedlaethol yn bod yng Nghymru mor gynnar â 1811, a chyda chefnogaeth Eglwys Loegr cynyddodd yr ysgolion yma'n fuan o ran nifer. Doedd ysgolion y Gymdeithas Brydeinig ddim mor llwyddiannus ar y dechrau am na fedrai'r anghydffurfwyr fforddio'u cynnal; ond cawson nhw'u hysgogi i sefydlu mwy ohonyn nhw ar ôl cyhoeddi "Y Llyfrau Gleision" yn 1847.

Adroddiadau ar gyflwr addysg yng Nghymru yw "Y Llyfrau Gleision". Tri chyfreithiwr o Sais, rhai ifanc ac abl, (J.C. Symons, R.R. Lingen a H. Vaughan Johnson) oedd yn gyfrifol amdanyn nhw ond wydden nhw fawr ddim am Gymru na'r iaith Gymraeg ac roedd llawer o'u sylwadau'n annheg ac yn sarhaus – er enghraifft, eu beirniadaeth o blant uniaith Gymraeg am fethu cyfathrebu yn yr iaith Saesneg! (Mae erthygl fwy manwl ar yr Adroddiadau hyn yn atodiad cyntaf y gyfrol hon, dan y pennawd Y LLYFRAU GLEISION.) Cafodd y Cymry eu cythruddo gan yr adroddiadau, gan ystyried eu cynnwys yn frad. Ar yr un pryd roedd y Cymry uchelgeisiol yn dal i alw am fwy o addysg Saesneg ac o 1847 ymlaen cafodd llawer mwy o ysgolion Prydeinig eu sefydlu.

Y cam pwysig nesaf oedd Deddf Addysg 1870. Yn sgîl pasio hon cafodd cannoedd o ysgolion elfennol eu hadeiladu yng Nghymru, yn yr ardaloedd diwydiannol yn arbennig. Bellach roedd disgwyl i bob plentyn

Gwyddoniaeth ar waith mewn ysgol uwchradd.

fynychu ysgol os oedd un yn gyfleus iddo. Er bod dros filiwn o bobl Cymru'n siarad Cymraeg yr adeg honno, Saesneg oedd iaith yr holl ysgolion hyn, gyda'r prif bwyslais o hyd ar ddarllen, ysgrifennu a rhifyddeg. Yn aml byddai plentyn a siaradai Gymraeg yn yr ysgol yn gorfod gwisgo darn o bren, y *Welsh Not*, am ei wddf fel cosb; ymgais oedd hyn i gael plentyn i feistroli'r Saesneg gan fod llawer o athrawon a rhieni'n teimlo bod yr iaith honno'n bwysig i blant "ddod ymlaen yn y byd".

Yna, yn dilyn pasio Deddf Addysg Ganolradd Cymru yn 1889 dechreuodd cynghorau sir Cymru sefydlu ysgolion uwchradd; y gyntaf oedd Ysgol Sir Caernarfon a agorwyd yn 1894. Yn 1896 sefydlodd y Senedd Fwrdd Addysg i arolygu ysgolion yng Nghymru a Lloegr, ac yn yr un flwyddyn cafodd y Bwrdd Canol Cymreig ei greu i arholi ac arolygu ysgolion canolradd Cymru.

Erbyn dechrau'r ganrif hon roedd cryn amrywiaeth o ysgolion yng Nghymru ac mewn ymgais i'w trefnu'n well pasiodd y Senedd ddeddf yn 1902 a roddai'r cyfrifoldeb am drefnu addysg i blant am y tro cyntaf ar y cynghorau sir a'r bwrdeistrefi; o hyn ymlaen yr awdurdodau hyn a fyddai'n gyfrifol am addysg gynradd ac uwchradd. Yn 1907 cafodd Adran Gymreig y Bwrdd Addysg ei sefydlu ar wahân ar gyfer Cymru. Tan 1944 doedd hi ddim yn angenrheidiol i bob plentyn fynychu ysgol uwchradd, ond daeth tro ar fyd yn sgîl pasio Deddf Addysg 1944; o hynny ymlaen roedd rhaid i holl blant Cymru (a Lloegr) dderbyn addysg uwchradd.

Yn gynnar yn y chwedegau dechreuodd y cynghorau sir sefydlu ysgolion cyfun yng Nghymru a Lloegr i bob plentyn dros un ar ddeg oed; erbyn canol y saithdegau roedd yr ysgolion hyn wedi datblygu'n helaeth, ond mewn rhai rhannau o Gymru a Lloegr roedd ysgolion gramadeg ac ysgolion uwchradd modern yn dal i'w cael ar wahân – y naill yn darparu addysg fwy academaidd na'r llall.

Gyda'r blynyddoedd ehangodd y nifer o bynciau a gâi eu dysgu yn yr ysgolion cynradd, ond daeth nifer o Gymry i deimlo bod angen rhoi llawer mwy o bwyslais ar yr iaith Gymraeg a dysgu trwy gyfrwng yr iaith honno. Yn 1939 cychwynnodd Ifan ab Owen Edwards "Ysgol Gymraeg" yn ei gartref a oedd hefyd yn swyddfa'r Urdd yn Aberystwyth. Yn 1946 symudodd yr ysgol i Lluest, Aberystwyth, a chynyddodd y galw am ysgolion tebyg.

Yn 1947 sefydlodd Pwyllgor Addysg Sir Gaerfyrddin yr "Ysgol Gymraeg" swyddogol gyntaf i'w darparu gan gyngor sir, sef Ysgol Gymraeg Dewi Sant yn Llanelli. Gwnaeth cynghorau sir eraill

Plant bach yn mwynhau dysgu trwy brofiad mewn ysgol gynradd.

ddarpariaeth debyg, gan gynnwys agor ysgolion mewn ardaloedd Seisnigedig, ac erbyn heddiw (1988) mae rhwydwaith eang o ysgolion cynradd Cymraeg yng Nghymru, yn ogystal â nifer o ysgolion eraill lle caiff plant eu dysgu yn rhannol trwy gyfrwng y Gymraeg.

Canlyniad naturiol i hyn oedd galw am ysgolion uwchradd Cymraeg a sefydlodd Pwyllgor Addysg Sir y Fflint y gyntaf ohonyn nhw, sef Ysgol Gyfun Ddwyieithog Glan Clwyd, yn y Rhyl yn 1956. Cafodd eraill eu sefydlu mewn gwahanol rannau o Gymru ac erbyn diwedd 1988 roedd deunaw ysgol uwchradd Gymraeg i'w cael. Y bwriad yw dysgu bron pob pwnc trwy gyfrwng y Gymraeg yn yr ysgolion hyn. Ond nifer bychan ydyn nhw. Mae llawer mwy o ysgolion cyfun yng Nghymru lle caiff yr holl bynciau (ar wahân i'r Gymraeg) eu dysgu trwy gyfrwng y Saesneg. Mae hyn yr un mor wir am yr ysgolion cynradd er bod nifer ohonyn nhw'n dysgu'r Gymraeg yn ail iaith.

Daeth athrawon a rhieni i sylweddoli mai gorau po gyntaf yn ei fywyd y câi plentyn ei drwytho yn y Gymraeg. O sylweddoli hynny cafodd y Mudiad Ysgolion Meithrin ei sefydlu yn 1971 i drefnu ysgolion gwirfoddol y gallai plant eu mynychu cyn dechrau mewn ysgol gynradd swyddogol, os oedd eu rhieni am iddyn nhw gael addysg drwy'r Gymraeg. Mae'r mudiad hwn wedi tyfu gyda'r blynyddoedd ac erbyn heddiw (1988) mae tua phum cant o ysgolion meithrin Cymraeg yng Nghymru – rhai ohonyn nhw erbyn hyn dan aden yr awdurdod addysg leol. (Gweler hefyd – THOMAS CHARLES, IFAN AB OWEN EDWARDS, WILLIAM JOHN GRUFFYDD, STEPHEN HUGHES, GRIFFITH JONES, Y LLYFRAU GLEISION, Y *WELSH NOT*.)

W.J.J.

YSGRIFENNU

Dull pobl o gyfathrebu â'i gilydd trwy ddefnyddio arwyddion sy'n gyfarwydd iddyn nhw yw ysgrifennu. Roedd galw am ryw ddull o gyfathrebu wrth i fywyd cymdeithasol ddatblygu, a doedd y gallu i siarad ddim yn ddigonol am ddau reswm syml – byddai'n rhaid i ddau berson fod yn lled agos y naill i'r llall cyn y gallen nhw siarad â'i gilydd, a doedd ganddyn nhw ddim modd o recordio sgwrs a allai fod yn bwysig ei rhoi ar gof a chadw. Felly pwrpas "ysgrifen" yn yr ystyr ehangaf yw naill ai trosglwyddo neges neu syniad o un person i'r llall neu fod yn gymorth i'r cof.

Go brin y byddem ni heddiw yn ystyried y dulliau cynharaf o "ysgrifennu" yn ysgrifennu o gwbl. Byddai dyn yn naddu marciau ar ddarn o bren neu asgwrn i nodi faint o ddefaid oedd mewn corlan, neu yn rhoi nifer o gerrig mewn cwd i nodi faint o geffylau oedd mewn maes. Cam ymlaen o hyn oedd arluniau syml – er y byddai llawer yn dweud heddiw nad ysgrifennu oedd hyn, chwaith – ond mae arlun yn fath o record. O weld llun ar fur ogof o ddyn cyntefig yn llusgo anifail, gall hanesydd ddehongli bod y dyn hwnnw'n heliwr a'i fod wedi dal anifail o fath arbennig. Mae'r llun yn record o ddull o fyw, er nad yw'n gofnod llawn o bell ffordd, a gall fod yn gamarweiniol.

Ond ar ffurf darlunio a symboleiddio syml y dechreuodd ysgrifennu, a cham ymlaen oedd defnyddio hieroglyffigau ar gerrig unionsyth a thabledi clai yn yr hen Aifft. Gallwn rannu hieroglyffigau yn wahanol ddosbarthiadau; byddai pictograff, er enghraifft, yn cynrychioli gwrthrych – dau gylch, y naill yng nghanol y llall, er enghraifft, yn cynrychioli'r haul; byddai ideograff yn cysylltu syniad â'r gwrthrych, er enghraifft coes wedi'i phlygu yn dynodi rhedeg; llun yn arwyddo sain neu sillaf neu air cyfan oedd ffonogram, er enghraifft symbol o dŷ, *pr* yn iaith yr Aifft, yn cael ei ddefnyddio hefyd i gynrychioli'r sain *pr*.

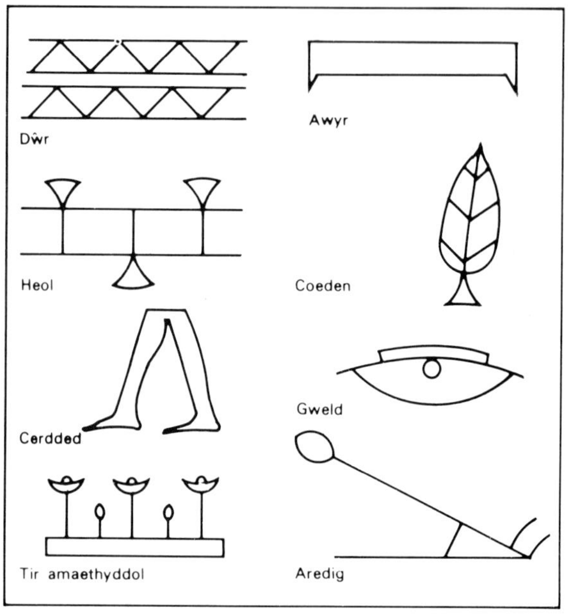

Hieroglyffigau – arwyddion neu symbolau darluniadol.

Gall archaeolegwyr sydd wedi dysgu darllen y gwahanol arwyddion hyn ddeall ystyr yr hyn a gafodd ei ysgrifennu yn y dull hwn yn yr Aifft ganrifoedd lawer yn ôl. Mewn gwirionedd mae dull tebyg o gyfathrebu yn cael ei arfer heddiw; mae pawb sy'n defnyddio'r ffordd yn gyfarwydd ag arwyddion sydd ambell dro yn llun, ambell dro yn symbol a thro arall yn llythyren. Er enghraifft, bydd llun awyren ar arwydd yn dangos bod ffordd yn arwain at faes awyr, a'r llythyren P mewn gwyn ar gefndir glas golau yn dweud bod hawl gan berson i barcio gerllaw – bydd hyd yn oed y rhai na all ddarllen ysgrifen yn adnabod y gwahaniaeth rhwng toiledau ar gyfer dynion a rhai i ferched wrth y lluniau sydd ar eu drysau.

Wrth i ysgrifen ddatblygu byddai ffurf yr arwydd a gâi ei ddefnyddio yn aml yn cael ei reoli gan y deunydd y byddai pobl yn ysgrifennu arno a'r "arf" y bydden nhw'n ei ddefnyddio i farcio neu dorri'r ffurfiau ar y deunydd. Roedd gwahaniaeth mawr rhwng arddull ffurfiau â gâi eu torri â stylws pren neu gorsen flaenllym (arddull ffurf letem) ac arddull ffurfiau a oedd yn cael eu hysgrifennu ar bapurfrwyn. Roedd y ffurfiau ar bapurfrwyn yn llawer mwy lluniaidd a chynnil, ac o ganlyniad, gydag amser, datblygodd yr arwydd i fod mor wahanol i'r gwrthrych yr oedd yn ei gynrychioli nes i'r berthynas rhyngddyn nhw gael ei hanghofio. Bellach sain y gair oedd yr unig gysylltiad oedd yn aros rhwng y gwrthrych gwreiddiol a'r arwydd ysgrifenedig. Daeth yr arwydd ysgrifenedig i gynrychioli sain arbennig felly, neu grŵp o seiniau.

Newid graddol iawn oedd hwn, wrth gwrs – newid a arweiniodd at gam olaf datblygiad y math o ysgrifennu rydym ni'n gyfarwydd ag ef, sef ysgrifennu gwyddorol – ysgrifennu sy'n defnyddio arwydd ar gyfer pob sain. Y Groegiaid a gymerodd y cam olaf hwn o ysgrifennu ar sail gwyddor lawn, a hynny tua 2,800 o flynyddoedd yn ôl. Bellach mae nifer fawr o wahanol wyddorau ar waith yn y byd ac er bod rhai'n ymddangos yn ddieithr iawn i ni, mae pob un wedi'i seilio ar yr egwyddorion a gafodd eu sefydlu gan y Groegiaid.

Gwyddor hynafol a gâi ei defnyddio ym Mhrydain ac Iwerddon tua'r bedwaredd ganrif Oed Crist oedd Ogam. Mae enghreifftiau o ysgrifen Ogam i'w gweld o hyd ar feini hynafol ac ar groesau Celtaidd mewn gwahanol rannau o Ynysoedd Prydain, gan gynnwys carreg yn Eglwys Nanhyfer yn Nyfed. Côd symbolig oedd Ogam, yn cyfathrebu trwy batrwm o safle llinellau llorwedd, lletraws a fertigol wedi'u cerfio ar garreg.

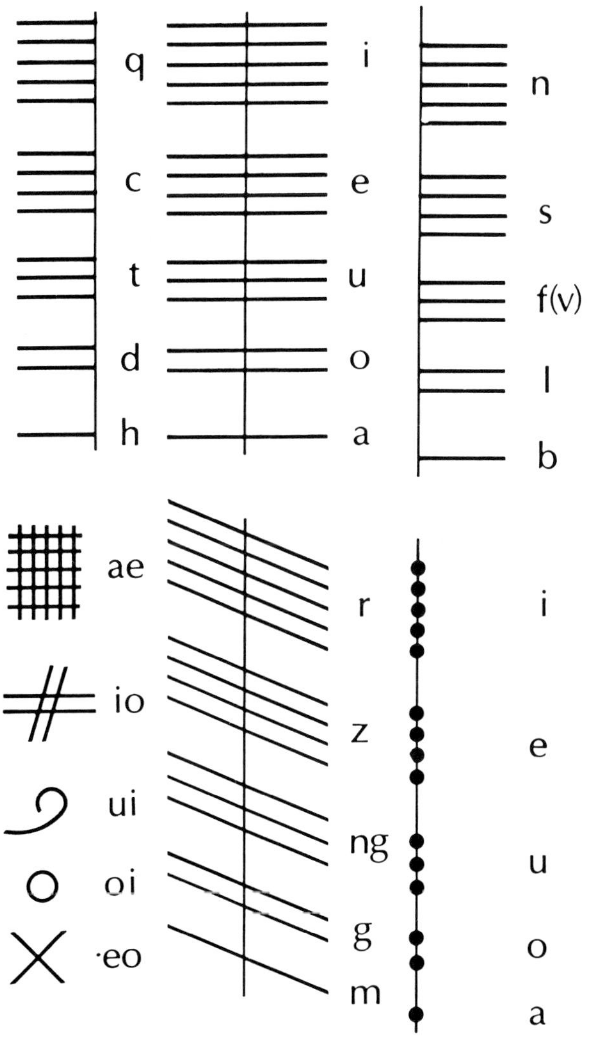

Yr wyddor Ogam.

Mae datblygiad ysgrifen wedi galluogi dyn i gofnodi ei feddyliau a throsglwyddo'r syniadau hynny i eraill yn yr union fodd y bwriadodd iddyn nhw gael eu gweld a'u deall. Datblygodd dulliau eraill o gyfathrebu yn y cyfnod diweddar, wrth gwrs – y cyfrifiadur, y ffilm, y teledu, y recordydd tâp a'r radio, i enwi'r rhai mwyaf amlwg. Mae ysgrifen yn debyg o ddal ei thir yn wyneb y datblygiadau hyn gan fod angen deunydd ar ffurf ysgrifenedig ar gyfer pob un o'r cyfryngau hyn. Os meddyliwn am raglen deledu, er enghraifft – rhaid cael sgript, cyfarwyddiadau, penawdau, rhestr o'r rhai a gymerodd ran ac ati – y cyfan ar ffurf ysgrifenedig. Bydd hynny'n parhau i fod yn wir i'r dyfodol cyn belled ag y gallwn ragweld. (Gweler hefyd – YR WYDDOR).

W.J.J.

YSGYFAINT

Mae'n rhaid i bopeth byw anadlu, hynny yw cymryd aer i mewn i'w gyfansoddiad, a bydd yr ysgyfaint yn chwarae rhan bwysig yn y weithred hon. Mae dau ysgyfant dyn yn gorwedd ar wely o gyhyrau, sef y llengig, wedi'u diogelu yn y fynwes gan gawell yr asennau. Wrth i berson anadlu, bydd y llengig yn codi ac yn disgyn. Bydd yr aer sy'n cael ei anadlu yn cychwyn ar ei daith trwy'r ffroenau; fe all person anadlu trwy ei geg, ond mae'n well iddo anadlu trwy ei ffroenau lle mae blew yn tyfu, a'u pwrpas nhw yw hidlo mân lwch o'r aer.

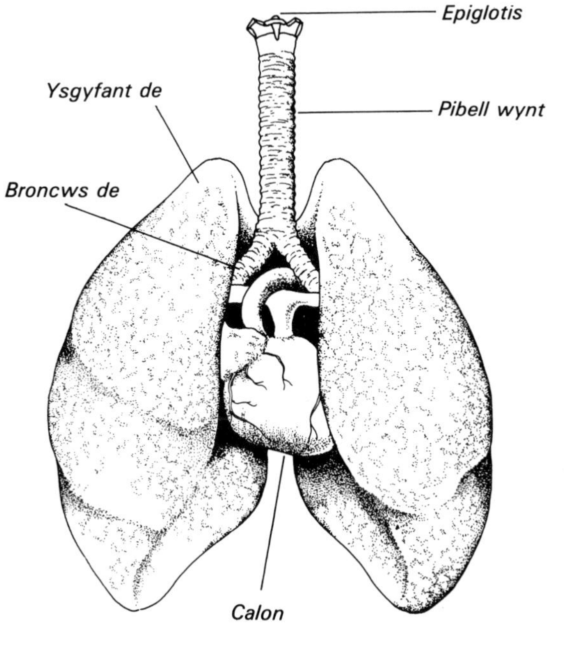

Yr ysgyfaint, gan ddangos lleoliad y galon.

Caiff yr aer ei gynhesu a'i droi'n llaith cyn iddo fynd ymlaen ar ei daith trwy'r blwch llais, a thrwy'r biben wynt sydd tua 10 cm o hyd. Mae'r biben hon yn ymrannu'n ddwy, un gangen yn arwain i'r ysgyfant de, a'r llall i'r ysgyfant chwith, ac yn ymrannu eto wedi iddyn nhw gyrraedd sylwedd yr ysgyfaint, yn union fel brigau coed. Bronci neu bibau'r frest yw mân diwbiau yr ysgyfaint, sy'n arwain yr aer i'r codennau aer. Dan y codennau hyn, sy'n hynod o denau, mae nifer o diwbiau sy'n cynnwys y gwaed y mae'n rhaid ei buro gan ocsigen o'r aer; aiff y sylwedd amhur o'r gwaed i'r codennau aer i'w anadlu allan, un ai trwy'r genau neu trwy'r ffroenau.

Mae adeiladwaith yr ysgyfaint yn ddiddorol. Pe bai'r ysgyfaint yn ffurfiau gwag yn unig ni fyddai eu harwynebedd fawr mwy na 900 cm sgwâr, ond maen nhw wedi'u hadeiladu fel sbwng a phe bai'n bosibl taenu'r arwynebedd sy'n dod â'r gwaed i gysylltiad â'r aer, byddai'n mesur tua 186 metr sgwâr! Pwrpas eu ffurf yw rhoi cymaint o arwynebedd â phosibl i'r ocsigen yn yr aer lanhau'r gwaed.

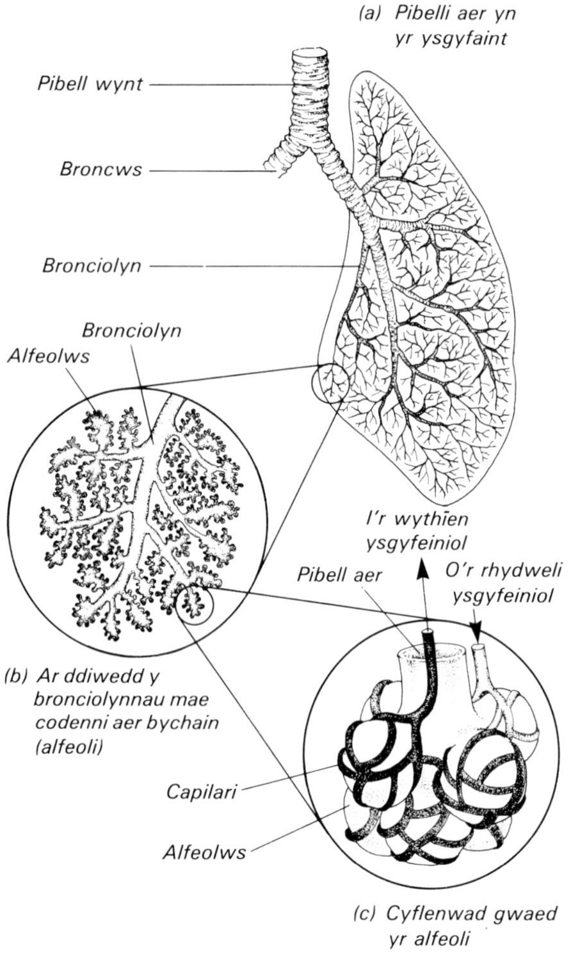

Adeiledd yr ysgyfaint

Mae'n rhaid i godennau aer yr ysgyfaint fod mor lân a chlir ag sy'n bosibl. Bydd nifer o fân flewiach, sef cilia, yn tyfu arnyn nhw sy'n debyg i amrannau'r llygaid; bydd y rhain yn chwipio'n rheolaidd tuag i fyny, gan wthio'r llwch o'u ffordd, a chaiff y corff wared arno wrth besychu. Ond all y cilia ddim cael gwared o bob llwch y bydd dyn yn ei anadlu, a bydd anadlu rhai mathau o lwch mân yn barhaus yn arwain at glefydau difrifol. Er enghraifft, bydd glowyr yn anadlu llwch carreg dan ddaear, a'r gronynnau mân, mân o silica sydd yn hwnnw yn glynu yn y bronci a'r codennau aer ac yn eu tagu, gan wneud anadlu yn anodd iawn. Bydd y cyflwr hwn yn y pen draw yn achosi silicosis, clefyd cyffredin ymhlith glowyr, ac sy'n perthyn i ddosbarth o glefydau – niwmoconioses – sy'n effeithio ar iechyd rhai, gan gynnwys chwarelwyr, sy'n anadlu llwch wrth eu gwaith.

Mae plant ac oedolion sy'n dioddef o'r fogfa yn gwybod am anawsterau anadlu hefyd. Gair Groeg yw *asthma* sy'n golygu "dyheu am anadl", a bydd y sawl sy'n dioddef ohono yn cael anadlu'n anodd am fod pibau eu hysgyfaint wedi'u tagu gan fwcws gludiog sy'n diferu o groen waliau'r pibau pan fydd hwnnw'n chwyddo.

Bydd nifer o anhwylderau eraill yn effeithio ar yr ysgyfaint, megis broncitis (llid y bronci), niwmonia (llid yr ysgyfaint), ffibrosis cystig, emboliaeth ysgyfeiniol (*pulmonary embolism*), plewrisi – a'r mwyaf difrifol, mae'n debyg, yw cancr. Bydd ymhell dros 30,000 yn marw yng ngwledydd Prydain bob blwyddyn o'r clefyd hwn, pump o bob deg ohonyn nhw'n ddynion, ac mae meddygon yn credu erbyn hyn fod cysylltiad rhwng yr arfer o smygu a chancr yr ysgyfaint.

Weithiau bydd un ysgyfant yn methu: mae'n bosibl i'r corff weithio ar un ysgyfant yn unig, ond fe all y cyflwr hwn fod yn beryglus os bydd yn parhau yn hir.

W.J.J.

YSGYFARNOG

Mae'r ysgyfarnog yn perthyn i'r un grŵp o famolion â'r gwningen. Anifeiliaid sy'n cnewian eu bwyd yw'r ddwy, ac ar gyfer hynny mae ganddyn nhw ddannedd blaen miniog – pedwar yn y top a dau yn y gwaelod. Gallwn adnabod y gwahaniaeth rhwng y gwningen a'r ysgyfarnog am fod traed ôl yr ysgyfarnog yn hirach a bod blaen du i'w chlustiau hir.

Yng ngwledydd Prydain mae dau rywogaeth o ysgyfarnog, sef yr ysgyfarnog frown ac ysgyfarnog y mynydd. Cynefin y gyntaf yw'r iseldir amaethyddol tra bod yr ail yn byw ar rostir grugog y mynydd. Er bod blew yr ysgyfarnog frown yn felynach na blew ysgyfarnog y mynydd, yr unig ffordd sicr i wahaniaethu rhyngddyn nhw yw sylwi mai du yw lliw blaen cynffon yr ysgyfarnog frown.

Dydy'r ysgyfarnog frown ddim yn gwneud twll yn wâl iddi'i hun fel y bydd cwningen, ond bydd yn byw mewn gwlad agored gan ddibynnu ar ei chyflymder i osgoi perygl. Yn ystod y dydd bydd yn llechu mewn gwellt hir neu laswellt, mewn mieri neu mewn grug.

Ar lystyfiant y bydd ysgyfarnogod yn byw; gallan nhw beri niwed mawr i gnwd o ŷd, fe fyddan nhw'n bwyta gwair hefyd ac maen nhw'n hoff iawn o faip. Yn y nos y byddan nhw'n bwyta gan swatio'n glòs at y ddaear â'u clustiau i lawr. Mae'r carthion y bydd yr ysgyfarnog yn eu gollwng yn y nos yn feddal, a bydd hithau yn eu hailfwyta – er mwyn cael fitamin B ohonyn nhw efallai. Mae'r carthion a wnaiff yr anifail yn y dydd yn galed, a'r rhain a welwn ni ar y borfa.

Mae ymddygiad ysgyfarnogod yn y tymor cymharu yn nodedig. Bydd y gwryw a'r fenyw yn rhedeg ar ôl ei gilydd gan neidio ac yna sefyll i baffio â'u pawennau blaen. Bydd y fam yn cario'r rhai bach am tua chwe wythnos ac yna'n esgor ar hyd at bump o gywion (sy'n cael eu galw'n llefrod) ac yn eu cuddio mewn llystyfiant. Mae blew drostyn nhw o'u genedigaeth; mae eu llygaid ar agor ac maen nhw'n gallu gweld. Mae'r tymor magu yn hir, a gall y fenyw feichiogi ym mhob mis o'r flwyddyn.

Dwy ysgyfarnog yn paffio yn ystod y tymor cymharu.

Mae ysgyfarnog y mynydd yn llai na'r un frown a'i choesau'n fyrrach, a hefyd mae ei blew yn fwy llwyd; gall y blew hwn droi'n wyn yn y gaeaf fel cuddwedd ar gefndir o eira. Yn yr Alban mae ysgyfarnog y mynydd fwyaf niferus, ac mae i'w chael hefyd ar dir isel yn Iwerddon – lle nad oes dim ysgyfarnogod brown. Bydd ysgyfarnog y mynydd yn twrio tyllau bas mewn tir mawn ond fyddan nhw ddim yn defnyddio'r rhain i lochesu'r rhai bach. Eu bwyd yw grug yn bennaf, ond byddan nhw'n bwyta brwyn a phlu'r gweunydd hefyd. Yn y gaeaf byddan nhw'n achosi niwed mawr i goed trwy fwyta'r rhisgl.

Gelynion naturiol yr ysgyfarnog yw'r llwynog ac, yn yr Alban, yr eryr, a bydd y wenci a'r bwncath yn bwyta'r llefrod. Bu dyn hefyd yn hela'r ysgyfarnog ar hyd yr oesoedd, ac yn gynnar iawn mewn hanes datblygodd yr arferiad o gwrsio'r ysgyfarnog â chŵn er difyrrwch i ddyn; fel arfer bydd dau filgi yn cael eu gollwng i redeg ar ôl yr ysgyfarnog, a bydd y rhain yn cystadlu yn erbyn ei gilydd, gan ddibynnu ar eu llygaid yn hytrach na'u synnwyr arogli. (Gweler hefyd – CWNINGEN.)

J.R.J.

YSTLUM

O'r holl famaliaid, yr ystlum yw'r unig rywogaeth ag adenydd ar gyfer hedfan. Mae ystlumod yn arbennig hefyd am eu bod yn defnyddio sain ar gyfer lleoli gwrthrychau a dod o hyd i'w bwyd.

Fel y mwyafrif o'r mamaliaid, mae cyrff ystlumod wedi'u gorchuddio â blew; lliw du neu frown yw hwn ac mae'n fân iawn. Croen tenau yw'r adenydd, sy'n cael eu cynnal gan fysedd hir y traed blaen. Mae'r croen yn ymestyn gydag ymyl y corff hyd at y traed ôl ac o amgylch y gynffon. Pan fydd yr ystlum yn gorffwys bydd yr adenydd wedi'u plygu wrth ei ochr. Mae gan yr ystlum fawd rhydd ar y troed blaen a bydd yn ei ddefnyddio ynghyd â'i draed ôl i grafangu i mewn i'w guddfan. Bydd y rhan fwyaf o ystlumod yn gorffwys â'u pennau i lawr gan ddal gafael yn y glwyd â'u traed ôl.

Mae clustiau ystlumod yn amrywio'n fawr o rywogaeth i rywogaeth, rhai â chlustiau sy'n hwy na'u cyrff ac eraill â rhai bach ddim hwy na'u blew.

Wrth hedfan bydd ystlum yn cynhyrchu tonnau sain amledd uchel a fydd yn creu eco wrth daro yn erbyn unrhyw wrthrych megis mur, coeden neu, hyd yn oed, bryfyn. Bydd clustiau'r ystlum yn clywed yr eco a'i ymennydd yn penderfynu pa mor bell oddi wrtho mae'r gwrthrych, beth yw ei faint a'i ansawdd. Mewn arbrawf arbennig cafodd nifer o wifrau eu gosod ar draws ystafell cyn gollwng ystlum i mewn; er ei bod yn dywyll llwyddodd yr ystlum i hedfan rhwng y gwifrau heb daro un ohonyn nhw. Gallai leoli'r gwifrau trwy ganfod eco ei donnau sain ei hun wrth iddyn nhw adlamu oddi ar y gwifrau. Wrth i ni wrando ar y sain amledd uchel â chymorth peiriant arbennig, mae i'w chlywed fel cyfres o wichiadau, a bydd amledd y wich yn cynyddu wrth i'r ystlum agosáu at ryw wrthrych.

Gan nad yw'r ystlum yn dibynnu llawer ar ei lygaid wrth symud o gwmpas, llygaid bach sydd ganddo fel rheol, er bod gan rai ystlumod sy'n byw yn y Trofannau lygaid mawr – ond does gan glustiau'r ystlumod hyn ddim offer ar gyfer lleoli eco.

Daw'r mwyafrif o ystlumod allan o'u cuddfan i chwilio am fwyd pan fydd hi ar nosi. Bydd rhai mathau yn hela trwy'r nos, ond eraill yn dod yn ôl i'r guddfan i orffwys cyn mynd i hela eilwaith cyn toriad gwawr.

Ystlum-clust-llygoden ar fin disgyn yn ddisymwth ar gricedyn ar gangen.

Pryfed yw bwyd arferol ystlumod y wlad hon, ac yn aml fe fyddan nhw'n eu dal wrth hedfan trwy'r awyr. Mae gan bob rhywogaeth ei ddewis fwyd, rhai'n byw ar wyfynnod mawr ac eraill yn chwilio ar y llawr am bryfed cop neu chwilod. Bydd rhai mathau o ystlumod yn cario'u hysglyfaeth yn y fasged o groen sy'n cysylltu'r gynffon â'r traed ôl.

Ystlum-pedol-mwyaf yn clwydo.

Gan nad oes pryfed ar gael yn y gaeaf, yn ystod y cyfnod hwn bydd ystlumod y wlad hon yn mynd i gysgu, ar ôl newid eu cuddfan, gan ddewis un sy'n wynebu'r gogledd-ddwyrain yn lle eu cuddfan haf sy'n wynebu'r gogledd-orllewin. Yn yr haf maen nhw'n hoffi lle cynnes, ond yn y gaeaf maen nhw am gael tymheredd isel a chyson. Bydd llawer ohonyn nhw'n cysgu mewn ogofâu llaith – mae'r lleithder yn angenrheidiol i rwystro'r adenydd rhag sychu. Fel arfer, byddan nhw'n cysgu o fis Hydref hyd ddiwedd Mawrth neu ddechrau Ebrill, gan fyw yn ystod y cyfnod hwn ar y braster sydd wedi'i storio yn eu cyrff. Byddan nhw'n deffro ambell waith yn ystod y gaeaf a gallwn eu gweld yn hedfan o gwmpas yng ngolau dydd.

Bydd ystlumod yn paru yn yr hydref a'r gaeaf; bydd y fenyw yn cario'r sberm a dderbyniodd gan y gwryw yn ei chroth trwy'r gaeaf. Fydd hi ddim yn rhyddhau ei hwyau tan y gwanwyn, a'r pryd hwnnw byddan nhw'n cael eu ffrwythloni. Bydd y cyfnod cario yn amrywio o 44 diwrnod i 70 diwrnod, yn dibynnu ar y rhywogaeth. Un cyw yn unig gaiff ei eni ar y tro, a hynny ym misoedd Mehefin a Gorffennaf, pryd daw'r benywod at ei gilydd i ffurfio meithrinfa a fydd yn cynnwys hyd at 2,000 o ystlumod. Caiff y cywion eu magu ar laeth y fam, a fydd y gwryw ddim yn cynorthwyo yn y gwaith o ofalu amdanyn nhw o gwbwl. Ar ôl 18 diwrnod gall y rhai bach hedfan, ond fyddan nhw ddim yn hollol annibynnol nes cyrraedd pedair i bum wythnos oed.

Yng ngwledydd Prydain mae pymtheg rhywogaeth o ystlumod, rhai ohonyn nhw, fel yr ystlum-clust-llygoden a'r ystlum-pedol-mwyaf, yn brin, tra bod eraill, fel y *pipistrelle*, yn gyffredin. Ledled y byd y mae 950 o wahanol rywogaethau i'w cael.

Yn gyffredinol, mae nifer yr ystlumod yn gostwng, a hynny am nifer o resymau: mae pryfed yn prinhau; mae hen adeiladau fferm lle byddai ystlumod yn cael lloches yn cael eu disodli gan adeiladau concrit sy'n rhwystro'r ystlumod rhag cyrraedd y nenfwd; bydd torri coed a gwrychoedd yn effeithio ar bryfed ac ystlumod fel ei gilydd, trwy ddinistrio'u mannau llochesu a'u bwyd; a bydd llawer o gemigion yn cael eu chwistrellu ar gnydau er mwyn lladd gwahanol blâu, ond bydd y cemigion hyn yn mynd i gyrff y pryfed ac yn cael eu trosglwyddo o'r pryfed i'r ystlumod nes eu lladd nhw hefyd.

Mae ystlumod i'w cael ym mhob rhan o'r byd ac eithrio anialdiroedd a mannau oer iawn. Mae'r nifer mwyaf ohonyn nhw i'w cael yng nghoedwigoedd y Trofannau. Bydd y rhain yn amrywio'n fawr yn eu dull o fyw: bydd rhai yn dal pysgod trwy eu bachu â'u hewinedd ac eraill yn byw ar ffrwythau. Bydd eraill yn byw ar neithdar, ac wrth ei gasglu fe fyddan nhw'n peillio blodau yn union fel y bydd pryfed yn ei wneud. Efallai mai'r ellyll-ystlum (*vampire bat*) yw'r mwyaf nodedig ohonyn nhw, gan ei fod yn darnio croen dyn neu anifail â'i ddannedd er mwyn sugno'i waed.

Am fod nifer yr ystlumod wedi lleihau yn sylweddol yng ngwledydd Prydain, er 1981 mae deddf gwlad yn eu hamddiffyn yma. Does dim hawl gan neb eu lladd: hyd yn oed os bydd haid ohonyn nhw'n dewis ymgartrefu yn nenlofft eich tŷ, chewch chi ddim aflonyddu arnyn nhw na cheisio'u hymlid oddi yno!

J.R.J.

YSTRAD-FFLUR

Olion abaty Sistersaidd, Urdd y Brodyr Gwynion, sydd yn Ystrad-fflur heddiw, tua 24 kilometr i'r de-ddwyrain o Aberystwyth. Galwodd Gerallt Gymro yno yn 1188 ar ei daith trwy Gymru, pan oedd yr abaty'n cael ei adeiladu; cysgodd noson yno a soniodd yn ei ddisgrifiad o'i daith, *Itinerarium Kambriae*, am yr olwg lom a gerwin a oedd ar y lle ynghanol corsydd yr ardal. Roedd yr adeiladau'n barod i'w defnyddio erbyn 1201.

Mae'n debyg bod mynachod Ystrad-fflur yn arbenigwyr ar fagu brithyllod yn y llynnoedd gerllaw, ond daeth y diwydiant hwn i ben pan gliriodd milwyr Oliver Cromwell y pyllau yn effeithiol iawn! Byddai'r mynachod yn cadw defaid hefyd, ac yn 1212 rhoddodd y Brenin John drwydded iddyn nhw werthu ac allforio gwlân.

Roedd gan y Brodyr Gwynion reolau caeth a chyfyng iawn, a chafodd llymder eu bywyd ei adlewyrchu ym mhensaernïaeth yr abaty; er enghraifft, doedd dim clochdy yno gan mai arwydd o rodres fyddai hwnnw yng ngolwg y mynachod. Cafodd yr adeilad ei daro gan fellten yn 1284, a'i losgi gan y Brenin Edward I ddeng mlynedd yn ddiweddarach; a dioddefodd yr abaty ymhellach eto o gael ei ddefnyddio fel garsiwn. Ar orchymyn y Brenin Harri'r VIII cafodd yr abaty ei ddiddymu yn 1539, ac mae'n debyg mai chwech neu saith o fynachod yn unig oedd yno ar y pryd – ac un o'r rheiny yn disgwyl sefyll praw am fathu arian ffug!

Yn ôl traddodiad, yn naear yr abaty hwn y cafodd Dafydd ap Gwilym ei gladdu; does dim sicrwydd am hyn, er bod Gruffudd Gryg wedi canu cywydd "I'r Ywen uwch bedd Dafydd ap Gwilym":

"Yr ywen i oreuwas,
Ger mur Ystrad Fflur a'i phlas;
Da Duw wrthyd, gwynfyd gwŷdd,
Dy dyfu yn dŷ Dafydd."

Drws gorllewinol Abaty Ystrad-fflur heddiw.

Yn 1951 gosododd Anrhydeddus Gymdeithas y Cymmrodorion garreg goffa yn yr adfeilion sy'n cofnodi, yn Lladin ac yn Gymraeg, mai "Yma, dan ywen ger mur Ystrad Fflur ... y claddwyd Dafydd ap Gwilym, prydydd â'i gywydd fel gwin".

Bellach mae'r adfeilion yng ngofal y Goron, ac yn cael eu gwarchod yn dda. Daw ymwelwyr yno, bid siwr, ond lle tawel yw Ystrad-fflur heddiw, lle "mae dail y coed ... yn murmur yn yr awel", yn ôl y bardd T. Gwynn Jones. Teimlai yntau yn well o fod yno:

"Pan rodiwyf ddaear Ystrad Fflur,
O'm dolur ymdawelaf."

(Gweler hefyd – ABATY, DAFYDD AP GWILYM, MYNACH.)

D.G.J.

YR YSTWYLL

Gŵyl Gristnogol yw'r Ystwyll, gŵyl sy'n cael ei dathlu gan y rhan fwyaf o ganghennau'r Eglwys ar 6 Ionawr, deuddeg diwrnod ar ôl y Nadolig, i gofio tri achlysur – dyfodiad y sêr-ddewiniaid i weld y baban Iesu ym Methlehem, bedyddio Iesu Grist yn Afon Iorddonen, a'i wyrth gyntaf yng Nghana Galilea. Daw'r gair Saesneg am yr ŵyl, *Epiphany*, o air Groeg sy'n golygu "amlygiad", hynny yw, cyfeiriad at Iesu yn ei wneud ei hun yn amlwg neu'n peri i eraill ddod i wybod amdano. Bydd rhai Cristnogion yn credu bod natur ddwyfol Iesu Grist wedi'i amlygu yn nyfodiad y sêr-ddewiniaid; mae eraill o'r farn iddo gael ei amlygu wrth ei fedyddio yn Afon Iorddonen gan Ioan Fedyddiwr, neu, na ddigwyddodd hyn nes iddo gyflawni ei wyrth gyntaf.

Dechreuodd yr Eglwys Gristnogol ddathlu Gŵyl yr Ystwyll gyntaf yn y Dwyrain Canol yn yr ail ganrif o Oed Crist, gan gofio ei eni yn unig. Daeth yr ŵyl yn boblogaidd yn y byd Cristnogol yn y bedwaredd ganrif. Bydd ambell gangen o'r Eglwys Gristnogol yn dal i ddathlu eu Nadolig nhw ar 6 Ionawr.

Tyfodd nifer o arferion gwerinol o amgylch yr ŵyl gyda'r blynyddoedd. Mewn rhai ardaloedd yng ngwledydd Prydain, arferai pobl gynnau tanau ar gribau'r mynyddoedd, "i gadw'r baban Iesu'n gynnes". Roedd yr Ystwyll yn adeg boblogaidd i gyhoeddi dyweddïadau a chyfnewid anrhegion mewn sawl ardal. Arferai rhai ddatgymalu'r crud a oedd wedi'i ddefnyddio yn yr eglwys wrth ddathlu'r Nadolig yr adeg yma, a thynnu'r addurniadau i lawr yn y cartrefi. Câi Gŵyl yr Ystwyll ei hystyried mewn sawl rhan o Gymru fel diwedd llawenydd y Nadolig, neu derfyn y gwyliau. Yn ychwanegol at dynnu'r addurniadau i lawr, câi'r boncyff Nadolig ei dynnu o'r tân, ar ôl iddo fod yn llosgi am ddeuddeg diwrnod. Arferiad poblogaidd iawn mewn rhai ardaloedd oedd cynnal defod y Fari Lwyd, sy'n cael ei disgrifio yng Nghyfrol 5.

Byddai rhai pobl, yng Nghymru a Lloegr, yn gwneud diod wasael. Daw "gwasael" o hen ymadrodd Scandinafaidd, *ves heill*, sy'n golygu'n fras "iechyd da". Mewn rhai rhannau o Gymru, byddai'r wasael yn cael ei gwneud mewn "bowlen wasael", bowlen arbennig wedi ei haddurno'n gain, â chlawr iddi a lle arbennig i yfed ohoni. Medd oedd sylfaen y ddiod, ac weithiau, byddai teisennau ac afalau yn nofio ynddi. Câi'r fowlen ei phasio o'r naill i'r llall, a châi pawb gyfle i yfed yn ei dro gan ddymuno iechyd da a phob lwc i weddill y cwmni. Ar ôl gorffen y ddiod, âi'r yfwyr ati i fwynhau'r teisennau a'r afalau. Mae rhai carolau secwlar Saesneg yn crybwyll yr arferiad hwn, fel hwnnw sy'n annog *Wassail, Wassail all over the town*.

Arferiad arall oedd hela dryw (neu aderyn y to) – mae sôn amdano ar dudalen 49 yng Nghyfrol 3. Mae model o gawell dryw i'w weld yn Amgueddfa Werin Cymru yn Sain Ffagan. Canai'r teithwyr ganeuon wrth deithio; dyma un pennill a gâi ei ganu yn Llanrhaeadr-ym-Mochnant:

"Ddoi di i'r coed?" meddai Dibin wrth Dobin,
"Ddoi di i'r coed?" meddai Rhisiart wrth Robin,
"A ddoi di i'r coed?" meddai Siôn wrth y tri,
"A ddoi di i'r coed?" meddai'r cwbwl i gyd.

Dim ond cychwyn pethau a wnâi'r pennill hwn; roedd yr ail bennill yn dechrau gyda'r cwestiwn, "Beth wnawn ni yno?" a châi hwnnw ei ateb yn y trydydd pennill, "Hela'r dryw bach ..." – ac roedd naw pennill arall yn dilyn! (Gweler hefyd – DRYW, MARI LWYD, NADOLIG.)

W.J.J.

YWEN

Coeden góniffer yw'r ywen, ag arni nodwyddau byr, rhisgl coch-porffor, a ffrwythau bach coch golau. Tir calchfaen yw'r safle gorau i'r ywen dyfu'n naturiol, ac mae'n goeden amlwg mewn rhai mannau – yn Nyffryn Gwy ger Tyndyrn, er enghraifft.

Bydd yr ywen yn tyfu'n araf, ond mae'n hirhoedlog iawn, ac mae rhai o'r coed hynaf wedi byw am fil o flynyddoedd o leiaf. Mae'r rhisgl, y nodwyddau a'r hadau yn wenwynig i anifeiliaid. Mae'r pren yn gochaidd ac yn galed, yn addas at wneud dodrefn hardd, a bu bwâu hirion o goed yw yn enwog am ganrifoedd.

Â'i choron werdd dywyll, coeden draddodiadol y mynwentydd ydyw'r ywen yn bennaf. Yn ôl Cyfraith Hywel Dda, pymtheg ceiniog oedd gwerth ywen gyffredin yn y coed, ond punt oedd gwerth "ywen sant", hynny yw ywen gysegredig yn tyfu mewn mynwent.

Go brin bod mynwent yng Nghymru heb ei hywen, fel arfer hen goeden â choron bruddaidd a bôn mawr, nid nepell o ddrws yr eglwys. Mewn rhai ardaloedd byddai galarwyr gynt yn plethu brigau yw am eu pennau fel arwydd o brudd-der. Mae hen ywen yn sefyll uwchben bedd honedig Dafydd ap Gwilym yn Abaty Ystrad-fflur, a chanodd W.J. Gruffydd am ywen enfawr Llanddeiniolen: "Penadur (brenin) yw-wydd llannau Cymru oll".

Yr ywen ynghyd â brigyn yn dangos y nodwyddau byr, gwyrdd a'r ffrwythau bach coch golau.

Efallai mai'r ywen enwocaf yng Nghymru yw'r "ywen waedlyd" ym mynwent eglwys Sant Brynach, Nanhyfer (neu Nyfer) yn yr hen Sir Benfro. Mae hylif coch tebyg i waed yn llifo o fôn y goeden hon, a dywed y chwedl fod y goeden yn gwaedu ar ôl i ddyn dieuog, mynach efallai, gael ei grogi arni flynyddoedd maith yn ôl; cyn marw tyngodd yntau y byddai'r goeden yn gwaedu byth wedyn, yn dyst nad oedd e'n euog.

W.L.

ATODIAD A

ABER-FAN

Problem y bu'n rhaid i'r diwydiant glo ei hwynebu er pan gafodd y pyllau glo cyntaf eu suddo yw cael gwared o'r ysbwriel sy'n cael ei symud wrth i'r glowyr durio twnelau i gyrraedd y talcen glo. Doedd ei gladdu yn ôl yn y gofod a gâi ei adael ar ôl cloddio'r glo byth yn gyfleus – nac yn economaidd chwaith – a'r ateb fel arfer oedd ei godi i ben y pwll mewn wagenni a chludo'r rhain ar reiliau i ben mynydd neu fryn cyfagos a gwasgaru'r ysbwriel yno, nes bod tomennydd anferth yn anharddu'r tirlun ar hyd a lled y meysydd glo.

Dyma'r "tipiau glo" sydd, chwedl T. Rowland Hughes, "yn ceisio newid ffurf yn ogystal â lliw y bryniau a'r llethrau". Yn y nofel "Chwalfa", mae Dic Bugail yn cyrraedd y "Sowth" ac yn gweld tip glo am y tro cyntaf:

> "'Y nefoedd fawr,' ebe Dic, 'beth petai'r domen fawr ddu acw'n dechra' llithro i lawr, hogia! Mi fasa'n claddu'r pentra' 'na i gyd.'"

A dyma'n union yr hyn a ddigwyddodd yn Aber-fan.

Roedd holl fryd perchnogion y pyllau glo ar gynhyrchu glo am y pris lleiaf posibl, a doedd gan neb ohonyn nhw amser nac awydd i boeni am gyflwr y tomennydd gwastraff hyn. Roedd rhai o'r tipiau'n bur ansefydlog, ac yn debyg o lithro.

Digwyddodd y drychineb waethaf erioed yn 1966 yng Nghwm Taf, heb fod nepell o Ferthyr Tudful. Ar fore 21 Hydref y flwyddyn honno, roedd plant pentref Aber-fan yn eu hystafelloedd dosbarth yn Ysgol Pant-glas am 9.15 pan lithrodd un o'r tipiau mawr ar y bryn uwchben; rhuthrodd llifeiriant o fwd llithrig ac ysbwriel pwll glo Cwm Merthyr gan sgubo

Gweithwyr achub a gwirfoddolwyr wrthi'n cloddio trwy'r tunelli o slag (ysbwriel glofa) a ddisgynnodd dros Ysgol Pant-glas, Aber-fan, ynghyd â nifer o dai'r pentref, ar fore 21 Hydref 1966.

ymaith fferm fechan a nifer o dai a boddi rhan helaeth o'r ysgol.

Lladdwyd 116 o blant a 28 o oedolion yn y drychineb, ac mae cofeb arbennig i'r rhai a gollodd eu bywyd ar y bore hwnnw, yn y fynwent ar ochr y bryn yn Aber-fan.

Anfonodd pobl o bedwar ban byd gyfraniadau ariannol i gynorthwyo'r teuluoedd galarus. Cafodd olion y ddamwain eu clirio ymaith, ysgol newydd ei chodi, a chanolfan gymdeithasol ei hadeiladu yn y pentref. Ond canlyniad pwysicaf y drychineb hon oedd penderfyniad y Llywodraeth i drefnu symud y tomennydd mwyaf peryglus a thirlunio'r ardal gan daenu pridd a hau had fel bod planhigion yn tyfu ac yn sefydlogi arwyneb y tir.

Erbyn hyn diflannodd llawer o'r tipiau mewn mannau eraill, a allai fod wedi achosi anffawd debyg i drychineb Aber-fan.

D.G.J.

YR ACADEMI GYMREIG

Ym mis Ebrill 1959, dan arweiniad Gwenallt a Bobi Jones, penderfynodd nifer fach o lenorion Cymraeg "ffurfio cymdeithas ddethol o bedwar ar hugain o lenorion" gyda'r bwriad o "hyrwyddo a noddi llenyddiaeth Gymraeg". Ar y cychwyn, roedd y sefydliad yn un cwbl amatur, yn cyhoeddi'r gyfrol "Taliesin" ac yn trefnu un gynhadledd flynyddol. Yn 1968 cafodd y sefydliad ei ehangu i gynnwys Adran Saesneg, ac yn 1971 cafodd nawdd gan Gyngor Celfyddydau Cymru i gyflogi swyddogion llawn amser a chynnal gweithgareddau cyhoeddus. Cafodd y rheolau ynglŷn â nifer yr aelodau eu hehangu hefyd, ac erbyn hyn (1989) mae gan yr Adran Gymraeg 60 o aelodau, a 100 gan yr Adran Saesneg.

Felly, mae'r Academi wedi'i rhannu yn ddwy adran, y naill yn hyrwyddo llenyddiaeth Gymraeg a'r llall yn hyrwyddo llenyddiaeth Saesneg. Mae gan y ddwy adran raglen lawn o weithgareddau megis cyrsiau ysgrifennu creadigol, darlleniadau, cystadlaethau a gwyliau llenyddol, ynghyd â phrosiectau cyhoeddi arbennig. Yn 1986 cyhoeddodd yr Adran Saesneg y "Cydymaith i Lenyddiaeth Cymru" (golygydd: Meic Stephens) yn Gymraeg a Saesneg, ac mae'r Adran Gymraeg wrthi'n paratoi Geiriadur Saesneg/Cymraeg cyfoes, wedi'i olygu gan Dr Bruce Griffiths, i'w gyhoeddi yn 1990. Yr Adran Saesneg hefyd sy'n gyfrifol am yr ŵyl flynyddol, y *Cardiff Literature Festival*, tra bu'r Adran Gymraeg ym mis Medi 1987 yn gyfrifol am gynnal gŵyl lenyddol ryngwladol, "Moseic y Cenhedloedd". Yno bu 25 o lenorion o 15 gwlad yn trafod ac yn darllen eu gwaith, a'r gobaith am y dyfodol yw sefydlu rhwydwaith llenyddol rhyngwladol a chynnal gŵyl lenyddol ryngwladol deithiol bob yn ail flwyddyn.

Mae gan yr Adran Gymraeg gyfres o gyfieithiadau barddoniaeth a rhyddiaith ynghyd â "Chyfres y Clasuron". Hi hefyd sy'n gyfrifol am y cylchgrawn chwarterol "Taliesin", a gaiff ei olygu gan R. Gerallt Jones a'r Athro Bedwyr Lewis Jones ar hyn o bryd. Yn 1984, dan nawdd y Comisiwn Gwasanaethau Gweithwyr, sefydlodd yr Academi gynllun i ymchwilio i fywyd a gwaith ei sefydlwyr cynnar. Bydd y wybodaeth a gaiff ei chasglu, yn llawysgrifau, lluniau, llythyron ac atgofion ar dâp, yn sail i arddangosfeydd llenyddol a fydd yn teithio o amgylch llyfrgelloedd ac ysgolion y wlad.

Un o brif weithgareddau eraill yr Adran Gymraeg yw dyfarnu Gwobr Goffa Griffith John Williams yn flynyddol i'r gyfrol greadigol orau a gafodd ei chyhoeddi y flwyddyn flaenorol gan awdur nad yw'n aelod o'r Academi; bydd awdur y gyfrol yn derbyn y wobr mewn seremoni gyhoeddus ym mro yr awdur ei hun. Yn 1986 bu'r Academi Gymreig yn ddigon ffodus i ennill Gwobr Ossian, gwobr ryngwladol sy'n cael ei rhoi gan y *Stiftung FVS Hamburg* yn flynyddol i sefydliadau a wnaeth gyfraniad arbennig tuag at ddiwylliant lleiafrifol.

Caiff yr Academi ei chynnal bron yn gyfan gwbl gan gymhorthdal blynyddol oddi wrth Gyngor Celfyddydau Cymru, i gynnal swyddfa, trefnyddion llawn amser a chynorthwywyr rhan amser, ynghyd â chymhorthdal bychan i gynnal gweithgareddau. Serch hynny, mae'r Academi yn gorff cwbl annibynnol. Mae hefyd yn derbyn nawdd ychwanegol gan sefydliadau megis y Swyddfa Gymreig, yr Academi Brydeinig, Pwyllgorau Rhanbarth Cyngor y Celfyddydau ac yn y blaen, ar gyfer rhedeg rhaglen lawn o weithgareddau a chynlluniau llenyddol.

Caiff aelodau'r ddwy Adran eu dewis trwy bleidlais gan yr aelodau eu hunain, ond mae'n bwysig pwysleisio bod holl weithgareddau'r ddwy Adran yn agored i'r cyhoedd. Mae gan yr Adran Saesneg gynllun o aelodaeth gysylltiol, *Associate Membership*, sy'n agored i unrhyw un; trwy ymaelodi caiff yr aelod cysylltiol wybodaeth am holl weithgareddau'r Adran ynghyd â chyfnodolyn, *BWA*. Mae'r Adran Gymraeg yn darparu'r un math o wasanaeth i danysgrifwyr "Taliesin".

Mae prif swyddfa'r Academi wedi'i lleoli yng Nghaerdydd, er bod gan Gynllun y Geiriadur swyddfa ym Mangor.

S.I.

AESOP

Groegwr yn byw ar ynys Samos ym Môr Aegea yn y chweched ganrif cyn Crist oedd Aesop. Ansicr iawn yw'r ffeithiau am hanes ei fywyd: mae'n debygol, ond nid yn gwbl sicr, iddo gael ei eni yn Thrace, iddo symud i Ynys Samos ddechrau'r chweched ganrif, a marw yn y flwyddyn 564 C.C. Mae rhai o'r farn mai caethwas oedd Aesop, eraill ei fod yn hyll, a llawer ei fod yn ddoeth.

Ond dydy ffeithiau am ei fywyd ddim mor bwysig â'r wybodaeth sicr iddo adrodd chwedlau niferus o fath arbennig a dod yn enwog am y chwedlau hynny, er nad oes tystiolaeth mai ef oedd awdur yr holl chwedlau (tua dau gant ohonyn nhw) sy'n cael eu galw heddiw yn "Chwedlau Aesop". Mae'n debyg mai ailadrodd chwedlau'r werin bobl a wnâi Aesop yn ogystal â chreu rhai ei hun.

Heb os nac onibai, chwedleuwr enwog oedd Aesop. Ar hyd y canrifoedd bu awduron ledled y byd yn ailadrodd y chwedlau poblogaidd hyn, gan eu priodoli iddo ef. Ond mewn gwirionedd nid "chwedlau" na storïau syml mohonyn nhw. Yn Saesneg, *fables* yw'r enw sy'n cael ei ddefnyddio, nid *tales* na *stories*. Mae'r chwedl neu'r ddameg Aesopaidd yn tueddu i fod yn fyr, ac anifeiliaid, ar y cyfan, yw'r cymeriadau – a'r rheiny'n siarad ac yn ymddwyn fel pobl. Ambell waith bydd y chwedl yn ymwneud â duwiau neu â phethau difywyd ym myd natur, megis gwyntoedd, coed, neu gerrig.

Ym mhob chwedl bydd disgwyl i'r gwrandawr neu'r darllenydd geisio dod o hyd i ystyr ddyfnach na'r ffeithiau moel sydd ynddi. Hynny yw, mae'r chwedl yn dysgu gwers i ni am y ffordd y byddwn yn ymddwyn yn ein bywyd. Ym mwyafrif y chwedlau caiff y foeswers ei mynegi'n glir ar y diwedd, ond o bryd i'w gilydd bydd angen dyfalu beth yn union yw'r neges. Cystal yw'r foeswers yn aml, ac mor drawiadol yw'r ffordd y caiff ei mynegi nes i'r geiriau doeth droi yn ddihareb, megis *Necessity is the mother of invention*, a "Gwell aderyn mewn llaw na dau mewn llwyn".

Mae'n anodd dewis y chwedlau mwyaf poblogaidd gan fod cynifer ohonyn nhw i'w cael, ond ymhlith y mwyaf cyfarwydd mae "Y Frân a'r Piser", "Llygoden y Ddinas a Llygoden y Dref", "Y Blaidd a'r Oen", "Y Morgrugyn a Sioncyn y Gwair" a "Cystadleuaeth y Duw Iau".

Dyma chwedl "Y Dyn a'i Gerflun" – enghraifft dda o chwedl Aesopaidd:

> Unwaith roedd gan ddyn tlawd gerflun o dduw, a gweddïai arno bob dydd, gan ddeisyf ar y ddelw i'w wneud yn gyfoethog. Treuliai gynifer o oriau yn gweddïo fel nad oedd ganddo amser i weithio! Ond ofer oedd yr holl weddïo, ac aeth yntau'n dlotach ac yn dlotach, i'r fath raddau yn wir nes iddo un diwrnod golli'i dymer a gafael mewn morthwyl a chwalu'r cerflun yn deilchion. Mawr oedd ei syndod pan welodd fod tu mewn y cerflun yn llawn o ddarnau aur! "Y rhagrithiwr", meddai wrth y cerflun toredig, "pan oeddwn i'n dy barchu di, roddaist ti ddim byd i mi, ond unwaith rwy'n dy sarhau di, rwyt ti'n ateb fy ngweddïau." A'r foeswers yw – bydd cyfoeth gau yn gwneud ffrindiau gau.

H.T.

Ynys AFALLON

Gwlad hud a lledrith, rywle yn y gorllewin, yw Ynys Afallon yn ôl hen chwedlau. Fydd neb yn heneiddio yno – bydd pawb yn aros yn ifanc am byth yn y wlad ffrwythlon hon. Dyma'r wlad y cafodd y Brenin Arthur ei gludo iddi ar ôl ei glwyfo'n farwol ym mrwydr Camlan. Yn ôl T. Gwynn Jones yn ei awdl gadeiriol "Ymadawiad Arthur", daeth llong "â'i hwyl fel rhwyd wedi'i heilio o wawn" i ddwyn y brenin ymaith, ac meddai un o'r "glân rianedd" a oedd ar ei bwrdd:

"Awn ag ef o'i gyni i gyd
I Sanctaidd Ynys Ienctyd."

Ac meddai Arthur:

"Mi weithion i hinon ha
Afallon af i wella."

Mae'r awdl yn cynnwys y disgrifiad cyfarwydd, cofiadwy hwn:

"Draw dros y don mae bro dirion nad ery
Cwyn yn ei thir, ac yno ni thery
Na haint na henaint fyth mo'r rhai hynny
A ddêl i'w phur, rydd awel, a phery
Pob calon yn hon yn heini a llon;
Ynys Afallon ei hun sy felly.

Yn y fro ddedwydd mae hen freuddwydion
A fu'n esmwytho ofn oesau meithion;
Byw yno byth mae pob hen obeithion.
Yno mae cynnydd uchel amcanion;
Ni ddaw fyth i ddeifio hon golli ffydd,
Na thro cywilydd, na thorri calon.

Yno mae tân pob awen a gano,
Grym, hyder, awch pob gŵr a ymdrecho;
Ynni a ddwg i'r neb fynn ddiwygio,
Sylfaen yw byth i'r sawl fynn obeithio;
Ni heneiddiwn tra'n noddo – mae gwiw foes
Ac anadl einioes y genedl yno!"

Y ffug-hanesydd Sieffre o Fynwy, yn ei *Historia Regum Britanniae* (a honnai olrhain hanes brenhinoedd Prydain) oedd y cyntaf i sôn am *insula Avallonis* fel y lle yr aeth Arthur iddo i iacháu ei glwyfau. Mewn cyfrol arall, *Vita Merlini* ("Bywyd Myrddin"), mae'n ei ddisgrifio fel *insula pomorum que fortunata vocatur* ("ynys yr afalau sy'n cael ei galw'n fendigedig"), a chofiwn fod tref ym Mwrgwyn yn Ffrainc o'r enw Avallon – enw sy'n tarddu o air Galeg yn golygu "lle afalau".

Mae fersiwn Saesneg chwedl Arthur yn cysylltu lle o'r enw Avalon â Glastonbury yng Ngwlad yr Haf. Yn ôl yr hanes daeth Joseff o Arimathea â'r Greal Sanctaidd (sef cwpan neu blât) a ddefnyddiodd Iesu Grist yn y Swper Olaf i Brydain, a bu marchogion Arthur yn chwilio amdano yn ardal Glastonbury. (Gweler hefyd – Y BRENIN ARTHUR, AWDL, T. GWYNN JONES.)

D.G.J.

AIDS

Mae gan gorff dyn system amddiffyn sy'n gymorth i'w ddiogelu rhag afiechydon a heintiau, ond bydd ambell firws yn ymosod ar y system imwneiddio hon a'i gwneud yn aneffeithiol. Firws felly sy'n achosi'r cyflwr *AIDS*, sef *Acquired Immune Deficiency*

Gallwch CHI osgoi dal AIDS

Peidiwch â chael cyfathrach rywiol gyda gwahanol bartneriaid.

Gwnewch yn siwr, os byddwch yn cael rhyw, eich bod chi neu'ch partner yn defnyddio condom ('rubber', 'sheath', 'french letter', 'johnnie').

Fe **all** condom rwygo. Bydd hyn yn llai tebygol o ddigwydd os ddefnyddir eli iro priodol.

Peidiwch â defnyddio fasel̂in – mae'n toddi rwber.

Peidiwch â defnyddio cyffuriau. Peidiwch â rhannu nodwydd na chwistrell.

Peidiwch â chymryd siawns ddiofal

Does dim rhaid ichi gael AIDS.

BYDDWCH YN SYNHWYROL!

Tudalen o daflen hysbysrwydd Ymgyrch AIDS Cymru, "AIDS Beth mae'n ei olygu i bobl ifanc?" – taflen sy'n esbonio, mewn iaith ddiamwys, beth yw AIDS, sut y mae modd ei ddal a sut y mae modd ei osgoi.

Syndrome (Syndrom Diffyg Imwnedd Caffaeledig – SDIC). Mae pobl sy'n dal *AIDS* yn fwy tueddol o ildio i salwch y byddai eu cyrff fel arfer yn gallu ei ymladd yn llwyddiannus. Gall salwch o'r fath, megis cancr y croen neu niwmonia, beri i'r person heintus glafychu a marw ohono. Mae'n debyg mai'r clefyd difrifol hwn yw'r un mwyaf peryglus sy'n wynebu dyn heddiw ledled y byd.

Rhyw wyth mlynedd yn unig yn ôl y daethom i wybod am y clefyd hwn; ers hynny bu llawer iawn o waith ymchwil, ond hyd yn hyn ni ddaeth neb o hyd i unrhyw feddyginiaeth na brechiad a all wella'r sawl sy'n dioddef o *AIDS* ar ôl cael y firws. Enw'r firws sy'n achosi *AIDS* yw *Human Immunodeficiency Virus – HIV*. Dydy'r clefyd *AIDS* ddim yn datblygu ym mhob un sy'n cario'r firws *HIV*; mae'r rhan fwyaf o bobl heintus yn ei gario heb wybod hynny a heb ddangos unrhyw arwyddion o'r clefyd, ond fe allan nhw ei drosglwyddo i bobl iach. Dywedwn fod y bobl heintus hyn yn *antibody positive*.

Y perygl mwyaf i ddyn neu ddynes, bachgen neu ferch, yw dal y firws gan berson sydd wedi'i heintio'n barod. Gall wneud hynny mewn un o ddwy brif ffordd, sef drwy gael cyfathrach rywiol gyda rhywun sydd â'r firws neu drwy dderbyn gwaed sydd wedi'i heintio i mewn i'r corff.

Po fwyaf o bartneriaid rhyw sydd gan fab neu ferch, mwyaf oll yw'r perygl iddo gael cyfathrach gyda rhywun heintus. Mae glynu at un cymar ffyddlon yn fwy diogel o lawer. Os na fydd person gwryw yn siwr o'i gymar, neu os ydy'r cymar yn ei amau ef, dylai wisgo condom (maneg atal cenhedlu) bob tro, gan y gall y firws fod yn bresennol mewn semen ac yn hylif fagina merch – ac fe ddylai merched gofio nad yw'r bilsen atal cenhedlu ddim yn cadw neb rhag dal *AIDS*.

Dylai merch sy'n gwybod ei bod wedi'i heintio â'r firws *HIV* osgoi beichiogi, gan y gall drosglwyddo'r firws i'w baban, a gall bod yn feichiog beri bod merch heintus yn fwy tebyg o ddatblygu *AIDS*.

Ar hyn o bryd y gred bendant yw nad ydy'n bosibl dal y firws drwy gysylltu'n gymdeithasol ag eraill; drwy gyffwrdd â rhywun wrth ysgwyd llaw neu gofleidio; drwy amsugno defnynnau yn yr aer o ganlyniad i beswch, tisian, dagrau neu chwys; drwy rannu llestri ymolchi, bwyta ac yfed neu gyfleusterau toiled na phyllau nofio; na thrwy gusanu, oni bai bod briwiau agored o gwmpas y gwefusau.

Bydd firws *HIV* yn byw mewn gwaed. Felly ar wahân i gyfathrach rywiol, gall person ei ddal os bydd gwaed yn cynnwys y firws yn dod i gysylltiad â'i lif gwaed ef. Gynt gallai pobl a fyddai'n derbyn trallwysiad gwaed – yn arbennig rhai yn dioddef o haemoffilia – ddal y firws os oedd y person a roddodd y gwaed yn y lle cyntaf yn heintus; ond bellach caiff y gwaed ei brofi a'i drin â gwres er mwyn sicrhau ei fod yn ddiogel i'w drallwyso. Er gwaethaf hyn, ddylai neb roi gwaed – hyd yn oed os caiff wahoddiad i wneud hynny – os yw'n gwybod ei fod wedi'i heintio â'r firws *HIV* neu'n dioddef o *AIDS* ei hun.

Gall pobl sy'n gaeth i gyffuriau ac sy'n rhannu nodwyddau neu chwistrellau beryglu eu bywydau drwy chwistrellu'r firws yn syth i'w gwaed. Yn yr un modd dydy hi ddim yn ddiogel defnyddio offer tyllu clustiau, nodwyddau llunio tatŵ neu acwbigiad (*acupuncture*) oni bai bod sicrwydd eu bod wedi'u steryllu ar ôl cael eu defnyddio o'r blaen, a gall defnyddio brws dannedd neu raser rhywun arall a all fod yn cario'r haint drosglwyddo'r firws o un i'r llall gan fod yr offer hyn yn gallu tynnu gwaed.

Caiff unrhywun sy'n amau ei fod yn cario'r firws ei annog i weld ei feddyg teulu neu ymweld â chlinig sy'n trin clefydau a gaiff eu trosglwyddo'n rhywiol am brawf a chyngor cyfrinachol.

Anfonodd y Llywodraeth daflen i bob cartref yn y wlad yn egluro i bobl beth yw *AIDS*, sut mae'n ymledu, pa mor ddifrifol yw'r bygythiad a sut mae ei osgoi. Mae miliynau o bunnoedd yn cael eu gwario ar ymchwil feddygol yng ngwledydd Prydain a'r Unol Daleithiau, Gwlad Belg, Ffrainc a gwledydd eraill i geisio dod o hyd i ddull o goncro'r haint.

Er bod *AIDS* yn lledaenu'n gyflym, ac nad oes gwella iddo ar hyn o bryd, mae'n glefyd y mae'n bosibl ei osgoi drwy ymddwyn yn synhwyrol a gochel rhag cymryd siawns ddiofal. (Gweler hefyd – ATAL CENHEDLU.)

D.G.J.

Yr alcolmeter *sy'n cael ei gynhyrchu gan Labordai Lion, y Barri, De Morgannwg, ar waith yn dadansoddi anadl gyrrwr. Bydd y ddyfais hwylus hon yn galluogi'r heddlu i farnu'n gyflym ac yn fanwl a yw gyrrwr wedi yfed mwy o ddiod feddwol na'r hyn sy'n cael ei ystyried yn ddiogel o ran ei allu i yrru cerbyd.*

ANADLENYDD

Teclyn oedd yr anadlenydd y dechreuodd yr heddlu ei ddefnyddio tuag ugain mlynedd yn ôl i brofi pa faint o alcohol oedd yng ngwaed gyrrwr yr oedden nhw'n amau ei fod wedi bod yn yfed diod feddwol.

Y drefn fyddai gofyn i'r gyrrwr anadlu i gwdyn plastig yn cynnwys cemigyn a fyddai'n newid ei liw pe bai canran yr alcohol yn anadl y gyrrwr yn uwch na'r hyn a gâi ei ystyried yn ddiogel o ran ei allu i yrru.

Heddiw bydd yr heddlu'n defnyddio *alcolmeter* i ddod o hyd i'r fath wybodaeth. Bydd hwn yn dadansoddi anadl y gyrrwr, ac os yw'n peri – trwy gyfrwng golau coch neu ffigurau digidol – i'r heddlu amau ei fod wedi yfed mwy na'r hyn a ddylai ar gyfer gyrru, caiff y gyrrwr ei dywys i orsaf yr heddlu i wynebu profion pellach ar *intoximeter*. Bydd gofyn iddo anadlu ddwywaith i'r math hwn o anadlenydd, a bydd y manylion y bydd yr *intoximeter* yn eu cynhyrchu yn dangos a yw'r gyrrwr yn ffit i yrru.

Os caiff y gyrrwr ei ddwyn gerbron llys barn, bydd y llys yn barod i dderbyn tystiolaeth yr *intoximeter* yn ei erbyn.

D.G.J.

ANOREXIA NERVOSA

Anhwylder yw *anorexia nervosa* sydd wedi dod i amlygrwydd mawr dros y degawdau diwethaf. Er bod achosion wedi'u cofnodi yn y ganrif ddiwethaf a chyn hynny, dim ond yn ddiweddar y bu cynnydd mawr yn y nifer sy'n dioddef o'r cyflwr hwn. Y brif nodwedd yw bod merch ifanc yn ei harddegau neu ugeiniau cynnar yn colli pwysau difrifol, oherwydd cyfyngu eithafol ar fwyta. Mae'r enw *anorexia*, sy'n golygu diffyg archwaeth at fwyd, yn gamarweiniol efallai, am mai'r hyn sy'n peri iddi lwgu yw ofn hyd at ffobia rhag bod yn rhy drwm a'r awydd i golli pwysau, ac nid diffyg archwaeth. Mewn achosion drwg bydd merch ddeunaw oed, dyweder, yn methu edrych ar ei chyflwr yn wrthrychol, a gall ddisgyn i bwysau o tua 33 kilo, gan ddal i fynnu, ar yr un pryd, ei bod yn rhy dew. Am fod tuedd gref i wadu bod yna broblem, bydd perygl gwirioneddol i'r achosion mwyaf difrifol farw heb driniaeth. Bydd y misglwyf yn peidio yn gynnar yn ystod y salwch pan fydd merch yn pwyso llai na tua 85 y cant o'i phwysau naturiol; bydd dychweliad y misglwyf ar ddiwedd cyfnod yr anhwylder yn arwydd bod y cyflwr wedi'i oresgyn.

Gan fod y ferch yn gwadu bod problem yn bod, perthynas neu gyfaill fel arfer sy'n dod â'r achos i sylw meddyg. Bydd y gwadu yn aml mor gryf nes bod y dioddefydd ei hunan yn gwrthwynebu derbyn triniaeth; bydd yn defnyddio pob ystryw i ymddangos yn normal, yn enwedig drwy ffugio ei bod yn bwyta'n normal a thrwy wisgo dillad gwlanog llaes sy'n rhoi'r argraff bod ei phwysau yn normal. Yn aml bydd merch yn cuddio'i gwddf â gwallt hir, a'i chorff â dillad, fel mai ei dwylo a'i hwyneb yn unig sydd yn y golwg. Weithiau bydd yn ategu'r diffyg bwyta trwy ymarfer corff gormodol neu gymryd meddyginiaethau rhyddhau.

Bydd *anorexia nervosa* weithiau yn cyd-ddigwydd â chyflwr arall, neu yn trawsnewid yn raddol iddo, sef *bulimia nervosa*, sy'n cael ei nodweddu gan gyfogi dirgel er mwyn rheoli pwysau. Bydd y cyflwr hwn yn digwydd fel arfer mewn merched hŷn, yn eu hugeiniau, ond fydd yr un argyfwng ddim yn digwydd am fod y pwysau yn aros o fewn ffiniau normal fel rheol.

Mae achosion cymhleth *anorexia nervosa* yn dal yn ddirgelwch, ond mae'n ymddangos nad oes unrhyw nam corfforol. Mae'r nodweddion corfforol yn ganlyniad i'r llwgu yn hytrach nag yn achos ohono. Yr hyn sy'n digwydd yw bod y ferch yn dychwelyd yn gorfforol ac yn seicolegol i'r cyfnod cyn iddi ddechrau'r misglwyf ac aeddfedu'n rhywiol. Bydd y priodoleddau rhywiol eilraddol, megis y bronnau, yn mynd i golli, a bydd y ferch yn dychwelyd o ran ei phwysau a'i chorff i'r hyn ydoedd cyn cyrraedd ei harddegau. Bydd fel petai yn llochesu yn niogelwch y ffug blentyndod hwn rhag pryderon a pheryglon aeddfedrwydd rhywiol ac ansicrwydd bywyd oedolyn. Pan nad yw'r cyflwr yn gwella ond yn mynd yn gronic, gall hithau lwyddo trwyddo i osgoi cyfrifoldebau bywyd yn barhaol.

Yn hynod iawn, bach iawn yw nifer yr achosion ymhlith bechgyn, a hefyd ymhlith merched yn y Trydydd Byd. Mae'n digwydd yn arbennig i ferched gwledydd y Gorllewin sydd o gefndir dosbarth canol, neu sy'n coleddu ymagweddau'r dosbarth hwnnw, rhai sydd o natur gydwybodol ac yn awyddus i lwyddo. Mae'r nodweddion hyn yn arwyddion cryf nad achos corfforol sydd i'r cyflwr, ac nad oes yn wir aflonyddwch seiciatregol yn y ferch ei hun nac yn ei theulu. Mae'n debyg bod yr achos i'w ganfod yn effeithiau negyddol diwylliant y Gorllewin ar fenywod ifainc, gyda'r grŵp sydd yn meddu'r priodoleddau uchod yn arbennig o sensitif iddyn nhw. Mae'n ymddangos mai camaddasu, mewn person normal, i'r ffactorau hyn yw *anorexia nervosa*.

D.H.

ANTHROPOLEG

Ystyr lythrennol y term "Anthropoleg" yw "astudiaeth o ddyn", ond does dim ffiniau cwbl bendant i'r maes hwn. Yn ystod ei ddatblygiad ymrannodd y maes yn nifer o wahanol elfennau â chanddyn nhw berthynas gymhleth â'i gilydd, elfennau sy'n ymwneud â phynciau megis bywydeg, archaeoleg, cymdeithaseg, hanes a seicoleg, ymhlith eraill.

O fewn Anthropoleg ei hun mae dau faes arbenigol sylfaenol: (a) Maes Ffisegol neu Fiolegol a (b) Maes Cymdeithasol.

(a) Mae Anthropoleg Fiolegol yn ymwneud â disgrifio a deall nodweddion biolegol sy'n gwahaniaethu dyn oddi wrth anifeiliaid eraill, ac yn arbennig oddi wrth greaduriaid yn Urdd y Primatiaid y mae dyn yn aelod ohoni – ac felly sydd yn perthyn yn agos iddo – gan gynnwys lemyrod, tarsierod, mwncïod ac epaod. Hefyd caiff cryn sylw ei roi i'r priodweddau biolegol sy'n gwahaniaethu un boblogaeth, neu hiliogaeth, oddi wrth y llall, a gall y rhain fod yn forffolegol (fel maint a siâp y corff) neu'n enetig (grwpiau gwaed ac yn y blaen). Hefyd bydd pwyslais yn cael ei osod ar astudio esblygiad dyn.

Ymrannodd teulu dyn (yr *Hominidae*) oddi wrth aelodau eraill Urdd y Primatiaid tua 8–12 miliwn o flynyddoedd yn ôl, yn y Cyfnod Pliosen. Ymhlith priodweddau biolegol a chymdeithasol yr *Hominidae* mae symud ar ddwy droed, ymennydd mawr, gwneud offer, a bodolaeth bywyd cymdeithasol cymhleth gyda dull ieithyddol systematig o gyfathrebu. Datblygodd y priodweddau hyn dros gyfnod o amser, ond roedd symud ar ddwy droed yn nodwedd gynnar iawn.

Yn Affrica yn bennaf y daeth yr olion ffosil cynnar i'r golwg, ac rydym yn derbyn yn gyffredinol yn awr mai yno y tarddodd dyn. Gwyddom bellach am nifer o fathau o'r *Hominidae* cynnar, gan gynnwys y *Kenyapithecus* a'r *Australopithecus* yn Affrica; yr *Homo erectus* diweddarach (y Cyfnod Pleistosen Canol yn bennaf) a gafodd ei ddarganfod yn Affrica a sawl rhan arall o'r Hen Fyd; y Neanderthaleriaid; ac yn olaf yr *Homo sapiens*, hynny yw dynion "modern", a ymddangosodd am y tro cyntaf tua 40,000 o flynyddoedd yn ôl. Gall rhoi dyddiad manwl i olion dyn mewn ffosilau fod yn dasg anodd iawn, er ei bod yn haws gosod y ffosilau yn eu trefn yn ôl oed, hyd yn oed pan na wyddom yr union ddyddiad ar gyfer pob un.

Gallwn astudio gwahanol amrywogaethau dyn mewn sawl ffordd: (1) trwy gyfrwng anthropometreg – hynny yw, mesur y corff i bennu maint, ffurf a chydbwysedd yr aelodau; (2) trwy sylwi ar amrywiad lliw croen, gwallt a llygaid; (3) trwy sylwadau ffisiometrig, gan gynnwys y gallu i flasu/arogli gwahanol gemigion, ac argraffau bys a chledr llaw (dermatoglyffeg); (4) trwy amrywiad genetig, gwahanol grwpiau gwaed, proteinau serum, iso-ensymau, ac yn y blaen. Gall arbenigwr wneud mwy na disgrifio gwahaniaethau ffisegol, sef ceisio darganfod y ffactorau sy'n eu hachosi er mwyn egluro'r amrywiaeth sydd i'w gael mewn poblogaeth neu raniad daearyddol o ran dewis naturiol, gallu i wrthsefyll afiechyd, patrwm paru, amrywiad mewn ffrwythlondeb, ymfudo ac ynysu.

Mae'n amlwg ei bod yn bosibl cysylltu'r amrywiaeth biolegol sydd i'w gael rhwng dynion â ffactorau cymdeithasol – pwy sy'n priodi pwy, y rhwystrau cymdeithasol sy'n atal cymysgu bridiau (rhwystrau crefyddol ac ieithyddol, er enghraifft), y gwerth sy'n cael ei roi ar gael teulu mawr, ynysu cymdeithasol yn hytrach nag ynysu daearyddol, ac yn y blaen. Mae hyn yn arwain yn naturiol at ail brif gangen y pwnc, sef Anthropoleg Gymdeithasol.

(b) Mae Anthropoleg Gymdeithasol yn ymwneud â'r ffyrdd y bydd dynion yn byw fel aelodau o

Anthropolegydd yng nghwmni grŵp o bigmïaid Mbuti yng Nghoedwig Ituri, yn Zaire, Affrica. Helwyr crwydrol yw pigmïaid Mbuti, a thrigolion cynharaf y rhan hon o Affrica. Y bobl hyn yw pigmïaid byrraf y cyfandir – ar gyfartaledd maen nhw'n llai na 4 troedfedd 6 modfedd (137 cm) o daldra.

gymdeithasau â threfn iddyn nhw. Bydd anthropolegwyr cymdeithasol yn ceisio gweld a deall fframwaith cymdeithas, a'r ffordd y bydd pobl yn ymwneud yn gymdeithasol â'i gilydd y tu mewn iddi. Wrth gasglu data am unrhyw gymdeithas, bydd yr anthropolegydd cymdeithasol yn sefydlu cysylltiad agos â'r gymdeithas y bydd yn ei hastudio, drwy fyw y tu mewn iddi – dull o astudio a elwir yn "sylwadaeth o'r tu mewn". Fel arfer bydd yn byw y tu mewn i gymuned neu gymdeithas sy'n ddigon bychan i'w thrin a'i thrafod yn y modd hwn. Felly, y tu mewn i gymdeithasau bychain heb ddulliau cyfathrebu megis arian a chludiant mecanyddol y bu'r rhan fwyaf o astudio anthropoleg gymdeithasol. Weithiau, fodd bynnag, gall yr anthropolegydd weithio mewn rhan o gymdeithas fawr sy'n meddu ar y dulliau cyfathrebu hyn, a phryd hynny bydd ef yn tueddu i gyfyngu ei astudiaeth i faes bychan megis pentref bychan neu ffatri.

Fel arfer, wrth weithio mewn cymdeithasau anghyfarwydd, bydd yr anthropolegydd yn disgrifio'r diwylliant yn ogystal â'r berthynas gymdeithasol o fewn y grŵp y bydd yn ei astudio, fel y bydd y rhai a fydd yn darllen ffrwyth ei waith yn medru gweld a deall y rheolau cymdeithasol a'r patrymau ymddygiad, sef prif destun yr astudiaeth.

Cafodd "diwylliant" ei ddisgrifio fel y deunydd crai y bydd yr anthropolegydd yn ei ddefnyddio i ddadansoddi fframwaith y gymdeithas. Mae gan bob cymdeithas ddynol ei diwylliant ei hun sy'n gorgyffwrdd â diwylliannau cymdeithasau dynol eraill. Patrwm cyfannol yw diwylliant, wedi ei seilio ar wybodaeth, cred ac ymddygiad dyn, ac yn cyfuno'r rhain. Mae diwylliant yn cynnwys iaith; syniadau; credoau; arferion a defodau; dulliau o gadw trefn ar gymdeithas; dulliau o gynhyrchu, defnyddio a dosbarthu adnoddau economaidd; sefydliadau, a gweithiau celf. Gallwn ddweud bod diwylliant yn cynnwys yr holl fedrau ac arferion y bydd dyn yn eu hetifeddu oddi wrth y gymdeithas y mae'n rhan ohoni. Wrth i'r anthropolegydd ddisgrifio nodweddion diwylliant sy'n perthyn i gymdeithas arbennig bydd y swyddogaeth gymdeithasol y bydd unigolion yn ei chwarae ac yn ei chyflawni yn y gymdeithas honno o ddiddordeb.

E.S.

ARCHIFDY

Mewn archifdy caiff archifau, cofysgrifau a dogfennau eraill eu cadw, i'w defnyddio gan ymchwilwyr fel ffynonellau gwybodaeth am y gorffennol. Defnyddiau llawysgrif yw'r mwyafrif ohonyn nhw, ond bydd defnyddiau print, mapiau a lluniau i'w cael yno hefyd, ynghyd â rhai tapiau a disgiau sain a chyfrifiadur.

Bydd yr archifau neu gofnodion yn cael eu cadw mewn ystafelloedd arbennig dan glo rhag iddyn nhw gael eu dwyn neu eu difrodi. Bydd yn rhaid rheoli lleithder yr ystafelloedd hyn trwy gyfrwng offer nawsaeru rhag i'r archifau fynd yn rhy llaith a llwydo, neu yn rhy sych a brau. Bydd offer awtomatig yn eu diogelu rhag tân, offer sy'n gallu llanw'r ystafelloedd â nwyon fel carbon deuocsid neu halon er mwyn diffodd tân pe digwyddai. Cemigion yw'r rhain na fydd yn achosi niwed i'r archifau fel y gwnâi dŵr neu ewyn cemegol. Os bydd archifau wedi'u niweidio cyn iddyn nhw gyrraedd yr archifdy, bydd crefftwyr arbennig yn eu hatgyweirio a'u cryfhau cyn i neb eu bodio, ond fyddan nhw byth yn ceisio adfer ysgrifen sydd wedi mynd ar goll.

Nid stordy yn unig yw archifdy. Caiff archifyddion proffesiynol eu cyflogi yno i roi trefn ar y defnyddiau, eu catalogio a llunio mynegai iddyn nhw, ac i gynorthwyo'r bobl sy'n dod i'r archifdy i'w darllen. Mae gwaith archifydd yn wahanol iawn i waith llyfrgellydd. Mae'n bosibl defnyddio archif arbennig mewn nifer o brosiectau ymchwil gwahanol. Yn aml iawn bydd y modd y caiff yr archif ei ddefnyddio yn wahanol i ddiben gwreiddiol creu'r archif hwnnw; oherwydd hyn dydy hi ddim yn bosibl dosbarthu archifau fesul pwnc yr un fath â llyfrau. Mae pob archif yn unigryw, a rhaid i'r archifydd ddiogelu'i werth fel tystiolaeth, yn ogystal â diogelu'r archifau eu hunain rhag eu colli mewn unrhyw fodd.

Pobl ifanc yn astudio a didoli amrywiol ddogfennau ar gyfer cywaith yn Archifdy Gwynedd.

Datblygiad cymharol ddiweddar mewn archifyddiaeth yw "rheoli cofysgrifau". Yn hytrach na cheisio achub cofysgrifau a all fod mewn perygl o gael eu colli, gwell yw eu cael i'r archifdy cyn iddyn nhw beidio â bod yn ddefnyddiol i'r gweinyddwr sy'n eu creu. Yn ôl y drefn hon caiff ffeiliau, dyweder, eu trosglwyddo i'r archifdy cyn gynted ag y bydd y gweinyddwr yn eu cau, ond yn ôl y galw, gall yntau eu benthyca yn ôl, gan ddefnyddio catalog wedi'i baratoi gan staff yr archifdy. Ymhen rhyw ddeng mlynedd bydd y gweinyddwr yn penderfynu a oes unrhyw werth gweinyddol pellach i'r dogfennau hyn, ac onid oes, byddan nhw'n cael eu distrywio. Caiff y gweddill eu cadw am gyfnod pellach, a'u harchwilio eto; os bydd y gweinyddwr yn penderfynu y tro hwn eu bod yn werthfawr, fe gân nhw'u cadw'n barhaol fel archifau. Mae'r drefn hon o fantais i'r gweinyddwr gan fod staff yr archifdy yn cadw'i ddefnyddiau'n drefnus, a hynny heb ddwyn gofod yn ei swyddfa ef, ac fe all yr archifydd fod yn siwr fod popeth sy'n werth ei gadw yn dod i'r archifdy.

Mae amrywiol gyrff yn cynnal archifdai er mwyn diogelu'u cofysgrifau eu hunain. Ceir archifdai ym mhencadlysoedd banciau, diwydiannau a chwmnïau masnachol, enwadau crefyddol, ac ati. Yr archifdy mwyaf ac enwocaf yng ngwledydd Prydain yw'r archifdy gwladol (*Public Record Office*) yn Llundain, y rhan hynaf yn Chancery Lane, a'r rhan newydd yn Kew. Yno caiff archifau eu cadw sy'n dyddio o'r cyfnod cyn Concwest y Normaniaid, a'r Llyfr Dydd y Farn (*Domesday Book*) enwog, yn ogystal â ffeiliau diweddar y Llywodraeth. Mae archifdy arall yng Nghaeredin ar gyfer yr Alban.

Y cynghorau sir sy'n cynnal mwyafrif yr archifdai. Eu prif ddiben yw diogelu cofysgrifau'r cynghorau eu hunain, a'r cyrff oedd yn eu rhagflaenu megis y llysoedd chwarter, byrddau'r gwarcheidwaid a byrddau'r ysgolion, ymddiriedolaethau tyrpeg ac ati. Hefyd fe gaiff yr archifdai hyn dderbyn, ar adnau, gofysgrifau sy'n eiddo i unigolion neu gyrff eraill i'w diogelu, ar yr amod eu bod ar gael i unrhyw aelod o'r cyhoedd yn ystafelloedd darllen yr archifdai, dan oruchwyliaeth yr archifyddion. Trwy'r trefniant hwn gall dyn ddisgwyl gweld mewn archifdai sirol gofysgrifau cynghorau bwrdeistref a dosbarth, cynghorau plwyf/cymuned a chyrff cyhoeddus eraill; cofrestri plwyf; cofysgrifau ystadau a diwydiannau, eglwysi, enwadau anghydffurfiol a chymdeithasau; cofysgrifau maenol ac ysbytai; cofysgrifau yn ymwneud â thrafnidiaeth – i enwi ond ychydig.

Mae deuddeg o archifdai sir i'w cael yng Nghymru: yn Llangefni, Caernarfon a Dolgellau yng Ngwynedd; Penarlâg a Rhuthun yng Nghlwyd; Aberystwyth, Caerfyrddin a Hwlffordd yn Nyfed; Abertawe a Chaerdydd ym Morgannwg; Cwmbrân yng Ngwent; a Llandrindod ym Mhowys. Mae llawer iawn o archifau a chofysgrifau i'w cael hefyd yn Llyfrgell Genedlaethol Cymru.

Mae archifdai yn rhoi gwasanaeth deublyg – i berchnogion archifau ar y naill law ac i ymchwilwyr ar y llaw arall. Eu diben yn anad dim yw diogelu cof cymdeithas. (Gweler hefyd – LLYFRGELL GENEDLAETHOL CYMRU.)

D.T.

ARLUNIO

Byddwn yn defnyddio'r gair "arlunio" i olygu'r weithred o greu darlun â phensil neu â brws a phaent, a'r gair "arlunydd" ar gyfer rhywun sy'n meddu'r ddawn arbennig i wneud hynny. Cawn enghreifftiau cynnar iawn o ddawn dyn i greu darlun mewn ogofâu yn Ffrainc a Sbaen, y lluniau hynny wedi'u tynnu dros 20,000 o flynyddoedd yn ôl. Doedd y bobl gyntefig hyn ddim yn ystyried eu hunain yn arlunwyr

Peintiad dyfrlliw gan J.M.W. Turner (1775–1851): "Melin Marford".

o gwbl – helwyr oeddyn nhw, yn ceisio mynegi eu gwybodaeth am anifeiliaid wrth greu delweddau ohonyn nhw, gan ddefnyddio paent wedi'i wneud o ddeunydd crai fel sercol, sudd llysiau, dŵr a chlai i greu lliwiau, a'u gosod mewn patrwm neu ddarlun ar wal.

O ddechrau'r Oesoedd Canol ymlaen, byddai arlunwyr yn cael eu hystyried yn bobl arbennig mewn cymdeithas, yn cael eu cyflogi i greu gweithiau cain o gelfyddyd.

Yn yr Eidal yn y drydedd ganrif ar ddeg y cyrhaeddodd y ddawn o beintio ar wal safon uchel iawn. Ei henw oedd "ffresco" (o'r gair Eidaleg am "ffres", *fresco*) sef dull o beintio'n uniongyrchol ar waliau neu ar nenfwd o blastr ffres, ac efallai iddo ddeillio o'r grefft gynharach o ddarlunio trwy ddefnyddio mosaig. Byddai powdwr lliw yn cael ei gymysgu â dŵr a'i beintio â brws ar blastr ffres cyn i hwnnw sychu, fel bod y paent lliw yn uno â'r plastr llaith i greu darlun a fyddai'n debyg o barhau am amser maith. Creodd yr arlunydd enwog Michelangelo gampweithiau ar nenfwd ac un o furiau Capel Sistine y Fatican yn Rhufain yn gynnar yn yr unfed ganrif ar bymtheg, sy'n portreadu hanes creu'r byd, cwymp dyn, y dilyw a'r farn olaf. (Mae llun o'r rhain i'w weld ar dudalen 90 yng Nghyfrol 3.)

Lluniad sialc gan Camille Pissarro (1830–1903): "Dwy Wraig".

Yn yr un cyfnod roedd arlunydd mawr arall, Leonardo da Vinci, yn arbrofi ac yn datblygu dull o beintio â phaent olew; byddai'n cymysgu'r powdwr lliw ag olew had llin a'i osod â brwsys ar banel o bren, neu ar gynfas wedi'i estyn yn dynn dros ffrâm bren. Proses hir a thrafferthus oedd gwneud paent olew.

Bydd arlunwyr yn defnyddio'r ddau fath hyn o baent heddiw, y ddau wedi'u cynhyrchu'n barod – paent olew mewn tiwbiau, a dyfrlliw hefyd mewn tiwbiau neu ar ffurf blociau bach caled. Ar bapur y byddan nhw'n defnyddio paent dyfrlliw yn bennaf. Cyfrwng diweddar iawn yw paent acrylig, paent emwlsiwn synthetig sy'n ddefnyddiol iawn am ei fod yn caledu yn gyflym o'i gymharu â phaent olew.

Wrth sôn am arlunwaith mae'n rhaid gwahaniaethu rhwng peintiad a lluniad (*drawing*). Llinellau sy'n cael eu defnyddio'n bennaf wrth luniadu, ond gall yr arlunydd lanw'r gofod y tu mewn i'r llinellau – er mwyn creu effaith cysgod, er enghraifft. Byddai Michelangelo a Leonardo da Vinci ac arlunwyr eraill o'r un cyfnod, yn defnyddio lluniad fel braslun yn unig, fel paratoad ar gyfer peintiad, ond buan y daeth pobl i sylweddoli bod i'r brasluniau hyn werth ynddyn nhw eu hunain fel gweithiau celfyddyd, a chaiff lluniadau eu derbyn fel cyfrwng mynegiant artistiaid hyd heddiw.

Ar bapur bydd lluniadau'n cael eu creu yn bennaf, gan ddefnyddio pin ac inc, pensil, sercol, sialc, creon, pastel, neu drwy gyfrwng brws ag inc neu baent arno. Datblygodd y Chineaid luniadu â brws ac inc i safon uchel iawn. Mae gan deulu brenhinol Prydain Fawr gasgliad arbennig iawn o "Luniadau'r Meistri". Mae lluniadau Rubens (os Rubens yn wir!) sy'n cael eu galw'n "gartwnau" i'w gweld yn Amgueddfa Genedlaethol Cymru; yn Neuadd y Ddinas, Abertawe, gallwn weld y cartwnau a ddefnyddiodd yr arlunydd Frank Brangwyn wrth baratoi ar gyfer y peintiadau anferth sydd yn y neuadd gerllaw sy'n dwyn ei enw.

Dull poblogaidd a hynafol arall o greu darluniau yw argraffu, sy'n golygu y gall arlunydd gynhyrchu nifer fawr o brintiadau oddi ar y llun gwreiddiol. Roedd y dull hwn yn fanteisiol iawn, yn enwedig wrth gynhyrchu'r llyfrau cynharaf.

Mae'n bosibl defnyddio sawl techneg i greu argraffiad ond y rhai mwyaf traddodiadol yw ysgythriad a thoriad pren. I greu ysgythriad bydd yr arlunydd yn crafu darlun â nodwydd ar blât o fetel, copr gan amlaf, gan dorri trwy orchudd arbennig o farnais neu gŵyr, cyn gosod y plât mewn asid er mwyn i hwnnw frathu'n ddyfnach i'r crafiad. Dydy'r asid, nac inc chwaith, ddim yn effeithio ar y gorchudd, ond bydd inc yn sefyll yn y crafiad, ac wrth wasgu papur ar y plât mewn peiriant neu â llaw, caiff yr inc ei godi gan y papur i atgynhyrchu'r darlun. Yr un egwyddor sy'n cael ei defnyddio mewn toriad pren, ond bod y darlun yn cael ei dorri â chyllell finiog ar flocyn o bren.

Erbyn heddiw cafodd dulliau eraill o greu printiadau eu datblygu, mewn du a gwyn ac mewn lliw. Yn ogystal â'r dulliau traddodiadol, y prif ddulliau yw:

Mezzotint Proses engrafu yw hon sy'n rhoi arlliw (*tone*) i'r darluniau a gaiff eu hatgynhyrchu drwyddi. Cafodd y broses ei datblygu yn yr Almaen gan Ludvig von Siegen yn yr ail ganrif ar bymtheg. Mantais fawr mezzotint oedd ei fod yn caniatáu atgynhyrchu rhai darluniau, megis portreadau, er enghraifft, mewn modd real iawn. Dydy'r broses hon ddim yn boblogaidd iawn erbyn heddiw.

Un o luniadau cartŵn Rubens (1577–1640) sydd i'w gweld yn Amgueddfa Genedlaethol Cymru: "Aeneas yn ymddangos i Ascanius mewn gweledigaeth".

Dyfrdint Fel mezzotint proses o arlliwio yn hytrach na chynhyrchu llinellau yw dyfrdint, yn gwneud defnydd o liwiau tryloyw i greu effeithiau tebyg i beintiadau mewn dyfrlliw.

Sinc Defnyddio asid ar blatiau sinc, yn debyg i'r broses o wneud ysgythriadau.

Lithograff Dull o gynhyrchu printiadau trwy wneud y marciau neu'r llinellau ar garreg lyfn (carreg galch), wedi ei thrin â chyfrwng seimllyd sy'n gwrthyrru dŵr ond yn derbyn inc argraffu. Cafodd y broses ei darganfod gan Almaenwr o'r enw Senefelder, a'i datblygu yn Lloegr yn gynnar yn y ddeunawfed ganrif. Caiff platiau o sinc eu defnyddio'n aml heddiw yn lle'r darnau carreg.

Paul Sandby (1725–1809) oedd un o feistri cyntaf y dechneg ynghyd â Goya (1746–1828) yn yr un cyfnod. Cafodd y broses ei hadfywio'n ddiweddar gan John Piper (1903–), artist sydd wedi peintio a lluniadu llawer yng Nghymru.

Toriad lino Dull tebyg i engrafiad pren yw hwn, ond bod y crafiad yn cael ei wneud ar ddarn o linoliwm, sef defnydd a oedd yn boblogaidd ar un adeg i orchuddio lloriau. Caiff inc neu baent ei roi ar y darn lino â roler rwber, a phapur ei osod drosto a'i rwbio o'r cefn i godi'r ddelwedd. Trwy ddefnyddio sawl darn o lino mae modd cynhyrchu darluniau ag amryw o liwiau'n gorchuddio'i gilydd.

Stensil Torri'r rhannau yn ôl y dymuniad allan o ddarn o bapur, cardbord neu gerdyn stensil, a gosod y darn ar bapur. Trwy ddefnyddio brws, carp (clwtyn) neu sbwng i ddal y paent neu inc mae modd trosglwyddo'r cyfrwng trwy'r tyllau i'r papur er mwyn creu'r ddelwedd.

Sgrînbrint Daeth y broses hon yn boblogaidd ymhlith artistiaid yn y 1960au, er iddi gael ei defnyddio gan argraffwyr cyn hynny. Math o brintio â stensil yw'r broses, lle mae'r inc yn cael ei wasgu trwy sgrîn o sidan sydd wedi ei thrin â chyfrwng arbennig i rwystro'r inc rhag mynd trwyddi mewn mannau. Dim ond yr inc sy'n treiddio trwy'r sidan fydd yn cyffwrdd â'r papur. Caiff y sidan ei ddal mewn ffrâm bren.

Sgrafwrdd Proses o grafu â chyllyll, yn debyg i engrafu, yw hon, sy'n defnyddio bwrdd neu gerdyn arbennig. Mae dwy haen denau ar wyneb y bwrdd, yr uchaf fel rheol yn ddu, a'r isaf yn wyn. Caiff yr haen ddu ei chrafu i ffwrdd yn ôl dymuniad yr artist i greu'r ddelwedd. Sylwer mai gadael rhannau du ar ôl fydd yn creu'r darlun. Os yw'r artist yn dymuno hynny mae'n bosibl lliwio'r mannau gwyn. Dydy sgrafwrdd ddim yn broses atgynhyrchu printiadau ond mae'n ddull manteisiol iawn wrth argraffu gweithiau mewn llyfrau, cylchgronau a phapurau newydd.

Prosesau Ffotograffig Wedi perffeithio'r broses o gynhyrchu ffotograffau lliw, ac wrth i ffotograffiaeth fanteisio ar dechnoleg byd electroneg, daeth dulliau newydd o greu darluniau. Trwy gyfrwng amrywiol dechnegau goleuo, datblygu a phrintio negatif mae modd atgynhyrchu delwedd, a gafodd ei thynnu â chamera, i greu effeithiau yn ôl dymuniad yr artist. Caiff y broses ei defnyddio'n bennaf gan artistiaid masnachol. (Gweler hefyd – AMGUEDDFA GENEDLAETHOL CYMRU, ARLUNWYR, FFOTOGRAFFIAETH, MOSAIG, OES Y CERRIG, PENSIL, RHUFAIN, SERCOL.)

S.D.

ARLUNWYR

Er na wyddom pwy oedd yr artistiaid cynharaf, mae digonedd o enghreifftiau ar gael o'u campweithiau mewn paent a mosaig ar waliau a lloriau, peintiadau ar gynfasau a phaneli, ac mewn llawysgrifau goliwiedig. Mae gennym hefyd lu o enghreifftiau cynnar o addurno cain iawn ar grochenwaith yn China, Groeg a'r Aifft. Erbyn y bedwaredd frenhinllin yn yr Aifft, tua 2600 C.C., roedd cerflunio ac arlunio wedi cyrraedd safon aeddfed iawn.

Yng nghyfnod Ymerodraeth y Rhufeiniaid roedd teithio a chyfathrebu ar gyfer masnach yn golygu bod nwyddau a phethau cain yn cael eu cyfnewid ymysg gwledydd, gan ddylanwadu ar gelfyddyd pob gwlad. Ymhen amser, daeth arlunio i'w ystyried yn gelfyddyd o radd uchel iawn, yn gyfrwng a oedd yn galluogi dyn i fynegi ei syniadau, ei deimladau a'i emosiynau am y byd a'r cread o'i gwmpas.

Digwyddodd chwyldroad pwysig iawn ar ôl i'r Ymerawdwr Cystennin gydnabod Cristnogaeth yn y flwyddyn 313. Daeth yr Eglwys yn brif noddwr y celfyddydau, yn enwedig arlunio, gan roi'r sylw pennaf i weithiau crefyddol yn ymwneud â darlunio'r Beibl, a'r berthynas rhwng dyn a Duw. Erbyn y nawfed ganrif roedd eglwysi yn cyflogi arlunwyr i addurno'r adeiladau ac i ysgrifennu a goliwio llawysgrifau.

Er i ni ddod i wybod mwy am arlunio gwledydd y Dwyrain, megis India, yr Undeb Sofietaidd a China, trwy ddylanwad teledu a llyfrau, byddwn fel rheol yn canolbwyntio ar hanes y celfyddydau gweledol yn Ewrop, ac yn astudio gweithiau arlunwyr a gâi eu cyfrif yn feistri yn yr Eidal, yr Iseldiroedd a'r Almaen yn arbennig. Un o'r rhain oedd Giotto (1267–1337) a lwyddodd i beintio darluniau mwy byw a realistig na'i ragflaenwyr. Eraill o'r Eidal, ac o'r arlunwyr sy'n cael eu hadnabod fel Ysgol Venezia, oedd Giovanni Bellini (1430–1516); Giorgione (1476–1510) a Titian (1487–1576); mae Titian yn cael ei ystyried gan rai arbenigwyr fel sylfaenydd peintio modern.

Oes y Dadeni Dysg oedd y cyfnod rhwng y bedwaredd ganrif ar ddeg a'r unfed ganrif ar bymtheg, ac yn y cyfnod hwn blodeuodd y meistri Leonardo da Vinci (1452–1519), Michelangelo (1475–1564) a Raphael (1483–1520). Bu'r rhain yn

Wynebddarlun yr Efengyl yn ôl Mathew o Lyfr Kells – llawysgrif grefyddol a gafodd ei goliwio'n gelfydd ar ddiwedd y seithfed a dechrau'r wythfed ganrif.

"Y Claddedigaeth" – un o gampweithiau Titian (1487–1576) a pheintiad sy'n portreadu anobaith dilynwyr Iesu Grist yn effeithiol iawn.

gweithio yn bennaf yn Firenze, Rhufain a Venezia, lle mae enghreifftiau o'u gwaith i'w gweld heddiw. Ysgrifennodd dyn o'r enw Vasari (1511–74) a oedd yn arlunydd ei hun, lawer am fywyd a gwaith yr artistiaid hyn.

Yn yr Iseldiroedd roedd Jan van Eyck (a fu farw yn 1441) yn perffeithio'r dechneg o beintio mewn paent olew, tra oedd Albrecht Dürer (1471–1528) yn yr Almaen yn arbenigo mewn llunio, engrafu a thoriad pren. Yn ddiweddarach yn Antwerpen roedd Bruegel (*c.* 1525–69) yn darlunio digwyddiadau crefyddol fel pe baen nhw'n digwydd yn ei oes ei hun ac yn ei wlad ei hun. Dau arlunydd enwog arall a weithiodd yn Antwerpen oedd Rembrandt (1606–69) a Rubens (1577–1640); hwyrach mai Rubens a beintiodd y delweddau mwyaf trawiadol erioed o'r Croeshoeliad.

Yn Ffrainc, ymhlith arlunwyr cyfnod diweddarach, y Cyfnod Clasurol neu Ramantaidd, roedd Ingres (1780–1867) a Delacroix (1798–1863), a ddaeth yn enwog am ddefnyddio lliwiau llachar, ac am ddefnyddio brws a phaent mewn dull rhydd i greu darluniau byw iawn. Bydden nhw'n darlunio golygfeydd ecsotig o fywyd Arabaidd, anifeiliaid a brwydrau, yn hytrach na themâu crefyddol. Yn Lloegr dewisodd John Constable (1776–1837) a J.M.W. Turner (1775–1851) dirluniau fel delweddau, a bu Turner ar ddwy daith yng Nghymru, yn gynnar yn ei oes, yn peintio golygfeydd. Rhagflaenydd y peintwyr Rhamantaidd hyn oedd y Cymro, Richard Wilson (1713/14–82); ar ôl teithio i'r Eidal a chael ei ddylanwadu gan yr arlunwyr clasurol yno, daeth yn ôl i beintio yn yr un dull yn Lloegr a Chymru.

"Yr Arglwydd a'i Arglwyddes – engrafiad nodweddiadol o waith Albrecht Dürer (1471–1528).

Gallwn olrhain dylanwad arlunwyr fel Wilson a Turner ar chwyldroad mawr arall a ddigwyddodd yn Ffrainc tua chanol a diwedd y bedwaredd ganrif ar bymtheg, lle cafodd rhai arlunwyr eu galw'n "Argraffiadwyr" (*Impressionists*) ar ôl i beintiad gan Monet (1840–1926), yn dwyn yr enw "Argraff, codiad haul", ymddangos yn 1872. Yn arddangosfa gyntaf yr Argraffiadwyr yn 1874 cafodd gweithiau gan Monet, Renoir, Sisley, Pissaro, Cézanne, Degas, Guillaumin, Boudin a merch o'r enw Berthe Morisot

"Castell Caernarfon" – peintiad gan Richard Wilson (1713/14–82).

"Tirlun yn Provence" – gwaith Paul Cézanne (1839–1906), un o'r Argraffiadwyr mwyaf enwog.

eu dangos. Rhoddai'r Argraffiadwyr bwyslais mawr ar ddehongli effaith goleuni ar arwynebedd pethau.

I ddilyn y mudiad hwn daeth mudiadau "Celf Modern", megis Post-Argraffiadaeth, Ciwbiaeth, Swrealaeth, Haniaeth ac eraill, a chwalodd y syniadau traddodiadol o drefn mewn dylunio, ac yn yr hen ddulliau o drin a defnyddio paent. Bu arlunwyr fel Cézanne, Van Gogh, a Gauguin yn herio traddodiad ac yn cyfnewid syniadau am gelfyddyd gan arbrofi gyda theori lliw ac ymddangosiad ffurf pethau. Defnyddiodd eraill – y Fauviaid a'r Mynegiadwyr – baent mewn dull gwyllt a lliwgar, gan ganolbwyntio ar adegau ar ddelweddau o brotest yn erbyn rhyfel a thrais, a diffyg moesoldeb. Un arlunydd amlwg iawn yn y mudiadau "Celf Modern" hyn yw Pablo Picasso (1881–1973); tybed a gafodd unrhyw arlunydd arall erioed y fath ddylanwad ag ef ar natur celfyddyd?

Yn agosach i'n cyfnod ni datblygodd arlunwyr o America fel Andy Warhol yr hyn a elwir yn "gelf

"Cylch Natur" gan Ceri Richards (1903–71), Cymro o Ddynfant, Abertawe.

pop". Bu Mark Rothko, artist arall o Americanwr, yn ymchwilio ym meysydd lliw, mytholeg a seicoleg. Sais sy'n gweithio'n bennaf yn America yw David Hockney sy'n adnabyddus am ddylunio ar gyfer llwyfan ac am bortreadau o'i gyfeillion.

Ymysg arlunwyr dylanwadol diweddar yng ngwledydd Prydain roedd Graham Sutherland (1903–80), a beintiodd lawer yn yr hen Sir Benfro; Ceri Richards (1903–71), Cymro o Ddynfant, Abertawe; Roger Hilton (1911–75) a William Roberts (1895–1980).

Arlunio yng Nghymru

Yng Nghymru, fel mewn gwledydd eraill, dangosodd dyn yn gynnar iawn hoffter o bethau prydferth a chain er na fedrai greu fawr o ddim yn y cyfnod cynnar oherwydd diffyg gwybodaeth a diffyg defnyddiau. Daeth archaeolegwyr o hyd i rai pethau wrth gloddio yng Nghymru, sy'n dangos bod trigolion cynnar y wlad yn gwerthfawrogi pethau hardd, fel ambell ddarn o arf neu offer o'r oes Neolithig ac Efydd Cynnar (3000–1500 C.C). Llwyddodd y bobl gyntefig hyn i lunio pethau cywrain iawn, yn grochenwaith, yn addurniadau mewn aur ac arian, gyda phatrymau wedi eu gweithio'n ofalus arnyn nhw.

Yn ddiweddarach mewn hanes daeth y Rhufeiniaid i rannau o Gymru a dylanwadu ar sgiliau'r Celtiaid. Roedd y Celtiaid yn hoff o fathau arbennig o ddylunio ac roedd y Rhufeiniaid yn fedrus wrth drin carreg a metelau megis aur, arian, copr a haearn; o'r ddwy ffactor hyn y tyfodd gallu'r trigolion gwreiddiol i greu pethau o safon uchel iawn. Wedi i'r Rhufeiniaid ymadael â Chymru gwnaeth y brodorion lawer iawn o groesau carreg celfydd iawn – fel y groes Geltaidd ym mynwent Eglwys Nanhyfer yn Nyfed, ag arni batrymau cymhleth, ac ôl dylunio gofalus. O'r cyfnod hwn hefyd cawsom enghreifftiau o lawysgrifau hynod iawn, fel y Llyfr Efengylau sy'n cael ei alw'n "Llyfr Sant Chad" a ysgrifennwyd yng Nghymru rhwng y flwyddyn 710 a 720 ac sydd yn awr yn Eglwys Gadeiriol Caerlwytgoed (Lichfield).

Plac pres o'r Oes Efydd, wedi ei addurno'n gain, a gafodd ei ddarganfod yn Llyn Cerrig Bach, Ynys Môn.

Trwy'r Oesoedd Canol bu'r eglwysi a'r mynachlogydd yn noddi crefftwyr cain i greu cerflunwaith mewn carreg a phren, ac addurniadau a murluniau (ffresco) fel sydd i'w cael yn eglwys Llanilltud Fawr. Mae'r arlunwyr cynnar hyn yn anhysbys i ni, ond gyda threigl amser daethom i wybod mwy am arlunwyr fel personau.

Croes Geltaidd o Chwitffordd yn yr hen Sir y Fflint.

Un o'r rhai cynharaf y gwyddom rywfaint amdano yw John Dyer (1699–1758), mab i gyfreithiwr o Langathen, yn yr hen Sir Gaerfyrddin. Roedd yn fardd dylanwadol iawn, ac er nad oes llawer o'i ddarluniau ar ôl, gwyddom iddo deithio llawer yn arlunio yn Ne Cymru. Cafodd Richard Wilson (1713–82) o Benegoes ger Machynlleth ei hyfforddi fel peintiwr portreadau yn Llundain, ond rhwng 1750 a 1757 bu'n cynhyrchu tirluniau yn y dull clasurol yn yr Eidal; daeth yn ôl i Lundain ac i Gymru, a pheintio nifer o olygfeydd yma. Heddiw mae Richard Wilson yn cael ei gyfrif yn rhagflaenydd arlunwyr enwog eraill fel Constable a Turner; gallwn weld rhai o'i ddarluniau enwog yn Amgueddfa Genedlaethol Cymru yng Nghaerdydd. Cymeriad diddorol arall oedd Moses Griffith (1747–1819); bu'n teithio gyda'r awdur Thomas Pennant rhwng 1769 a 1790, yn creu darluniau ar gyfer ei lyfrau ef. Roedd yn nodedig nid yn unig am beintio eglwysi, tai bonedd, tirluniau a golygfeydd, ond hefyd am ddarlunio adar, anifeiliaid a physgod mewn astudiaeth o hanes natur.

Ar yr un adeg roedd Thomas Jones (1742–1803) o Bencerrig, Llanelwedd, a fu'n ddisgybl i Richard Wilson, yn peintio yn yr Eidal; wedi cyfnod maith yno daeth yn ôl i Bencerrig. Yn ddiweddar mae arbenigwyr wedi dechrau sylweddoli pwysigrwydd gweithiau Thomas Jones, a rhoi sylw teg iddo; mae ei beintiadau yn nodedig iawn am drin adeiladau a golygfeydd mewn dull cwbl newydd yn ei gyfnod, ac am ragweld sut y byddai dylunio yn datblygu'n ddiweddarach. Ar ei ôl ef bu William Roos (1800–78) o Ynys Môn yn peintio portreadau hynod, fel ei lun o Christmas Evans, y pregethwr enwog; yn y De bu Penry Williams (1800–85) yn llunio tirluniau diwydiannol yn ardal Merthyr Tudful.

Enghraifft o waith Moses Griffith (1747–1819): "Pwll y Bala".

Portread William Roos (1800-78) o Christmas Evans, y pregethwr ac emynydd.

Yn y ddeunawfed ganrif daeth celfyddyd topograffigol (hynny yw, darlunio golygfeydd) yn boblogaidd iawn wrth i awduron ysgrifennu llyfrau teithio. Datblygodd Cymru yn fuan yn un o'r hoff fannau teithio, gan fod y wlad a'i golygfeydd mor hardd, a daeth llawer o arlunwyr Seisnig i Gymru i weithio, yn enwedig y rhai a fyddai'n arbenigo mewn llunio â phin ac inc neu mewn dyfrlliw. Ymysg y rhain roedd y brodyr Nathaniel a Samuel Buck (1696–1779), Paul Sandby (1726–1809), J.C. Ibbetson (1759–1817), J.M.W. Turner (1775–1851), John Sell Cotman (1782–1842), Thomas Girtin (1775–1802) a David Cox (1783–1859).

Erbyn canol y bedwaredd ganrif ar bymtheg er bod trefi fel Abertawe, y Barri, Caerdydd a Chasnewydd yn dechrau tyfu ac yn dod yn fwy cyfoethog, i Lundain yr âi llawer o artistiaid Cymreig i ennill eu bywoliaeth. Un o'r rhain oedd y cerflunydd John Gibson a gollodd bron pob cysylltiad â Chymru. Ond erbyn diwedd y ganrif ac yn y cyfnod yn arwain at y Rhyfel Byd Cyntaf, roedd rhai artistiaid yn dod yn fwy ymwybodol o'u Cymreictod er eu bod yn byw ac yn gweithio yn Llundain; dau o'r rhain oedd W. Goscombe John (1860–1952) y cerflunydd, a Christopher Williams (1878–1934). Peintiodd Christopher Williams ddarluniau yn dwyn teitlau fel "Branwen", "Blodeuwedd" a "Cymru'n Deffro", tra bu Goscombe John yn hael iawn yn ei roddion i'r

"Coryglwyr yng Nghilgerran": llun dyfrlliw gan J.C. Ibbetson (1759–1817).

Amgueddfa Genedlaethol. Yn 1917 cyflawnodd y cerflun o Dewi Sant sydd yn Neuadd y Ddinas, Caerdydd, ac ef luniodd y gofeb i awdur a chyfansoddwr ein hanthem genedlaethol sydd ym Mharc Ynysangharad, Pontypridd.

Cyn canol y ganrif ddiwethaf doedd dim cyfle i neb astudio celf yng Nghymru, ond yn 1853 cafodd yr ysgolion celf cyntaf eu hagor yn Abertawe a Chaernarfon a'u dilyn yn raddol gan ysgolion celf Caerfyrddin, Caerdydd, Casnewydd, y Trallwng, Llanelli a Wrecsam, yr olaf yn 1927. J.D. Innes (1887–1914), Llanelli, oedd un o'r rhai cyntaf i ddod o'r ysgolion hyn ac ennill enwogrwydd iddo'i hun fel arlunydd; roedd yn gyfaill i'r arlunydd Augustus John (1878–1961), o Ddinbych-y-pysgod, un nodedig am ei allu i lunio, ac am ei bortreadau o enwogion. Roedd ei chwaer, Gwen John, hefyd yn arlunydd; yn Ffrainc y gweithiodd hi'n bennaf ac mae hi'n enwog am ei phortreadau tyner o gyfeillion ac o'i hystafell. Cynhyrchion ysgol gelf Abertawe oedd Ceri Richards (1903–71), sy'n cael ei gyfrif heddiw yn un o arlunwyr mwyaf yr Ysgol Fodern ym Mhrydain, Alfred Janes ac Evan Walters.

O dras Gymreig, ganwyd David Jones (1895–1914) yn Llundain, ond yr oedd ganddo ymwybyddiaeth ddofn iawn o'i Gymreictod, ac fe ddatblygodd i fod yn llenor ac artist Cymreig o bwys. Bu'n gysylltiedig ag Eric Gill y cerflunydd, a fu'n gweithio ar un adeg yng Nghapel-y-ffin. Artist sy'n enwog trwy wledydd Prydain erbyn hyn yw Kyffin Williams, sy'n frodor o Ynys Môn. Yn aelod o Academi Frenhinol Celf mae Kyffin Williams yn fwyaf adnabyddus am ei dirluniau o Gymru, a golygfeydd ysgythrog Gogledd Cymru'n arbennig. Yn 1968 aeth ar daith i Batagonia a pheintiodd nifer o dirluniau o'r Wladfa yn ystod ei ymweliad. Cafodd

Un o'r peintiadau olew a gynhyrchodd Kyffin Williams yn ystod ei ymweliad â Phatagonia: ''Medi cynhaeaf maglys yn Lle Cul''.

arddangosfa yn olrhain ei waith ei chynnal yn Amgueddfa Genedlaethol Cymru yn 1983.

Dau arlunydd o Loegr oedd Graham Sutherland a John Piper, ond cafodd y ddau ysbrydoliaeth ar gyfer eu gweithiau mwyaf pwysig yng Nghymru. Mae nifer o weithiau Sutherland i'w gweld yn Oriel Pictwn yn Rhos, ym mhen draw Dyfed.

Mae nifer o fudiadau a chymdeithasau wedi chwarae rhan bwysig ym myd arlunio yng Nghymru. Cafodd Cymdeithas Celfyddydau Cyfoes Cymru ei sefydlu yn 1937 a hyd heddiw bydd y gymdeithas hon yn prynu gweithiau artistiaid bob blwyddyn ac yn eu cadw i'r genedl. Mae Cyngor y Celfyddydau yng Nghymru yn noddi Oriel, Caerdydd, a llawer o weithgareddau gan arlunwyr. Yn 1956 cafodd Grŵp 56 ei sefydlu gan arlunwyr fel Glyn Jones o'r Rhondda, Will Roberts o Gastell-nedd, ac eraill a oedd am roi sylw a chyfle i arlunwaith Cymreig yma yng Nghymru a thramor.

Grŵp arall a gafodd ei sefydlu yn yr wythdegau yw Becca. Arweinydd y grŵp yw Paul Davies, y cerflunydd, ac mae nifer o artistiaid Cymraeg eu hiaith yn aelodau. Un o'u prif amcanion yw tynnu sylw at broblemau cymdeithasol, gwleidyddol ac ieithyddol sy'n effeithio ar Gymru heddiw.

Ar wahân i ymdrechion rhai orielau preifat, ac eraill sy'n derbyn nawdd gan Gyngor y Celfyddydau, ychydig o gyfle a gaiff arlunwyr yng Nghymru i arddangos eu gwaith. Mae casgliadau parhaol o beintiadau a lluniadau i'w gweld yn Oriel Glynn Vivian, Abertawe; y Llyfrgell Genedlaethol, Aberystwyth; Amgueddfa Genedlaethol Cymru, Caerdydd; ac Oriel Gelf Casnewydd, ond mae'n drueni nad oes gan Gymru Oriel Genedlaethol fel sydd yn Lloegr a'r Alban. Cymysg ac ansicr fu dylanwad yr Eisteddfod Genedlaethol ar gynnyrch arlunwyr, ond mae argoelion i'w cael fod yr ymwybyddiaeth o gelfyddyd weledol Gymreig yn tyfu. Yn 1984 cafodd Gweled, Cymdeithas y Celfyddydau Gweledol, ei sefydlu ac un o'r pethau mae'r gymdeithas hon yn ceisio'i wneud yw ymchwilio er mwyn darganfod a rhoi mwy o wybodaeth am hanes a thraddodiad arlunio fel rhan bwysig o ddiwylliant Cymru. (Gweler hefyd – ARLUNIO, CAERDYDD, CELTIAID, CYNGOR CELFYDDYDAU CYMRU, LLANDAF, LLYFRGELL GENEDLAETHOL CYMRU, Y MABINOGI, RHUFEINIAID YNG NGHYMRU.)

S.D.

ATAL CENHEDLU

Dyn yw'r unig anifail sydd wedi sylweddoli bod cyfathrach rywiol yn arwain at ffrwythloni a lledaenu rhywogaeth. Mae wedi manteisio ar y wybodaeth hon ers canrifoedd wrth ymdrin ag atgenhedlu planhigion ac anifeiliaid. Heddiw mae dyn yn medru rheoli nifer ei boblogaeth ei hun, a bydd unigolion yn medru dewis cael plant neu beidio, ac os byddan nhw am gael plant, byddan nhw'n medru pennu eu nifer.

Cyn amser Crist byddai'r Arab, er mwyn sicrhau na fyddai ei gamel yn beichiogi wrth groesi'r anialwch, yn gosod carreg y tu mewn i groth yr anifail. Y Groegwr, Aristoteles, oedd yr awdur cyntaf i sôn am orchuddio gwddf croth a fagina merch ag olew er mwyn lleihau'r tebygrwydd iddi feichiogi. Am ganrifoedd wedyn ni fu llawer o sôn am atal cenhedlu, am fod yr Eglwys Babyddol yn erbyn ei ymarfer; ond yn ystod y ganrif ddiwethaf mae agwedd cymdeithas wedi newid, am fod poblogaeth y byd wedi cynyddu'n arswydus a bod pobl yn pryderu na fydd digon o fwyd ar gael i gynnal pawb.

Bu protestio am y canlyniadau cymdeithasol a allai ddilyn pan fu'r sôn cyhoeddus cyntaf ei bod yn bosibl i unigolion gyfathrachu'n rhywiol heb greu plant; câi hyn ei ystyried yn fygythiad i gymdeithas a oedd wedi'i sefydlu ar yr egwyddor o gyfyngu cyfathrach rywiol i berthynas briodasol. Roedd hyd yn oed meddygon y ganrif ddiwethaf yn ystyried mai annoeth fyddai trafod pwnc mor anweddaidd ag atal cenhedlu o flaen adran obstetrig y Gymdeithas Feddygol Brydeinig (*BMA*). (Obstetreg yw'r gangen feddygol sy'n ymwneud â beichiogrwydd a genedigaeth.)

Dr Marie Stopes – a oedd yn arbenigwraig mewn Botaneg yn hytrach nag yn feddyg – oedd y gyntaf i ddysgu i ferched sut i gyfyngu ar nifer eu teuluoedd; agorodd hi'r clinig atal cenhedlu cyntaf yng ngwledydd Prydain yn Holloway, Llundain, ac yn fuan cafodd clinigau tebyg eu hagor mewn trefi eraill, gan gynnwys Pontypridd. Prynodd garafán er mwyn dwyn y neges i werin cymoedd De Cymru lle roedd teuluoedd yn fawr, tlodi yn gyffredin, a lle byddai plant yn aml iawn yn marw'n ifanc. Yn raddol fach, newidiodd agweddau cymdeithas, ac yn awr bydd gwybodaeth am atal cenhedlu ar gael mewn clinigau neu gan feddygon teulu ym mhob tref a phentref, i'r sawl sydd ei hangen.

Mae maint poblogaeth y byd yn tyfu'n gyflym iawn heddiw, a hynny am sawl rheswm. Mae datblygiadau

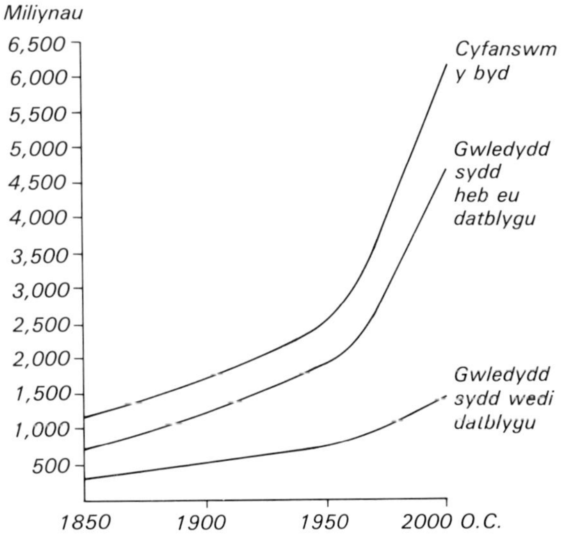

Cynnydd poblogaeth y byd hyd at 2000 O.C.

meddygol, megis cynhyrchu antibiotigion, yn golygu na fydd plant yn marw'n ifanc fel yn y gorffennol, a bydd mwy o lawer o bobl yn cyrraedd henaint. Mae dyn hefyd wedi sylweddoli pa mor niweidiol yw rhyfela, a bod newyn a phla yn aml yn dilyn rhyfel, a chaiff ymdrechion eu gwneud i osgoi'r drygau hyn, yn enwedig yn y gwledydd datblygedig. Felly bydd llai o bobl ifainc yn cael eu lladd: byddan nhw'n byw i greu mwy o blant. Os bydd yn dal i gynyddu fel y mae ar hyn o bryd, bydd poblogaeth y byd cyfan wedi dyblu mewn 41 o flynyddoedd eto.

Mae cymunedau datblygedig fel gwledydd Ewrop, Gogledd America ac Awstralia wedi sylweddoli'r peryglon a fydd yn cael eu hachosi gan orboblogi, peryglon sydd wedi newid agweddau eu cymdeithasau tuag at atal cenhedlu, ac wedi trefnu y bydd moddion atal cenhedlu ar gael yn rhwydd i bawb sydd eu hangen. Gallwn gymharu'r amser y bydd yn cymryd i boblogaeth gwahanol rannau o'r byd ddyblu:

(a) Ewrop	248 o flynyddoedd
(b) Gogledd America	98 o flynyddoedd
(c) Asia	39 o flynyddoedd
(ch) Affrica	24 o flynyddoedd.

Gwledydd Asia ac Affrica yw'r mannau lle mae'r niferoedd uchaf o bobl, yn ogystal â'r tlodi mwyaf, ac felly mae lleihau cyflymder twf eu poblogaeth yn fater o'r brys mwyaf, a hynny drwy atal cenhedlu yn hytrach na dibynnu ar afiechydon, rhyfeloedd, haint a phlâu i gyfyngu ar y twf.

Heddiw, mae nifer o wahanol ddulliau o atal cenhedlu ar gael, a bydd pob un yn sicrhau bod cyfathrach rywiol yn bosibl heb ffrwythloni a chreu embryo newydd. Heb ddulliau atal cenhedlu byddai cyfathrach rywiol yn golygu bod sberm y dyn yn cwrdd ag wy y ferch gan greu embryo. Y dull mwyaf effeithiol yw'r bilsen, sy'n cynnwys hormonau tebyg i'r rhai sy'n cael eu rhyddhau o ofari'r ferch, ac sy'n rhwystro wyau rhag cael eu rhyddhau o'r ofari. Mae mwy na 30 miliwn o ferched wedi cymryd y bilsen, ac, er bod rhai sgîl–effeithiau peryglus, megis thrombosis, wedi datblygu weithiau yn achosion merched hŷn, ar y cyfan mae'r bilsen yn ddull diogel ac effeithiol o atal cenhedlu. Darn bach plastig tua dau gentimetr yw'r coil neu'r *IUD* (*Intra Uterine Device* neu ddyfais yn y groth) sy'n aros y tu mewn i'r groth am dair neu bum mlynedd; bydd yn rhaid i feddyg ei osod yn y lle cyntaf, a dydy hwn ddim mor effeithiol â'r bilsen. Mae'n condom (i ddynion) a'r cap (i ferched) yn gweithredu fel barier rwber rhwng y sberm a'r wy. Caiff y condom ei osod dros bidyn y dyn, a'r cap dros wddf groth y ferch, cyn i gyfathrach rywiol ddigwydd. Mae'n bosibl defnyddio cemigion yn lle neu yn ogystal â'r rwber, ond ni fydd y cemigion yn unig mor effeithiol. Mae'n bosibl gwrthod gadael i'r sberm dreiddio i gorff y ferch wrth i'r dyn dynnu'n ôl cyn gollwng y sberm, ond dydy'r dull hwn ddim yn effeithiol bob amser chwaith, mwy na'r dull o osgoi cyfathrach rywiol ar

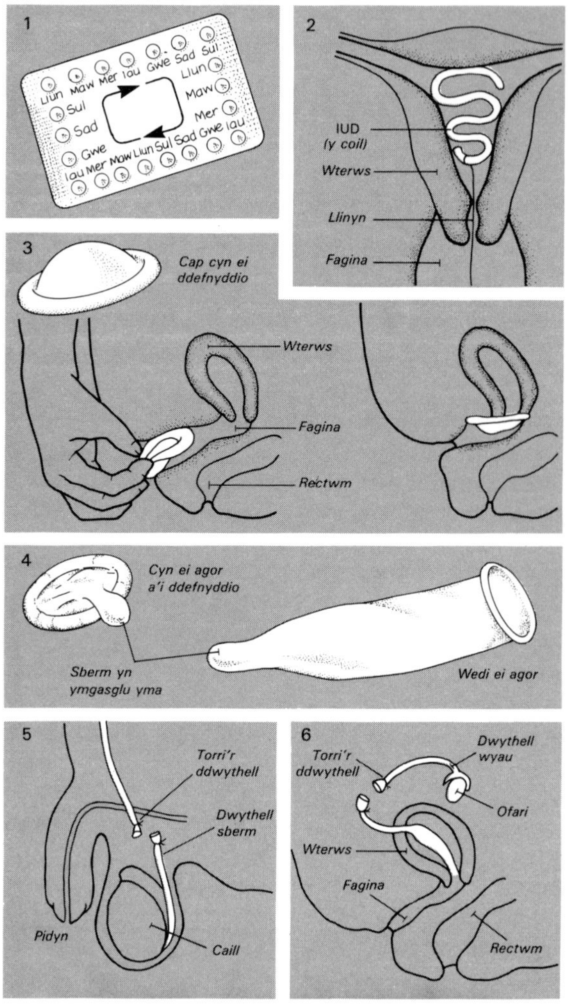

Dulliau atal cenhedlu:

1. *Y bilsen: pecyn o 21 bilsen. Bydd y ferch yn cymryd un y dydd am 21 diwrnod ac yna'n rhoi'r gorau iddyn nhw am 7 diwrnod cyn dechrau ar becyn newydd. Bydd y ferch yn cael ei mislif yn ystod y 7 diwrnod pan na fydd yn cymryd y bilsen.*
2. *Dyfais y tu mewn i'r wterws* (IUD). *Caiff y coil ei osod yn ei le gan feddyg.*
3. *Y cap. Chwith: gosod y cap yn ei le. De: y cap yn gorwedd dros geg y groth.*
4. *Condom (maneg atal cenhedlu): caiff hwn ei osod dros bidyn y dyn cyn cael cyfathrach rywiol.*
5. *Sterylllu: dyn.*
6. *Sterylllu: gwraig.*

adeg arbennig o'r mis pan fydd wy y ferch yn cael ei ryddhau – y dull sy'n cael ei alw'n "ddull rhythm".

Pan fydd gŵr a gwraig yn penderfynu nad ydyn nhw am gael mwy o blant, mae'n bosibl iddyn nhw ddewis cael eu steryllu gan lawfeddyg, sy'n golygu torri'r ddwythell yng nghorff y ferch sy'n cario wyau i'r groth, neu honno yng nghorff dyn sy'n cludo sberm i'r pidyn, fel na fydd ffrwythloni'n digwydd byth mwy. Mewn rhai gwledydd, megis yr Undeb Sofietaidd a Hwngari, bydd erthyliad yn cael ei ystyried yn fodd derbyniol o atal cenhedlu. Dull yw hwn o roi terfyn ar y beichiogiad trwy gael gwared â'r ffoetws cyn bod ganddo ei fywyd annibynnol ei hun. Yng ngwledydd Prydain bu llawer o ddadlau ynglŷn â'r dull hwn o atal cenhedlu, ond yn 1967 cafodd ei ganiatáu gan gyfraith gwlad, ar yr amod bod y driniaeth yn cael ei gweithredu yn ôl cyfarwyddiadau arbennig a chyn i dymor y beichiogi gyrraedd 28 wythnos.

Mae'r niferoedd a fydd yn defnyddio'r gwahanol ddulliau o atal cenhedlu yng ngwledydd Prydain yn cael eu dangos yn y ffigur canlynol. Fe welwn fod y mwyafrif yn dewis y bilsen neu yn cael eu sterylllu; mae'r condom yn boblogaidd, a'r coil i ryw raddau; lleiafrif sy'n dewis y dull rhythm, neu gemigion, neu dynnu'n ôl.

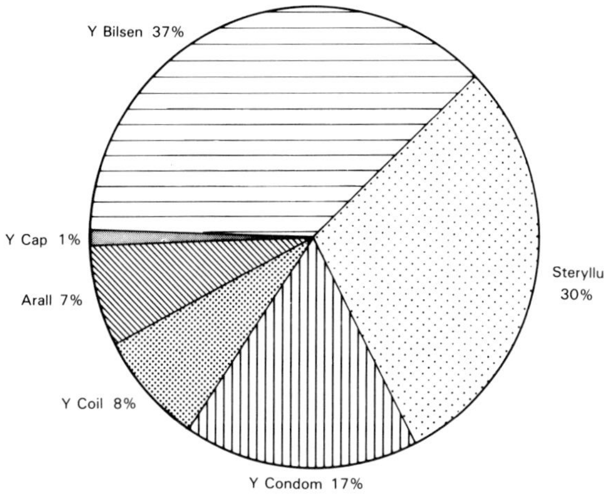

Trwy ddefnyddio dulliau atal cenhedlu gall dyn a menyw gyfathrachu'n rhywiol heb i'r fenyw feichiogi – ond dydy hyn ddim heb ei beryglon. Mae atal cenhedlu yn debyg i oleuadau traffig sy'n gymorth i geir beidio â tharo yn erbyn ei gilydd, ond gall fod darnau gwydr ar lawr y groesffordd mewn canlyniad i ddamwain arall, a'r rheiny'n niweidio'r olwynion. Gallwn gymharu'r gwydr ar lawr ag afiechydon a all ddilyn cyfathrach rywiol; bydd rhai afiechydon yn cael eu trosglwyddo o un cymar i'r llall, a bydd y perygl hwn yn cynyddu wrth i nifer y partneriaid gynyddu. Yn y cyswllt hwn, mae'r Conococws a'r Treponema Palidwm yn facteria sy'n achosi afiechydon difrifol, ond mae'n bosibl gwella'r afiechydon hyn â chymorth antibiotigion fel Penisilin. Bydd yr afiechyd rhywiol mwyaf cyffredin yng ngwledydd Prydain yn cael ei achosi gan bacteriwm arall o'r enw Clamydia Tracomatis, ac mae'n bosibl clirio hwn â'r antibiotigion Erythromycin neu Tetracycline. Firws fydd yn achosi'r afiechyd *AIDS* (*Acquired Immune Deficiency Syndrome*); gall yr haint hwn ladd y claf, a does dim triniaeth effeithiol ar gael hyd yma. Y ffordd orau o rwystro *AIDS* rhag ymledu yw aros gyda'r un partner rhywiol neu ddefnyddio dull barier o atal cenhedlu. (Gweler hefyd – *AIDS*, ATGENHEDLU.)

A.L.J.

ATGENHEDLU

Yn ôl cyfieithiad Y Beibl Cymraeg Newydd o broffwydoliaeth Eseia, "Y mae'r glaswellt yn crino, a'r blodyn yn gwywo". Bydd bywyd popeth byw yn dod i ben, ond, trwy atgenhedlu, bydd dyfodol pob rhywogaeth o blanhigyn ac anifail yn cael ei sicrhau. Yn ystod ei fywyd bydd unigolyn yn rhyddhau rhan fechan ohono'i hunan, a bydd y rhan fechan honno'n gallu tyfu i fod yn unigolyn cyflawn arall o'r un rhywogaeth.

Mae dau fath gwahanol o atgenhedlu i'w cael – rhywiol ac anrhywiol, a chawn enghreifftiau o'r rhain ymhlith anifeiliaid ac ymhlith planhigion. Canlyniad atgenhedlu rhywiol yw unigolion gwahanol i'r rhieni, gyda rhai nodweddion sydd yn perthyn i un rhiant a rhai i'r llall, ond ar y cyfan yn wahanol i'r ddau, fel y gwelwn yn achos dyn a'i wraig a'u plant. Dydy hyn ddim yn wir am atgenhedlu anrhywiol lle gwelwn fod pob epil yn glôn i'r rhiant; bydd yr union yr un fath o gennin Pedr yn tyfu o fwlb y cennin Pedr ag a flodeuodd y flwyddyn flaenorol.

Bydd llawer iawn o blanhigion, a rhai anifeiliaid syml hefyd, yn atgenhedlu'n anrhywiol. Bydd anifeiliaid sy'n cynnwys un gell yn unig yn ymrannu yn ddau, ac yn creu dau anifail newydd; enghraifft o hyn yw'r amoeba, sy'n byw mewn dŵr ffres ac sy'n rhy fach inni ei weld heb ficrosgop. Bydd bacteria yn gwneud hyn hefyd – weithiau yn ei wneud yn gyflym iawn; gall rhai bacteria ymrannu bob ugain munud, gan greu haint llethol os ydyn nhw, megis difftheria a meningitis, yn niweidiol i'r anifail y byddan nhw'n ymgartrefu ynddo.

Bydd planhigion yn atgenhedlu'n anrhywiol mewn sawl modd arall. Bydd rhai, fel mwsog a rhedyn, yn rhyddhau sborau sydd yn tyfu gan greu copïau cywir o'r planhigion gwreiddiol; bydd burum yn creu blagur; bydd llawer iawn o blanhigion yn atgynhyrchu'n llystyfol, megis gellhesg (*iris*) a mefus, a phlanhigion sy'n tyfu o fylbiau, megis eirlys, crocws, tiwlip, cennin Pedr a wynwyn (nionod).

Bydd y daten hefyd yn atgynhyrchu'n llystyfol; daw coesyn o waelod gwrysg planhigyn y daten, ond yn lle tyfu i fyny bydd yn tyfu i lawr i'r pridd, a chaiff ambell ran o'r impion eu llenwi â starts o'r planhigyn

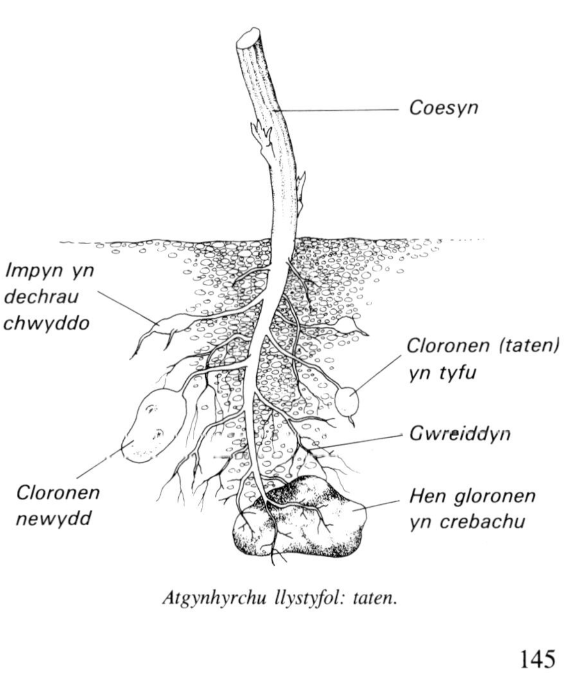

Atgynhyrchu llystyfol: taten.

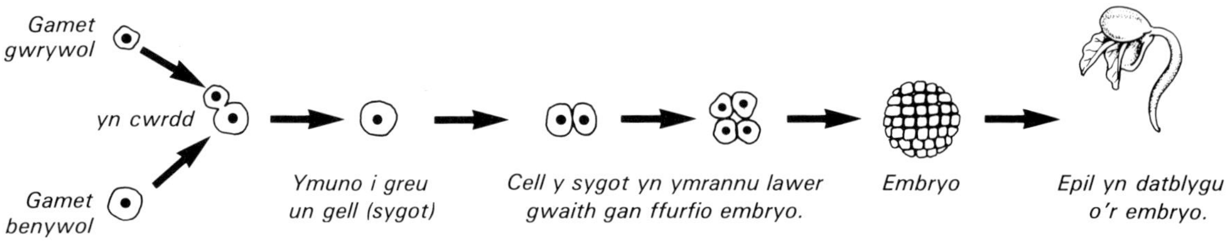

Ffrwythloni. Dyma batrwm ffrwythloni planhigion ac anifeiliaid.

mawr gan greu tatws bach newydd. Wrth i'r hen blanhigyn farw, bydd y tatws newydd yn tyfu impion sydd yn codi i wyneb y pridd i greu planhigion newydd.

Bydd y mwyafrif o anifeiliaid a phlanhigion yn atgenhedlu'n rhywiol. Yn y broses hon caiff yr enw ''gamet'' ei roi ar y gell wrywol a'r gell fenywol sy'n cael eu rhyddhau – mae llawer mwy o gametau bach gwrywol nag o gametau benywol, a bydd y rhai benywol fel arfer yn fwy eu maint, yn sengl ac yn fwy llonydd na'r gametau gwrywol. Bydd y ddau gamet yn cwrdd, ac yn ymuno i greu un gell, sef sygot. Yno bydd ffrwythloni'n digwydd; bydd cell y sygot yn ymrannu'n ddau, yna'n bedwar, yn wyth, yn un ar bymtheg, ac felly ymlaen nes iddyn nhw ffurfio embryo a fydd yn datblygu'n epil gyda nodweddion a fydd yn briodol i'r ddau riant.

Rydym yn hoffi blodau oherwydd eu prydferthwch a'u peraroglau, a ffrwythau oherwydd eu blas, ond nodweddion sydd yn perthyn i broses atgenhedlu rhywiol planhigion yw'r rhain mewn gwirionedd. Mae'r gametau gwrywol i'w cael yn y paill sydd yn y brigerau, a'r gametau benywol yn ofwl y blodyn – y ddau yn agos iawn at ei gilydd yng nghyfansoddiad y blodyn. Mae'r llun yn dangos brigerau du tiwlip yn llawn o baill o gwmpas un ofari gwyrdd sy'n cynnwys ofwl – y cyfan y tu mewn i betalau'r blodyn; wedi i'r brigerau aeddfedu, caiff eu cynnwys ei ryddhau dros yr ofari – dyma'r paill, sydd fel gronynnau mân tebyg i lwch. Dydy ofari pob planhigyn ddim wedi ei leoli fel y bo'n gyfleus i'r paill ddisgyn arno, a bydd angen cymorth pryfed fel gwenyn i drosglwyddo'r paill o'r brigerau i'r ofari wrth iddyn nhw chwilio yn y blodyn am neithdar i'w fwyta. Bydd petalau lliwgar persawrus yn denu'r wenynen, ac felly'n hwyluso'r broses ffrwythloni. Ar ôl cael ei ffrwythloni bydd y sygot yn tyfu'n hedyn,

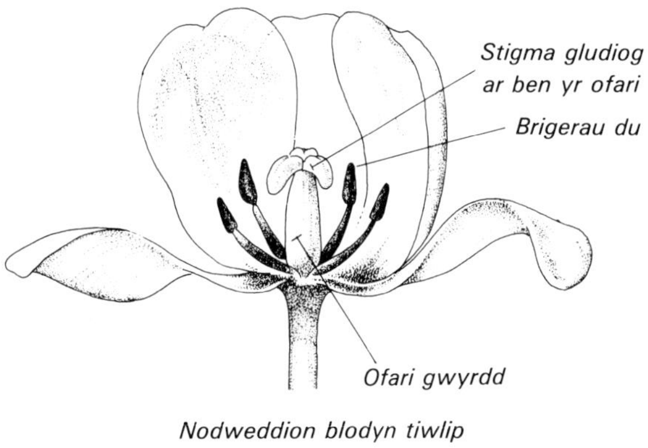

Nodweddion blodyn tiwlip

a'r had yn cael eu gwasgaru gan y gwynt, neu gan anifeiliaid a fydd yn bwyta'r ffrwyth a ffurfiodd o gwmpas yr hadau. Felly gall had gael eu cludo yn bell o'u rhiant cyn datblygu i fod yn blanhigion newydd.

Gall anifeiliaid sy'n byw mewn dŵr ffrwythloni eu had y tu allan i'w cyrff yn y dŵr sydd o'u cwmpas, ond bydd y rhai sydd wedi datblygu a dysgu sut i fyw'n barhaol ar dir sych yn ffrwythloni y tu mewn i gorff yr anifail benywol. Bydd pysgod yn rhyddhau eu gametau gwrywol (y sberm) neu y gametau benywol (yr wyau) i mewn i'r dŵr; bydd pysgodyn gwrywol aeddfed yn dod o hyd i bysgodyn benywol ac yn ei chanlyn nes iddi ddodwy cannoedd neu filoedd o wyau ar waelod y dŵr, a bydd yntau'n rhyddhau ei sberm dros yr wyau yr eiliad honno, gan orchuddio rhai o'r wyau. Er mwyn cael eu ffrwythloni bydd yn rhaid i'r wyau a'r sberm gyffwrdd â'i gilydd; bydd llawer o wyau a sberm pysgod yn methu cwrdd, a bydd y celloedd hyn yn marw. Fe welwn felly mai dull gwastraffus o atgenhedlu yw ffrwythloni allanol. Bydd yn rhaid i frogaod sy'n byw am ran o'u hamser ar y tir ddychwelyd i'r dŵr er mwyn ffrwythloni'n allanol, neu bydd yr wyau neu'r sberm neu'r embryo yn sychu ac yn marw.

Yn y mwyafrif o anifeiliaid bydd ffrwythloni'n digwydd y tu mewn i gorff y fenyw. Mae gan yr anifail gwrywol organ treiddiol (y pidyn) sy'n gosod y sberm yn agos at yr wyau yn ddwfn y tu mewn i gorff yr anifail benywol. Does dim cymaint o wastraff sberm nac wyau felly, a bydd yr embryo yn cael ei ffurfio mewn man diogel heb unrhyw berygl iddo sychu a marw. Bydd pryfed, nadroedd, adar a mamaliaid yn atgenhedlu trwy ffrwythloni'n fewnol, a chaiff yr epil ei ddiogelu gan gorff y fam am gyfnod cyn iddo ymwahanu. Bydd y cyfnod hwn yn amrywio – bydd y fam eliffant yn cario'i bychan am gyfnod cyhyd â dwy flynedd!

Wedi i embryo neidr neu aderyn ffurfio, bydd plisgyn yn tyfu o'i gwmpas, a bydd hwn yn diogelu'r creadur bach yn ystod ei ddyddiau cyntaf y tu allan i gorff y fam. Bydd y rhieni yn dal i gadw golwg ar yr epil a gofalu amdano; bydd adar yn cadw'r wyau yn gynnes ac yna'n bwydo'r rhai bach, ac yn dysgu iddyn nhw hedfan yn nes ymlaen.

Mae dyn yn perthyn i'r mamaliaid. Ar ôl cyrraedd eu harddegau, bydd bechgyn a merched yn dechrau canlyn a charu ei gilydd, fel paratoad at greu perthynas sefydlog a gwneud cartref, lle gallan nhw atgenhedlu, magu a chodi plant. Yn ystod yr amser hwn bydd sberm y bachgen, dan ddylanwad

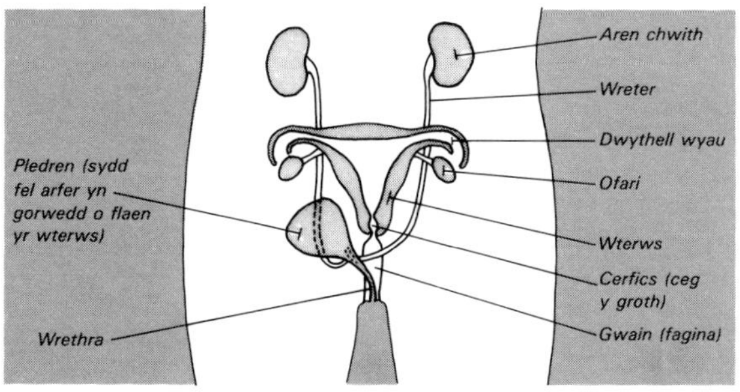

Organau atgenhedlu menyw

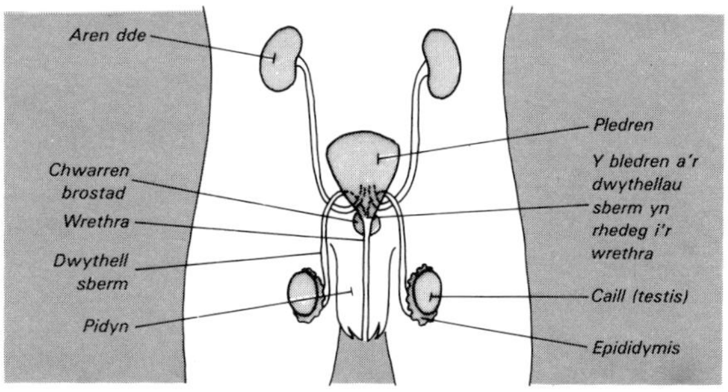

Organau atgenhedlu dyn

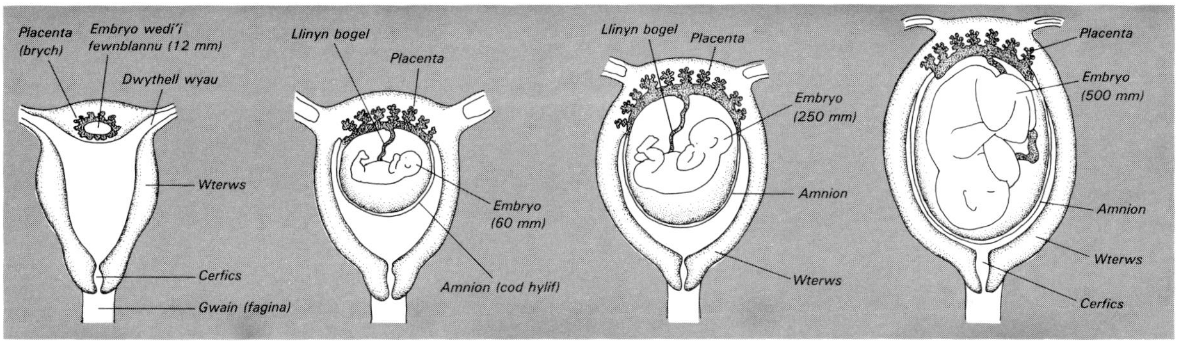

(a) 5 wythnos *(b) 10 wythnos* *(c) 5 mis* *(ch) Ychydig wythnosau cyn geni*

Twf a datblygiad embryo yn y groth (heb fod wrth raddfa)

hormonau yn y gwaed, yn aeddfedu yn y ddwy gaill y tu mewn i'r ceillgwd, a'r un adeg bydd y ferch yn dechrau'r misglwyf (pan gaiff ychydig o waed ei ollwng yn fisol o'r groth), a hefyd yn dechrau rhyddhau wyau o'r ofarïau, un bob mis.

Pan fydd bachgen a merch yn caru ei gilydd ac yn cytuno ar yr angen, bydd pidyn y bachgen yn treiddio llawes goch gwain y ferch ac yn gosod sberm yno. Oddi yno bydd y sberm byw yn symud trwy wddf y groth, a thrwy'r groth ei hun i gwrdd â'r wy sydd wedi symud i lawr o'r ofari trwy'r ddwythell wyau. Er bod miliynau o sberm yn cael eu rhyddhau, dim ond un, fel arfer, fydd yn ffrwythloni'r wy ac yn creu embryo. Bydd yr embryo yn ffurfio cod fel balŵn o'i gwmpas, yn symud i mewn i'r groth ac yn gwelyo yn ei hochr; bydd yn derbyn bwyd ac ocsigen o frych y fam trwy'r llinyn bogel. Ar ôl naw mis, bydd y baban wedi tyfu ac yn cael ei eni; yna caiff ei fwydo gan laeth o fronnau ei fam, a datblygu i fod yn blentyn a fydd yn dal i ddibynnu am flynyddoedd ar ei rieni i'w fwydo, ei ddilladu a'i hyfforddi am y byd cymhleth sydd o'i gwmpas. Graddol iawn yw'r broses o wahanu plentyn oddi wrth ei rieni a'i deulu – proses a fydd fel arfer yn cymryd mwy o amser nag yn achos anifail arall. (Gweler hefyd – AMIBA, ATAL CENHEDLU.)

A.L.J.

Y *BEATLES*

Grŵp canu pop o Lerpwl oedd y *Beatles*, grŵp a ddaeth yn fyd-enwog yn ystod chwedegau'r ganrif hon. Pedwarawd oedden nhw: John Lennon (1940–80), chwaraewr gitâr rhythm a chanwr a gafodd ei saethu'n farw yn Efrog Newydd gan Mark Chapman; Paul McCartney (1942–) gitâr fâs a chanwr; George Harrison (1943–) gitâr flaen a chanwr; Ringo Starr (Richard Starkey, 1940–) drymiwr a chanwr achlysurol. Cafodd eu record gyntaf, *Love me Do*, ei rhyddhau ym mis Hydref 1962. Erbyn i'w pedwaredd record, *She Loves You*, ymddangos ym mis Awst 1963 roedd y fath gyffro a hysteria ble bynnag y byddai'r *Beatles* yn perfformio fel bod angen cannoedd o blismyn i reoli'r tyrfaoedd addolgar. Yng nghyngherddau'r grŵp roedd hi'n amhosibl eu clywed yn canu – gwirionai a ffolai eu cefnogwyr i'r fath raddau nes treulio'r perfformiad cyfan yn sgrechian eu hedmygedd, a byddai degau lawer ohonyn nhw'n llewygu yn ystod pob cyngerdd. *Beatlemania* oedd y term a gafodd ei fathu i ddisgrifio'r perlewyg a'r cyflwr ecstatig hwn. Am dair blynedd, hyd at 1967, roedd papurau newydd ledled y byd yn llawn disgrifiadau o olygfeydd o'r fath.

Cyfnod o newid cymdeithasol ac o brotest gan bobl ifanc yn erbyn awdurdod oedd y chwedegau. Daeth y *Beatles* yn symbol o'r gwrthryfel hwn gan ddylanwadu ar sut byddai cenhedlaeth gyfan yn gwisgo, yn meddwl ac yn byw. Ond yn ogystal â'r caneuon roc fel *Twist and Shout* a yrrai'r ifanc yn wyllt roedd hefyd ochr dawelach a mwy melodaidd i gerddoriaeth y *Beatles*; wrth gyfansoddi a chanu caneuon fel *Yesterday* ac *Eleanor Rigby*, sydd bellach yn glasuron cyfoes, enillodd y pedwarawd edmygedd y to hŷn hefyd.

Y Beatles *mewn hwyliau afieithus yn ystod eu cyfnod cynnar fel grŵp. O'r chwith i'r dde: Paul McCartney, Ringo Starr, John Lennon a George Harrison.*

Dau o aelodau'r grŵp, John Lennon a Paul McCartney, a gyfansoddai bron y cyfan o ganeuon y *Beatles* – yn sicr pob un o'r rhai pwysicaf. Daeth gwrandawyr i sylweddoli'n fuan fod y cyfansoddiadau hyn o safon uwch na'r cyffredin. Yn 1963 cyhoeddodd William Mann, beirniad cerdd *The Times*, astudiaeth o'u caneuon gan gyfeirio'n ysgolheigaidd at eu *pandiatonic clusters* a'u *submediant key switches*! Aeth Richard Buckle, beirniad y *Sunday Times*, gam ymhellach a chyhoeddi mai Lennon a McCartney oedd *the greatest composers since Beethoven*!

Yn 1967 recordiodd y *Beatles Sergeant Pepper's Lonely Hearts Club Band*, casgliad o ganeuon sy'n cael eu hystyried yn un o gerrig milltir pwysicaf cerddoriaeth gyfoes. *Let it Be*, a gafodd ei rhyddhau yn 1970, oedd eu record olaf, ac fe chwalodd y grŵp yn fuan ar ôl hynny.

Yn ystod 1987 cafodd eu recordiau eu hailryddhau ar gryno-ddisgiau (*compact discs*), gan adnewyddu eu poblogrwydd. Parhau hefyd mae'r diddordeb yn y *Beatles* a'u creiriau; mewn arwerthiant yn Sotheby's, Llundain, ym Mehefin 1985, gwerthwyd Rolls Royce amryliw John Lennon am £1,768,000, a bydd llawysgrifau gwreiddiol y caneuon yn gwerthu am rhwng £3,000 a £10,000. Bydd llofnodion y pedwarawd yn gwerthu am £150 a mwy.

V.H.

BERDYS

Mae cannoedd o wahanol rywogaethau o'r gwir ferdys, sydd yn anifeiliaid bach cragennog, yn byw ym moroedd a chefnforoedd y byd, ond caiff yr enw ''berdys'' ei ddefnyddio'n gyffredinol am lawer math arall o anifeiliaid cragennog nad ydyn nhw mewn gwirionedd yn perthyn yn agos o gwbl i'r gwir ferdys er eu bod hwyrach yn edrych yn eithaf tebyg iddyn nhw, a'u dull o fyw yn debyg iawn. Mae gan ferdys, yr un fath â'r holl anifeiliaid cragennog eraill – er

Crangon vulgaris – *y berdysyn cyffredin.*

enghraifft, crancod, cimychiaid, moch y coed, a chrach y môr – sgerbwd caled yn cuddio'r rhan fwyaf o'u cyrff.

Crancod, berdys a chimychiaid yw'r mwyaf uwchraddol o'r holl anifeiliaid cragennog, a rhoddir yr enw *Decapoda* arnyn nhw am fod ganddyn nhw ddeg troed, er na fyddan nhw'n defnyddio pob un ohonyn nhw i gerdded: mae un pâr o goesau o leiaf wedi datblygu'n efel a all fod yn fawr ac yn rymus iawn mewn rhai mathau o grancod a chimychiaid.

Yn ystod y dydd, bydd y berdysyn yn aros ynghudd yn y tywod, heb ddim ohono yn y golwg ond ei lygaid a'i deimlyddion yn unig. Gall ei gorff newid ei liw i ymdoddi i'w amgylchedd. Gyda'r nos daw'r berdysyn allan a bydd ei gorff yn newid ei liw i ryw laswawr lletglir wrth iddo symud dros wely'r môr i chwilio am greaduriaid bach neu ddefnydd marw planhigion ac anifieiliaid.

Esblygodd berdys i fyw ger y glannau, yn enwedig mewn dŵr bas yn agos at draethau tywod. Maen nhw'n niferus dros ben mewn aberoedd a lle bydd tonnau'r llanw a thrai yn cymysgu â'r dŵr bas yn barhaol.

Bydd y berdysyn cyffredin sydd i'w gael ger glannau gwledydd Prydain, y *Crangon vulgaris*, yn cyrraedd tua 8 cm o ran ei hyd, a gall fyw am ryw dair blynedd. Mae'n anifail anghyffredin iawn oherwydd bydd yn newid ei ryw tua hanner ffordd trwy ei fywyd: am y flwyddyn neu ddwy gyntaf, gwrywol ydyw ac yna bydd yn troi'n fenywol – a dyna fydd ei gyflwr am weddill ei oes. Tra bydd yn fenywol, bydd yn dodwy rhwng 2,000 a 4,000 o wyau ar y tro ac yn cynhyrchu cynifer â hyn ddwywaith neu deirgwaith y flwyddyn. Bydd pob sypyn o wyau yn cael ei ddal yn ddiogel gan rai o'r coesau a'u cludo oddi amgylch gan y creadur am fis neu ddau. Bydd pob wy yn deor yn larfa o ryw 5 mm o hyd, ac yna bydd yn byw yn y plancton gan newid ei ffurf ryw bedair neu bum gwaith hyd nes iddo gyrraedd tua 10 mm. Yna, os bydd wedi goroesi hyd hynny, bydd yn disgyn i wely'r môr ac yn byw o hynny ymlaen yn ferdysyn o dwf cyflawn a fydd yn rhywiol aeddfed fel gwryw pan fydd tua blwydd oed.

Mae'r berdysyn cyffredin, er ei fod mor fach o ran maint, yn bwysig dros ben fel rhan o'n hymborth, a chaiff miloedd lawer o dunelli ohonyn nhw eu dal yn Ewrop bob blwyddyn.

Mae math arall o ferdysyn i'w gael, sef cril, sy'n bwysig iawn: enw Norwyeg yw hwn am ddwsinau o rywogaethau bach o ferdys sydd yn brif fwyd i lawer o'r morfilod mawr yn ogystal ag i amryw fathau o bysgod a phengwiniaid. Dim ond rhyw 5 i 7 cm o hyd yw'r berdys bach hyn ac maen nhw'n byw yn y dyfroedd oerach yn unig, yn enwedig o amgylch Pegwn y Gogledd a Phegwn y De. Bydd y rhain yn treulio'u bywyd yn gyfan gwbl yn arnofio yn y moroedd mawr, yn byw ar blancton planhigion ac anifeiliaid. Byddan nhw'n heigio ar dymhorau arbennig ac ar yr adegau hynny gall pob metr ciwbig o ddŵr gynnwys rhwng 15 a 20 kg o cril. Ym marn llawer o wyddonwyr gall cril, oherwydd eu helaethrwydd, brofi'n ffynhonnell werthfawr iawn o fwyd i ddyn yn y dyfodol. (Gweler hefyd – CIMWCH, CRAMENOGION, CRANC, CREGYN, MORFIL, PLANCTON.)

C.G.

Aneurin BEVAN (1897–1960)

Un o wleidyddion mwyaf amlwg Prydain yn yr ugeinfed ganrif oedd Aneurin Bevan, a'r un sy'n cael ei gysylltu fwyaf â sefydlu'r Gwasanaeth Iechyd Gwladol. Bachgen dosbarth gweithiol ydoedd; cafodd ei eni yn Nhredegyr yn 1897 yn fab i löwr. Oherwydd tlodi'r teulu, ni allai barhau â'i addysg ffurfiol, a bu'n rhaid iddo adael yr ysgol yn gynnar er mwyn ennill ei damaid fel glöwr.

Aneurin Bevan yn areithio yn yr Amgueddfa Iechyd a Diwylliant yn Llundain ym mis Hydref 1956.

Roedd cyfnod llencyndod Aneurin Bevan yn adeg gythryblus yn hanes maes glo De Cymru. Byddai gwrthdaro cyson rhwng y glowyr a pherchnogion y glofeydd – y glowyr yn ymgyrchu am well amodau gwaith a'r perchnogion yn eu gwrthod, a hynny'n aml yn arwain at streiciau. Yn 1898 daeth Ffederasiwn Glowyr De Cymru i fodolaeth i hybu achos y glowyr, ac yn 1900 cafodd y Blaid Lafur ei sefydlu i gynrychioli'r dosbarthiadau gweithiol yn y Senedd. Cafodd y glowyr eu hysbrydoli hefyd gan syniadau politicaidd newydd a gâi eu cysylltu â Sosialaeth (sef yr egwyddor y dylai cyfoeth a'r modd y caiff incwm ei ddosbarthu gael ei reoli gan y gymdeithas gyfan). Bu'r holl ddatblygiadau hyn yn ddylanwad mawr ar Aneurin Bevan, yn ogystal â phamffled gwleidyddol yn dwyn y teitl *The Miners' Next Step* gan Noah Ablett a welodd olau dydd yn 1912.

Pan ddechreuodd Aneurin Bevan gymryd diddordeb mewn gwleidyddiaeth a materion undebol, creodd argraff ar ei gyd-lowyr drwy ei ddawn areithio a'i allu i ymresymu'n ddeallus. Yn 1919 bu'n ddigon ffodus i gael mynediad i Goleg Llafur Canolog Llundain, a bu yno hyd 1921 yn astudio Gwleidyddeg ac Economeg. Ar ôl gadael y coleg, penderfynodd ymroi i waith Undeb y Glowyr yn Ne Cymru a gweithiodd yn ddiflino dros y glowyr adeg y Streic Gyffredinol yn 1926. Methiant fu'r streic fawr honno, a methiant hefyd fu ymdrech y glowyr i ddwyn y maen i'r wal. Daeth Bevan i'r casgliad wedi hynny mai'r ffordd fwyaf effeithiol o ennill cyfiawnder i'r glowyr ac i'r dosbarthiadau gweithiol yn gyffredinol oedd drwy ymladd yr achos Sosialaidd yn y Senedd. Yn 1929 safodd fel ymgeisydd seneddol y Blaid Lafur yn etholaeth Glynebwy; enillodd y sedd, a bu'n cynrychioli etholwyr Glynebwy hyd ei farw yn 1960.

Yn gorfforol roedd Aneurin Bevan yn ddyn mawr, ac â'i ddawn areithio arbennig creodd argraff ddofn ar aelodau Tŷ'r Cyffredin o'r cychwyn cyntaf. Cyn bo hir roedd yn adnabyddus fel un o siaradwyr mwyaf grymus y Senedd. Roedd y Blaid Geidwadol yn atgas ganddo ac fe siaradodd droeon – a hynny yn y dull mwyaf brathog – yn erbyn polisïau'r Llywodraeth Genedlaethol yn ystod y tridegau (y Ceidwadwyr oedd y gwleidyddion mwyaf amlwg yn y llywodraeth honno). Dyma gyfnod gwaethaf y Dirwasgiad pan oedd miloedd o lowyr De Cymru yn ddi-waith, a channoedd ohonyn nhw'n gorfod hel eu pac a symud i Loegr er mwyn cael gwaith. Condemniai Aneurin Bevan hyn yn gryf, ac roedd yn feirniadol hefyd o fethiant ei blaid ef ei hun i fabwysiadu polisïau sosialaidd mwy pendant; yn wir, bu Bevan yn gymaint o gur pen i'r Blaid Lafur nes iddo gael ei ddiarddel am gyfnod yn 1939. Dychwelodd i rengoedd y blaid yn weddol fuan, ond parhaodd i fod yn wleidydd annibynnol iawn ei farn. Yn ystod yr Ail Ryfel Byd, yn 1940, sefydlodd gylchgrawn newydd o'r enw *Tribune*, a bu'n olygydd arno hyd at ddiwedd y rhyfel yn 1945.

Yn y flwyddyn honno, enillodd y Blaid Lafur fuddugoliaeth ysgubol yn yr etholiad cyffredinol. Roedd y llywodraeth hon, dan ei harweinydd Clement Attlee, yn awyddus i greu cymdeithas newydd ym Mhrydain drwy gael gwared ar dlodi'r tridegau. Un o ffigurau pwysicaf y Llywodraeth oedd Aneurin Bevan; cafodd ei benodi'n Weinidog Iechyd, ac yn rhinwedd y swydd hon fe wnaeth fwy na neb i greu'r Wladwriaeth Les ym Mhrydain.

Fel un a oedd wedi gweld ei dad ef ei hun yn dioddef ac yn marw o'r clefyd silicosis, roedd Aneurin Bevan yn benderfynol o greu gwasanaeth iechyd newydd a allai roi'r cymorth gorau posibl i bawb yn ddiwahân. Cyn 1945 roedd hi'n anodd i bobl gyffredin, yn enwedig y bobl dlotaf mewn cymdeithas, gael gwasanaeth da oherwydd fod yn rhaid talu amdano – gallai meddygon godi tâl am drin y cleifion a oedd dan eu gofal. Roedd pobl hefyd yn gorfod talu am driniaeth ddeintyddol ac am sbectolau – a byddai meddygon ysbytai yn codi tâl am wasanaeth preifat.

Bwriadai Bevan newid hyn oll. Yn 1946 bu'n gyfrifol am lywio Deddf y Gwasanaeth Iechyd drwy'r Senedd. Nod y Ddeddf hon oedd sefydlu gwasanaeth meddygol rhad ac am ddim i bob person yng ngwledydd Prydain. Bellach byddai dros 3,000 o ysbytai, dan ofal cyrff cyhoeddus, yn cael eu gweinyddu gan y Wladwriaeth. Ar yr un pryd, gallai'r bobl a ddymunai dalu am wasanaeth preifat barhau i wneud hynny heb ddim trafferth. Gwrthwynebai'r Gymdeithas Feddygol Brydeinig rai agweddau o'r system newydd yn gryf, gan fod nifer o ddoctoriaid yn ofni na fydden nhw fawr mwy na gweision sifil dan y drefn newydd. Oni bai am gryfder personoliaeth Aneurin Bevan, mae'n bosibl na fyddai'r gwasanaeth hwn wedi dod i fodolaeth. Yn y diwedd, fodd bynnag, llwyddodd yntau i ddarbwyllo dros 90 y cant o'r meddygon i ymuno â'r Gwasanaeth Iechyd Gwladol. Daeth hwn i fodolaeth yn 1948, ac o fewn blwyddyn i'w sefydlu cafodd 187 miliwn o lythyron prescripsiwn eu hysgrifennu, a dros 5 miliwn pâr o sbectolau eu dosbarthu.

Yn ystod blwyddyn gyntaf ei bodolaeth, cyfanswm cost darparu'r Gwasanaeth oedd £200 miliwn, ond yn ystod y flwyddyn ddilynol cododd y costau i'r entrychion. Gobaith Bevan oedd y byddai'r costau yn lleihau gyda'r blynyddoedd; ond mewn gwirionedd problem fwyaf difrifol y Gwasanaeth Iechyd o 1948 hyd heddiw yw sut i dalu amdano. Fodd bynnag, allwn ni ddim gorbwysleisio pwysigrwydd Aneurin Bevan fel sylfaenydd y Gwasanaeth Iechyd.

Yn rhinwedd ei swydd fel Gweinidog Iechyd, bu Aneurin Bevan hefyd yn gyfrifol am dai yn ystod y cyfnod 1945–51. Yma eto cafodd lwyddiant mawr. Canolbwyntiodd ar ddarparu cartrefi rhad i'r dosbarth gweithiol drwy adeiladu tai cyngor, ac yn ystod 1948 gwelodd gwblhau dros chwarter miliwn o dai newydd. At hynny, cafodd 146,000 o dai parod eu hadeiladu i gwrdd â'r angen dybryd am gartrefi, a'r rheiny'n dai o safon uchel.

Fe allai Aneurin Bevan fod wedi symud ymlaen wedi hynny i swydd uwch yn y Llywodraeth, a gallai hyd yn oed fod wedi dod yn arweinydd y Blaid Lafur. Ond nid felly y bu. Ym mis Ebrill 1951 penderfynodd ymddiswyddo fel Gweinidog am i'r Llywodraeth gyhoeddi ei bwriad i godi tâl am driniaeth ddeintyddol ac am sbectolau – penderfyniad a weithredai'n groes i ddelfryd Bevan o wasanaeth iechyd rhad ac am ddim. Ym mis Hydref 1951 collodd y Blaid Lafur yr etholiad cyffredinol i'r Ceidwadwyr, a nhw fu mewn grym am y 13 blynedd nesaf. Yn ystod y cyfnod hwn bu Bevan a'i ddilynwyr yn ddraenen gyson yn ystlys y Blaid Lafur, gan ddadlau'n chwerw ar gorn ei pholisïau, yn arbennig ei pholisi ar arfau niwclear ac amddiffyn. Fodd bynnag, yn 1957 cafodd Aneurin Bevan ei benodi'n llefarydd y blaid ar faterion tramor, ac yn yr un flwyddyn ei ethol yn is-arweinydd i Hugh Gaitskell.

Ond cyn y gallai Bevan elwa ar y dyrchafiad hwn, fe fu farw'n sydyn yn 1960. Cafodd ei ddisgrifio fel y Gweinidog Iechyd gorau a fu ym Mhrydain erioed, a pharhaodd ei ddylanwad ar y Blaid Lafur ymhell wedi iddo farw. (Gweler hefyd – GWLAD-WRIAETH LES.)

H.M.

Y BRIFYSGOL AGORED

Cafodd y Brifysgol Agored ei sefydlu yn 1969; yn barod mae wedi hyfforddi dros hanner miliwn o bobl. Bellach hi yw'r sefydliad hyfforddi mwyaf yng ngwledydd Prydain – yn 1988 roedd ymhell dros gan mil o efrydwyr yn dilyn cyrsiau'r Brifysgol Agored.

Bydd y Brifysgol hon yn cynhyrchu gwerslyfrau ar amrywiaeth mawr o bynciau, cymhorthion clyweled, a chyfarpar ar gyfer arbrofion a phrofion ymarferol, ac yn darparu gwersi sy'n cael eu darlledu ar deledu ac ar y radio fel y gall myfyrwyr ddilyn eu dewis gyrsiau yn eu cartrefi eu hunain, yn eu hamser eu hunain. Dyna brif amcan sefydlu'r Brifysgol Agored, sef rhoi cyfle i rai, na fyddai'n bosibl iddyn nhw fynychu coleg fel myfyrwyr amser-llawn neu ran-amser, ddilyn cyrsiau gan weithio'n gyflym neu'n araf – pa un bynnag sydd orau ganddyn nhw.

Mae'r trefniadau hyn, wrth gwrs, yn addas iawn i rai anabl, a bydd y Brifysgol yn darparu defnyddiau gweledol arbennig ar gyfer pobl fyddar, a llyfrau llafar a chyfrifiaduron i'r deillion.

Bydd cyfleusterau yn cael eu trefnu i fyfyrwyr gadw mewn cysylltiad â'u tiwtoriaid mewn canolfannau cyfleus, ac i fynychu cyrsiau preswyl byr. Bydd cymorth arbennig i'w gael i'r rhai sy'n ei chael yn anodd symud o fan i fan.

Does dim angen cymwysterau arbennig ar oedolion cyn cael ymaelodi yn y Brifysgol Agored. Er hynny, eisoes mae tua chan mil o'i myfyrwyr wedi ennill gradd gyntaf, a'r mwyafrif mawr o'r gweddill wedi derbyn diploma neu dystysgrif. Mae safonau'r sefydliad hwn yn rhai uchel a'i chymwysterau yn cael eu derbyn gan bob prifysgol arall yng ngwledydd Prydain, gan lawer o'r prif gyrff proffesiynol, a chan gyflogwyr mewn llu o wahanol feysydd. Bydd llawer o'r myfyrwyr yn dilyn cyrsiau o ran diddordeb personol a hunan-foddhad, tra bo eraill am gael cymwysterau a fydd o gymorth iddyn nhw ennill dyrchafiad yn eu gyrfaoedd. Bydd y Brifysgol yn darparu cyrsiau hyfforddiant-mewn-swydd (*in-service-training*) mewn gwahanol ddiwydiannau ac mewn gwasanaethau megis lles cymdeithasol, a chyrsiau uwch i rai a enillodd radd gyntaf yn barod.

Ym Milton Keynes yn Swydd Buckingham mae prif ganolfan y Brifysgol Agored, ac yn Heol y Gadeirlan, Caerdydd, mae'r swyddfa ar gyfer Cymru.

H.W.

BYDDIN YR IACHAWDWRIAETH

Gweinidog Methodist, 32 oed, oedd William Booth, brodor o Nottingham, yn 1861 pan benderfynodd adael ei eglwys a gweithio, yn hollol annibynnol ar bob enwad crefyddol, ymhlith pobl dlawd. Yn 1865 cychwynnodd fudiad i weithio ymhlith anffodusion Dwyrain Llundain, a'i alw *The Revival Association*; newidiodd yr enw yn ddiweddarach i *The East London Christian Mission*. Erbyn 1878 roedd y mudiad wedi'i ad-drefnu ar batrwm milwrol, a'i alw'n *The Salvation Army* (''Byddin yr Iachawdwriaeth'').

Caiff aelodau y mudiad eu galw'n ''filwyr'', a bydd pob un yn gwisgo gwisg swyddogol, unffurf. Bydd pob swyddog – sy'n cyfateb i weinidog ordeiniedig mewn enwadau eraill – yn Lifftenant, yn Gapten, yn Uchgapten, yn Is-gyrnol neu'n Gyrnol, a Chadfridog yw'r prif swyddog. William Booth oedd Cadfridog cyntaf Byddin yr Iachawdwriaeth; bu farw yn 1912 a chafodd ei ddilyn gan ei fab, Bramwell. Evangeline, merch William, oedd y ferch gyntaf i lenwi'r swydd (1934–9). Y pennaeth presennol (1989) yw'r Cadfridog Eva Burrows o Queensland, Awstralia.

Bydd y Fyddin yn cyhoeddi ei chasgliadau ei hun o emynau a chaneuon eraill, ynghyd â nifer o gylchgronau; enw ei phapur newydd wythnosol yw *The War Cry*.

Gofal am yr henoed: Byddin yr Iachawdwriaeth ar waith.

Yn Llundain mae pencadlys y Fyddin. Bellach mae iddi ganghennau ledled y byd, mewn tua naw deg o wledydd, yn gweithio trwy gyfrwng dros gant ac ugain o ieithoedd gwahanol (heblaw nifer o dafodieithoedd). Ei nod yw ''pregethu'r Efengyl i hyrwyddo'r grefydd Gristnogol, gofalu am y tlodion a phobl truenus eu byd, a hybu mathau eraill o weithgarwch clusengar a fydd o les i gymdeithas ac i ddynolryw yn gyffredinol''. Ym marn y Fyddin bydd dyn tlawd, digartref, yn fwy tebyg o ddod yn Gristion o gael bwyd a chysgod yn gyntaf, yn hytrach na bod rhywun yn mynd ati i geisio diwallu ei anghenion ysbrydol trwy bregethu wrtho. Bydd y Fyddin yn cydweithio â llywodraethau'r gwahanol wledydd ar ymgyrchoedd arbennig megis ceisio lliniaru problemau trueiniaid Llundain sy'n cysgu allan dros nos. Bydd yn rhedeg hosteli ar gyfer y digartref ac eraill sydd am gael bwyd a llety am brisiau rhesymol; mae ganddi gartrefi i blant amddifaid, ysgolion i droseddwyr ifainc, ysbytai, cartrefi henoed, canolfannau hyfforddi crefftau, ffermydd, lletyau i fyfyrwyr, canolfannau i rai anabl ac i geisio gwella rhai sy'n dioddef o effeithiau camddefnyddio cyffuriau neu ddiod feddwol. Bydd yn ymgymryd hefyd â mathau eraill o waith cymdeithasol megis ceisio dod o hyd i bobl sydd "ar goll" a'u perthnasau'n holi amdanyn nhw. Mae miloedd lawer o aelodau'r Lluoedd Arfog wedi manteisio ar ddarpariaeth y cantinau y bydd Byddin yr Iachawdwriaeth yn rhedeg ar eu cyfer, gartref a thros y môr, yn amser heddwch yn ogystal ag yn ystod rhyfel.

Er bod y Fyddin yn arddel llawer o'r un credoau ag eglwysi Protestannaidd, fydd hi ddim yn gweinyddu'r Sacramentau, gan gredu bod bywyd ynddo'i hun yn sacrament. Yn debyg i aelodau'r Lluoedd Arfog, bydd disgwyl i bob milwr addo ufuddhau i orchmynion heb holi pam, a dilyn safonau byw disgybledig gan ymwrthod ag alcohol, cyffuriau a thybaco.

Mae i gerddoriaeth le pwysig yng ngweinidogaeth y Fyddin. Bydd gan bob cangen ei seindorf, a bydd yr aelodau'n hoffi gorymdeithio gan ganu'u hofferynnau, ac annerch gwrandawyr mewn lleoedd cyhoeddus er mwyn tynnu sylw at eu gwaith a'u proffes – a chasglu arian i hyrwyddo'u hymdrechion dyngarol.

D.G.J.

CADW

Cangen o'r Swyddfa Gymreig yw Cadw, a gafodd ei sefydlu gan yr Ysgrifennydd Gwladol ym mis Hydref 1984 i barhau'r gwaith a wnâi'r Comisiwn Henebion gynt, ac i gyfarfod â'r galw cynyddol gan ymwelwyr â Chymru am gael mwynhau cyfleusterau i archwilio safleoedd hanesyddol yma.

Bwriad Cadw, yn ei eiriau ei hun, yw "gwarchod, amddiffyn a chyflwyno etifeddiaeth Cymru o safbwynt ei hen adeiladau". Ei ddyletswydd yw "ymgymryd â chyfrifoldebau stadudol yr Ysgrifennydd Gwladol, sef gwarchod yr henebion ar gyfer y dyfodol; cyflwyno grantiau i waith archaeolegol; cynnig grantiau i berchenogion adeiladau hanesyddol, boed fwthyn di-nod neu blasty gŵr bonheddig; gwneud yn siwr na fydd cynnydd hanfodol yr ugeinfed ganrif yn rheibio trysorau archaeolegol cyn y ceir cyfle i'w harchwilio a'u cofnodi. Hefyd bydd Cadw yn gwneud ei orau i ehangu ymwybyddiaeth pobl Cymru – ble bynnag y bônt – ynghyd ag ymwybyddiaeth y rhai a fydd yn ymweld â Chymru, drwy eu cynorthwyo i ddysgu, deall a mwynhau hanes chwe mil o flynyddoedd trwy gyfrwng yr olion a adawyd ar y tirwedd."

Ar hyn o bryd mae gan Cadw dros gant ac ugain o adeiladau dan ei ofal. Mae ganddo hefyd adran aelodaeth, sef "Etifeddiaeth y Cymro", a bydd pob aelod yn rhydd i ymweld, am ddim, â mwy na 30 safle lle caiff tâl ei godi fel arfer, gan gynnwys safleoedd Rhufeinig (megis baddonau a theatr gron Caerllion ar Wysg); cestyll (o Beaumaris ar Ynys Môn i Weble ym Mro Gŵyr a Chas-gwent wrth aber Afon Gwy yn y De); abatai (fel Cymer, Ystrad-fflur ac Abaty Nedd); amgueddfeydd ac olion diwydiannol (er enghraifft, Amgueddfa Lechi Cymru yn Llanberis a Gwaith Haearn Blaenafon).

Tasg anferth yw cynnal a gwarchod yr holl adeiladau sydd yng ngofal Cadw. Ledled Cymru bydd dros gant o weithwyr, rhai ohonyn nhw'n grefftwyr medrus, wrthi'n gyson yn sicrhau bod yr holl adeiladau yn cael goroesi yn eu cyflwr presennol. Mae rhai mewn cyflwr gwael, mwy neu lai yn furddunau; does a wnelo'r gweithwyr â'u trwsio na'u hailadeiladu, ond ceisio gofalu na fydd eu cyflwr yn gwaethygu.

Bydd rhai gweithwyr yn cloddio safleoedd arbennig i chwilio am olion hynafol a'u cofnodi cyn iddyn nhw gael eu distrywio – er enghraifft, cyn iddyn nhw ddiflannu dan waith adeiladu newydd neu ffordd osgoi neu draffordd. Weithiau bydd y safle ar dir fferm, a'r olion o'r golwg dan gaeau sy'n cael eu trin i godi cnydau.

Hebogwr yn trin ei aderyn yn ystod Diwrnod y Plant yng Nghastell Caerffili ym mis Awst 1988. Cafodd y digwyddiad ei drefnu gan Cadw er mwyn meithrin diddordeb plant lleol yn y castell a'i hanes.

Yn sicr, un o'r ffyrdd mwyaf deniadol o greu diddordeb yn safleoedd hanesyddol Cadw yw ail-greu ac ailgyflawni digwyddiadau o'r gorffennol yn y fan a'r lle. Cafodd nifer fawr o blant yr ardal gyfle i ymweld ag Abaty Nedd yn 1987, wedi'u gwisgo fel mynachod, a chael treulio diwrnod fel y byddai trigolion yr Abaty hwnnw wedi'i dreulio yn y ddeuddegfed ganrif – hyd yn oed bwyta pryd o fwyd heb yngan gair!

Adeg Nadolig 1986 bu mil a hanner o blant Caerffili yn addurno'r Neuadd Fawr yn y castell yno cyn ail-fyw hen ddefodau'r Plygain, Hel Calennig a'r

Plant mewn gwisg fynachaidd yn treulio diwrnod yn byw'r profiad o fod yn fynachod yn Abaty Nedd – un o safleoedd hanesyddol Cadw. Cafodd y plant hyn gyfle i ddysgu sut i lafarganu siant fynachaidd, nyddu, defnyddio perlysiau, llythrennu a gwneud teils.

Fari Lwyd. Cafodd plant Caernarfon ddychmygu eu bod yn byw yn yr ail ganrif ar bymtheg, yn ymweld â charcharor, William Prynne, yn ei gell yng nghastell y dref a chymryd rhan mewn rhaglen ddramatig, "Codi Calon Mr Prynne". Wedyn cawson nhw ddysgu sut i wneud "cyflaith" (taffi triog) a sut i ddawnsio dawns y glocsen – y cyfan yn esgus i geisio codi calon y carcharor adeg y Nadolig.

Mae'n debyg mai ymgyrch fwyaf Cadw hyd yn hyn fu dathlu, yn ystod 1988, wyth can mlwyddiant Taith Gerallt Cymro trwy Gymru, gydag amrywiaeth helaeth o fentrau cyffrous, gwreiddiol, addysgol a difyr. Y bwriad oedd cyfleu, trwy gysylltu gwaith Gerallt â'r hen adeiladau yng ngofal Cadw, olwg byw ar gyfnod pwysig iawn yn hanes Cymru. Ymhlith y gweithgareddau roedd tair arddangosfa, yng Nghaerdydd, Tyddewi a Chricieth; arddangosfa deithiol yn ymweld ag ysgolion ac adeiladau cyhoeddus, ac â digwyddiadau lleol o bwys; ffilm bywddarlun ddifyr, yn Gymraeg ac yn Saesneg, ar agweddau ar fywyd Gerallt a Chymry'r cyfnod – a llais cyfarwydd Max Boyce oedd llais profoclyd gwas ifanc Gerallt; cyflwyno cynyrchiadau dramatig mewn gwahanol rannau o Gymru, a threfnu cystadlaethau ac arddangosfeydd i blant.

Wrth drefnu'r ymgyrch hon – yn wir, yn ei holl waith – bydd Cadw'n cydweithio'n glos ag awdurdodau lleol, cymdeithasau twristiaeth, cyrff addysgol a'r diwydiant ymwelwyr, gyda'r bwriad o gynnig cyffro a difyrrwch i bobl Cymru a denu mwy o ymwelwyr i'n gwlad i werthfawrogi ei threftadaeth a'r cyfoeth o fwynhad a harddwch sydd i'w gael yma. (Gweler hefyd – GERALLT GYMRO.)

D.G.J.

CADWRAETH

Diffiniad syml o gadwraeth fyddai "amddiffyn, noddi a gofalu am y biosffer, sef y rhan honno o wyneb y ddaear a'r atmosffer uwch ei phen lle gall organebau byw oroesi". Er pumdegau'r ganrif hon daeth dynion i sylweddoli fwyfwy mai un cyfanrwydd yw'r ddaear, ei hatmosffer, ei hanifeiliaid, a'i hadnoddau amaethyddol a mwynol, a bod yr holl elfennau hyn yn dibynnu ar ei gilydd. Bellach mae mwy a mwy o bobl yn credu bod y cyfanrwydd hwn mewn perygl o gael ei raddol ddifrodi ac yn y pen draw ei ddifetha'n llwyr heb obaith ei adfer.

Erbyn heddiw mae llywodraethau sawl gwlad wedi penderfynu gweithredu i atal y perygl a cheisio dadwneud peth o'r difrod sydd wedi'i gyflawni'n barod. Ymunodd nifer o fudiadau gwirfoddol yn y frwydr, a daeth ymdrechion a phrotestiadau Cyfeillion y Ddaear, Y Blaid Werdd, *Greenpeace*, Merched Greenham, *CND* (Y Gymdeithas dros Ddiarfogi Niwclear), *World Wildlife Fund*, Y Gymdeithas Frenhinol er Gwarchod Adar (*RSPB*), *UK2000* ac eraill yn gyfarwydd i bawb – yn wir, mewn sawl maes, un neu ddau o'r mudiadau hyn sydd ar flaen y gad.

Bydd eu diddordebau'n amrywio. Fel yr awgryma'i enw, mudiad rhyngwladol yw'r *World Wildlife Fund*, a'i brif ddiddordeb er ei sefydlu yn 1961 yw ceisio cadw i'r oesoedd a ddêl rywogaethau arbennig o greaduriaid, megis y teigr a'r panda, sy'n prinhau yn eu nifer, a hefyd adfer a gwarchod cynefinoedd yr anifeiliaid hyn ac ardaloedd eraill lle mae llaw dyn yn barod wedi difetha llawer o'r adnoddau naturiol. (Mae cyfeiriadau at law asid a'r peryglon i fforestydd glaw y byd i'w cael ar dudalennau 181 a 184 yn y gyfrol hon.)

Ym mis Chwefror 1989 lansiodd y *National Westminster Bank* gynllun i annog plant i agor cyfrif cynilo a allai ddod â mwy na thair miliwn o bunnoedd i goffrau'r *World Wildlife Fund* dros gyfnod o dair blynedd, gan fod y banc yn barod i drosglwyddo i gronfa'r mudiad hwnnw £1 am bob cyfrif banc newydd a fydd yn cael ei agor ynghyd â 0.5 y cant o gyfanswm yr holl gyfrifon hynny. Dyma gyfle da i blant gynilo ac ar yr un pryd gymryd rhan yn yr ymgyrch i gadw anifeiliaid rhag darfod.

Mae iawnderau (hawliau) anifeiliaid yn bwnc llosg i lawer o bobl. Bydd ymgyrchwyr yn gwrthwynebu hela llwynogod a dyfrgwn â chŵn, ac yn gwneud eu gorau i darfu ar helfâu. Fe garen nhw hefyd wahardd cwrsio ysgyfarnogod yng ngwledydd Prydain ac ymrysonfeydd teirw yn Sbaen. Bydd grwpiau eraill yn protestio yn erbyn defnyddio anifeiliaid ar gyfer arbrofion mewn labordai, hyd yn oed pan fo'r arbrofion hynny wedi'u hanelu at wella cyflwr ac iechyd dynion. Arfer arall sy'n gas ganddyn nhw yw lladd morloi ifainc a theigrod, a magu anifeiliaid eraill, megis minc, yn unswydd ar gyfer darparu dillad costus o'u ffwr; yn wir, bydd rhai yn barod i osod ffrwydron mewn siopau sy'n gwerthu'r dillad hyn, a hyd yn oed ddifrodi'r fath ddillad pan fo merched yn eu gwisgo.

Mae mudiadau fel y Gymdeithas Frenhinol er Atal Creulondeb i Anifeiliaid (*RSPCA*) wedi cwyno droeon am amodau byw rhai creaduriaid sy'n cael eu cadw mewn sŵoedd, gan gyfeirio at enghreifftiau o gadw moch daear (brochod), sy'n hoff o dwrio, ar loriau solet, a chadw anifeiliaid mawr mewn caetsys sy'n rhy fach iddyn nhw. Mewn rhai achosion, ym marn y Gymdeithas, ni wnaeth yr awdurdodau ddigon o bell ffordd i ddarparu amgylchfyd cyfarwydd a naturiol i'r anifeiliaid sydd dan eu gofal.

Mae enw'r Gymdeithas Frenhinol er Gwarchod Adar (*RSPB*) yn cyfleu natur ei gwaith hithau, sef gwarchod adar gwyllt yn eu cynefin. Yn 1889 daeth

Ecolegwraig yn casglu anifeiliaid di-asgwrn-cefn trwy gyfrwng peiriant sugno yn un o warchodfeydd y Gymdeithas Frenhinol er Gwarchod Adar.

grŵp o fenywod – cawson nhw'u galw yn "*formidable women*" ar y pryd – at ei gilydd i ffurfio'r Gymdeithas wreiddiol gyda'r bwriad o wrthwynebu lladd adar mawr fel y crychydd gwyn, yr egret ac eryr y môr (*osprey*) er mwyn defnyddio'u plu hardd i addurno hetiau merched, ac atal dal adar bach fel y llinos, y parot a'r ehedydd wrth y miloedd i'w caethiwo mewn cewyll.

Erbyn heddiw mae gwaith y Gymdeithas wedi ehangu. Y dulliau mwyaf effeithiol o amddiffyn cynefinoedd adar yw creu neu fabwysiadu gwarchodfeydd arbennig ar eu cyfer – mae pymtheg i'w cael yng Nghymru ar hyn o bryd (1989) – ac arbed ardaloedd gwlyb, coedwigoedd collddail, rhostiroedd a gweundiroedd rhag cael eu datblygu a'u difa. Bydd y Gymdeithas yn defnyddio'i phrofiad helaeth i gynnig cyngor i'r Llywodraeth a chynllunwyr lleol, ac i hysbysu'r cyhoedd am anghenion adar trwy gyfrwng ffilmiau, cyhoeddiadau, darlithoedd ac ymweliadau i gynefinoedd priodol.

Gall y Gymdeithas Frenhinol er Gwarchod Adar ymffrostio yn ei llwyddiant yn denu nôl i wledydd Prydain adar fel eryr y môr a'r afoset – arwyddlun y Gymdeithas bellach – a ddihangodd oddi yma er mwyn osgoi cael eu hela. Bydd yn brwydro'n gyson yn erbyn llygru tir a môr gan gemigion, a chan olew'n gollwng o longau, ac yn ceisio darbwyllo ffermwyr i beidio â symud gwrychoedd, na sychu

Cadwraeth ar waith ar Ynys Môn: adfer llwybr troed uwchben clogwyni yng ngwarchodfa y Gymdeithas Frenhinol er Gwarchod Adar, Ynys Lawd.

pyllau dŵr na draenio dolydd gwlyb. Mae sychu tir gwlyb, er enghraifft, yn arwain at ostwng nifer y rhydwyr fel y gïach, y gornchwiglen a'r gylfinir am fod angen tir llaith a mannau lle mae dŵr yn sefyll er mwyn iddyn nhw ymborthi ar abwydod a chreaduriaid bach eraill sy'n byw yn y pridd: os bydd y pridd yn sych ac yn galed, bydd yn amhosibl i'w pigau ei dreiddio.

Gweithgarwch dyn sy'n cael y bai am broblem arall sy'n achosi pryder i lawer o bobl heddiw, sef llygredd. Ar wahân i'r sŵn a gaiff ei gynhyrchu gan brosesau diwydiannol ac amaethyddol, bydd y prosesau hyn hefyd yn gollwng mwg a nwyon afiach i'r awyr ac yn arllwys elifiant cemegol andwyol i afonydd a moroedd. Ateb diwydianwyr i'r rhai sy'n galw arnyn nhw i wella'r sefyllfa yw atgoffa'r cyhoedd y byddai rheoli llygredd yn ychwanegu at gostau cynhyrchu, a holi a fyddai'r cwsmeriaid yn barod i dalu'r costau ychwanegol hyn. Ar y llaw arall, heb ei reoli'n effeithiol, gall llygredd diwydiannol beri difrod i'r amgylchedd, arwain at gynnydd sylweddol mewn clefydau megis cancr, a hyd yn oed greu ardaloedd diffaith lle na all neb fyw. Yn anffodus, i ddŵr afonydd a moroedd yr aiff llawer o garthion a gwastraff tŷ, gormod ohonyn nhw heb eu trin i'w gwneud yn ddiniwed.

Llygredd diwydiannol. Gwastraff gweithfeydd mwyngloddio yn Periw yn llygru'r awyr uwchben a'r afon islaw.

Mae cyflwr ein hafonydd yn achosi pryder am fod ffatrïoedd a gweithfeydd ar eu glannau yn gollwng llygredd iddyn nhw, a phlaleiddiaid a gwrtaith yn llifo i'r afonydd o dir fferm. Mae rhai arbenigwyr o'r farn nad oes gan ffermwyr y wybodaeth dechnegol i ragweld, nes ei bod yn rhy hwyr, y problemau a all godi o ddefnyddio cemigion ar dir fferm.

Bydd llygredd yn poeni nifer o fudiadau. Ym mis Awst 1988 ceisiodd y llong *Karin B* ddadlwytho cargo o wastraff gwenwynig ym mhorthladd Castell-nedd yn Ne Cymru. Roedd Sbaen a Gorllewin yr Almaen yn barod wedi gwrthod derbyn y llong, a gwrthod fu ymateb yr awdurdodau yng Nghastell-nedd hefyd, ac ar 30 Awst, ar ôl i Gyfeillion y Ddaear ac eraill brotestio'n chwyrn, cyhoeddodd y Llywodraeth na fyddai'r *Karin B* yn cael bwrw angor yn unrhyw borthladd Prydeinig, a bu'n rhaid iddi fynd â'i llwyth yn ôl i Ravenna yn yr Eidal o ble y daeth yn wreiddiol.

Er hynny, mae gwastraff gwledydd tramor yn dal i gael ei fewnforio yma i'w drin, ac mae cael gwared o wastraff amheus, gan gynnwys gwastraff o atomfeydd niwclear, yn achosi pryder i lawer o bobl. Ar hyn o bryd caiff llawer o wastraff niwclear ei brosesu yn Sellafield (Windscale gynt) ar lan y môr yn Swydd Cumbria yng Ngogledd-orllewin Lloegr, ac mae llawer yn credu'n sicr fod ymbelydredd yn yr hylif sy'n cael ei ollwng i Fôr Iwerddon yn sgîl y broses o drin y gwastraff.

Dull arall o gael gwared o'r gwastraff ymbelydrol sy'n cael ei gynhyrchu mewn atomfeydd yw ei gladdu yn ddwfn yn y ddaear. Gall ymbelydredd y gwastraff hwn bara am gannoedd, os nad miloedd, o flynyddoedd, a bydd y broblem o waredu'r gwastraff yn dwysáu wrth i fwy a mwy o atomfeydd gael eu hadeiladu. Pa bryd bynnag y bydd rhyw awdurdod yn cynnig bod safle arbennig yn fan delfrydol i gladdu gwastraff niwclear, yn sgîl arbrofion daearegol i ddarganfod natur ac ansawdd y graig o dan y safle hwnnw, bydd protestio mawr yn dilyn, nid yn unig gan drigolion y rhanbarth hwnnw, ond ledled y wlad gan fudiadau sy'n poeni am ddifrodi'r amgylchedd.

Gall ymbelydredd ein cyrraedd drwy'r awyr hefyd, a mawr fu'r pryder – ac mae'n parhau hyd heddiw – pan ffrwydrodd atomfa Chernobyl yn 1986 gan wasgaru ymbelydredd gwenwynllyd dros arwynebedd eang iawn, gan gynnwys rhannau o Gymru.

Math arall o lygredd y bydd gwyddonwyr yn ei amlygu heddiw yw defnydd diwydiant o'r cemigion cloroffflwrocarbon (*CFCs*) wrth gynhyrchu chwistrelli (*aerosols*), plastig ewynnog, oergelloedd, storfeydd oer a systemau awyru. Mae cemigion o'r fath yn sefydlog iawn – dyna sy'n eu gwneud yn ddiogel i'w cynnwys yn y cynhyrchion hyn – ond yn yr amgylchedd maen nhw'n beryglus am yr union reswm eu bod yn sefydlog ac yn gwrthsefyll holl ymdrechion natur i'w diddymu. Yn yr atmosffer byddan nhw'n rhyddhau clorin sy'n amharu ar yr osôn, sef yr haen o nwy sy'n gorwedd o gwmpas y byd, rhwng 20 a 40 kilometr uwch wyneb y ddaear. Bydd yr haen hon yn gwarchod bywyd ar y ddaear rhag effeithiau pelydrau uwchfioled yr haul a all

Aelodau o Gyfeillion y Ddaear mewn dillad gwarchodol yn archwilio drymiau o wastraff gwenwynig a gafodd eu gadael mewn cyflwr peryglus yn yr awyr agored yn Nigeria.

achosi cancr y croen a dolur i'r llygaid. Yn ôl gwyddonwyr, mae rhyddhau *CFCs* sefydlog i'r awyr wedi creu mannau gwan yn yr haen osôn, ac mae'r sefyllfa wedi gwaethygu'n enbyd yn ystod y blynyddoedd diwethaf. Mawr yw'r gofid am y dyfodol am fod llawer iawn o'r cemigion hyn yn aros i'w gwaredu eto – o oergelloedd, er enghraifft, wrth i'r rheiny gyrraedd diwedd eu cyfnod defnyddiol – a'r unig ffordd o'u gwaredu y gwyddom amdani ar hyn o bryd yw eu rhyddhau i'r awyr.

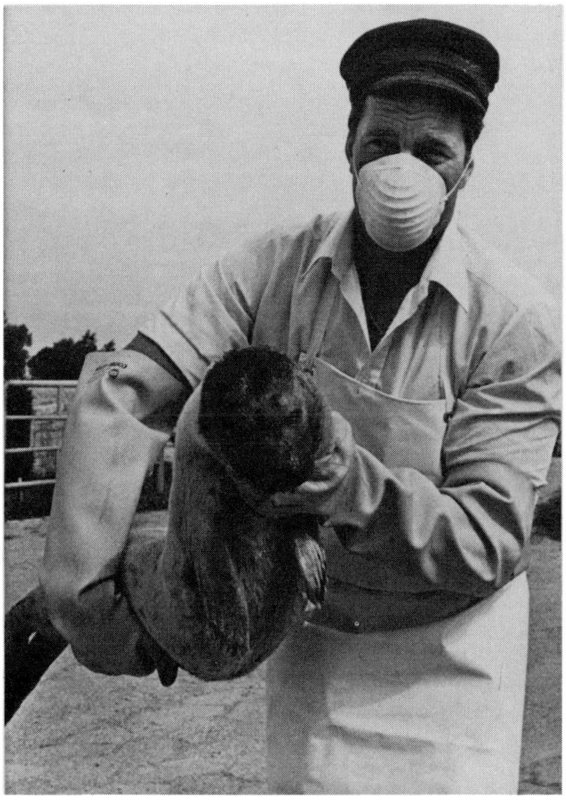

Un o'r miloedd o forloi a gafodd eu lladd gan firws marwol ym Môr y Gogledd yn 1988.

Pe bai gwendid yn yr haen osôn uwchben un o'r Pegynau, dyweder, gallai adael i wres yr haul doddi'r iâ yn y rhanbarth hwnnw a byddai lefel y môr yn codi nes bod ardaloedd helaeth o wledydd megis yr Iseldiroedd yn diflannu, a milltiroedd lawer o arfordir Dwyrain Lloegr yn cilio o'r golwg o dan y môr. Mewn mannau eraill byddai'r cynnydd yng ngwres yr atmosffer yn debyg o droi rhai o diroedd mwyaf ffrwythlon a chynhyrchiol y byd yn ddiffeithdiroedd sych.

Bu'r Blaid Werdd yn tynnu sylw at y peryglon hyn er dechrau'r degawd diwethaf, gan bwyso am ddefnyddio sylweddau eraill, megis hydrofflwrocarbonau (*HFCs*), sy'n ddiogel ac yn llawn mor effeithiol. O'r diwedd mae'r perygl yn cael ei gymryd o ddifrif, ac mae rhai gwledydd wedi gwahardd defnyddio *CFCs*, a rhai cynhyrchwyr wedi dechrau, o'u gwirfodd, ddefnyddio sylweddau mwy diogel.

Plaid wleidyddol yw'r Blaid Werdd sy'n anelu at "warchod a chadw y blaned a'i phobl". Datblygodd o Blaid yr Ecoleg a gafodd ei sefydlu yn 1973, ac mae ei pholisïau presennol wedi'u seilio ar y gynsail na all neb gyfiawnhau tyfiant dibaid yn yr economi, a bod cynnydd o'r fath yn rhwym o effeithio'n andwyol ar agweddau arbennig o'r amgylchedd. Cynyddodd poblogrwydd y Blaid Werdd yn sylweddol ar gyfandir Ewrop yn ystod saithdegau ac wythdegau'r ganrif hon, ac erbyn 1987 roedd ganddi 44 sedd yn Senedd Gorllewin yr Almaen, 15 yng Ngwlad Belg, 13 yn yr Eidal, 8 yn Awstria a 4 yr un yn y Swistir a'r Ffindir.

Llygru'r amgylchedd yw pryder mudiad *Greenpeace* hefyd, sy'n bod er 1971. Yn 1985 trefnodd y mudiad brotest yn erbyn arbrofion niwclear roedd Llywodraeth Ffrainc yn eu cynnal yn ne'r Cefnfor Tawel, ond suddodd swyddogion gwasanaeth cudd y wlad honno long y mudiad, *Rainbow Warrior*. Roedd y mudiad wedi bwriadu hwylio'r llong i ganol ardal y profion er mwyn ceisio'u rhwystro.

Bydd aelodau'r mudiad yn barod i beryglu'u bywydau'u hunain er mwyn pledio'u hachos. Yn groes i gytundebau rhyngwladol bydd rhai gwledydd yn dal i hela morfilod ac erbyn heddiw ychydig gannoedd sydd ar ôl yn y moroedd o'u cymharu â'r cannoedd o filoedd a oedd yno ar ddechrau'r ganrif hon. Mae *Greenpeace* yn gwrthwynebu'r arfer hwn yn gryf, ac o bryd i'w gilydd bydd rhai o aelodau'r mudiad yn mentro mewn cychod bach o flaen y llongau sy'n hela morfilod er mwyn ceisio'u rhwystro rhag saethu'u harpwnau at y creaduriaid mawr diamddiffyn.

Yn gynnar yn 1989 aeth mudiad *Greenpeace* i'r afael â'r bygythiad i isgyfandir Antarctica os aiff dynion ati i gloddio yno am olew a mwynau. Roedd y llong *Bahia Paraiso* o Ariannin newydd suddo yno a gollwng i'r môr ran helaeth o'i llwyth olew, gan ladd nifer fawr o adar y môr a thunelli o'r cril y bydd cynifer o greaduriaid y môr yn dibynnu arno am ymborth. Haerai'r mudiad mai ernes oedd difrod y trychineb hwn o'r hyn a allai ddigwydd pe bai adnoddau mwynol Antarctica yn cael eu datblygu.

Poeni am yr amgylchedd fydd Cyfeillion y Ddaear, mudiad sy'n bod er 1971 ac sy'n ymgyrchu hefyd ar faterion fel effaith glaw asid, yr angen i wneud y defnydd mwyaf rhesymol o adnoddau naturiol y ddaear, ac effeithiau andwyol plaleiddiaid, llysleiddiaid, ffwngleiddiaid a phryleiddiaid cemegol sy'n cael eu gwasgaru neu'u chwistrellu gan ffermwyr a garddwyr gan mwyaf. Mae lleiddiaid sy'n cael eu cynhyrchu o blanhigion, megis derris a pyrethrum, yn fwy diogel na chemigion synthetig, yn enwedig hydrocarbonau wedi'u clorinadu megis dicloro-diffenyltricloroethîn (*DDT*) a dicldrin, a all wenwyno dyn ac anifail, ac sydd wedi'u gwahardd gan nifer o wledydd bellach.

Mewn cymdeithas sy'n cynhyrchu mynyddoedd o sbwriel, mae'r broblem o gael gwared ohono'n hawlio sylw cynghorau lleol yn arbennig. Fel unigolion bydd llawer ohonom yn euog o daflu

Aelodau o griw llong llosgi gwastraff yn chwistrellu dŵr dan wasgedd at aelodau o Greenpeace wrth iddyn nhw brotestio yn erbyn llosgi gwastraff gwenwynig o Sbaen ym Môr y Gogledd, gan milltir o Scarborough.

sbwriel megis caniau diod, pacedi sigaretau a phapur lapio losin a sglodion, gan anharddu ein strydoedd, priffyrdd, traethau, parciau a mannau agored eraill, er gwaethaf gwaith dyfal y *Tidy Britain Group* a'r Ymgyrch dros Gadw Cymru'n Lân.

Bellach mae llawer o'r farn fod yr arfer cyffredin o gladdu'r sbwriel y bydd yr awdurdodau lleol yn ei gasglu o'n cartrefi yn annerbyniol am fod y dull hwn yn difetha tir y dylai fod yn bosibl ei ddefnyddio i bwrpas gwell, am y gall fod yn afiach, ac, yn bwysicach fyth, am ei fod yn wastraffus: mae hyd yn oed sbwriel tŷ yn cynnwys llawer o eitemau y mae'n bosibl eu hailddefnyddio o'u prosesu'n briodol, fel, er enghraifft, y gwydr mewn poteli gwag, y metel mewn caniau, a'r papur mewn newyddiaduron a chylchgronau. Gall llosgi'r gweddill mewn ffwrneisi pwrpasol gynhyrchu gwres defnyddiol. Bydd Cyfeillion y Ddaear ac *UK2000* yn gyson yn pwysleisio manteision y cynlluniau hyn i'r amgylchedd.

Erbyn heddiw daeth y llythrennau *CND* yn gyfarwydd iawn, yn cynrychioi'r *Campaign for Nuclear Disarmament*, mudiad anwleidyddol sy'n gryf iawn yng ngwledydd Prydain, ac sy'n anelu at weld y Llywodraeth yn dod â'r ras arfau i ben. Mae'r mudiad yn credu y byddai gweithredu'n unochrog (sef cael gwared ar arfau niwclear heb sicrwydd y byddai gwledydd eraill yn gwneud yr un peth) yn denu gwledydd eraill i'w hefelychu. Er mis Medi 1981 bu merched yn gwersylla'n barhaol ar Gomin Greenham ger Newbury yn Swydd Berkshire, y tu allan i Faes Awyr Lluoedd yr Unol Daleithiau, i brotestio yn erbyn cadw taflegrau *Cruise* Americanaidd ar dir Prydain Fawr.

Mae gan *CND* ddiddordeb hefyd yn y bwriad i godi mwy o adweithyddion dŵr dan bwysedd (*PWRs*) yn Amlwch ar Ynys Môn a Hinkley Point ar lan ddwyreiniol Môr Hafren, gyferbyn ag arfordir De Cymru, gan bryderu am beryglon y llygredd ymbelydrol a allai ddeillio ohonyn nhw.

Llygredd gwenwynig arall sy'n poeni pobl heddiw yw'r plwm sy'n cael ei wasgaru i'r awyr wrth i betrol gael ei losgi mewn injans ceir modur a lorïau ar ein priffyrdd. Cyhoeddodd y Llywodraeth adroddiad ym mis Chwefror 1989 a ddangosodd fod lefel llygredd plwm yn yr aer yng Nghaerdydd bron teirgwaith cyfuwch â chyfartaledd y lefel yng ngwledydd Prydain – Llundain a Manceinion yn unig oedd yn uwch. Mae'r gwledydd sy'n perthyn i Gymuned Economaidd Ewrop wedi penderfynu cael gwared ar betrol sy'n cynnwys plwm ac erbyn 1991 bydd pob car newydd a gaiff ei gynhyrchu yng ngwledydd y Gymuned yn gallu rhedeg ar betrol di-blwm.

Brwydr ddiderfyn fyd-eang yw ceisio gwarchod yr amgylchedd fel y mae heddiw, ceisio adfer cymaint ag sy'n bosibl o'r hyn a gafodd ei ddifetha yn y gorffennol trwy ddifaterwch, anwybodaeth a

Merched mewn gwisg ffansi yn dringo dros y ffens amddiffyn uchel sy'n amgylchynu Maes Awyr Comin Greenham yn ystod protest CND yn erbyn presenoldeb taflegrau Cruise *Americanaidd ar dir Prydain Fawr.*

datblygiad na fu neb yn poeni i'w reoli, a chynllunio ar gyfer y dyfodol er mwyn rhagweld y llu problemau a all godi a phenderfynu ar ein hymateb iddyn nhw ymlaen llaw. Fel y buom yn egluro uchod, mae'r amrywiaeth yn eang – o ollwng can diod i'r llawr hyd at osgoi tyllau yn yr haen osôn – sy'n golygu bod yna broblemau i bawb eu hystyried. (Gweler hefyd – ECOLEG, FFORESTYDD GLAW, FFWR, GLAW ASID, PANDA, PETROLIWM, PLWM, SW, TEIGR, YMBELYDREDD, YNNI NIWCLEAR, YSGYFARNOGOD.)

D.G.J.

CANU POP

Er na allwn wybod yn sicr pwy drawodd y nodyn cyntaf a'i alw'n ganu pop neu roc, gallwn gael rhyw fath o ateb trwy fynd nôl i bumdegau'r ganrif hon ac i'r Unol Daleithiau. Mae rhai'n dweud mai'r record *rock and roll* gyntaf oedd *Rock around the Clock* gan Bill Haley; yn ôl eraill *That's Alright* gan Elvis Presley oedd y gyntaf. Mae un peth yn sicr, fodd bynnag – gallwn glywed cymysgedd o wahanol fathau o gerddoriaeth yn y ddwy gân, sef *rhythm and blues* dinesig y dyn du a *country and western* gwledig y dyn gwyn; ynghyd â drymiau a churiad cryf – dyma oedd *rock and roll*. Yn wir, y gallu yma i newid ac i dynnu elfennau o wahanol fathau eraill o gerddoriaeth sydd wedi galluogi canu roc i barhau mor boblogaidd am dros ddeng mlynedd ar hugain.

Yn ôl yn y pumdegau disgrifiodd rhywun ganu *rock and roll* fel cerddoriaeth y diafol, gan honni mai rhywbeth dros dro yn unig ydoedd. A dweud y gwir, roedd y bobl a oedd yn condemnio canu roc yn ei ofni, am ei fod mor boblogaidd; ond, yn waeth fyth, roedden nhw'n gweld bod pobl ifainc yn mwynhau eu hunain, yn chwerthin ac yn dawnsio ac yn llwyr ymgolli yn y don newydd hon o gerddoriaeth. (Gyda llaw, rydym yn gwybod yn sicr mai troellwr disgiau o'r enw Alan Freed a fathodd y term *rock and roll.*) Roedd pobl fel Elvis Presley, Chuck Berry, Little Richard, Buddy Holly a'r brodyr Everly yn canu am brofiadau pobl ifainc yn eu harddegau; er enghraifft, am ennill a cholli cariad, am geir, am ddiffyg arian, am fywyd ysgol ac am wrthryfela yn erbyn eu rhieni. Erbyn y chwedegau a'r saithdegau cynnar, fodd bynnag, roedd canu roc wedi datblygu a thyfu; roedd pobl fel y *Beatles*, y *Rolling Stones* a Bob Dylan yn fwy ymwybodol o'u hamgylchfyd a beth oedd yn digwydd mewn cymdeithas, megis rhyfel a hawliau sifil. Dyma'r cyfnod pan gafodd mwy o bwyslais ei roddi ar gyfansoddiad y record hir.

Erbyn 1977, tra oedd canu roc yn datblygu'n fwyfwy cymhleth gyda grwpiau fel *Yes* a *Genesis* yn perfformio caneuon ugain munud o hyd, roedd hi'n amlwg bod canu roc wedi datblygu i gyfeiriad hollol wahanol i'r hyn oedd bwriad y canu ar y dechrau, sef gwrthryfela. A dyna sut y dechreuodd "pync", drwy fynd yn ôl i fath symlach o gerddoriaeth, gan amlaf gyda dim ond gitâr, bâs a drymiau yn chwarae caneuon syml, cyflym ac uchel, y geiriau'n adlewyrchu diflastod a rhwystredigaeth y cyfnod i nifer o bobl ifainc.

Caryl Parry Jones.

Huw Chiswell.

Yn yr wythdegau, y peiriannau sy'n rheoli – peiriant drymiau a gwahanol syntheseinyddion sydd i'w clywed gan amlaf. Erbyn heddiw mae peiriannau electronig yn gallu atgynhyrchu unrhyw sain yn y byd, o sŵn gwydr yn torri i lais rhywun yn canu.

Felly mae rhyw fath o batrwm wedi'i osod. Scandal oedd canu roc ar y dechrau, yna tyfodd ei ddylanwad, gydag artistiaid yn credu eu bod nhw'n feirdd ac yn wleidyddion. Heddiw, mae canu roc yn rhan o'r sefydliad ac yn ddiwydiant sy'n cynhyrchu biliynau o bunnoedd dros y byd i gyd. Bydd yn cael ei ddefnyddio i werthu nwyddau ar y teledu ac mewn siopau; gallwn brynu cylchgronau amdano, a dyma'r math o gerddoriaeth y bydd miliynau o bobl y byd yn gwrando arni.

Yng Nghymru aeth canu pop trwy'r un newidiadau dramatig. Mae'n wir bod cerddoriaeth o Loegr a'r Unol Daleithiau wedi cael dylanwad cryf yma, ond mae cantorion a grwpiau o Gymru wedi llwyddo i beri i'r dylanwadau hyn greu ffurf hollol Gymreig a naturiol o ganu pop neu roc. Mae rhai o sefydlwyr y chwedegau'n dal i ganu, megis Dafydd Iwan, Meic Stevens a Geraint Jarman. Roedd record sengl "Y Blew", "Maes B", a gafodd ei chyhoeddi yn 1967, mor syfrdanol a chwyldroadol, fel na welsom grŵp roc trydanol dylanwadol tan i grŵp "Edward H. Dafis" gael ei ffurfio yn 1973. Rhwng y blynyddoedd hynny newidiodd y canu am serch a charu Cymru i ganu gwleidyddol a phersonol, yn nwylo grwpiau fel "Tebot Piws" ac "Ac Eraill".

"Edward H. Dafis", heb os, oedd grŵp mwyaf poblogaidd y saithdegau, gyda'i gymysgedd o ganeuon roc trwm a baledi dwys, ond bu grwpiau eraill yn llwyddiannus hefyd, gyda'u gwahanol fathau o fiwsig, megis "Brân" a "Chwys" (roc trwm), "Hergest" (roc ysgafn), "Mynediad am Ddim" (gwerin) a Heather Jones (canu gwerin a roc a rôl).

Ar ddiwedd y saithdegau, daeth ton newydd o grwpiau dylanwadol, megis "Y Trwynau Coch", "Ail Symudiad" a Rhiannon Tomos gyda'u syniadau ffres a oedd yn gwrthgyferbynnu arddull y grwpiau ar ddechrau a chanol y saithdegau. Roedd canu roc yng Nghymru wedi caledu; gitarau acwstig, organ geg, bâs a mandolin oedd offerynnau nifer o'r grwpiau ar ddechrau'r degawd hwnnw, ond erbyn ei ddiwedd, drymiau ac offerynnau trydanol oedd eu prif offerynnau. Bu newid hefyd yn ffurf nosweithiau o ganu; ar ddiwedd y chwedegau byddai artistiaid canu pop yn ymddangos gyda chorau, partïon canu cerdd dant a digrifwyr, fel rhan o noson lawen; ond profodd grwpiau diweddarach ei bod hi'n bosibl cynnal noson a fyddai'n cynnwys canu pop yn unig, trwy drefnu'r "Pinaclau Pop", lle byddai nifer o artistiaid yn ymddangos.

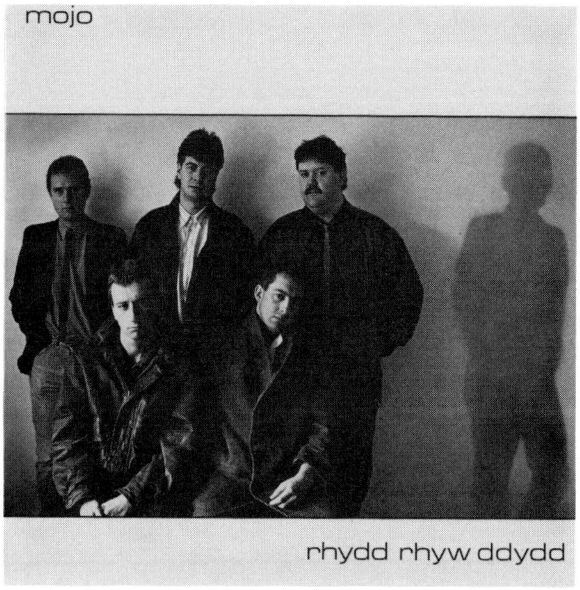

Gyda dyfodiad grwpiau roc fel "Brân" ac "Edward H. Dafis", daeth dawnsfeydd yn boblogaidd. Rhywbeth hollol anarferol ar ddechrau'r saithdegau oedd cynnal disgo recordiau Cymraeg yn unig, ond, yn nwylo troellwyr disgiau megis Mici Plwm a Dei Tomos, daeth y ddawns Gymraeg yn rhywbeth hollol naturiol. Daeth canolfannau fel Corwen, Dicsiland yn y Rhyl, a Blaendyffryn yn boblogaidd iawn gan ddilynwyr canu roc Cymraeg, gyda grwpiau cenedlaethol yn denu cannoedd i'r dawnsfeydd.

Erbyn heddiw, mae gwahanol fathau o ganu pop yn apelio at gwahanol fathau o bobl. Mae Caryl Parry Jones a Geraint Griffiths, er enghraifft, yn canu'n amlach ar raglenni teledu nag ar lwyfan ac yn cynnig cerddoriaeth sy'n apelio at bob oed. Ar y llaw arall mae grwpiau fel "Y Cyrff", "Yr Anhrefn", "Traddodiad Ofnus" ac "Eirin Peryglus" yn canu mewn neuaddau a chlybiau, yn cynhyrchu eu recordiau eu hunain, a hefyd yn ehangu gorwelion canu pop Cymraeg drwy ganu mewn gwledydd eraill.

D.B.

CEFFYLAU

Mae hanes hir i'r ceffyl. Dros hanner can miliwn o flynyddoedd yn ôl ei enw oedd *Eohippus* (''ceffyl y wawr''). Mae ffosilau yn tystio mai creadur maint llwynog oedd hwn, a fyddai'n bwyta dail yn hytrach na gwair. Roedd pedwar bys yr un ar ei draed blaen, a thri ar ei draed ôl, i'w rwystro rhag suddo i'r gors lle byddai'n byw.

Ymhen miloedd o flynyddoedd sychodd y tir, a symudodd disgynyddion *Eohippus* i'r gwastadeddau, gan dyfu'n fwy a dechrau bwyta gwair. Dysgodd y rhain redeg rhag eu gelynion ar eu bysedd canol, a chydag amser diflannodd y bysedd ochr gan adael un bys yn unig, a hwnnw wedi'i orchuddio â gewyn caled; hwn yw'r carn sydd gan y ceffyl a'i berthnasau agos, sef y sebra, yr asyn gwyllt (*onager*), y mul a'r asyn dof.

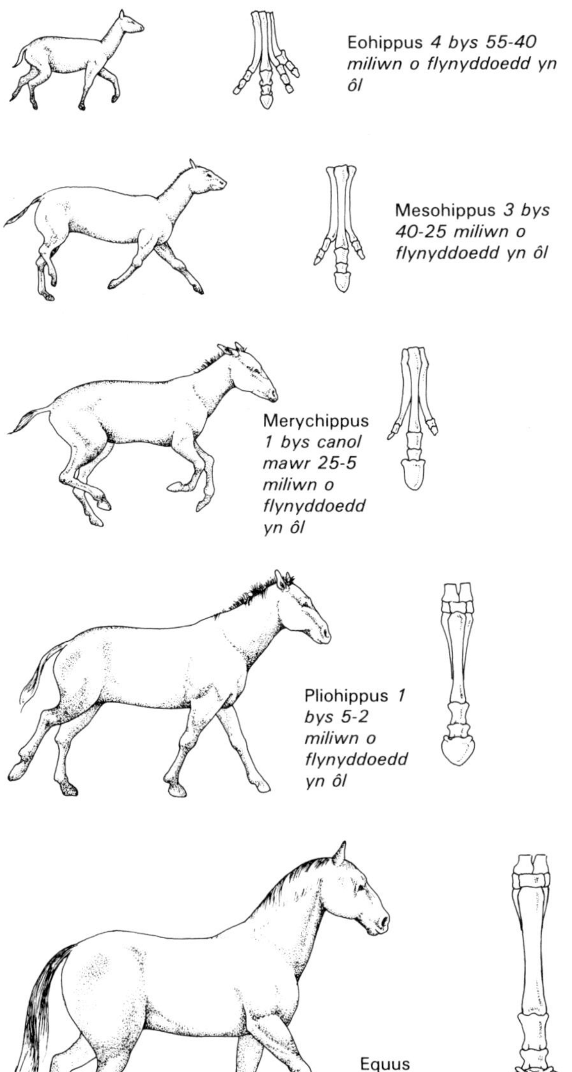

Esblygiad y ceffyl.

Peintiodd dynion cynnar luniau ar waliau ogofâu yn Ffrainc a Sbaen sy'n dangos eu bod yn arfer hela'r ceffyl am fwyd, llaeth a chroen, cyn dechrau ei ddofi i weithio iddyn nhw. Heddiw yr unig geffyl gynhenid wyllt yw'r ceffyl *Przhevalski* sy'n pori ar laswelltiroedd Mongolia yng nghanolbarth Asia; chafodd hwn erioed mo'i ddofi, ond ceffylau a fu unwaith yn ddof yw ceffylau ''gwyllt'' eraill, megis ceffyl Camargue Ffrainc, *mustang* America (y ceffyl rodeo) a *brumbi* Awstralia.

Yng nghanolbarth Asia, tua 3000 C.C., y cafodd ceffylau gwyllt eu dofi gyntaf – ar y dechrau i'w bwyta yn ôl yr angen, yna ar gyfer tynnu llwythi. Yn ddiweddarach dechreuodd dynion eu defnyddio i'w marchogaeth – i hela, i deithio, ac yn arbennig i ryfela. O amser yr Eifftiaid, y Groegiaid a'r Rhufeiniaid i gyfnod y Croesgadwyr byddai ceffylau'n cael eu defnyddio i dynnu cerbydau rhyfel.

Roedd galw am geffylau cryf i gario'r marchogion a'u harfwisgoedd trwm. Yn ddiweddarach, yn ''Oes Aur y Ceffyl'' yn y ddeunawfed ganrif a'r bedwaredd ganrif ar bymtheg, byddai ceffylau trwm yn gweithio gan dynnu llwythi ar y tir, ar y ffyrdd ac ar y camlesi, ond daeth peiriannau petrol a diesel i gymryd eu lle.

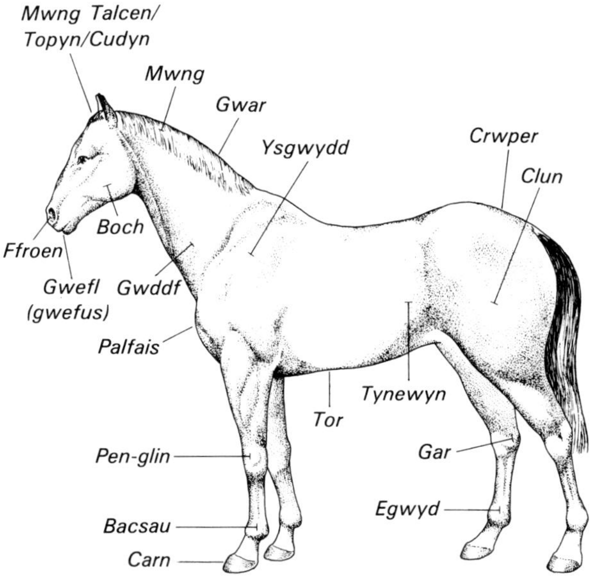

Gwahanol rannau corff ceffyl.

Heddiw gweithgaredd hamdden yn bennaf yw marchogaeth – ar gyfer chwarae polo, hela llwynogod, merlota, rasio, a neidio mewn sioeau. Ond bydd rhai ceffylau yn dal i weithio – i'r heddlu, i'r cowboi, mewn pyllau glo, mewn syrcas ac mewn arddangosfeydd (fel y ceffylau llwyd *Lippizana* yn yr Ysgol Farchogaeth yn Wien).

Gallwn nodi nifer o ffeithiau diddorol am geffylau. Stalwyn neu farch yw'r gwryw, caseg yw'r fenyw, ac ebol (*foal*) yw ceffyl dan flwydd oed. Pan gaiff ebol ei eni bydd cot o flew arno, a gall gerdded ar ei goesau hir o fewn ychydig funudau. Byddwn yn mesur taldra ceffyl mewn dyrnfeddi, o'r llawr i ran uchaf ei ysgwydd. (Mesur lled dwrn, pedair modfedd neu ddeg centimetr, yw dyrnfedd.) Merlyn neu ferlen yw ceffyl dan dair dyrnfedd ar ddeg. Gallwn bennu oedran ceffyl wrth edrych ar ei ddannedd. Pan fydd ceffyl yn symud yn naturiol, bydd naill ai'n cerdded, yn tuthian, yn trotian neu'n carlamu. Pum prif liw sydd i geffyl, sef du, brown, llwyd, gwinau a browngoch – ond gwelwn yn aml amrywiadau ar y lliwiau hyn.

Heddiw mae tua thri chant o wahanol fridiau o geffylau a merlod i'w cael. Wrth i'r llwythau cynnar ryfela, byddai un llwyth yn cipio ceffylau'u gelynion ac yn mynd â nhw i gartrefi newydd, ac felly, o gymysgu ceffylau'r gwahanol lwythau, datblygodd yr amrywiol fridiau.

Ar ôl Oes yr Iâ datblygodd dau brif fath o geffyl – rhai ysgafn, cyflym, llyfn, mewn gwledydd deheuol, prin o borfa, a cheffylau trwm, araf a fyddai'n bwyta porfa fras mewn gwledydd mwy gogleddol. Y rhai olaf hyn oedd y ceffylau gwaith.

Ymhlith y *ceffylau ysgafn* (''ceffylau gwaed poeth''), ceffylau i'w marchogaeth neu i dynnu cerbydau ysgafn yw'r Arab a'r Tryryw (*Thoroughbred*). Yn ôl llawer o bobl, yr Arab yw'r ceffyl harddaf yn y byd, â'i gefn byr, ei ben bach a'i lygaid mawr. Bydd yn symud yn ysgafn a hoyw, gan gario'i gynffon fel baner; mae'n gall, yn gyflym ac yn galed. Y Tryryw yw'r ceffyl Prydeinig mwyaf adnabyddus, a'r cyflymaf yn y byd – gall redeg yn ôl 40 milltir (64 kilometr) yr awr. Mae pob ceffyl Tryryw yn disgyn o un o dri march – y *Byerley Turk*, y *Darley Arabian* a'r *Godolphin Arabian*. Croesiad rhwng y Tryryw a'r Arab yw'r Eingl-Arab. Mae gwaed yr Arab neu'r Tryryw ym mhob un o'r nifer o fridiau da sydd i'w cael yn yr Unol Daleithiau.

Mae'n rhaid gwahaniaethu rhwng ''bridiau'' a ''mathau'' o geffylau. Er enghraifft, ''math'' o geffyl, yn hytrach na ''brid'' arbennig, yw'r Hacni; gall fod yn unrhyw geffyl neu ferlyn, sydd wedi'i hyfforddi i godi'i goesau'n uchel wrth drotian mewn rasys gan dynnu cerbyd ysgafn.

Gall ceffyl hela fod o unrhyw frid o geffyl marchogaeth sy'n gallu neidio'n dda a rhedeg yn gyflym er mwyn cadw gyda'r cŵn hela. Nid brid yw'r Hac ychwaith, ond ceffyl addas i'w farchogaeth yn gyfforddus ac sy'n ymddwyn yn fwyn. Er y gall unrhyw geffyl marchogaeth wneud ceffyl polo da, fel arfer mae rhywfaint o waed y Tryryw yn y goreuon sy'n cael eu defnyddio i'r chwarae hwn; mae'n rhaid iddyn nhw fod yn ddewr ac yn gyflym, a gallu aros a throi yn sydyn. Mae pawb yn adnabod y *Palomino* wrth ei fwng a'i gynffon sydd bron yn wyn.

Ymhlith y *ceffylau trwm* (''ceffylau gwaed oer'' neu geffylau gwedd), y mwyaf adnabyddus – a'r tyneraf – yng ngwledydd Prydain yw'r *Shire*. Mae'n disgyn o geffyl rhyfel yr Oesoedd Canol, wedi'i ddatblygu fel ceffyl tynnu trafnidiaeth ar olwynion. Gall fesur 17 i 20 dyrnfedd, a phwyso dros dunnell, a gall dynnu llwyth o bum tunnell. O'r Alban y daw'r *Clydesdale* sydd ychydig yn llai; mae gan hwn liw gwyn ar ei goesau ac ar rannau isaf ei gorff. Ceffyl trwm arall yw'r *Suffolk Punch* â'i goesau a'i wddf byr. O Ffrainc y daeth y *Percheron* llwyd neu ddu.

Ceffyl tynnu yn clirio coed o dir llethrog ger Llanddewi Nant Hodni yng Ngwent fel rhan o gynllun Coed Cymru i atal coetir llydanddail Cymru rhag dirywio ymhellach.

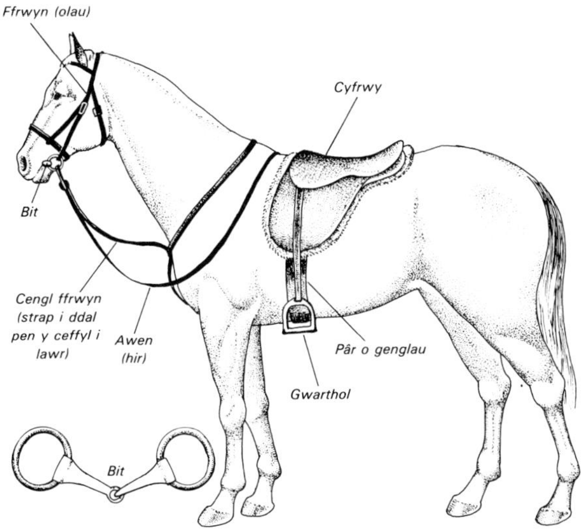

Ceffyl wedi ei harneisio ar gyfer marchogaeth.

Dosbarth hollol ar wahân i'r ceffylau uchod yw'r merlod, sy'n deillio o'r ceffylau brodorol a fyddai'n pori ar y mynyddoedd a'r rhosydd. Mae'r rhain yn disgyn yn uniongyrchol o'r ceffylau cyntefig a gafodd eu darlunio ar waliau'r ogofâu. Yng ngwledydd Prydain y merlod mwyaf cyffredin yw'r *Conemara*, *Exmoor*, *New Forest*, *Fell*, *Shetland*, a'r Merlod Mynydd Cymreig.

Bydd y Gymdeithas Ferlod a Chobiau Cymreig yn rhannu'r Merlod Mynydd Cymreig i wahanol adrannau:

Adran A – dan 12 dyrnfedd: merlyn gwydn, hardd, defnyddiol i blentyn;
Adran B – dan 13.2 dyrnfedd: merlyn hynaws i blant hŷn;
Adran C – (teip Cob) – dan 13.2 dyrnfedd: merlyn cryf, neidiwr da, sicr ei draed;
Adran Ch – dros 13.2 dyrnfedd: Cob Cymreig, merlyn gwydn ar gyfer marchogaeth a gweithio.

(Gweler hefyd – CHARLES DARWIN.)

C.V.

CERFLUNIO

Cerflunio yw'r gelfyddyd o greu ffurfiau mewn tri dimensiwn neu mewn cerfwedd (*relief*). O ddefnyddio dull tri dimensiwn bydd y cerflun i'w weld o bob cyfeiriad, ond mewn cerfwedd dim ond blaen y ffurf fydd yn y golwg. Yn aml iawn bydd cerfwedd yn cael ei gosod ar banel o garreg neu bren, ar wal adeilad neu ar fôn cofeb efallai. Un dull o gerflunio yw cerfio, sef torri defnydd i ffwrdd oddi ar bren neu garreg drwy naddu â morthwyl a chaing (cŷn) nes cyrraedd y ffurf orffenedig. Os yw'n dymuno, gall y cerflunydd lyfnhau'r gwaith trwy ei rwbio â charreg sgrafellu neu ddefnydd tebyg.

Dull gwahanol o greu cerflun yw modelu, lle bydd y cerflunydd yn adeiladu'r ffurf o ddefnydd hydrin fel clai neu blastr.

Er mwyn sicrhau parhâd y gwaith gorffenedig, neu er mwyn gwneud copïau ohono, bydd crefftwr weithiau'n bwrw'r ffurf mewn metel neu gyfrwng arall. Bydd yn rhaid iddo lunio mowld o'r ffurf wreiddiol i gynnwys y metel poeth tra bydd yn caledu.

Roedd Michelangelo, un o feistri'r byd arlunio, yn gerflunydd o fri hefyd, ymhlith y gorau a fu erioed; yn Ffrainc yn y ganrif ddiwethaf roedd Auguste Rodin (1840–1917) yn enwog iawn ym myd cerflunio; yn Lloegr mae gwaith Henry Moore (1898–1986) ymysg y gorau, ac o Gymru cawsom gerflunwaith nodedig gan John Gibson (1790–1866) a W. Goscombe John (1860–1952).

Yn ystod oes Victoria roedd nifer o gerflunwyr a oedd yn Gymreig eu hagwedd a'u diddordeb ond yn gweithio yn bennaf yn Llundain. Ychydig mae'r cyhoedd yn ei wybod amdanyn nhw ond mae diddordeb ynddyn nhw'n cynyddu. Ymysg y goreuon roedd John Evan Thomas (1810–73) o Aberhonddu; Joseph Edwards (1814–82) o Ferthyr Tudful a J. Milo Griffith (1843–99). Bu'r tri hyn a'u cyfoedion yn gyfrifol am gerfluniau a phenddelwau (*busts*) o nifer fawr o enwogion Cymru. Enghreifftiau o'u gwaith yw'r cerflun o John Batchelor yn yr Ais, Caerdydd, a'r un o Syr Hugh Owen yng Nghaernarfon, ynghyd â phenddelwau o bobl fel Griffith Rhys Jones (Caradog), William Williams A.S. a Thomas Thomas, **Prifathro Coleg y**

"Y Gusan", cerflun o waith Auguste Rodin (1840–1917) sydd i'w weld yn Amgueddfa Genedlaethol Cymru.

Cerflun efydd adnabyddus gan Henry Moore (1898–1986): "Brenin a Brenhines". Weithiau caiff mwy nag un cerflun metel ei gastio o'r un mowld gwreiddiol.

Bedyddwyr, Pont-y-pŵl. Mae nifer o weithiau tebyg i'w gweld mewn orielau celf ledled Cymru yn ogystal â'r Llyfrgell Genedlaethol a neuaddau dinesig dinasoedd a threfi'r wlad.

Yn ddiweddar sefydlwyd Ymddiriedolaeth Cerflunio Cymru sydd yn hybu cerflunwyr cyfoes ac yn trefnu arddangosfeydd. (Gweler hefyd – METELAU.)

S.D.

CLAWDD OFFA A'R GORORAU

Wedi i'r Sacsoniaid lanio yn rhannau dwyreiniol Prydain yn y bumed a'r chweched ganrif, dechreuodd brwydro ffyrnig rhyngddyn nhw a'r Brythoniaid dros feddiannu'r wlad. Bu cyfnodau maith o wrthdaro cyson rhwng y Cymry cynnar yn yr Hen Ogledd – sef De'r Alban a Gogledd Lloegr i ni heddiw – a brenhinoedd teyrnas Northumbria i'r gogledd o Afon Humber. Yn araf llwyddon nhw i estyn eu grym milwrol dros rannau o Ynys Prydain, sef Lloegr heddiw, ac erbyn tua chanol y seithfed ganrif daeth diwedd ar y cysylltiad rhwng Cymry'r gorllewin – yng Nghymru – a'u cymrodyr yn yr Hen Ogledd a Chernyw.

Cododd teyrnas Mersia i rym yn yr wythfed ganrif yng nghanolbarth gorllewinol Lloegr, a phwysai'n filwrol ar y Cymry a drigai yn y mynydd-dir. Penderfynodd Offa, olynydd Aethelbald a brenin cryfaf Lloegr ar y pryd, adeiladu clawdd neu ffin rhwng ei deyrnas ef a theyrnasoedd y Cymry, yn arbennig teyrnas Powys a oedd yn hawdd ei choncro oherwydd y dyffryndir bras a oedd ar ei ffin ddwyreiniol â Lloegr. Adeiladodd y brenin Glawdd Offa tua'r flwyddyn 785 pan oedd ar ei gryfaf.

Mae olion Clawdd Offa i'w gweld heddiw yn ymestyn o ffin ddwyreiniol Gwent ger Cas-gwent yn y de i Brestatyn heb fod ymhell o aber Afon Dyfrdwy yn y gogledd. Mae'n ymestyn dros 270 kilometr, ond 128 kilometr ohono'n unig sydd wedi para i'n dyddiau ni. Mae'n ugain metr o uchder mewn mannau, ac mae ffos wrth ei ochr sy'n dri metr a hanner o ddyfnder; mae'r ffos yn wynebu Cymru, sy'n awgrymu'n gryf mai o Gymru y deuai'r ymosodiadau ffyrnicaf. Er mai ffin heddychlon oedd hon, roedd hi'n arwydd hefyd o ymdrechion a fu rhwng yr hen Gymry a'r Sacsoniaid dros y canrifoedd i amddiffyn neu ennill tir. Yn sicr mae Clawdd Offa'n dynodi carreg filltir hynod iawn yn hanes y berthynas rhwng y brodorion a'u gelynion.

Ychydig iawn a wyddom am y modd y cafodd y clawdd hwn ei adeiladu, ond y tebyg yw bod pob tirfeddiannwr o Sais yn gyfrifol am godi'r gyfran ohono a groesai ei diroedd ef. Mae olion y clawdd i'w gweld yma ac acw yn y siroedd ar ddwy ochr y ffin bresennol rhwng Cymru a Lloegr ac mae'n bosibl teithio ar droed ar ei hyd trwy rai o ardaloedd prydferthaf y gororau. (Yn y gogledd-ddwyrain mae olion clawdd arall, Clawdd Wat, a gafodd ei adeiladu yn gynharach, tua'r flwyddyn 750, yn ystod teyrnasiad Aethelbald, rhagflaenydd Offa, ac a redai o Ddinas Basing ar aber Afon Dyfrdwy i Nant Morda i'r de o Groesoswallt.)

Roedd Clawdd Offa'n nodi'r ffin rhwng dwy genedl o hil wahanol. Erbyn cyfnod ei adeiladu roedd Cymru wedi datblygu'n wlad ar wahân gyda'i fframwaith politicaidd a chymdeithasol, ei threfn gyfreithiol a'i hiaith a'i llenyddiaeth ei hun. Roedd y saint cynnar hefyd wedi sefydlu'r grefydd Gristnogol yn y wlad trwy godi eu heglwysi Celtaidd syml ledled y wlad. Daeth Clawdd Offa i olygu'r rhaniad pendant rhwng Cymru a Lloegr – ond cofiwn nad yw'r ffin bresennol yn dilyn rhediad y clawdd ei hun.

Parhaodd yr ymrafael rhwng y Cymry a'r Sacsoniaid ar y gororau am genedlaethau i ddod, a bu tiroedd y ffin yn ardal lle bu llawer o ysbeilio ac ymrafael. Cawn beth o flas y dinistr a fu'n ganlyniad i hynny yng ngeiriau Canu Heledd – cyfres hynod o englynion o'r nawfed neu'r ddegfed ganrif; ynddyn nhw mae'r dywysoges Heledd, aelod olaf o deulu brenhinol Powys, yn galaru am fod ei brodyr wedi'u lladd mewn brwydrau yn erbyn y Sacsoniaid. Mae ei phenillion i un ohonyn nhw, sef y Brenin Cynddylan, perchennog llys ym Mhengwern ger Amwythig, yn arbennig am eu tristwch a'u hanobaith:

> "Stafell Gynddylan ys tywyll heno
> Heb dân, heb wely:
> Wylaf dro, tawaf wedyn."

Bu'r gororau hefyd yn fannau gwaedlyd yn y gwrthdaro a fu cyn dyfod y Normaniaid – yng nghyfnod Gruffudd ap Cynan – ac wedi hynny. Gwelodd y ddeuddegfed ganrif ffurfio'r Mers neu'r ffindir Normanaidd, yn ymestyn o arglwyddiaeth Caer yn y gogledd-ddwyrain i arglwyddiaeth Penfro yn y de-orllewin, ac yn rhannu Lloegr oddi wrth Gymru annibynnol a gâi ei rheoli gan frenhinoedd neu arglwyddi brodorol. Yn y Mers trigai llawer o Gymry Cymraeg eu hiaith a'u harferion a thros y canrifoedd bu llawer o gyd-briodi rhwng teuluoedd Cymreig a theuluoedd estron. Mae tystiolaeth enwau lleoedd ac enwau personol, ynghyd â barddoniaeth fawl yn yr Oesoedd Canol, yn dangos yn eglur fod yr iaith Gymraeg yn ffynnu mewn ardaloedd eang sydd bellach yn rhan o Loegr. Roedd tref Croesoswallt, er enghraifft, yn un o'r trefi Cymreiciaf; bu beirdd fel Guto'r Glyn a Tudur Aled yn canmol y dref honno – dyma Guto'r Glyn:

> "Am hynny, 'dd wyf a'm hannedd
> Yn y Mars, caf win a medd.
> Dinas hael i'm denu sydd,
> Dawnusaf o'r dinesydd;
> Y castell a'r fantell fain
> A'r dref orau hyd Rufain.
> Croes Oswallt, cares Iesu,
> Caer fawr i'r concwerwr fu."

Cafodd Beirdd yr Uchelwyr eu noddi gan nifer o deuluoedd Cymreig amlwg yn y Mers fel Owain Glyndŵr a'i berthnasau. Molodd Iolo Goch y gŵr enwog hwnnw yn ei lys yn Sycharth, gan ddisgrifio'n fanwl ysblander a moethusrwydd y ganolfan bwysig honno.

Daeth y Mers Normanaidd i ben gyda phasio'r Ddeddf Uno yn 1536, diddymu'r arglwyddiaethau fel unedau politicaidd, a ffurfio pum sir newydd – siroedd Mynwy, Brycheiniog, Maesyfed, Trefaldwyn a Dinbych. Bu llawer o anhrefn yn y gororau dros gyfnod maith a byddai troseddwyr yn dianc yno o'r dywysogaeth ac o Loegr i osgoi cosb. Ceisiodd Rowland Lee, Llywydd Cyngor Cymru a'r Mers a gafodd ei sefydlu yn nhref Llwydlo i lywodraethu Cymru ar ran Coron Lloegr, gael gwared ar ddrwgweithredwyr yn llwyr, ond gwelodd y Brenin Harri'r VIII mai'r ffordd hawsaf i drin y broblem fyddai iddo gymryd yr arglwyddiaethau dan ei awdurdod ei hun.

Parhaodd ardaloedd y gororau i fod yn Gymreig am ganrifoedd wedi'r Deddfau Uno. Yn 1536, pan ddeddfodd Elisabeth I o blaid cyfieithu'r Beibl i'r Gymraeg, cafodd Esgob Henffordd orchymyn i ymuno ag esgobion Cymru i ddarparu'r trefniadau, am fod yr iaith Gymraeg yn cael ei siarad mewn plwyfi yn rhannau gorllewinol ei esgobaeth ac y byddai angen Beiblau Cymraeg yno.

Mae olion hen dafodieithoedd Cymreig y gororau i'w clywed o hyd, a bydd pobl yn cyfeirio at Glawdd Offa fel y ffin draddodiadol hyd heddiw. O'r unfed ganrif ar bymtheg ymlaen, fodd bynnag, parodd y cysylltiadau agos rhwng uchelwyr Cymru a Lloegr iddyn nhw geisio dileu'r syniad o raniad rhwng y ddwy wlad. Iddyn nhw testun gorfoledd oedd cael teimlo'n rhydd i fyw fel y gwnâi rhai tebyg yn Lloegr. ''Mae Clawdd Offa wedi colli'i ystyr'', meddai un o'r uchelwyr hynny ar ddechrau'r ail ganrif ar bymtheg, ''oherwydd y cariad a'r cydweithrediad sydd i'w cael bellach rhwng y Cymry a'r Saeson''. Sut bynnag, byddwn yn dal hyd heddiw i ddefnyddio'r term ''Clawdd Offa'' yn symbol hanesyddol o arwahanrwydd daearyddol y Cymry, ac o'r ffin rhwng dwy genedl a dau ddiwylliant.

J.G.J.

COELION

Yn ôl Ecclesiasticus xxxiv, 5 (cyfieithiad yr Esgob William Morgan), ''Ofer yw dewiniaeth, coelion a breuddwydion''. Argoelion neu arwyddion, a'r gred ynddyn nhw, yw coelion. Yn ôl un hanesydd mae coelion yn deillio o ymdrech gynnar dyn i esbonio natur a'i fodolaeth ei hun, o'i ymgais i fodloni yn ogystal â herio ffawd, o'i ddymuniad i osgoi peryglon nad oedd yn eu deall, ac o'i reddf gyntefig i gael cipolwg ar y dyfodol. O'r hanfodion hyn y tyfodd corff o gredoau ac arferion a oedd mor gyforiog o'r diwylliant a'r bywyd gwerin, ac yn rhan mor annatod ohonyn nhw, hyd at y ganrif ddiwethaf. Gallwn rannu coelion yn fras yn dair carfan:

(a) Coelion sydd wedi eu sylfaenu ar y syniad y bydd anlwc yn dilyn gweithred neilltuol;

(b) Coelion lle y bydd defodau penodol yn cael eu gweithredu er mwyn sicrhau canlyniadau arbennig;

(c) Coelion sy'n dynodi cred mewn darllen arwyddion sy'n rhagweld digwyddiad ffodus neu anffodus.

Mae'r coelion hyn yn ymwneud yn bennaf â'r pethau hanfodol ym mywyd dyn, megis diogelwch y tŷ a'i drigolion, troeon gyrfa dyn, y tir a'i ffrwythlondeb, treigl y flwyddyn, a pherthynas dyn â'i amgylchfyd. Ond cawn yn ogystal haenau ysgafnach sy'n ymwneud â lwc yn hytrach na rheidiau bywyd.

Gwarchod y tŷ a'i drigolion

Un o anghenion pennaf dyn fyddai diogelu ei gartref a'i deulu rhag elfennau dinistriol a galluoedd y tywyllwch. Dyma pam y byddai penglog ceffyl yn cael ei gladdu dan sylfaen y tŷ: roedd natur gysegredig yn perthyn i'r ceffyl mewn chwedloniaeth Geltaidd, fel sydd i'w gweld yn y cysylltiad rhwng Rhiannon y Mabinogi a'r ceffyl a'r Dduwies Epona. Hefyd, mae'n beth cymharol gyffredin bellach, wrth adnewyddu hen dai, i ddod o hyd i esgid plentyn yn y simne fawr. Câi'r esgid ei dodi y tu ôl i'r lle tân er mwyn sichrau ffyniant a ffrwythlondeb yn y cartref. Credai pobl hefyd fod gan rai coed a phlanhigion y gallu i warchod, ac i'r diben hwn bydden nhw'n tyfu coed megis yr ysgawen a'r griafolen ger y tŷ – golygfa sy'n ddigon cyffredin hyd heddiw mewn hen ffermdai, bythynnod a murddunod.

Esgid plentyn a gafodd ei rhoi y tu ôl i le tân i warchod tŷ ym Mhenmachno. Daeth yr esgid hon i'r golwg yn 1973.

Yn yr un modd, roedd hi'n bosibl gwarchod yr unigolyn. Byddai darn fforchog ar siâp croes, naill ai o frigyn ysgawen neu griafolen, o'i gario ar y person, yn ei ddiogelu rhag gwrachod ac ysbrydion drwg. Roedd nifer helaeth o swynoglyddion (*amulets*) i'w cael, y byddai pobl yn credu eu bod yn sicrhau diogelwch i ddyn mewn gwahanol sefyllfaoedd. Gwrthrychau a gâi eu gwisgo neu eu cario fel swyn i amddiffyn person rhag drygioni oedd y rhain. Byddai nifer ohonyn nhw'n ymwneud â galwedigaethau, yn enwedig galwedigaethau peryglus. Coel gyffredin oedd y byddai'r freithell neu'r croen sydd i'w gael yn gyfan am ben rhai plant ar adeg eu geni yn gwarchod y sawl a fyddai'n berchen arni rhag boddi, a byddai o werth arbennig i forwyr felly. (Mae sôn bod morwr o Abergwaun wedi talu £5 am freithell o'r fath yn 1878.) Rhinwedd swynoglyddion eraill oedd diogelu'r unigolyn rhag afiechyd, neu ynteu ei iacháu o'r afiechyd hwnnw, ac roedd modd cael papur swyn gan y swynwr neu'r dyn hysbys i'w wisgo am y gwddf. Ar lefel lai hanfodol ond yr un mor boblogaidd gallai dyn sicrhau lwc drwy gario pethau ''lwcus'' megis carreg â thwll ynddi.

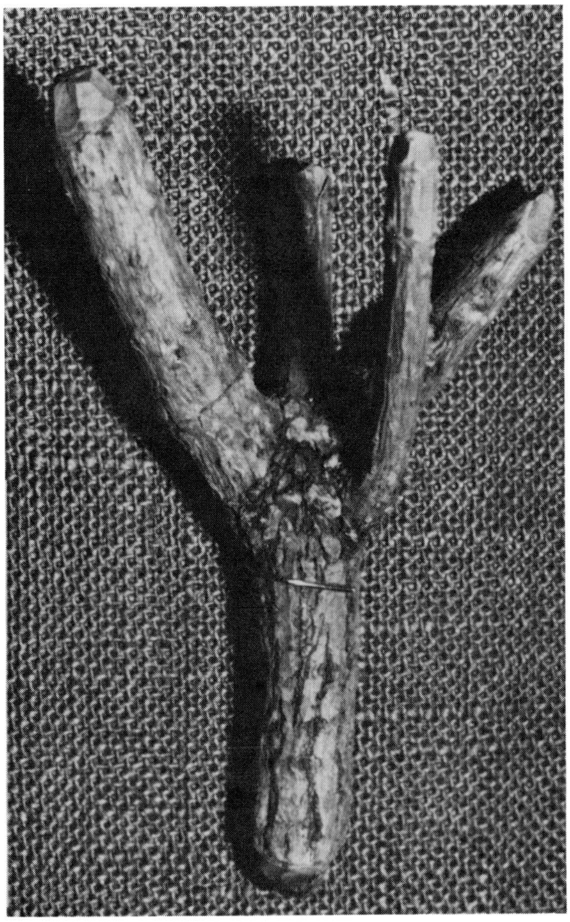

Croes pren ysgaw.

Yr anifeiliaid a'r tir

Yr un mor bwysig, gan fod bodolaeth dyn yn dibynnu arnyn nhw, oedd iechyd a llwyddiant yr anifeiliaid a'r cnydau, ynghyd â gweithgareddau amaethyddol. Byddai llawer o'r defodau a gâi eu cynnal er mwyn hyrwyddo'r amcanion hyn yn gysylltiedig â dathliadau tymhorol. Nid Gŵyl y Geni oedd y Nadolig ar y cychwyn, ond gŵyl dathlu dydd pen-blwydd yr Haul Anorchfygol – *Dies Natalis Invicti Solis* – yr adeg o'r flwyddyn pan fyddai'r haul yn troi o gylchdro'r gaeaf i gylchdro'r haf, fel arwydd o ailgychwyn bywyd. Câi'r tai eu haddurno â phlanhigion bytholwyrdd er mwyn sicrhau bod ffyniant a thyfiant yn dychwelyd i'r ddaear. Yn yr hen Sir Faesyfed a Swydd Henffordd arferai ffermwyr losgi cylch o frigau'r ddraenen wen yn y caeau ŷd ar fore Calan er mwyn diogelu'r cnwd. Yn yr hen Sir Benfro câi brych buwch ei daflu ar lwyn y ddraenen wen yn y gred y byddai hyn yn sicrhau y byddai'r llo'n tyfu'n anifail cryf ac iach.

Geni, priodi a marw

Mae llawer o goelion yn gysylltiedig â defodau cylchdro bywyd, sef geni, priodi a marw – y tri achlysur pwysicaf ym mywyd dyn. Byddai peryglon yn ei wynebu wrth gamu o un stâd i'r llall, a byddai'n rhaid cymryd y camau priodol i'w ddiogelu. Roedd hi'n bwysig osgoi gwneud nifer o bethau anlwcus, ac yn ogystal roedd nifer helaeth o "arwyddion" a fyddai'n darogan naill ai brofiadau dymunol neu rai annymunol.

Yn achos genedigaeth, derbyniai'r fam feichiog nifer o gyfarwyddiadau gofalus i'w dilyn. Pe gwawdiai rywun â nam arno, câi ei phlentyn hithau ei eni yr un modd. Os câi ei dychryn yn ystod ei beichiogrwydd, byddai arwydd o hyn ar y bychan. Os câi ysfa am ryw fwyd arbennig, byddai man geni o'r un ffurf â'r bwyd hwnnw ar y plentyn. Byddai'n rhaid gofalu bedyddio baban gwantan ar fyrder – pe bai'n marw cyn hynny, y gred oedd y byddai'r Diafol yn meddiannu ei enaid. Roedd yn rhaid osgoi siglo crud gwag, rhag temtio ffawd, gan y gallai'r plentyn farw o ganlyniad i weithred o'r fath. Ddylai neb dorri ewinedd plentyn nes ei fod yn flwydd oed, neu fe dyfai'n lleidr. Byddai camu dros blentyn yn llesteirio ei dyfiant. Coel arall oedd mai ôl bysedd Duw oedd y pantiau bychan ar foch plentyn, ac felly roedden nhw'n cael eu hystyried yn lwcus.

Byddai angen dilyn nifer o gyfarwyddiadau er mwyn sicrhau priodas hapus, a thalu sylw i rybuddion o'r pethau y byddai'n ddoeth eu hosgoi rhag cael anlwc. Roedd arwyddion neu ragarwyddion marwolaeth yn niferus – er enghraifft, ceiliog yn canu yn y nos – a byddai'n bosibl, trwy ddilyn defod neilltuol, megis cerdded o gylch y fynwent ar noswyl Galan Gaeaf, ddarganfod pa rai o drigolion y plwyf a fyddai farw o fewn y flwyddyn.

Natur a'r bydysawd

Roedd cysylltiad clos rhwng llawer o'r coelion hyn a byd natur, gyda nifer helaeth ohonyn nhw'n ymwneud â phlanhigion, adar ac anifeiliaid. Roedd gan yr ysgawen a'r griafolen briodoleddau gwarchodol, ond anlwc fyddai'n dilyn dod â blodau'r ddraenen wen neu eirlysiau i mewn i'r tŷ. Gallai tyfiant anghyffredin, neu dyfiant allan o dymor, fod yn arwydd o farwolaeth neu drychineb – er enghraifft, roedd cnwd anghyffredin o aeron cochion ar y coed yn arwydd o dywallt gwaed. Byddai'n bosibl rhagfynegi'r tywydd hefyd wrth sylwi ar blanhigion ac anifeiliaid – pe bai'r onnen yn deilio o flaen y dderwen byddai tywydd gwlyb yn dilyn.

Dyma rai enghreifftiau o goelion eraill yn ymwneud â'r môr neu â'r sêr a'r planedau, y lleuad yn fwyaf neilltuol – lleuad lawn yn peri gwallgofrwydd; dioddef anlwc wrth edrych ar leuad newydd drwy'r ffenestr; rhoi iâr i ori fel y byddai'r wyau'n deor pan fyddai'r lleuad ar ei chryfder, er mwyn sicrhau cywion cryf. Roedd dyddiau lwcus ac anlwcus ar gyfer gweithredoedd penodol megis genedigaeth, priodi neu ddechrau menter newydd. Câi'r lliw coch ei ystyried yn lwcus a gwarchodol, ond roedd gwyrdd yn anlwcus, oherwydd ei gysylltiadau â'r Tylwyth Teg. Roedd rhai rhifau – tri, saith a naw yn arbennig – yn lwcus â chysylltiadau swyn iddyn nhw.

A.E.W.

CUDDLIW

Yn y llun hwn mae dau wyfyn â'u hadenydd ar led. Mewn gwirionedd, dwy ffurf ar yr un math o wyfyn sydd yma. Mae gan y gwyfyn hwn, *Biston betularia*, ffurf dywyll a ffurf olau. Gallwn weld yr un tywyll yn hawdd iawn ar y cefndir o gen y coed, ond mae'n anodd gweld y gwyfyn golau am fod ei liw brith-olau yn ei wneud yn debyg iawn i'w gefndir. O ganlyniad bydd yn gallu cuddio rhag gelynion.

Dwy ffurf ar wyfyn Biston betularia.

Felly, mewn ardaloedd gwledig, lle mae'r aer yn lân a chen y coed yn tyfu ar foncyffion, mae'n haws o lawer i adar weld a chipio'r gwyfynod tywyll na'r gwyfynod golau. Gan y rhai golau mae'r cuddliw sy'n eu diogelu. Ar y llaw arall, mewn ardaloedd diwydiannol mae'r amodau byw yn wahanol; yma mae'r parddu yn yr aer yn gwneud rhisgl y coed yn ddu ac yn atal tyfiant cen y coed. Y lliw tywyll yw'r cuddliw mewn lle felly, ac yno gall y gwyfynod tywyll guddio rhag yr adar yn well na'r rhai golau.

All *Biston betularia* du sy'n gorffwys ar gefndir o gen y coed golau ddim newid ei liw – mae'r gwyfyn naill ai'n dywyll neu'n olau. Ond mae'n bosibl i rai anifeiliaid newid eu cuddliw a dod yn debyg i gefndir gwahanol. Er enghraifft, gall lleden, sy'n byw ar waelod y môr, newid maint y smotiau sydd yn ei chroen. Pan fydd y pysgodyn mewn tywod, bydd y smotiau'n fach, ac o ganlyniad bydd yn anodd i elynion ei weld yn erbyn y tywod. Pan fydd yr un pysgodyn ymysg y cerrig mân ar waelod y môr, bydd y smotiau yn ei groen yn mynd yn fwy, a bydd ei guddliw "newydd" yn ei wneud yn anodd i elyn ei weld yma hefyd.

Gall y cameleon, math o ymlusgiad, newid ei liw mewn eiliadau! Bydd smotiau neu linellau tywyll yn ymddangos ar ei gorff a'i wneud yn anodd i neb ei weld lle bynnag y mae'n digwydd bod. Mae hefyd yn bosibl iddo droi'n wyrdd, yn frown neu'n llwyd i ddod yn debyg i'w gefndir newydd. Wrth iddo aros yn llonydd iawn ar frigyn mae bron â bod yn anweledig – nid yn unig i'w elynion ond hefyd i'r pryfed y bydd yn eu dal â'i dafod hir, gludiog.

Mae ambell greadur yn newid ei guddliw o dymor i dymor, fel grugiar yr eira (*ptarmigan*), aderyn sy'n byw yng ngogledd yr Alban. Yn yr haf mae ganddo blu browngoch, yn debyg i'r grugiar gyffredin (*grouse*), ond yn y gaeaf, pan fydd eira ar fynyddoedd yr Alban, bydd ei liw browngoch yn newid. Ar wahân i ychydig o ddu ger ei lygaid ac ar ei gynffon bydd yr aderyn hwn yn troi'n wyn, a bydd ei guddliw gwyn yn ei gwneud yn anodd iawn i elynion ei weld yng nghanol yr eira.

Un o'r mamolion sy'n troi'n wyn yn y gaeaf o'i liw brown arferol yw'r carlwm (*stoat*); yng ngwledydd Prydain anaml y bydd hyn yn digwydd, er bod rhai carlymod, ar gopa Ben Nevis, mynydd uchaf yr Alban, yn aros yn wyn drwy gydol y flwyddyn.

Yn ystod y Rhyfel Byd Cyntaf (1914–18) cafodd cuddliw ei ddefnyddio'n helaeth i guddio milwyr a'u harfau rhag y gelyn. Dyma enghraifft o ddyn yn dynwared byd natur. Am y tro cyntaf roedd modd

Mae cuddliw effeithiol y penbwl Cottus gobio *yn ei alluogi i ymguddio yn erbyn cefndir o gerrig mân.*

defnyddio awyrennau mewn rhyfel i chwilio am y gelyn a dilyn ei symudiadau ac felly cafodd patrymau brown a gwyrdd eu peintio ar offer, cerbydau a chanolfannau milwrol i'w gwneud yn anodd eu gweld o'r awyr. Dyma pryd y daeth y gair Ffrangeg *camouflage* i'r iaith Saesneg i gyfeirio at y dull hwn o guddio pethau rhag y gelyn. Yn Gymraeg byddwn yn defnyddio naill ai'r gair "cuddliw" neu'r gair "cuddwedd". Gynt roedd hi'n bosibl twyllo'r gelyn yn gyson trwy ddefnyddio cuddliw, ond erbyn hyn gall awyrennau sy'n defnyddio offer ffotograffig isgoch ganfod y lliwiau ffug sydd mewn cuddliw milwrol. Mae ffilm isgoch yn gallu gwahaniaethu rhwng gwyrdd y cuddliw a'r lliw gwyrdd naturiol sydd o'i gwmpas. Yn 1957 llwyddodd gwyddonwyr llynges yr Unol Daleithiau i ddatblygu paent nad oedd hyd yn oed ffilm isgoch yn gallu'i adnabod fel "lliw ffug".

B.W.

CULHWCH AC OLWEN

"Culhwch ac Olwen" yw un o hen chwedlau rhyddiaith enwocaf y Gymraeg. Mae'n adrodd am anturiaethau arwr ifanc o'r enw Culhwch i ennill Olwen ferch Ysbaddaden Bencawr yn wraig iddo.

Mae'r chwedl yn agor gyda geni Culhwch mewn amgylchiadau rhyfedd, yn fab i frenin o'r enw Cilydd a Goleuddydd ei wraig. Yn y man mae'r fam yn marw ac mae Cilydd yn ailbriodi â brenhines arall a chanddi un ferch. Mae'r ail wraig yn mynnu bod Culhwch yn priodi ei merch hi ond mae yntau'n gwrthod; mae hithau'n gwylltio a thyngu melltith arno na chaiff ef neb arall fyth yn wraig oni chaiff Olwen ferch Ysbaddaden Bencawr. Mae hi'n gwybod o'r gorau fod melltith ar y cawr y bydd ef farw pan fydd ei ferch yn priodi, a'i fod o'r herwydd yn benderfynol o ladd pob un sydd am ei charu.

Ar gyngor ei dad aiff Culhwch i geisio cymorth y Brenin Arthur, ei gefnder o du ei fam, a chawn ddisgrifiad llawn rhwysg ohono'n cyrraedd y llys ac yno'n galw ar dros 230 o filwyr Arthur wrth eu henwau i dystio bod eu brenin wedi addo cael iddo pa beth bynnag a fynnai. Am flwyddyn gyfan mae negeswyr Arthur yn chwilio'r byd am Olwen ond heb ddod o hyd iddi. Yna caiff chwech o brif filwyr Arthur eu hanfon i chwilio amdani, ac mae Culhwch yn mynd i'w canlyn.

Ar eu taith daw'r fintai ar draws bugail defaid Ysbaddaden, gŵr o'r enw Custennin, y mae ei wraig yn chwaer i fam Culhwch. Bu gan y bugail a'i wraig bedwar ar hugain o feibion, ond mae Ysbaddaden wedi eu lladd i gyd ac eithrio un, sef Gorau, ac mae hwnnw'n awr yn ymuno â mintai Culhwch. Maen nhw'n mynd yn eu blaenau i gaer Ysbaddaden i ofyn am Olwen. Deirgwaith mae'r cawr yn ceisio eu lladd ond heb lwyddo. Ar ôl methu mae'n cytuno i roi Olwen i Culhwch, dim ond i hwnnw addo dod o hyd i nifer o bethau anodd iawn eu cael. Mae rhai o'r pethau hyn ar gyfer paratoi'r wledd briodas a gwisg Olwen; mae eraill, fel y crib a'r gwellaif sydd rhwng clustiau'r Twrch Trwyth, er mwyn i Ysbaddaden fedru trin ei wallt ac eillio. Mae Culhwch, wrth gwrs, yn addo cael y cwbl.

Hanes Culhwch, gyda chymorth Arthur a'i wŷr, yn cyflawni rhai o'r campau (neu'r anoethau) yw gweddill y chwedl – er enghraifft, eu hanes yn lladd Wrnach Gawr ac yn dwyn ei gleddyf, yn rhyddhau Mabon fab Modron o garchar, yn casglu hadau llin a heuwyd ers blynyddoedd a'u hailblannu, yn lladd y cawr Dillus a dwyn ei farf, yn hela baedd gwyllt o'r enw Ysgithrwyn a chipio'i ysgithr (ei ddant), yn mynd i nôl pair Diwrnach Wyddel, yn hela'r Twrch Trwyth ac yn dwyn gwellaif a chrib oddi arno. Adroddiad byr sydd yn y chwedl am gyflawni rhai o'r campau, ond mae'r hanes am eraill yn llawn ac yn lliwgar, fel hwnnw am fynd o un anifail hen at un arall hŷn er mwyn ceisio dod o hyd i Mabon, neu'r stori gyffrous am hela'r Twrch Trwyth – yn Iwerddon i ddechrau ac yna ar draws De Cymru a draw i Gernyw.

Dillus Farfog, y bu'n rhaid i Culhwch, gyda chymorth Arthur a'i wŷr, ei ladd a dwyn ei farf. Dyma un o'r lluniau trawiadol a dynnwyd gan Margaret Jones ar gyfer cyfaddasiad newydd Gwyn Thomas o'r chwedl a gafodd ei gyhoeddi yn 1988.

Ar ôl cael y pethau a nododd Ysbaddaden, aeth Culhwch a Gorau fab Custennin yn eu holau i lys y cawr. Torrodd Gorau ben Ysbaddaden a phriododd Culhwch Olwen.

Mae'r chwedl wedi'i chadw inni yn Llyfr Gwyn Rhydderch a Llyfr Coch Hergest, dwy lawysgrif enwog o'r bedwaredd ganrif ar ddeg, ond copïau sydd yma o destun a gyfansoddodd rhywun yn ei ffurf derfynol rhwng 1105 a 1100. Roedd awdur y testun hwnnw yn ei dro yn tynnu ar y straeon y byddai'r beirdd a'r cyfarwyddiaid yn eu hadrodd ar lafar yn llysoedd y wlad – straeon fel "Ennill Merch y Cawr" neu "Y Llysfam Eiddigeddus", yr oedd eu tebyg i'w cael mewn llawer gwlad, yn ogystal â straeon a thraddodiadau a oedd yn arbennig i'r Cymry, fel y rheiny am Arthur. Yn wir, chwedl "Culhwch ac Olwen" yw'r testun cynharaf mewn unrhyw iaith sy'n cyflwyno darlun llawn o Arthur a dyna un rheswm pam y mae'n chwedl bwysig. I ni, fodd bynnag, ei phrif werth yw ei bod, er gwaethaf peth llacrwydd o ran cynllun, yn chwedl sy'n llwythog o ddigwydd a chyffro a rhyfeddod, a'r cyfan wedi ei adrodd yn odidog. Cyhoeddodd Gwasg Prifysgol Cymru gyfaddasiad newydd ohoni gan Gwyn Thomas yn 1988. (Gweler hefyd – Y MABINOGI.)

B.L.J.

CURIAD CALON CYMRU

Cafodd Curiad Calon Cymru (*Heartbeat Wales*) ei sefydlu ar Ddydd Gŵyl Dewi 1985 gan y Cyngor Addysg Iechyd gyda'r bwriad o ddangos yr hyn yr oedd yn bosibl ei wneud i wrthsefyll clefyd y galon. Ym mis Tachwedd 1986 penderfynodd y Llywodraeth ddirwyn y Cyngor hwn i ben, ac yn ei le yng Nghymru sefydlodd y Swyddfa Gymreig Awdurdod Hybu Iechyd Cymru. Yr Awdurdod sydd yn gyfrifol bellach am redeg, cynnal a datblygu Curiad Calon Cymru, a nod y corff hwnnw yw hybu ffyrdd mwy iachus o fyw a gostwng y nifer fawr o achosion o glefyd y galon yng Nghymru, lle mae mwy o bobl yn marw o'r clefyd hwn na bron unman arall yn y byd – yr un nifer a fyddai farw pe digwyddai damwain awyren fawr bob yn ail wythnos.

"Ar 'i hôl hi!" Ymarfer corff ar un o Ffyrdd Curiad y Galon a gafodd eu datblygu gan Guriad Calon Cymru.

Bydd Curiad Calon Cymru'n cyhoeddi pamffledi a llyfrynnau ar nifer o bynciau sy'n ymwneud â byw yn iach, megis:

(a) **bwyta'n iach** – mae'n pwysleisio'r perygl o fwyta gormod o fraster sy'n cynnwys llawer iawn o galorïau, sy'n arwain at orbwysedd a thewdra sydd yn eu tro yn effeithio ar y galon, gan annog pawb i fwyta mwy o ffibr mewn llysiau ffres, bara cyflawn a ffrwythau, gan osgoi siwgr a halen.

(b) **smygu** – bydd smygu yn cynyddu cyflymder curiad y galon gan ostwng maint yr ocsigen y gall y gwaed ei gludo, a bydd hefyd yn golygu bod llif y gwaed yn rhydwelïau'r smygwr yn fwy tebyg o gael ei rwystro; bydd pamffledi Curiad Calon Cymru yn awgrymu sut i roi'r gorau i'r arfer o smygu.

(c) **ymarfer** – caiff nifer o resymau eu cynnig i'r rhai sy'n amau pa ddiben ymarfer, gan gynnwys y ffaith bod ymarfer yn gymorth i ddyn deimlo'n dda yn y meddwl a'r corff, a'i fod yn cynorthwyo'r galon i weithio'n well, yn gwella cylchrediad y gwaed ac yn helpu diogelu dyn rhag clefyd y galon.

(ch) **yfed yn synhwyrol** – mae Curiad Calon Cymru'n pwysleisio y gall yfed gormod o alcohol neu yfed ychydig ar yr adeg anghywir godi problemau, ac y gall beri niwed i iechyd dyn heb iddo fod yn ymwybodol ohono; mae rhestr effeithiau tymor hir yfed yn ormodol yn un faith a brawychus!

Bydd Curiad Calon Cymru yn cydweithio â llawer o fudiadau ledled y wlad, yn cynnwys cyrff stadudol, mudiadau gwirfoddol, y cyfryngau, byd addysg, y byd amaeth a diwydiannau eraill, masnach ac undebau llafur, gan geisio'u darbwyllo i gymryd rhan mewn gwahanol prosiectau sy'n anelu at "alluogi pawb i fyw bywyd llawn heb ofni bygythiad marw'n gynnar neu ddioddef anabledd oherwydd clefyd y galon". Ar hyd a lled Cymru mae gweithwyr iechyd proffesiynol, elusennau, gwirfoddolwyr, ysgolion a ffatrïoedd yn gweithredu cynlluniau "i godi calon Cymru", cynlluniau sydd wedi tyfu yn sgîl gwaith Curiad Calon Cymru.

Ymddangosodd y pennill hwn yng nghylchgrawn newyddion y mudiad:

"Calon iach yn llawn daioni
Rydd i ddyn hir oes a hoen;
Dalier ati i gynghori
Bwyta'n gall a gochel poen."

(Gweler hefyd – CALON, GWAED.)

D.G.J.

CYMDEITHAS YR IAITH GYMRAEG

Cafodd Cymdeithas yr Iaith Gymraeg ei sefydlu yn 1962 yn dilyn darlith radio gan Saunders Lewis ar 13 Chwefror y flwyddyn honno ar y testun "Tynged yr Iaith". Yn ei ddarlith enwog pwysleisiodd Mr Lewis

John Ogwen yn annerch rali genedlaethol Cymdeithas yr Iaith Gymraeg i alw am ddeddf iaith newydd ar 28 Ionawr 1989 yng Nghaerdydd.

yr angen am ddiogelu'r iaith Gymraeg a'i defnyddio fel y gallai pob Cymro a Chymraes fyw bywyd llawn drwyddi. Anogodd y rhai a garai'r iaith i roi eu holl egni i sicrhau statws swyddogol llawn i'r Gymraeg fel y bod modd ei defnyddio ym mhob maes o fywyd Cymru. Awgrymodd Saunders Lewis y gallai'r ymdrech olygu torri'r gyfraith er mwyn cael y Llywodraeth i roi statws swyddogol i'r Gymraeg ym mywyd cyhoeddus Cymru.

Lansiodd y Gymdeithas ei hymgyrch gyntaf ar Bont Trefechan, Aberystwyth, ar 23 Chwefror 1963 pan gaeodd tua phedwar deg o aelodau y fynedfa i'r dref. Eu bwriad oedd tynnu sylw'r cyhoedd at statws isel y Gymraeg trwy dorri'r gyfraith yn fwriadol a mynnu cael gwysion dwyieithog (gwysion a oedd yn cynnwys yr iaith Gymraeg yn ogystal â'r Saesneg) oddi wrth yr heddlu am ymddwyn felly.

Ers hynny bu Cymdeithas yr Iaith wrthi'n gyson yn cynnal ymgyrchoedd a phrotestiadau ledled Cymru, a thu hwnt, er mwyn lledaenu'r defnydd o'r Gymraeg. Bu'r aelodau'n pwyso am gael pob ffurflen, arwydd a hysbyseb gyhoeddus yng Nghymru yn yr iaith Gymraeg. Bu brwydro i gael trwyddedau (modur, teledu, ac yn y blaen) ynghyd â ffurflenni swyddogol y Llywodraeth ganol a lleol (er enghraifft, ffurflenni trethi), yn y Gymraeg. Cafodd nifer o aelodau'r Gymdeithas eu dirwyo a'u carcharu am wrthod llenwi ffurflenni Saesneg. Cafodd eraill eu carcharu am beintio dros arwyddion ffyrdd uniaith Saesneg wedi i'r Gymdeithas fethu â pherswadio'r Llywodraeth, trwy lythyru a thrafod, y dylai'r Gymraeg fod ar arwyddion ledled Cymru. Yn sgîl yr ymgyrch hon daeth newid mewn polisi ac mae'r Gymraeg i'w gweld ar nifer o arwyddion ffyrdd Cymru heddiw. Daeth ffurflenni a dogfennau Cymraeg o un i un hefyd a newidiodd llu o gynghorau lleol eu polisi iaith.

Trwy gydol y 1970au bu aelodau'r Gymdeithas wrthi'n ymgyrchu i gael sianel deledu Gymraeg er mwyn lleihau dylanwad y rhaglenni Saesneg dirifedi sydd i'w gweld ar y teledu yng Nghymru. Pobl ifanc oedd llawer o'r protestwyr hyn ond cawson nhw gefnogaeth llawer o siaradwyr Cymraeg hŷn, gan gynnwys nifer o lenorion Cymraeg amlwg, wrth bwyso am wasanaeth teledu digonol yn y Gymraeg. Unwaith eto cafodd aelodau o'r Gymdeithas eu dirwyo a'u carcharu am wneud difrod troseddol i eiddo awdurdodau darlledu. Gyda sefydlu Sianel Pedwar Cymru (S4C) ym mis Tachwedd 1982 llwyddodd y Gymdeithas yn ei nod.

Dydy Cymdeithas yr Iaith Gymraeg ddim yn credu mewn trais yn erbyn pobl ond mae ei haelodau yn barod i dorri'r gyfraith trwy feddiannu tai a swyddfeydd a pheintio a malurio arwyddion, er enghraifft, er mwyn tynnu sylw at eu hamcanion. Bydd yr aelodau'n barod i dderbyn cyfrifoldeb am wneud difrod troseddol o'r math hwn, ac i wynebu cael eu dirwyo neu eu carcharu.

Ers canol y 1970au daeth Cymdeithas yr Iaith i gredu bod dyfodol yr iaith yn dibynnu'n bennaf ar gadw cymdeithasau lleol Cymraeg rhag chwalu. Mae wedi ceisio canolbwyntio ar broblemau cymdeithasol ac economaidd yr ardaloedd Cymraeg gan ddadlau nad oes llawer o bwrpas ennill statws i'r iaith na dysgu'r Gymraeg i blant os yw cymdeithasau lleol yn dadfeilio oherwydd prinder cartrefi a gwaith. Wrth i Gymry ifainc orfod symud allan i chwilio am waith ac wrth i gannoedd o Saeson lifo i mewn i gymryd eu lle aeth y Gymdeithas ati i bwyso ar gynghorau lleol i sicrhau tai a chartrefi i bobl leol ac i ymgyrchu yn erbyn tai haf mewn sawl ardal yng Nghymru. Mae'n pwyso ar gynghorau hefyd i ystyried yr iaith Gymraeg wrth iddyn nhw gynllunio ar gyfer y dyfodol. Yn ogystal â'r ymgyrchu cyson hwn bydd aelodau'r Gymdeithas yn gweithio o ddydd i ddydd yn trefnu adloniant Cymraeg, yn cynnal cyrsiau Cymraeg i ddysgwyr ac yn hybu'r defnydd o'r Gymraeg yn eu hardaloedd eu hunain.

Dydy pawb ddim yn cytuno â dulliau Cymdeithas yr Iaith o ymgyrchu dros y Gymraeg. Mae rhai'n dadlau bod difrodi eiddo yn enw'r Gymraeg wedi gwneud i rai Cymry droi yn erbyn yr iaith. Mae'r Gymdeithas, fodd bynnag, wedi llwyddo i dynnu sylw cyson at y pethau sy'n bygwth parhad yr iaith Gymraeg. Mae wedi llwyddo mewn sawl cyfeiriad i gael y Llywodraeth a'r cynghorau i roi peth sylw i'r Gymraeg. Mae wedi sicrhau bod dyfodol yr iaith a'r defnydd sy'n cael ei wneud ohoni yn bwnc llosg yng Nghymru. Ar hyn o bryd (dechrau 1989) mae aelodau'r Gymdeithas yn ymgyrchu'n arbennig dros ddeddf iaith newydd er mwyn cael statws cyflawn a chyfartal i'r Gymraeg, a dros arian digonol i hybu addysg Gymraeg a dysgu'r Gymraeg fel ail iaith. (Gweler hefyd – SAUNDERS LEWIS, SIANEL PEDWAR CYMRU.)

A.T.

CYMRAEG

Iaith pobl Cymru yw'r Gymraeg, ond nid pawb sydd yn medru ei siarad. Pan ofynnwyd i drigolion Cymru yng nghyfrifiad 1981 a oedden nhw'n medru siarad Cymraeg ai peidio, rhyw un o bob pump a atebodd eu bod. Fel y gwelwn o'r map, yn y Gogledd a'r Gorllewin mae'r iaith ar ei chryfaf, ac yn yr ardaloedd hyn mae'r rhan fwyaf o bobl yn Gymry Cymraeg. Yn y De-ddwyrain, ar y llaw arall, mae'r rhan fwyaf o bobl wedi colli'r iaith ac yn siarad Saesneg yn unig.

Yng nghyfnod y Rhufeiniaid, y Gymraeg yn ei ffurf fwyaf hynafol oedd iaith Lloegr a Chymru i gyd – yn wir, o Ogledd Lloegr y daw'r darnau cyntaf o farddoniaeth Gymraeg sydd wedi goroesi. Pan ddaeth y llwythau Seisnig a goresgyn Lloegr, daethon nhw â'u hiaith eu hunain gyda nhw, a chafodd y Gymraeg ei chyfyngu i Gymru yn unig. Drwy gydol yr Oesoedd Canol y Gymraeg oedd iaith y Cymry, yn dywysogion ac yn bobl gyffredin. Hi oedd iaith bob dydd, ond hi hefyd oedd iaith y plastai a'r llysoedd barn.

Daeth newid mawr yng nghyfnod y Brenin Harri'r VIII. Nid dwy wlad oedd Cymru a Lloegr i fod o hyn ymlaen ond un, a byddai'n rhaid i bawb ufuddhau i gyfraith Lloegr. Saesneg oedd yr unig iaith y câi pobl ei defnyddio yn gyhoeddus – wrth ddelio â swyddogion y Llywodraeth ac mewn ysgolion, er enghraifft. Yn yr eglwysi yn unig y cadwodd y Gymraeg ei hurddas; yn y flwyddyn 1588 ymddangosodd cyfieithiad Cymraeg o'r Beibl cyfan, ac roedd y gwasanaethau yn dal i gael eu cynnal yn Gymraeg.

Dros y blynyddoedd felly dirywiodd statws yr iaith Gymraeg. Iaith bob dydd y bobl gyffredin oedd hi bellach, gyda'r bobl hynny a oedd am gael swyddi pwysig i gyd yn troi at y Saesneg. Roedd newidiadau cymdeithasol eraill yn pwyso i'r un cyfeiriad. O ddechrau'r ganrif ddiwethaf ymlaen, daeth pobl o bob cyfeiriad i weithio yn y diwydiannau haearn a glo yng nghymoedd y De-ddwyrain. Cymry oedd rhai ohonyn nhw, ond o Loegr ac Iwerddon y daeth y lleill, ac fe drodd y gymdeithas yn raddol o'r Gymraeg at y Saesneg. Mae nifer y rhai sydd yn medru siarad Cymraeg wedi gostwng yn sylweddol, ac yn wir mae'n dal i ostwng yn araf.

Er hynny, bu newid mawr er gwell yn statws y Gymraeg yn ystod y ganrif hon. Daeth pobl yn fwy a mwy ymwybodol o'r annhegwch yn y sefyllfa a oedd mewn grym, a dechrau mynnu'r hawl i ddefnyddio'r Gymraeg mewn sefyllfaoedd cyhoeddus o bob math. Erbyn hyn mae'n bosibl i lawer iawn o'r rheiny sydd am ei chael fwynhau addysg ysgol yn Gymraeg, mae arwyddion dwyieithog i'w gweld ar y ffyrdd, mae nifer helaeth o ffurflenni swyddogol ar gael yn Gymraeg, a gallwn fwynhau gwasanaeth Cymraeg ar y radio a'r teledu.

Dydy'r iaith Gymraeg ddim yn hollol yr un fath ym mhob rhan o Gymru. Wrth i ni wrando ar Gymro neu Gymraes yn siarad, yn aml gallwn ddyfalu o ba ran o'r wlad mae'n dod. Mae geiriau arbennig gan bob ardal – er enghraifft, "taid" a "nain" yn y Gogledd, ond "tad-cu" a "mam-gu" yn y De. Mae'r acen hefyd yn newid o un rhan o Gymru i'r llall; i rywun o'r Gogledd mae'r ddau air "tŷ" a "ti" yn wahanol iawn i'w gilydd, ond i rywun o'r De yr un sain, "ti", sydd i'r ddau. Gall hyd yn oed patrwm y frawddeg fod yn wahanol – "Fe weles i'r dyn" yn y De, ond "Ddaru mi weld y dyn" yn y Gogledd.

Gall pob rhan o Gymru felly ymfalchïo yn ei thafodiaith ei hun, yn y geiriau a'r ymadroddion arbennig sydd yn perthyn iddi. Ond mae'n bwysig cofio hefyd mai un iaith wedi'r cyfan yw'r Gymraeg ar waethaf yr amrywiadau hyn. Dydy hi ddim yn anodd i'r gogleddwr a'r deheuwr ddeall ei gilydd, ac mae'r iaith ysgrifenedig yn gyffredin i Gymru gyfan.

Mae'r iaith Gymraeg yn perthyn i deulu ehangach o ieithoedd sydd yn debyg i'w gilydd, yr ieithoedd Celtaidd. Ar wahân i'r Gymraeg, tair o'r rhain sydd yn fyw o hyd heddiw. Yn Llydaw, rhan o Ffrainc, cawn y Llydaweg; yn Iwerddon, y Wyddeleg; ac yn yr Alban, yr Aeleg. Rydym ni'n gwybod bod dwy iaith arall wedi bod yn rhan o'r teulu hwn yn y gorffennol hefyd; y Gernyweg oedd iaith Cernyw, yn Ne-orllewin Lloegr, a'r Fanaweg oedd iaith Ynys Manaw. Erbyn heddiw bu farw'r rhain i bob pwrpas; does neb yn eu siarad fel iaith bob dydd, er bod nifer o bobl frwdfrydig wedi dysgu'r ieithoedd hyn ac yn gobeithio eu hadfer.

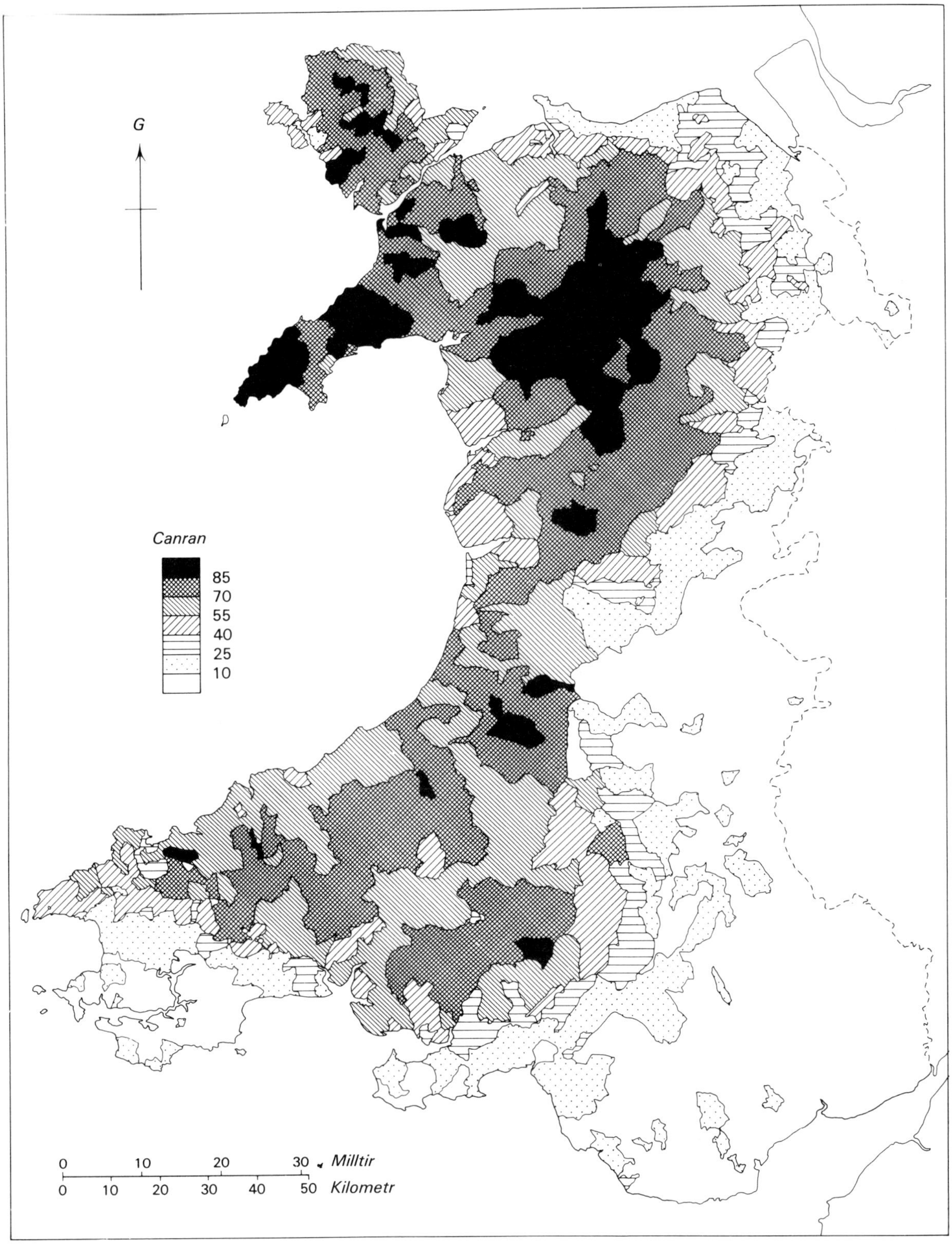

Canran poblogaeth Cymru a oedd yn medru siarad Cymraeg yn 1981.

Mae'r teulu hwn o ieithoedd Celtaidd yn ffurfio rhan o deulu ehangach o ieithoedd yn Ewrop, ac mae'n ddiddorol meddwl bod y Gymraeg yn perthyn o bell i ieithoedd fel y Ffrangeg, yr Eidaleg, y Rwsieg, a'r Almaeneg, ac yn wir i'r Saesneg ei hun. (Gweler hefyd – CYMDEITHAS YR IAITH GYMRAEG.)

G.Aw.

DAWNSIO GWERIN

Enw cyffredinol yw "dawnsio gwerin" ar y dawnsiau traddodiadol y bu gwerin gwlad yn eu perfformio er yn gynnar iawn. Byddai'r dawnsiau hyn yn cael eu cyflwyno o genhedlaeth i genhedlaeth, mewn ardal neu gymdeithas arbennig yn fynych, a byddai unrhyw newidiadau yn ystod y cyfnod trosglwyddo yn rhai graddol ac anodd sylwi arnyn nhw. Datblygu'n naturiol wnaeth dawnsio gwerin, ei wreiddiau wedi'u plannu'n gadarn yn naear y wlad neu'r dalaith y perthynai iddi – ac mae hyn yr un mor wir am ddawnsio gwerin Cymru ag ydyw am ddawnsio gwerin gwledydd ledled y byd.

Wrth ddefnyddio'r gair "gwerin", mae'n rhaid i ni gofio hefyd i'r llysoedd a'r plasau gael dylanwad ar ein dawnsio yng Nghymru gan fod cynifer o'r uchelwyr yn noddi ein diwylliant. Byddai cerddorion yn teithio gyda'u noddwyr o lys i lys, ac yn cadw ar eu cof y patrymau dawnsio yn ogystal â'r ceinciau a'r alawon y bydden nhw'n eu canu ar gyfer y dawnswyr. Yn aml, gwerin bobl yng ngwasanaeth yr uchelwyr fyddai'n dawnsio i ddiddori ymwelwyr – fel a ddigwyddai, er enghraifft, ym Mhlas Llanofer – ac mae'n siwr iddyn nhw fwynhau efelychu eu meistri mewn gwisg, arferion ac ymarweddiad.

Dathlu Gŵyl Ifan yn Nantgarw.

Câi rhai dawnsiau eu creu i amcanion arbennig neu ar gyfer achlysuron neilltuol. Roedden nhw'n rhan hanfodol o fywyd pob dydd, ynghlwm wrth dri phrif gyfnod y flwyddyn amaethyddol. Adeg paratoi a phuro'r tir oedd y cyfnod cyntaf a fyddai'n ymestyn o fis Tachwedd i fis Chwefror. Trwy gyfrwng dathliadau paganaidd, swnllyd, lliwgar, ceisiai'r bobl ddeffro'r tir, ac adlais o hyn yw defodau'r Fari Lwyd a hela'r dryw, a'r ddawns Forus "Y Gaseg Eira" a'i chysylltiadau â'r Nadolig a'r Flwyddyn Newydd.

Byddai'r ail gyfnod, o fis Mawrth hyd fis Mehefin, yn dwyn y tir i'w lawn ffrwyth, ac i'r cyfnod hwn y perthyn y Pasg, Calan Mai, y Pawl Haf, Gŵyl Ifan (24 Mehefin), Taplas Haf, Twmpath Chwarae a dawnsio awyr agored. Yn "Nawns y Pelau", un o ddawnsiau cylch Nantgarw, y gamp oedd taflu a dal pelau amryliw wrth neidio'n uchel a gwau patrymau; tybed ai wyau amryliw oedd y "pelau" gwreiddiol, fel symbol o ffrwythlonedd y tir? Câi "Dawns y Blodau" (neu "Ddawns Glamai"), o Nantgarw eto, ei chysylltu â'r Fedwen Haf (sef polyn wedi'i beintio a'i addurno â rubanau a blodau i ddawnsio o'i gwmpas ar Galan Mai), tra câi "Dawns Ŵyl Ifan" (neu "Ddawns y Groes-wen") ei pherfformio ar anterth dawnsio'r haf. Y ddawns olaf hon oedd uchafbwynt a diweddglo Gŵyl Ifan – gŵyl sydd bellach yn cael ei dathlu gan Ddawnswyr Canolfan Caerdydd bob blwyddyn.

Diwedd yr haf a dechrau'r hydref oedd cyfnod cynaeafu'r cynnyrch, cyfnod o lawenhau mewn swperau cynhaeaf yn ysguboriau'r ffermydd. Wedi gwledda'n ddigonol, âi'r gwesteion ati i glirio'r byrddau cyn neilltuo gweddill y noson i chwaraeon dan-do a dawnsio. Dawnsiau poblogaidd yn ardal Nantgarw oedd "Dawns y Marchog" – roedd gŵr lleol, Daniel Edmunds, yn arbenigwr ar honno – a "Dawns Ceiliog y Rhedyn" pryd câi'r dawnswyr hwyl wrth ddynwared sŵn a symud y trychfilyn hwnnw. Mis y ffeiriau oedd mis Hydref; yn ôl Dr Ceinwen Thomas roedd "Rali Twm Siôn" a "Dawns y Pelau" yn boblogaidd iawn yn Ffair Caerffili, ynghyd â dawns yn dwyn enw'r ffair honno.

Priodas rhwng cerddoriaeth a symud yw dawnsio, ac, yn yr uniad hwn, y symud yw'r partner pwysicaf. Mae'n rhaid cydnabod, wrth gwrs, y rhan y bydd cerddoriaeth yn ei chwarae mewn dawnsio gwerin, ac fe gofiwn am waith cyfansoddwyr enwog, megis Liszt, Brahms, Bartók a Vaughan Williams, yn casglu ac yn datblygu alawon dawnsio eu gwledydd eu hunain.

Mae cyfeilio i ddawnsio yn grefft arbennig, a'r bwriad yw cynhyrfu, codi a chynnal y dawnsiwr neu'r dawnswyr yn symudiadau'r ddawns. Peth prin, erbyn hyn, yw gweld dawnsio i un gyfeiliant yn unig; gwelwn, yn hytrach, gyfuniadau o offerynnau amrywiol o blith telyn, piano, ffidil, bas dwbwl, ffliwt, organ geg, acordion a gitâr, yn ogystal â'r offerynnau traddodiadol – crwth, pibgorn, tabwrdd a chorn-cyll. Gan fod gennym doreth o alawon traddodiadol yng Nghymru yn ogystal â chyfansoddwyr cyfoes medrus, does dim rhaid cyfyngu dawns i un alaw yn unig; ar gyfer bron pob dawns cawn ddewis o blith nifer o alawon o'r un mesur a'r un hyd.

Er na fyddai beirdd Cymru yn sôn fawr ddim am bleserau fel dawnsio, a oedd – yn eu tyb nhw – yn "israddol", eto mae cyfeiriadau i'w cael mewn hen lawysgrifau sy'n dangos bod dawnsio gwerin yn rhan o firi a hwyl y bobl yn gynnar iawn. Mae Gerallt Gymro'n sôn am Ŵyl yn Aberhonddu yn 1188, Gŵyl Sant Almhedha a gâi ei chynnal ym mis Awst, pryd y byddai pobl yn dawnsio o amgylch yr eglwys. Mae'n debyg, yn ôl cofnod yn 1284, y byddai dawnsio yn dilyn "Twrnameint Mawreddog" yn Nefyn, a bod y llawr wedi dymchwel gan mor egnïol y dawnsio. Yn ei lyfr *Journey through Wales* (1773) mae Thomas Pennant yn sôn am stepio ar aelwyd ffermdy fin noson o aeaf, a "Roli yn dawnsio ar archiad Modryb Gwen". Yn ôl William Roberts o

Aelodau Cwmni Dawnsio Gwerin Canolfan Caerdydd yn cynnal Defod y Pawl Haf yn Sain Ffagan adeg Gŵyl Ifan.

Gaerfyrddin, awdur *Beliefs in the Dark Ages* (1798), roedd y darlun bychan a'r pennill am fis Mai yng Nghalendr y Salmau a Gwersi ar ddechrau Llyfr Gweddi Cyffredin 1586 yn cyfeirio at ddawnsio Calan Mai. Yn ei lyfr ef, "Hynafiaethau a Thraddodiadau Llanberis a'r Amgylchedd" (1892) mae William Williams o'r pentref hwnnw – taid awdur yr erthygl hon – yn sôn am "arferion anfoesol a llygredig cyn dyfod yr Ymneilltuwyr â Goleuni y pwlpud a'r Ysgol Sul", gan fanylu: "Ar nos Sadyrnau byddai ieuengctyd yn cadw nosweithiau canu, yn difyrru eu hunain gyda'r delyn a'r ddawns hyd doriad gwawr y Sabboth."

Bu bron i sêl danbaid diwygiadau crefyddol y ddwy ganrif ddiwethaf ladd hen ddawnsiau traddodiadol Cymru'n gyfan gwbl, ond, er nad oedd crefyddwyr yn eu cymeradwyo, bu'r dawnsio'n gyndyn iawn i farw mewn sawl ardal. Rydym fel cenedl mewn dyled i nifer o selogion a aeth ati i gasglu ac adfer llawer o'r dawnsiau traddodiadol. Yr enwocaf o'r rhain oedd Lois Blake, Saesnes a ddaeth i fyw i Langwm yn yr hen Sir Ddinbych yn y tridegau, ac a grwydrodd ledled Cymru gan chwilota llyfrgelloedd ac amgueddfeydd, ymweld â chartrefi a chymdeithasau, lloffa mewn cyhoeddiadau cynnar yn Lloegr am fanylion hen ddawnsiau, a holi pobl ddiddorol fel Margretta Thomas, Nantgarw (mam Dr Ceinwen Thomas) a Lady Herbert Lewis, a gofiai fwynhau'r hen ddawnsiau yn eu hieuenctid. Bu Lois Blake yn cydweithio â W.S. Gwynn Williams (sylfaenydd Eisteddfod Ryngwladol Llangollen) dros gyfnod hir, a chyhoeddodd nifer o lawlyfrau yn ymwneud â dawnsio gwerin yng Nghymru.

Tua diwedd y pedwardegau cymerodd Urdd Gobaith Cymru, dan arweiniad Gwennant Davies (Gillespie bellach) ac eraill o'r staff (gan gynnwys awdur yr erthygl hon), ddiddordeb mewn ysbrydoli ieuenctid Cymru i fabwysiadu'r ddawns werin fel rhan naturiol o'u bywyd, gan hyfforddi arweinwyr ac aelodau'r mudiad. Yn 1949 bu cam mawr ymlaen pan gafodd Cymdeithas Ddawns Werin Cymru ei sefydlu. O hynny ymlaen ymledodd y diddordeb mewn dawnsio gwerin yn gyflym, a daeth gwisgoedd lliwgar yn fwy niferus o ŵyl i ŵyl.

Cynhwysai'r "wisg Gymreig" draddodiadol i ferched het uchel, pais, betgwn, ffedog, siôl a chap, a dyma hoff wisg y dawnswyr. Yn raddol mabwysiadodd gwahanol dimau wahanol steiliau, gan anelu at roi pleser i'r llygad mewn lliw a ffurf. I osgoi gwisgo brethyn trwm cynnes yn ystod misoedd yr haf, bydd rhai dawnswyr bellach yn dewis defnyddiau modern ysgafn, a gwelwn enghreifftiau o ddyfeisgarwch y gwahanol dimau yn gyson mewn gwyliau, yn yr Eisteddfod Genedlaethol ac yn Eisteddfod Ryngwladol Llangollen (lle cawn gyfle i edmygu gwisgoedd traddodiadol dawnswyr o wledydd eraill hefyd).

Roedd gwisgoedd ac offer arbennig i ddawnsiau neilltuol, megis clocsiau i ddawns stepio; gwisg wen i'r merched ar gyfer "Dawns Gŵyl Ifan"; clos pen-glin coch a sgert goch, twnig gwyrdd a blows werdd, cap melyn, clychau ar y cap ac ar y bysedd ar gyfer "Rali Twm Siôn"; gwisg Gymreig lawn, yr het a'r cyfan, lastig ar arddwrn dde'r merched ac arddwrn chwith y meibion â phêl fach amryliw wrtho a

Dawns y Glocsen.

rubanau hirion coch, gwyn a gwyrdd i ''Ddawns y Pelau''; siôl Paisley fawr o wyrdd a melyn a choch, a gwisg o wyrdd a choch at y syrnau, i ''Ddawns Morfa Rhuddlan''; hancesi i ddawnsiau Morys fel ''Y Gaseg Eira''. Bydd rhai heddiw yn defnyddio ysgub, bord gron i glywed sŵn tabyrddau traed ar lefel wahanol, cannwyll yn olau, pladur, bwyell, rhaca a chadach ar gyfer dawns stepio unigol i ddynion. Mewn dawns o'r fath bydd dawns y glocsen a dawns driciau yn cael eu cyfuno, gan fod cystadleuwyr heddiw yn tueddu i gynnwys llawer tric a step yn eu rhaglen.

Mae i ddawnsio gwerin ei geirfa ei hun, ond nid hwn yw'r lle i esbonio'r llu o dermau arbennig sy'n cael eu defnyddio, megis ''cam ril'', ''slip jig'', ''pen yr uned'', ''gwaelod yr uned'', ''uned hir ddeubar'', ''uned gylch'', ''sipsi'', ''*allamande*'', ''llanw a thrai'', ac yn y blaen. Mae termau megis ''troi allan ac i lawr'', ''arwain i fyny'', ''breichio'', ''cefn gefn'', ''pleth groes'', ''pleth i dri'', ''rhif wyth'' yn fwy cyfarwydd ac yn haws eu deall. (Gweler hefyd – DRYW, EISTEDDFOD RYNGWLADOL LLANGOLLEN, MARI LWYD.)

A.W.

DEWINO DŴR

''Darganfod peth neu ragfynegi'r dyfodol drwy foddion goruwchnaturiol'' yw esboniad ''Geiriadur Prifysgol Cymru'' ar y gair ''dewino''. Dewino dŵr felly yw darganfod dŵr, a hynny â darn o bren neu fetel. Dydy'r egwyddor o ddarganfod neu greu cyflenwad dŵr ddim yn beth newydd; er enghraifft, mae cyfeiriad i'w gael yn y Beibl at Moses yn taro'r graig â'i ffon, a dŵr yn llifo ohoni ar gyfer ei ddilynwyr yn y diffeithwch. Caiff nifer helaeth o ffynhonnau Cymru eu cysylltu â saint neilltuol, ac yn ôl Bucheddau'r Saint cafodd amryw ohonyn nhw, megis Ffynnon Gwynllyw (Morgannwg) a Ffynnon Illtud (Bro Gŵyr), eu creu ar ôl i'r sant daro'r ddaear â'i ffon.

Mae'r dystiolaeth hanesyddol am ddewino dŵr braidd yn annelwig. Yn y cyfnod clasurol, cyfeiriodd yr awdur Rhufeinig Pliny at ddulliau o ddarganfod dŵr, ond heb sôn dim am ddefnyddio ffon i wneud hyn ac er bod Varro'n sôn am *virgula divina* (ffon ddewino) mae'n debyg mai hudlath yn hytrach na ffon ddarganfod oedd ganddo dan sylw. Yn y bedwaredd ganrif Oed Crist bu Cassidorus yn canmol darganfyddwyr dŵr, ond eto heb gyfeirio at ffon fel cyfrwng. Hwyrach mai'r cyfeiriad tebygol cyntaf at ddarganfod dŵr â ffon yw hwnnw ar ddechrau'r unfed ganrif ar ddeg lle mae Notker, mynach yn St Gallen yn y Swistir, yn sôn am ffyn symudol. Mae tystiolaeth fwy pendant i'w chael yn 1430 mewn llawysgrif o eiddo arolygydd mwyngloddio, sy'n cynnwys cyfeiriad at ''ffon fwyngloddio''; mae'n debyg mai hwn yw'r cyfeiriad cynharaf at ffon ddarganfod fel y cyfryw. Does dim cyfeiriad pellach ar gael hyd 1518, pan gynhwysodd Martin Luther ddewino â ffon yn ei restr o weithgareddau a oedd yn groes i'r cyntaf o'r Deg Gorchymyn. Serch hynny, ddeuddeng mlynedd yn ddiweddarach roedd y ffon wedi ymsefydlu fel cyfrwng pendant a oedd o gymorth i ddarganfod mwynau, oherwydd mae sôn amdani yn y cyswllt hwn mewn traethawd o eiddo Georgius Agricola (1530). Rhagflaenydd oedd hwn i'w draethawd helaethach *De re metallica* (''Ynghylch metelau'') a ymddangosodd yn 1556. Roedd Agricola wedi gwasanaethu fel meddyg mewn mwynglawdd yn Bohemia, ac wedi ymddiddori yng ngwaith ac arferion y mwyngloddwyr. Yr hyn sy'n ddiddorol yw ei fod yn cyfeirio at y ffaith fod y mwynwyr, er mwyn darganfod gwythïen mwyn haearn, yn defnyddio cangen fforchiog o bren – pren collen, fel rheol, gan fod y gollen yn cael ei hystyried

Chwilio am fwynau trwy gyfrwng dewino yn yr unfed ganrif ar bymtheg. Llun o draethawd Georgius Agricola, De re metallica *(''Ynghylch metelau'', 1556).*

yn fwy effeithiol na'r un pren arall, yn enwedig os bu'r pren y daeth y brigyn ohono yn tyfu uwchben gwythïen mwyn haearn. Byddai'r mwynwyr yn cerdded o gwmpas gan ddal y darn pren, a phan ddeuen nhw at wythïen honnai Agricola fod y pren yn "symud", gan ychwanegu mai nerth y gwythiennau mwyn oedd yn achosi hyn.

Roedd yr arfer o ddefnyddio'r ffon ddewino i ddarganfod gwythiennau dan ddaear yn gyffredin yn yr Almaen erbyn canol yr unfed ganrif ar bymtheg felly. Ymledodd yn gyflym ac yn ystod teyrnasiad Elisabeth I (1558–1603) daeth mwyngloddwyr o'r Almaen i gynorthwyo gyda'r diwydiant yng Nghernyw, gan ddod â'r ffon gyda nhw, ac erbyn diwedd yr ail ganrif ar bymtheg roedd i'w chael ym mhob gwlad yn Ewrop. Yn ôl traethawd gan Robert Fludd, *Philosophia Moysaica* (1638), byddai gweithwyr Almaenig yn ei defnyddio ym mwyngloddiau arian Cymru.

Ar y cychwyn felly, câi'r ffon ei defnyddio i ddarganfod mwynau, ac roedd o'r herwydd yn gyfyng ei hapêl, ond o'i defnyddio ar gyfer darganfod dŵr ymledodd ei phoblogrwydd. Yr un a wnaeth ddewino dŵr yn arfer poblogaidd oedd y Farwnes Beau Soleil, a gâi ei chyflogi gan Lywodraeth Ffrainc i ddarganfod mwynau. Yn 1640 cyhoeddodd ei llyfr *La restitution de Pluton* lle yr argymhellodd ddewino dŵr drwy gyfrwng ffon; nododd bum dull ar gyfer darganfod dŵr a mwynau dan y ddaear – trwy agor wyneb y tir, trwy gyfrwng y planhigion a dyfai ar y tir, trwy flasu'r dŵr oedd i'w gael ar yr wyneb, trwy gyfrwng nwyon a godai o'r pridd, a thrwy ddefnyddio un ar bymtheg o wahanol offerynnau – gan gynnwys y ffon, y pwysicaf oll.

Un arwydd o boblogrwydd y ffon oedd y llên gwerin a gasglodd o'i chylch. Yn yr Almaen, er enghraifft, credai rhai y dylid ei thorri ar Ddydd Gŵyl Ifan a'i bedyddio, neu ei gosod yn y gwely gyda phlentyn newydd ei fedyddio a'i hadnabod o hynny ymlaen wrth enw'r plentyn. Ond roedd iddi ei gwrthwynebwyr hefyd. Bu Luther yn ei beirniadu mor gynnar â 1518, gan ddweud bod ei defnyddio'n mynd yn groes i athrawiaeth Feiblaidd. Yn 1658 honnai traethawd academaidd yn Wittenburg mai twyll neu waith y Diafol ydoedd, ac yn Ffrainc yn 1692 cafodd llofrudd honedig ei ddedfrydu ar ôl i "ddewin" o'r enw Aymar ei "ddarganfod" drwy gyfrwng y ffon. Yn dilyn hyn daeth gwrthwynebiad cryf o du'r Eglwys, ac yn 1701, ar ôl ymchwiliad (*inquisition*), daeth gorchymyn nad oedd y ffon i'w defnyddio mewn achosion troseddol.

Y gollen yw'r pren sy'n cael ei defnyddio yn fwyaf cyffredin i ddewino yng Nghymru heddiw, er bod yr helygen yn boblogaidd hefyd. Y dull arferol o ddefnyddio'r ffon yw gafael yn nau ben y fforch, gan gau'r dyrnau gyda chledr y llaw fel rheol yn wynebu at i fyny a gwddf neu waelod y pren, sydd ar siâp y llythyren **Y**, yn pwyntio i'r awyr ar ongl o tua 45°. Bydd rhai "dewinwyr" yn gafael yn y ffon â'r dyrnau at i lawr, ond, pa ffordd bynnag y bydd y gafael, caiff pren ei roi dan densiwn fel bod y symudiad lleiaf yn y garddyrnau neu'r breichiau yn peri iddo droi tuag at y ddaear. Mae'r symud penodol yn digwydd pan fydd y pwerau sy'n pwyso ar y ffon, fel presenoldeb dŵr o dan y ddaear, yn gryfach na gafael y dewin dŵr. Mae'r ffon yn symud mor ffyrnig weithiau fel bod y rhisgl yn dod i ffwrdd.

Beth sy'n achosi'r symudiad? Bu llawer o ddadlau am hyn, ond mor gynnar â 1641 awgrymodd y mynach Athanasius Kircher fod symudiad y ffon yn dibynnu ar symudiadau gewynnol anymwybodol o eiddo'r sawl a ddaliai'r ffon yn hytrach nag unrhyw ddylanwad "daearegol". Fel rhan o'i arbrofion roedd wedi gosod ffon i orffwys ar ei hyd ar draws canllawiau fertigol ac wedi darganfod nad oedd yn symud hyd yn oed mewn mannau lle roedd mwynau i'w cael. Roedd yn rhaid wrth y daliwr felly, meddai, gan mai trwyddo ef y gweithredai'r darganfyddiad.

Mr Jac Davies yn dewino dŵr yn Llansawel, Dyfed, yn 1970.

Parhaodd y dadlau i'r ganrif hon. Mynnai Barrett a Besterman (1926) yn Lloegr fod y symudiad yn seiliedig ar ymateb yr isymwybod yn hytrach nag ymateb corfforol – hynny yw, bod y ffon yn symud am fod y gweithredwr yn derbyn rhyw neges i'w isymwybod drwy ddulliau anesboniadwy. Ond yn ôl Maby a Franklin (1939) sylfaen gorfforol oedd i'r weithred. Ceisiodd Tramp (1949), athro daeareg yn yr Aifft, ddangos bod dewino yn dibynnu ar nifer helaeth o ffenomenau perthnasol – er enghraifft, amrywiaeth ym maes magnetig y ddaear, amrywiaeth ym mhelydriad yr haul, tyfiant lleol, symudiad y corff, presenoldeb organau eraill, neu amrywiaeth yn sensitifrwydd y system nerfol ganolog.

Mae darganfod dŵr trwy gyfrwng y ffon yn parhau'n boblogaidd hyd heddiw. Yn yr Unol

Daleithiau tynnodd awduron megis Kenneth Roberts (un o gefnogwyr brwd dewino dŵr) lawer o sylw at y pwnc mewn llyfrau fel *Henry Gross and his Dowsing Rod* (1951), *The Seventh Sense* (1953) a *Water Unlimited* (1957). Mae cymdeithas o'r enw *British Society of Dowsers* i'w chael.

Mae cyfeiriad yn *The Divining-Rod* (1926) gan Syr William Barrett a Theodore Besterman, at ŵr o'r enw Thomas Heighway, perchennog y *Park Pump Room* yn Llandrindod, a oedd yn ddewin dŵr fel ei dad o'i flaen. Yn ôl yr hanes, wedi i ŵr arall fod yn chwilio'n aflwyddiannus am ddŵr mwynol sylffwr llwyddodd Heighway i ddod o hyd i dri chwrs dŵr tanddaear yn Llanwrtyd. Mae lluniau o rai dewinwyr dŵr i'w cael yn archif Amgueddfa Werin Cymru, Sain Ffagan, Caerdydd.

A.E.W.

DIARHEBION

Mae pob un ohonom yn deall yn reddfol bron yr hyn y mae'r gair "dihareb" yn ei olygu, ond mae ceisio'i ddiffinio'n foddhaol yn dasg anodd dros ben. Yn ei hanfod bydd dihareb yn cyfleu mewn ffordd gryno, gofiadwy, ryw wirionedd neu ddoethineb sy'n gyffredin i bob dyn, ac yn gwneud hyn naill ai trwy fynegi'r gwirionedd mewn arddull fachog neu drwy ddefnyddio delwedd drawiadol. Yn ôl Solomon fab Dafydd, Brenin Israel, pwrpas dihareb, yng ngeiriau'r Beibl Cymraeg Newydd, yw "i roi craffter i'r gwirion, a gwybodaeth a synnwyr i'r ifanc". Yr un yw ei hystyr ym mhob iaith, ac yn wir, mae diarhebion megis "Nid aur yw popeth melyn", neu "Prynu cath mewn cwd" i'w cael mewn nifer o ieithoedd. Mae'r elfen o ddysgu, rhybuddio, cynghori neu dynnu sylw at wirionedd oesol ym mhob un ohonyn nhw, megis "Da yw dant i atal tafod", "Cadw dy afraid erbyn dy raid", a "Deuparth gwaith ei ddechrau".

Yn sicr, mae diarhebion yn rhan o athrylith yr iaith Gymraeg. Am y mwyafrif mawr ohonyn nhw, mae'n amhosibl olrhain pwy gafodd y fflach o weledigaeth na phwy a saernïodd y geiriau yn y fath fodd; maen nhw'n perthyn i'r traddodiad llafar a oedd yn bod cyn y medrai dyn ysgrifennu, y canrifoedd cynnar pryd y byddai doethineb y tadau yn cael ei drosglwyddo ar lafar ac ar gân. Y casgliad ysgrifenedig cynharaf o ddiarhebion y gwyddom amdano yw casgliad Cyrys o Iâl, a drigai, mae'n debyg, yn y ddeuddegfed ganrif. Mae hwn yn cynnwys rhyw dri chant o ddiarhebion; hwn yw sylfaen y casgliadau cynnar i gyd, ac mae i'w gael yn Llyfr Gwyn Rhydderch (1300–25) a Llyfr Coch Hergest (*c.* 1400). Ar ddechrau'r drydedd ganrif ar ddeg, mae casgliad anghyflawn yn Llyfr Du'r Waun (1200–25); anghyflawn oherwydd mai dim ond diarhebion o *a* i *g* yn nhrefn yr wyddor sydd yno – mae'r gweddill ar goll yn llwyr. Ar ddiwedd yr un ganrif cawn gasgliad o 217 ohonyn nhw yn Llawysgrif Peniarth 17. Yn ystod yr Oesoedd Canol roedd diarhebion ar dafod pawb ac yn rhan o ddoethineb y cyfnod.

Yn yr unfed ganrif ar bymtheg, yn sgîl y Dadeni Dysg, cynyddodd y diddordeb mewn diarhebion. Aeth yn ffasiwn i awduron eu defnyddio yn eu gwaith; aeth ysgolheigion ati i'w casglu yng Nghymru, yn Lloegr, ac ar y Cyfandir. Yn 1547 cyhoeddodd William Salesbury ei gasgliad yntau, "Oll Synnwyr Pen Kembero y Gyd". Yn 1621 cyhoeddodd Dr John Davies ei eiriadur a hwnnw'n cynnwys rhestr o ddiarhebion hefyd. Ond erbyn diwedd y ganrif honno ac yn y ddeunawfed ganrif bu newid agwedd; dyma gyfnod yr Oes Rheswm. Bellach câi diarhebion eu hystyried yn ganllawiau ar gyfer y di-ddysg yn unig. Mewn sawl llenyddiaeth yn y cyfnod hwn, bydden nhw'n cael eu defnyddio'n sarhaus i ddarlunio sut y byddai'r tlodion yn siarad, a'u ffordd o fyw.

Wrth sôn am gasgliadau o ddiarhebion, mae'n rhaid cofio un ffynhonnell bwysig arall, sef y Beibl. Yno, fel yn y casgliadau eraill, rhestrau o frawddegau yn unig sydd i'w cael, heb air o eglurhad; credai'r casglwyr fod yr ystyron yn amlwg.

Dyna'r hanes. Nid yw hynny'n egluro chwaith pam mae cynifer o ddiarhebion yn dal ar lafar hyd heddiw. Er bod y gymdeithas yn fwy soffistigedig a'r gyfundrefn addysg wedi ein cyflyru i fod yn fwy annibynnol a gwrthrychol ein meddyliau, mae athroniaeth y werin fel y mae wedi'i chrisialu yn y diarhebion yn dal i fritho ein hymwneud â'n gilydd. Nid gwirionedd y cynnwys yn unig sy'n eu gwneud yn gofiadwy; mae eu harddull gryno a'u delweddau yn rhan fawr o'u hapêl. Cawn ynddyn nhw ddyfeisgarwch geiriol sy'n gymorth i'r cof. Er enghraifft, cyseinedd – "Y ceffyl a bôr a bâr" ac "Edau rhy dynn a dyrr"; ailadrodd geiriau – "Henach, henach: ffolach, ffolach"; odl – "Wrth gicio a brathu/Mae cariad yn magu"; cydbwysedd y frawddeg – "Gwaith i bawb, gwaith i neb", "Yr hen a ŵyr, yr ieuanc a dybia"; ac wrth gwrs y delweddau – "Y cyw a fegir yn uffern, yn uffern y mynn fod".

Delweddau amaethyddiaeth a chrefftau'r wlad sydd ynddyn nhw'n bennaf; er enghraifft, "Yng ngenau'r sach mae tolio", "Nid ar redeg y mae aredig". Dyma agwedd arall ar astudio diarhebion, sef y goleuni y maen nhw'n ei daflu ar y gymdeithas a'u creodd. Maen nhw'n cynnwys cynghorion di-rif i ffermwyr – "Beudy oer, stabal gynnes"; sôn am y tywydd – "Gaeaf cynnar, hir y pariff"; am grefftwyr – "Amcan saer a mesur teiliwr"; am yr economi – "Mae modfedd o gownter yn well na chyfer o dir"; am statws cymdeithasol – "Y sawl a aned i blaned tair ceiniog, ddaw e byth yn rot"; ac am bobl – "Y drwg ei hun a dybia arall".

Mae dod i adnabod diarhebion yn gyfrwng i gyfoethogi ein hiaith, yn destun rhyfeddod a difyrrwch yn ogystal â modd i ni ddechrau deall doethineb.

M.W.

Y DWYRAIN CANOL

Dyma fan cyfarfod y tri chyfandir, Ewrop, Affrica ac Asia. Tir diffaith, anialwch, yw llawer ohono ond dyma lle y datblygodd amaethyddiaeth gyntaf wrth i'r trigolion gloddio am ddŵr neu ddyfrhau'r tir drwy droi dŵr o'r afonydd i lifo dros y pridd. Yn sgîl y ffermio cynnar hwn y datblygodd rhai o ymerodraethau mwyaf nodedig yr Hen Fyd, gan gynnwys ymerodraeth fawr Mesopotamia.

Mae'n rhanbarth ansefydlog iawn wrth i'r gwledydd modern geisio sefydlu perthynas â'i gilydd. Mae gwrthdaro rhwng y gwledydd Mwslimaidd, yn rhannol am fod dwy brif garfan y Mwslimiaid, y Shi'a a'r Sunni, yng ngyddfau ei gilydd.

Arabiaid yw'r mwyafrif o drigolion y Dwyrain Canol (40 miliwn) a'r Arabeg yw'r brif iaith. Ymhlith y pobloedd eraill mae'r Iddewon (4 miliwn) a'r Iraniaid (34 miliwn).

Bu cyflwr y Palesteiniaid y tu mewn a'r tu allan i Israel yn bwnc llosg ers sefydlu'r wlad yn 1948 ac mae'r gwrthdaro'n parhau. Gwrthdaro mawr arall yn y Dwyrain Canol yn ystod yr wythdegau oedd y rhyfel rhwng Iran ac Iraq, rhyfel a barhaodd dros saith mlynedd gan ladd ymhell dros filiwn o bobl. Daeth y rhyfel i ben yn 1988 pan ildiodd Iran, ac mae cynhadledd wrthi'n trafod amodau'r heddwch rhwng y ddwy wlad. Ac yn Libanus mae gwrthdaro rhwng y Cristnogion a'r Mwslimiaid wedi arwain at ryfel cartref cymhleth a gwaedlyd.

Prif ffynhonnell cyfoeth y Dwyrain Canol yw olew, ac o ganlyniad mae rhai o'r gwledydd, hyd yn oed rhai o'r gwledydd lleiaf, yn hynod gyfoethog.

Yma hefyd mae tarddle tair o brif grefyddau'r byd – Iddewiaeth, Cristnogaeth ac Islam, ond Islam yw'r grefydd sy'n rheoli bywydau y mwyafrif o'r trigolion. (Gweler hefyd – IDDEWON, IRAN, IRAQ, ISRAEL, PALESTEINA.)

Rh.I.

ECOLEG

Mae'n debyg mai biolegydd o'r enw Ernst Haeckel oedd y cyntaf i ddefnyddio'r term "ecoleg", a hynny yn 1866 wrth sôn am y berthynas rhwng organebau byw a'i gilydd. Bydd popeth byw yn bod mewn perthynas gymhleth â'i amgylchedd, ar yr organebau byw a'r pethau difywyd sydd o'i gwmpas yn yr amgylchedd hwnnw – ac astudiaeth o'r berthynas honno yw ecoleg.

Mae'n astudiaeth bwysig iawn. Mae'n bwysig i ffermwyr sydd am wneud y defnydd gorau posibl o'u cnydau a'u hanifeiliaid dof. Mae'n bwysig hefyd ein bod yn gwybod sut i amddiffyn a chadw anifeiliaid a phlanhigion gwyllt trwy ofalu eu bod yn cael byw dan yr amgylchiadau a'r amodau sydd fwyaf addas ar eu cyfer.

Gall ecoleg gwmpasu gwahanol feysydd. Bydd dyn yn ymyrryd â'r berthynas rhwng pethau byw a'u hamgylchedd wrth draenio tir, wrth gael gwared o wrychoedd a chlirio coedwigoedd, wrth drin y tir a thyfu cnydau ac wrth adeiladu a thrin diwydiannau eraill – ac mae a wnelo ecoleg gymhwysol (*applied ecology*) â chynnal a chadw cynefinoedd organebau ac â chanlyniadau ymyrraeth a llygredd. (Mae triniaeth fanylach o'r pwnc hwn i'w chael yn yr erthygl ar CADWRAETH ar dudalen 153 yn y gyfrol hon.)

D.G.J.

ERYDU

Mae'r creigiau a'r pridd sydd ar wyneb y ddaear yn cael eu datod, eu treulio a'u cludo'n barhaus dan effaith dŵr, gwynt a newidiadau mewn tymheredd; dyna yw erydu. Mae iddo ddwy ffurf – erydu ffisegol ac erydu cemegol.

Ar dudalen 102 yng Nghyfrol 5 mae sôn am ogofeydd ar lan y môr yn cael eu ffurfio wrth i nerth tonnau'r môr ar hyd y canrifoedd chwalu mannau gwan yn y creigiau – dyna enghraifft o erydu ffisegol.

Weithiau bydd y creigiau caletaf yn gwrthsefyll grym y dŵr, ac yma a thraw ar hyd yr arfordir down ar draws ffurfiau hynod o graig yn sefyll yn gadarn – y ffurfiau hyn wedi'u cerfio, ond heb eu chwalu, gan y tonnau, megis y Stack Rocks a Phant y Creigiau ar arfordir yr hen Sir Benfro. Mae llun bwa craig naturiol ar lannau Parc Cenedlaethol Arfordir Penfro ar dudalen 131 yng Nghyfrol 5.

Mae'r un erthygl yn cyfeirio hefyd at ogofâu eraill ymhell o'r môr a gafodd eu llunio wrth i ddŵr glaw suddo i'r ddaear lle byddai'r carbon deuocsid a oedd yn y glaw yn toddi'r calsiwm carbonad a ffurfiai sialc a chalchfaen y creigiau, gan ei olchi ymaith a gadael ceubyllau ac ogofeydd. Yn yr un modd bydd asid carbonig mewn dŵr glaw yn peri i wenithfaen ddadfeilio wrth droi'r mwynau ffelsbar sydd ynddo yn glai tsieni; dyna ddwy enghraifft o erydu cemegol.

Ar dudalen 122 yng Nghyfrol 3 a thudalen 92 yng Nghyfrol 6 cawn gyfeiriadau at effeithiau glasierau a thafodau iâ ar wyneb y ddaear wrth iddyn nhw symud ar hyd llechweddau i dir is, yn enwedig yn ystod Oes yr Iâ. Mewn mannau sy'n dal yn oer iawn heddiw, am eu bod yn uchel neu ymhell o'r Cyhydedd, bydd glasierau'n para i erydu wyneb y ddaear.

Bydd tywydd oer yn achosi erydu wrth i ddŵr dreiglo i graciau ac agennau mewn creigiau a rhewi yno, gan beri i'r graig hollti a thorri a dadfeilio. Mewn anialdiroedd poeth bydd y creigiau'n chwyddo yn ystod y dydd dan wres dirfawr yr haul, ond wrth i'r tymheredd ddisgyn yn sydyn gyda'r nos bydd yr un creigiau'n cyfangu mor gyflym nes iddyn nhw hollti, fel bod darnau'n torri'n rhydd. Bydd hyn yn digwydd drosodd a throsodd nes bod y darnau'n ddigon bach i'r gwynt eu hyrddio yn erbyn ei gilydd a ffurfio tywod. Yn aml bydd y gronynnau tywod, dan effaith y gwynt, yn ffurfio bryniau tywod fel sydd yn Niffeithwch Sahara a diffeithdiroedd tebyg, a thywynnau fel y gwelwn mewn mannau ar arfordir Cymru, sy'n newid tirwedd y wlad.

Gall y gwynt gludo pridd ymaith hefyd; dyna a ddigwyddodd mewn rhannau o Ddiffeithwch Sahara a oedd unwaith yn dir ffrwythlon. Pan fydd tir yn cael ei drin yn barhaus, bydd perygl i ronynnau'r pridd leihau cymaint o ran maint nes troi'n llwch sydd yn hawdd ei godi gan y gwynt. Un ffordd o wella'r fath sefyllfa yw plannu glaswellt, moresg neu goed er mwyn i'r gwreiddiau ddal y gronynnau pridd neu dywod wrth ei gilydd a'u rhwystro rhag cael eu chwythu ymaith.

Grand Canyon, Arizona, UDA – un o'r enghreifftiau mwyaf trawiadol o erydu yn y byd. Cafodd yr hafn enfawr hon ei thorri gan lif Afon Colorado gan adael canion sy'n enwog am ei dirffurfiau rhyfeddol a lliwiau'r graig.

Gall caniatáu i anifeiliaid bori glaswellt yn llwyr arwain at erydu, fel sy'n digwydd yn rhai o wledydd Affrica lle bydd safle dyn mewn cymdeithas yn dibynnu ar nifer y gwartheg sydd ganddo; mae mwy o wartheg dof yn y gwledydd hyn yn awr nag a fu erioed, ac, wrth iddyn nhw bori pob glaswelltyn ar ddarn o dir, y canlyniad fydd i'r pridd noeth gael ei erydu'n gyflym. Yn sgîl dulliau ffermio anaddas ddiwedd y ganrif ddiwethaf a blynyddoedd cynnar y ganrif hon datblygodd "Y Fowlen Lwch" enwog yn nhaleithiau Kansas, Texas ac Oklahoma yng Ngogledd America, pryd y collodd miloedd o ffermwyr eu bywoliaeth. Cafodd cynllun cadwraeth ei baratoi i ddelio â'r argyfwng, a mabwysiadodd gwledydd eraill yr un system i ateb sefyllfaoedd tebyg. Bydd Corff Bwyd ac Amaeth y Cenhedloedd Unedig yn cydweithio â llywodraethau'r gwledydd sy'n datblygu gyda'r bwriad o osgoi problemau erydu a hybu eu cynnyrch amaethyddol.

Enghraifft nodedig o effaith gwynt, glaw a thywydd ar arwynebedd y ddaear yw'r Grand Canyon ar Afon Colorado yn nhalaith Arizona yng Ngogledd America. Dros filiynau o flynyddoedd bu'r afon honno'n cludo creigiau a cherrig mân a thywod yn ei chôl, a'r rheiny'n malu haen ar ôl haen o graig a phridd gan gafnu gwely i'r afon a âi yn ddyfnach ac yn lletach yn raddol dros y canrifoedd. Erbyn heddiw mae'r canion yn debyg i hollt neu agen anferth yn y ddaear, bron dwy kilometr o ddyfnder a thros bum kilometr ar hugain o led mewn mannau. Ar hyd-ddo mae tyrau anferth o graig galetach, tebyg i demlau hynafol a gafodd eu cerfio wrth i'r afon ruthro heibio. (Gweler hefyd – GLASIER, OGOFÂU, RHEWI.)

D.G.J.

Sigmund FREUD (1856–1939)

Meddyg cyffredin a ddewisodd arbenigo ar anhwylderau'r meddwl oedd Sigmund Freud; ceisiodd hefyd fod yn athronydd â rhywbeth ganddo i'w ddweud am bron pob maes o fywyd. Cafodd ei eni yn Freiberg, Morafia (Tsiecoslofacia heddiw) yn 1856, i deulu Iddewig a symudodd i Wien pan oedd y bachgen yn bedair oed.

Ar hyd ei oes bu yntau'n ymwybodol iawn o'i gefndir crefyddol, er iddo ymwrthod â'r cefndir hwnnw bron yn gyfan gwbl. Fel Iddew roedd yn cyfrannu o brofiad llawer o leiafrifoedd difreintiedig y tu mewn i'r Ymerodraeth Awstro-Hwngaraidd, a rhoddodd hyn syniad iddo sut brofiad oedd bod yn ymylol, yn od, yn wahanol neu'n annormal.

Yn ystod ei oes profodd Freud hefyd yr erlid gwrth-Iddewig a ddatblygodd dan y Natsïaid, a diwedd y disgwyliadau rhamantaidd, naïf, a arweiniodd pobl ail hanner y bedwaredd ganrif ar bymtheg i feddwl bod cynnydd mewn deall ac ymddygiad [illegible] yn beth anochel.

Erbyn diwedd ei oes roedd Freud yn alltud yn Llundain, wedi dianc o grafangau'r Natsïaid gyda

Sigmund Freud (de) yng nghwmni Ernest Jones.

chymorth y Cymro, Ernest Jones, awdur cofiant cynhwysfawr i'r ''Meistr'' a'i brif ddisgybl yn y byd Saesneg – a'r disgybl cyntaf nad oedd yn Iddew.

Freud a ddyfeisiodd y dull seicdreiddiol o ddadansoddi meddyliau pobl. Ei brif dechneg oedd gwahodd claf i adrodd llif ei feddyliau, yn hollol rydd, cyn mynd ati gydag ef i geisio gweld patrwm ac arwyddocâd yn yr hyn y bu'n ei adrodd. Ceisiai weld, hefyd, pa bethau y byddai meddwl y claf yn eu gwrthod neu'n methu'u hadrodd. Gwelodd fod ym meddwl dyn haenen ymwybodol a haenau anymwybodol; gwelodd fod yna elfen o sensoriaeth (gwrthod neu dorri allan) yng nghyfathrach y gwahanol haenau â'i gilydd, a ffyrdd y gallai'r deunydd hwnnw, a oedd yn wrthun i'r meddwl ymwybodol, eu defnyddio er mwyn torri drwodd i'r wyneb. Rhai o'r ffyrdd hynny oedd mewn breuddwydion ac mewn ymadroddion a dywediadau ffraeth ''ffwrdd-â-hi'', neu drwy gael eu priodoli i bobl neu bethau eraill.

Credai Freud felly fod annog dyn claf ei feddwl i siarad am gynnwys ei freuddwydion ac am ei orffennol lawn mor debyg o'i wella â'r feddyginiaeth gyffredin yn y dyddiau hynny o estyn cyffuriau iddo. Daeth i weld bod dyn yn aml yn cuddio neu'n mygu atgofion o ddigwyddiadau anhapus o gyfnod ei ieuenctid, am ei fod yn cysylltu meddyliau anhapus â'r atgofion hynny. Wrth ddod â'r gorffennol cuddiedig hwn i'r golwg gwelai Freud y gallai gynorthwyo rhai claf eu meddwl i adnabod achosion eu hanhwylderau.

Cyhoeddodd nifer o lyfrau, gan gynnwys *Die Traumdetung* (''Dadansoddi Breuddwydion'', 1900): credai'n ffyddiog y gall breuddwydion dyn ddadlennu ei atgofion a'i ddyheadau cudd.

H.P.J.

FFORESTYDD GLAW

Os edrychwn ar fap o'r byd sy'n dangos y glawiad blynyddol, fe welwn mai mewn rhanbarthau o bobtu'r Cyhydedd y digwydd y glawiad uchaf fel rheol. Yno bydd yn glawio bob dydd o'r flwyddyn, ym mhob tymor – rhwng 2,000 a 2,500 mm yn aml mewn blwyddyn. Bydd yr aer yn boeth ac yn llaith, yr haul yn codi'n gynnar ac yn disgleirio'n uchel yn y ffurfafen am oriau lawer ar eu hyd. Dyma amodau rhagorol ar gyfer tyfiant. Yma bydd planhigion yn tyfu'n gyflym iawn, a'r enw a rown ar y drysni o lystyfiant sydd i'w gael yn y rhanbarthau hyn, o fewn tua deg gradd i'r gogledd ac i'r de o'r Cyhydedd, yw fforestydd glaw, neu, i'w gwahaniaethu oddi wrth goedwigoedd mewn gwledydd oerach, fforestydd cyhydeddol.

Ar dudalen 35 yng Nghyfrol 1 mae disgrifiad byr o'r fforest law fwyaf yn y byd, sydd ym masn eang Afon Amazonas. Ar gyfandir Affrica mae fforest debyg yn ymestyn o arfordir Gwlff Gini dros ran helaeth o fasn Afon Congo, ac yn y Dwyrain Pell mae fforestydd glaw yn ffynnu ym Malaysia, Indonesia ac ynysoedd deheuol y Pilipinas.

I raddau helaeth mae'r rhanbarthau hyn yn debyg i'w gilydd. Bydd llystyfiant llewyrchus ar bob darn o dir ar wahân i greigiau. Ar yr arfordir bydd coed mangrof tal gyda'u gwreiddiau coesog yn tyfu lle mae'r tir yn lleidiog, a phalmwydd coconyt lle mae'n dywodlyd. I mewn yn y tir, bonau main sydd gan lawer o'r coed tal, â chlwstwr o ganghennau ar eu pennau, a'r dail ar y rheiny'n ffurfio math o do neu ganopi dros y cyfan. Y coed mwyaf cyffredin yw mahogani, balsa, cypreswydd, tîc, coed cyll Ffrengig, sapele, eboni, cottonwood, iroko, rhosbren a guarea. Ar lannau'r afonydd bydd gwahanol fathau o balmwydd yn tyfu; y bwysicaf o'r rhain yw palmwydd olew – ei ffrwythau'n cael eu bwyta gan y brodorion a'u hallforio.

Drysni tyfiant fforest law yn Guyana, De America.

Ymysg y coed tal bydd prysgwydd a choed byrrach yn tyfu, ynghyd â rhedyn praff, clystyrau bambŵ, coed banana ac amrywiaeth o ffwng. Yn ymgordeddu trwy'r cyfan bydd planhigion dringo (liana) yn ymblethu yn ei gilydd fel rhedyn gwydn. Ar lawr y fforest bydd boncyffion coed sydd wedi cwympo yn pydru yn y gwres llaith, ac mewn llannerch yma a thraw bydd glaswellt yn tyfu.

Cynefin amrywiaeth o greaduriaid yw'r fforestydd glaw; y mwyaf cyffredin yw epaod a mwncïod (yn enwedig y simpansî a'r colobys du cynffonwen), gwahanol fathau o geirw, parotiaid lliwgar, colomennod ac adar sy'n bwyta bananas, a nadroedd (y rhan fwyaf, ar wahân i'r boa, yn fach ac yn ddiniwed). Creaduriaid diddorol yw'r amrywiol forgrug sy'n lluosog iawn; weithiau bydd dros filiwn ohonyn nhw mewn haid, a gall twr o'r fath ymosod ar anifail sylweddol ei faint a'i ddifa. Pryfed peryglus yw'r mosgito a fydd yn achosi malaria a'r dwymyn felen, y trogod sy'n peri clefydau ymysg anifeiliaid, a'r gwybedyn tsetse a fydd yn heintio dyn ac anifail. (Gweler hefyd - AMAZON, Y TROFANNAU.)

D.G.J.

FFOTOGRAFFIAETH

Er mai datblygiad cymharol ddiweddar yw crefft ffotograffiaeth fel y gwyddom ni amdani heddiw, mae ei gwreiddiau yn hŷn o lawer. Mae tystiolaeth ar gael bod dyn yn deall egwyddor *camera obscura* ymhell cyn Crist. Ystyr y term Lladin *camera obscura* yw "siambr dywyll" ac roedd yr enghreifftiau cynharaf ohoni ar ffurf ystafell fechan dywyll a golau'n treiddio iddi o'r tu allan trwy dwll bychan yn un o'r waliau. Byddai'r golau hwn yn taflu llun ar y wal o'r olygfa y tu allan i'r ystafell, a'r olygfa honno'n ymddangos wyneb i waered. Byddai arlunwyr o'r unfed ganrif ar bymtheg ymlaen yn defnyddio *camera obscura* i'w cynorthwyo i ddarlunio. Câi'r gwrthrych roedd yr arlunydd am ei ddarlunio ei osod y tu allan i'r "siambr dywyll" a defnyddiai'r arlunydd y ddelwedd ohono a ymddangosai ar ddarn o bapur ar y wal y tu mewn i'r siambr yn sail i'w ddarlun. Yn y ddeunawfed ganrif darganfu gwyddonydd o Ffrainc sut i gofnodi'n barhaol, gyda chymorth cemigion, ddelwedd (llun) a oedd wedi'i thaflu gan olau dydd yn treiddio i'r camera. "Darlunio â golau" yw ystyr y gair "ffotograffiaeth".

Er mor amrwd oedd yr offer a'r lluniau cynnar, yr un yw'r broses sylfaenol sydd heddiw yn defnyddio camerâu modern wedi'u seilio ar gynllun y *camera obscura* cynnar - hyd yn oed y rhai mwyaf drud a chymhleth.

Pan welodd y ffotograffau cyntaf, meddai arlunydd o Ffrainc, *From today painting is dead.* Cyn hynny, arlunwyr yn unig a fedrai greu lluniau parhaol o bobl ac o'r byd o'u cwmpas, ond bellach roedd cyfle i bobl gyffredin weld lluniau ohonyn nhw eu hunain wedi'u tynnu gan ffotograffwyr cynnar fel John Thomas (1838–1905), y Cymro o Gellan yn yr hen Sir Aberteifi.

Chafodd ofnau'r arlunydd o Ffrainc ddim mo'u gwireddu, er ei bod hi'n amlwg bod ffotograffwyr cynnar yn dynwared arddull y peintiwr gan mai dyna'r unig draddodiad gweledol y gallen nhw'i ddilyn. Serch hynny, mae ffotograffiaeth yn gallu bod yn ffurf o gelfyddyd, ac mae'r cynnydd yn nifer yr orielau ffotograffiaeth ac arddangosfeydd lluniau sy'n bodoli heddiw yn brawf o'r diddordeb sydd yn bod bellach yn y grefft hon.

Fodd bynnag, nid celfyddyd yn unig yw ffotograffiaeth – mae'n gyfuniad o gelf a gwyddoniaeth hefyd. Wrth i agwedd wyddonol y grefft ddatblygu, ehangodd ei dylanwad mewn amrywiol feysydd nes ei bod erbyn heddiw yn chwarae rhan hanfodol yn ein bywydau.

Un o'r datblygiadau cynnar oedd dyfeisio'r ffilm trwy dynnu cyfres o luniau a fyddai'n cyfleu symudiad yn hytrach na'i rewi ar ffurf lluniau llonydd. Mae ffilm a fideo heddiw ymhlith y cyfryngau mwyaf pwerus a dylanwadol, sy'n ein galluogi i dderbyn newyddion a gwybodaeth yn gyflym iawn o bedwar ban byd.

Bu gan ffotograffiaeth le amlwg hefyd yn natblygiad y diwydiant argraffu, yn arbennig yng nghanol y ganrif hon pan gafodd y system ffoto-litho ei ddatblygu. Trwy ddefnyddio dull ffotograffig o atgynhyrchu lluniau a geiriau fe ddaeth hi'n haws ac yn rhatach argraffu deunydd cyffrous, bywiog – a daeth hyn yn amlwg yn y cynnydd aruthrol yn nifer y cylchgronau a'r llyfrau yn cynnwys llawer o luniau sy'n cael eu cyhoeddi.

I ateb y galw am gynifer o luniau ar gyfer y byd cyhoeddi a'r maes masnachol, bu cynnydd mawr hefyd yn nifer y ffotograffwyr proffesiynol, a bellach mae swyddi ffotograffwyr yn rhai pwysig iawn yn ein cymdeithas. Bydd llawer ohonyn nhw'n arbenigo mewn meysydd penodol, megis hysbysebu, byd natur, chwaraeon, portreadau, pensaernïaeth a thirluniaeth – heb anghofio'r ffotograffydd newyddion sy'n hanfodol ar gyfer ein papurau dyddiol a'n setiau teledu.

Bydd ambell lun unigol yn creu effaith syfrdanol ar y sawl sy'n ei weld, fel y llun enwog o blismon yn cario yn ei freichiau ferch fach newydd ei hachub o'r llaid a orchuddiodd ysgol Aber-fan yn 1966, neu'r llun o blentyn yn Viet Nam a'i groen ar dân.

Un maes pwysig sy'n manteisio ar sawl ffurf ar ffotograffiaeth yw'r byd meddygol. Er mor wyrthiol yr ymddangosai'r lluniau pelydr X cyntaf, mwy syfrdanol fyth yw'r lluniau hynny y bydd meddygon yn eu gweld heddiw wrth i ffibr optig â lens bychan arno deithio trwy wythiennau'r corff hyd at y galon a thrwy dwnelau ac ogofâu dirgel eraill y corff, gyda'r bwriad o gynorthwyo ymchwil i glefydau a dod o hyd i feddyginiaeth ar eu cyfer.

Mae'r grefft o ddefnyddio fflach electronig ar gyflymder uchel iawn yn werthfawr iawn ym myd gwyddoniaeth; mae'n bosibl peri i fwled ymddangos fel pe bai'n sefyll ar ei thaith gyflym, neu ddarlunio

Enghraifft o gelfyddyd y ffotograffydd: "Caerdydd '87" gan Marian Delyth, awdur yr erthygl ar FFOTOGRAFFIAETH.

diferyn o ddŵr ar yr union eiliad y bydd yn cyrraedd wyneb llyn neu'n tasgu ar y llawr. Techneg arall sy'n peri syndod yw chwyddhau rhywbeth sy'n fach iawn, megis llygad gwybedyn, nes ei fod yn ymddangos yn enfawr, a manylion na fyddem yn gallu eu gweld â'r llygad yn dod i'r golwg.

Yn yr un modd byddwn yn synnu at luniau sy'n cael eu tynnu o'r awyr, gan ddangos patrymau haniaethol hardd, sy'n ymddangos yn aml fel gweithiau celfyddyd; bydd y lluniau hyn wedi'u tynnu am resymau ymarferol yn aml iawn, megis crynhoi gwybodaeth archaeolegol, daearegol a daearyddol.

O'r ychydig enghreifftiau hyn gallwn weld mai prif swyddogaeth ffotograffiaeth yw cofnodi a throsglwyddo gwybodaeth trwy gyfrwng gweledol. Er bod yr offer a fydd yn cael eu defnyddio yn amrywio a'r cymhelliad yn gwahaniaethu, yr un broses sy'n arwain at greu gwaith y ffotograffydd proffesiynol, celfyddyd yr arlunydd a'r *snaps* yn yr albwm teuluol, sef y broses o ddarlunio darn o fywyd a'i gadw i'r dyfodol. (Gweler hefyd – CAMERA, PELYDRAU X.)

M.D.

GLAW ASID

Yn ystod y blynyddoedd diwethaf bu llawer o sôn am y llygredd sy'n cael ei achosi gan ddiwydiant. Pwerdai sy'n llosgi glo i gynhyrchu trydan, mygdarth o bibau gwacáu ceir modur, a gweithgarwch diwydiannol sy'n cael y bai am ollwng nwyon megis sylffwr deuocsid ac ocsidau nitrogen i'r awyr. Bydd y nwyon a'r ocsidau gwenwynig hyn yn cael eu dal yn y cymylau ac yn disgyn yn ôl i'r ddaear mewn diferion dŵr glaw, gan ladd fforestydd a difa'r bywyd – anifeiliol a llysieuol – sydd mewn llynnoedd.

Mae hyn yn digwydd yn arbennig mewn rhannau o Ogledd America ac yng ngwledydd Llychlyn – ac mae llywodraethau Norwy a Sweden yn mynnu mai diwydiannau yng ngwledydd Prydain sy'n gyfrifol am y glaw asid sy'n disgyn yno.

Hyd yn hyn (1989) does dim ateb i'r broblem, er bod ychwanegu calch at ddŵr llynnoedd yn debyg o leihau effaith drwg y glaw asid sy'n disgyn yno. (Gweler hefyd – CADWRAETH.)

D.G.J.

GWLADWRIAETH LES

Cyfrifoldeb y Wladwriaeth (sef y Llywodraeth) yw gofalu am y tlawd, y di-waith, yr afiach, yr hen a'r methedig. Ar ddechrau'r ganrif hon, fodd bynnag, ychydig iawn o ofal a gâi anffodusion ein cymdeithas. Yr unig drefniant ar eu cyfer oedd y tlotai lle roedd yr amodau byw yn fwriadol annymunol fel na fyddai'r tlodion am fyw ynddyn nhw. Yn 1906 daeth y Blaid Ryddfrydol i rym dan arweiniad Syr Henry Campbell-Bannermann, ac o hynny ymlaen bu newid agwedd ymysg gwleidyddion tuag at broblemau tlodi ac afiechyd. Roedd ymchwilwyr cymdeithasol megis Seebohm Rowntree a Charles Booth eisoes wedi llwyddo i ddeffro cydwybod cymdeithas, a rhwng 1906 a 1914 pasiodd y Senedd gyfres o ddeddfau cymdeithasol wedi'u bwriadu i wella cyflwr y tlawd.

Roedd sawl mesur yn ymwneud â phlant, megis Deddf y Plant yn 1908 a orfododd y gymuned i ofalu

Canlyniadau difaol glaw asid – coed wedi'u dinoethi a'u difa.

am blant amddifad. Yn 1908 hefyd y darparodd y Wladwriaeth bensiynau i'r henoed am y tro cyntaf; derbyniai pob person sengl dros 70 mlwydd oed bum swllt yr wythnos, a phâr priod ddeg swllt. Roedd yn rhaid dod o hyd i fwy o arian i dalu am y gwasanaethau newydd hyn, a'r Cymro David Lloyd George a gafodd y dasg o godi'r arian. Ef oedd Canghellor y Trysorlys, a bu'n gysylltiedig â'r Wladwriaeth Les o'r cychwyn cyntaf. Penderfynodd gynyddu'r trethi ar y cyfoethog; cyflwynodd gyllideb arbennig yn 1908 – "Cyllideb y Bobl" – a gafodd ei gwrthwynebu'n ffyrnig gan y Blaid Geidwadol a oedd yn gryf iawn yn Nhŷ'r Arglwyddi. Yn y diwedd bu'n rhaid cyfyngu ar bŵer Tŷ'r Arglwyddi gan Ddeddf y Senedd yn 1911; ar ôl hynny gallai'r Llywodraeth Ryddfrydol fwrw ymlaen yn ddidrafferth â'i rhaglen gymdeithasol.

Y mesur mawr arall oedd Deddf Yswiriant Cenedlaethol 1911. Darparai'r ddeddf hon gynllun o yswiriant meddygol ar gyfer gweithwyr ynghyd â thaliad wythnosol pan fyddai person yn ddi-waith. Erbyn 1914 roedd sylfeini cadarn wedi eu gosod ar gyfer y Wladwriaeth Les, ond torrodd y Rhyfel Byd Cyntaf (1914–18) ar draws y datblygiad hwn. Er i Brydain ennill y rhyfel, creodd y cyfnod hwn gymaint o broblemau economaidd nes i'r blynyddoedd ar ôl y rhyfel gael eu nodweddu gan gyfnodau hir o ddirwasgiad economaidd a greodd fwy fyth o dlodi a diweithdra.

Yn ystod y dauddegau ceisiodd sawl llywodraeth fynd i'r afael â phroblemau cymdeithasol. Daeth Neville Chamberlain, y Gweinidog Iechyd, â phensiwn gwell i'r henoed ac estynnodd daliadau yswiriant ar gyfer y di-waith. Ond gwaethygu a wnaeth y dirwasgiad, ac yn lle datblygu ymhellach dioddefodd y Wladwriaeth Les ergyd drom yn ystod y tridegau pan ostyngodd y Llywodraeth daliadau diweithdra o 17 swllt i 15 swllt 3 ceiniog. Ar ben hynny, yr hyn a gynddeiriogodd y di-waith oedd y moddion prawf a roddai hawl i arolygwyr ymchwilio i sefyllfa ariannol teuluoedd di-waith er mwyn darganfod faint o arian y dylen nhw'i dderbyn.

Yna, yn 1939, dechreuodd yr Ail Ryfel Byd. Er mwyn hybu'r ymgyrch ryfel, dechreuodd y Wladwriaeth gymryd mwy o ddiddordeb mewn lles cymdeithasol. Derbyniai menywod beichiog laeth ychwanegol a'r henoed fwy o arian; cafodd fitaminau hanfodol eu hychwanegu at fwydydd er mwyn gwella cyflwr iechyd y bobl a chynyddodd y Llywodraeth nifer y gwelyau rhad mewn ysbytai.

Cynhyrchodd yr holl ddatblygiadau hyn weledigaeth newydd o'r Wladwriaeth Les, ac fe gafodd y weledigaeth honno ei chrynhoi yng ngwaith William Beveridge. Lluniodd ef adroddiad yn 1942 yn amlinellu gwasanaeth cymdeithasol cwbl gynhwysfawr ar gyfer y dyfodol. Gwnaeth sawl argymhelliad; megis sicrhau gwasanaeth meddygol cenedlaethol, taliadau yswiriant unffurf ar gyfer holl weithwyr y wlad, lwfans teuluol a phensiynau ar gyfer gweddwon. Yr argymhellion hyn yw sail y Wladwriaeth Les y gwyddom ni amdani heddiw, a'r Llywodraeth Lafur dan Clement Attlee a'i sefydlodd yn syth ar ôl i'r rhyfel ddod i ben yn 1945. Rhwng 1945 ac 1951 aeth y Blaid Lafur ati i weithredu holl raglen Beveridge.

Yn 1945 pasiodd y Senedd y Ddeddf Yswiriant Cenedlaethol, a ddarparai chwe math o fudd-dâl – ar gyfer diweithdra, afiechyd, mamolaeth, marwolaeth, ymddeoliad a gweddwdod. Roedd y cynllun hwn yn welliant mawr ar gynlluniau blaenorol am ei fod yn cynnig budd-daliadau ar gyfer pob gweithiwr.

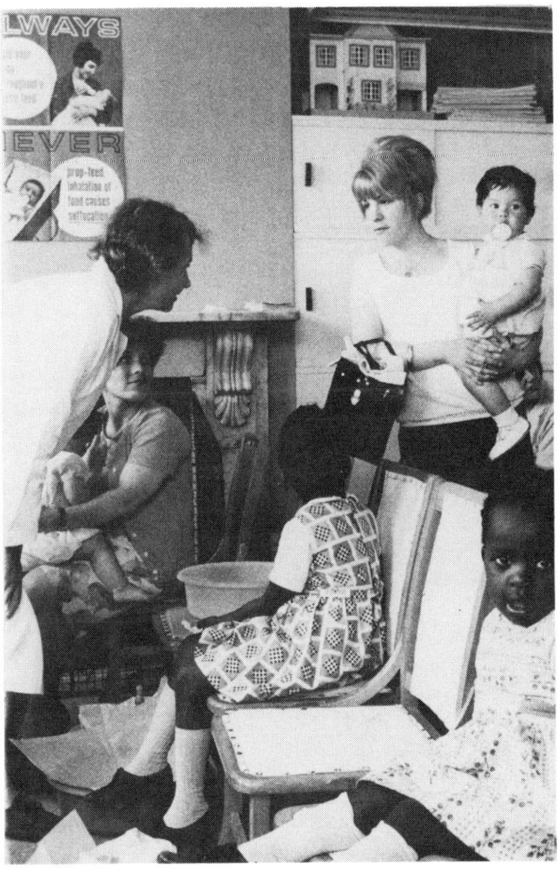

Y Wladwriaeth Les ar waith yn Kentish Town, Llundain: clinic iechyd ar gyfer mamau a'u plant.

Roedd yr un elfen gynhwysfawr i'w gweld yng nghynlluniau'r Llywodraeth Lafur ar gyfer y gwasanaeth iechyd hefyd. Y Cymro Aneurin Bevan oedd yn gyfrifol am lunio'r gwasanaeth hwn. Bu'n rhaid iddo droedio'n ofalus wrth geisio perswadio'r meddygon i ymuno â gwasanaeth iechyd cyhoeddus. Yn y diwedd llwyddodd i'w cael i dderbyn cyfaddawd: byddai'r meddygon yn medru parhau i drin cleifion preifat ar yr amod eu bod yn cefnogi'r gyfundrefn iechyd cyhoeddus. Nod Bevan oedd sefydlu gwasanaeth rhad ac effeithiol, ac fe ddaeth y Gwasanaeth Iechyd Cenedlaethol i fod yn 1948.

Yn 1948 hefyd daeth y Ddeddf Cymorth Cenedlaethol i rym. Ymgais arall oedd y ddeddf hon i gynnal breichiau'r tlodion trwy gynnig arian ychwanegol i bobl wirioneddol dlawd. Cynrychiolai'r budd-dâl atodol hwn welliant ar foddion prawf atgas y tridegau. Yn yr un flwyddyn rhoddodd Deddf y Plant orchymyn i bob awdurdod lleol sefydlu Adran Gofal Plant i warchod plant amddifad.

Does dim dwywaith nad oedd yr holl welliannau hyn yn gam pendant ymlaen: am y tro cyntaf gallai pob person yn y wlad ddibynnu ar gynllun cynhwysfawr o ddiogelwch cymdeithasol. Fodd bynnag, roedd pris uchel i'w dalu am y gwelliannau hyn. Gobaith Aneurin Bevan, er enghraifft, oedd y byddai bendithion y gwasanaeth iechyd yn golygu cymaint o welliant yng nghyflwr iechyd y bobl nes y byddai'r galw am fanteision y gwasanaeth yn lleihau. Ond mewn gwirionedd y gwrthwyneb a ddigwyddodd.

Mae'r galw am y gwasanaeth iechyd wedi cynyddu'n aruthrol dros y blynyddoedd, yn rhannol oherwydd bod pobl yn byw yn hirach nag yn y gorffennol, ac yn rhannol oherwydd costau eithriadol datblygiadau meddygol. Mae hyn wedi arwain at gryn ddadlau rhwng y pleidiau gwleidyddol, yn enwedig yn ystod y deng mlynedd diwethaf pan gafodd y Llywodraeth Geidwadol ei chyhuddo droeon o beidio â gwario digon ar y Gwasanaeth Iechyd. Yn ogystal â hynny, ers i ddiweithdra ddechrau ailgynyddu ar ddiwedd y saithdegau, mae mwy o dystiolaeth erbyn hyn fod tlodi'n parhau i fod yn gymaint o broblem ag erioed. Golyga hyn fod y gost o gynnal y tlawd wedi cynyddu'n aruthrol eto er 1945. (Gweler hefyd – ANEURIN BEVAN, YSBYTAI.)

H.M.

Augusta HALL, Arglwyddes Llanofer (1802–1896)

Augusta Hall, ''Gwenynen Gwent'' – dyma un o'r gwragedd mwyaf hynod a welodd Cymru erioed. Cafodd ei geni yn y Tŷ Uchaf, Llanofer, Gwent, yn ferch ieuengaf Benjamin Waddington a'i wraig Georgina. Pan oedd hi'n blentyn byddai'n cymdeithasu â phlant tenantiaid ystad fawr ei thad; roedd y rheiny'n Gymry Cymraeg, a byddai hithau'n rhoi enwau Cymraeg ar ei hanifeiliaid anwes. Deuai ffrind pennaf ei mam, yr Arglwyddes Greenly, i ymweld â'r teulu'n aml; gallai hi siarad Cymraeg a chanai alawon gwerin Cymru i ddiddanu'i chyfeillion. Yn ôl ei chyfaddefiad hi ei hun yn nes ymlaen yn ei bywyd, ni fedrai Augusta siarad Cymraeg yn dda er ei holl ymdrech a'i dyhead.

Yn 1823 priododd hi Benjamin Hall, gan uno dwy ystad fawr – Llanofer ac Aber-carn. Byddai'r ddau yn cefnogi'r iaith Gymraeg ac yn casglu llyfrau i'w llyfrgell, llyfrau Saesneg a Chymraeg, a oedd yn ymwneud â Chymru a'r iaith Gymraeg. Bydden nhw'n cyflogi gweision a morynion o Gymry Cymraeg, gan gynnwys telynor swyddogol a chaplan teulu.

Cafodd eisteddfod fawr ei chynnal yng Nghaerdydd yn 1834 ac yno, dan y ffugenw ''Gwenynen Gwent'', enillodd Augusta wobr am draethawd Saesneg ar y manteision a ddeilliai o gadw'r iaith Gymraeg a'r wisg Gymreig. Cyhoeddodd y traethawd yn 1836, a byth oddi ar hynny cafodd ei hadnabod wrth yr enw hwnnw. Ar hyd ei hoes hirfaith hyrwyddodd Gwenynen Gwent yr iaith Gymraeg, ysgolheictod Cymraeg, y fasnach wlân yng Nghymru, y delyn deir-res ac alawon gwerin Cymraeg.

Bu'n aelod ffyddlon, afieithus a gwerthfawr dros ben o Gymdeithas Cymreigyddion y Fenni, cymdeithas ddiwylliannol enwog a phwysig yng Ngwent rhwng 1833 a 1854. A hithau'n gyfarwydd â chynifer o deuluoedd blaenllaw bonheddig a chyfoethog Gwent a Morgannwg, denodd nhw i noddi eisteddfodau mawr a phoblogaidd y Gymdeithas ac i'w mynychu. Trwy ei brawd yng nghyfraith, y Barwn Bunsen, ysgolhaig a llysgennad yr Almaen ym Mhrydain ar y pryd, daeth ysgolheigion yr Almaen i wybod am y Gymdeithas, ac enillodd rhai ohonyn nhw wobrau mawr iawn ar destunau ar chwedlau Cymru am Arthur, ac ar y Gymraeg fel un o'r ieithoedd Indo-Ewropeaidd (teulu o ieithoedd sy'n cael eu siarad yn y rhan fwyaf o Ewrop a rhan helaeth o Dde-orllewin a De Asia).

Cafodd y *Welsh Manuscripts Society* ei sefydlu yn 1836 gan rai o aelodau Cymdeithas Cymreigyddion y Fenni, ac ymhlith enwau ei noddwyr cawn enw Gwenynen Gwent. Prynodd hi lawysgrifau Iolo Morganwg gan ei fab – mae'r rhain bellach yn y Llyfrgell Genedlaethol dan yr enw ''Llawysgrifau Llanofer''. Yno hefyd mae deuddeg peintiad ganddi hi o wisgoedd Cymreig gwahanol ardaloedd. Gwnaeth hi'r wisg yn boblogaidd iawn yn y ganrif ddiwethaf a thrwy wneud hynny hyrwyddai'r fasnach wlân; tybed a fyddai'r fasnach honno wedi goroesi i'r ugeinfed ganrif oni bai am ddylanwad ac ymdrechion Arglwyddes Llanofer?

Llun dyfrlliw o Arglwyddes Llanofer.

Trwyddi hi hefyd y daeth y delyn deir-res yn offeryn cenedlaethol am gyfnod hir. Byddai'n rhoi'r telynau hyn yn wobrau mewn eisteddfodau, ac anogai ei chyfeillion cyfoethog i wneud yr un fath. Aeth hi mor bell â sefydlu ffatri delynau yn Llanofer. Bu'n gyfrwng, gydag eraill, i adfywio'r alawon gwerin trwy eu casglu a'u cyhoeddi.

Roedd y Gymraeg i'w chlywed yn ysgol pentref Llanofer pan oedd mwyafrif ysgolion Cymru yn defnyddio Saesneg yn unig dan orfodaeth y Llywodraeth. Prynodd hi ddarn o dir yn Llanymddyfri, a'i roi'n rhodd ar gyfer codi ysgol arno lle câi'r Gymraeg le urddasol. Noddodd "Y Gymraes", y papur Cymraeg cyntaf i ferched a gwragedd Cymru. Rhoddodd hi a'i phriod arian i gynnal dau gapel ar yr amod mai Cymraeg fyddai iaith y gwasanaethau. Cefnogai hi'r achos dirwest ac ni chaniataodd dafarn ar yr ystad.

Yn 1859 cafodd ei phriod ei ddyrchafu'n Farwn Llanofer ac Aber-carn. Cyn hynny, pan oedd ef yn Gomisiynwr Gwaith, bu'n gyfrifol am godi tŵr a chloc Tŷ'r Cyffredin yn Llundain, a chafodd ei anfarwoli wrth i'r cloc gael ei alw'n *Big Ben*. Bu yntau farw yn 1867 a chollodd hi briod a fu'n gefn iddi yn ei holl ymdrechion, ond parhaodd hi trwy weddill ei hoes i gefnogi'r pethau a gefnogai cyn hynny. Dysgodd ei hŵyr, yr Arglwydd Treowen, i siarad Cymraeg yn ddigon da i'w defnyddio'n gyhoeddus. Ar fedd Arglwydd ac Arglwyddes Llanofer ym mynwent y pentref mae'r iaith Gymraeg yn amlwg iawn. (Gweler hefyd – CLOCIAU.)

M.E.T.

HENDRE A HAFOD

Ymhlith yr adeiladau o wahanol rannau o Gymru sydd wedi'u hailgodi yn Amgueddfa Werin Cymru, Sain Ffagan, mae fferm Hendre'r-ywydd Uchaf o Ddyffryn Clwyd. Dyma un o nifer o ffermydd ac ardaloedd yng Nghymru – megis Hendrefoilan yn Abertawe, Hendreforfudd ger Corwen, Hendreforgan ger Llantrisant a Hendreladus, Ystradgynlais – y mae "hendre" yn rhan o'u henw; ystyr "hendre" neu "hendref" yn wreiddiol oedd y fferm ar lawr gwlad lle trigai teulu'r ffermwr a'i anifeiliaid dros fisoedd y gaeaf.

O gwmpas Calan Mai byddai'r ffermwr – a'i deulu cyfan weithiau – yn gyrru'r gwartheg, y defaid a'r geifr i'r bryniau, gan aros dros fisoedd yr haf a dychwelyd i'r hendre o gwmpas Calan Gaeaf. Codai drigfan ysgafn iddo'i hun a'i deulu ar y mynydd – dyma'r "hafod" (yn ôl pobl De a Chanolbarth Cymru) neu'r "hafoty" (yn iaith y Gogledd), sydd i'w chael o hyd mewn enwau fel Hafod-y-calch, Hafodyresgob, Hafod Wen a Hafodyrynys. Yn ôl hen driban Cymraeg, y tri pheth angenrheidiol ar gyfer adeilad oedd trawst i'r to, darnau pren ar ffurf ffyrc – eto i'r to, a gwiail i'w plethu. Ond mae olion i'w cael yn hen siroedd Caernarfon, Dinbych a Brycheiniog o adeiladau, rhai'n grwn ac eraill yn bedronglog, wedi'u gwneud o gerrig, a allai fod yn wreiddiol yn hafotai i amaethwyr y bröydd hynny.

(Os câi'r adeilad ysgafn ei godi mewn noson, a phe bai'r teulu'n cysgu ynddo am ddeugain noswaith, yn ôl arfer gwlad nhw oedd piau'r adeilad ac ychydig o dir o'i gwmpas – dyna'r "hafod unnos".)

Câi'r anifeiliaid bori ar yr ucheldir a byddai'r rhai a oedd yn eu gwarchod yn eu godro ac yn gweithio menyn a chaws i'w fwyta ar ôl dychwelyd i'r hendre. Bydden nhw hefyd yn lladd gwair ac yn ei gludo i lawr gwlad i fwydo'r anifeiliaid yn y gaeaf.

Nid mater o fympwy ar ran y ffermwr oedd symud i'r hafod. Byddai angen gwneud y defnydd gorau o borfeydd yr ucheldir, er eu bod nhw'n ddigon llwm yn aml, gan roi cyfle i ddolydd y tir isel dyfu cnwd o wair neu gnydau eraill. Ar ôl dychwelyd o'r bryniau câi'r anifeiliaid eu troi i'r caeau i bori'r adladd a'r sofl. (Cafodd rhyw Iorwerth Gethin ddirwy o ddau swllt yn Harlech yn 1326 am gadw'i wartheg ar y tir isel ar ôl i bawb arall symud i'r bryniau.)

Roedd yr arfer yn para yn nyddiau Thomas Pennant (1726–98), ond darfu o'r tir yn fuan ar ôl iddo sylwi arno yn Eryri yn ystod saithdegau'r ddeunawfed ganrif. Daeth llawer o hafodau'r ucheldir yn ffermydd annibynnol yn ystod y ganrif ddiwethaf, a bydd rhai ohonyn nhw'n dal hyd heddiw i anfon eu diadelloedd i'r tir isel dros fisoedd y gaeaf.

D.G.J.

Arwel HUGHES (1902–1988)

Organydd, cyfansoddwr, arweinydd corau a cherddorfeydd, hyfforddwr, trefnydd rhaglenni cerddorol ar gyfer eu darlledu – dyna fraslun anghyflawn o yrfa a gwaith Arwel Hughes, brodor o Rosllannerchrugog. Cafodd ei fagu ar aelwyd gerddorol – daeth ei frawd hŷn, John, yn adnabyddus ledled Cymru fel organydd, cyfansoddwr a threfnydd emyn-donau, hyfforddwr ac arweinydd corau. Gan fod ei fryd ar gyfansoddi, o Ysgol Ramadeg Rhiwabon aeth Arwel i'r Coleg Cerdd Brenhinol yn Llundain, lle roedd Ralph Vaughan Williams, Gustav Holst a John Ireland yn hyfforddwyr. Yn ystod ei gwrs yn y brifddinas bu am gyfnod yn organydd cynorthwyol yn Eglwys St Margaret's, Westminster.

Aeth Arwel Hughes yn ei flaen i Rydychen, yn organydd a chôrfeistr mewn eglwys yno, cyn dychwelyd i Gymru yn 1935 yn aelod o Adran Gerdd y BBC yng Nghaerdydd; yno byddai'n cynorthwyo i drefnu rhaglenni radio ac yn gofalu bod cydbwysedd sain y perfformwyr, boed gôr neu gerddorfa, yn addas i'r microffonau ei chodi. Byddai hefyd yn addasu cerddoriaeth ar gyfer gwahanol leisiau ac amrywiol offerynnau. (Pan ymunodd Arwel Hughes â'r staff, roedd cerddoriaeth BBC Cymru dan ofal Idris Lewis, ac yn ddiweddarach ymunodd Mansel Thomas â'r adran.)

Yn 1965 cafodd ei benodi'n Bennaeth Cerddoriaeth y BBC yng Nghymru ar ymddeoliad Mansel Thomas, a bu yn y swydd honno nes ymddeol ei hun yn 1971. Ei bolisi ef a'i ragflaenwyr oedd cefnogi cyfansoddwyr Cymreig, fel David Wynne, Daniel

Arwel Hughes wrth ei waith yn astudio sgôr gerddorol yn y BBC.

Jones, Grace Williams, William Mathias, Alun Hoddinott ac eraill, a rhoi cyfle iddyn nhw gael perfformio'u gwaith ar y radio a'r teledu.

Bu Arwel Hughes yn gefnogol iawn i'r Eisteddfod Genedlaethol; bu'n Gadeirydd Pwyllgor Cerdd y sefydliad hwnnw. Roedd ganddo ddiddordeb mawr yn Eisteddfod Ryngwladol Llangollen, ac am gyfnod o naw mlynedd ar ôl ymddeol o'r BBC bu'n Gyfarwyddwr Cerddorol yr ŵyl honno. Cefnogai Gwmni Opera Cenedlaethol Cymru hefyd: bu'n arwain rhai o berfformiadau'r cwmni, ac ar ei gyfer cyfansoddodd ddwy opera – "Menna" a berfformiodd y cwmni yn 1954, a "Serch yw'r Doctor", yn seiliedig ar ddrama Molière, *L'Amour Médecin*, a gafodd ei pherfformio gyntaf yn 1960.

Ond hwyrach mai am ei gyfansoddiadau ar gyfer côr a cherddorfa y caiff Arwel Hughes ei gofio. Lluniodd oratorio "Dewi Sant" (1950) ar gais Cyngor y Celfyddydau i'w pherfformio gan Gôr Pontarddulais dan arweiniad T. Haydn Thomas yng Nghadeirlan Tyddewi yn ystod dathliadau Gŵyl Prydain. Aneirin Talfan Davies a gyfansoddodd *libretto* yr oratorio honno, ac ar gyfer oratorio arall, "Pantycelyn" (1963), sydd wedi'i wau o gwmpas rhai o emynau'r "Pêr Ganiedydd".

Ymhlith ei gyfansoddiadau eraill mae *Fantasia* (1936) i linynnau; "Gweddi" (1944) i leisiau a llinynnau; *Saint Francis* (1965), *masque* i gôr a cherddorfa; "Mab y Dyn" (1967), cantata i gôr ac organ; *In Memoriam* (1969), yn seiliedig ar Salm cxxi, ar gyfer côr ac organ. Yn 1971 ymddangosodd ei unig symffoni – ac mae pob Cymro Cymraeg yn gyfarwydd â'i emyn-dôn i eiriau T. Rowland Hughes, "Tydi a roddaist liw i'r wawr".

D.G.J.

Stephen HUGHES (1622–1688)

Gwaith mawr yr Anghydffurfiwr cynnar hwn oedd cyhoeddi llyfrau Cymraeg i'r werin eu darllen. Yn ôl Griffith John Williams, "y peth mawr a wnaeth Stephen Hughes a gwŷr eraill yn ail hanner yr ail ganrif ar bymtheg oedd dechrau troi gwerin Cymru yn geidwaid yr iaith".

Brodor o dref Caerfyrddin oedd Stephen Hughes – roedd ei dad yn fasnachwr sidan yno. Yng nghyfnod Oliver Cromwell bu'n offeiriad ym Meidrim, i'r gorllewin o Gaerfyrddin; collodd y fywioliaeth honno pan ddaeth y Brenin Siarl I yn ôl i'r orsedd, ond daliodd i bregethu i gynulleidfaoedd o Ymneilltuwyr ar hyd ei oes.

Rhwng 1659 a 1671 cyhoeddodd waith y Ficer Prichard mewn rhannau; yn 1672 cyhoeddodd y cyfan mewn un gyfrol, ac ailargraffiad ohoni yn 1681 dan y teitl "Cannwyll y Cymry".

Yn Llundain cyfarfu â'r Sais, Thomas Gouge, a'r llenor o Lansilin, Charles Edwards. Ficer plwyf St Sepulchre, Llundain, oedd Gouge, a oedd wedi sylwi ar safon isel dysg a phrinder llyfrau yng Nghymru; roedd yn awyddus i gyfrannu o'i gyfoeth i wella'r diffyg, ac yn 1674 ffurfiodd ef ac eraill yr Ymddiriedolaeth Gymreig (*The Welsh Trust*). Sefydlodd y gymdeithas hon nifer o ysgolion yng Nghymru, a, gyda chymorth Stephen Hughes a Charles Edwards, aeth ati i ddarparu a chyhoeddi llyfrau crefyddol yn Gymraeg.

Cymwynas fwyaf yr Ymddiriedolaeth Gymreig, mae'n siwr, oedd cyhoeddi argraffiad newydd o'r Beibl Cymraeg yn 1677–8, yn cynnwys y ddau Destament, yr Apocryffa, y Llyfr Gweddi a Salmau Cân Edmwnd Prys – mae'n debyg i fil o gopïau gael eu dosbarthu am ddim i'r tlodion.

Cyfieithiadau oedd llawer o gyhoeddiadau yr Ymddiriedolaeth, gan gynnwys "Taith neu Siwrnai y Pererin" (1688), sef cyfieithiad Stephen Hughes a thri gŵr arall o *Pilgrim's Progress* John Bunyan.

Bu farw Stephen Hughes, prif ysgogydd gwaith yr Ymddiriedolaeth yng Nghymru, yn 1688 yn Abertawe. Mae'n cael ei enwi yn yr erthygl ar YSGOLION yn y gyfrol hon, ac mae'n briodol i ni gofio am ei waith mawr yn dysgu'r bobl gyffredin ac felly'n hwyluso'r ffordd i wŷr megis Griffith Jones a Thomas Charles yn y ganrif nesaf. (Gweler hefyd – THOMAS CHARLES, GRIFFITH JONES, RHYS PRICHARD, YSGOLION.)

D.G.J.

T. Rowland HUGHES (1903–1949)

Carreg filltir yn hanes llenyddiaeth Gymraeg oedd cyhoeddi "O Law i Law", nofel gyntaf T. Rowland Hughes, ychydig cyn Nadolig 1943. Roedd enw'r awdur yn adnabyddus am ei fod wedi ennill Cadair yr Eisteddfod Genedlaethol ddwywaith, ac oherwydd ei waith arloesol i'r BBC ym myd rhaglenni nodwedd Cymraeg, ond mae'n siwr mai ychydig fyddai wedi disgwyl iddo gyhoeddi nofel yn 1943 – nofel a gafodd groeso a chanmoliaeth uchel gan y Cymry Cymraeg.

Bob blwyddyn wedi hynny, am bedair blynedd, ymddangosodd nofel newydd – "William Jones" (1944), "Yr Ogof" (1945), "Chwalfa" (1946) ac "Y Cychwyn" (1947), yr olaf hon lai na dwy flynedd cyn i Rowland Hughes farw yn chwech a deugain oed. Mae arysgrif ar garreg ei fedd ym Mynwent Cathays, Caerdydd, yn cyfeirio ato fel "Y Dewraf o'n Hawduron"; roedd R. Williams Parry wedi anfon cyfarchion Blwyddyn Newydd iddo ddechrau 1948 ar ffurf englyn:

"Pwy y gŵr piau goron – ei henwlad
 Wedi anlwc greulon?
A phwy o Fynwy i Fôn
 Yw'r dewra o'i hawduron?"

Arwyddocâd y cyfeiriad oedd bod Rowland Hughes wedi cyflawni'r gamp o lunio pum nofel tra oedd yn dioddef o salwch blin iawn a oedd yn cyson waethygu. Meddai ei gyfaill a'i gofiannydd, Edward Rees: "Ni chafwyd nofel ganddo ar gyfer Nadolig 1948; yr oedd y llaw wan a fu mor ddiwyd wedi gwaethygu fel na allai ysgrifennu. Cyn pen blwyddyn arall, yr oedd yr awdur yn ei fedd, a chenedl yn galaru ar ôl un o'i phrif lenorion."

Cafodd Thomas Rowland Hughes ei eni yn Llanberis ar 17 Ebrill 1903, yn fab i chwarelwr, dyn diwylliedig a blaenor gyda'r Bedyddwyr. Symudodd y teulu o Goodman Street i "Angorfa", Well Street, sydd bellach yn amgueddfa er cof am y nofelydd a'r bardd. O Ysgol Sir Brynrefail acth i Goleg Prifysgol Gogledd Cymru, Bangor, a graddio yno yn Saesneg gydag Anrhydedd Dosbarth Cyntaf. Ar ôl dwy flynedd o ddysgu Saesneg a Chymraeg yn Ysgol Sir y Bechgyn, Aberdâr, cafodd ysgoloriaeth gan Brifysgol Cymru i dreulio cyfnod yn fyfyriwr yng Ngholeg Iesu yn Rhydychen. Ei uchelgais oedd llenydda, a dod yn llenor poblogaidd ac adnabyddus yn cynhyrchu gwaith o safon uchel; gobeithiai y byddai'r cyfnod a dreuliai yn Rhydychen yn gymorth iddo wireddu'i freuddwyd.

Yn Rhydychen y cyfarfu ag Eirene Williams o Gwm Ogwr; priododd hi yn ei hardal enedigol ym mis Awst 1933.

Treuliodd Rowland Hughes bedair blynedd (1930–4) yn ddarlithydd yng Ngholeg Harlech, "coleg yr ail gynnig", cyn derbyn swydd Warden y *Mary Ward Settlement* yn Llundain, ond syrffedodd yn fuan ar bwysau gwaith gweinyddol y swydd honno. Ni châi amser na chyfle i gyflawni fawr ddim gwaith creadigol nac i ymddiddori yn y theatr a fu cymaint rhan o'i fywyd yn Harlech ac yn Rhydychen. Cyn pen blwyddyn, yn haf 1935, ymunodd â staff y BBC yng Nghaerdydd i ofalu am raglenni nodwedd, ac yno y treuliodd ddeng mlynedd nesaf ei fywyd.

Roedd wrth ei fodd yn llunio rhaglenni ei hun ac yn eu cyfarwyddo ar y radio, megis "Ynys Enlli", "Y Steddfod Gyntaf" a hanes Urdd Gobaith Cymru, ynghyd â rhaglenni Saesneg – *John Frost, the Newport Chartist; Summer in Wales; Daughters of Rebecca*. Byddai'n comisiynu eraill, yn eu plith P.H. Burton, Jack Jones a Geraint Goodwin, i ysgrifennu ar gyfer y cyfrwng, ac yn perswadio eraill eto i gymryd rhan ar y radio, fel y gwnaeth D.J. Williams mewn rhaglen o storïau am Shemi Wad, celwyddwr diddorol o Abergwaun. Ar 2 Mawrth 1937 cyfarwyddodd ddrama fawr Saunders Lewis, "Buchedd Garmon", tra oedd yr awdur yn y carchar. I ddathlu Gŵyl Dewi 1938 cyfansoddodd raglen ar gân, *Wales*, a gafodd ei darlledu dros Brydain gyfan, ac a dderbyniodd ganmoliaeth uchel iawn – cymaint yn wir nes i'r BBC ei hailddarlledu droeon. Bu'n gyfrifol am Eisteddfod Radio, y gyntaf erioed, ym mis Rhagfyr 1938.

Roedd Eisteddfod Genedlaethol 1940 i'w chynnal ym Mhen-y-bont ar Ogwr, ond gyda dechrau'r rhyfel yn 1939 gofynnodd y pwyllgor lleol iddi gael ei gohirio. Gan gofio'r profiad a gafodd gydag Eisteddfod Radio 1938, awgrymodd Rowland Hughes gynnal Eisteddfod 1940 yn gyfan gwbl ar yr awyr. Ef oedd bennaf gyfrifol am y trefniadau – ac ef enillodd y Gadair am awdl ar y testun "Pererinion". (Dyma'i ail gadair genedlaethol; roedd wedi ennill yn Eisteddfod Genedlaethol Machynlleth yn 1937 am awdl ar "Y Ffin".)

Mae'n amhosibl rhestru yma'r holl raglenni y bu Rowland Hughes yn gyfrifol am eu llunio, eu cynhyrchu neu'u cyfarwyddo, na'r holl waith arall a gyflawnodd – ysgrifennu erthyglau ac adolygiadau i nifer o bapurau newydd a chylchgronau; darlithio; cyfansoddi barddoniaeth, gan gynnwys caneuon ysgafn, digri i blant a ymddangosodd yn "Caneuon Siôn" (1943) a "Cân neu Ddwy" (1948). Yn 1942 ymddangosodd ei emyn adnabyddus, "Tydi a Roddaist", ar dôn o waith Arwel Hughes.

Yn ôl Dr Alun Oldfield-Davies, cyfraniad mawr Rowland Hughes i dwf a datblygiad darlledu yng Nghymru oedd "gosod safon, gofalu am waith glân a chyson, ennill enw da i Gymru fel man lle gellid llunio a chynhyrchu rhaglenni radio a oedd yn deilwng o'u lle ym mhatrwm cyffredinol rhaglenni'r BBC". Ond, er cymaint ei gyfraniad i raglenni radio a'r holl waith arall a gyflawnodd cyn cyrraedd deugain oed, fel nofelydd y cofiwn am T. Rowland Hughes heddiw. Erbyn 1942 roedd ei iechyd wedi gwaethygu'n arw, ac yntau'n isel iawn ei ysbryd yn treulio oriau hir digalon mewn poen a gwendid corfforol, a hefyd poen meddyliol wrth wynebu'r ffaith bod y dydd yn prysur agosáu pan fyddai'n rhaid iddo ymddeol o'i swydd gyda'r BBC.

I geisio codi'i galon awgrymodd Eirene, ei wraig, y dylai gyfansoddi nofel. Cofiai hithau sut y cafodd ei gartref yn Llanberis ei glirio pan fu farw'i fam, a'r dodrefn eu rhoi neu'u gwerthu am y nesaf peth i ddim "o law i law". Dyna'r syniad a'i ysgogodd i ysgrifennu ei nofel gyntaf, a oedd yn hunangofiannol i raddau helaeth, a'r awdur yn defnyddio digwyddiadau o'i brofiad ei hun a chymeriadau o ardal ei febyd, gan eu disgrifio mewn modd syml, diddorol iawn a apeliai ar unwaith at y darllenydd.

Gallwn nodi nifer fawr o enghreifftiau o'r tair nofel sydd â'u cefndir yn ardal y chwareli o debygrwydd rhwng cymeriadau dychmygol y nofelau a chymeriadau o gynefin a chydnabod yr awdur, ac yn wir cawn bortread weithiau o'i gymeriad ef ei hun a chyfeiriadau at y rhinweddau dynol y byddai ef yn eu hedmygu a'r gwendidau a oedd yn gas ganddo. (Gweler hefyd – ARWEL HUGHES, SAUNDERS LEWIS.)

D.G.J.

IECHYD

Fel hyn y mae Cyfundrefn Iechyd y Byd (*WHO*) yn diffinio iechyd:

> "bod mewn cyflwr cwbl foddhaol yn gorfforol, yn feddyliol ac yn gymdeithasol, ac nid absenoldeb afiechyd yn unig".

Mae'n rhaid ystyried iechyd yr unigolyn, felly, yng nghyd-destun ei amgylchfyd. Gall person sy'n iach weithredu yn effeithlon mewn perthynas â'i amgylchfyd, gan ddygymod yn gorfforol ac yn emosiynol â'r math o straen y bydd yn rhaid i bawb ohonom ei wynebu yn ein bywydau bob-dydd.

Gallwn hefyd ystyried cyflwr person yn ôl ei safle ar raddfa o'r math hwn:

iechyd ⟶ dim afiechyd ⟶ afiechyd.

Os derbyniwn hynny felly, hyd yn oed os nad yw'r person yn y cyflwr gorau posibl nac yn ffit yn gorfforol, nid yw'r ffaith nad yw'n dioddef o unrhyw afiechyd penodol yn golygu ei fod o angenrheidrwydd yn iach! Ond lle mae pennu'r ffin rhwng iechyd ac afiechyd?

Yn ddamcaniaethol, gallwn ddiffinio'r hyn sydd yn "iach" drwy ei gymharu â chanllawiau biolegol arbennig. Er enghraifft, bwriwn fod tymheredd corff person arbennig yn normal, ynghyd â'i gyfradd anadlu, cyfradd curiad ei galon a phwysedd ei waed; ei bwysau heb fod yn rhy drwm nac yn rhy ysgafn i

"Bwyta'n Iach" – llyfryn canllaw Awdurdod Hybu Iechyd Cymru. Cyfarwyddyd cyffredinol y llyfryn yw y dylem fwyta llai o fraster, siwgr a halen a mwy o fwydydd grawn cras, ffrwythau a llysiau; dylai'r sawl sy'n dewis yfed alcohol ei yfed yn gall ac yn gymedrol.

rywun o'i daldra; ei glyw a'i olwg yn foddhaol (i enwi rhai yn unig o blith rhestr faith o ganllawiau posibl) – byddai'n deg ystyried y person hwnnw'n iach. Mae'r canllawiau hyn, sy'n penderfynu beth sy'n "normal" a beth sy'n "annormal", yn seiliedig ar ystadegau sydd wedi'u casglu wrth astudio poblogaethau. (Rhywbeth tebyg i hyn yw'r rhesymeg a ganlyn: yn ôl yr ystadegau cafwyd bod merched *y* metr o daldra a oedd yn pwyso rhwng *a* kg a *b* kg yn iach ar y cyfan, ond nid felly'r rhai o'r un taldra a bwysai lai nag *a* kg neu dros *b* kg – ar y cyfan.)

Eto i gyd, gall pobl fod yn ddigon iach er gwaethaf ambell ganlyniad "annormal" i brofion meddygol.

Mae ein hoedran hefyd yn ddylanwad pwysig ar ein hiechyd. Wrth inni heneiddio bydd ein cyhyrau yn tueddu i wanhau, ein hesgyrn yn breuo, ein clyw a'n golwg yn dirywio – ymhlith newidiadau eraill – a bydd hyn, wrth gwrs, yn cymhlethu'r dasg o ddiffinio iechyd yn ôl mesuriadau "normal" damcaniaethol. Nid yw'r tueddiadau hyn, sy'n digwydd i bawb wrth iddyn nhw heneiddio – ac yn gynt na'i gilydd i rai – o reidrwydd yn arwyddion o afiechyd.

Dydy iechyd ddim yn gyflwr sefydlog chwaith. Wrth ymateb i'r amgylchfyd, rhaid i'n cyrff a'n meddyliau addasu, a cheisio dygymod â phob math o sialens sy'n eu hwynebu, boed honno'n sialens *fewnol* (er enghraifft gofid a blinder), neu'n sialens *allanol* (megis gwres neu oerfel mawr, bacteria a firysau). Drwy gydol yr amser mae sawl peirianwaith yn ein cyrff wrthi'n cynnal *amgylchfyd mewnol cyson*, sy'n hanfodol i'n hiechyd. (*Homeostasis* yw'r term ffisiolegol am hyn.) Dyma rai enghreifftiau yn unig o'r math o newidiadau y bydd yn rhaid i'n cyrff addasu iddyn nhw'n barhaus er mwyn cadw'n iach:

i) cadw tymheredd y corff yn gyson;
ii) rheoli lefel y siwgr yn y gwaed ar ôl bwyta;
iii) rheoli faint o ddŵr sy'n cael ei golli o'r corff, gwarchod y corff rhag micro-organebau (bacteria a firysau) drwy gyfrwng gorchudd y croen, celloedd gwyn y gwaed ac ati;
iv) trwsio ac aildyfu meinwe neu gelloedd a fydd yn cael eu niweidio.

Ym Mhrydain rydym yn ffodus iawn o gael Gwasanaeth Iechyd Cenedlaethol, a gafodd ei sefydlu yn 1948. Aneurin Bevan, Cymro a gafodd ei eni yn Nhredegyr, Gweinidog Iechyd yn y Llywodraeth Lafur ar y pryd, oedd bennaf gyfrifol amdano, a'r bwriad, yn ôl Deddf y Gwasanaeth Iechyd Cenedlaethol (1946) oedd "... sefydlu gwasanaeth cynhwysfawr yng Nghymru a Lloegr, ... er mwyn sicrhau gwelliant yn iechyd meddyliol a chorfforol y boblogaeth ... ac atal, adnabod a thrin afiechyd ..." Arian trethi sy'n talu am y rhan fwyaf o gostau'r Gwasanaeth Iechyd.

Mae maes y gwasanaeth hwn yn eang iawn; mae'n gyfrifol nid yn unig am wella afiechyd ond hefyd am hybu iechyd, meddygaeth ataliol, ac adfer ac ailsefydlu cleifion yn eu cartrefi ac yn y gymdeithas wedi salwch. Caiff y gwasanaeth ei weithredu gan feddygon teulu, deintyddion, staff ysbytai a chlinigau – ymhlith eraill.

Mae iechyd cyhoeddus yn rhan bwysig o swyddogaeth y Gwasanaeth Iechyd; bydd yn ceisio rhwystro datblygiad afiechydon, gwella amodau byw pobl, a hyrwyddo iechyd corfforol a meddyliol yn gyffredinol drwy wneud trefniadau cymunedol. Heddiw, caiff mwy a mwy o bwyslais ei roi ar feddygaeth ataliol ac ar addysg iechyd – er mwyn atal afiechyd lle mae'n bosibl gwneud hynny, naill ai yn gyfan gwbl neu drwy ei adnabod yn ddigon cynnar fel ei bod yn bosibl ei drin yn hawdd ac yn gyflym. Er mwyn cyflawni hyn bydd archwiliadau corfforol – megis profion gwaed, profion pwysedd gwaed, pelydr X ac ati – brechiadau, profion llygad ac archwiliadau deintyddol yn cael eu trefnu. O dro i dro bydd profion arbennig yn cael eu cynnig i gyfran benodol o'r boblogaeth sydd mewn perygl o ddatblygu rhyw afiechyd neu'i gilydd, megis clefyd y galon. Yn yr achos hwn mae'n bosibl annog y bobl hynny i roi'r gorau i smygu, i gadw llygad ar eu pwysau a gwneud mwy o ymarfer corff.

Bydd meddyginiaeth ataliol i'w gweld ar waith yn llwyddiannus yn ystod beichiogrwydd, cyfnod pan fydd y fam yn dueddol o fod yn barod i ymgymryd â phrofion ac addysg iechyd, am fod ei hiechyd hi ei hun yn dylanwadu ar iechyd a datblygiad y plentyn yn ei chroth.

Dro ar ôl tro bydd arbenigwyr yn pwysleisio mai un o'r ffyrdd hawsaf inni wella ein hiechyd ein hunain yw bwyta'n iach – heb anghofio ymarfer corff rheolaidd, peidio â smygu nac yfed gormod o alcohol. Yn gyffredinol, wrth i bobl ddod yn fwy cyfoethog bydd patrwm eu bwyta yn newid yn gyson; ar y dechrau bydd hyn yn golygu gwelliant, gan ddileu diffygion mewn fitaminau ac ati, ond yn raddol daw tuedd i fwyta mwy o fraster a siwgr a llai o fwydydd cras o rawn. Canlyniad hyn yw tuedd i bwysau'r corff gynyddu ac o dipyn i beth mae'r hyn a elwir yn "glefydau gwareiddiad" yn datblygu – er enghraifft, clefyd melys, clefyd y galon a cherrig y bustl. Tra byddwn ni yng ngwledydd cyfoethog y byd yn byw'n fras ac yn niweidio ein hiechyd drwy orfwyta, bydd miliynau o bobl yn y Trydydd Byd yn marw o ddiffyg bwyd. Eironi creulon y sefyllfa yw mai lluniaeth syml, heb fod yn annhebyg yn ei hanfod i luniaeth pobl mewn gwledydd tlawd y byd, ond yn cynnwys mwy o amrywiaeth, yw'r hyn sy'n cael ei argymell inni heddiw gan yr arbenigwyr. Dylai gynnwys llai o fraster, halen a siwgr nag a fwytawn yn awr, a mwy o fwydydd grawn cras, llysiau a ffrwythau. Petaem ni, yn y gwledydd cyfoethog, yn mabwysiadu patrwm bwyta llai gwastraffus, gallai hynny, gyda chydweithrediad llywodraethau'r byd, arwain at well dosbarthiad o adnoddau a lluniaeth mwy cytbwys, mwy llesol i bawb.

Ar lefel byd-eang, bydd safon iechyd gwlad yn cael ei arddangos yn bur gywir gan gyfartaledd y plant sy'n marw ar enedigaeth a gan ddisgwyliad oes ei phobl, ac mae perthynas agos rhwng y manylion hyn a chyfoeth y wlad honno. Po fwyaf cyfoethog yw'r

Hybu iechyd trwy ymarfer corff cyson.

wlad, mwyaf tebygol yw hi y bydd y boblogaeth yn mwynhau lluniaeth cytbwys, bod amodau byw'r bobl yn ffafriol (glân a diogel), a'u bod yn cael sylw meddygol safonol.

Ers ei sefydlu yn 1948 gan y Cenhedloedd Unedig bu Cyfundrefn Iechyd y Byd yn allweddol yn yr ymgyrchoedd i ddileu clefydau heintus a diffygion ymborthegol o'r byd, ac erbyn canol saithdegau'r ganrif hon roedd ei dylanwad wedi cyrraedd dros 130 o wledydd. Nod y Gyfundrefn yw sicrhau bod cynifer ag sy'n bosibl o boblogaeth y byd yn cael cyfle teg i fod yn "iach" yn ôl eu diffiniad nhw. Er bod hynny'n ymddangos weithiau yn freuddwyd afreal, gan fod miliynau o bobl yn dioddef o newyn, camfaeth ac afiechydon heintus, mae'r sefyllfa wedi gwella'n aruthrol, diolch i Gyfundrefn Iechyd y Byd. Drwy gyfrwng rhaglenni brechu, mae'n bosibl bellach reoli'n effeithiol glefydau a oedd gynt yn bla, megis y frech wen. Hefyd, mae prosiectau ar waith yn gyson i reoli pryfed sy'n cludo afiechydon a all fod yn farwol, fel malaria, y dwymyn felen a theiffws. Mae'r Gyfundrefn hefyd yn arwain gwaith ymchwil pwysig ym maes epidemioleg – astudiaeth o ddatblygiad afiechyd mewn poblogaethau – ac yn creu deddfwriaeth ryngwladol ynglŷn â hylendid (glanweithdra). Mewn rhai gwledydd bydd hefyd yn trefnu hyfforddi pobl leol i fod yn weithwyr iechyd ymhlith cymunedau anghysbell, er mwyn rhannu rhywfaint o waith y gwasanaethau iechyd canolog. Mae'n anodd inni yn y gwledydd cyfoethog sylweddoli difrifoldeb y sefyllfa a pha mor gyntefig yw'r gwasanaethau iechyd mewn gwledydd sydd heb eu datblygu.

Gwir y gair – "Gorau cyfoeth, iechyd". (Gweler hefyd – ANEURIN BEVAN, BWYD, Y CENHEDLOEDD UNEDIG, NEWYN, Y TRYDYDD BYD.)

S.G.

John Gwilym JONES (1904–1988)

Wrth gyflwyno John Gwilym Jones am radd Doethur mewn Llên er Anrhydedd yn 1973, dywedodd yr Athro Melville Richards am ei gyfraniad anfesuradwy fel "gŵr Prifysgol ... Nodwn ei dair drama ar ddeg; nodwn ei straeon byrion; nodwn ei erthyglau beirniadol a'i feirniadaethau Eisteddfod; nodwn ei deithiau mynych ar hyd a lled Cymru, a'r miloedd o ddarlithoedd cyhoeddus a draddododd yn ystod ei yrfa, a nodwn ei gyfraniad i fyd y ddrama ymarferol, y cynhyrchu, yr hyfforddi actorion ifanc."

Gŵr o bentref y Groeslon oedd John William Jones – canys dyna'i enw bedydd; newidiodd y "William" i "Gwilym" wrth gofrestru yng Ngholeg Prifysgol Gogledd Cymru, Bangor, am fod John William Jones arall yn cofrestru yr un pryd ag ef – ac yn y Groeslon, yn yr un tŷ, y bu fyw ar hyd ei oes, fwy neu lai.

Ar ôl gorffen ei gwrs ym Mangor, aeth i Lundain i ddysgu: "Yn y cyfweliad," meddai, "gofynnwyd i mi pam roedd arnaf eisiau mynd i Lundain, ac atebais yn onest eu bod yn talu'n well yno ac y cawn gyfle i weld dramâu." Ar ôl pedair blynedd yno, cafodd swydd yn yr Ysgol Ganol, Llandudno, yn 1930; ymhen pedair blynedd ar ddeg symudodd i Ysgol Ramadeg Pwllheli, i'w hen ysgol, ac yna i Ysgol Ramadeg Pen-y-groes. Saesneg oedd ei brif bwnc ym mhob un o'r ysgolion hyn. O 1949 hyd 1953 bu'n drefnydd sgyrsiau ac yn gynhyrchydd drama gyda'r BBC ym Mangor, cyn ei benodi'n Ddarlithydd, ac yn nes ymlaen yn Ddarllenydd, yn Adran y Gymraeg yn ei hen goleg ym Mangor – a bu yno nes ymddeol yn 1971.

Dydy'r braslun moel hwnnw o'i yrfa yn dweud fawr ddim am ei weithgarwch diwyd, yn enwedig ym myd y ddrama. Roedd ei ddiddordeb yn y ddrama yn mynd yn ôl i'w ddyddiau ysgol ym Mhen-y-groes. Wrth edrych yn ôl ar ei gyfnod yn Llundain meddai, "nid aeth wythnos heibio heb i mi fynd i'r theatr o leiaf unwaith. Gwelais gannoedd o ddramâu a'u gwylio'n hollol anfeirniadol; oherwydd bod y profiad ynddo'i hun yn beth mor gyffrous, nid oedd lle i feirniadu." Yn Llandudno bu'n cyfieithu ac yn cynhyrchu dramâu i Gymdeithas Ddrama'r dref, ac yn Eisteddfod Genedlaethol Dinbych, 1939, enillodd gystadleuaeth cyfansoddi drama gyda "Diofal yw Dim" a'r Fedal Ryddiaith am nofel, "Y Dewis". "Teimlwn yn fodlon wedyn," meddai, "ac ni fu gennyf unrhyw awydd trio mewn cystadleuaeth ar ôl hynny."

Ond nid dyna ddiwedd y cyfansoddi. Dyma restr o'i ddramâu: "Lle Mynno'r Gwynt" a "Gŵr Llonydd" (1958); "Y Tad a'r Mab" (1963); "Hanes Rhyw Gymro" (1964 – stori Morgan Llwyd); "Pedair Drama" (1971, a gafodd eu darlledu'n wreiddiol ar radio a theledu); "Rhyfedd y'n Gwnaed" (1976, tair drama fer a fu'n llwyddiannus yn Efrog Newydd yn 1980, wedi'u trosi i'r Saesneg gan yr awdur); "Ac Eto Nid Myfi" (1976) ac "Yr Adduned" (1979).

Mynnai John Gwilym Jones mai "er mwyn cael dramâu i'w perfformio yn y coleg y byddwn i'n ysgrifennu yn hytrach nag am fod arnaf awydd rhoi dim ar bapur". Byddai'r perfformiadau hyn gan Gymdeithas Ddrama Gymraeg Coleg Bangor yn llwyddiannus iawn; soniodd un o'r myfyrwyr am "y berthynas rwydd chwareus rhwng y cynhyrchydd a'r actorion/myfyrwyr; ei fwynhad digymysg wrth wrando ar ymarferiad graenus a'r deud distaw, di-lol, 'Maen nhw'n dda yn tydyn'. Ac yn bwysicach na hyn, y parch a enynnodd ynom at ddrama a llenyddiaeth a'r mwynhad a gawsom wrth weld brawddegau print yn troi'n sgwrs wefreiddiol ar lwyfan."

Fel hyn y crynhodd John Gwilym Jones ei agwedd tuag at lunio drama:

> "... dylai drama o unrhyw werth ddiddanu ac addysgu. Nid addysgu yn yr ystyr bod rhywun yn gwybod mwy ar ôl ei gweld, ond yn hytrach ei bod wedi cyfoethogi iaith bob dydd a'i bod mewn rhyw ffordd neu'i gilydd wedi medru ymdrin â phrofiadau o bwys mewn bywyd ... Y mynegiant sy'n cyfrif yn y diwedd. Os yw'r mynegiant mor hyfryd fel ei fod yn lladd y boen sydd yn y profiad, mae'r peth yn gelfyddyd."

Roedd profiad yn bwysig iddo: "Tynnu ar y pethau oedd yn gyfarwydd i mi a wneuthum i. Mae rhannau maith o 'Ac Eto Nid Myfi', er enghraifft, yn dod o'm cartref i. Y bobl roeddwn i'n eu hadnabod orau oedd athrawon, myfyrwyr a phregethwyr, ac am y rheiny y dymunwn sôn yn fy nramâu. Dyna pam y maen nhw'n fwriadol yn ddramâu lle y ceisiaf gael rhyw fath o sgwrsio deallus ynddyn nhw." Doedd yr hen ddrama gegin Gymreig yn apelio dim ato.

Roedd yr iaith Gymraeg yn bwysig iawn iddo:

> "Dagrau pethau yng Nghymru yw fod yma gymaint o bobl mor gibddall nes bod gofyn eu darbwyllo y gellir bod mor ddiwylliedig ar ôl astudio Cymraeg fel pwnc ag ar ôl astudio unrhyw iaith dan haul."

Roedd ysgrifennu Cymraeg da yn hollbwysig iddo hefyd:

> "... rwy'n dal i feddwl bod sylfaen da o ramadeg yn helpu rhywun i ysgrifennu'n dda, ac un o fy uchelgeisiau oedd cael myfyrwyr i ysgrifennu'n dda. Byddwn yn cynnal dosbarthiadau ar ddatgymalu brawddegau, ac awn â'r myfyrwyr yn fanwl trwy'r holl newidiadau posibl mewn brawddeg er mwyn cael yr amrywiaeth oedd yn mynd i roi bywyd ac egni iddi yn y diwedd."

Dilynodd yr egwyddorion hyn ei hun wrth gyfansoddi'i straeon byrion, "Y Goeden Eirin" (1946), ac wrth lunio'i ddwy nofel, "Y Dewis" (1942) a "Tri Diwrnod ac Angladd" (1979). Fel y mae'r erthygl ar Y STORI FER yn y gyfrol hon yn egluro, mae gwahanol fathau o straeon byrion i'w cael. Er bod gan John Gwilym Jones feddwl y byd o'r

Groeslon, nid am ''ddigwyddiadau'' ei fro y lluniodd ei straeon, fel y gwnaeth awduron ''Hen Dŷ Fferm'' a ''Storïau'r Henllys Fawr'', ond ceisiodd ddadansoddi meddwl ei gymeriadau a gwneud yr isymwybod yn bwnc ac yn gefndir i'w straeon.

Mae'r nifer o adolygiadau a maint y feirniadaeth lenyddol a gynhyrchodd yn anhygoel; bu'n beirniadu mewn llu o eisteddfodau bach a mawr, a chawsom ganddo lawer ymdriniaeth gyfoethog ar natur a chrefft llenyddiaeth. Mae'r beirniadaethau a draddododd mewn gwahanol Eisteddfodau Cenedlaethol, ac sydd i'w cael yng nghyfrolau'r ''Cyfansoddiadau a Beirniadaethau'', yn werthfawr dros ben.

Gwir y dywedodd yr Athro Melville Richards ei bod yn ''gwbl deilwng'' iddo gyflwyno John Gwilym Jones yn Ddoethur mewn Llên er Anrhydedd. (Gweler hefyd - Y STORI FER.)

D.G.J.

Y Teulu KENNEDY

Teulu enwog iawn yn llywodraeth, gwleidyddiaeth a masnach Unol Daleithiau America (UDA) oedd teulu **Joseph Patrick Kennedy** (1888–1969), un o ddynion mwyaf cyfoethog y wlad. Ffermwyr yn Swydd Wexford yn Iwerddon oedd ei gyndeidiau; ymfudodd ei daid i America yn ystod y newyn a ddilynodd methiant y cnwd tatws yn 1845, ond dyn uchelgeisiol oedd Joseph a llwyddodd mewn busnes nes dod yn filiwnydd. Daliodd nifer o swyddi yn y Llywodraeth, a bu'n Llysgennad yr Unol Daleithiau ym Mhrydain o 1937 hyd 1940.

Cafodd ef a'i wraig naw o blant, pump ohonyn nhw'n ferched. Bu farw'u mab hynaf, **Joseph**, yn ystod yr Ail Ryfel Byd pan ffrwydrodd awyren y Llynges yr oedd yn teithio ynddi.

John Fitzgerald Kennedy (1917–63) oedd yr ail fab; yn dair a deugain oed, ef oedd yr ieuengaf erioed – a'r Pabydd cyntaf – i'w ethol yn Arlywydd UDA. Roedd yn perthyn i blaid y Democratiaid ac, ar ôl gwneud argraff dda mewn dadleuon etholiad ar y teledu, curodd y Gweriniaethwr Richard M. Nixon a oedd wedi gwasanaethu fel Is-arlywydd i'r enwog gyn-filwr, Dwight D. Eisenhower.

Hoff gyngor John Kennedy i'w gydwladwyr oedd, ''Peidiwch â holi beth all eich gwlad ei wneud drosoch chi; yn hytrach gofynnwch beth allwch chi ei wneud dros eich gwlad.'' Enillodd barch y Byd Rhydd (hynny yw, y gwledydd sydd heb fod yn rhai Comiwnyddol), yn enwedig yn 1962, pan wynebodd yr her o gychwyn rhyfel atomig rhwng ei wlad a'r Undeb Sofietaidd, drwy warchae Ynys Cuba a gorfodi Khruschev (arweinydd yr Undeb Sofietaidd) i dynnu nôl y taflegrau Rwsiaidd yr oedd ef wedi'u gosod yno gan fygwth diogelwch yr Unol Daleithiau. Wedi hynny bu rhywfaint o ''feirioli'' yn y Rhyfel Oer rhwng y ddwy wlad.

Gartref, mwynhaodd pobl yr Unol Daleithiau un o'r cyfnodau mwyaf ffyniannus yn eu hanes yn ystod Arlywyddiaeth John Kennedy, a llwyddodd negröaid y wlad i ennill mwy yn eu hymgyrch am iawnderau sifil cyfartal nag ar unrhyw adeg arall ers y Rhyfel Cartref. Yn ystod ei gyfnod ef fel Arlywydd cafodd dynion eu hanfon i'r gofod, a bu'r wlad yn paratoi ar gyfer glanio dyn ar y lleuad.

Ar 22 Tachwedd 1963, pan oedd yn teithio mewn car ar hyd strydoedd Dallas, ar ymweliad swyddogol, cafodd John Kennedy ei saethu gan lofrudd. Bu farw

John F. Kennedy (chwith) yn ystod ei ymgyrch am Arlywyddiaeth yr Unol Daleithiau yn 1960. Gydag ef mae ei frodyr, Robert (canol) ac Edward (de).

Martin Luther King (canol) a'i ddilynwyr, braich ym mraich, ar orymdaith brotest i'r llysoedd barn yn Montgomery, Alabama, ym mis Mawrth 1965.

bron ar unwaith, a chyn pen ychydig oriau roedd Lyndon B. Johnson, yr Is-arlywydd, wedi tyngu'r llw a'i gyhoeddi'n Arlywydd Unol Daleithiau America – yr unfed ar bymtheg ar hugain – yn yr awyren a gariai gorff John Kennedy a'i weddw yn ôl i Washington.

Cafodd John Kennedy ei gladdu ym Mynwent Genedlaethol Arlington, ar draws Afon Potomac o Washington. Ledled y byd cafodd adeiladau cyhoeddus eu henwi ar ei ôl, ac mae cofeb i gofio amdano yn Runnymede, heb fod ymhell o Windsor yn Ne Lloegr.

Yn 1961 roedd John Kennedy wedi penodi ei frawd, **Robert Francis Kennedy** (1925–68), yn Dwrnai Gwladol UDA, a chafodd yntau barhau yn y swydd honno dan yr Arlywydd Johnson. Bu Robert yn amlwg yn swyddfeydd y Llywodraeth, ac ef drefnodd ymgyrchoedd ei frawd i gael ei ethol i'r Senedd yn 1952 ac i'r Tŷ Gwyn yn 1960. Cafodd ei lofruddio gan Arab ym mis Mehefin 1968.

Ganwyd y brawd ieuengaf, **Edward Moore Kennedy**, yn 1932. Yn 1962 parodd yntau syndod i lawer iawn o bobl pan ymgeisiodd am y sedd yn y Senedd yr oedd ei frawd John wedi ymadael â hi wrth gael ei ethol yn Arlywydd. Er nad oedd ond deg ar hugain oed, enillodd y sedd yn hawdd. Cymerodd yntau ran amlwg yng ngwleidyddiaeth UDA gan ddadlau'n gryf o blaid gwella lles cymdeithasol. Ar un adeg bu cyrraedd y Tŷ Gwyn yn uchelgais y Kennedy hwn hefyd, ond am amryw resymau chafodd ei ddymuniad mo'i wireddu.

Teulu hynod iawn oedd y teulu Kennedy. Ai proffwydo yr oedd John pan ddywedodd, "Yn union fel y des i'n wleidydd am fod Joe wedi marw, os bydd rhywbeth yn digwydd i mi yfory bydd Bobby yn ymgeisio am fy sedd i yn y Senedd. Ac os bydd Bobby farw, bydd Teddy'n cymryd drosodd wrtho fe." (Gweler hefyd – UNOL DALEITHIAU AMERICA.)

D.G.J.

Martin Luther KING (1929–1968)

Negro, mab ac ŵyr i weinidogion gyda'r Bedyddwyr, a gweinidog ei hun oedd Martin Luther King, a fu'n ymladd ar hyd ei oes dros iawnderau'r negro ac yn pregethu "gwrthwynebiad di-drais" er mwyn ennill hawliau cyfartal llawn i bawb.

Ganwyd ef yn Atlanta, Georgia, yn 1929, a'i ordeinio'n weinidog yn 1947. Yn 1954 cafodd ei benodi'n weinidog ar Eglwys Bedyddwyr Dexter Avenue yn Montgomery yn yr un dalaith.

Yn y dyddiau hynny roedd yn rhaid i bob negro a deithiai ar fws yn Montgomery a'r rhan fwyaf o ddinasoedd deheudir yr Unol Daleithiau eistedd neu sefyll yng nghefn y bws. Cychwynnodd Martin Luther King ei ymgyrch am hawliau sifil yn 1955 drwy berswadio negröaid i beidio â theithio ar y bysiau o gwbl, fel protest yn erbyn yr awdurdodau a fynnai wahaniaethu rhwng teithwyr du a theithwyr gwyn gan drin pobl groenddu fel pobl israddol. Llwyddodd y brotest a daeth llawer o bobl i sylweddoli ei bod hi'n bosibl ennill drwy weithredu'n ddi-drais.

Bu'n arwain gorymdeithiau, fel honno yn Birmingham, Alabama, yn 1963 i brotestio yn erbyn gwahaniaethu hiliol yn y ddinas honno, a'r orymdaith o Selma i Montgomery er mwyn sicrhau'r hawl i'r negro fwrw'i bleidlais mewn etholiad. Trefnodd hefyd wrthsafiadau ble bynnag y teimlai fod angen egluro dadleuon a hawliau'r negro, ac ni phallodd ei egni na'i sêl at yr achos er iddo ddioddef gan rai na fynnai wrando arno. Cafodd ei drywanu yn Efrog Newydd a'i labyddio yn Chicago, a chafodd ei gartref yn Montgomery ei fomio. Ond daliodd i annog ei ddilynwyr i beidio â defnyddio trais, er bod rhai o blith y bobl ddu, dlawd a di-waith yn dadlau mai mesurau milwriaethus yn unig a fyddai'n datrys eu problemau.

Teithiodd ledled yr Unol Daleithiau a thramor gan ddarlithio ac annerch, a thrafod gydag arweinyddion lleol a gwŷr blaenllaw ym myd crefydd. Seiliodd ei bwyslais ar weithredu'n ddi-drais ar y ffydd Gristnogol, ar syniadau cymdeithasol Henry Thoreau (awdur *Civil Disobedience*) ac ar ddulliau di-drais Mahatma Gandhi yn ei ymgyrch i ryddhau India o reolaeth Prydain. Ysgrifennodd nifer o lyfrau i egluro'i syniadau.

Cyrhaeddodd ymgyrch Martin Luther King ei huchafbwynt ar 28 Awst 1963, pan orymdeithiodd mwy na dau gan mil i gofeb Abraham Lincoln yn Washington. Roedd miliynau'n gwylio'r orymdaith ar y teledu hefyd, ac yn gwrando ar eiriau araith King: "Mae gen i freuddwyd y bydd y genedl hon, ryw ddiwrnod, yn codi ac yn cadarnhau ei chredo bod dynion wedi'u creu yn gyfartal."

Yn 1964 derbyniodd Wobr Heddwch Nobel; cyflwynodd yr arian i fudiad Hawliau Sifil, gan fynnu mai teyrnged i bawb a weithiai gydag ef oedd y wobr.

Yn rhannol fel canlyniad i'w ymdrechion ef, pasiodd y Senedd Ddeddf Hawliau Sifil yn 1964 a Deddf Hawliau Pleidleisio yn 1965.

Dechreuodd King drefnu "Gorymdaith Pobl Dlawd" i Washington, i'w chynnal yn 1968, ond ni fu byw i'w harwain. Ar 4 Ebrill yn y flwyddyn honno, pan oedd yn ymgyrchu yn Memphis yn nhalaith Tennessee, cafodd ei saethu gan James Earl Ray, troseddwr ar ffo, a bu farw. Mae wedi'i gladdu ger Ebenezer, Eglwys y Bedyddwyr yn Atlanta. Cafodd y trydydd dydd Llun ym mis Ionawr ei neilltuo'n ddydd gŵyl cenedlaethol yn yr Unol Daleithiau er cof amdano.

D.G.J.

LLANW A THRAI

Newid yn lefel dŵr y môr yw llanw a thrai. Bydd pawb sy'n ymweld â glan y môr, neu sy'n byw yn y cyffiniau, yn gyfarwydd â gweld dŵr y môr yn dod i mewn ac yna'n cilio ddwywaith bob pedair awr ar hugain. Yn y mannau hynny ar yr arfordir lle mae traeth gall rhan helaeth ohono, neu hyd yn oed y cyfan, fod o'r golwg o dan y dŵr adeg llanw, gan ddod i'r golwg eto, a'r tywod wedi'i olchi'n lân, adeg trai. Ar arfordir creigiog neu ar waliau mynedfa porthladd mae modd gweld a mesur pa mor uchel y bydd y llanw'n cyrraedd a pha mor isel y bydd lefel y dŵr yn disgyn adeg trai cyn iddo ddechrau dringo eto.

Grym disgyrchiant y lleuad a'r haul sy'n peri i ddŵr y môr symud fel hyn. Bydd y ddau yn ceisio tynnu dyfroedd y cefnforoedd tuag atyn nhw eu hunain. Bydd y lleuad yn cael llawer iawn mwy o effaith na'r haul ar y llanw a'r trai gan fod yr haul yn bellach o lawer o'r ddaear. Bydd dylanwad y lleuad i'w deimlo gryfaf ar y rhannau o'r byd sy'n digwydd wynebu'r lleuad a'r rhannau sydd gyferbyn â nhw ar ochr arall y byd. Wrth i'r ddaear gylchdroi ar ei hechelin unwaith bob pedair awr ar hugain bydd effaith y grym disgyrchiant i'w weld ddwy waith gan beri i lefel y môr godi a disgyn unwaith bob deuddeng awr.

Bydd y ddaear yn troi ar ei hechelin wrth deithio o gwmpas yr haul, a'r lleuad yn teithio o gwmpas y ddaear. Pan fydd y tri yn digwydd bod mewn llinell union bydd yr haul a'r lleuad yn cydweithio i godi lefel dŵr y moroedd gan achosi llanw uwch na'r arfer, sef y gorllanw neu lanw mawr (*spring tide*). Ond pan fydd y llinell rhwng yr haul a'r ddaear yn ffurfio ongl sgwâr gyda'r llinell rhyngddi a'r lleuad, a'r ddwy, felly, heb fod yn cyd-dynnu, bydd maint y llanw ar ei isaf, sef yr ertrai neu lanw bach (*neap tide*).

Mae'r gwahaniaeth mewn uchder rhwng y llanw a'r trai yn amrywio o fan i fan. Ar arfordir Cefnfor Iwerydd, er enghraifft, gall fod dros bymtheng metr, ond yn y Môr Canoldir, sy'n rhy fach i ymateb i dynfa'r haul a'r lleuad, ychydig gentimetrau yn unig yw'r gwahaniaeth.

Wrth osod bared ar draws culfor neu aber afon mae'n bosibl manteisio ar godiad a gostyngiad dŵr y môr i gynhyrchu trydan. Mae cynllun o'r math hwn yn gweithio'n llwyddiannus ar Afon La Rance yng Ngogledd Ffrainc ac mae cynlluniau ar waith i godi bared i'r un pwrpas ar draws Afon Hafren. (Gweler hefyd – TONNAU, TRYDAN, YNNI.)

D.G.J.

LLYCHLYN

Anodd fu diffinio'r rhanbarth hwn o ogledd-orllewin Ewrop sy'n gorwedd rhwng lledredau 56°G a 71°G. Bu anghytuno ynglŷn â pha wledydd i'w cynnwys yn y term "Llychlyn" – onid yw diwylliant y Ffindir yn tarddu o ganolbarth Asia, tra bo gan drigolion gogledd y rhanbarth lawer sy'n gyffredin â diwylliant yr Escimo yng Ngogledd America?

Ar raddfa byd mae Llychlyn yn gorwedd ar ymylon Cefnfor Iwerydd ac eto mae'n perthyn i rannau Arctig ac is-Arctig Ewrop – dylanwad y môr ochr yn ochr ag effaith rhew ac eira sy'n gyfrifol am hyn. O'i gymharu ag Alaska (sydd hefyd ar ochr orllewinol cyfandir a ger y Cylch Arctig), mae Llychlyn ymhell ar y blaen yn ddiwydiannol ac o safbwynt safonau byw. Mae tri ffactor yn gyfrifol am hyn:

(i) dyfroedd cynnes Drifft Gogledd Iwerydd yn ymdreiddio i'r tir;

(ii) lleoliad Llychlyn o fewn y gylchfa o wyntoedd Gorllewinol a ddaw â lleithder a chynhesrwydd;

(iii) gwasgariad cymhleth tir a môr yn caniatáu i'r dylanwadau morol dreiddio i ganol y rhanbarth.

Yn ystod Oes yr Iâ roedd un llen anferth yn gorchuddio Fennoscandia (enw sy'n diffinio'r rhanbarth o safbwynt daearegol – y creigiau grisialog Cyn-Gambriaidd sy'n rhan o Daldir Baltig). Dyma pryd y cafodd ffiordau dwfn Gorllewin Norwy eu herydu. Olion o ddyddodion y llen iâ sydd yn y Ffindir – esgeiriau, cnycau gro a drumlinau – tra bo'r mariannau rhewlifol mwyaf amlwg yn Nwyrain Denmarc.

Golygfa nodweddiadol o Norwy – llong bleser yn ymddangos fel tegan yng nghysgod y creigiau tyrog wrth iddi hwylio ar hyd Ffiord Geiranger.

Dyma wledydd yr Haul Hanner Nos – gwledydd y gaeafau hir a'r hafau cymharol fyr. Mae'n anodd osgoi dylanwad y gaeaf, sy'n effeithio'n seicolegol ar y trigolion , ac yn egluro'r iselder ysbryd a'r tristwch sydd yn straeon gwerin y gwledydd. Ai'r awydd dwfn am olau a gwres yr haul (yn ogystal â chynnydd mewn safon byw) sy'n egluro pam bod cymaint o'r Llychlynwyr yn heidio ar wyliau i'r Trofannau?

Gall 1000 mm o ddyodiad – ar ffurf glaw ac eira – ddisgyn yn flynyddol ar fynyddoedd y Gorllewin, ond dim mwy na 500mm yng nghyffiniau Gwlff Bothnia. Mae'r llystyfiant naturiol yn newid yn ôl y lledred. Bydd grug, mwsog a chen i'w cael bob yn ail â chreigiau noeth yn Nhwndra'r Arctig, ond spriws Norwy a'r pîn Albanaidd sy'n tyfu yn y gylchfa o goedwig gonwydd yng nghanol y rhanbarth. Dyma'r taiga sy'n rhoi delwedd i'r wlad. Coed collddail Gogledd Ewrop sydd yn yr ardaloedd deheuol.

Yn hanesyddol, oes fwyaf adnabyddus Llychlyn oedd Cyfnod y Ficing (800–1100 O.C.). Roedd llawer ohonyn nhw'n forwyr, yn fasnachwyr, a'r môr oedd eu priffordd. Aeth eu hymgyrchoedd â nhw mor bell â Chymru a Gorllewin Prydain ond pam oedden nhw mor fentrus? Eu bwriad oedd chwilio am dir ffarmio ac roedd morladrad yn ffordd rad o gael nwyddau prin a gwerthfawr o dramor. Bu eu gallu i lunio llongau gosgeiddig addas i'r môr hefyd yn gymorth.

Hyd at ddechrau'r ganrif hon roedd bron naw deg y cant o boblogaeth Llychlyn yn gweithio mewn diwydiannau cynradd – ffarmio, pysgota, coedwigo – a wnâi ddefnydd o'r amgylchedd naturiol. Llwyddodd Denmarc mewn amaethyddiaeth drwy roi pwyslais ar farchnata ei chynnyrch yn effeithiol – yn fenyn, caws a chig moch. Aeth y Llywodraeth ati i ddatblygu amaethyddiaeth yn effeithiol ac yn llwyddiannus gan nad oedd yno adnoddau mwynol a allai fod yn sail i ddiwydiant trwm. Roedd ffermwyr brwdfrydig yn barod i arbrofi a bu mudiadau cydweithredol yn hwb iddyn nhw fuddsoddi mewn peiriannau addas a syniadau modern.

Pur wahanol yw ffarmio a ffordd o fyw y rhai sy'n byw ar dir yr ymylon yn Norwy, Sweden a'r Ffindir. Nid ffermwyr busnes soffistigedig ydyn nhw fel rhai Denmarc, ond rhai rhan-amser sy'n gorfod ennill incwm ychwanegol o weithgarwch mewn coedwigaeth neu wrth bysgota.

Erbyn heddiw mae gorfecanyddio a gorganoli wedi gwneud yr ifainc ym mhob gwlad yn fwy ymwybodol bod angen ffarmio ar raddfa fechan, parchu ecoleg, defnyddio ynni naturiol a chryfhau gwerthoedd cymunedau bychain. Maen nhw'n ymboeni am eu ffordd o fyw yn ogystal ag am yr economi.

Bu pysgod o bwys erioed i gymunedau glannau'r môr, yn enwedig yn Norwy. Mae mwy o bysgota ym Môr y Gogledd nag yn y Môr Baltig, môr sy'n lled hallt ac yn cynnwys llawer o lygredd. Mae'r diwydiant pysgota'n hanfodol i drigolion Ynys yr Iâ a Føroyar, gan nad oes ganddyn nhw fawr o adnoddau eraill. Mae'r llywodraethau'n ymwybodol

Pysgod yn sychu yn yr awyr agored ar Ynys yr Iâ.

o bwysigrwydd pysgota i gymunedau bychain, a byddan nhw'n hybu adeiladu ffatrïoedd prosesu a rhewi pysgod yn hytrach na'u halltu a'u sychu. Eto mae nifer y pysgotwyr llawn-amser a rhan-amser yn lleihau yno.

Bu dirywiad hefyd yn y diwydiant mwyngloddio. Anodd yw gwneud defnydd proffidiol o fwynau gan eu bod ar wasgar. Mwyn haearn sydd bwysicaf, yn bennaf yn ardal Kiruna-Gällivare o fewn y Cylch Arctig yn Sweden. Caiff ei allforio drwy borthladd Lulea ond pan fydd y Baltig wedi rhewi bydd yn rhaid ei gludo ar drenau i borthladd Narvik yn Norwy. Bellach mae'r ardal yn canolbwyntio ar ddiwydiannau'r gofod ac electroneg.

Y tanwydd ffosil pwysicaf yw olew, a bu cynnydd mawr yn y diwydiant hwn ym Môr y Gogledd ar ôl 1975. Mae gan Norwy 20 o feysydd olew – y mwyaf yw Maes Ecofisk. Caiff yr olew ei gludo i'r Alban, Lloegr a'r Almaen gan nad yw'n bosibl gosod piblinau'n syth i dir Norwy oherwydd y ffos 700 metr o ddyfnder sydd ger yr arfordir. Daeth olew â gwaith a ffyniant i ganolfannau fel Stavanger, lle caiff gweithwyr eu cyflogi ar y rigiau olew ac mewn diwydiannau bychain perthnasol.

Trydan dŵr, ac nid glo, yw sail diwydianeiddio Llychlyn. Mae hyn wedi galluogi diwydiant i wasgaru y tu allan i'r hen ardaloedd diwydiannol fel Bergslagen yng nghanolbarth Sweden, ac mae llawer o gwmnïau bychain i'w cael mewn mannau gwledig, cwmnïau sy'n gallu addasu i newidiadau'n eithaf rhwydd. Prin yw'r ynni niwclear a gaiff ei gynhyrchu yn Llychlyn – mae i'w gael yn bennaf yn Sweden a'r Ffindir – ac mae gwrthwynebiad i godi mwy o atomfeydd. Defnyddir pŵer geothermol yn Ynys yr Iâ.

Y prif ddiwydiannau gweithgynhyrchu yw'r rhai dur a metelau yn Sweden, y diwydiant trydan-metelegol ar lannau'r ffiordau yn Norwy, a'r diwydiant papur a mwydion yn y Ffindir.

Mewn ardaloedd trefol y mae'r mwyafrif o bobl Llychlyn yn byw heddiw, ac mae pob un o'r prifddinasoedd ar yr arfordir. Mae saith deg pump y cant o bobl Ynys yr Iâ'n byw yn Reykjavik, ac mae dros chwarter poblogaeth Sweden yn byw yn Stockholm Fwyaf.

Er bod trefi Llychlyn yn enwog am eu glanweithdra a'u moethusrwydd, a bod llawer o bwyslais wedi ei roi ar gynllunio trefol, bydd penseiri modern yn gorfod talu bron cymaint o sylw i agweddau cymdeithasol a seicolegol ag i lunwedd a defnyddiau'r adeiladau. Mae pobl y dinasoedd yn gynyddol anfodlon eu byd, ac mae trosedd a thrais ar gynnydd, yn ogystal â hunanladdiad (yn arbennig ymysg merched). Awgrymodd rhai pobl fod y salwch trefol hwn yn ganlyniad i ormod o reolaeth gan y Llywodraeth ar fywydau pobl. Eto mae pawb yn hynod o faterol a llawer yn berchen fflatiau braf, ail gartrefi yn y wlad a chychod hwyliau.

Mae modd edrych ar symudiadau poblogaeth Llychlyn drwy'r canrifoedd yn nhermau "craidd" ac "ymylon". Yn y craidd mae'r boblogaeth ddwysaf; yno mae olion hanes a'r gwreiddiau diwylliannol. Yno mae'r bobl yn ymwybodol o galon y genedl. Dyma'r ardal sydd hawsaf ei rheoli; yma mae'r Llywodraeth a'r trefi mwyaf. Mae'r ymylon, ar y llaw arall, yn anhygyrch – mae'n gryn bellter o'r canol ac oddi wrth awdurdod. Mae niferoedd y boblogaeth yn is, a'r canolfannau trefol yn llawer llai yma a'r economi'n dlotach. Mae'r ardaloedd hyn yn gwrthdaro yn erbyn y canol. Mae eu gwleidyddiaeth yn fwy radicalaidd, maen nhw'n anfoddog â pholisïau'r Llywodraeth.

Mae angen datrys y broblem hon o anghyfartaledd rhanbarthol ym mhob un o wledydd Llychlyn. Bu gorddatblygu yn y craidd a thanddatblygu ar yr ymylon, yn enwedig yn y mannau gogleddol. Mae gan Nordkalotten – y gogledd eithaf – lle mae pump y cant o'r boblogaeth yn Lapiaid (y Sami fel y byddan nhw'n galw eu hunain), lu o broblemau economaidd, ac i raddau llai mae gan Ynys yr Iâ a Føroyar broblemau tebyg.

Mae Llychlyn yn haeddu'r teitl answyddogol "Cornel dawel Ewrop". Mae'r pum gwlad – Norwy, Sweden, y Ffindir, Denmarc ac Ynys yr Iâ – yn byw mewn heddwch â'i gilydd er 1914 ac wedi osgoi, i raddau helaeth, anghytgord â'u cymdogion. Ar ôl eu profiad yn yr Ail Ryfel Byd, sylweddolodd Norwy a Denmarc werth perthyn i *NATO* (*North Atlantic Treaty Organisation* – cyfundrefn filwrol amddiffynnol a gafodd ei sefydlu yn 1949 i wrthsefyll presenoldeb lluoedd arfog yr Undeb Sofietaidd yn Ewrop). Mae Ynys yr Iâ a Føroyar hefyd yn aelodau. Nid yw Sweden yn fodlon ei chysylltu ei hun yn filitaraidd ag unrhyw wlad – mae am aros yn niwtral. Mae'r Ffindir, oherwydd ei lleoliad, mewn sefyllfa unigryw o safbwynt amddiffyn – mae'n ceisio osgoi unrhyw wrthdaro â'r Pwerau mawr, ac mae ei bodolaeth fel gwladwriaeth rydd yn dibynnu ar ewyllys da y Rwsiaid. Denmarc yw'r unig un o wledydd Llychlyn sy'n perthyn i Gymuned Economaidd Ewrop, er bod y gweddill wedi gwneud cytundebau masnach a dileu rhwystrau tollau. (Gweler hefyd – DENMARC).

E.R.

Ceir map o Lychlyn yng nghefn y gyfrol hon.

LLYFRAU GLEISION

Mae'r erthygl ar YSGOLION ar dudalen 115 yn y gyfrol hon yn sôn am y *National Schools Society*. Yn 1845 cyhoeddodd y gymdeithas hon adroddiad yn beirniadu'n llym y ddarpariaeth annigonol ar gyfer ysgolion yng Nghymru ar y pryd. Ysgogodd yr adroddiad hwn William Williams, Aelod Seneddol Coventry, i ofyn yn Nhŷ'r Cyffredin am adroddiad llawn ar gyflwr addysg yng Nghymru. Brodor o blwyf Llanpumsaint yn yr hen Sir Gaerfyrddin oedd William Williams, o blith y dosbarth gweithiol, a aeth i Lundain yn ddyn ifanc a llwyddo yno ym myd masnach a diwydiant. Cofiai ar hyd ei oes sut y bu hi arno pan aeth i Lundain gyntaf heb fawr o Saesneg, a chredai mai'r unig ffordd y gallai ei gyd-Gymry lwyddo oedd dysgu Saesneg yn drwyadl cyn gadael eu gwlad.

Canlyniad ei gais yn Nhŷ'r Cyffredin oedd penodi comisiwn i archwilio sefyllfa addysg yng Nghymru a dwyn adroddiad i'r Senedd. Roedd tasg aelodau'r comisiwn yn glir:

> *to inquire into the state of education in the Principality of Wales, especially into the means afforded to the labouring classes of acquiring a knowledge of the English language.*

Cafodd tri o wŷr y gyfraith eu penodi'n gomisiynwyr, tri Sais uniaith – Lingen, Symonds a Vaughan-Johnson – na wyddai ddim am ysgolion Cymru, am yr iaith Gymraeg, am y wlad nac am y bobl y bydden nhw'n cyfarfod â nhw ac yn eu holi. Eglwyswyr oedd y tri, tra oedd mwyafrif pobl Cymru yn y dyddiau hynny yn Anghydffurfwyr a addolai mewn capel. Cawson nhw gymorth rhai is-gomisiynwyr a fedrai'r Gymraeg, ac aethon nhw ati i gynnal eu harolwg yn ddyfal ac yn gyflym.

Roedd canllawiau pendant ganddyn nhw: byddai disgwyl iddyn nhw gasglu ffeithiau y gallai'r Llywodraeth eu defnyddio wrth ystyried darparu gwell cyfleusterau ar gyfer addysgu'r Cymry; roedden nhw i holi Anghydffurfwyr yn ogystal ag aelodau Eglwys Loegr, tlodion a chyfoethogion – a gwneud y cyfan yn foesgar, yn ddi-duedd a chyda chydymdeimlad. Ond, yn anffodus, ni lynodd yr holwyr at y cyfarwyddiadau hyn.

Buon nhw'n holi rhyw dri chant o bobl, ac eglwyswyr oedd pedwar o bob pump o'r rhain. Doedd y plant – na'r athrawon yn aml – ddim yn deall y cwestiynau Saesneg; roedden nhw'n nerfus ac yn ofnus, ac yn debyg o greu'r argraff anghywir wrth geisio osgoi anghytuno â'r holwyr. Ychydig o ymdrech a wnâi'r gwŷr hynny i ddeall anawsterau'r plant a'r athrawon, a doedden nhw ddim bob amser yn gwrtais ac yn amyneddgar.

Cafodd eu hadroddiad ei gyhoeddi yn 1847, mewn tair cyfrol wedi'u rhwymo mewn cloriau gleision – dyna sy'n gyfrifol am yr enw "Y Llyfrau Gleision". Yn ôl yr adroddiad roedd cyflwr addysg yng Nghymru yn druenus, yr ysgolion yn brin, a'r adeiladau'n aml yn hollol anaddas. Cwynai'r comisiynwyr nad oedd yr athrawon wedi eu hyfforddi ac nad oedd ganddyn nhw'r syniad lleiaf sut i ddysgu Saesneg i blant uniaith Cymraeg; at hynny, nid oedd ganddyn nhw lyfrau na chyfarpar addas ar gyfer y gwaith.

Roedd y feirniadaeth hon yn wir i raddau helaeth iawn, ond roedd y rhesymau y tu ôl iddi yn annheg ac yn wrthun i'r mwyafrif mawr o'r Cymry, yn enwedig am fod y comisiynwyr wedi osgoi sôn am y pethau da y daethon nhw ar eu traws, gan ddewis gwrando gormod ar ragfarn yr Anglicanwyr – aelodau Eglwys Loegr – a fanteisiodd ar y cyfle i bardduo'u cydwladwyr Anghydffurfiol, gan eu disgrifio fel pobl anghwrtais, ddiog, feddw a llac eu moesau.

Bu llawer o feirniadu ar yr adroddiad. Siaradai rhai yn huawdl, ysgrifennodd nifer i'r wasg, gan gynnwys gwŷr blaenllaw fel Dr Lewis Edwards a Ieuan Gwynedd. Lluniodd R.J. Derfel ddrama yn dychanu'r tystion a ymddangosodd gerbron y comisiynwyr, yn dwyn y teitl "Brad y Llyfrau Gleision", a glynodd y gair "brad" wrth yr adroddiad byth ers hynny.

Canlyniad anffodus cyhoeddi'r adroddiad oedd dwysáu'r drwgdeimlad rhwng y mwyafrif Anghydffurfiol a'r lleiafrif Anglicanaidd yng Nghymru. Ar y llaw arall, aeth llawer o Gymry ati i ymddiddori mwy mewn addysg a cheisio gwella'r sefyllfa. Cafodd mwy a mwy o ysgolion da eu sefydlu, ac o 1870 ymlaen cyfrifoldeb Byrddau Ysgolion oedd agor ysgol newydd lle bynnag nad oedd ysgol yn bod yn barod – ac o'r trefniant hwn y daeth y term cyfarwydd *board school.*

Er mwyn cynhyrchu athrawon da, cafodd colegau hyfforddi athrawon eu sefydlu, ac yn fuan wedyn cafodd Cymru ei phrifysgol ei hun – ac mae'n ddiddorol sylwi mai un o brif noddwyr y mudiad yn 1863 a arweiniodd at sefydlu Prifysgol Cymru oedd William Williams o Gynwyl Elfed – y gŵr a gododd y cwestiwn yn Nhŷ'r Cyffredin ryw ddeunaw mlynedd cyn hynny, a arweiniodd at gyhoeddi adroddiad "Y Llyfrau Gleision". (Gweler hefyd – PRIFYSGOL CYMRU, YSGOLION.)

D.G.J.

MARATHON

Ras draws gwlad yw'r "Marathon", a gafodd ei chynnal am y tro cyntaf yn 1896 yn Athen yng Ngroeg. I olrhain cysylltiad yr enw hwnnw â'r ras, mae'n rhaid mynd yn ôl bron dwy fil a hanner o flynyddoedd i bentref Marathon tua 40 kilometr (25 milltir) i'r gogledd-ddwyrain o Athen. Ar wastadedd bum kilometr (3 milltir) i'r de o'r pentref mae twyn o bridd 12 metr o uchder wedi'i godi uwchben beddau 192 o Roegiaid a gafodd eu lladd yn y flwyddyn 490 C.C. pan fu'r Groegiaid yn ymladd yn erbyn y Persiaid. Roedd bron ugain mil o filwyr ym myddin Darius y Cyntaf, Brenin Persia; yn eu herbyn safai rhyw ddeng mil o Roegiaid – Atheniaid a Phlataeaid – dan eu harweinwyr, Callimachus a Miltiades, a nhw a enillodd y frwydr, gan ladd 6,400 o wŷr y gelyn a cholli'r 192 o'u milwyr eu hunain sy'n gorwedd heddiw o dan y twmpath. Yn ôl yr hanes, wrth weld gweddill lluoedd y Persiaid yn ffoi yn ôl i'w llongau, ofnai Miltiades y bydden nhw'n ymosod ar ddinas Athen ac y byddai'r dinasyddion yno yn ildio gan feddwl bod brwydr Marathon wedi'i cholli. Felly, roedd yn rhaid mynd â'r newyddion am fuddugoliaeth y Groegiaid o Marathon at bobl Athen yn ddiymdroi. Rhedodd Pheidippides, un o'r milwyr, y deugain kilometr bob cam, gan weiddi ar ôl cyrraedd, "Llawenhewch, rydym ni wedi ennill y dydd!" – a syrthiodd yn farw yn y fan.

Dyna'r stori. Does neb yn gwybod a yw hanes Pheidippides yn wir, ond mae'i gydwladwyr wedi ei gredu ar hyd yr oesoedd. Pan gafodd y Mabolgampau Olympaidd modern cyntaf eu cynnal yn Athen yn 1896, teimlai'r trefnyddion mai peth da fyddai ei goffáu. Syniad y Ffrancwr, Barwn Pierre de Coubertin, oedd y Mabolgampau hynny, ac mae cerflun ohono ef y tu allan i'r Stadiwm a gododd Groegwr cyfoethog o'r enw Georgios Averoff. Hyd y ras ar ddiwrnod olaf y Mabolgampau, ar 10 Ebrill 1896, oedd 40 kilometr (24.8 milltir), sef y pellter o Bont Marathon i Athen, ac o'r 25 rhedwr a gychwynnodd roedd 21 yn Roegiaid. Wrth reswm roedd hi'n hynod o bwysig bod un o'r wlad honno yn ennill y ras, a dyna a ddigwyddodd pan gyflawnodd Spiros Loues y gamp mewn 2 awr 58 munud 50 eiliad. Gwerinwr syml oedd Loues, ac ef oedd yr unig Roegwr i ennill llawryf yn y Mabolgampau hynny. Groegwr arall o'r enw Vasilacos a ddaeth yn ail yn y ras, ond hanes y trydydd sy'n ddiddorol; credai pawb i ddechrau mai Groegwr arall eto, Belocas, oedd hwnnw, ond protestiodd rhedwr o Hwngari, Gyula Kellner, gan ddweud mai dau redwr yn unig oedd o'i flaen ef. Bu'r beirniaid yn trafod ac yn holi a chael bod Belocas wedi teithio mewn cerbyd dros ddarn go helaeth o'r ffordd cyn disgyn o'r cerbyd a rhedeg i'r Stadiwm. Y canlyniad oedd dyfarnu'r fedal efydd i Kellner, a gafodd oriawr aur oddi wrth y Tywysog Cystennin yn ogystal – a chafodd crys rhedeg cenedlaethol y drwg-weithredwr ei rwygo oddi ar ei gorff!

Dechrau helbulus fu i hanes y ras felly, ond cydiodd hi yn nychymyg y cenhedloedd, a chafodd ei chynnwys ym mhob Mabolgampau Olympaidd oddi ar y rhai modern cyntaf hynny yn Athen. Yn Llundain yn 1908 hyd y ras oedd tua 42 kilometr am mai dyna oedd y pellter o Gastell Windsor i'r man gorffen o flaen y seddau brenhinol yn y Stadiwm. Amrywiodd yr hyd yn Stockholm (1912) ac yn Antwerpen (1920), ond ychydig dros 42 km (42.195 km neu 26 milltir, 385 llathen) oedd hi ym Mharis yn 1924, a dyna'r hyd safonol byth er hynny. Eidalwr, Dorando Pietri, a groesodd y llinell yn gyntaf yn Llundain yn 1908, ond gan fod swyddogion wedi'i gynorthwyo dros y metrau olaf, ac yntau mewn trafferth wedi llwyr ymlâdd, cafodd y truan ei ddiarddel! Yn Chwaraeon Olympaidd 1952 yn Helsinki enillydd y marathon oedd y rhedwr rhyfeddol hwnnw o Dsiecoslofacia, Emil Zatopek; doedd yntau wedi rhedeg y pellter hwnnw erioed o'r blaen, ond torrodd chwe munud oddi ar y record Olympaidd. Y rhedwr cyntaf i ennill medal aur ddwywaith yn olynol oedd Abebe Bikila (Ethiopia) yn Rhufain (1960) a Tōkyō (1964), gan dorri'r record Olympaidd y ddau dro – ac fe redai'n droednoeth! Ei gydwladwr, Mamo Wolde, oedd yr enillydd ym Mecsico yn 1968. Almaenwr, Waldemar Cierpinski, a enillodd yn 1976 yn Montreal ac yn 1980 yn Moskva, ond roedd esgidiau am draed hwnnw! (Fe gofiwn na fu pob gwlad yn cystadlu yn Moskva oherwydd y ffrae wleidyddol rhwng Unol Daleithiau America a'r Undeb Sofietaidd.) Cyn gorffen sôn am y cystadlu Olympaidd, gallwn ni yng Nghymru

Wyneb cyfarwydd o fyd adloniant Saesneg, Jimmy Savile, ymhlith y rhedwyr ym Marathon Llundain.

ymfalchïo yng ngorchest fawr Tom Richards o Gwmbrân yn Llundain yn 1948, pan orffennodd yn ail i ymgeisydd o Ariannin, Delfo Cabrera, a oedd yn rhedeg ei farathon cyntaf.

Mae Cymro arall wedi disgleirio yn y ras hir hon hefyd, sef brodor o Lynebwy, Steve Jones, a dorrodd record y byd yn Chicago yn 1984 – neu efallai y dylem ddweud mai ei amser ef, 2 awr 8 munud 5 eiliad, oedd yr amser gorau; does dim record byd mewn gwirionedd am fod hyd y cyrsiau wedi amrywio cymaint. Y flwyddyn ganlynol yn yr un lle rhedodd Steve Jones yn gyflymach fyth, sef 2 awr 7 munud 13 eiliad, ond roedd Carlos Lopez (Portiwgal) wedi rhedeg yn gynt o un eiliad yn Rotterdam ychydig cyn hynny. Dyma ffaith syfrdanol ynglŷn â champ y Cymro hwn yn 1985: ei unfed filltir ar hugain yn y ras farathon honno oedd y gyntaf dros bum munud!

Cynhelir rasys marathon dros y byd i gyd bellach, ac ym mis Mawrth 1981 cychwynnodd marathon Llundain gyda mwy na chwe mil yn cystadlu; y ras honno erbyn hyn sy'n denu'r nifer fwyaf o redwyr. Steve Jones oedd yr enillydd yn 1984. Ym mis Medi 1981, ym marathon cyntaf Caerdydd, rhedodd rhyw ddwy fil, a brodor o'r brifddinas, Bernard Plain, a enillodd mewn 2 awr 26 munud 4 eiliad; efallai bod yr amser hwn yn ymddangos yn araf, ond roedd y cwrs trwy'r Barri yn un anodd iawn. Am na fu digon o gefnogaeth, penderfynodd y trefnyddion yn 1987 mai hanner marathon fyddai ras Caerdydd o hynny ymlaen, ac yn wir mae llawer iawn o rasys dros yr hyd hwn yn y wlad hon ac mewn gwledydd eraill erbyn hyn. Mae'n rhaid cyfaddef, fodd bynnag, nad yw rhamant y ras lawn mor amlwg yn y rasys byrrach hyn.

Yn Los Angeles yn 1984 bu ras farathon i ferched yn y Chwaraeon Olympaidd am y tro cyntaf, a Joan Benoit o'r Unol Daleithiau a dderbyniodd y fedal aur ar ei diwedd; ei hamser oedd 2 awr 24 munud a 52 eiliad. Carlos Lopez oedd buddugwr ras y dynion mewn 2 awr 9 munud 21 eiliad. (Gweler hefyd – Y CHWARAEON OLYMPAIDD.)

J.T.D.

MYRDDIN

Un o gymeriadau pwysig y chwedl fawr am y Brenin Arthur yw Myrddin. Yn y ffurf y datblygodd y chwedl honno ar ei hynt trwy amryw wledydd fe ddatblygodd Myrddin yn ddewin grymus iawn. Yr enw arno yn y chwedl fel y datblygodd hi yw Merlin.

Dydy ffurf wreiddiol Chwedl Myrddin, sef y ffurf Gymraeg gynharaf arni, ddim hanner mor llawn nac mor ddiddorol â ffurf ddiweddarach y chwedl. Yn un peth does gennym ni ddim chwedl gyflawn am Fyrddin; rhyw bytiau yn unig sydd gennym, a'r rheiny'n rhannau o hen gerddi a gadwyd mewn llawysgrifau sydd tua saith gant oed.

Petaem ni'n hel at ei gilydd y cyfan sydd i'w gael yn yr hen gerddi hyn fe gaem stori fel hon. Yn y flwyddyn 573 bu ymladd gerllaw Caerliwelydd (Carlisle), sef Brwydr Arfderydd rhwng dwy fyddin a siaradai Gymraeg; yr adeg honno câi'r Gymraeg ei siarad yng Ngogledd Lloegr ac mewn rhannau o'r Alban. Arweinydd un fyddin oedd Rhydderch Hael; arweinydd y llall oedd Gwenddolau, ac ym myddin Gwenddolau yr ymladdai Myrddin. Y fyddin hon a gollodd y frwydr.

Yn ystod y frwydr aeth Myrddin yn wallgof a ffodd i fforest fawr o'r enw Coed Celyddon, a bu fyw'n wallgof yno am hanner can mlynedd. Tra bu yno cwynai am fod pethau'n galed iawn arno; cwynai am fod ei arweinydd, Gwenddolau, wedi ei ladd; soniai am ei chwaer Gwenddydd a dweud mai ef oedd achos marwolaeth plentyn neu blant iddi. Ei unig gwmni yn y coed oedd mochyn bach, a byddai'n siarad ag ef gan ei gyfarch â'r geiriau, "Hoian barchellan", sef "Helo fochyn bach". Byddai hefyd yn cyfarch coeden afalau – a dyna brofi ar ei ben nad oedd yn gall. Ond tra ei fod yn y coed dechreuodd broffwydo, gan ddweud beth fyddai'n digwydd yn y dyfodol.

Yr hyn a ddigwyddodd wedyn yng Nghymru oedd bod pobl wedi dechrau ymddiddori yn ei broffwydoliaethau yn fwy nag yn y chwedl amdano. Dechreuodd y beirdd Cymraeg ddyfeisio proffwydoliaethau a dweud mai Myrddin a'u cyfansoddodd. Bydden nhw'n gwneud hyn yn bennaf er mwyn cael y Cymry i godi i ymladd yn erbyn y Saeson; os gallen nhw gael eu cyd-Gymry i gredu bod rhywun mor enwog â Myrddin wedi proffwydo eu bod am guro'u gelynion, roedd hi'n haws eu cael i ymladd.

Dyna ffurf y chwedl Gymraeg gynharaf am Fyrddin, ffurf a oedd yn perthyn i Ogledd Lloegr i ddechrau. Roedd Brwydr Arfderydd a'r arweinwyr a gymerodd ran ynddi yn rhai go-iawn, hanesyddol, mae'n debyg; ond a oedd Myrddin yn berson a fu'n byw yng Ngogledd Lloegr ar un adeg? Oedd, medd rhai; nac oedd, medd eraill, dyn stori'n unig ydyw.

Fe glywodd gŵr o'r enw Sieffre o Fynwy am Fyrddin, ac aeth ati i ysgrifennu ei hanes a'i broffwydoliaethau. Heddiw bydd haneswyr yn ceisio sôn am ffeithiau; doedd haneswyr yr Oesoedd Canol ddim hanner mor barticlar ac aeth Sieffre ati'n braf i ddyfeisio straeon am Fyrddin a'u cymysgu â phethau yr oedd wedi eu clywed mewn chwedlau am bobl eraill. Cafodd Myrddin ei gysylltu ag Arthur – a dyna hi wedyn! Fe ledodd chwedl Arthur a chwedl Myrddin i Ffrainc i ddechrau, ac yna, o dipyn i beth, dros ran fawr o'r byd. Erbyn heddiw mae'r ysgerbwd bach o chwedl a oedd i'w chael yn Gymraeg wedi tyfu'n un o chwedlau enwocaf y byd.

G.T.

PLEIDIAU GWLEIDYDDOL

Un dull o lywodraethu gwlad yw'r system wleidyddol ddemocrataidd, lle mae gan drigolion y wlad honno yr hawl i fwrw pleidlais ac ethol cynrychiolwyr. Yng ngwledydd Prydain heddiw byddwn yn ethol cynghorwyr i'n cynrychioli ar gynghorau dosbarth a chynghorau sir, ac aelodau seneddol i'n cynrychioli yn Nhŷ'r Cyffredin a chyfrannu tuag at lywodraethu'r wlad.

Dydy pawb ddim o'r un farn â'i gilydd ynglŷn â'r ffordd orau i lywodraethu, a bydd pobl sydd â syniadau tebyg ar y mater yn tueddu i ddod at ei gilydd i rannu a thrafod a datblygu'r syniadau hynny. Dyna yw "plaid wleidyddol" – cwmni o ddinasyddion â chanddyn nhw syniadau tebyg ar lywodraethu, sydd am ddefnyddio'r system o berthyn i blaid er mwyn ennill grym ac awdurdod gwleidyddol.

Prif nodwedd cyfundrefn ddemocrataidd yw bodolaeth pleidiau gwleidyddol, ac mae'r mwyafrif mawr o wleidyddion, yn lleol ac yn genedlaethol, yn perthyn i blaid arbennig yn ôl eu cred a'u hegwyddorion – ac wrth gynnig ei hun adeg etholiad bydd ymgeisydd, fel arfer, yn gwneud hynny dan faner y blaid y mae'n perthyn iddi.

Yn yr ail ganrif ar bymtheg y dechreuodd y system bleidiau ddatblygu yng ngwledydd Prydain. Wrth gwrs ychydig o bobl fyddai'n pleidleisio i ethol aelodau seneddol yn y cyfnod hwnnw, fel mae'r erthygl ar dudalen 7 yng Nghyfrol 6 yn egluro. Y ddwy brif blaid ym Mhrydain tan yn gynnar yn y ganrif bresennol oedd y "Torïaid" a'r "Whigiaid". Doedd y Torïaid ddim am weld mwy o newid yn y dull o lywodraethu nag oedd yn angenrheidiol, gan fabwysiadu'r enw Ceidwadwyr (*Conservatives*) i ddangos eu bod am gadw (*conserve*) pethau fel yr oedden nhw; ar y llaw arall roedd y "Whigiaid" am newid pethau er gwell, gan gefnogi'r syniad y dylai mwy o'r dinasyddion feddu'r hawl i bleidleisio.

Heddiw mae gan nifer o bleidiau gynrychiolwyr yn Nhŷ'r Cyffredin.

Y Blaid Geidwadol

Plaid Geidwadol Prydain Fawr yw un o'r pleidiau mwyaf llwyddiannus a fu mewn unrhyw wlad ddemocrataidd yn ystod y ganrif a hanner a aeth heibio; er 1832 enillodd 15 allan o 23 etholiad cyffredinol. Yn aml iawn bydd pleidiau ceidwadol mewn gwledydd eraill yn ddibynnol ar bleidlais wledig neu ar grefydd neu ar genedlaetholdeb, ond gallwn ddadlau bod y Blaid Geidwadol ym Mhrydain wedi llwyddo heb orbwyso ar y ffactorau hyn.

Mae'n bosibl olrhain dwy brif elfen yn natur Ceidwadaeth yr ugeinfed ganrif ym Mhrydain.

(i) *Y Geidwadaeth "Ryddfrydol"*

Hanfod y syniadaeth hon yw pwysleisio hawliau a gweithgareddau'r unigolyn, tra'n annog lleihad yn nylanwad y Wladwriaeth a'r Llywodraeth. O ran polisi economaidd, golyga hyn mai'r farchnad rydd, a menter yr unigolyn, yw seiliau unrhyw weithgaredd economaidd. (Ystyr "marchnad rydd" yw bod gwledydd yn rhydd i allforio a mewnforio nwyddau heb godi na thalu tollau arnyn nhw.) Mae Mrs Margaret Thatcher, y Prif Weinidog er 1979, yn credu'n gryf yn y dehongliad hwn o Geidwadaeth.

(ii) *Y Geidwadaeth "Dorïaidd"*

Mae'r cefnogwyr "Torïaidd" traddodiadol yn fwy parod i dderbyn dylanwad y Llywodraeth a'r

Wladwriaeth ar ein bywydau. Trwy gydnabod na all y farchnad rydd ar ei phen ei hun fyth ddiwallu anghenion pawb, mae'r traddodiad hwn yn mynnu y dylai'r Llywodraeth gyfrannu at wasanaethau lles a chymdeithasol. Dau sy'n cefnogi'r safbwynt hwn yw Edward Heath, y Prif Weinidog Ceidwadol rhwng 1970 a 1974, a Peter Walker, Ysgrifennydd Gwladol Cymru er 1987.

Margaret Thatcher, Prif Weinidog gwledydd Prydain er 1979.

Mae'r gwahaniaeth barn rhwng (i) a (ii) wedi nodweddu cyfnod Mrs Thatcher yn rhif 10 Downing Street, ond nid amharodd ar ganlyniadau etholiad, gan fod ffactorau eraill wedi ymddangos yn annisgwyl. Ar ôl cyfnod o chwyddiant a diweithdra uchel rhwng 1979 a gwanwyn 1982, roedd llywodraeth Mrs Thatcher yn amhoblogaidd iawn, ond ar ôl iddi ddanfon y Llynges i Ynysoedd Falkland a'u hadennill o ddwylo Ariannin, cynyddodd poblogrwydd Mrs Thatcher yn aruthrol. Enillodd y Ceidwadwyr etholiad 1983 gyda mwyafrif llethol, er bod diweithdra'n dal yn uchel iawn. A'r un fu hanes etholiad 1987, pan ddychwelodd Mrs Thatcher i Downing Street gyda chant o fwyafrif, gan ennill 376 o seddau. Erbyn hyn, dydy'r un Prif Weinidog wedi gwasanaethu yn ddi-dor yn y ganrif hon yn hwy na Mrs Thatcher.

Y Blaid Lafur

Yn 1893 y bu'r camau cyntaf oll tuag at greu'r Blaid Lafur pan sefydlodd James Keir Hardie y Blaid Lafur Annibynnol; saith mlynedd yn ddiweddarach ffurfiodd y Pwyllgor Cynrychioli Llafur (*Labour Representation Committee*) yn sgîl methiant y ddwy brif blaid, y Ceidwadwyr a'r Rhyddfrydwyr, i fabwysiadu gweithwyr cyffredin fel ymgeiswyr seneddol. Erbyn hyn roedd rhai gweithwyr wedi'u hethol i Dŷ'r Cyffredin, a chael nad oedd y Blaid Ryddfrydol – nac yn sicr y Blaid Geidwadol – yn cydfynd â'u syniadau nhw. Erbyn 1918 roedd y Blaid Ryddfrydol wedi'i rhwygo, a daeth cyfle i'r Blaid Lafur dyfu. Er 1900 enillodd y blaid hon 5 allan o 17 etholiad cyffredinol, ac yn 1945 ffurfiodd hi lywodraeth fwyafrifol am y tro cyntaf.

Plaid sosialaidd yw'r Blaid Lafur, ond bu dadlau mawr yn ddiweddar ynglŷn â'r dehongliad priodol o egwyddorion "sosialaidd". Mae aelodau'r Blaid Lafur yn cytuno y dylai grym llywodraethol gael ei ddefnyddio er mwyn newid y drefn economaidd a chymdeithasol. Y nod yw ailddosbarthu cyfoeth y wlad mewn ffordd sy'n fwy teg i'r rhai sydd dan anfantais; cydraddoldeb economaidd a chymdeithasol yw'r ddelfryd sosialaidd.

Yn wyneb llwyddiant ysgubol y Blaid Geidwadol er 1979, bu nifer yn y Blaid Lafur yn ceisio moderneiddio delwedd y blaid. Trwy ddefnyddio dulliau hysbysebu cyfoes a chefnu ar y traddodiad o wladoli diwydiannau mawr fel dur, mae arweinydd y blaid, Neil Kinnock, yn gobeithio apelio at genhedlaeth newydd. Ond mae haenen drwchus o blith yr aelodau yn gwrthwynebu'r syniadau hyn: eu pryder nhw yw bod eu harweinydd yn troi ei gefn ar egwyddorion Sosialaidd go iawn, gan geisio efelychu dulliau Mrs Thatcher. Bu carfanau fel *Militant* mor uchel eu cloch ynglŷn â'r newid fel bod llawer ohonyn nhw erbyn hyn wedi'u taflu allan o'r Blaid Lafur!

Neil Kinnock, arweinydd y Blaid Lafur (1989).

Ond mae Neil Kinnock yn sylweddoli na all y Blaid Lafur ennill etholiad arall heb gael gwared â'r gwahaniaeth barn hwn. Roedd canlyniad 1983 yn un trychinebus i Lafur, a 1987 heb fod llawer gwell: 209 sedd gafodd y Blaid yn y naill etholiad, a 229 yn y llall. Yn ôl nifer, 1991 yw cyfle olaf y Blaid Lafur i'w phrofi'i hun.

Y Democratiaid Cymdeithasol a Rhyddfrydol *(SLDP)*

Plaid newydd sbon yw hon. Cafodd ei lansio ym mis Mawrth 1988, ar ôl cyfuno'r Blaid Ryddfrydol a mwyafrif y Blaid Gymdeithasol Ddemocrataidd (*SDP*). Ar ôl y broses drafferthus o uno, bwriad y Democratiaid yn awr yw disodli Llafur fel y brif wrthblaid i'r Ceidwadwyr. Mae dau draddodiad amlwg i'w gweld yn y blaid newydd.

Paddy Ashdown, yr Aelod Seneddol dros Yeovil ac arweinydd y Democratiaid Cymdeithasol a Rhyddfrydol (1989).

(i) *Y Traddodiad Rhyddfrydol*

Traddodiad yw hwn sy'n ymestyn ymhell dros ganrif, yn wir er 1830. Hyd at flynyddoedd cynnar y ganrif hon, bu'r Blaid Ryddfrydol yn uned rymus yng ngwleidyddiaeth Prydain; nhw oedd y "Whigiaid" yn wreiddiol. Enillodd y blaid honno 9 etholiad allan o 30 er 1832, a'r enillydd mwyaf enwog, heb os, oedd yr Aelod Seneddol dros Fwrdeistrefi Caernarfon, David Lloyd George. Ef oedd Prif Weinidog Prydain yn ystod y Rhyfel Byd Cyntaf. O ystyried traddodiadau arbennig y Rhyddfrydwyr, mae'n hawdd deall pam y bu cynifer ohonyn nhw'n anfodlon â'r syniad o uno gyda'r *SDP* – uno a olygai newid enw, newid delwedd, a newid ambell bolisi. Cefnogodd y Blaid Ryddfrydol yr egwyddor o ffederaliaeth erioed, sef datganoli grym o Lundain i Gymru, i'r Alban, ac i ranbarthau Lloegr, a gosododd werth ar hawliau'r unigolyn, gan gefnu ar duedd Llafur i bwysleisio gwerth y Wladwriaeth.

(ii) *Traddodiad yr SDP*

Gan mai mor ddiweddar â 1981 y cafodd yr SDP ei sefydlu, bu sawl un yn barod i wfftio unrhyw awgrym bod yna draddodiad yn perthyn iddi; ond mae'n rhaid cofio mai cyn-aelodau'r Blaid Lafur a sefydlodd y blaid hon, ar ôl iddyn nhw flino ar y gwrthdaro mewnol yn y blaid Sosialaidd honno. Mae yma wyro i gyfeiriad y farchnad rydd, ond gyda'r Llywodraeth yn cadw golwg ofalus ar y cyfan er mwyn osgoi unrhyw ddiffyg tegwch. O ran amddiffyn, cefnogi arfau niwclear yw polisi'r aelodau hyn, yn wahanol i garfan sylweddol o Ryddfrydwyr, ac yn gwbl groes i bolisi'r Blaid Lafur ar hyn o bryd (Chwefror 1989).

Plaid sy'n dal i dyfu a setlo yw'r Democratiaid, plaid sy'n ceisio cynefino â dwy elfen o draddodiad pendant. Er hynny, dylem gofio bod elfen arall wedi gwrthod ymuno â'r blaid newydd hon o'r dechrau, ac mae'r bobl hyn yn dal ar eu pennau eu hunain, gan gadw enw'r *SDP* yn fyw.

Y Blaid Gymdeithasol Ddemocrataidd (*SDP*)

Hwyrach mai enw priodol ar y blaid hon fyddai'r *SDP "newydd"*, am mai dyna yw hi yn y bôn. Dyma'r garfan, dan arweinyddiaeth Dr David Owen, a wrthododd ymuno â'r blaid fawr unedig, y Democratiaid. Yn ôl David Owen, roedd gormod o wahaniaethau yn bodoli rhwng yr SDP a'r Blaid Ryddfrydol i ganiatáu unrhyw uniad ystyrlon. Er bod mwyafrif aelodau'r SDP wedi pleidleisio o blaid uno, ni symudodd David Owen. Dyna esbonio bodolaeth barhaol yr SDP, gyda'i hymlyniad pendant at amddiffyn niwclear, economeg y farchnad rydd, a statws yr unigolyn. Honna Dr Owen bod 30,000 yn perthyn i'w blaid, ond amau hynny'n bendant wna ei elynion. Enillodd y blaid hon bum sedd yn Etholiad Cyffredinol 1987.

David Owen, yr Aelod Seneddol dros Plymouth, Devonport, ac arweinydd y Blaid Gymdeithasol Ddemocrataidd (1989).

Tri Aelod Seneddol Plaid Cymru yn San Steffan (1989): Ieuan Wyn Jones (chwith), Dafydd Elis Thomas (canol) a Dafydd Wigley (de).

Plaid Cymru

Ffrwyth llafur Saunders Lewis, yn anad neb arall, a sefydlodd Blaid Cymru yn 1925. Ar ôl cyfnod o ddeugain mlynedd diffrwyth yn nhermau etholiadol, sioc mawr i fyd gwleidyddol Prydain Fawr oedd buddugoliaeth Llywydd Plaid Cymru, Gwynfor Evans, mewn is-etholiad yng Nghaerfyrddin ym mis Gorffennaf 1966. Wedyn bu cyfres o ganlyniadau agos yng Nghaerffili, y Rhondda a Merthyr Tudful, ond colli o drwch blewyn fu hanes ymgeiswyr y Blaid bryd hynny. Ar ôl colli'r sedd yn 1970, aeth Gwynfor Evans yn ôl i'r Senedd yn 1974 yng nghwmni dau aelod arall o Blaid Cymru, Dafydd Wigley dros etholaeth Caernarfon a Dafydd Elis Thomas dros Feirionnydd Nant Conwy. Colli fu hanes Gwynfor Evans yn 1979, ond yn 1987 ymunodd Ieuan Wyn Jones â'r ddau Dafydd gan gynrychioli Ynys Môn.

Erbyn heddiw, mae sosialaeth a chenedlaetholdeb yn ddwy elfen annatod yn athroniaeth Plaid Cymru. Sicrhau hunanlywodraeth i Gymru yw blaenoriaeth y Blaid bob amser, ond penderfynodd yr aelodau ychydig flynyddoedd yn ôl mai anelu at ddatganoli grym trwy gyfrwng sosialaeth ''gymunedol'' yw'r nod. Mae hyn yn golygu rhoi mwy o gyfrifoldeb a hawl i gynrychiolwyr lleol benderfynu ar faterion o bwys lleol. Byddai senedd Gymreig yng Nghaerdydd yn gwneud penderfyniadau o bwys cenedlaethol.

Mae Plaid Cymru yn dal i geisio ennill tir yng nghymoedd De Cymru, gan ddisodli'r Blaid Lafur yn ei chadarnleoedd, ond mae'r arweinwyr eu hunain yn cyfaddef bod delwedd Plaid Cymru fel plaid y Cymry Cymraeg yn rhwystro twf mewn ardaloedd di-Gymraeg. Ar hyn o bryd, mae cynrychiolaeth seneddol Plaid Cymru wedi'i chyfyngu i Wynedd yn unig.

Plaid Genedlaethol Yr Alban (*SNP*)

Cafodd yr *SNP* ei sefydlu ym mis Ebrill 1928. Fel Plaid Cymru, tri Aelod Seneddol sydd gan yr *SNP* ar hyn o bryd (1989), o'i gymharu â mis Hydref 1974 pan etholwyd 11 Aelod Seneddol ar ran y blaid honno, gan gipio 30.4 y cant o holl bleidleisiau'r Alban.

Erbyn hyn mae'r *SNP* wedi arwyddo cytundeb ffurfiol o gydweithrediad gyda Phlaid Cymru ac mae'r ddwy blaid yn ymddwyn fel un garfan seneddol, ond mae'n rhaid nodi, serch hynny, nad yw'r *SNP* mor barod i arddel polisïau sosialaidd Plaid Cymru.

Mae'r polau piniwn yn yr Alban yn awgrymu bod llawer mwy o gefnogaeth i'r syniad o hunan-lywodraeth yno na sydd yng Nghymru. Prif neges yr *SNP* dros y blynyddoedd yw y byddai'r Alban ar ei hennill pe bai senedd yn bod yng Nghaeredin. Bydd llawer o gyfeirio at yr incwm a ddaeth o werthu olew Môr y Gogledd: yn ôl yr *SNP*, yr Alban a ddylai fod wedi elwa o'r gwerthiant, yn hytrach na'r Llywodraeth yn Llundain.

Mae'r *SNP* yn galw am refferendwm ar ddatganoli cyn gynted â phosib, ond gwrthod yn bendant yw ymateb y Llywodraeth Geidwadol.

Yr Unoliaethwyr Swyddogol

Dyma'r blaid sy'n cynrychioli'r mwyafrif Protestannaidd yng Ngogledd Iwerddon. Cafodd 10 aelod o'r *OUP* (*Official Unionist Party*) eu hethol i Senedd Prydain Fawr yn 1987, gan gynnwys eu harweinydd James Molyneaux. Mae ef yn gadarn ei farn y dylai Gogledd Iwerddon barhau dan reolaeth Prydain, yn rhan o'r Deyrnas Unedig, a dydy e ddim yn fodlon â'r Cytundeb Eingl-Wyddelig a arwyddwyd gan lywodraeth Mrs Thatcher a llywodraeth Gweriniaeth Iwerddon, sy'n gwahodd mwy o gyfraniad gan y Weriniaeth at lywodraethu'r Gogledd. Yn ôl Mr Molyneaux, ildio grym yw hanfod y cytundeb.

Yr Unoliaethwyr Democrataidd

Carfan fechan yw'r blaid hon, uchel iawn ei chloch, a adawodd yr *OUP* ar ôl anghytuno. Y Parchedig Ian Paisley yw arweinydd y *DUP* (*Democratic Unionist Party*), ac mae e'n mynnu'n gyson nad yw Llywodraeth Prydain Fawr yn gwneud digon i warchod pobl Gogledd Iwerddon rhag terfysgaeth. Mae'r *DUP* yn y bôn yn rhannu'r un egwyddorion â'r *OUP*. Enillodd dair sedd yn Etholiad 1987.

Y Blaid Lafur Gymdeithasol a Democrataidd (*SDLP*)

Hon yw'r blaid sy'n cynrychioli'r lleiafrif Pabyddol yng Ngogledd Iwerddon. Mae ganddi ddau aelod seneddol er 1987, gan gynnwys yr arweinydd, John Hume. Cafodd yntau ei feirniadu am gynnal trafodaethau gyda *Sinn Féin*, adain wleidyddol yr *IRA*, ond mae'n mynnu mai trafod yw'r unig ffordd i ddatrys problemau Gogledd Iwerddon. Ei ddelfryd fyddai gweld y Gogledd yn uno gyda'r Weriniaeth, gan greu Iwerddon unedig.

Sinn Féin

Ystyr y ddau air hyn yw "Ni yn unig". Y mudiad politicaidd hwn yw adain wleidyddol yr *IRA*, sef y terfysgwyr. Mae ganddi un aelod seneddol, sy'n cynrychioli Gorllewin Belfast, Gerry Adams, ond nid yw yntau erioed wedi cymryd ei sedd yn San Steffan. Mae'n barod i gyfiawnhau gweithredoedd terfysgol, fel gosod bomiau a llofruddio. Mae arwyddion ar hyn o bryd (1989) fod poblogrwydd *Sinn Féin*, hyd yn oed yn yr ardaloedd Pabyddol, yn pylu. (Gweler hefyd – LLYWODRAETH, PLEIDLAIS, SENEDD.)

H.E.

STAR WARS

Enw cyffredin yw *Star Wars* ar y Cynllun Amddiffyn Strategol (*Strategic Defence Initiative/SDI*) a gyflwynodd yr Arlywydd Reagan yn 1983. Dyma ymgais Unol Daleithiau America i ddatblygu system amddiffyn yn erbyn taflegrau niwclear, wedi'i seilio yn rhannol yn y gofod. Ei diben yw atal taflegrau'r gelyn cyn gynted ag y bo modd ar ôl eu lansio, gan ddefnyddio technoleg laser o orsafoedd yn y gofod ac ar y ddaear i'w dinistrio. Mae'r system yn dal (yn 1989) i gael ei gwerthuso a'i pherffeithio.

Ar y dechrau ymosododd yr Undeb Sofietaidd yn gryf ar fwriadau'r Unol Daleithiau, gan geisio darbwyllo'r Arlywydd Reagan i roi'r gorau i'r fenter, ond yn 1987 cydnabu'r arweinydd Sofietaidd, Mikhail Gorbachev, fod yr Undeb wrthi'n datblygu system debyg.

D.G.J.

Y STORI FER

Nid mater hawdd yw diffinio'r term "stori fer", fel y profodd sawl awdur a beirniad llenyddol. Er enghraifft, beth yn union yw "stori"? A ydy'r gair yn golygu bod angen plot, gyda dechrau, canol a diwedd iddo, fel y dywedodd Aristoteles mewn cyswllt arall, neu a all "stori" gyfleu disgrifiad neu ddisgrifiadau a deialog heb fod fawr ddim yn digwydd? A pha mor hir yw "byr"? Mae'n amlwg wrth ddarllen storïau a gafodd eu derbyn fel enghreifftiau gwych o'r ffurf lenyddol hon nad oes hyd penodol i stori fer, er bod cystadlaethau eisteddfod weithiau'n ceisio cyfyngu ar yr hyd – a bod amrywiaeth mawr yn nifer y geiriau sy'n cael eu pennu o dro i dro.

Efallai mai'r anhawster mwyaf yw bod "cynifer o wahanol fathau o storïau byrion ag sydd yna o storïwyr" – a dyfynnu Kate Roberts, arbenigwraig yn y maes. Ond yn sail i bob stori fer y mae gweledigaeth neu ffordd bersonol yr awdur ei hun o edrych ar fywyd.

Mynnai un awdur mai "seren wib llenyddiaeth" yw'r stori fer – diffiniad a hoffai Kate Roberts yn fawr – sy'n golygu bod stori fer yn trafod un digwyddiad neu olygfa; mae'n rhoi un fflach o oleuni ar un peth, un person neu un digwyddiad, neu gyfres o'r rhain sy'n perthyn yn agos i'w gilydd. Ychydig o gymeriadau sydd mewn stori fer – un yn unig weithiau – ond gall yr ychydig gymeriadau hynny gynrychioli llaweroedd yn yr un cyflwr. Yn aml bydd prif gymeriad y stori yn dioddef mewn rhyw ffordd – yn gofidio neu'n hiraethu, er enghraifft, yn dioddef caledi neu afiechyd; yn wynebu dewis anodd.

Felly nid nofel fer yw stori fer: does dim lle ynddi i'r disgrifiadau amleiriog a fydd yn nodweddu nofel, pa mor fer bynnag fo honno. Dylai awdur stori fer lenyddol fod yn gynnil, gan awgrymu yn hytrach nag ymhelaethu. Er bod y ffurf yn gynnil, a'i bod yn canolbwyntio ar un digwyddiad neu sefyllfa, bydd stori fer dda yn dweud rhywbeth sy'n gyffredinol wir am fywyd.

Wrth sôn am y grefft o lunio straeon byrion, bydd rhai yn ceisio olrhain eu datblygiad yn ôl i hanesion a damhegion sydd i'w cael yn y Beibl (megis stori'r mab afradlon, ynghyd â'r "atodiad" am y brawd hynaf – neu hebddo); at geinciau'r Mabinogi; at ddawn y cyfarwyddiaid i ddifyrru a diddanu'u gwrandawyr wrth adrodd chwedlau; at storïau llafar o bob math. Efelychu'r ddawn o adrodd chwedlau diddan a wnaeth Daniel Owen ddiwedd y ganrif ddiwethaf yn "Straeon y Pentan", ac eraill ym mlynyddoedd cynnar y ganrif hon. Yn ôl Kate Roberts eto, roedd yn rhaid aros tan 1916 i weld cyhoeddi gwaith "gwir arloeswr y stori fer Gymraeg fodern", sef Richard Hughes Williams (Dic Tryfan, 1878?–1919), a gafodd ei eni yn Rhosgadfan, yr un pentref â hithau ar gwr Dyffryn Nantlle, ac a enillodd ar lunio "tair stori fer (Gymraeg) seiliedig ar fywyd Cymreig, heb fod dros 3,000 o eiriau yr un" yn Eisteddfod Genedlaethol Bangor, 1915.

Dyma awdur yn ysgrifennu mewn arddull hollol newydd. Roedd ei draethu'n gynnil: "... fe garthodd ef bob gair dianghenraid o'i waith. Yn ei arddull foel fe ddangosodd R. Hughes Williams yn gynnar na wnâi arddull gwmpasog, amleiriog, drioglyd, a geid mor aml yn llenyddiaeth ddechrau'r ganrif, mo'r tro i'r stori fer."

Bu Richard Hughes Williams yn gweithio yn y chwarel am gyfnod, a chwarelwyr Dyffryn Nantlle ar ddechrau'r ganrif hon, "y cyfnod tlotaf a fu erioed yn hanes y rhan yma o Gymru", yw cymeriadau llawer o'i storïau. Mae rhai wedi condemnio'i waith am ei fod yn rhy drist, yn sôn am dlodi a chanlyniadau tlodi, megis y dicáe a marwolaeth, ond lluniodd storïau digrif hefyd, a hyd yn oed yn y lleill bydd digrifwch yn treiddio trwy dristwch gan ddangos chwarelwyr yn eu llawenydd yn ogystal â'u digalondid. Cafodd brofiad personol o awyrgylch ardal y chwareli ac amgylchiadau'r trigolion, ac ysgrifennodd o'i brofiad.

Ei phrofiad o'r ymdrech barhaus yn erbyn tlodi a symbylodd Kate Roberts hefyd i lenydda. Yn ogystal â chyfrannu ei hun fwy na neb i'r ffurf lenyddol hon yn y Gymraeg, Kate Roberts a ddylanwadodd fwyaf ar y stori fer Gymraeg. Daeth ei phrofiadau a'i deunydd hithau hefyd o'r "gymdeithas y'm codwyd ynddi, cymdeithas dlawd ar adeg dlawd yn ei hanes". Profiad oedd yn bwysig iddi, yn hytrach na digwyddiadau; mae cynyrfiadau mawr yn absennol o'i storïau, ond mynnai hithau mai effaith y cynyrfiadau mawr sydd ynddyn nhw. "Nid cael syniad am stori a wneuthum i, ond cael syniad am fywyd." Yn ogystal â thynnu ar ei phrofiad roedd Kate Roberts wedi ei thrwytho ei hun yng ngwaith meistri'r stori fer mewn ieithoedd eraill, megis Anton Chekhov, Guy de Maupassant, August Strindberg a Katherine Mansfield.

Cafodd storïwyr eraill hefyd eu deunydd o'u cynefin. Mynnai D.J. Williams iddo gael ei gymell i ysgrifennu ei storïau gan y pleser a gâi wrth fyfyrio uwchben hen atgofion am gymeriadau'i fro enedigol. Nid gogoniant y gymdeithas wledig a'i symbylodd, ond yr unigolion a ffurfiai'r gymdeithas; iddo ef roedd y gymdeithas "yr un i bawb", ond roedd pob person yn y gymdeithas "yn greadigaeth arbennig ynddo'i hunan". Cefndir yn unig yw'r awyrgylch cymdeithasol iddo, a'r darlun byw o'r cymeriadau sy'n cael eu gosod ar y cefndir yw'r peth pwysicaf o ddigon iddo. D.J. Williams a greodd yr ymadrodd "y filltir sgwâr" am ei gynefin, ac yn sicr "storïau'r filltir sgwâr" yw nifer fawr o storïau byrion gorau awduron Cymraeg ddoe a heddiw.

Dydy hyn ddim yn wir am bob storïwr, wrth gwrs. I rai, dilyn plot sy'n bwysig, gan gynnwys diweddglo neu benllanw annisgwyl yn aml – a hwnnw wedi'i "ddyfeisio" weithiau fel ystryw i ddod â'r stori i ben. Cyngor buddiol i lenor, os yw am gynnwys diweddglo o gwbl, fyddai iddo osgoi clo ystrywgar a cheisio diweddglo a fydd yn peri i'r darllenydd ganfod yn sydyn rywbeth gwir sylfaenol am yr hyn y bu'n darllen amdano. Bydd ambell stori'n aros yn y cof am ei bod yn gadael y darllenydd yn ansicr ynglŷn â natur a maint y dadleniad a brofodd y prif gymeriad.

I storïwyr eraill, does dim angen plot o gwbl, dim dechrau na diwedd; maen nhw'n rhoi inni ddisgrifiad o sefyllfa yn hytrach na chyfres o ddigwyddiadau. Iddyn nhw mae bywyd pob dydd cymeriadau cyffredin, wrth ymdrîn â'i gilydd ac â'u hamgylchiadau, yn darparu digon o ddeunydd iddyn nhw lunio'u storïau heb angen plot.

Nodwn amrywiaeth mawr hefyd ym maint y sgwrsio, y deialog, y bydd gwahanol awduron yn ei gynnwys.

Does dim diwedd ar yr amrywiaeth, nac ar yr arbrofi, ac efallai mai'r arbrofwr mwyaf chwyldroadol o bawb oedd John Gwilym Jones. Cyhoeddodd ef ei unig gyfrol o storïau byrion, "Y Goeden Eirin", yn 1946. Er cymaint ei edmygedd o waith Kate Roberts, ac yntau'n hanu o'r un ardal â hi, mynnai nad oedd ganddo ef "na'r ddawn na'r cydymdeimlad angenrheidiol â chwarelwyr yr ardal i wneud chwarae teg â'u gwroldeb a'u hegni". Trin meddyliau ei gymeriadau oedd ei fwriad ef – "does a wnelo eu cyflwr cymdeithasol ac economaidd y nesaf peth i ddim â'u ffordd o feddwl" – ac ymdrin â'u problemau a'u hanawsterau fel pe bai'r rheiny'n gyffredin i'r gweddill ohonom, neu, yn ei eiriau ef ei hun, "dychmygu cymeriadau a chymowta yn eu meddyliau".

Rhag i neb feddwl mai ffurf lenyddol hollol Gymreig yw'r stori fer, megis yr awdl a'r englyn, mae'n rhaid ychwanegu bod storïau byrion yn rhan o lenyddiaeth sawl gwlad, yn bod yn wir cyn i lenorion Cymru fabwysiadu'r ffurf. Yn ystod y tri chwarter canrif diwethaf cafodd llu o storïau byrion eu cyfansoddi gan awduron o Gymry sy'n ysgrifennu yn Saesneg. (Gweler hefyd – JOHN GWILYM JONES, DANIEL OWEN, KATE ROBERTS, D.J. WILLIAMS.)

D.G.J.

WALIAU

Mae'n hawdd credu bod dyn, yn gynnar iawn yn ei hanes, wedi sylweddoli pa mor hawdd oedd iddo godi wal o bridd, yna o gerrig wedi'u gosod ar bennau'i gilydd, a pha mor ddefnyddiol y gallai wal o'r fath fod i'w lochesu ef a'i deulu – iddo ymguddio y tu ôl iddi wrth hela, neu i gadw anifeiliaid rhag dod i mewn, heb eu gwahodd, i'r ogof lle roedd e'n byw. Gallai ddefnyddio wal o gerrig i lunio cartref iddo'i hun hefyd. Ar lechweddau'r Eifl yn Llŷn mae olion ''cytiau'' o'r Oes Haearn i'w gweld yn Nhre'r Ceiri; bellach mae'r toeau o bolion pren a rhedyn wedi hen ddiflannu, ond mae'r cylchoedd o gerrig – waliau'r cytiau – i'w gweld o hyd, ac mae'n amlwg bod y wal a oedd wedi'i chodi o gwmpas y safle yn cyrraedd uchder o bum metr (pymtheg troedfedd).

Pan ddechreuodd dynion godi cestyll a chaerau i'w hamddiffyn rhag eu gelynion, roedd y waliau'n rhannau pwysig iawn o'r adeiladau hyn. Mae'r erthygl ar dudalennau 23–7 yng Nghyfrol 2 yn disgrifio cestyll cynnar y Cymry, cestyll mwnt a beili a ffensys o bren neu wiail wedi'u plastro â llaid. Byddai waliau o'r fath yn hawdd eu dinistrio, a dechreuodd adeiladwyr ddefnyddio cerrig i lunio waliau cadarn. Mae'r llun o Gastell Beaumaris ar dudalen 26 yn dangos trwch y waliau hyn.

Mae'r llun arall ar dudalen 26 yng Nghyfrol 2 yn dangos yn eglur y tyllau a adawai'r adeiladwyr i'r saethyddion anelu drwyddyn nhw o'u safleoedd diogel y tu mewn i waliau'r castell.

Yn aml byddai wal yn cael ei chodi o gwmpas y ''dref'' a fyddai'n tyfu y tu allan i waliau'r castell, er mwyn amddiffyn y trigolion yn ogystal â phreswylwyr y castell, ac mae olion y fath waliau i'w gweld heddiw yng Nghonwy a Chaernarfon, er enghraifft.

Roedd byddinoedd y Rhufeiniaid yn hen gyfarwydd â chodi waliau ar y Cyfandir cyn iddyn nhw oresgyn Ynysoedd Prydain. Yn Ne Lloegr mae olion i'w gweld heddiw o gaerau ac amddiffynfeydd wedi'u codi gan y Rhufeiniaid i wrthsefyll ymosodiadau posibl o gyfeiriad y môr. Yn Swydd Sussex, er enghraifft, mae olion waliau a gododd y Rhufeiniaid o gwmpas Castell Pevensey yn ystod ail hanner y drydedd ganrif O.C.

Chafodd y Rhufeiniaid fawr o hwyl ar reoli'r Alban, am fod y wlad fynyddig honno'n rhoi lloches i lwythau dewr y Pictiaid a fyddai'n treiddio i Ogledd Lloegr, gan ymosod ar y brodorion ac ar garsiynau'r Rhufeiniaid. Un tro cyrhaeddodd yr ymosodwyr Gaer Efrog gan drechu rhai miloedd o filwyr Rhufain. Yn 122 O.C., pan oedd ar ymweliad â'r rhan honno o'i ymerodraeth, gorchmynnodd yr Ymerawdwr Hadrian godi wal anferth ar draws Gogledd Lloegr. Yn naturiol, cafodd y wal ei chodi yn y man culaf rhwng arfordiroedd y gorllewin a'r dwyrain, rhwng Bowness ar Foryd Solway a Wallsend ar aber Afon Tyne (ger Newcastle heddiw). Rhedai'r wal ar hyd cribau'r bryniau, lle roedd hynny'n bosibl, er mwyn i'r gwylwyr allu gweld beth bynnag fyddai'n digwydd ar y tir is i'r gogledd i'r wal. Tua phedwar metr a hanner (ychydig dros bymtheg troedfedd) oedd ei huchder, gyda bylchfuriau dau fetr o uchder ar ben hynny. Ar hyd-ddi safai caerau a thwredi, wedi'u gosod yn ddigon agos at ei gilydd i ganiatáu anfon signalau o'r naill i'r llall.

Olion Wal Hadrian yn Walltown Crags.

Ar bob ochr i'r wal cloddiodd y Rhufeiniaid ffos ddofn, ac, ychydig i'r de, ffordd Rufeinig, y Stanegate, er mwyn hwyluso cyfathrebu a symud y gwarchodwyr o fan i fan.

Mae olion y wal hon i'w gweld yma a thraw hyd heddiw, yn enwedig y darn canol. Er enghraifft, yn Homesteads, tua hanner ffordd rhwng Bowness a Wallsend, mae olion rhagorol o un o'r caerau mwyaf, gyda'i rhagfuriau a'i phyrth, barics y milwyr a'u swyddogion, stordai grawn a thoiledau. Nid nepell o'r olion hyn mae Windshield Crags, man uchaf y wal, sydd tua 375 metr (1,250 troedfedd) uwch lefel môr. Ym mhorthladd South Shields ym mhen dwyreiniol eithaf y wal, mae darnau ohoni wedi'u cadw mewn Parc Olion Rhufeinig, ac mewn amgueddfa henebion yn Newcastle mae rhagor o olion ynghyd â model o'r wal.

Olynydd Hadrian fel ymerawdwr oedd Antoninus Pius. Yn 143 O.C. cododd yntau wal arall, i'r gogledd o Wal Hadrian, rhwng Bowling ar lan Afon Clyde a Bo'ness ar Foryd Afon Forth. Pharodd y wal hon, Wal Antonine, ddim yn hir, a does fawr ddim ohoni i'w gweld heddiw.

Ffurf ar wal yw Clawdd Offa, a gafodd ei godi yn yr wythfed ganrif gan frenin cryfaf Lloegr ar y pryd a'i enwi ar ei ôl. Penderfynodd Offa adeiladu clawdd neu ffin rhwng Mersia, ei deyrnas ef yng nghanolbarth gorllewinol Lloegr, a theyrnasoedd y Cymry. Mae olion Clawdd Offa i'w gweld heddiw yn ymestyn o ffin ddwyreiniol Gwent yn y De i Brestatyn yn y Gogledd. Mae erthygl ar CLAWDD OFFA A'R GORORAU ar dudalen 164 yn y gyfrol hon.

Amddiffyn oedd pwrpas codi Wal Fawr China hefyd. Mae hon yn ymestyn dros 2,400 kilometr drwy ogledd y wlad fawr honno, o Shan-kai-kuan ar arfordir y dwyrain i dalaith Kansu yng ngogledd-canolbarth China. Enw cyffredin y brodorion arni yw ''Wal y Deng Mil Li'', er nad yw'r disgrifiad hwn yn fathemategol gywir gan mai ychydig dros hanner kilometr (neu un rhan o dair o filltir) yw hyd y mesur Chineaidd *li*.

Yn y cyfnod cyn Crist y cafodd y wal ei chodi, a chymerodd gannoedd o flynyddoedd i'w chwblhau; gweithiai'r adeiladwyr â'u dwylo, gan ddefnyddio offer syml iawn, yn y dyddiau cyn bod peiriannau i'w cael. Mae'n debyg bod darnau o wal yn bod yn barod yma ac acw, ond Shih Huang-ti, ymerawdwr cyntaf y cyfnod Ch'in, a fu'n gyfrifol am uno'r rhain yn y drydedd ganrif cyn Crist a chodi darnau eraill i greu un wal hir gyda thyrau bob rhyw 250 metr ar hyd-ddi i letya milwyr. Ei phwrpas oedd cadw llwythau crwydrol fel y Tartariaid rhag ymosod ar y trigolion a'u goresgyn.

Tua saith metr a hanner (pum troedfedd ar hugain) yw uchder y wal; tua'r un mesur yw trwch ei

Wal Fawr China.

Iddewon yn ymgasglu i weddïo o flaen Mur yr Wylofain, Jerwsalem.

gwaelod, ac mae'n culhau i ryw bedwar metr ar y top. Cafodd ei llunio o bridd, cerrig a briciau, gyda phalmant o friciau wedi'u gosod mewn calch ar ben y wal i ddynion a cheffylau deithio ar hyd-ddi.

Dirywiodd darnau o'r wal dros y canrifoedd, a chafodd rhannau eu trwsio a'u hailgodi gan wahanol reolwyr. Cafodd gwaith ailadeiladu helaeth ei wneud yn ystod y bymthegfed ganrif a'r unfed ganrif ar bymtheg, a bu llywodraeth gomiwnyddol China yn ddiwyd yn ei hadfer yn ystod y ganrif hon.

Mae'n debyg mai Wal Fawr China yw'r unig adeiladwaith o waith dyn, ar wyneb yr holl ddaear, sydd i'w weld o'r lleuad.

Yn wreiddiol, amddiffyn oedd pwrpas wal arall sydd heddiw'n adnabyddus drwy'r byd, sef Mur yr Wylofain yn Jerwsalem. Enw arall arni yw'r Wal Orllewinol, am ei bod gynt yn rhan o amddiffynfa ochr orllewinol cyntedd y Deml Sanctaidd. Erbyn heddiw dyma'r man mwyaf cysegredig i Iddewon ledled y byd.

Mae'r wal yn mesur tua hanner can metr o hyd a thros ddeuddeg metr o uchder, ac mae'n cynnwys blociau anferth o garreg.

Yn yr wythfed ganrif Arabiaid oedd yn rheoli'r ddinas, a rhoeson nhw ganiatâd i'r Iddewon a oedd yn trigo yno ac yn yr ardal gyfagos ymgasglu wrth y wal ar noswyl Saboth a gŵyl i gynnal gwasanaeth ac atgoffa'i gilydd o'u traddodiadau a'u dioddefiadau, gan alaru am fod eu Teml wedi'i dinistrio. Parhaodd yr arferiad hwn hyd yn oed ar ôl i luoedd arfog Prydain Fawr feddiannu'r ddinas yn ystod y Rhyfel Byd Cyntaf. Ond yn 1948 concrodd Iorddonen y rhan honno o'r hen ddinas lle safai'r wal, gan rwystro Iddewon talaith newydd Israel rhag ei defnyddio. Dyna oedd y sefyllfa nes i Israel adennill y darn hwnnw yn ystod y Rhyfel Chwe Diwrnod yn erbyn yr Arabiaid (5–10 Mehefin 1967), a mawr oedd y gorfoledd pan gafodd yr Iddewon y cyfle cyntaf ers pedair blynedd ar bymtheg i addoli wrth Fur yr Wylofain.

Mae'n anodd gwybod i sicrwydd pa bryd y cafodd y wal hon ei chodi. Yn ôl rhai Iddewon, mae'r darn isaf yn perthyn i'r Deml Fawr a adeiladodd y Brenin Herod; pan ddinistriodd y Rhufeiniaid y Deml yn 70 O.C. hwn oedd yr unig ddarn a gafodd ei adael. Ym marn eraill mae'n hŷn o lawer na hynny.

Tyfodd nifer o chwedlau am y wal hon. Credai addolwyr brwd y byddai unrhyw weddi a gâi ei hoffrymu yno yn cael ei hateb rywbryd, a bydden nhw'n ysgrifennu eu gweddïau a'u dymuniadau ar ddarnau o bapur a gwthio'r rheiny i agennau rhwng y cerrig mawr – ac mae'r arfer hwnnw'n para hyd heddiw. Bob dydd bydd cannoedd o ymwelwyr yn tyrru i'r cwrt mawr o flaen y wal i wylio llawer o Iddewon yn ymgasglu yno i weddïo. Yn ystod y nos bydd defnynnau o wlith yn ffurfio ar y wal, a rhoddodd hyn sail i'r chwedl bod y wal ei hun yn wylo gyda phobl Israel.

Wrth gloddio yn ymyl y fan daeth archaeolegwyr o hyd i garreg fawr ag arni arysgrif Hebraeg, o broffwydoliaeth Eseia, lxvi 14: "Cewch weld hyn, a bydd yn llawenydd i'ch calon, a bydd eich holl gyrff yn ffynnu fel llysieuyn."

Ar dudalen 30 yng Nghyfrol 1 mae sôn am wal enwog arall, sef y wal a gafodd ei chodi yn 1961 ar draws dinas Berlin. Ar ddiwedd yr Ail Ryfel Byd rhannodd llywodraethau Ffrainc, Prydain Fawr, yr Unol Daleithiau a Rwsia y ddinas yn bedwar sector. Daeth y tri sector a oedd dan oruchwyliaeth Ffrainc, Prydain Fawr a'r Unol Daleithiau i'w hadnabod fel Gorllewin Berlin, a'r llall fel Dwyrain Berlin – ond doedd pawb a drigai yn y sector hwnnw ddim am fyw dan lywodraeth gomiwnyddol, a ffodd miliynau ohonyn nhw i Orllewin Berlin neu i Orllewin yr Almaen, am eu bod yn tybied bod amodau byw yno yn well o lawer.

Er mwyn rhoi terfyn ar hyn, ym mis Awst 1961 gorchmynnodd rheolwyr Dwyrain Berlin i'w milwyr godi barieri o wifren bigog ar hyd y ffin rhwng eu sector nhw a gweddill y ddinas, er mwyn rhwystro mwy o drigolion rhag ffoi i'r Gorllewin. Yn nes ymlaen cododd y milwyr wal uchel barhaol o flociau concrit, ynghyd â rhesi o wifren bigog. Er bod y berthynas rhwng y Comiwnyddion a gwledydd y Gorllewin wedi gwella'n sylweddol yn ddiweddar, a'i bod yn haws bellach i bobl gael caniatâd i groesi o un sector i'r llall, mae'r wal yn dal i sefyll (1989). Enw trigolion Gorllewin Berlin arni yw *Schandmauer*, sef "wal cywilydd". (Gweler hefyd – YR ALMAEN, BERLIN, CLAWDD OFFA A'R GORORAU, ISRAEL, JERWSALEM, TEML.)

D.G.J.

Graffiti hyll ar Wal Berlin. "Os na fedrwch chi freuddwydio, fedrwch chi ddim ennill" yw'r neges yn Saesneg ar hyd gwaelod y rhan hon o'r wal.

ATODIAD B

ABERDAUGLEDDAU

Bellach cododd pum cwmni olew burfeydd a chyfleusterau storio ar lannau'r hafan, a daw llongau olew anferth, rhai yn fwy na chwarter miliwn tunnell, yno i'w dadlwytho. Y porthladd hwn yw'r prif borthladd olew yng ngwledydd Prydain. Ar ddechrau'r wythdegau caeodd Cwmni Olew Esso ei burfa olew yn Aberdaugleddau; honno oedd y burfa gyntaf i'w sefydlu yno.

Ym mis Mawrth 1989 cyhoeddodd Cwmni Texaco ei fod am fuddsoddi £25 miliwn i adeiladu cyfarpar i dynnu sylffwr o gydrannau a gaiff eu defnyddio wrth gynhyrchu diesel ac olew yn Aberdaugleddau.

ABERGWAUN (pob. 1981 - 4,900)

ABERTAWE (pob. 1981 - 167,800)

Yn 1920 cafodd un o golegau Prifysgol Cymru ei sefydlu yma, a datblygodd hwn yn helaeth iawn wedi'r Ail Ryfel Byd. Yma hefyd mae Athrofa Gorllewin Morgannwg, sef cyfuniad o'r coleg hyfforddi a cholegau technegol y ddinas, ond mae'r coleg a fyddai'n paratoi myfyrwyr ar gyfer bod yn weinidogion gyda'r Annibynwyr bellach wedi cau.

Un o'r datblygiadau mawr yn Abertawe yw'r Marina, datblygiad sydd wedi costio £50 miliwn gan weddnewid ardal y dociau. Ar safle o 83 o erwau mae mil o dai a fflatiau wedi'u hadeiladu, ynghyd â chanolfan hamdden ac amgueddfeydd. Rhan o'r adfywiad hwnnw yw'r ymdrechion a fu yn 1987 a 1988 i ailgychwyn rhedeg y fferi o Abertawe i borthladd Corc yn ne Iwerddon.

ABERYSTWYTH (pob. 1981 - 8,700)

ACROPOLIS

Heddiw bydd cynifer o bobl yn ymweld â'r Acropolis yn Athen nes bod y graig dan eu traed yn treulio gan achosi perygl i'r safle, ac mae rhai o'r adeiladau ar gau i ymwelwyr ar hyn o bryd.

ADAR

Un o'r cyrff sy'n gwneud fwyaf i arbed adar rhag cael eu difa yw'r Gymdeithas Frenhinol er Gwarchod Adar, yn enwedig pan fydd adar prin yn cael eu hela a'r olew a fydd yn cael ei ollwng o longau yn bygwth einioes gwylanod ac adar eraill y môr. Yn 1889 y cafodd y Gymdeithas ei sefydlu ac un o'i phrif amcanion heddiw yw darparu gwarchodfeydd sy'n cynnig nodded a chynefin naturiol i adar prin. (Gweler hefyd - CADWRAETH.)

AFFRICA (pob. 1988 - *c.* 400,000,000)

Problem fwyaf rhai o wledydd Affrica erbyn hyn yw diffyg glaw. Fydd y cnydau ddim yn tyfu a bydd y bobl, yn enwedig yn Ethiopia a'r Sudan, yn heidio at ei gilydd i geisio cael bwyd. Diolch i ymdrechion Bob Geldof a'i ymgyrch *Band Aid* yn 1985 cafodd £87 miliwn ei godi i fynd â bwyd i'r mannau lle roedd y newyn ar ei waethaf, ond mae problemau gwleidyddol, y tywydd crasboeth, sych a'r rhyfela mewnol yn rhwystro mynd â'r bwyd at y bobl.

Un o broblemau gwleidyddol mwyaf dyrys rhan ddeheuol y cyfandir yw'r drefn apartheid yn Ne Affrica, sy'n gwahanu'r gwynion, y bobl liw a'r duon oddi wrth ei gilydd. Mae'r drefn hon yn deillio o gred yr Affrikaner (sef disgynyddion y bobl o'r Iseldiroedd a feddiannodd y wlad yn yr ail ganrif ar bymtheg) fod y Beibl yn dweud bod pobl sydd o liw croen gwahanol i'w cadw ar wahân. Mae'r gwynion felly yn benderfynol o ddal eu gafael ar gyfoeth a llywodraeth y wlad, y bobl liw am gael mwy o hawliau, a'r bobl groenddu, am mai nhw sydd yn y mwyafrif, am gael llywodraeth y wlad i'w dwylo eu hunain. Mae'n anochel bod hyn yn creu gwrthdaro rhwng yr holl garfannau.

Oherwydd y gwahaniaethu yn erbyn pobl groenddu galwodd gwledydd sy'n perthyn i'r Cenhedloedd Unedig droeon am fesurau i wahardd masnachu â De Affrica. ''Sancsiynau'' yw'r enw ar waharddiadau o'r math hwn. Ychydig o ymateb a fu i'r galwadau hyn.

Galwodd eraill am sancsiynau ym meysydd diwylliant a chwaraeon. O achos apartheid mae

Apartheid ar waith yn Johannesburg, De Affrica: gwahaniaethu yn erbyn pobl groenddu trwy eu gorfodi i ddefnyddio llwybr arbennig, gan eu cadw ar wahân i'r bobl wyn eu croen.

llawer o wledydd, yn enwedig gwledydd y Trydydd Byd, yn gwrthwynebu'n ffyrnig unrhyw ymgais i ganiatáu i chwaraewyr o wledydd eraill gymryd rhan yn chwaraeon De Affrica, ac yn amharod i chwaraewyr De Affrica gymryd rhan yn chwaraeon gwledydd tramor ac mewn mabolgampau mawr fel y Chwaraeon Olympaidd. Gan fod cricedwyr o Gymru a Lloegr, yn enwedig, yn treulio'r gaeaf yn hyfforddi chwaraewyr criced yn Ne Affrica, mae hyn yn achosi rhwyg a allai wneud niwed mawr i gystadlaethau chwaraeon rhwng gwledydd y byd. (Gweler hefyd – NEWYN.)

YR AIFFT (pob. 1988 – 43,611,000)

Ailagorodd yr Eifftwyr Gamlas Suez yn 1975, a mentrodd yr Arlywydd Sadat i Jerwsalem i sicrhau cymod rhwng yr Aifft ac Israel yn 1979 yn nannedd gwrthwynebiad y mwyafrif o'r gwledydd Arabaidd eraill.

Cafodd Sadat ei lofruddio yn 1981 ond mae ei olynydd, yr Arlywydd Mubarak, wedi glynu at yr un polisi. (Gweler hefyd – Y DWYRAIN CANOL.)

ALARCH

Elyrch Bewick yw'r lleiaf a'r prinnaf o elyrch Hemisffer y Gogledd, ac maen nhw ychydig dros hanner maint yr Alarch Fud; cawson nhw'u henwi ar ôl Thomas Bewick, engrafwr enwog mewn metel a phren yn y ddeunawfed ganrif, a arbenigai mewn darlunio adar.

Yng Ngogledd Rwsia y bydd elyrch Bewick yn dodwy eu hwyau ac yn magu eu cywion ond yn ystod misoedd Medi a Hydref byddan nhw'n dod i lawr i'r Almaen a'r Iseldiroedd am ychydig wythnosau cyn mudo i Gymru, Lloegr ac Iwerddon. Bydd llawer yn cyrraedd gwarchodfa Slimbridge ar lan ddwyreiniol Môr Hafren.

Un o nodweddion hynod yr elyrch hardd hyn yw ei bod yn bosibl eu hadnabod wrth eu hwynebau, ac felly gall adarwyr ddilyn eu hynt a'u helynt. Mae Syr Peter Scott, sy'n byw yn Slimbridge ac sydd wedi astudio bywyd gwyllt – ac elyrch yn arbennig – ar hyd ei oes, yn gallu adnabod bron dau gant o elyrch Bewick wrth y patrwm gwahanol o felyn a du sydd ar big pob un.

YR ALBAN (pob. 1988 – 5,116,000)

Datblygiad mawr yr ugain mlynedd diwethaf oedd darganfod olew oddi ar arfordir dwyreiniol yr Alban, a thwf Aberdeen fel canolfan lewyrchus iawn i'r ffyniant a ddaeth yn ei sgîl. Diwydiant a dyfodd ochr yn ochr â'r diwydiant olew oedd adeiladu rigiau olew i dyllu yn y moroedd stormus. Erbyn 1990 mae disgwyl y bydd swm yr olew sy'n cael ei godi o wely'r môr yn dechrau gostwng.

YR ALMAEN

Poblogaeth – Gweriniaeth Ffederal yr Almaen (Gorllewin yr Almaen) – 61,590,000 Gweriniaeth Ddemocrataidd yr Almaen (Dwyrain yr Almaen) – 16,778,000

Cafodd Brandt ei olynu gan Helmut Schmidt, a fu'n Ganghellor o 1974 tan 1983, ond trodd y pendil gwleidyddol yn erbyn y Sosialwyr Democrataidd, a llywodraeth bur geidwadol sydd wedi dal grym yng Ngorllewin yr Almaen er 1983. Y Canghellor presennol (1989) yw Helmut Kohl, arweinydd y Blaid Geidwadol, sef Yr Undeb Democrataidd Cristnogol. Parhau wnaeth ffyniant y wlad, ac wrth i America a Rwsia glosio at ei gilydd bu llacio pellach ar y tyndra rhwng Gorllewin a Dwyrain yr Almaen.

AMAETHYDDIAETH

Y broblem fawr ym myd amaethyddiaeth heddiw yw bod rhai o wledydd y Gymuned Ewropeaidd yn gorgynhyrchu bwyd. Bydd y bwyd sydd dros ben yn cael ei storio, a hynny'n broses ddrud a gwastraffus. Bydd rhywfaint o'r "mynydd menyn" yn cael ei werthu i wledydd Dwyrain Ewrop a rhywfaint ohono i bensiynwyr gwledydd Prydain. Bu'r Gymuned yn

Gorgynhyrchu bwyd yng ngwledydd y Gymuned Ewropeaidd: tomen o laeth powdwr wedi'i storio mewn warws yn Llydaw.

ceisio torri ar y gorgynhyrchu drwy osod terfyn ar yr hyn y gallai ffermwyr ei gynhyrchu, ac yn 1981 cyflwynodd Comisiwn Ewrop gwotâu ar laeth. Yn 1984 cafodd cwotâu ar laeth eu cyflwyno yng Nghymru, a rhwng 1984 a 1987 gostyngodd nifer y ffermwyr llaeth o 7,409 i 6,332, a bu'n rhaid cau'r hufenfeydd yng Nghastellnewydd Emlyn, Tre Ioan ger Caerfyrddin, Felin-fach a Llangefni. (Gweler hefyd – CAWS.)

AMGUEDDFA GENEDLAETHOL CYMRU

Mae wyth canolfan arall yn gysylltiedig â'r Amgueddfa Genedlaethol – Tŷ Turner ym Mhenarth (lle caiff darluniau ac eitemau eraill o fyd celfyddyd eu dangos), yr Amgueddfa Lengol Rufeinig ar safle'r Gaer Rufeinig yng Nghaerllion-ar-Wysg (lle mae modd gweld gwrthrychau a gafodd eu darganfod yn y gaer ac o'i chwmpas), Amgueddfa Werin Cymru, yr Hen Gapel yn Nhre'r-ddôl ychydig i'r gogledd o Aberystwyth, Amgueddfa Caer Rufeinig Segontium yng Nghaernarfon, Amgueddfa Lechi Cymru yn Llanberis, Amgueddfa'r Gogledd yn Llanberis ac Amgueddfa Diwydiant Gwlân Cymru, Dre-fach, Felindre, Llandysul.

AMGUEDDFA WERIN CYMRU

Un o'r ychwanegiadau diweddaraf yw teras o chwech o dai o Ryd-y-car, Merthyr Tudful. Cafodd pob tŷ ei ddodrefnu i gynrychioli cyfnod arbennig – i ddangos bywyd fel yr oedd dros gyfnod o 200 mlynedd. Mae anifeiliaid – asyn, gafr, ieir o bob math, gwyddau a moch – yn rhoi bywyd i'r llecyn ger y tai.

Bellach caiff bara a bara brith eu pobi ym Mhopty'r Dderwen yn y dull traddodiadol gan ddefnyddio blawd gwenith o'r felin.

Cafodd y castell ei ailagor ar ei newydd wedd ar 1 Gorffennaf 1988.

Nodwedd ddiweddar yw'r amryw wyliau blynyddol bywiog a gaiff eu cynnal yn yr amgueddfa. Ymhlith y rhai sydd bellach wedi ymsefydlu mae Gŵyl Hen Galan Mai, Gŵyl Jazz (mis Mehefin), Diwrnod y Cymoedd (mis Gorffennaf), Gŵyl y Cynhaeaf (tymor yr hydref) a gŵyl i ddathlu'r Nadolig – Coeden Nadolig.

ANESTHETIG

Yn ddiweddar bu llawer o ddiddordeb mewn anesthesia drwy acwbigiad (*acupuncture*), trefn a ddatblygodd yn China ganrifoedd yn ôl ac sy'n fodd i gyflawni llawdriniaethau mawr drwy osod nodwyddau arbennig mewn mannau penodol ar y croen. Hwyrach ei fod yn gweithio'n rhannol drwy ysgogi poen-laddwyr yr ymennydd, sef *endorphins*, ac yn rhannol drwy greu rhyw adwaith arbennig yn y croen sy'n lladd y boen.

Mae pob anesthetydd sy'n gweithio mewn ysbyty yn feddyg trwyddedig.

Teras o dai o Ryd-y-car, Merthyr Tudful, a gafodd eu hailgodi yn Amgueddfa Werin Cymru, Sain Ffagan, ac isod, y tu mewn i un o'r tai wedi'i addurno a'i ddodrefnu fel y byddai yn y 1950au.

ARCHESGOB

Pan ymddeolodd y Parchedicaf Gwilym O. Williams yn 1982, cafodd Esgob Mynwy, y Parchedicaf Derrick G. Childs, ei ethol yn Archesgob Cymru. Er pan ymddeolodd yntau yn 1987, y Parchedicaf George Noakes, Esgob Tyddewi, yw'r Archesgob.

Y Parchedicaf George Noakes, Esgob Tyddewi, a gafodd ei ethol yn Archesgob Cymru ym mis Chwefror 1987.

ARGRAFFU

Mae'r newid a fu yn y dull o gysodi ac argraffu cyfrolau "Chwilota" yn adlewyrchu'r chwyldro a fu yn y byd argraffu yn ystod y blynyddoedd diwethaf.

Cafodd testun y llyfrau cyntaf ei gysodi mewn llinellau o deip metel a gâi eu dal yn dynn mewn ffrâm a'u hargraffu ag inc ar bapur. Byddai cywiro un llythyren yn golygu ailgysodi llinell gyfan o deip, a byddai cynnwys gair ychwanegol yn gofyn am ailosod yr holl baragraff. Gwaith costus, felly, oedd cywiro camgymeriadau dan yr hen drefn.

Yn achos cyfrolau diweddaraf "Chwilota" cafodd y testun ei fwydo yn y lle cyntaf i brosesydd geiriau – math o deipiadur trydan ac iddo gof cyfrifiadurol. Bydd yr holl erthyglau a'r penawdau yn cael eu storio ar ddisg meddal yng nghrombil y prosesydd. Mater o wasgu nifer o fysellau'r prosesydd yn unig yw cywiro gwallau yn y copi neu ei ddiwygio mewn rhyw fodd. Mae'n bosibl hefyd newid lleoliad darnau o'r testun neu newid hyd y llinellau, gan weld y cyfan yn digwydd ar y sgrîn o flaen y sawl sy'n defnyddio'r prosesydd.

Cafodd y disg yn cynnwys testun yr enseiclopidia ei redeg trwy beiriant cysodi i gynhyrchu ar bapur ffotograffig brint o'r colofnau o deip argraffu glân sydd i'w gweld ar y dudalen hon. O'r print hwn, trwy gyfrwng ffilm ffotograffig, y cafodd y plât argraffu hyblyg ei gynhyrchu. Caiff platiau argraffu o'r fath eu prosesu'n gemegol fel bod y rhannau sydd i'w hargraffu (sef y teip a'r lluniau) yn barod i dderbyn inc wrth argraffu ac yn gwrthod dŵr, a bod y rhannau sydd i aros yn wyn yn derbyn dŵr ac yn gwrthod yr

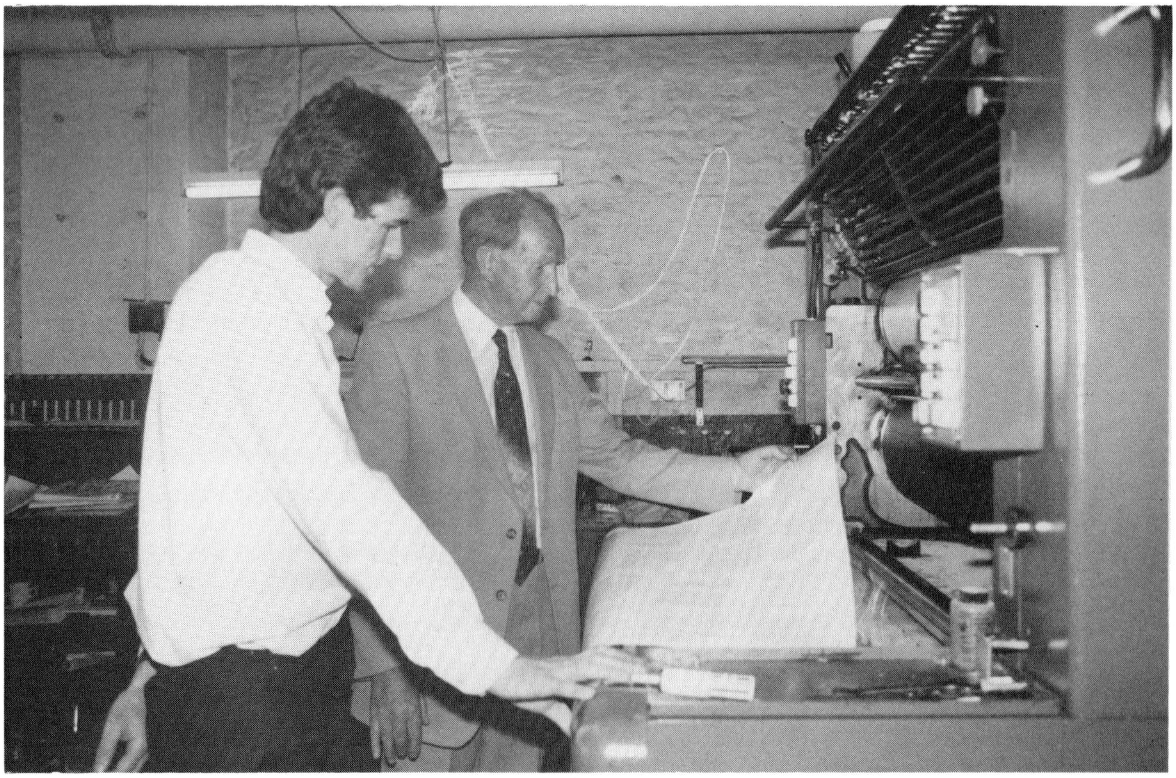

Yr ystafell argraffu: archwilio'r gwaith wedi ei argraffu cyn ei blygu a thorri'r tudalennau i'r maint cywir.

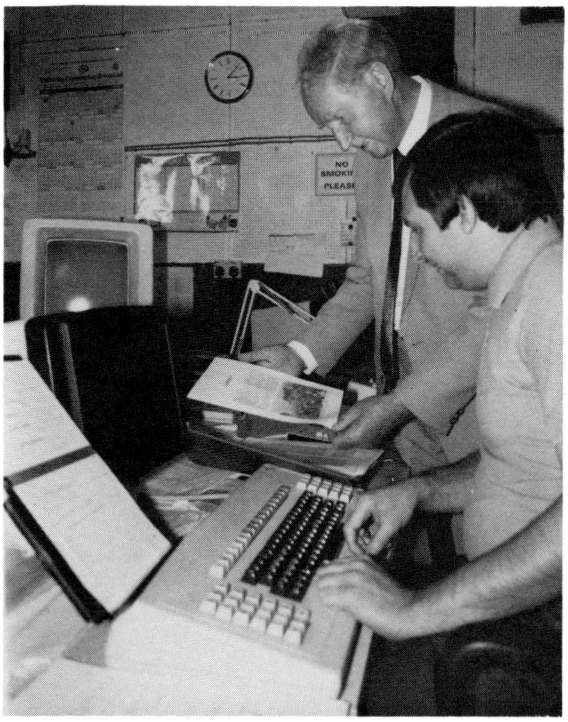

D. Gwyn Jones, Golygydd "Chwilota", yn trafod arlunwaith tudalen y gyfrol hon gyda'r cysodwr yn yr ystafell gysodi.

inc. Y broses hon o dderbyn a gwrthod inc neu ddŵr yw sail argraffu litho.

Ar beiriant argraffu litho y cafodd y gyfrol hon ei hargraffu. Mae tri rholer ar y peiriant hwn. Ar y cyntaf y mae'r plât argraffu a hwnnw'n troi yn erbyn rholeri incio a rholeri dampio. Bydd y rholeri incio yn rhoi cot o inc ar y rhannau o'r plât sydd i'w hargraffu a'r rholeri dampio yn gwlychu â dŵr y rhannau na fydd yn argraffu. Wrth i'r plât argraffu droi bydd yn trosglwyddo'r hyn sydd i'w argraffu, "y ddelwedd", i ail silindr o rwber. O'r ail silindr caiff y ddelwedd ei throsglwyddo i'r trydydd silindr – y silindr hwn sy'n cynnwys y papur argraffu.

Technoleg argraffu litho a gaiff ei defnyddio ar gyfer 90 y cant o waith argraffu cyffredinol heddiw.

ARIAN

Tan 1971 byddem ni yng ngwledydd Prydain yn cyfrif ein harian mewn ceiniogau, sylltau a phunnoedd: roedd deuddeg ceiniog mewn swllt ac ugain swllt mewn punt. Er 15 Chwefror 1971 mae'r bunt yn werth can ceiniog, a diflannodd y swllt.

Hyd yn oed ar ôl cyflwyno arian degol roedd y wlad yn dal i ddefnyddio rhai o ddarnau arian yr hen drefn, sef darn dwy geiniog a hanner (yr hen "bishyn chwech"), darn pum ceiniog (yr hen swllt) a darn deg ceiniog (yr hen ddarn deuswllt). Ond pharodd y darn 2½c ddim yn hir – daeth ei oes i ben yn 1980. Oherwydd y gostyngiad yng ngwerth arian, penderfynodd y Llywodraeth nad oedd diben cadw'r darn ½c, a chafodd ei ddileu ddiwedd 1984.

Heddiw, mae ceiniog a dwy geiniog yn ddarnau "arian cochion"; pum ceiniog, deg ceiniog, ugain ceiniog a hanner can ceiniog yn ddarnau arian gleision; y bunt yn ddarn arian melyn, a phum punt, decpunt, ugain punt a hanner can punt yn arian papur. Mae'r Llywodraeth wrthi'n ystyried lleihau maint rhai o'r darnau "arian gleision". Ar ymylon rhai darnau punt yng Nghymru mae'r geiriau o'r anthem genedlaethol, "Pleidiol wyf i'm gwlad".

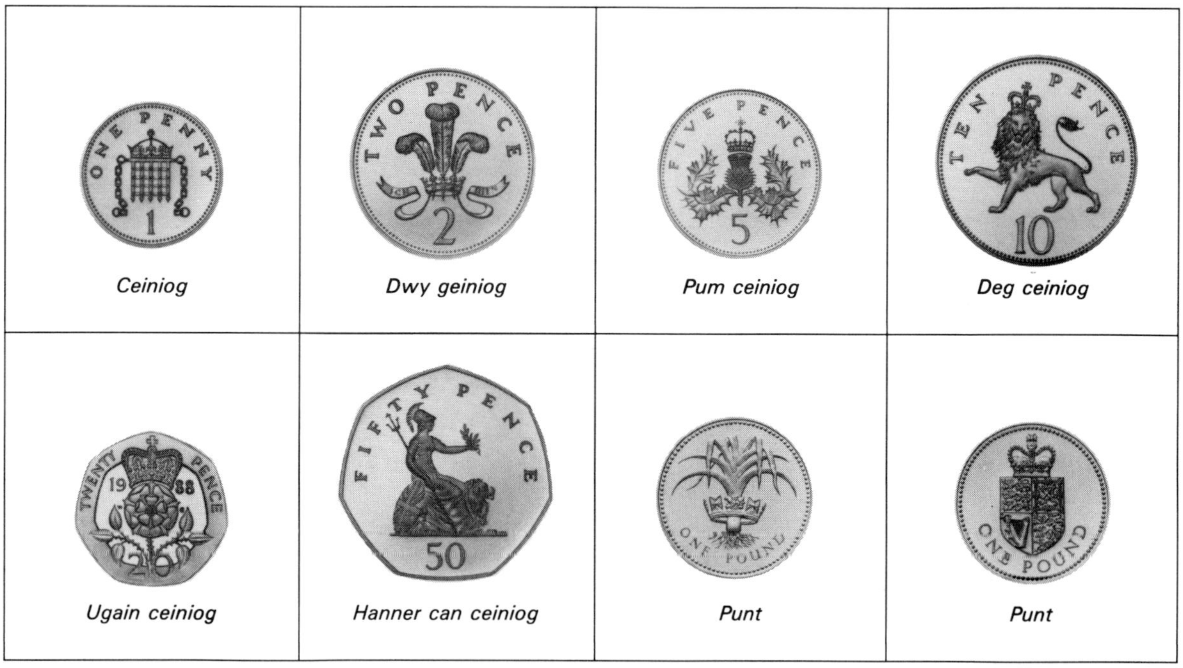

Darnau arian gwledydd Prydain yn 1989.

ARIANNIN (pob. 1988 – 27,796,000)

Yn 1982 hawliodd llywodraeth filwrol Ariannin mai ei heiddo hi oedd Ynysoedd y Falklands (Ynysoedd Malfinas yn eu hiaith nhw), ac aeth llynges a byddin y wlad ati i'w goresgyn. Hwyliodd llynges o Brydain allan i'r ynysoedd a bu rhyfela ffyrnig, a cholli bywyd ar y ddwy ochr cyn i'r Archentwyr ildio a thynnu'n ôl. Y fuddugoliaeth honno, medd rhai, oedd un o'r rhesymau dros ailethol Llywodraeth Geidwadol yn etholiad 1983.

Mae brodorion Patagonia wedi llwyddo i gadw'r Gymraeg yn fyw hyd heddiw, ond cymaint yw dylanwad y Sbaeneg yn y wlad nes bod llawer o ddisgynyddion yr ymfudwyr gwreiddiol o Gymru, fel teuluoedd ymfudwyr eraill i'r Ariannin, wedi troi fwyfwy at y Sbaeneg. Daw Patagoniaid ifanc i Gymru i astudio'r wlad a'i hiaith. Mae rhai o'r rhain, Elvey Macdonald, er enghraifft, sy'n swyddog gyda'r Urdd, wedi ymgartrefu yma. Daw grwpiau o Batagonia i Gymru o bryd i'w gilydd, a'r mwyafrif o'u haelodau'n siarad Cymraeg a Sbaeneg heb fedru ond ychydig o Saesneg, ac aiff grwpiau o ymwelwyr o Gymru allan i'r Wladfa Gymreig i gadw'r cysylltiad yn fyw cyhyd â phosibl.

Yn 1986 dadorchuddiodd Arlywydd yr Ariannin, Raoul Alfonsin – yr oedd ei fam-gu'n Gymraes o'r enw Mary Foulkes – gofeb i Lewis Jones, arweinydd yr ymfudwyr gwreiddiol o Gymru.

ASBESTOS

Erbyn heddiw mae'n cael ei gydnabod y gall trin asbestos arwain at gancr diwydiannol (*mesothelioma*), ac at *asbestosis*, pryd mae llwch yr asbestos yn achosi llid yr ysgyfaint. Bydd y clefydau hyn yn digwydd yn enwedig wrth drin asbestos glas sy'n dod o Dde Affrica, er bod asbestos mwy cyffredin, asbestos gwyn, yn beryglus hefyd. Bellach mae'n rhaid i'r rhai sy'n gweithio â'r ddau fath gadw at reolau pendant er mwyn arbed eu hiechyd. Wrth adnewyddu neu chwalu adeiladau bydd yn rhaid i adeiladwyr wisgo dillad amddiffynnol os oes asbestos yng ngwneuthuriad yr adeiladau hynny.

ATHEN (Athinai) (pob. 1981 – 3,027,000)

AUR

Mae'n debyg bod 52,000 owns o aur wedi dod o fwynglawdd y Clogau ym mynyddoedd Meirionnydd rhwng 1900 a 1907. Ond bellach dydy'r gost enfawr o ddod o hyd iddo ddim yn talu ffordd. O aur Cymru y caiff modrwyau priodas aelodau'r teulu brenhinol eu llunio, ond prinhau wnaeth yr aur a ddaw o'r gweithfeydd. Ers i'r Clogau gau ddiwedd 1986, Gwynfynydd yw'r unig gwmni sy'n dal i gloddio heddiw (1989), ac mae'r aur sy'n dod oddi yno tua dwywaith pris aur cyffredin.

Un o'r dyrnaid o ofaint aur yng Nghymru yw Rhiannon Evans, Tregaron, sy'n dal i weithio yn nhraddodiad yr hen ofaint Cymreig, gan lunio tlysau cain yn y dull Celtaidd.

AWSTRALIA (pob. 1981 – 15,054,000)

AWYREN

Un chwyldro mawr a ddaeth yn sgîl yr awyrennau jet oedd bod llawer iawn o bobl yn gallu hedfan i'r gwledydd poeth ar wyliau. Profiad cyffredin erbyn hyn yw bod gwŷr busnes yn hedfan ar hyd a lled y byd gyda'u gwaith. Un o'r meysydd awyr sydd wedi datblygu'n fawr, felly, yw Maes Awyr Cymru, Caerdydd, neu hen faes awyr y Rhŵs a gafodd ei adeiladu yn 1942. O 1965 ymlaen bu'r maes awyr yn cael ei addasu ar gyfer awyrennau jet ac awyrennau siartr a bu bron 651,000 o bobl yn ei ddefnyddio yn 1988. Weithiau, pan fydd hi'n amhosibl i awyrennau mawr lanio yn Gatwick neu Heathrow, ar gyrion Llundain, o achos niwl neu dywydd garw, er enghraifft, byddan nhw'n cael eu cyfeirio i lanio ym Maes Awyr Cymru. Mae modd i'r awyrennau "jumbo" mwyaf, y Boeing 747, lanio yno. Bydd awyrennau'n hedfan o Gaerdydd i wledydd y Môr Canoldir, yr Undeb Sofietaidd a Canada.

Y BALA (pob. 1981 – 1,850)

BANC

Datblygiad mawr yr ugain mlynedd diwethaf fu cyflwyno "arian plastig" – nid darnau arian plastig ond cardiau plastig sy'n cael eu defnyddio yn lle

Peiriant dosbarthu arian y tu allan i fanc. Trwy ddefnyddio cerdyn plastig pwrpasol mae modd tynnu arian o gyfrif banc o beiriant o'r math hwn, ddydd neu nos.

arian. Gall pobl ddefnyddio un math o gerdyn i ategu sieciau gan rwystro twyll, i gael arian o beiriannau rhoi arian sydd erbyn hyn i'w gweld ym mhob stryd fawr, neu i dalu am nwyddau. Mae modd defnyddio math arall o gerdyn, sef y cerdyn credyd, i brynu nwyddau neu wasanaethau megis llety mewn gwesty, gan dalu'r ddyled ar ddiwedd y mis yn ddi-log – neu dros gyfnod o fisoedd a thalu llog am y benthyciad. Mae gwahanol fathau o gardiau plastig i'w cael yn ôl cefndir ariannol y perchennog.

Newid mawr arall yw bod sefydliadau eraill, megis Cymdeithasau Adeiladu, yn gallu cynnig yr un gwasanaethau, ar yr un telerau, â'r banciau.

BANGOR (pob. 1981 – 12,200)

DR. BARNARDO

Yn 1988 newidiodd y mudiad ei enw o "Dr. Barnardo's" i "Barnardo" am fod natur y gwaith a gyflawna heddiw wedi ehangu ac nad oes cymaint o angen am gynnal cartrefi i ofalu am blant amddifad.

BBC

Yn Ionawr 1977 cafodd y BBC ateb i broblem ceisio darlledu rhaglenni radio mewn dwy iaith; cafodd y Donfedd Uchel Iawn ei neilltuo i raglenni Cymraeg, gan sefydlu gwasanaeth Radio Cymru i roi gwasanaeth lled gyflawn i'r Cymry Cymraeg, a *Radio Wales* i ddiwallu anghenion y di-Gymraeg.

Gan fod yr un broblem yn codi gyda rhaglenni teledu, doedd hi ddim yn syndod i'r broblem hon arwain at wahanu gwasanaethau Cymraeg a Saesneg y BBC ar y teledu. Er 1982, yn sgîl sefydlu S4C, bu'r BBC yn cyfrannu rhaglenni Cymraeg i'r sianel newydd, trefniant sy'n unigryw yng ngwledydd Prydain. Daw'r rhaglenni hyn i gyd o gost y drwydded flynyddol.

Tua diwedd yr 80au awgrymodd y Llywodraeth y dylai'r BBC gomisiynu rhai rhaglenni oddi wrth gynhyrchwyr annibynnol, trefn a oedd yn debycach i drefn S4C nag i drefn draddodiadol y BBC.

Ffactor arall a allai effeithio ar y gwasanaeth, ac ar nifer y gwylwyr, yw dyfodiad teledu lloeren, trefn a allai olygu bod gwylwyr yn gallu dewis o blith dros 30 o wahanol sianelau. (Gweler hefyd – SIANEL PEDWAR CYMRU, TELEDU.)

Y BEIBL

Erbyn diwedd yr Ail Ryfel Byd teimlai llawer o bobl yng Nghymru fod angen gwisgo'r Beibl Cymraeg mewn iaith gyfoes a fyddai'n fwy dealladwy i'r werin na iaith Beibl William Morgan. Yn 1961 rhoddodd Cyngor Eglwysi Cymru wahoddiad i'r eglwysi a berthynai iddo sefydlu Cydbwyllgor i drefnu, paratoi a chyhoeddi'r cyfieithiad newydd. Ymddangosodd cyfieithiad newydd o'r Testament Newydd i'r Gymraeg yn 1975, ac yn 1979 gyfieithiad o'r Salmau. Ar Ŵyl Dewi, 1988, i goffáu pedwar-canmlwyddiant cyfieithiad William Morgan, cyhoeddwyd y cyfieithiad cyflawn newydd o'r Beibl i'r Gymraeg.

Nid disodli Beibl William Morgan oedd bwriad y Cydbwyllgor na chyfieithwyr Y Beibl Cymraeg Newydd; "yn hytrach", meddai Rhagair y cyfieithiad newydd, "gobeithiwn y gwelir o hyn allan y ddau fersiwn, yn gyfochrog â'i gilydd, yn ein heglwysi a'n capeli, yn ein hysgolion dyddiol a'n hysgolion Sul, yn ein colegau a'n myfyrfeydd, ac yng nghartrefi ein pobl... Gobaith pawb a gafodd ran yn y gwaith o baratoi a chyhoeddi Y Beibl Cymraeg Newydd yw y bydd y fersiwn cyfoes yn gyfrwng i oleuo ystyr ei ragflaenydd clasurol a galluogi ein cyd-Gymry yn niwedd yr ugeinfed ganrif i amgyffred a gwerthfawrogi ei neges yn llawnach."

I ddathlu'r achlysur, cyhoeddodd Swyddfa'r Post gyfres o stampiau a ddarluniai'r cyfieithwyr cynnar wrth eu gwaith. Keith Bowen, arlunydd o ardal Wrecsam, fu'n gyfrifol am gynllunio'r stampiau ac mae lluniau ohonyn nhw i'w gweld ar dudalen 220.

BERLIN (pob. 1983 – 3,033,000: Gn. Berlin – 1,860,000 a Dn. Berlin – 1,173,000)

BETHLEHEM (pob. 1980 – 59,000)

BLAENAU FFESTINIOG (pob. 1981 – 5,081)

Ym mis Gorffennaf 1955 cafodd lein fach Ffestiniog ei hailagor, nid i gario llechi mwyach ond i gludo ymwelwyr. Bu nifer wrthi'n ddyfal – yn wirfoddolwyr gan mwyaf – yn atgyweirio'r stoc ac yn trwsio a glanhau'r lein ei hun a'i hagor fesul tipyn, ac yn 1982 cafodd y darn olaf i Flaenau Ffestiniog ei agor. Mae "lein fach 'Stiniog" yn atyniad i dwristiaid bob blwyddyn: yn ystod 1988 teithiodd tua 200,000 o ymwelwyr arni.

Yn wythdegau'r ganrif ddiwethaf roedd 3,000 o ddynion yn cael eu cyflogi yn chwareli ardal y Blaenau: ganrif yn ddiweddarach mae'r nifer wedi gostwng i lai na 400. Doedd streic ddim yn beth dieithr yn chwareli 'Stiniog yn yr hen ddyddiau ac yn 1985 bu streic arall am saith mis pan ofynnodd y rheolwyr i'r gweithwyr wneud mwy o waith am lai o arian.

BRECHU

Gall brechu arwain at ddileu nifer o afiechydon fel polio, teiffoid, colera, teiffws, tetanws, y frech goch, y pas, difftheria a'r darfodedigaeth. Dydy pob rhiant ddim yn fodlon wynebu'r perygl bach y gallai ei blentyn gael ei niweidio'n barhaol gan y brechlyn. Er hynny mae'r ffigurau'n dangos bod brechu yn llawer llai peryglus na gorfod dioddef canlyniadau'r afiechyd.

Y stampiau post dwyieithog a gafodd eu cyhoeddi gan Swyddfa'r Post ar 1 Mawrth 1988 i ddathlu cyhoeddi Y Beibl Cymraeg Newydd ac i goffáu gwaith y cyfieithwyr cynnar.

Datblygiad pwysig yn 1988 oedd cyflwyno brechiad tri-yn-un yn erbyn y frech goch, clwy'r pennau a rwbela, a gobaith Mudiad Iechyd y Byd (*WHO*) yw sicrhau bod 90 y cant o blant wedi cael eu brechu i wrthsefyll y clefydau hyn erbyn 1990.

CAER (pob. 1981 – 88,400)

CAERDYDD (pob. 1981 – 260,000)

Yn 1981 cafodd canolfan siopa newydd, Canolfan Dewi Sant, ei chodi yng nghanol y ddinas, ac ynddi neuadd gyngerdd o'r radd flaenaf – Neuadd Dewi Sant. Hefyd, ddiwedd 1987, agorwyd canolfan siopa fwy modern o'r enw Queen's West, ac yn 1988 agorwyd llyfrgell ganolog newydd.

Un o'r datblygiadau mwyaf sydd ar y gweill ar hyn o bryd yw trawsnewid ardal hen ddociau Caerdydd a chodi yno amryw byd o swyddfeydd, canolfan siopa, rhyw 720 o dai a fflatiau a theatr i'r Cwmni Opera, gan adeiladu argae ar draws aber Afon Taf a chodi lefel y dŵr i guddio'r gwastadeddau mwd. Yn ogystal â chodi adeiladau newydd, y bwriad yw addasu ambell hen warws yn swyddfa neu westy.

Yng Nghaerdydd mae prif ganolfannau'r byd teledu yng Nghymru – y BBC yn Llandaf, HTV yng Nghroes Cwrlwys ac S4C yng Nghlos Sophia.

Yn 1988, ar ôl llawer o drafod, daeth y ddau goleg sydd gan Brifysgol Cymru yng Nghaerdydd, sef Coleg y Brifysgol a'r Athrofa Gwyddoniaeth a Thechnoleg, at ei gilydd a'u huno yn un sefydliad, Prifysgol Cymru, Coleg Caerdydd, dan un prifathro.

CAEREDIN (pob. 1981 - 419,000)

I'r Ŵyl Ymylol yng Nghaeredin daw 7,000 o berfformwyr a thros 500,000 o ymwelwyr a chaiff dros 500 o berfformiadau eu cyflwyno gan gwmnïau ac unigolion sy'n amrywio o'r hynod soffistigedig i'r syml a di-addurn. Law yn llaw â'r Ŵyl Ymylol, datblygodd gwyliau eraill megis yr Ŵyl Ffilmiau, yr Ŵyl Jazz a'r Ŵyl Werin.

CAERFADDON (pob. 1981 - 80,000)

CAERGAINT (pob. 1981 - 34,400)

CAERGRAWNT (pob. 1981 - 90,400)

CAERLLION (pob. 1981 - 6,700)

CAERNARFON (pob. 1981 - 9,500)

CAMERA

Yn ystod yr ugain mlynedd diwethaf bu datblygu mawr ar bob math o gamera, o'r camera llonydd i'r camera fideo. Bellach, mae'n ddigon cyffredin gweld camerâu bach hwylus a all wneud popeth dros y sawl sy'n eu defnyddio – fel newid y ffocws, symud y ffilm ymlaen ac ailweindio'r ffilm. Mae'r camerâu drutach yn cynnwys dewis helaeth o lensys ac yn caniatáu i'r defnyddiwr weld y llun drwy'r lens.

Datblygiad arall yw'r camera fideo y gall y defnyddiwr ffilmio ag ef a dangos y cynnyrch o fewn byr amser ar ei set deledu drwy gyfrwng ei beiriant fideo. Mae'r camera fideo yn graddol ddisodli'r hen gamera ffilmio ac fe fydd, maes o law, yn chwyldroi cyflwyno rhaglenni newyddion ar y teledu.

CANADA (pob. 1984 - 25,142,000)

Mae rhyw 5.3 miliwn o ddinasyddion Canada yn siarad Ffrangeg, ac mae ganddyn nhw hawl i gael unrhyw ddogfennau yn yr iaith Ffrangeg yn ogystal â'r Saesneg. Mae dros dri-chwarter yr holl Canadiaid sy'n siarad Ffrangeg yn byw yn nhalaith Québec, a bu pwyso mawr yn ystod saithdegau'r ganrif hon o dan faner Mudiad Rhyddid Québec (*Québec Libre*) am hunan-lywodraeth i'r dalaith. Cafodd Québec fwy o rym dros ei materion ei hun ond mae'n dal yn rhan o Canada o hyd.

Cynulleidfa werthfawrogol yn mwynhau theatr stryd yng Nghaeredin – rhan o'r Ŵyl Ymylol sy'n gysylltiedig â Gŵyl Gelfyddydau Ryngwladol y ddinas a gaiff ei chynnal ar ddiwedd yr haf bob blwyddyn.

CANU PENILLION

Bu cryn ddatblygu cerddorol yn yr hen grefft o ganol yr ugeinfed ganrif ymlaen, gyda datblygiad grwpiau a chorau cerdd dant. Dan nawdd Cymdeithas Cerdd Dant Cymru cafodd llu o geinciau gosod newydd eu llunio, mwy cymhleth eu harmonïau na'r hen geinciau traddodiadol, ac mae rhai o'r rhain yn dipyn o her i'r gosodwr cyfoes. Mae'n siwr bod rhai yn teimlo heddiw fod y pendil weithiau yn gogwyddo'n ormodol i gyfeiriad y trefniant cerddorol gan lunio harmonïau gorymwthiol ar draul gwir hanfod y grefft, sef cyflwyno geiriau ar gân. Ond bellach mae bwrlwm yr Ŵyl Gerdd Dant flynyddol – gŵyl a ddechreuodd fel cyfarfod cystadleuol bychan yn y Felinheli yn 1947 – yn tystio i boblogrwydd yr hen gelfyddyd o osod gair ar gân mewn dull sy'n gwbl unigryw Gymreig.

CASNEWYDD (pob. 1981 – 105,400)

CAWS

Oherwydd y cwotâu llaeth, aeth nifer o ffermwyr yng Nghymru ati tua diwedd y 1970au i gynhyrchu eu caws eu hunain, gan ddefnyddio llaeth gwartheg a llaeth geifr. Maen nhw'n cynhyrchu caws o bob math, rhai'n debyg i fathau o rannau eraill o wledydd Prydain, ac eraill yn nes at gaws o'r cyfandir. Un enghraifft o'r rhai cyfandirol yw caws Pencarreg, caws sy'n debyg i gaws *Brie*, ac sy'n cael ei gynhyrchu gan ddefnyddio llaeth o bedair fferm yn ardal Llanbedr Pont Steffan. Ymhlith y mathau eraill o gaws a ddaw o Orllewin Cymru mae Caws Llanboidy, Caws Pant-ys-Gawn – sy'n cael ei wneud o laeth gafr – Caws Cenarth, Caws Nyfer a Chaws Llangloffan.

Y CENHEDLOEDD UNEDIG

Yn 1977 cafodd Kurt Waldheim ei ethol am dymor pellach, a'i olynydd, yn 1982, oedd Javier Pérez de Cuéllar, gŵr o Beriw. Cafodd yntau ei ailethol yn Ysgrifennydd Cyffredinol yn 1987.

Pan gafodd Siarter y Cenhedloedd Unedig ei llofnodi yn 1945, bu 51 cenedl yn gyfrifol am ei sefydlu. Bellach, mae dros 100 o wledydd eraill wedi ymuno â'r Cenhedloedd Unedig.

Un o'r digwyddiadau pwysig yn hanes UNESCO yn ystod yr wythdegau oedd bod yr Unol Daleithiau, ddiwedd 1984, a Phrydain, ddiwedd 1985, wedi peidio â rhoi rhagor o gymorth ariannol iddi am ei bod, yn eu barn nhw, yn rhy wleidyddol ac yn gwastraffu arian ar gynlluniau diwerth.

CHINA (pob. 1984 – 1,074,003,000)

Yn ogystal ag adeiladu Wal Fawr China – yr unig adeilad o waith dyn y mae'n bosibl ei weld o'r lleuad – campwaith mawr arall yr Ymerawdwr Shih Huang-ti oedd codi beddrod iddo'i hun, beddrod anferth yn cynnwys rhai miloedd o gerfluniau teracota o filwyr ei fyddin. Mae'r rhain o faint dynion go iawn, ac yn

Rhai o'r miloedd o filwyr teracota a gafodd eu claddu mewn beddrod anferth tua'r flwyddyn 210 CC i warchod corff Ymerawdwr cyntaf China, Shih Huang-ti. Wrth i archaeolegwyr gloddio safle'r beddrod yn ystod saithdegau'r ganrif hon daeth dros 7,500 o'r modelau manwl, maint llawn, hyn o filwyr a cheffylau i'r golwg.

Dau o filwyr teracota beddrod yr Ymerawdwr Shih Huang-ti – Ymerawdwr cyntaf China. Cafodd tua 750,000 o grefftwyr o bob un o daleithiau China eu galw ynghyd i gerfio milwyr gwarchodlu yr Ymerawdwr â llaw. Er bod dros 7,500 o fodelau maint llawn yn y fyddin hon mae i bob milwr unigol ei nodweddion arbennig ei hun. Mae gwaith manwl y crefftwyr i'w weld yn glir yn y llun hwn.

rhoi darlun hynod fanwl o wisgoedd a threfn byddin yr Ymerawdwr yn y cyfnod hwnnw. Daeth ffermwyr o hyd i'r beddrod hwn yn ddamweiniol yn 1974; daeth eraill o hyd i ail siambr yn 1976, hwnnw'n cynnwys rhyw 1,400 o filwyr a 90 o gerbydau rhyfel, a daeth siambr arall eto i'r golwg yn 1977.

Ar ôl i'r Comiwnyddion sefydlu Gweriniaeth Pobl China, bu Mao Tse-tung yn arweinydd arni tan ei farw yn 1976. Amcan mawr yr unben hwnnw oedd cynyddu cynnyrch y ffermydd a sefydlu diwydiannau newydd, y cyfan o dan reolaeth y Llywodraeth.

Ers marw Mao Tse-tung bu llacio mawr ar reolaeth lem y Llywodraeth. Trodd y wlad tuag at y Gorllewin i gael syniadau newydd a bu cynnydd aruthrol yn nifer yr ymwelwyr a gâi ymweld â'r wlad. Yr arweinydd presennol yw Deng Xiaoping, un o hen gydweithwyr Mao a ffraeodd ag ef am ei fod am weld llai o ormesu ar y boblogaeth.

Cafodd enw'r brifddinas ei newid o Peking i Beijing.

Yn 1997 bydd Llywodraeth Prydain yn gollwng ei gafael ar Hong Kong ac yn gadael iddi fynd yn rhan o China unwaith eto. Mae trafodaethau ar y gweill i benderfynu pa fath o Lywodraeth fydd gan Hong Kong ar ôl 1997. (Gweler hefyd – WALIAU.)

COMED

Dychwelodd Comed Halley ddiwedd 1985 a dechrau 1986 ond, yn anffodus, welodd neb ryw lawer arni. Manteisiodd Asiantaeth Ofod Ewrop ar y cyfle i anfon lloeren Giotto i fyny ati ar 13 Mawrth 1986 i'w harchwilio, a chael fod ganddi nwclews tebyg i daten dalpiog, 15 km o hyd ac 8 km o led. Bu offer eraill yn dadansoddi'r nwy a'r llwch a ddaeth o'r gomed ac yn tynnu lluniau – y mwyaf manwl ohoni erioed.

Y disgwyl yw y bydd Comed Halley yn dychwelyd yn y flwyddyn 2061.

COMIWNYDDIAETH

Mae natur haearnaidd y drefn Gomiwnyddol yn yr Undeb Sofietaidd ac yn China wedi llacio rhywfaint erbyn hyn, yn enwedig ar ôl marw Leonid Brezhnev a Mao Tse-tung, a gwnaeth arweinwyr newydd y ddwy wlad dipyn o ymdrech i glosio at y Gorllewin yn fwy nag erioed o'r blaen. Mae Mr Gorbachev – Arlywydd yr Undeb Sofietaidd – wedi sôn llawer am *glasnost* (bod yn agored) a *perestroika* (ailwampio), ac wedi cyfarfod ag arweinwyr y Gorllewin i geisio cwtogi ar arfau a sicrhau heddwch. Yn China, bu'r Arlywydd Deng Xiaoping yn awyddus i feithrin cysylltiadau cyfeillgar â'r Gorllewin. Er hynny, mae rhai o wledydd comiwnyddol Dwyrain Ewrop yn dal yn gyndyn iawn i ddatblygu cysylltiadau â'r Gorllewin.

CRICED

Yn ogystal â'r gemau prawf rhyngwladol, cafodd cystadleuaeth Cwpan y Byd, y gyntaf o'i bath, ei

Ian Botham – un o arwyr y byd criced yn Lloegr. Yn Gyn-gapten Tîm Criced Lloegr, bu'n Gapten Gwlad yr Haf nes iddo ymddiswyddo yn 1986. Ar hyn o bryd (1989) mae'n chwarae i dîm Swydd Gaerwrangon.

chynnal yn 1987. Awstralia oedd y buddugwyr, gan guro Lloegr yn y gêm derfynol. Un o arwyr y byd criced yn Lloegr yw Ian Botham, chwaraewr a arferai gynrychioli Gwlad yr Haf cyn symud i chwarae i Swydd Gaerwrangon. Bu'n nodedig fel bowliwr ac fel batiwr yn nhîm Lloegr.

Un o broblemau mawr y byd criced am gyfnod o 20 mlynedd oedd beth y dylai gwledydd eraill ei wneud ynglŷn â De Affrica o gofio'r sefyllfa wleidyddol yn y wlad honno. A ddylai cricedwyr Prydain fynd yno i chwarae criced yn ystod y gaeaf? Ddechrau 1989 penderfynodd yr awdurdodau criced y câi unrhyw un a fyddai'n mynd i chwarae neu i hyfforddi yn Ne Affrica ei wahardd rhag chwarae dros Loegr am 4 blynedd. (Gweler hefyd – AFFRICA.)

CYD–BWYLLGOR ADDYSG CYMRU

Yn 1988 cafodd arholiadau'r Dystysgrif Addysg Gyffredinol (Safon Gyffredin) a'r Dystysgrif Addysg Uwchradd eu disodli gan un arholiad i bawb yn un ar bymtheg oed, sef Tystysgrif Gyffredinol Addysg Uwchradd (TGAU). Mae'r arholiad newydd yn rhoi mwy o bwyslais o lawer ar waith y bydd yr ymgeiswyr yn ei gyflawni yn ystod eu cwrs, yn hytrach na dibynnu ar arholiad terfynol yn unig. Bellach hefyd mae'r Dystysgrif Addysg ar gael ar gyfer y disgyblion hynny ag anawsterau dysgu o wahanol fathau.

Er 1980 bu cynnydd yn nifer y gwerslyfrau Cymraeg y bu'n bosibl eu cyhoeddi dan nawdd Cynllun Gwerslyfrau ac Adnoddau y Cyd-bwyllgor. Digwyddodd hyn yn sgîl derbyn cyllid newydd o'r Swyddfa Gymreig trwy grant penodol er hyrwyddo'r iaith Gymraeg mewn Addysg. Mae'r Swyddfa Gymreig hefyd yn cyfrannu'n ariannol at waith Uned Addysg Microelectroneg Cymru sydd yn cydlynu ac yn ymestyn y defnydd sy'n cael ei wneud o gyfrifiaduron a thechnoleg gwybodaeth mewn ysgolion cynradd ac uwchradd.

Yn ystod yr 1980au bu Adran Gymraeg y Cyd-bwyllgor yn gyfrifol am waith datblygu helaeth ar raddfa genedlaethol ym maes dysgu Cymraeg i oedolion. Cafodd defnyddiau dysgu eu paratoi ar gyfer y rhai sydd wrthi'n ceisio meistroli'r iaith ac arholiadau arbennig ar eu cyfer – arholiadau sy'n rhoi'r pwyslais ar y gallu i ddefnyddio'r iaith.

Bydd gan lawer o ddisgyblion ysgol sydd wedi astudio'r Gymraeg fel iaith gyntaf neu fel ail iaith i lefel "A" atgofion melys am y cwrs preswyl a gaiff ei drefnu bob blwyddyn adeg y Pasg i ategu eu gwaith yn yr ysgol. Yn ogystal â'r rhaglen o ddarlithoedd a grwpiau trafod mae i'r cwrs ochr gymdeithasol bwysig wrth i ferched a bechgyn Chweched Dosbarth o bob cwr o Gymru gael cyfle i gwrdd â'i gilydd.

Ym mis Medi 1987 dechreuodd y Pwyllgor Datblygu Addysg Gymraeg ar ei waith o gynnal archwiliad manwl o holl anghenion addysg ddwyieithog yng Nghymru, a'r costau o ddiwallu'r anghenion hynny. Cafodd ffrwyth yr archwiliad ei gyflwyno i'r Swyddfa Gymreig ynghyd â chais am adnoddau ariannol sylweddol i ddatblygu addysg trwy gyfrwng y Gymraeg ar bob lefel. Wrth i "Chwilota 7" fynd i'r wasg mae ymateb y Llywodraeth i'r cais hwnnw yn dal yn aneglur.

CYFRIFIADUR

Er 1988 cafodd arholiadau'r Dystysgrif Addysg Gyffredinol (Safon 0) a'r Dystysgrif Addysg Uwchradd eu disodli gan arholiad newydd ar gyfer Tystysgrif Gyffredinol Addysg Uwchradd (TGAU) a chaiff cyfrifiadur ei ddefnyddio i brosesu marciau a chanlyniadau'r sawl sy'n sefyll yr arholiad hwn, arholiad Safon A ac arholiadau eraill sy'n cael eu darparu gan Gyd-bwyllgor Addysg Cymru, ac i argraffu'r tystysgrifau y bydd yr ymgeiswyr yn eu derbyn.

Bellach, mae'r cyfrifiadur yn llawer llai ei faint yn sgîl datblygu'r sglodyn silicon. Gan fod cyfrifiaduron modern mor fach, mae'n bosibl eu defnyddio yn y cartref ac mewn ceir yn ogystal ag mewn swyddfeydd, banciau a busnesau.

Bellach mae gemau cyfrifiaduron yn boblogaidd iawn gan blant ac oedolion. Mae llawer o wahanol fathau o'r gemau hyn ar gael, ac yn aml bydd y sawl sy'n chwarae yn cystadlu yn erbyn y cyfrifiadur; mae hyd yn oed rhai gemau gwyddbwyll i'w cael sy'n gallu trechu'r rhan fwyaf o'r chwaraewyr. Mae'r Llywodraeth wedi gwneud yn siwr bod gan bob ysgol o leiaf un cyfrifiadur er mwyn i blant ysgol ddysgu sut mae bwydo gwybodaeth iddo, dosbarthu'r wybodaeth honno a'i hadfer at wahanol ddibenion.

Gan fod cynifer o gyfrifiaduron yn cael eu cynhyrchu, mae eu pris wedi gostwng yn gyflym ac mae cyfrifiaduron cartref yn boblogaidd iawn erbyn hyn.

Datblygiad pwysig fu cysylltu cyfrifiadur â pheiriannau teipio i greu prosesydd geiriau, a gall hwn chwarae pob math o gampau â geiriau ar y sgrîn cyn eu hargraffu. Gan ei bod hi'n bosibl cysylltu cyfrifiaduron, efallai y daw dydd pan na fydd angen i bobl weithio mewn swyddfeydd; byddan nhw'n gallu gweithio gartre ar eu cyfrifiaduron a chysylltu â chyfrifiaduron eraill dros y rhwydweithiau teleffon.

Un peth sy'n poeni'r byd cyfrifiadurol yn fawr yw "firysau" niweidiol. Gall arbenigwr sydd â'i fryd ar wneud drwg blannu firws yng nghrombil cyfrifiadur a gadael iddo ei amlhau ei hun gan ddinistrio'r wybodaeth sy'n cael ei chadw yn y peiriant. Gall y firysau hyn deithio ar hyd y gwifrau sy'n cysylltu cyfrifiaduron â'i gilydd gan amharu ar stôr gwybodaeth llu o beiriannau eraill neu hyd yn oed ei difa'n gyfan gwbl. Gwaith trafferthus a drud yw atal firysau o'r math hwn a gallan nhw wneud llawer iawn o niwed cyn i neb sylweddoli eu bod nhw yno. (Gweler hefyd – SGLODYN SILICON.)

CYFFURIAU

Bydd y Llywodraeth, trwy gyfrwng yr heddlu a swyddogion tollau tramor a chartref, yn ceisio gofalu na chaiff cyffuriau eu dwyn i mewn i Brydain o wledydd lle nad yw'r gyfraith mor llawdrwm ar eu camddefnyddio – gwledydd fel Colombia, Burma, Pakistan. Yn wir, mae heddluoedd llawer o wledydd yn cydweithio i ddal y rhai sy'n smyglo cyffuriau. Mewn rhai gwledydd caiff smyglwyr cyffuriau eu dienyddio am wneud hynny. Bu sawl achos lle cafodd pobl a fu wrthi'n smyglo cyffuriau ar hyd arfordir Cymru eu hanfon i garchar am amser maith.

Bygythiad mawr arall i iechyd pobl yw bod y rhai sy'n chwistrellu cyffuriau yn rhannu nodwyddau. Gall hyn arwain at ledu clefydau, yn arbennig yn achos *AIDS*. (Gweler hefyd – *AIDS*.)

Y GYMANWLAD

Erbyn 1989 roedd 48 o wledydd yn aelodau cyflawn o'r Gymanwlad sef:

Antigua a Barbuda

Awstralia

Bahamas (yng Nghefnfor Iwerydd)

Bangladesh (Pakistan gynt)

Barbados (yn y Caribî)

Belize (yn y Caribî)

Botswana (yn neheudir Affrica)

Brunei (yn India'r Dwyrain)

Canada

Cyprus

Y Deyrnas Unedig

Dominica (un o ynysoedd India'r Gorllewin)

Gambia (yng ngorllewin Affrica)

Ghana (yng ngorllewin Affrica)

Gorllewin Samoa (yn y Cefnfor Tawel)

Granada (yn y Caribî)

Guyana (yng ngogledd De America)

India

Jamaica (yn y Caribî)

Kenya (yng nghanolbarth Affrica)

Kiribati (ynys yn y Cefnfor Tawel)

Lesotho (yn neheudir Affrica)

Malawi (yn neheudir canolbarth Affrica)

Malaysia (yn y Dwyrain Pell)

Maldives (ynysoedd yng Nghefnfor India)

Malta (yn y Môr Canoldir)

Mauritius (ynys yn y Cefnfor Tawel)

Nauru (ynys yn y Cefnfor Tawel)

Nigeria (yng ngorllewin Affrica)

Papua Guinea Newydd (yn y Cefnfor Tawel)

St Kitts-Nevis (dwy o ynysoedd India'r Gorllewin)

St Lucia (un o ynysoedd India'r Gorllewin)

St Vincent a'r Grenadines (dwy o ynysoedd India'r Gorllewin)

Seland Newydd

Seychelles (ynysoedd yng Nghefnfor India)

Sierra Leone (yng ngorllewin Affrica)

Singapore

Sri Lanka (Ceylon gynt)

Gwlad Swazi (yn neheudir Affrica)

Tanzania (yn nwyrain Affrica)

Tonga (yn y Môr Tawel)

Trinidad a Tobago (yn y Caribî)

Tuvalu (ynys yn Ne'r Cefnfor Tawel)

Uganda (yng nghanolbarth Affrica)

Vanuatu (yn ne-orllewin y Cefnfor Tawel)

Ynysoedd Solomon (i'r gogledd-ddwyrain o Awstralia)

Zambia (yn neheudir canolbarth Affrica)

Zimbabwe (yn neheudir Affrica)

Y CHWARAEON OLYMPAIDD

Er 1976, dyma'r dinasoedd lle y cafodd y Chwaraeon Olympaidd eu cynnal: 1980 Moskva, 1984 Los Angeles, 1988 Söul (De Korea). Yn 1992 dinas Barcelona yn Sbaen fydd yn croesawu'r chwaraeon.

Yn Chwaraeon yr Haf yn 1988 yn Ne Korea, bu cystadlu mewn 23 o gemau, sef athletau, hwylio canŵ, codi pwysau, ffensio, gymnasteg, hoci, hwylio iot, judo, marchogaeth a neidio ceffyl, nofio, paffio, pêl-droed, pêl-fasged, pêl-foli, pêl-law, pentathlon modern, rhwyfo, saethu, saethyddiaeth, seiclo, tenis, tenis bwrdd ac ymaflyd codwm. Bydd rhestr gemau Barcelona yn cynnwys, am y tro cyntaf, badminton a phêl-fas.

Yn anffodus, ni fu'r Chwaraeon Olympaidd heb eu helyntion. Daeth y chwaraeon yn llwyfan i brotestio a thrais gwleidyddol. Yn München (Munich) yn 1972 ymosododd terfysgwyr ar aelodau o dîm Israel; tynnodd nifer o wledydd Affrica allan o'r Chwaraeon yn Montreal yn 1976; penderfynodd America beidio ag anfon tîm i Moskva (Moscow) yn 1980; a bu llawer o wrthdaro gwleidyddol chwerw cyn cynnal y Chwaraeon Olympaidd yn Ne Korea yn 1988.

Problem arall a gododd yn ystod y cyfnod hwn oedd defnyddio cyffuriau er mwyn hybu campau athletwyr a'u galluogi i ennill medalau. Ar ôl iddo ennill y ras ganllath yn Ne Korea yn 1988 dangosodd profion fod olion steroid yng ngwaed Ben Johnson, y rhedwr o Canada; bu'n rhaid iddo ddychwelyd ei fedal aur a chafodd ei wahardd rhag rhedeg dros ei wlad byth eto. Ar hyn o bryd mae'r amheuon yn parhau fod mabolgampwyr eraill hefyd yn euog o'r un drosedd â Ben Johnson.

DAEARGRYN

Bydd daeargrynfeydd bach yn digwydd yng Nghymru ambell waith. Ym mis Gorffennaf 1984 digwyddodd daeargryn yng Ngogledd Cymru, a oedd yn mesur 5.5 ar Raddfa Richter. Teimlodd pobl yn Iwerddon a Lloegr effaith y cryndod, a bu nifer o fân gryndodau yn ystod y dyddiau dilynol. Honno oedd y ddaeargryn fwyaf nerthol i ysgwyd Prydain er pan ddechreuwyd cadw cofnodion.

Ym Medi 1985 digwyddodd daeargryn fawr ym México. Cafodd llawer o adeiladau eu bwrw i'r llawr. Collodd bron 7,000 o bobl eu bywydau, ond llwyddodd yr achubwyr i ddod ag amryw o bobl allan o'r chwalfa'n fyw drwy ddefnyddio peiriannau canfod gwres a chŵn sydd wedi eu hyfforddi'n arbennig i ddod o hyd i bobl sydd wedi'u claddu'n fyw mewn damwain neu drychineb.

Yn Rhagfyr 1988 bu daeargryn drychinebus yn Armenia a laddodd 25,000 o bobl. Cafodd trefi a phentrefi cyfan eu dinistrio'n llwyr a bu'n rhaid mynd â'r bobl a lwyddodd i ddianc rhag y ddaeargryn i rannau eraill o'r Undeb Sofietaidd tra byddai'r Llywodraeth yn ailgodi eu cartrefi.

Nid honno oedd yr unig ddaeargryn yn yr Undeb Sofietaidd yn ddiweddar. Yn Ionawr 1989 bu daeargryn arall yn ardal Tajikistan a chafodd rhyw fil o bobl eu lladd yn y rhanbarth hwnnw.

EGLWYS LOEGR

Un o faterion llosg ein dyddiau ni yn Eglwys Loegr yw mater ordeinio merched. Mae llawer iawn o'r aelodau a'r offeiriaid yn bleidiol i'r egwyddor, ond caiff y syniad ei wrthwynebu'n daer gan garfan gref sy'n credu y byddai hynny'n groes i gredo'r Eglwys. Ym mis Chwefror 1989 cafodd merch, Barbara Harris, ei hethol yn esgob yn Eglwys Esgobol Unol Daleithiau America (chwaer eglwys i Eglwys Loegr) yn nhalaith Massachussets.

EGLWYS RUFAIN

Er 1987 mae eglwysi'r Pabyddion yng Nghymru yn perthyn naill ai i Archesgobaeth Caerdydd yn y De, neu i Esgobaeth Mynyw (Gorllewin Morgannwg, Dyfed, Brycheiniog a Maesyfed) neu i Esgobaeth

Y Tad Daniel Mullins, Esgob Pabyddol Mynyw (1989).

Wrecsam. Esgob Mynyw ar hyn o bryd yw'r Tad Daniel Mullins, Gwyddel sydd wedi dysgu Cymraeg yn rhugl.

YR EIDAL (pob. 1984 – 56,425,000)

ETHOLIAD

Bu Etholiad Cyffredinol ar 11 Mehefin 1987 a llwyddodd aelodau o'r gwahanol bleidiau fel a ganlyn – Ceidwadwyr 344, Llafur 222, Y Gynghrair 13, Plaid Cymru 3, ac eraill 68. Yng Nghymru etholwyd 24 o aelodau Llafur, 8 o Geidwadwyr, 3 aelod o'r Gynghrair a 3 aelod o Blaid Cymru.

Yng Nghymru y mae'r orsaf bleidleisio leiaf, sef Gwesty'r Nant Ddu Lodge, ym Mhowys. Pymtheg o etholwyr yn unig a ddaw iddi. (Gweler hefyd – PLEIDIAU GWLEIDYDDOL.)

EVEREST

Er 1953 llwyddodd eraill i ddringo i gopa mynydd Everest. Bu sawl methiant hefyd a nod llawer o'r dringwyr oedd cyrraedd y copa o wahanol gyfeiriadau. O ba gyfeiriad bynnag y byddan nhw'n cychwyn, mae concro'r mynydd hwn yn dal i fod yn gamp eithriadol. Llwyddodd rhai i gyflawni'r gamp honno heb gymorth ocsigen hyd yn oed.

Un o'r problemau sy'n cael eu hachosi gan y dringwyr di-rif yw eu bod yn gadael sbwriel ar eu hôl. Does dim modd ei gladdu am fod y ddaear wedi rhewi mor galed. Y cynllun diweddaraf yw cario offer llosgi i fyny i'r mynyddoedd i losgi'r sbwriel sydd yno.

FENIS (Venezia) (pob. 1983 - 342,514)

FFRAINC (pob. 1984 - 54,856,000)

GENEFA (Genève) (pob. 1983 - 158,546)

GLO

Ni fu'r berthynas rhwng y glowyr a pherchnogion y pyllau glo, a'u holynydd, y Bwrdd Glo, bob amser yn un hapus a bu amryw byd o streiciau. Oherwydd awydd y Bwrdd i newid dulliau gweithio'r glowyr a chau'r glofeydd a oedd yn gwneud colled, daeth y glowyr allan ar streic a barodd flwyddyn gyfan yn 1984–5. Methu, i bob pwrpas, wnaeth ymgyrch y glowyr. Cafodd rhagor o lofeydd eu cau a bu gostyngiad mawr yn nifer y glowyr, o bron 20,000 ar ddiwedd y streic i 8,000 ddechrau 1988.

Erbyn hyn, mae Glo Prydain, yr enw newydd ar yr hen Fwrdd Glo, yn awyddus iawn i agor mwynfeydd glo brig mewn sawl man yng Nghymru gan fod cost y dull hwn o gael gafael ar lo yn llawer is na dulliau'r pyllau glo traddodiadol.

Mae tystiolaeth ddaearegol yn dangos bod glofa anferth o dan dir Margam yng Ngorllewin Morgannwg ac mae sôn (1989) am suddo twnnel i gloddio'r glo oddi yno. Petai'r cynllun yn cael mynd yn ei flaen, câi dros filiwn o dunelli metrig o lo eu cloddio yno bob blwyddyn. Cynllun danddaearol fyddai'r cynllun arbennig hwn. (Gweler hefyd – Y RHONDDA.)

GLUD

Y ddau fath mwyaf pwysig o lud yw'r rhai thermoplastig a'r rhai sy'n thermosetio. Y gwahaniaeth rhyngddyn nhw yw ei bod hi'n bosibl twymo'r glud thermoplastig er mwyn rhyddhau'r ddau wyneb y mae'r glud yn eu cydio gan wahanu'r ddwy eitem a'u gludo mewn trefn wahanol neu wrth eitemau eraill. Mae gludion thermoset yn cydio dwy eitem yn ei gilydd yn barhaol ac ni all gwres eu gwahanu; maen nhw mor gryf fel bod llawer o ddefnyddio arnyn nhw wrth adeiladu awyrennau a lloerennau.

Ond gall glud gydio pethau heblaw metelau a phlastigion a phren ac ati; gall meddygon ei ddefnyddio wrth drawsblannu croen o un rhan o'r corff dynol i'r llall, er enghraifft, wrth drin llosgiadau.

Mae glud yn cynnwys cemigion a all, o'u hanadlu, gael effaith andwyol ar yr ymennydd. Mae arogli glud yn beryglus dros ben; gall roi ias dros dro, ond gall hefyd beri i bobl wneud pethau cwbl ffôl ac anghyfrifol na fydden nhw byth yn eu gwneud fel arall. Mewn rhai achosion gall pobl farw ar ôl arogli glud.

GOFOD

Digwyddodd y ddamwain waethaf yn hanes teithio i'r gofod pan ffrwydrodd gwennol ofod *Challenger* ryw 73 eiliad ar ôl cychwyn ar ei thaith o Ganolfan Ofod Kennedy ar 28 Ionawr 1986. Bu'r ddamwain yn ergyd drom i raglen ofod America a bu'n rhaid aros tan ddiwedd 1988 cyn i'r teithiau ailgychwyn. Bu rhaglen ofod y Rwsiaid, a'u gorsaf ofod, *Mir*, yn fwy llwyddiannus. Llwyddodd Musa Manarov a Vladimir Titov – dau gosmonot – i aros yn yr orsaf ofod am ryw 359 o ddiwrnodau, yn hwy na neb arall, o 22 Rhagfyr 1987 i 15 Rhagfyr 1988.

Bygythiad mawr i ddiogelwch y byd yw'r cynlluniau i roi arfau yn y gofod. Yn 1987 cyfarfu'r Arlywydd Reagan a Mr Gorbachev i lofnodi cytundeb i gwtogi ar rai arfau niwclear ond ni bu cytundeb ar reoli arfau yn y gofod hyd yn hyn.

GOLEUDY

Tan yn ddiweddar byddai pedwar dyn yn gofalu am bob goleudy ar graig – tri ar ddyletswydd ar y tro a'r llall yn mwynhau seibiant ar y tir mawr. Gallai'r broses o newid y ceidwaid a chyflenwi anghenion goleudy ar graig fod yn beryglus iawn mewn tywydd mawr.

Mae Tŷ'r Drindod yn gobeithio na fydd angen ceidwaid ar oleudai o gwbl ar ôl y flwyddyn 2000. Bydd cyfrifiadur yn rheoli'r holl oleuadau. Y bwriad yw gwario bron £20 miliwn i drosglwyddo'r gwaith i ofal cyfrifiaduron.

Yn 1987, ar ôl i swyddogion goleudy Ynysoedd y Moelrhoniaid oddi ar arfordir Ynys Môn fod yn gweithio yno am 273 o flynyddoedd, cafodd offer awtomatig eu gosod yn y goleudy; ar hyn o bryd mae pump o gyn-swyddogion y goleudy hwnnw yn rheoli'r golau o'u canolfan newydd yng Nghaergybi.

HOCI IÂ

Ar ôl agor y Ganolfan Sglefrio newydd yng Nghaerdydd yn 1986, cafodd tîm o chwaraewyr hoci iâ ei sefydlu yn y brifddinas – y *Cardiff Devils* – a gŵr o Canada'n rheolwr arnyn nhw. Cawson nhw lwyddiant ysgubol yn ystod eu tymor cyntaf gan ennill dyrchafiad, a'r gobaith yw y bydd y "Diawliaid" yn cyrraedd adran gyntaf y gêm cyn bo hir.

JAPAN

Aeth y Japanëaid ati i godi ffatrïoedd mewn rhannau eraill o'r byd ac mae Cymru wedi llwyddo i ddenu mwy o'r ffatrïoedd hyn nag unrhyw ranbarth arall yng ngwledydd Prydain, e.e. *Sony* ym Mhen-y-bont ar Ogwr, *Panasonic* yn Hirwaun a *Brother* yn Wrecsam. Un o nodweddion arbennig amryw o ffatrïoedd y Japanëaid yw mai un undeb yn unig sy'n cael cynrychioli'r gweithwyr i gyd, fel yn Japan ei hun; maen nhw'n credu bod hynny er lles y ffatri a'i gweithwyr. Datblygiad pwysig yn y maes hwn oedd agor ffatri *Nissan* yn Swydd Tyne a Wear, lle caiff rhannau ceir a gafodd eu cynhyrchu yn Japan eu gosod at ei gilydd.

Gan fod Japan yn gallu cynhyrchu nwyddau mor rhad, bu llawer o drafod ar gyfyngu ar eu gwerthiant. Ddigwyddodd dim byd hyd yn hyn, ond drwy drefniant answyddogol mae'r Japanëaid wedi cytuno i beidio â chymryd mwy nag 11 y cant o'r farchnad geir ym Mhrydain.

Ddechrau 1989 bu farw'r Ymerawdwr Hirohito ar ôl teyrnasu am 62 o flynyddoedd. Ar ddechrau ei deyrnasiad roedd pobl Japan yn ystyried ei fod yn dduw, ond ar ddiwedd yr Ail Ryfel Byd, a Japan wedi ei gorchfygu gan y Cynghreiriaid, cafodd Hirohito ei orfodi i gyhoeddi nad oedd yn dduw. Yr ymerawdwr newydd yw Akihito, mab Hirohito, a'r enw ar ei deyrnasiad yw *Heisei*, ''sicrhau heddwch byd-eang''. Mae disgwyl i Akihito fod yn llawer mwy agored ynghylch ei fywyd preifat a bod yn llawer agosach at y bobl.

LLONGAU

Un llong o gyfnod y brenin Harri'r VIII sydd wedi goroesi tan ein dyddiau ni o dan amgylchiadau arbennig iawn yw'r llong *Mary Rose* a suddodd yn y Solent yn 1545 yn ystod y brwydro yn erbyn y Ffrancod. Yno y bu ar waelod y dŵr tan ei chodi yn 1982. Erbyn hyn mae gweddillion y llong i'w gweld yn Portsmouth.

Gweddillion y llong ryfel Duduraidd Mary Rose *sydd i'w gweld mewn doc sych yng Nghanolfan y Llynges yn Portsmouth.*

SRI LANKA (CEYLON gynt)

Derbyniodd y wlad ei hannibyniaeth yn 1947, ac ymunodd Ceylon â'r Gymanwlad yn gynnar y flwyddyn ganlynol. Mae ganddi felly ei Llywodraeth ei hun, a rhwng 1960 a 1965, a 1970 a 1977, gwraig, Mrs Sirimaro Bandaranaike, oedd Prif Weinidog yr ynys. Yn 1972 cafodd enw'r wlad ei newid i Sri Lanka. Daeth olynydd Mrs Bandaranaike, J.R. Jayawardene, yn Arlywydd y wlad yn 1978. Yn 1983 dechreuodd cymuned y Sinhalese, trigolion gwreiddiol yr ynys, ymosod ar y Tamiliaid, lleiafrif a ddaethai'n wreiddiol o India ac a oedd yn byw yn rhan ogleddol yr ynys. Ceisiodd y Llywodraeth atal y brwydro drwy geisio cyfyngu ar y terfysg, ond wrth i'r brwydro ddwysáu yn 1987, fe drodd yr Arlywydd Jayawardene at Rajiv Gandhi, Prif Weinidog India, am gymorth. Daeth milwyr o India i geisio cadw'r heddwch rhwng y ddwy gymuned a bu cryn dipyn o frwydro ffyrnig rhyngddyn nhw a'r Teigrod, ymladdwyr ffyrnicaf y Tamiliaid.

LLYCHLYN

YNYS YR IÂ
Reykjavik
FØROYAR
Thorshavn
CEFNFOR IWERYDD
MÔR BARENTS
Sōröya
Vesterålen
Lofoten
Narvik
Kiruna
Gällivare
Cylch Arctig
Y Môr Gwyn
Murmansk
Tana
Ll. Inari
Cr. Lokka
Cr. Porttipahta
Torne
Stora Lulevatten
Lapdir
Hornavar
Storavan
Lule
Luleå
Storuman
Skellefte
Norrland
Ume
Ll. Oulu
NORWY
SWEDEN
Y FFINDIR
Trondheim
Dovrefjell
Jotunheimen
Storsjon
Indals
Angerman
Ljusnan
Gwlff Bothnia
Gläma
Österdal
Västerdal
Klar
Dal
Bergen
Ll. Mjösa
Oslo
Stavanger
Tampere
Ll. Saimaa
Ll. Ladoga
Helsinki
Åland
Gwlff y Ffindir
Leningrad
Svealand
Örebro
Stockholm
Tallinn
Hiiumaa
ESTONIA
Vänern
Vättern
Saaremaa
Ll. Chudskoye
Skagerrak
Göteborg
Gwlff Riga
Gotland
Ålborg
Kattegat
Götaland
Riga
Jylland
Århus
Öland
LATVIA
U. G. S. S.
DENMARC
København
Malmö
Sjaelland
Y MÔR BALTIG
LITHUANIA
Dvina Orllewinol
Flensburg
Bornholm
Neman
Kiel
Gdańsk
Hamburg
Szczecin
Weser
Elbe
Wisła
Hannover
Berlin
GWLAD PWYL
YR ALMAEN
Odra
Warszawa
Uchder mewn Troedfeddi a Metrau
6562
2000
3280
1000
1310
400
0
0
0 100 200 300 Milltir
0 100 200 300 400 500 Kilometr

AFON TAFWYS

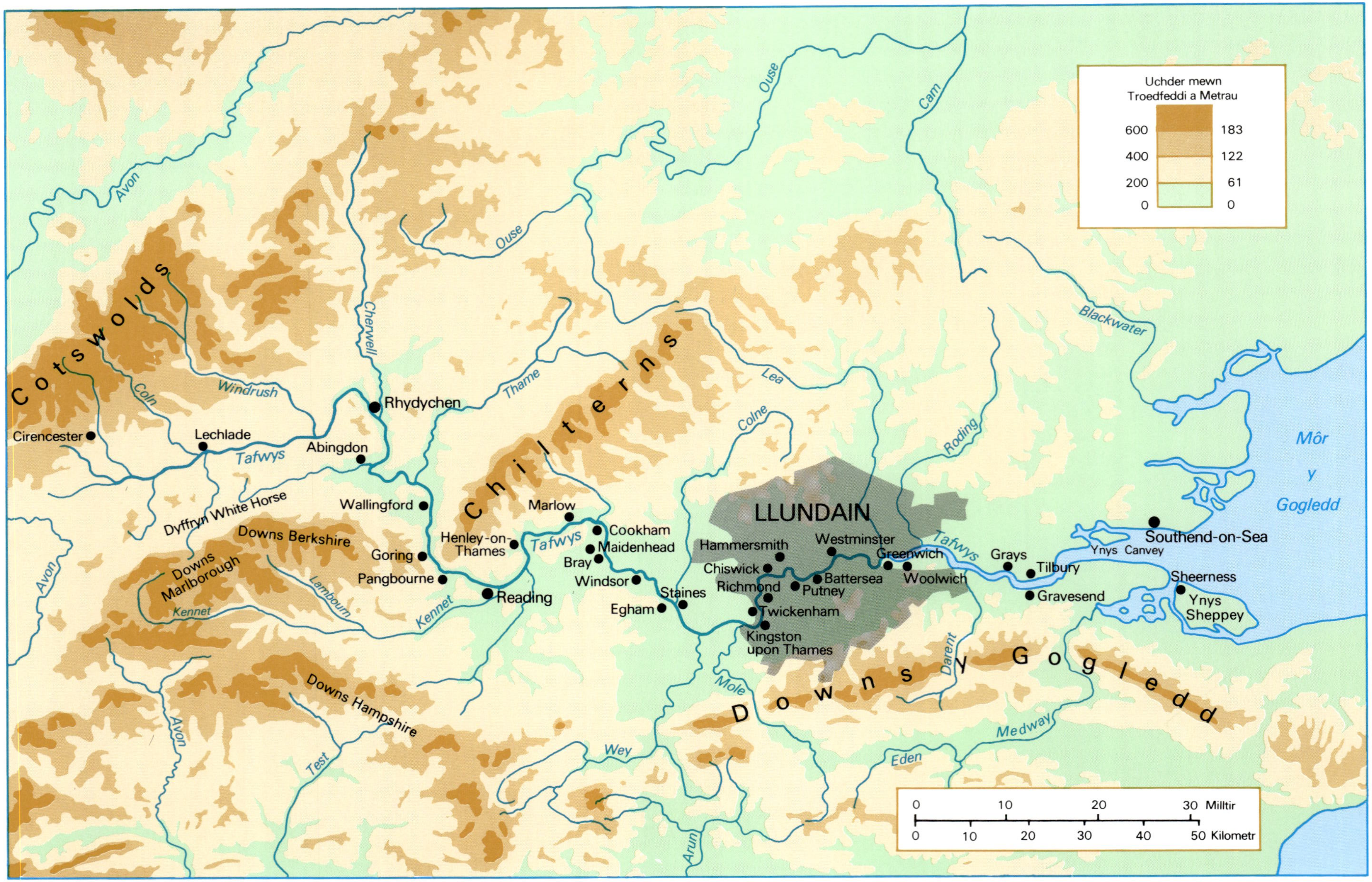

Uchder mewn Troedfeddi a Metrau
600 183
400 122
200 61
0 0
Cotswolds
Chilterns
Downs y Gogledd
LLUNDAIN
Môr y Gogledd
Cirencester
Lechlade
Abingdon
Rhydychen
Wallingford
Goring
Pangbourne
Reading
Henley-on-Thames
Marlow
Cookham
Maidenhead
Bray
Windsor
Staines
Egham
Hammersmith
Chiswick
Richmond
Twickenham
Kingston upon Thames
Putney
Battersea
Westminster
Greenwich
Woolwich
Grays
Tilbury
Gravesend
Southend-on-Sea
Ynys Canvey
Sheerness
Ynys Sheppey
Dyffryn White Horse
Downs Berkshire
Downs Marlborough
Downs Hampshire
Tafwys
Avon
Coln
Windrush
Cherwell
Thame
Ouse
Cam
Lea
Colne
Roding
Blackwater
Kennet
Lambourn
Test
Wey
Mole
Arun
Darent
Eden
Medway
0 10 20 30 Milltir
0 10 20 30 40 50 Kilometr

UNDEB Y GWERINIAETHAU SOSIALAIDD SOFIETAIDD

UNOL DALEITHIAU AMERICA

LLUNIAU, BRASLUNIAU A MAPIAU

Tynnwyd brasluniau a diagramau'r gyfrol gan Anne Mainman, oni nodir yn wahanol. Tynnwyd y mapiau gan Ken ac Angela Price.

Dymunir diolch i'r canlynol am ganiatâd i atgynhyrchu lluniau ac am eu cymorth:

tudalen

Wynebddarlun: Map lloeren yn dangos "twll" yn yr haen osôn uwchben Antarctica
(*NASA/Science Photo Library*)
Argae Afon Tafwys 2
(*Barnaby's Picture Library*)
Nod tân Cwmni Yswiriant Phoenix 4
(*The Hulton Picture Company*)
Dynion tân ar waith 4
(*Cyngor Sir De Morgannwg: Adran Dân ac Achub*)
Arddangosfa dân gwyllt, Beijing, China 5
(*J. Allan Cash Ltd.*)
Tanwydd ar gyfer gorsaf gynhyrchu trydan Didcot 6
(*Y Bwrdd Cynhyrchu Trydan Canolog*)
Braslun gan Graham Sutherland ar gyfer tapestri Eglwys Gadeiriol Coventry 8
(*Oriel Gelf ac Amgueddfa Herbert, Coventry*)
"Crist mewn Gogoniant" – tapestri Eglwys Gadeiriol Coventry 9
(*Swyddfa Wybodaeth, Eglwys Gadeiriol Coventry*)
Gosod wyneb newydd ar draffordd M6 10
(*ARC Ltd.*)
Pyotr Ilich Tchaikovsky 12
(*The Hulton Picture Company*)
Casglu te 13
(*Camera Press Ltd.*)
Blasu te 14
(*Camera Press Ltd.*)
Teigr 16
(*Chuck McDougal, Ardea, Llundain*)
Dyddiau cynnar teledu 17
(*The Hulton Picture Company*)
Technoleg teledu'r wythdegau 18
(*Camera Press Ltd.*)
Swyddfeydd *Sbectel* yn Llundain 18
(*S4C*)
Ffibrau gwydr optig 19
(*TeleFocus: llun British Telecom*)
Peiriant *telex* TX3000S 20
(*STC Telecommunications*)
Pont Waterloo, Betws-y-coed 21
(*Gwasanaeth Archifau Gwynedd*)
Pont Menai tua'r flwyddyn 1870 22
(*Gwasanaeth Archifau Gwynedd*)
Teml Hindŵaidd, Khajuraho, India 23
(*The Ancient Art and Architecture Collection*)
Tenis: paratoi i dderbyn y bêl 24
(*Barnaby's Picture Library*)
Titw tomos las 26
(*G. StJ. Hollis, RSPB*)
Teml Meiji, Tōkyō 27
(*Barnaby's Picture Library*)
Tonnau'n torri ar arfordir Oregon 29
(*Barnaby's Picture Library*)
Tagfa ar drafforddd 31
(*Barnaby's Picture Library*)
Merch ifanc yn rhoi gwaed 32
(*Camera Press Ltd.*)
Patholegydd yn archwilio meithriniad croen .. 33
(*Camera Press Ltd.*)
Arddangosfa *Catch-me-who-can* 37
(*Yr Amgueddfa Wyddoniaeth, Llundain*)
Fforestydd glaw ar lannau Afon Manu 38
(*South American Pictures*)
Pum merch wedi eu swyno gan ganu serch trwbadŵr 40
(*The Hulton Picture Company*)
Trydan ar waith fin nos o aeaf 42
(*Y Cyngor Trydan*)

tudalen

Y Trydydd Byd: India 43
(*Centre for World Education Development, Llundain*)
Y Trydydd Byd: Sénégal 44
(*Centre for World Education Development, Llundain*)
Ysbeilio trysorau'r mynachlogydd 46
(*The Hulton Picture Company*)
Mwgwd aur angladdol Tutankhamun 47
(*Robert Harding Picture Library Ltd.*)
Twnnel trwy iâ, Rhewlif Rhone, y Swistir 48
(*J. Allan Cash Ltd.*)
Twnnel cylchredeg awyr iach yn system "y tiwb", Llundain 50
(*J. Allan Cash Ltd.*)
Twrcïod 50
(*Barnaby's Picture Library*)
Tomos Prys a'i gyfeillion yn smygu tybaco .. 51
(*Gwasg Prifysgol Cymru*)
Rhoi'r gorau i smygu: clawr llyfryn 52
(*Y Cyngor Addysg Iechyd*)
Tylluanod gwyn 53
(*E.A. James, RSPB*)
Tylluan fach a'i chywion 54
(*Keri Williams, RSPB*)
Dau fachgen bach dan gawod o ddŵr 54
(*Camera Press Ltd.*)
"Cwrlid gwyngalchog" y gaeaf 55
(*Camera Press Ltd.*)
Abaty Tyndyrn yn yr Oesoedd Canol: dehongliad Alan Sorrell 57
(*Cadw, Henebion Cymru*)
Ffenestr orllewinol Abaty Tyndyrn heddiw 57
(*Cadw, Henebion Cymru*)
Ail-greu codi tŷ unnos 59
(*Amgueddfa Genedlaethol Cymru: Amgueddfa Werin Cymru*)
Llafnau dur tyrbin cynhyrchu trydan 59
(*Y Bwrdd Cynhyrchu Trydan Canolog*)
Tywod tir diffaith talaith California, UDA .. 61
(*Camera Press Ltd.*)
Llun o UDA wedi'i dynnu o loeren dywydd .. 62
(*Barnaby's Picture Library*)
Tanzania: cofnodi manylion am y tywydd 63
(*Camera Press Ltd.*)
Para 'Mlân, cynhyrchiad Theatr Gorllewin Morgannwg 65
(*Alan Mogridge; Theatr Gorllewin Morgannwg*)
Taenu arogldarth yn ystod gwasanaeth eglwysig .. 68
(*Andes Press Agency*)
Medi cynhaeaf cotwm yn ardal Osh, UGSS .. 70
(*Society for Cultural Relations with the USSR*)
Gorsaf drenau danddaearol ym Moskva 70
(*Society for Cultural Relations with the USSR*)
Merch o ranbarth Uzbek mewn gwisg draddodiadol 71
(*Novosti Press Agency*)
Mikhail Voronin, pencampwr gymnasteg 72
(*Novosti Press Agency*)
"*Desolate Bethesda*" – llythyr oddi wrth ysgrifennydd undeb llafur yn Barnsley 73
(*Gwasanaeth Archifau Gwynedd*)
Protest gan aelodau o Undeb Cenedlaethol y Glowyr 74
(*Maggie Murray/Format*)
Adeiladau aml-lawr, Efrog Newydd 74
(*Barnaby's Picture Library*)
Pêl-droed Americanaidd 75
(*Barnaby's Picture Library*)

LLUNIAU, BRASLUNIAU A MAPIAU

tudalen

Cerbyd cebl ar strydoedd San Francisco 76
(*Barnaby's Picture Library*)
Paratoi elfennau tanwydd uraniwm 76
(*British Nuclear Fuels CCC*)
Dadlwytho fflasg o wastraff ymbelydrol 77
(*British Nuclear Fuels CCC*)
Actorion Cwmni Theatr Cenedlaethol Urdd Gobaith Cymru 78
(*Urdd Gobaith Cymru*)
Band Ysgol Hafod Lon 78
(*Urdd Gobaith Cymru*)
Hwylio ar Lyn Tegid 79
(*Urdd Gobaith Cymru*)
Dringo creigiau 80
(*Urdd Gobaith Cymru*)
"Llangrannog '87" – gwead creigiau glan y môr .. 81
(*Marian Delyth*)
Ralph Vaughan Williams 82
(*The Hulton Picture Company*)
Mona Lisa - portread enwog Leonardo da Vinci .. 83
(*The Mansell Collection*)
Cwch pysgota yn rhanbarth yr "Haul Canol Nos" 84
(*Camera Press Ltd.*)
Wilhelm Richard Wagner 85
(*The Mansell Collection*)
Ail-greu un o deithiau'r brodyr Wesley 87
(*Western Morning News/This England, Cheltenham*)
Ffenestr goffa i'r brodyr Wesley 88
(*This England, Cheltenham*)
Beddrod Gabriel Goodman, Abaty Westminster .. 89
(*Deon a Chabidwl Westminster*)
Bedd Milwr Anhysbys, Abaty Westminster .. 89
(*Deon a Chabidwl Westminster*)
William Wilberforce 90
(*Hull City Museums and Art Galleries*)
Model o long cludo caethion 90
(*Hull City Museums and Art Galleries*)
D.J. Williams 91
(*Cyngor Celfyddydau Cymru*)
Grace Williams 92
(*BBC Cymru*)
Griffith John Williams 93
(*Aneirin Lewis, Caerdydd*)
Waldo Williams 95
(*Cyngor Celfyddydau Cymru*)
William Williams, cerflun 96
(*Cyngor Dinas Caerdydd*)
Eglwys Gadeiriol Sant Paul, Llundain 98
(*Barnaby's Picture Library*)
Archwilio wrin claf 99
(*Llyfrgell Hanes Meddygaeth Wellcome*)
Llyn Llydaw yng nghysgod yr Wyddfa 100
(*Bwrdd Croeso Cymru*)
Adnod 16, Pennod 3 Efengyl yn ôl Ioan, mewn nifer o wahanol ieithoedd a gwyddorau 102
(*Cymdeithas y Beibl*)
"Mynachod" ifainc yn Abaty Nedd 103
(*Cadw, Henebion Cymru; Pete Maxey*)
Ydfran 104
(*Richard T. Mills, RSPB*)
Asurbanipal, brenin mawr olaf Assyria, yn gorymdeithio 105
(*The Ancient Art and Architecture Collection*)
Trin deunydd ymbelydrol 106
(*United Kingdom Atomic Energy Authority*)
Triniaeth ymbelydrol (radiotherapi) 106
(*Science Photo Library*)
Gwenoliaid yn ymasglu cyn ymfudo 108
(*Eric Hosking, RSPB*)

tudalen

Neuadd adweithydd niwclear atomfa Hunterston .. 112
(*United Kingdom Atomic Energy Authority*)
Atomfa Chernobyl yn dilyn y ffrwydrad, Ebrill 1986 113
(*Camera Press Ltd.*)
Ward dynion mewn ysbyty modern 114
(*J. Allan Cash Ltd.*)
Ffisiotherapydd wrth ei gwaith 115
(*J. Allan Cash Ltd.*)
Ail-greu'r profiad o fod yn ddisgybl mewn ysgol gynradd wledig ar ddechrau'r ugeinfed ganrif .. 116
(*Amgueddfa Genedlaethol Cymru: Amgueddfa Werin Cymru*)
Gwyddoniaeth ar waith mewn ysgol uwchradd .. 116
(*J. Allan Cash Ltd.*)
Dysgu trwy brofiad mewn ysgol gynradd 117
(*J. Allan Cash Ltd.*)
Hieroglyffigau 118
(*Rheolwr Llyfrfa'r Llywodraeth, HMSO*)
Yr wyddor Ogam 119
(*Rheolwr Llyfrfa'r Llywodraeth, HMSO*)
Dwy ysgyfarnog yn paffio 121
(*Ardea, Llundain*)
Ystlum-clust-llygoden 121
(*Stephen Dalton/NHPA*)
Ystlum-pedol-mwyaf 122
(*Chris Howes, Caerdydd*)
Drws gorllewinol Abaty Ystrad-fflur 123
(*Comisiwn Brenhinol Henebion yng Nghymru*)
Trychineb Aber-fan 125
(*Popperfoto*)
AIDS Beth mae'n ei olygu i bobl ifanc? 128
(*Ymgyrch Cymru yn erbyn* AIDS)
Dadansoddi anadl gyrrrwr trwy gyfrwng *alcolmeter* 129
(*Labordai Lion, y Barri, De Morgannwg; Scotsman Publications Ltd.*)
Anthropolegydd yng nghwmni grŵp o bygmïaid .. 131
(*Barnaby's Picture Library*)
Pobl ifanc yn defnyddio adnoddau archifdy .. 132
(*Gwasanaeth Archifau Gwynedd*)
"Melin Marford" gan J.M.W. Turner 133
(*Amgueddfa Genedlaethol Cymru*)
"Dwy Wraig" gan Pissarro 134
(*Amgueddfa Genedlaethol Cymru*)
"Aeneas yn ymddangos i Ascanius mewn gweledigaeth" gan Rubens 135
(*Amgueddfa Genedlaethol Cymru*)
Llyfr Kells: wynebddarlun yr Efengyl yn ôl Mathew 136
(*The Mansell Collection*)
"Y Claddedigaeth" gan Titian 136
(*The Mansell Collection*)
"Yr Arglwydd a'i Arglwyddes" gan Albrecht Dürer 137
(*The Hulton Picture Company*)
"Castell Caernarfon" gan Richard Wilson .. 137
(*Amgueddfa Genedlaethol Cymru*)
"Tirlun yn Provence" gan Paul Cézanne 138
(*Amgueddfa Genedlaethol Cymru*)
"Cylch Natur" gan Ceri Richards 139
(*Amgueddfa Genedlaethol Cymru; Ystad Ceri Richards*)
Plac pres o Lyn Cerrig Bach 139
(*Amgueddfa Genedlaethol Cymru*)
Croes Geltaidd o Chwitffordd 140
(*Amgueddfa Genedlaethol Cymru*)
"Pwll y Bala" gan Moses Griffith 140
(*Amgueddfa Genedlaethol Cymru*)
"Christmas Evans" gan William Roos 141
(*Amgueddfa Genedlaethol Cymru*)
"Coryglwyr yng Nghilgerran" gan J.C. Ibbetson 141
(*Amgueddfa Genedlaethol Cymru*)
"Medi cynhaeaf maglys yn Lle Cul" 142
(*Kyffin Williams; Siân Emlyn*)
Y *Beatles* 148
(*Camera Press Ltd.*)

LLUNIAU, BRASLUNIAU A MAPIAU

tudalen

Crangon vulgaris - y berdysyn cyffredin 148
(*Heather Angel, Biofotos*)

Aneurin Bevan 149
(*The Hulton Picture Company*)

Gofal am yr henoed 151
(*Byddin yr Iachawdwriaeth*)

Hebogwr yn trin ei aderyn 152
(*Cadw, Henebion Cymru*)

Plant mewn gwisg fynachaidd 153
(*Cadw, Henebion Cymru; Pete Maxey*)

Ecolegwraig yn casglu anifeiliaid di-asgwrn-cefn .. 154
(*C.H. Gomersall, RSPB*)

Adfer llwybr troed, Ynys Lawd, Ynys Môn .. 155
(*C.H. Gomersall, RSPB*)

Llygredd diwydiannol, Periw 155
(*Barnaby's Picture Library*)

Cyfeillion y Ddaear yn archwilio gwastraff gwenwynig 156
(*Charles Secrett, Cyfeillion y Ddaear*)

Morlo marw 157
(*Camera Press Ltd.*)

Protest ar y môr gan aelodau *Greenpeace* 158
(*Popperfoto/Reuter*)

Comin Greenham: protest gan ferched mewn gwisg ffansi 159
(*Popperfoto*)

Caryl Parry Jones 159
(*HTV Cymru*)

Huw Chiswell 160
(*HTV Cymru*)

Mojo: "Rhydd Rhyw Ddydd" 160
(*Sain*)

Ceffyl tynnu yn clirio coed o dir llethrog 162
(*Keith Dobney;* The Independent)

"Y Gusan" gan Auguste Rodin 163
(*Amgueddfa Genedlaethol Cymru*)

"Brenin a Brenhines" gan Henry Moore 164
(*Sefydliad Henry Moore*)

Esgid plentyn o dŷ ym Mhenmachno 166
(*Amgueddfa Genedlaethol Cymru: Amgueddfa Werin Cymru*)

Croes pren ysgaw 167
(*Amgueddfa Genedlaethol Cymru: Amgueddfa Werin Cymru*)

Dwy ffurf ar wyfyn *Biston betularia* 168
(*Heather Angel, Biofotos*)

Cuddliw penbwl *Cottus gobio* 168
(*Heather Angel, Biofotos*)

Dillus Farfog, cymeriad yn chwedl Culhwch ac Olwen 169
(*Gwasg Prifysgol Cymru a Chyngor Celfyddydau Cymru; atgynhyrchwyd o Gwyn Thomas, "Culhwch ac Olwen", GPC 1988*)

Ymarfer corff ar un o Ffyrdd Curiad y Galon .. 170
(*Awdurdod Hybu Iechyd Cymru*)

Cymdeithas yr Iaith Gymraeg: rali dros ddeddf iaith newydd 171
(*Marian Delyth*)

Map: canran poblogaeth Cymru a oedd yn medru siarad Cymraeg yn 1981 173
(*Gwasg Prifysgol Cymru; atgynhyrchwyd o J. Aitchison a H. Carter,* The Welsh Language 1961-1981: An Interpretive Atlas, *GPC 1985*)

Dathlu Gŵyl Ifan yn Nantgarw 174
(*Cwmni Dawnsio Gwerin Canolfan Caerdydd*)

Defod y Pawl Haf 175
(*Amgueddfa Genedlaethol Cymru: Amgueddfa Werin Cymru*)

Dawns y Glocsen 176
(*Amgueddfa Genedlaethol Cymru: Amgueddfa Werin Cymru*)

Dewino dŵr yn Llansawel, Dyfed 177
(*Amgueddfa Genedlaethol Cymru: Amgueddfa Werin Cymru*)

tudalen

Grand Canyon, Arizona, UDA 180
(*Barnaby's Picture Library*)

Sigmund Freud ac Ernest Jones 181
(*Hawlfreintiau Mary Evans/Sigmund Freud*)

Fforest law yn Guyana, De America 181
(*Adrian Warren, Ardea, Llundain*)

"Caerdydd '87", cyfansoddiad ffotograffig .. 183
(*Marian Delyth*)

Canlyniadau glaw asid 184
(*Camera Press Ltd.*)

Clinic iechyd i famau a'u plant 185
(*Fay Godwin's Photo Files*)

Arglwyddes Llanofer 186
(*Llyfrgell Genedlaethol Cymru*)

Arwel Hughes 188
(*BBC Cymru*)

T. Rowland Hughes 189
(*Eirene Davies*)

"Bwyta'n Iach" 190
(*Awdurdod Hybu Iechyd Cymru*)

Hybu iechyd trwy ymarfer corff cyson 192
(*Awdurdod Hybu Iechyd Cymru*)

John Gwilym Jones 193
(*Cyngor Celfyddydau Cymru*)

John, Robert ac Edward Kennedy 194
(*Popperfoto*)

Martin Luther King a'i ddilynwyr ar orymdaith brotest 195
(*Popperfoto*)

Llong bleser ar Ffiord Geiranger 197
(*Camera Press Ltd.*)

Pysgod yn sychu ar Ynys yr Iâ 198
(*Ake Lindau, Ardea, Llundain*)

Jimmy Savile a rhedwyr eraill ym Marathon Llundain 201
(*Camera Press Ltd.*)

Margaret Thatcher 203
(*Camera Press Ltd.*)

Neil Kinnock 203
(*Camera Press Ltd.*)

Paddy Ashdown 204
(*Camera Press Ltd.*)

David Owen 204
(*Camera Press Ltd.*)

Ieuan Wyn Jones, Dafydd Elis Thomas a Dafydd Wigley 205
(*Plaid Cymru*)

Olion Wal Hadrian 208
(*Bill Meadows Picture Library*)

Wal Fawr China 209
(*Barnaby's Picture Library*)

Mur yr Wylofain, Jerwsalem 210
(*Barnaby's Picture Library*)

Graffiti hyll ar Wal Berlin 211
(*Camera Press Ltd.*)

Apartheid ar waith yn Johannesburg, De Affrica .. 213
(*International Defence and Aid Fund for Southern Africa*)

Gorgynhyrchu bwyd yng ngwledydd y Gymuned Ewropeaidd 214
(*Camera Press Ltd.*)

Tai Rhyd-y-car yn Amgueddfa Werin Cymru .. 215
(*Amgueddfa Genedlaethol Cymru: Amgueddfa Werin Cymru*)

Tai Rhyd-y-car: y tu mewn i un o'r tai yn null y 1950au 215
(*Amgueddfa Genedlaethol Cymru: Amgueddfa Werin Cymru*)

Y Parchedicaf George Noakes, Archesgob Cymru 216
(*Cymdeithas y Plant, yr Eglwys yng Nghymru*)

Archwilio gwaith argraffu ar beiriant argraffu litho 216
(*Qualitex Cyf., Caerdydd*)

D. Gwyn Jones, Golygydd "Chwilota", yn trafod arlunwaith 217
(*Qualitex Cyf., Caerdydd*)

LLUNIAU, BRASLUNIAU A MAPIAU

tudalen

Darnau arian gwledydd Prydain yn 1989 217
(*Y Bathdy Brenhinol*)

Peiriant dosbarthu arian y tu allan i fanc 218
(*Camera Press Ltd.*)

Y Beibl Cymraeg: stampiau dathlu Swyddfa'r Post, 1988 220
(*Bwrdd Swyddfa'r Post, Cymru a'r Gororau*)

Theatr stryd yng Nghaeredin 221
(*Edinburgh Festival Fringe Society Ltd.*)

Milwyr teracota beddrod Ymerawdwr cyntaf China, Shih Huang-ti 222
(*Arddangosfa Rhyfelwyr yr Ymerawdwr*)

Golwg fanwl ar ddau o filwyr beddrod yr Ymerawdwr 223
(*Arddangosfa Rhyfelwyr yr Ymerawdwr*)

Ian Botham 223
(*Camera Press Ltd.*)

Y Tad Daniel Mullins, Esgob Pabyddol Mynyw .. 226
(*Y Tad Daniel Mullins*)

Gweddillion y *Mary Rose* 228
(*Ymddiriedolaeth Mary Rose*)

Dyfyniadau

Dymunir diolch i'r canlynol am ganiatâd i ddyfynnu gwaith yr awduron a nodir:

Ystad ac Etifeddion T. Gwynn Jones: dyfyniadau o ''Ymadawiad Arthur'' gan T. Gwynn Jones. Cedwir pob hawl.

Gwasg Gwynedd: dyfyniadau o John Gwilym Jones, ''Ar Draws ac ar Hyd'' (Cyfres y Cewri 7, Golygydd: Gwenno Hywyn).

MYNEGAI

Dynoda enw mewn PRIFLYTHRENNAU fod erthygl ar y pwnc hwnnw yn CHWILOTA. Rhoddir rhif y gyfrol a'r tudalennau lle mae'r erthygl i'w gweld mewn **rhifau trwm** yn syth ar ôl yr enw yn y Mynegai. Mae'r cyfeiriadau dilynol eraill yn dynodi'r cyfrolau (rhif trwm) a'r tudalennau lle ceir gwybodaeth bellach ar yr un pwnc.

A

ABACUS, **1:1** **2**:99
ABATY, **1:2-3** **2**:29
ABER, **1:3-4** **2**:73
Aberaeron, **1**:3
Aberafan, **1**:3
Aberconwy, **1**:2
Abercuch, **1**:3
Abercynon, **1**:3
ABERDAUGLEDDAU, **1:4-5** **1**:49 **2**:76 **6**:42 **7**:45, 212
Aberdeen, **1**:24 **7**:214
ABER-FAN, **7:125-6**
ABERGWAUN, **1:5** **4**:103 **7**:212
Aberhonddu, **1**:56, 84, 88, 124 **2**:13, 63 **4**:65 **6**:2, 154
ABERTAWE, **1:6** **1**:36, 49, 88, 92 **2**:16, 47, 72, 74, 81, 124, 125 **5**:38 **6**:21, 22, 31 **7**:132, 134
Aberteifi, Bae, **1**:8
ABERTHGED, **1:8**
ABERYSTWYTH, **1:8-9** **1**:3, 17, 76, 77, 82 **2**:124 **5**:134 **6**:31 **7**:132, 212
ABRAHAM, **1:9** **1**:32
ABWYDOD, **1:9-10**
ACADEMI GYMREIG, YR, **7:126**
ACROPOLIS, YR, **1:10** **1**:67 **2**:120 **4**:13 **5**:20 **7**:212
Actau, Llyfr yr, **1**:48, 63 **4**:129 **5**:143, 144
ADAR, **1:10-13** **1**:23, 43, 44, 100, 102, 107, 109 **2**:64, 65, 105, 107 **3**:84 **5**:86 **6**:8, 142 **7**:1, 99, 108, 146, 212
ADAR DRYCIN, **1:13** **2**:107 **3**:80
ADEILADU, **1:14-15** **1**:60, 111 **2**:47, 48, 58, 72, 120 **5**:155
ADFENT, **1:15** **2**:84
AESOP, **7:126-7**
AFAL, **1:15** **6**:129
AFALANS, **1:15-16** **1**:31
AFALLON, Ynys, **7:127**
AFANC, **1:16** **1**:36
AFON, **1:16-18** **1**:136 **2**:7, 45, 55, 57, 72, 73, 115 **3**:28
Afon Gwy, Dyffryn, **1**:2 **2**:20
AFFRICA, **1:18-20** **1**:14, 26, 28, 43, 120, 132 **2**:27, 28, 32, 56, 64, 65, 72, 78, 93, 97, 105, 119 **3**:34, 74 **5**:76 **6**:1, 64, 112 **7**:43, 130, 144, 212-13
Affrica, De, **1**:15, 19, 60, 67, 80 **2**:86, 108, 111 **3**:34, 115 **7**:212, 224
ANGHYDFFURFWYR, **1:20-2** **2**:42 **5**:171 **6**:66 **7**:188, 200
ANGOR, **1:22**
AIDS, **7:127-8** **7**:145, 225
AIFFT, YR, **1:23** **1**:18, 27, 67, 106, 111, 114, 120, 134, 135 **2**:27, 52, 87, 96, 120 **5**:73, 105, 125 **6**:53, 54, 55 **7**:47, 119, 135, 213
ALARCH, **1:23-4** **7**:213
Alaska, **1**:59, 138 **2**:97, 106
ALBAN, YR, **1:24-6** **1**:27, 41, 59, 60, 74, 83, 95, 107, 111, 114, 127, 137, 142 **2**:16, 27, 31, 34, 77, 97 **7**:208, 214
ALCAM, **1:26**
ALCOHOL, **1:27** **4**:10 **7**:129
Aldrin, Edwin, **1**:64
ALEXANDER FAWR, **1:27-8** **1**:63 **2**:90 **4**:99
Alexandria, **1**:23, 27
Aligator, **7**:109
ALIWMINIWM, **1:28-9** **1**:109, 116 **2**:96
ALMAEN, YR, **1:29-30** **1**:15, 18, 55, 74, 98, 99 **2**:36, 40, 45, 46, 70, 71, 86, 93, 119 **7**:211, 214
ALOI, **1:30-1** **1**:56, 57, 68, 72, 114 **2**:74, 86 **5**:11 **6**:155
ALPAU, YR, **1:31** **1**:16 **2**:86, 93 **5**:68 **6**:179
ALUN, **1:31-2** **7**:58
Alun Mabon, **1**:95 **2**:33
ALLOR, **1:32** **1**:22
AMAETHYDDIAETH, **1:32-4** **1**:118, 138, 139 **2**:34, 48, 68, 87, 123, 125 **4**:37 **5**:91 **7**:214
AMAZON, **1:34-5** **1**:3, 18, 109 **3**:23 **5**:161 **6**:71 **7**:181
AMBR, **1:35**
America, **1**:64, 117 **2**:31
America, Gogledd, **1**:18, 42, 59, 61, 98, 105, 137 **2**:7, 21, 28, 34, 78, 97 **4**:92 **5**:22 Gw. hefyd UNOL DALEITHIAU AMERICA
America, Canolbarth, **1**:80
AMFFIBIA, **1:35-6** **2**:84 **4**:158 **7**:108, 109
AMGUEDDFA, **1:36**
AMGUEDDFA BRYDEINIG, YR, **1:92**
AMGUEDDFA GENEDLAETHOL CYMRU, **1:36-7** **1**:51, 116, 124, 131 **4**:16 **7**:134, 214
AMGUEDDFA WERIN CYMRU, **1:37-8** **1**:22, 114, 142 **2**:5, 10, 14, 48 **7**:187, 214
AMIBA, **1:38** **1**:43, 102 **2**:35, 86 **7**:145
AMSER, **1:38-40** **1**:106, 134, 135 **2**:48 **5**:40, 49
AMUNDSEN, Roald, **1:40** **2**:105
ANADLENYDD, **7:129**
ANDERSEN, Hans Christian, **1:40**
Andes, Mynyddoedd yr, **1**:34, 57 **3**:23 **5**:139, 159, 161
ANEIRIN, **1:41** **1**:68, 140 **2**:1, 103 **7**:3
ANESTHETIG, **1:41-2** **7**:214
ANIALWCH, **1:42-3** **4**:30
ANIFEILIAID, **1:43-5** **1**:16, 32, 33, 35, 50, 51, 70, 102, 105, 113, 120, 122, 123, 139, 141 **2**:27, 44, 46, 47, 94, 100, 101, 107 **6**:2, 146, 178 **7**:146
Annibynwyr, Yr, **1**:21, 58
ANOREXIA NERVOSA, **7:129-30**
Antarctica, **2**:97, 105 **5**:151

ANTERLIWT, **1:45-6** **7**:48, 65
ANTISEPTIG, **1:47** **1**:75
ANTHROPOLEG, **7:130-1** **3**:102
ANWEDDU, **1:48**
Apartheid, **7**:212-13, 224
APOCRYFFA, **1:48**
APOSTOL, **1:48** **5**:142, 144
ARABIA, **1:48-9** **1**:42, 62 **2**:64, 74 **5**:23
Arabiaid, Yr, **1**:9, 19, 23, 100, 135 **2**:85, 119 **4**:101 **7**:179
ARADR, **1:50** **1**:34
Arctig, **1**:62, 105 **2**:105
ARCH, **1:50-1** **1**:67 **5**:51
ARCHAEOLEGWYR, **1:51-2** **1**:130 **2**:74
Archdderwydd, **1**:8 **2**:75 **4**:9, 113 **6**:26
ARCHESGOB, **1:52** **1**:128 **7**:216
ARCHIFDY, **7:131-2**
ARFAU, **1:52-3** **1**:114, 116, 119, 131 **2**:14, 74, 120 **3**:48 **7**:227
ARGAE, **1:53-4** **1**:16, 18, 23, 103 **2**:72, 87, 88, 89 **7**:2
Arglwydd Rhys, Yr, **1**:2
ARGRAFF BYS, **1:54** **4**:59
Argraffiadwyr, **7**:137, 138
ARGRAFFU, **1:54-6** **1**:79, 108, 127 **2**:13, 29, 30, 104 **7**:134, 182, 216, 217
ARIAN, **1:56-7** **1**:51, 67, 81, 82, 88, 109, 133 **2**:44, 52, 74 **3**:50 **7**:217
ARIANNIN, **1:57-8** **1**:118 **3**:23 **5**:139 **7**:14, 218
ARLUNIO, **7:132-5**
ARLUNWYR, **7:135-43**
Armstrong, Neil, **1**:64
ARTH, **1:58-9** **1**:139
ARTHUR, Y BRENIN, **1:59** **1**:69 **2**:30 **4**:88, 114 **7**:127, 169, 201
ASAFF, **1:59-60** **4**:134
ASBESTOS, **1:60** **7**:218
ASFFALT, **1:61**
ASGWRN, **1:61-2** **3**:102
ASIA, **1:62-3** **1**:42, 59, 74, 105, 120, 135 **2**:40, 43, 64, 97 **3**:74 **6**:64, 65, 71 **7**:14, 43, 144, 161
ASIA LEIAF, **1:63** **2**:85
ASID, **1:63-4**
ASTRONOT, **1:64** **1**:119 **4**:3
ATAL CENHEDLU, **7:143-5** **7**:127
ATGENHEDLU, **7:145-7**
Atlas, Mynyddoedd Yr, **1**:18
ATOM, **1:65-6** **1**:129 **2**:12, 49 **3**:69 **5**:44 **7**:105, 112
ATOMFA, **1:66-7** **2**:90 **3**:53
ATHEN, **1:67** **1**:10 **2**:118, 120 **4**:13 **7**:23, 200, 212, 218
AUR, **1:67-8** **1**:71, 109 **2**:73 **7**:218
AWDL, **1:68-9** **1**:123 **4**:4 **7**:127
AWSTRALIA, **1:69-71** **1**:15, 18, 24, 28, 43, 80 **2**:81, 93, 94, 97, 108 **3**:25-6 **7**:113, 218
Awstria, **1**:16, 29, 31 **3**:92 **6**:175
AWYR, **1:71** **1**:88
AWYREN, **1:71-3** **7**:218, 227
Awyrlu Brenhinol, Yr, **1**:72, 119
Azteciaid, **5**:24

B

Babilon, **1**:27, 48, 135
BACBIB, **1:74**
BACH, Johann Sebastian, **1:74-5** **1**:30 **2**:3 **5**:30, 92, 110, 112 **6**:165, 183
BACTERIA, **1:75** **4**:27 **5**:127, 152 **7**:145
BAD ACHUB, **1:75-6**
BALA, Y, **1:77** **1**:54, 58, 84, 100, 107 **2**:41, 42, 43, 88 **7**:218
BALE, **1:77-8**
BALED, **1:78-9** **2**:5
BALŴN, **1:79-80**
BANANA, **1:80-1** **2**:73
BANC, **1:81-3** **6**:180 **7**:218-19
BANER, **1:83** **4**:63
BANGOR, **1:83-4** **1**:92, 107 **6**:31 **7**:219
BANNAU BRYCHEINIOG, **1:84** **1**:18, 54 **5**:131
BARA, **1:84-6** **1**:115 **4**:24
Barbarossa, Frederick, **2**:85
Barddoniaeth, **1**:31, 41, 68, 69, 78, 79, 123 **2**:32, 33, 43, 57, 99, 102, 103, 116, 117
BARNARDO, DR., **1:86-8** **7**:219
BARNWR, **1:88**
BAROMEDR, **1:88**
Barri, Y, **1**:80 **2**:125 **7**:129
Barriff Mawr, Y, **2**:94
BATRI, **1:88-9**
BATHDY, **1:89-92**
BBC, **1:92** **7**:16, 25, 219, 220
BEATLES, Y, **7:147-8** **7**:159
BECA, **1:93-5** **2**:62, 125 **3**:27
Becket, Sant Thomas, **1**:128
BEDWEN, **1:95**
Bedyddwyr, Cymdeithas Genhadol Y, **2**:12, 13 **6**:66
Bedyddwyr, Y, **1**:21, 85, 115 **2**:12, 13 **5**:171
BEETHOVEN, **1:95** **1**:30 **5**:107, 110 **6**:165, 184
BEIBL, Y, **1:95-6** **1**:30, 32, 48, 83, 84, 97, 107, 108, 111, 115, 132, 135 **2**:1, 13, 28, 37, 42, 43, 52, 65, 66 **4**:113, 140 **5**:50, 121 **6**:117, 143 **7**:56, 99, 101, 219
Beirdd y Tywysogion, **1**:68 **4**:4
Beirdd yr Uchelwyr, **1**:68 **2**:116 **7**:165
BEISIGL, **1:98**
BELL, Alexander Graham, **1:98** **7**:19
BENDIGEIDFRAN, **1:98**
Ben Nevis, **1**:24
BERDYS, **7:148-9**
BERLIN, **1:98-9** **1**:30 **7**:211
BETYS, **1:100**
BETHLEHEM, **1:100** **7**:219
BEUNO, **1:100** **4**:24
BEVAN, Aneurin, **7:149-50** **7**:185, 191
Big Ben, **2**:49, 53, 54
BILIDOWCAR, **1:100-2**
BIOLEG, **1:102** **6**:180
Birmingham, **1**:18, 52, 56 **2**:88, 89
BLAENAU FFESTINIOG, **1:102-5** **4**:135 **7**:219
BLAGURYN, **1:105** **1**:117
BLAIDD, **1:105**
Blériot, **1**:72
BLODAU, **1:105-6** **1**:117, 123, 128 **2**:39, 126, 127 **5**:119 **7**:145, 146

BLWYDDYN, **1:106** 1:39, 119, 134, 135
BORROW, George, **1:107**
Brahma-Putra, Afon, **1**:3, 62 **4**:91
BRAILLE, Louis, **1:108**
BRAIN, **1:109** **5**:170 **7**:104
Brangwyn, Frank, **1**:6 **2**:16 **7**:134
BRANWEN, **1:98** **3**:47
BRASIL, **1:109** **2**:64
BRECHU, **1:110-11** **7**:219
BRETHYN, **1:111** **1**:127
Brianne, Llyn, **2**:89
BRICS, **1:111**
BRIFYSGOL AGORED, Y, **7:151**
BRIGÂD DÂN, **1:111-12** **7**:3-4
Britt, Jacob a John, **2**:31
BRITHYLL, **1:113**
BROCH, **1:113**
BRODWAITH, **1:113-14**
Broga, **1**:35, 36, 45 **4**:158 **7**:1, 146
Brons, **1**:114
Brunel, Isambard Kingdom, **7**:48
BRYTHONIAID, **1:114** **1**:115, 127 **2**:34 **4**:168 **7**:164
Bryste, **2**:63
BUDDUG, **1:115**
BUNYAN, John, **1:115** **5**:171 **7**:189
BURUM, **1:115** **1**:84-6 **4**:24
BWA A SAETH, **1:116**
BWDA, **1:116-17**
BWLB, **1:117**
BWRDD CROESO CYMRU, **1:117**
BWYD, **1:118-19** **1**:135 **2**:29 **5**:165 **7**:214
BYD, **1:119**
Byddardod, **2**:53
BYDDIN, **1:119**
BYDDIN YR IACHAWDWRIAETH, **7:151-2**
BYFFLO, **1:120** **2**:44, 75
BŶR, YNYS, **1:120-1** **1**:3

C
Cabot, John a Sebastian, **1**:139
CACTWS, **1:122-3**
CADER IDRIS, **1:123**
CADEIRIO, **1:123** **3**:72
CADNO, **1:123-4**
CADW, **7:152-3**
CADWRAETH, **7:153-9** **7**:184, 212
CAER (Chester), **1:124** **1**:4, 51, 89, 114, 131 **2**:63 **6**:101 **7**:220
Caer, **2**:23
CAERDYDD, **1:124-6** **1**:18, 36, 37, 40, 52, 88, 137 **2**:14, 23, 25, 39, 70, 89, 96, 97, 104, 113, 125 **5**:38 **6**:31, 182 **7**:132, 220-1, 227
CAEREDIN, **1:127** **1**:24, 41, 47, 98 **7**:221
CAERFADDON, **1:127** **7**:221
Caerfyrddin, **1**:94, 124, 134 **2**:41, 43, 125 **6**:101 **7**:132
Caerffili, **2**:23, 25, 28
CAERGAINT, **1:127-8** **2**:10, 43 **7**:221
CAERGRAWNT, **1:128-9** **2**:10, 96 **7**:221
CAER GWYDION, **1:129-30**
Caergybi, **1**:83 **2**:63 **7**:227
Caerloyw, **1**:3, 4
CAERLLION-AR-WYSG, **1:130** **1**:124 **2**:18, 19, 20, 23 **5**:57 **6**:185 **7**:214, 221
CAERNARFON, **1:131-2** **1**:36, 60, 88, 124 **2**:23 **6**:101 **7**:64, 132, 221
CAETHION, **1:132-3** **4**:125 **5**:70 **7**:90
CANGELL, **2:9**
CANGHELLOR Y TRYSORLYS, **1:133-4**
CALAN, **1:134** **4**:75 **5**:18
Calan Mai, **1**:95, 134 **7**:174, 187, 214
CALCH, **1:134**
CALENDR, **1:134-5** **5**:40
Calvin, John, **1**:21 **5**:171
CAMEL, **1:135** **4**:119
CAMERA, **1:136** **7**:182, 221
CAMLESI, **1:136-7** **1**:18, 29, 139 **2**:7, 55, 66, 97, 125 **3**:91 **5**:46 **7**:21
Canaan, **1**:9, 50
CANADA, **1:137-40** **1**:15, 16, 40, 59, 60, 67, 98, 118, 124 **2**:74, 108, 109, 110, 119 **5**:20 **7**:221
Canberra, **1**:71
CANNWYLL, **1:140-2**
CANU, **2:1-3** **2**:4-7, 14, 15, 32 **6**:149-50
CANU GWERIN, **2:3-6**
CANU PENILLION, **2:6-7** **2**:33 **7**:222
CANU POP, **7:159-60** **7**:147
CANŴ, **2:7**
CAPEL, **2:10-11**
CARBON, **2:12** **4**:10 **6**:137
CAREY, William, **2:12-13**
CARNEDD, **2:13-14** **2**:86
CAROL, **2:14-15**
CARPEDI, **2:15-16**
CARTŴN, **2:16-18**
CASNEWYDD, **2:18-21** **4**:17 **5**:38, 139 **6**:151-2 **7**:222
CASTANWYDDEN, **2:21-3**
CASTELL, **2:23-7** **2**:73, 74, 114 **4**:54 **7**:208
Castell Nedd, **1**:2 **2**:23
CATHOD, **2:27** **4**:140 **7**:16
Cawdor, Yr Arglwydd, **1**:5, 6
CAWELL, **2:28** **2**:47
CAWS, **2:28-9** **7**:222
CAXTON, William, **2:29-31** **1**:55 **4**:78, 156
CÊBL, **2:31** **7**:20
CEFFYLAU, **7:161-3**
Ceidwadwyr, **2**:45, 46 **7**:202-3
CEILIOG Y RHEDYN, **2:32**
CEIRIOG (John Ceiriog Hughes), **2:32-3** **2**:2 **4**:75
CELTIAID, **2:34** **1**:114, 131 **3**:113 **4**:84, 104 **5**:14 **7**:139, 166, 172
CELYN, **2:34-5**
CELLOEDD, **2:35-6** **1**:38, 47 **2**:86
CENHEDLOEDD UNEDIG, Y, **2:36-9** **1**:83, 119 **3**:120 **7**:45, 192
CENNIN, **2:39**
CERFLUNIO, **7:163-4**
Cernyw, **2**:86 **6**:21
Cesar, Augustus, **1**:130 **5**:40
CESAR, IWL, **2:39-40** **1**:89, 135 **2**:67 **5**:40
CEYLON (Sri Lanka), **2:40-1** **7**:13, 228
CHARLES, Thomas, **2:41-3** **1**:77 **4**:115 **7**:115
CHAUCER, Geoffrey, **2:43** **1**:127, 128 **2**:30
Chernobyl, **7**:113, 156

Chiang Kai-Shek, **2:**44
CHINA, **2:43-5** **1:**1, 18, 62, 102, 107, 114, 117, 119 **2:**16, 30, 36, 72 **3:**46 **5:**123 **6:**13, 66 **7:**13, 134, 135, 209, 214, 222, 223
CHOPIN, Frederic François, **2:45**
CHURCHILL, Winston, **2:45-6** **2:**17, 36
CIMWCH, **2:46-7** **2:**28, 78
CLAI, **2:47-8**
CLAWDD OFFA A'R GORORAU, **7:164-6** **2:**114 **7:**209
Cleopatra, **2:**40
CLOCIAU, **2:48-50** **1:**39, 40
CLOCS, **2:50-1**
CLORIAN, **2:52**
Clwyd, **2:**125
CLUST, **2:52-3**
CLYCHAU, **2:53-4** **2:**48
Clynnog, **1:**100
COB, **2:55-6** **5:**6
COCO, **2:56** **2:**73, 111 **6:**159
COCOS, **2:56-7**
COCOS, Y BARDD, **2:57**
COED, **2:57-8** **1:**95, 139 **2:**21, 34, 68, 69, 73, 74, 75, 101, 121 **3:**30 **5:**125 **6:**5, 24
COELION, **7:166-7**
COETEN, **2:59**
Coets Fawr, gw. Y Goets Fawr
COFFI, **2:64**
Cog, gw. Y Gog
COLOMENNOD, **2:64-6**
COLUMBUS, Christopher, **2:66** **2:**96 **3:**68 **4:**93 **5:**24, 111 **6:**13, 159, 160 **7:**51
COMED, **2:67-8** **6:**138 **7:**223
COMISIWN COEDWIGAETH, Y, **2:68-70** **1:**84 **2:**57, 58 **6:**25
COMIWNYDDIAETH, **2:70-2** **2:**43, 44 **6:**165-8 **7:**69, 223
Concorde, Y, **1:**73
CONCRIT, **2:72** **1:**14 **6:**162
CONFFIWSIWS, **2:72**
CONGO, **2:72-3** **1:**18, 26, 84
CONIFFER, **2:73** **7:**124
CONWY, **2:73-4** **1:**2, 3, 28 **6:**15, 172
Cook, Capten James, **1:**69 **2:**12
Copenhagen, **1:**40
Copernicus, **4:**3, 57 **6:**139
COPR, **2:74** **2:**124
CORC, **2:74-5**
CORN HIRLAS, Y, **2:75**
CORONI, **2:75** **3:**72
CÔR Y CEWRI, **2:75-6** **2:**120
COTWM, **2:76-8**
CRAMENOGION, **2:78** **2:**46 **7:**148
CRANC, **2:78** **6:**3
Crawshay, Richard, **2:**124 **4:**49 **5:**35
CREGYN, **2:78-80** **2:**56, 74 **5:**161
CRICED, **2:81-3** **7:**223-4
CRISTNOGAETH, **2:84** **1:**32, 48, 106, 115, 127 **2:**85, 86, 118 **3:**114 **4:**15 **5:**34, 138 **6:**185 **7:**123
Crocodil, **7:**109
CROESGAD, **2:85-6** **4:**109
CROMIWM, **2:86**
CROMLECH, **2:86**
CROMOSOMAU, **2:86**
Cromwell, Oliver, **1:**25 **2:**20 **5:**171
CRONFA DDŴR, **2:86-90** **3:**53 **4:**141
Crynwyr, Y, **1:**21
Cuba, **2:**71, 86
Cuch, Afon, **1:**3
CUDDLIW, **7:168-9**
CULFOR, **2:90**
CULHWCH AC OLWEN, **7:169-70**
CURIAD CALON CYMRU, **7:170**
CURIE, Marie a Pierre, **2:90-1** **6:**62, 63 **7:**77, 105
CWINTEN, **2:91**
Cwm Elan, **1:**18, 54
Cwmpawd, **2:**91-3
Cwm Tawe, **1:**134, 137 **6:**155
CŴN, **2:93-4** **2:**101
CWNINGEN, **7:120**
CWREL, **2:94-5** **4:**119
CWRENS, **2:95**
CWRWGL, **2:95** **2:**7, 96
CYCHOD, **2:96** **1:**75, 76, 136 **2:**7, 28, 95
CYD-BWYLLGOR ADDYSG CYMRU, **2:96-7** **2:**100, 104, 105 **6:**182 **7:**224
CYFANDIR, **2:97-9**
CYFARWYDD, **2:99**
Cyfeiliog, Owain, **2:**75
CYFRIFIADUR, **2:99-100** **6:**141 **7:**216, 224, 227
CYFFURIAU, **2:100-2** **7:**225, 226, 227
CYNGHANEDD, **2:102-3** **1:**68, 123 **3:**65, 66
CYNGOR CELFYDDYDAU CYMRU, **2:103-4** **7:**126, 143
CYNGOR LLYFRAU CYMRAEG, Y, **2:104-5** **6:**182 **7:**78
CYHYDEDD, Y, **2:105** **1:**18, 34, 42, 58, 62, 109, 119, 137 **2:**40, 72, 97 **4:**68, 76 **7:**38, 39
CYLCH Y PEGWN, **2:105-8** **3:**83
Cyllideb, **1:**133
CYMANWLAD, gw. Y GYMANWLAD
Cymdeithas y Beiblau, **1:**107
CYMDEITHAS YR IAITH GYMRAEG, **7:170-2** **4:**122 **6:**147
Cymer, **1:**2
CYMORTH CYNTAF, **2:111** **4:**15
CYMRAEG, **7:172-3**
CYMRU, **2:112-14** **1:**33, 36, 37, 45, 46, 53, 57, 58, 68, 69, 83, 105, 107, 114, 116, 117, 124 **2:**13, 14, 16, 23, 25, 32, 33, 34, 50, 57, 68, 75, 86, 96, 97, 103, 123 **3:**47 **5:**32 **6:**12, 182 **7:**139, 226, 227
CYMUN, Y, **2:115** **1:**22, 32 **2:**11, 75
CYMYLAU, **2:115** **3:**123
Cynan, gw. Albert Evans JONES
CYWYDD, **2:116-17** **1:**69 **2:**102 **3:**65

CH

CHWARAEON OLYMPAIDD, Y, **2:118-20** **1:**67 **2:**7, 65 **4:**14 **7:**200, 213
CHWAREL, **2:120** **2:**125 **4:**135
Chwarel y Penrhyn, **4:**135 **6:**176 **7:**72
CHWILEN, **2:120-1**

CHWILER, **2:121-3** **4:**125 **5:**53, 60 **6:**153, 154
CHWYDDWYDR, **2:123**
CHWYLDRO DIWYDIANNOL, Y, **2:123-6** **1:**125, 136 **2:**62 **3:**18 **4:**78 **5:**34 **6:**171 **7:**11, 37, 72, 110
CHWYN, **2:126-7** **3:**14

D

DADENI DYSG, Y, **3:1-4** **4:**130 **7:**45, 83, 135, 178
DAEAREG, **3:4-6** **5:**91 **7:**61
DAEARGRYN, **3:6-8** **6:**13 **7:**27, 226
DAEARYDDIAETH, **3:8-9**
Dafydd ab Edmwnd, **2:**102
DAFYDD AP GWILYM **3:9-11** **2:**21, 43, 48, 102, 116 **3:**78, 79 **4:**98 **7:**14, 40, 123, 124
DAFYDD FRENIN, **3:11-12** **1:**100 **2:**28 **6:**164
DAIL, **3:12-13** **6:**4
DANNEDD, **3:13-14** **5:**165
DANT Y LLEW, **3:14-15**
Dan-yr-Ogof, **1:**134
DARFODEDIGAETH, **3:15-16** **5:**139 **6:**1
DARWIN, Charles, **3:16-18** **5:**62, 140 **7:**109
DATYS, **3:18** **5:**122
DAVIES, David, **3:18-20** **2:**123
DAVIES, Elisabeth, **3:20-1** **5:**85
Davies, W. H., **2:**21
DAVY, Humphry, **3:22-3** **1:**42 **3:**89, 124 **5:**11
DAWNSIO GWERIN, **7:173-6**
DE AMERICA, **3:23-5** **1:**18, 24, 26, 28, 34, 43, 57, 58, 61, 105, 109, 122, 137 **2:**56, 64, 66, 93, 96, 97, 108 **6:**64 **7:**43
Deddf Uno, **1:**26 **2:**114 **7:**45, 165, 172
DEFAID, **3:25-6** **4:**32-5
DEGWM, **3:27-8** **1:**93
DEINIOL, **3:28**
DELTA, **3:28-9** **1:**16 **3:**116 **5:**73
DENMARC, **3:29-30** **1:**29, 40, 118 **5:**41 **7:**197
DERWEN, **3:30** **2:**57
DERWYDDON, **3:31** **7:**69
DEWI SANT, **3:31-3** **2:**10, 39 **6:**118 **7:**52
DEWINO DŴR, **7:176-8**
DIARHEBION, **7:178**
DIC ABERDARON, **3:33**
DIC PENDERYN, **3:33-4** **5:**34
DIEMWNT, **3:34-5** **2:**12
DIFFYG AR YR HAUL, **3:35-6** **4:**57
DIFFYG AR Y LLEUAD, **3:36-7** **4:**139
DILLAD, **3:37-8**
Dinbych-y-pysgod, **1:**120, 121 **2:**125
DISGYBLION, **3:38** **5:**144
DISGYRCHIANT, **3:38-9** **1:**64 **4:**2-4
DITECTIF, **3:39-40** **4:**59
DIWYDIANT, **3:40** **2:**123
DIWYGIAD METHODISTAIDD, Y, **3:40-1** **1:**77 **2:**2 **4:**55 **7:**96
DIWYGIAD PROTESTANNAIDD,Y, **3:41-2** **3:**63, 119 **4:**129 **5:**34 **7:**45
Doc Penfro, **1:**4
DODREFN, **3:42-3**
DOFEDNOD, **3:43-4**
Dolau Cothi, **1:**67
Dolgellau, **1:**2, 67, 88, 123
DOLIAU, **3:44-5**
DOMINOS, **3:45-6**
DRAENOG, **3:46**
DRAFFTS, **3:46**
DRAIG, **3:46-7** **2:**43-5
DRAIG GOCH, gw. Y DDRAIG GOCH
DRUDWEN, **3:47-8** **1:**98
DRWM, **3:48**
DRYLL, **3:48** **1:**52
DRYW, **3:48-9** **7:**123, 174
DULYN, **3:49-50** **4:**102 **5:**110
DULL DEG, Y, **3:50-1** **1:**56
DUR, **3:51-3** **1:**26 **3:**102 **4:**49
DŴR, **3:53** **1:**3 **2:**86 **4:**52 **6:**157
DWRGI, **3:54**
Dwyrain Pell, Y, **1:**1, 26, 35, 55, 137 **2:**15, 16, 27, 66 **6:**2
DWYRAIN CANOL, Y, **7:178-9** **1:**114 **2:**15, 32 **5:**89 **7:**213
DYDD DYRCHAFAEL, **3:54** **5:**138
Dyfi, Afon, **1:**3, 123
Dyfrdwy, Afon, **1:**4, 124, 137 **2:**7, 88, 112
DYFFRYNNOEDD, **3:55**

E

ECOLEG, **7:179**
Edison, Thomas, **7:**19
Edward y Cyntaf, Y Brenin, **2:**25, 73
EDWARDS, Owen M., **3:56-7** **1:**77 **7:**86
EDWARDS, Ifan ab Owen, **3:57-9** **1:**77 **6:**157 **7:**77, 116
EFENGYL, **3:59-60** **2:**84 **4:**97, 129 **5:**16, 21
EFROG NEWYDD, **3:60-1** **1:**14, 40 **2:**36, 38
EFYDD, **3:61** **1:**114
EGLWYS GADEIRIOL, **3:61-2** **4:**133, 134 **7:**52
EGLWYSI, **3:62** **2:**53, 115
EGLWYS GRISTNOGOL, YR, **3:62-3** **2:**84 **6:**118 **7:**135
EGLWYS LOEGR, **3:63** **1:**20, 21, 22, 52, 93, 115, 134 **2:**9, 41, 42, 114 **5:**171 **6:**118 **7:**45, 46, 116, 226
EGLWYS RUFAIN, **3:63-5** **1:**15, 48, 52 **2:**2 **3:**41, 90 **5:**34, 92, 118 **7:**45, 56, 226
EGLWYS YNG NGHYMRU, YR, **3:65** **1:**22, 52 **3:**120 **4:**133, 134
ENGLYN, **3:65-6** **1:**68 **2:**33, 48, 55, 80, 102, 116
EHEDYDD, **3:66-7**
EIDAL, YR, **3:67-8** **1:**31, 51, 57, 83, 122 **2:**29, 48, 66 **3:**1-4 **5:**16 **6:**13, 94 **7:**134, 226
EIFION WYN, **3:68-9**
EINSTEIN, Albert, **3:69-70** **1:**65, 66 **7:**112
EIRA, **3:70-1** **4:**82
EIRIN, **3:71**
EISTEDDFOD, **3:71-2** **1:**69 **2:**6
EISTEDDFOD GENEDLAETHOL CYMRU, **3:72-3** **1:**69, 123 **2:**1, 5, 33, 57, 75, 117 **4:**9, 10, 112 **7:**79, 175
EISTEDDFOD RYNGWLADOL LLANGOLLEN, **3:73** **2:**1, 50 **7:**175
Elan, Cwm, **1:**18, 54
ELFED, **3:73-4**
Elgar, Edward, **2:**3

ELIFFANT, **3:74-5** **1:**18, 62 **4:**87 **7:**146
Elisabeth I, Y Frenhines, **1:**20, 21, 92, 114, 132 **2:**29 **5:**54, 154, 171 **7:**46
Elisabeth II, Y Frenhines, **2:**75 **7:**64
Ellis, Thomas Edward, **1:**77
EMYNAU, **3:75-7** **2:**2, 3 **4:**11, 129 **6:**41, 67
ENFYS, **3:77** **4:**143, 144
Engels, Friedrich, **2:**70
ENLLI, Ynys, **3:77-8** **1:**109 **2:**90
EOG, **3:78-9** **7:**108
EOS, **3:79-80**
EPA, **3:80** **4:**9
Epstein, Jacob, **1:**126
Epynt, Mynydd, **1:**84
ERYDU, **7:179-80**
ERYR, **3:80-1**
ERYRI, **3:81** **1:**131, 132 **5:**130 **7:**100
ESEIA, **3:81-2** **6:**35
ESGIMO, **3:83** **1:**14, 40, 58, 139, 140 **2:**7, 93, 96, 107
ESGOB, **3:83-4** **3:**63, 65
ESTRYS, **3:84** **1:**10
ETNA, **3:84** **3:**93-5
Ethiopia, **2:64** **7:**44, 212
ETHOLIAD, **3:84-6** **4:**170 **6:**133 **7:**202, 226
EVEREST, **3:86-7** **4:**66 **5:**68 **7:**226
Ewffrates, Afon, **1:**9, 61, 62 **4:**99 **5:**90
EWROP, **3:87-8** **1:**16, 19, 29, 30, 31, 42, 59, 63, 74, 98, 105, 117, 120 **2:**34, 66, 97 **6:**2

F

FARADAY, Michael, **3:89-90** **1:**42 **3:**22 **5:**12 **6:**72
FATICAN, **3:90-1** **3:**63 **5:**118 **7:**134
FENIS (Venezia), **3:91** **7:**227
FENWS, **3:92** **6:**4, 96
Ficing, **7:**197
FIENA (Wien), **3:92** **1:**95
FINEGR, **3:92**
FITAMINAU, **3:92** **5:**32
Fleming, Alexander, **5:**152
Florey, Howard, **5:**152
FOLANT, **3:93**
FOLCANO, **3:93-5** **3:**84 **5:**49 **6:**13, 183
FORD, Henry, **3:95-7** **5:**42, 43
Forwyn Fair, Y, **1:**15
FWLTUR, **3:97**
FREUD, Sigmund, **7:180-1**
Fridfa Blanhigion, Y, **1:**9, 34
Frost, John, **2:**20

FF

FFAWYDDEN, **3:98**
FFELT, **3:98**
FFESANT, **3:98-9**
FFIDIL, **3:99-100**
FFIGYS, **3:100-1**
Ffindir, Y, **7:**197
FFLAMINGO, **3:101**
FFLIWT, **3:101**
Fflorens (Firenze), **3:**1, 67 **5:**106, 109, 117 **7:**83
FFLWORIN, **3:102**
FFORESTYDD GLAW, **7:181-2**
FFOSFFORWS, **3:102** **1:**61 **3:**51
FFOSIL, **3:102-3** **1:**61 **2:**97 **7:**109, 130
FFOTOGRAFFIAETH, **7:182-4**
FFRAINC, **3:103-5** **1:**15, 29, 30, 31, 47, 78, 79, 80, 93, 99, 108, 114, 116, 139, 140 **2:**23, 29, 40, 43, 118 **5:**131 **7:**227
Ffrancod, Glaniad y, **1:**5, 6
FFRANSIS o Assisi, Sant, **3:105-6**
FFRITHIANT, **3:106-7** **4:**36
FFRWYTHAU, **3:107-8** **3:**92 **7:**146
FFURED, **3:108** **4:**23
FFWNG, **3:108-9** **5:**5, 152
FFWR, **3:109-10**
FFYNIDWYDD, **3:110**
FFYRDD, **3:110-12** **5:**5

G

GAEAFGWSG, **3:113**
GAELEG, **3:113-14** **1:**25 **2:**34
Gaerhirfryn, Sir, **2:**77
Gagarin, Yuri, **1:**64
GALILEA, **3:114-15** **2:**84 **4:**86
Galileo, **3:**4 **4:**3, 57 **5:**150 **6:**135, 140 **7:**20
GANDHI, Mahatma, **3:115-16** **4:**67 **7:**95
GANGES, Afon, **3:116-17** **1:**3, 62 **2:**13 **3:**28 **4:**67
GEIFR, **3:117-18**
GELENOD, **3:118**
GEMAU, **3:118-19**
GENAU GOEG, gw. Madfall
GENEFA, **3:119-20** **2:**38 **3:**41 **6:**179 **7:**227
GERALLT GYMRO, **3:120-2** **1:**132 **2:**1, 18 **7:**52, 122, 153, 174
Gladstone, W.E. **6:**7 **7:**72
Glasgow, **1:**24, 25
GLASIER, **3:122-3** **4:**82 **7:**179
GLAW, **3:123-4** **2:**115
GLAW ASID, **7:184**
Glenn, John, **1:**64
GLO, **3:124-9** **2:**12, 62, 63, 70, 73, 97, 106, 124, 125 **3:**22 **5:**83 **6:**5 **7:**4, 5, 10, 42, 50, 111, 125, 227
GLÖYN BYW, gw. PILI-PALA
GLUD, **3:129** **7:**227
OWAIN GLYNDŴR, **3:129-31** **1:**107, 119, 132 **2:**20, 114 **4:**54 **5:**67 **7:**64
Gobi, Diffeithwch Y, **1:**42, 62
Goets Fawr, Y, **2:**62-4, 73, 90 **4:**166
GOF, **4:1-2** **4:**48
GOFOD, **4:2-4** **1:**64 **3:**38 **7:**227
Gog, Y, **2:**64
Gogerddan, Plas, **1:**9
GOGYNFEIRDD, Y, **4:4-5**
GOLAU, **4:5-6** **4:**144 **6:**123 **7:**41, 110
GOLEUDY, **4:6-7** **7:**227
GOLEUNI'R GOGLEDD, **4:7-8**
GOLFF, **4:8-9**
GOLOSG, **4:9**
GORILA, **4:9** **3:**80
GORSEDD BEIRDD YNYS PRYDAIN, **4:9-10** **1:**83, 123 **2:**75, 76 **3:**72 **4:**97, 112
Grace, W. G., **2:**81
GRAFFID, **4:10** **2:**12

GRAWNWIN, **4:10-11** **1**:27
GRAWYS, Y, **4:11** **1**:15 **5**:138
GRIFFITHS, Ann, **4:11-13** **3**:75
GROEG, **4:13-14** **1**:17, 39, 48, 53, 63, 65, 67, 96, 132 **2**:21, 29, 34, 67, 118 **4**:72 **7**:64, 119, 126, 135, 200
GROES GOCH, Y, **4:15** **2**:111
GROGLITH, Y, **4:15-16** **2**:84 **4**:86 **5**:138
GRUFFYDD, William John, **4:16-17** **2**:48 **5**:1 **7**:124
Guest, John, **2**:124
GUTO NYTH-BRÂN, **4:17-18**
GWADD, **4:18**
GWAED, **4:18-19** **5**:165, 167 **7**:31, 67, 120
GWALLT, **4:19-21**
GWARTHEG, **4:21-2** **4**:131
GWAS Y NEIDR, **4:22-3** **2**:121
Gwasanaeth Iechyd Gwladol, **7**:149
GWAU, **4:23**
GWENCI, **4:23** **3**:108
GWENFFREWI, **4:24** **1**:100
GWENITH, **4:24-5** **1**:84, 115
GWENLLIAN, **4:25**
GWENNOL, **4:25-6** **7**:108
GWENWYN, **4:26-7**
GWENYN, **4:27-9** **5**:25, 75, 120 **7**:146
Gwenynen Gwent, gw. HALL, Augusta
GWENYN MEIRCH, **4:29-30**
GWERDDON, **4:30-1** **1**:43
GWERNEN, **4:31**
GWIBER, **4:31** **5**:71
Gwisg Gymreig, **7**:175, 186
GWIWER, **4:32** **3**:113
Gwlad Belg, **2**:73 **4**:142 **5**:15, 17 **7**:8
GWLADWRIAETH LES, **7:184-6** **7**:149, 150
GWLÂN, **4:32-5** **3**:25-6 **5**:84, 124
GWLITH, **4:35-6**
GWRES, **4:36-7** **7**:41, 54, 110
GWRTAITH, **4:37** **1**:32 **5**:78
GWYDR, **4:37-9**
GŴYDD, **4:39**
GWYDDBWYLL, **4:40-1** **2**:30
GWYFYN, **4:41-2** **2**:121 **7**:168
Gŵyl Ifan, **7**:174, 175, 177
GWYLAN, **4:42-4**
GWYMON, **4:44-5**
GWYNT, **4:45-6** **5**:49 **6**:173 **7**:60
GWYNTELL, **4:47**
GYLFINIR, **4:47**
GYMANWLAD, Y, **2:108-11** **7**:225

H
HADAU, **4:48** **6**:4 **7**:146
HAEARN, **4:48-50** **3**:52 **4**:1, 2 **5**:34
HAFREN, Afon, **4:50-1** **1**:4, 17, 100, 137 **2**:21 **6**:15 **7**:111
Hafren, Môr, **1**:6, 84, 124 **2**:63, 88, 112
HAIDD, **4:51**
HAINT, **4:52** **6**:1 **7**:32, 128
HALEN, **4:52**
HALL, Augusta, Arglwyddes Llanofer, **7:186-7** **2**:55
Halley, Edmund, **2**:67 **7**:223
HANDEL, George Frideric, **4:52-3** **1**:30 **2**:3 **5**:107, 109, 110 **6**:183
HARBWR, **4:53-4** **6**:22
Hargreaves, James, **2**:77, 124 **5**:84
HARLECH, **4:54-5** **1**:98, 132 **5**:1
HARRIS, Howel, **4:55-6** **1**:22 **3**:40-1 **5**:171 **6**:70 **7**:88, 96
Harri'r VIII, Y Brenin, **1**:2, 96, 121, 129 **7**:45, 114, 123, 172, 228
HAUL, YR, **4:56-7** **3**:35 **4**:139 **6**:4, 136, 138, 139 **7**:54, 55, 196
HAYDN, Joseph, **4:57-8** **1**:95 **6**:165, 184
HEBOG, **4:58-9**
Hebreaid, Yr, **1**:9
HEDDLU, **4:59-60** **1**:54 **3**:39
HEDD WYN, **4:60-1** **7**:25
HELYG, **4:61-2**
HENDRE A HAFOD, **7:187**
Hendy-gwyn, **1**:94 **4**:80
HERODRAETH, **4:63-4** **1**:83
HETIAU, **4:64-5**
Heyerdahl, Thor, **2**:96
HILL, Rowland, **4:65-6** **6**:168
HIMALAYA, Mynyddoedd yr, **4:66-7** **1**:62 **3**:86, 116 **5**:68, 123
HINDŴ, **4:67-8** **2**:76, 109 **3**:115, 116
HINSAWDD, **4:68-9** **2**:105 **7**:54, 61
HITLER, Adolf, **4:69** **1**:30 **2**:45 **4**:123 **6**:110
HOCI, **4:70**
HOCI IÂ, **4:70-1** **7**:227
HOFRENNYDD, **4:71-2** **1**:71-3
HOMER, **4:72** **4**:14
Hong Kong, **2**:43, 110 **6**:2 **7**:223
Hooke, Robert, **2**:35, 36
HOPYS, **4:72**
HUDDYGL, **4:73**
HUFEN IÂ, **4:73** **4**:82
HUGHES, Arwel, **7:187-8**
HUGHES, Stephen, **7:188-9**
HUGHES, T. Rowland, **7:189-90** **2**:11 **4**:136 **6**:176 **7**:125
Hughes Williams, Richard, **7**:207
HWIANGERDDI, **4:74-5** **2**:32
Hwngari, **2**:71
HWYAID, **4:75**
HWYLIO, **4:76**
HYDRED A LLEDRED, **4:76-7** **2**:105 **7**:38
HYDROGEN, **4:77-8**
HYSBYSEBU, **4:78-9**
HYWEL DDA, **4:79-81** **1**:89, 92, 123 **2**:6, 27 **5**:117 **7**:124

I
IÂ, **4:82** **3**:70, 122
Gwlad yr IÂ, **4:82-3** **3**:93 **7**:197
IAITH, **4:83-5** **2**:53
IECHYD, **7:190-2**
IDDEWON, YR, **4:85-6** **1**:9, 48, 96, 107 **2**:84 **4**:101, 109 **5**:41, 58 **6**:110, 112, 184 **7**:179, 210
IESU GRIST, **4:86-7** **1**:32, 48, 63, 96, 100, 134 **2**:12, 13, 14, 15, 35, 66, 84, 85, 115 **3**:114 **4**:15, 96 **5**:138 **6**:177

IFORI, **4:87-8** **3**:74
Ifor Hael, **2**:21
ILLTUD, **4:88** **5**:67
INC, **4:88-9**
Incas, **5**:161
INDIA, **4:89-92** **1**:1, 27, 62, 116, 117, 137 **2**:13, 16, 21, 27, 34, 40, 66, 76, 84, 95, 108, 109, 111 **3**:115 **4**:66, 67 **7**:13, 228
INDIAID AMERICA, **4:92-3** **1**:139 **2**:7, 28 **5**:161
INDIA'R GORLLEWIN, Ynysoedd, **4:93-4** **1**:61, 80, 118, 132 **2**:56, 64, 66, 77, 81 **5**:54, 169 **6**:160
INDRAWN, **4:94-5**
INJAN, **4:95-6** **5**:42 **6**:171 **7**:37, 59
INJAN JET, **4:96** **7**:59
Inverness, **1**:24, 137
IOAN FEDYDDIWR, **4:96-7** **2**:32 **4**:86 **6**:35
IOAN YR APOSTOL, **4:97** **3**:59
Iolo Goch, **1**:74, 83, 107 **2**:48
IOLO MORGANWG, **4:97-9** **4**:9 **7**:93, 186
IRAN, **4:99** **7**:179
IRAQ, **4:99-101** **7**:179
Iseldiroedd, Yr, **1**:19, 29, 132 **2**:29 **5**:15 **7**:212
Islam, **5**:43 **7**:179
ISRAEL, **4:101-2** **1**:9, 23, 50, 100 **2**:119 **3**:11 **4**:85 **5**:121 **7**:179, 213
IWERDDON, **4:102-4** **1**:74, 77, 83, 98, 114, 118 **2**:34, 86, 109 **3**:49 **5**:119 **7**:11

J
JAC-Y-DO, **4:105**
JAGWAR, **4:105-6**
JAMES, Evan a JAMES, James, **4:106**
JAPAN, **4:106-9** **1**:1, 53, 62, 102, 114, 117 **2**:28, 37, 43, 44 **5**:50, 162 **6**:65 **7**:14, 27, 50, 227
JENNER, Edward, **4:109** **1**:110 **4**:52 **5**:39
JERWSALEM, **4:109-10** **1**:32, 51, 86, 100 **2**:67, 85, 86 **4**:85, 102 **6**:164 **7**:210
JI-BINC, **4:111**
JIWT, **4:111-12**
John, Augustus, **7**:142
JONES, Albert Evans (Cynan), **4:112-13**
Jones, David, **7**:142
JONES, Griffith, **4:113-14** **2**:42 **7**:115
Jones, Inigo, **2**:74
JONES, John Gwilym, **7:192-4** **7**:207
JONES, Mary, **4:115-16**
Jones, Michael D., **1**:58, 77 **5**:140
JONES, T. Gwynn, **4:114-15** **1**:59, 69 **7**:127
Joseff, **2**:28
JWDAS, **4:116** **4**:86
JYNGL, **4:116**

K
KENNEDY, Y Teulu, **7:194-5**
KING, Martin Luther, **7:195-6**
Koch, Robert, **6**:1, 2
Koran, **5**:23, 43
Kremlin, **5**:57
Kublai Khan, **6**:13, 178
Kuomintang, **2**:43, 44

L
LABORDY, **4:117-18**
LAFA, **4:118-19** **3**:93 **6**:13
LAGŴN, **4:119** **2**:94
LAMA, **4:119-20** **1**:135
LAMPAU, **4:120** **3**:22
LEFAIN, **4:120**
LEMON, **4:120** **5**:111
Lenin, **2**:71 **5**:58 **6**:165 **7**:70
Leningrad, **2**:71 **7**:12, 71
LENS, **4:121** **4**:160
LERPWL, **4:121-2** **1**:4, 52, 58, 77 **2**:63, 88 **7**:147
LEWIS, Saunders, **4:122-3** **4**:69 **5**:109, 135 **7**:91, 170, 205
LIMRIG, **4:123-4**
LINCOLN, Abraham, **4:125** **1**:133
LINDYS, **4:125-6** **2**:121
LINOLIWM, **4:126** **4**:142
LISTER, Joseph, **4:126** **1**:47
LIVINGSTONE, David, **4:126-7** **2**:72
LOCUST, **4:127-8** **2**:32 **7**:108
LUC, **4:129** **3**:59
LUTHER, Martin, **4:129** **1**:30 **3**:41, 75 **7**:56, 176

LL
LLADIN, **4:130** **1**:96 **2**:39, 40, 99 **6**:96
LLADRON PEN FFORDD, **4:130-1** **2**:62-4
LLAETH, **4:131-2** **1**:61 **2**:28, 29 **4**:21 **7**:214
LLAIS, **4:132**
LLAMHIDYDD, **4:132-3** **5**:13
Llanbedr Pont Steffan, **6**:31 **7**:222
LLANDAF, **4:133-4** **1**:92, 126 **2**:9, 10 **3**:61 **5**:21, 51
Llandudno, **1**:55, 76
LLANELWY, **4:134-5** **1**:52, 60, 69 **3**:61 **5**:51
Llangollen, **1**:137 **2**:7, 50 **3**:73
Llanofer, **7**:186
Llantrisant, **1**:92
LLANW A THRAI, **7:196**
LLAWYSGRIF, **4:135** **1**:54
LLECHI, **4:135-6** **2**:120
LLEDEN, **4:136** **6**:55 **7**:168
LLEDR, **4:137**
LLEFARYDD, **4:137-8** **6**:133
LLEIAN, **4:138-9** **5**:66
LLEUAD, **4:139-40** **3**:36 **4**:56 **7**:196
LLEW, **4:140** **2**:27
LLEWPART, **4:140** **2**:27
LLIFDDORAU, **4:141-2** **6**:18
LLIN, **4:142** **4**:126
LLINELL PLIMSOLL, **4:142-3**
LLINOS, **4:143**
LLIW, **4:143-4** **3**:77 **4**:5
LLOEGR, **4:144-5** **1**:24, 26, 41, 107, 119, 127 **2**:20, 75, 89, 112, 113, 114 **4**:151 **5**:10
LLOEREN, **4:145-6** **6**:4 **7**:20, 71
LLONGAU, **4:146-7** **4**:143 **6**:149 **7**:228
LLONG DANFOR, **4:148-9**
LLOSGI, **4:149** **6**:26 **7**:3
LLOYD GEORGE, David, **4:149-51** **2**:45 **6**:135 **7**:89, 185, 204

LLUNDAIN, **4:151-3** **1:**40, 82, 84, 89, 111 **2:**10, 20, 42, 43, 48, 62, 63, 65, 81, 111 **4:**144 **6:**2 **7:**2, 97, 201
LLURIG, **4:153** **5:**82
LLUS, **4:153-4**
LLWYD Y BERTH, **4:154**
LLWYD Y TO, **4:154-5**
LLWYFANDIR, **4:155**
LLWYFEN, **4:155**
LLYCHLYN, **7:196-9** **2:**35, 106, 108 **7:**184
Llydaw, **1:**74, 114 **7:**172
LLYFRAU, **4:155-6** **2:**29 **5:**29
LLYFRAU GLEISION, **7:199-200** **7:**116
LLYFRGELL GENEDLAETHOL CYMRU; **4:157-8** **1:**8 **7:**132
LLYFFANT, **4:158-9** **1:**35, 45
LLYGAD MAHAREN, **4:159-60** **5:**13, 44
LLYGAID, **4:160-1** **4:**121
LLYGOD, **4:161-2** **6:**1
LLYNGES, Y, **4:162-3**
LLYMARCH, **4:163-4** **5:**44, 161
Llyn Tegid, **1:**77
Llyn Stwlan, **1:**103
Llyn Titicaca, **2:**96
Llynnoedd Mawr, Y, **1:**138, 139
LLYSGENNAD, **4:164**
LLYSIAU, **4:164-5**
LLYSIEUEG, **4:165** **6:**4, 180
LLYSYWEN, **4:165-6** **7:**42, 108
LLYTHYRDY, Y, **4:166-7** **2:**62 **4:**65 **6:**168, 169
LLYWARCH HEN, **4:168** **1:**107, 114 **2:**99
LLYWELYN AP GRUFFYDD, **4:168-9** **1:**68, 132 **2:**73, 114 **7:**64
LLYWELYN AP IORWERTH, **4:169-70** **1:**2, 77, 83 **2:**74, 114
LLYWODRAETH, Y, **4:170-1** **1:**94, 95, 117, 126, 133, 135, 137 **2:**17 **3:**84 **4:**137, 144 **6:**7, 182 **7:**35, 202

M

MABINOGI, Y, **5:1-5** **1:**98, 113 **2:**99 **4:**16 **5:**42
McADAM, John Loudon, **5:5** **2:**62 **3:**111
MACRELL, **5:5** **6:**55
MADARCH, **5:5-6** **3:**108
Madfall, **7:**109
MADOCKS, William Alexander, **5:6** **2:**55 **7:**48
Mackworth, Humphrey, **2:**124
MADRID, **5:7** **6:**120
MADRIGAL, **5:7-8**
MAENOR, **5:8-9** **5:**82
MAFON, **5:9-10**
MAGELLAN, Ferdinand, **5:10** **5:**49
MAGNA CARTA, **5:10-11** **6:**133
MAGNESIWM, **5:11-12** **1:**30
MAGNET, **5:12** **2:**91, 92, 93 **3:**89 **7:**41
MALARIA, **5:12** **5:**60, 128
MALWOD, **5:13** **4:**159 **5:**44
MAMAL, **5:13-14** **4:**132 **5:**50, 54, 62 **7:**100, 121, 146
MANAW, Ynys, **5:14-15** **1:**114 **2:**27, 34
Manceinion, **2:**33, 77
MAPIAU, **5:15-16**
Mao Tse-Tung, **2:**44 **7:**223
MARATHON, **7:200-1**
MARC, **5:16** **3:**59
MARCONI, Guglielmo, **5:16-17** **5:**56 **6:**62 **7:**16
MARCHNAD GYFFREDIN, **5:17-18**
MARCHOG, **5:18** **1:**59 **5:**82
MARGARÎN, **5:18**
MARI LWYD, **5:18-19** **1:**134 **2:**4 **6:**52 **7:**123, 174
MARMOR, **5:19-20** **1:**10
Marx, Karl, **2:**70, 71 **6:**165 **7:**70
MASARNEN, **5:20**
MATSYS, **5:20-1**
MATHEW, **5:21-2** **3:**59
Mawddach, Afon, **1:**3, 123
MAWN, **5:22** **7:**5
MAYFLOWER, Y, **5:22-3** **5:**171
MECA, **5:23-4** **1:**48 **5:**43, 44
MECSICO, **5:24-5** **1:**138 **7:**226
MEDD, **5:25**
MEDDYG, **5:25-7**
MEDDYGAETH, **5:27**
MEFUS, **5:27**
Meirionnydd, **1:**18, 77, 123 **2:**14
MELIN, **5:27-8** **7:**59, 60
MELLT, **5:28-9** **7:**11, 41
MEMRWN, **5:29**
MENAI, Afon, **5:29-30** **1:**83, 131 **2:**73, 74, 90 **6:**14, 171
MENDELSSOHN, Felix, **5:31-2** **5:**110
MENIG, **5:32**
MENYN, **5:32-3** **4:**132
MERCWRI, **5:33** **7:**67
Mersi, Afon, **1:**4 **4:**121, 122
MERTHYR, **5:34** **2:**84 **3:**41 **5:**155
MERTHYR TUDFUL, **5:34-5** **1:**125, 137 **2:**20, 124 **3:**33 **4:**49 **5:**133 **6:**66 **7:**37, 214
Mesopotamia, **1:**27, 61, 114 **4:**99 **5:**26, 105 **7:**179
Metamorffosis, **2:**121 **6:**40
METELAU, **5:35-7**
METRONOM, **5:37-8**
Methodistiaid, Y, **1:**22 **2:**40, 41 **6:**70 **7:**87, 96
MEWNFORIO, **5:38** **1:**6, 124 **2:**18
MICA, **5:38**
Michelangelo, **3:**1, 90 **7:**134, 136, 163
MICROB, **5:39** **4:**109 **5:**128
MICROFFON, **5:39** **6:**62 **7:**19
Microsgop, **2:**123
MILFEDDYG, **5:39-40**
MIS, **5:40** **1:**39, 134 **4:**40
Mississippi, Afon, **1:**3, 18 **2:**7
MOCHYN, **5:41-2**
MODUR, **5:42-3** **3:**95 **4:**95 **7:**228
MOHAMED, **5:43-4** **1:**23, 48, 63, 107 **2:**16, 40, 85, 109 **4:**100 **5:**23 **6:**35
MOLECWL, **5:44** **1:**65
MOLYSCIAID, **5:44-5** **4:**159, 163 **5:**161 **6:**3
Montgolfier, Y Brodyr, **1:**71, 79 **5:**83
Môr Baltic, **1:**29
MÔR CANOLDIR, Y, **5:45-6** **1:**18, 23, 26, 63, 74, 118, 120, 122 **2:**23, 90 **3:**6 **5:**54, 73, 89, 104
Môr Caspian, **1:**62

Môr Coch, Y, **1**:18, 23, 48 **5**:161
Môr Du, Y, **1**:63 **2**:90
MÔR Y GOGLEDD, **5:47-8** **7**:2
Galilea, Môr, **1**:13 **3**:115
Môr India, **1**:18 **2**:94, 95
Môr Iwerydd, **1**:18, 39, 40, 57, 109, 137, 138, 139 **2**:31
MÔR MARW, Y, **5:48** **1**:61, 62 **6**:143
Môr Tawch, **1**:29 **5**:47
MÔR TAWEL, Y, **5:49-50** **1**:34, 40, 62, 137, 138 **2**:94, 95, 96 **3**:6 **5**:10, 161
MORFIL, **5:50** **5**:13 **6**:3
Morgan, Harri, **5**:54
MORGAN, Yr Esgob William, **5:50-1** **1**:96, 97, 128 **4**:134 **7**:46, 89
Morgannwg, **2**:83
MÔR-GEFFYL, **5:51-2** **6**:55
MORGRUG, **5:52-4** **2**:121 **7**:41
MÔR-LADRON, **5:54**
MORLO, **5:54-5** **5**:13
MORRIS-JONES, John, **5:55-6** **2**:48
MORSE, **5:56-7** **5**:16 **6**:62 **7**:20
MOSAIG, **5:57** **7**:135
MOSCOW (Moskva), **5:57-8** **1**:40 **2**:36, 71 **7**:71, 225
MOSES, **5:58-60** **1**:50, 58, 59, 60 **2**:28 **4**:85 **6**:177
MOSGITO, **5:60** **2**:121 **5**:12, 128 **7**:41
MOZART, Wolfgang Amadeus, **5:60-1** **1**:95 **4**:58 **5**:93 **6**:165, 184
Mussolini, **4**:69
MWG, **5:61-2**
MWNCI, **5:62-3** **5**:13
MWSOGL, **5:63**
MWYALCHEN, **5:63**
MWYAR, **5:63**
MWYNAU, **5:64**
MWYNGLODDIO, **5:65-6** **3**:35
MYNACH, **5:66-7** **1**:2, 54, 59, 60, 83, 84, 96, 100, 120, 121 **2**:29, 43 **4**:88, 139 **5**:26
MYNYDDOEDD, **5:67-8** **1**:31 **3**:86 **4**:66
MYRDDIN, **7:201-2**

N

NADOLIG, Y, **5:69-70** **1**:15, 134, 142 **2**:14, 15, 34, 84 **5**:18 **6**:9 **7**:69, 123, 167, 214
Nantgarw, **6**:21, 26 **7**:174
Napoleon, **1**:108 **3**:105 **5**:58, 132
NASARETH, **5:70** **3**:114
Natsïaid, **2**:45 **4**:69 **7**:180
Nedd, Afon, **1**:3
Nedd, Cwm, **1**:28
Nedd, Mynachlog, **1**:2
NEGROAID, **5:70-1** **1**:132 **7**:195, 196
NEIDR, **5:71-3** **4**:31 **5**:145 **7**:1, 109, 146
NEIL, Afon, **5:73-4** **1**:3, 16, 18, 19, 23, 27, 34, 106, 134, 135 **2**:84 **3**:28 **5**:45, 90 **6**:171
NEILON, **5:74-5**
NEITHDAR, **5:75** **4**:27
NEON, **5:75**
Newton, Isaac, **3**:38 **4**:6, 96, 143 **7**:21
NEWYN, **5:75-6** **7**:212
Niclas, Jemeima, **1**:5
NIAGRA, **5:76-7**
NICEL, **5:77-8**
Niger, Afon, **1**:18, 19
Nigeria, **1**:20, 26
Nightingale, Florence, **3**:20 **5**:85 **7**:114
NITROGEN, **5:78** **4**:37 **5**:82
NIWL, **5:79**
NOA, **5:79** **1**:50 **2**:66
Nobel, Gwobr, **2**:38, 46, 91 **3**:69 **5**:75, 153 **7**:34, 196
NODIANT, **5:79-81**
NODWYDD, **5:81**
NOFEL, **5:81-2** **5**:112 **6**:68
Normandi, **1**:15
NORMANIAID, Y, **5:82** **1**:8, 77, 125, 126, 132 **2**:20, 23, 24, 25 **4**:153 **5**:8, 9, 18 **7**:90, 165
Norwy, **1**:28, 40 **2**:7, 96 **7**:197
NWY, **5:82-4** **5**:48, 78 **7**:5, 111
NYDDU, **5:84-5**
NYRSIO, **5:85** **7**:115
NYTHOD, **5:86** **1**:10

O

OCSIGEN, **5:87** **5**:168 **6**:3
OCSIWN, **5:87-8**
OERGELL, **5:89** **6**:90
OES Y CERRIG, **5:89-91** **2**:120 **5**:80
OES YR IÂ, **5:91-2** **3**:4 **5**:47, 76 **7**:197
OFFEREN, **5:92-3** **3**:63
OFFERYNNAU CERDD, **5:93-102**
OGOFÂU, **5:102-3** **5**:90 **7**:179
OLEW, **5:103-4** **1**:5 **5**:48, 122 **6**:6, 42 **7**:5, 6, 111, 198, 214
OLEWYDD, **5:104**
OLWYN, **5:104-6** **1**:23
ONNEN, **5:106**
OPERA, **5:106-9** **5**:61 **7**:85
ORATORIO, **5:109-11** **4**:52 **7**:7
OREN, **5:111** **4**:120
ORGAN, **5:111-12** **1**:74, 75
Ottawa, **1**:138, 140
OWEN, Daniel, **5:112-14** **5**:82, 126 **7**:207
OWEN, Goronwy, **5:114** **1**:69, 84, 107
OWEN, Morfydd Llwyn, **5:114-15**
OWEN, Robert, **5:115-16** **7**:72
OWMAL, **5:116-17**

P

PAB, Y, **5:118-19** **1**:52 **2**:39, 75, 85 **3**:63, 90
Pab Gregory, **1**:135
Pabyddion, **1**:56, 142 **2**:10 **3**:63 **7**:226
PADRIG, **5:119**
Paent, **7**:134
PAILL, **5:119-21** **1**:105 **4**:27 **7**:146
PALESTEINA, **5:121-2** **1**:27, 51, 61, 100 **2**:85 **4**:101 **7**:179
PALMWYDD, **5:122-3** **3**:18 **5**:104
PANDA, **5:123**
Pankhurst, Emmeline a Christabel, **6**:7, 8, 177
PANNU, **5:124** **4**:34
PANTOMEIM, **5:124-5**
PAPUR, **5:125-6** **2**:58 **4**:156 **5**:170

PAPURAU NEWYDDION, **5:126**
PARASIT, **5:127-30** **1:**75 **5:**12, 39, 60 **7:**69
PARCIAU CENEDLAETHOL, **5:130-1** **1:**84, 123 **3:**81 **7:**52
Parc yr Arfau, **1:**126
PARIS, **5:131-3** **2:**38, 45, 90, 91, 118 **3:**104
PAROT, **5:133**
PARRY, Joseph, **5:133-5** **2:**2 **5:**35, 109, 111
PARRY, Robert Williams, **5:135-6** **2:**32 **7:**25
PARRY-WILLIAMS, T. H., **5:136-7**
Parthenon, Y, **1:**10 **2:**120
PASG, Y, **5:138** **1:**15, 86 **4:**11, 15 **5:**58 **6:**177
PASPORT, **5:138-9**
PASTEUR, Louis, **5:139** **1:**47 **3:**16 **4:**126 **6:**2
PATAGONIA, **5:139-42** **1:**57, 58 **7:**218
PAUL YR APOSTOL, **5:142-4** **1:**10, 48, 63, 115 **2:**40, 84
PAUN, **5:144**
Peate, Iorwerth, **2:**48
PEDR YR APOSTOL, **5:144-5** **1:**13, 48 **3:**38
Pegwn y De, **1:**40, 42, 43, 119 **5:**151
Pegwn y Gogledd, **1:**40, 42, 43, 58, 119, 124, 137, 105, 106 **5:**12
PEITHON, **5:145** **5:**71
PÊL-DROED, **5:145-8**
PELICAN, **5:148**
PÊL-RWYD, **5:148-9**
PELYDRAU X, **5:149-50** **3:**15 **6:**9 **7:**182
Penclawdd, **2:**57
PENDIL, **5:150-1**
PENGWIN, **5:151**
PENISILIN, **5:152-4** **1:**75 **3:**108
PENRY, John, **5:154-5** **1:**21, 128 **5:**34, 171
Penrhyn, Chwarel y, **4:**135 **6:**176 **7:**72
PENSAER, **5:155-6** **1:**14
PENSIL, **5:156-7**
PENWAIG, **5:157** **6:**55
PERAROGLAU, **5:157-9** **7:**68
PERISGOP, **5:159**
PERIW, **5:159-61** **2:**74, 96 **4:**92
PERLAU, **5:161-3** **2:**78 **4:**164 **5:**44
Persia, **2:**34 **4:**99
PETROLIWM, **5:163-4** **6:**9, 42
Pharo, **1:**23 **7:**47
PIANO, **5:164-5**
PIBELL FAETH, **5:165-7**
PIBELL WAED, **5:167-8** **4:**18 **6:**48 **7:**34
PILI-PALA, **5:168-9** **7:**41
PINAFAL, **5:169-70**
PINWYDDEN, **5:170**
PIODEN, **5:170-1** **1:**109
Pissarro, Camille, **7:**134
PIWRITANIAETH, **5:171** **1:**21, 115 **3:**63 **4:**55 **5:**22, 34, 154
PLA, **6:1-2** **3:**15 **4:**52
PLANCTON, **6:2-3** **6:**147
PLANEDAU, **6:4** **3:**92 **4:**3, 56, 145 **6:**135-6
PLANHIGION, **6:4** **2:**32, 35, 36, 76, 86, 97, 100, 121, 126 **6:**2, 3 **7:**145
PLASTIGION, **6:5** **6:**42
PLATINWM, **6:6**
PLEIDIAU GWLEIDYDDOL, **7:202-6** **7:**226
PLEIDLAIS, **6:7** **7:**202, 226
PLU, **6:8**
PLWM, **6:8-9** **5:**156 **7:**158
PLYGAIN, Y, **6:9-11** **2:**14
POBLOGAETH, **6:11-13**
POLO, Marco, **6:13,** **3:**68 **6:**178
POMPEII, **6:13-14** **3:**93 **4:**118
PONTYDD, **6:14-18** **1:**71 **2:**11, 21, 72, 73, 74, 90 **6:**171 **7:**22
PONTYDD DŴR, **6:18** **7:**22
Pontypridd, **1:**22 **4:**106 **6:**15, 26 **7:**143
POPLYSEN, **6:19**
PORFA, **6:20**
PORSLEN, **6:20** **2:**47
Portiwgal, **1:**109 **2:**66, 74
PORTHLADD, **6:22** **4:**53
Porthmadog, **1:**3, 103 **2:**55, 57 **3:**68, 69 **4:**135 **5:**6 **7:**48
PORTHMYN, **6:22-4**
PREN, **6:24**
Preselau, **2:**13, 76
PRICE, William, **6:26-7**
PRICHARD, Rhys, **6:28-9** **1:**96 **2:**15 **5:**51, 54 **7:**188
PRIDD, **6:29-31**
PRIF WEINIDOG, gw. SENEDD
PRIFYSGOL CYMRU, **6:31-5** **1:**128 **4:**16 **7:**200, 221
PROFFWYD, **6:35** **3:**81
PROTEIN, **6:35-6**
Protestaniaid, **1:**32, 48 **4:**129 **7:**46, 80
Prydain, **1:**99, 100, 111, 114, 132, 136, 137 **2:**16, 21, 23, 28, 29, 31, 41, 43, 49, 62, 64, 108, 109, 110, 120, 124
PRYF COPYN, **6:36-8**
PRYFED, **6:38-40**
Pry(f) Genwair, **1:**10
PRYFED TÂN, **6:40**
PRYS, Edmwnd, **6:40-1** **1:**128 **2:**102 **5:**50
Pumlumon, **1:**8, 17
PUPUR, **6:41-2**
PURFA OLEW, **6:42-3** **5:**163 **7:**212
PWERDY, **6:43-5** **7:**42, 60
PWLI, **6:45-6**
PWMP, **6:46-7**
Gwlad PWYL, **6:47-8** **1:**29, 30 **2:**36, 45, 71, 90, 91 **4:**69 **5:**119 **6:**110
PWYSEDD GWAED, **6:48** **5:**167
PWYSO A MESUR, **6:48-51** **3:**50
PYPEDAU, **6:51-3**
PYRAMIDIAU, **6:53-5** **1:**23 **6:**140 **7:**47
PYSGOD, **6:55-6** **5:**5, 51, 157 **6:**3, 150-1 **7:**146
PYSGOTA, **6:56-7** **7:**197, 198

R

RADAR, **6:58-60** **5:**16, 17
RADIO, **6:60-2** **5:**16 **7:**17
RADIWM, **6:62-3** **7:**104
Raleigh, Syr Walter, **1:**61 **5:**54 **7:**51
REION, **6:63-4**
REIS, **6:64-6**
RICHARD, Henry, **6:66** **6:**7
RICHARD, Timothy, **6:66-7**
ROBERTS, John, **6:67-8**
ROBERTS, Kate, **6:68-9** **5:**81-2 **7:**206

ROBIN, **6:69-70**
Rockies, **1**:138
Romani, **6**:159
Romania, **2**:71
Roosevelt, Franklin D., **2**:36, 46
ROWLAND, Daniel, **6:70-1** **1**:22 **2**:41, 42 **4**:56
Rubens, **7**:134
RWBER, **6:71-3** **1**:34 **3**:89
RWSIA, **6:73** **1**:1, 15, 18, 30, 60, 62, 64, 78, 99, 119 **2**:36, 43, 70, 71, 86, 90, 107 **7**:70
RYGBI, **6:73-9** **2**:39

RH

RHAFF, **6:80-1**
RHEDYN, **6:81-2**
Rheidol, Afon, **1**:8, 17, 80
RHEILFFYRDD, **6:82-90** **6**:171-3 **7**:37, 49
Rhein, Afon, **1**:18, 29 **2**:40
RHEWGELL, **6:90-1** **5**:89
RHEWI, **6:91-2**
RHEWLIF, **6:92** **7**:179
RHINOSEROS, **6:92-3**
RHONDDA, Y, **6:93-4** **3**:18
RHUFAIN, **6:94-6** **1**:1, 10, 39, 51, 53, 63, 67, 83, 89, 106, 111, 114, 115, 124, 125, 127, 130, 131, 132, 135, 140, 142 **2**:18, 22, 23, 27, 28, 34, 39, 40, 62, 67, 73, 74, 75, 95, 113 **3**:67, 90 **5**:33
RHUFEINIAID, Y, **6:96-101** **3**:92, 111 **4**:52, 130 **5**:40, 57, 121 **6**:185 **7**:14, 29, 135, 208
RHUFEINIAID YNG NGHYMRU, Y, **6:101-3**
RHWD, **6:103-4**
RHYDYCHEN, **6:104-5** **1**:128 **2**:41, 45, 63, 96
Rhyddfrydwyr, **2**:45 **4**:150
RHYFEL, **6:105-10**
Rhyfel Byd, Yr Ail, **1**:4, 6, 30, 53, 72, 73, 98, 99 **2**:20, 36, 44, 45, 46, 71, 109 **4**:69 **6**:105, 165 **7**:228
Rhyfel Mawr, Y, **1**:30, 72, 77, 90 **4**:150 **5**:78
Rhyfel Can Mlynedd, Y, **1**:53 **5**:82
Rhyfel Cartref, **1**:115, 132 **2**:20 **5**:171
Rhyfel Chwe Diwrnod, Y, **1**:100 **7**:210
RHYG, **6:110-11**

S

SABOTH, **6:112** **4**:86 **6**:184-5
SAHARA, Y, **6:112-14** **1**:18, 19, 23, 42, 135 **7**:38
SAIN, **6:114** **7**:110
SALESBURY, William, **6:114-16** **1**:96 **2**:74 **5**:50 **7**:178
SALMAU, Llyfr y, **6:116-17**
SAMPLER, **6:117**
SAMSON, **6:117-18**
SANT, **6:118-19**
Sant Bernard, Bwlch, **1**:31
Sant Bernard, Cŵn, **1**:16 **2**:93
SAPROFFYT, **6:119-20**
SBAEN, **6:120-3** **1**:26, 57, 78, 107, 132 **2**:66, 74 **5**:7, 111 **6**:159 **7**:225
SBECTRWM, **6:123-4**
SBEIS, **6:124** **6**:41
SBWNG, **6:124-5**
Scott, Capten Robert F., **1**:40 **2**:106
SCHUBERT, Franz, **6:125-6** **6**:165, 184
SCHUMANN, R. A., **6:126-7** **6**:165
SEBON, **6:127-8**
SEBRA, **6:128-9** **7**:161
SEIDR, **6:129**
SEINDORF BRES, **6:131**
Seiont, Afon, **1**:3, 131, 132
Seiriol, Ynys, **2**:90
SELAND NEWYDD, **6:132-3** **1**:118 **2**:110, 119 **6**:76 **7**:113
SENEDD, Y, **6:133-5** **1**:133, 134 **2**:45, 46, 49, 53, 114 **3**:84 **4**:137 **5**:10 **6**:151 **7**:202
SÊR, **6:135-6** **4**:3, 56 **6**:4
SERCOL, **6:137**
SEREN FÔR, **6:137-8**
SEREN WIB, **6:138**
SERYDDIAETH, **6:138-9** **7**:21, 97
Sèvres, **6**:20, 21
SFFINCS, **6:140-1** **1**:23 **6**:54
SGLODYN SILICON, **6:141-2** **2**:99 **7**:42, 224
SGORPION, **6:142** **6**:36
SGRECH Y COED, **6:142** **1**:10-13
SGROLIAU'R MÔR MARW, **6:143-4** **1**:51 **5**:48
SHAKESPEARE, William, **6:144-5** **2**:39, 40, 48 **3**:3, 131 **7**:46
SIACAL, **6:146-7** **1**:43-5
SIALC, **6:147** **3**:53
SIANEL PEDWAR CYMRU (S4C), **6:147-9** **6**:158 **7**:17, 171, 219, 220
SIANTI, **6:149-50** **2**:1-3
SIARC, **6:150-1** **6**:55-6
SIARTWYR, Y, **6:151-2** **2**:20
SIBELIUS, Jean, **6:152-3**
Siberia, **1**:62 **7**:70
SIDAN, **6:153-4** **2**:123
SIDDONS, Sarah, **6:154**
SIFFON, **6:154**
SINC, **6:155** **1**:30-1
SINEMA, **6:155-8**
SIOCLED, **6:158-9** **2**:56, 66
SIPSIWN, **6:159-60**
SIWGR, **6:160-1** **2**:66 **7**:6
Skokholm, Ynys, **1**:13
Skomer, Ynys, **1**:13
SLEFREN FÔR, **6:161**
SMENT, **6:162** **2**:72
SMYGU, gw. TYBACO A SMYGU
SNWCER, **6:162-4**
Sobers, Garfield, **1**:81, 83
SOLOMON, **6:164-5** **3**:11-12
SONATA, **6:165** **1**:74, 95 **4**:57 **5**:60
Sri Lanka, gw. CEYLON
STALIN, Joseph, **6:165-8** **2**:36, 46, 71
STAMPIAU, **6:168-70** **4**:65-6, 166
Stanley, H. M., **2**:72, 73 **4**:126
STAR WARS, **7:206**
STARTS, **6:170** **7**:10
STEPHEN, E. J., gw. TANYMARIAN, **7:7-8**
STEPHENSON, George a Robert, **6:171-3** **1**:84 **2**:74, 90, 123 **3**:22 **4**:95 **5**:30 **6**:18, 82-90 **7**:4, 38
STORI FER, Y, **7:206-7**
STORM, **6:172** **4**:45 **7**:11

STRAUSS, Richard, **6:173-4** **5:**108
STRAUSS, Y Teulu, **6:174-5**
STREIC, **6:175-6** **7:**72, 227
Sudan, **1:**20, 23 **7:**212
Suez, Camlas, **1:**23 **2:**90, 97 **5:**46 **7:**213
SUFFRAGETTES, Y, **6:177** **6:**7
SULGWYN, Y, **6:177** **5:**58, 138
SW, **6:178** **1:**43-5
Sweden, **5:**125 **7:**197, 198
SWISTIR, Y, **6:179-180** **1:**16, 29, 31, 54, 81 **3:**119-20
SWOLEG, **6:180-2** **1:**102 **4:**165
SWYDDFA GYMREIG, Y, **6:182** **1:**126 **4:**170 **7:**126, 152, 224
SYCAMORWYDDEN, **6:182-3**
SYLFFWR, **6:183**
SYMFFONI, **6:183-4** **1:**74, 95 **5:**60 **6:**125
SYNAGOG, **6:184-5** **4:**85-6 **6:**112
SYRCAS, **6:185-6** **1:**130 **2:**84
SYSTEM NERFOL, Y, **6:186-7** **7:**34, 107

T

Taf, Afon, **1:**124
TAFOD, **7:1**
TAFWYS, Afon, **7:1-2** **2:**96 **5:**89-91 **7:**50
TALIESIN, **7:3** **1:**41
Talyllychau, **1:**2
TÂN, **7:3** **1:**60, 66, 111, 112
TÂN GWYLLT, **7:4-5**
TANWYDD, **7:5-7** **7:**4, 110
Tanygrisiau, **1:**103 **2:**90
TANYMARIAN, **7:7-8**
TAPESTRI, **7:8-9**
TAPIOCA, **7:10**
TAR, **7:10-11**
TARANAU, **7:11** **5:**28
Tasmania, **1:**69 **2:**20
TATWS, **7:11-12** **7:**145
Tawe, Afon, **1:**6
Tawe, Cwm, **1:**134, 137 **6:**155
TCHAIKOVSKY, Pyotr Ilich, **7:12-13** **1:**78 **2:**2 **5:**108 **6:**184 **7:**71
TE, **7:13-14**
TEGANAU, **7:14-15**
Teifi, Afon, **2:**95
TEIGR, **7:16** **2:**27
TELEDU, **7:16-19** **1:**92 **6:**147 **7:**219
TELEFFON, **7:19** **1:**98 **2:**31 **5:**39
TELEGRAFF, **7:20** **2:**31 **5:**56
TELESGOP, **7:20-1** **5:**159
TELFORD, Thomas, **7:21-2** **1:**83, 137 **2:**62, 73, 74, 90 **3:**111 **5:**30 **6:**14, 15, 17, 18, 171
TELYN, gw. OFFERYNNAU CERDD, **5:93-102** **2:**4, 6
Telyneg, **2:**32
TEML, **7:22-3**
TENIS LAWNT, **7:23-5**
Tereshkova, Valentina, **1:**64
Thomas, Dylan, **1:**6 **7:**89
THOMAS, Mansel, **7:25**
THOMAS, D. Vaughan, **7:25-6**
Tibet, **1:**18, 62, 117
TÎC, **7:26**
TITW, **7:26-7**
TŌKYŌ, **7:27-8** **4:**107
TOMATO, **7:28**
TONNAU, **7:28-9**
TRAFNIDIAETH, **7:29-30** **7:**22
TRAFFYRDD, **7:30-1**
TRALLWYSO GWAED, **7:31-3** **4:**18 **7:**128
TRAWSBLANNU, **7:33-5** **7:**227
Trawsfynydd, **1:**66, 67 **2:**90 **4:**60
Tregaron, **6:**24, 66
TRETHI, **7:35-7**
TREVITHICK, Richard, **7:37-8** **2:**125 **4:**95 **5:**35 **7:**4
Trinidad, Ynys, **1:**61
TROFANNAU, Y, **7:38-9** **1:**18 **2:**105 **4:**76 **7:**181
TROWYNT, **7:39**
TRWBADŴR, **7:39-41** **3:**9
TRYCHFILOD, **7:41** **5:**52, 60, 168
TRYDAN, **7:41-2** **2:**31, 86, 87, 90, 100 **3:**89, 124 **4:**5, 36 **5:**12, 28, 33 **6:**43, 44, 141 **7:**6, 60, 77, 106, 110, 196
TRYDYDD BYD, Y, **7:43-5** **2:**36 **7:**213
TUDURIAID, Y, **7:45-6**
TUTANKHAMUN, **7:47** **5:**105, 157 **6:**55
Twm Carnabwth, **1:**94
TWM O'R NANT, **7:48** **1:**46, 69
Twm Siôn Cati, **4:**130
TWNELAU, **7:48-50**
TWRCI, **7:50-1** **1:**63 **2:**16, 27, 45, 85, 90
TYBACO A SMYGU, **7:**51-2
TYDDEWI, **7:52** **1:**76 **3:**31, 61 **7:**216
TYLWYTH TEG, Y, **7:52-3** **1:**30, 123
TYLLUANOD, **7:53-4**
TYMHEREDD, **7:54-5** **4:**36, 68
TYMHORAU, **7:55-6**
TYNDALE, William, **7:56-7** **7:**45
TYNDYRN, Abaty, **7:57-8** **1:**2 **2:**20
TŶ'R ARGLWYDDI, gw. Y SENEDD
TŶ'R CYFFREDIN, gw. Y SENEDD
TŶ UNNOS, **7:58-9** **7:**187
TYRBIN, **7:59-60**
Tywi, Afon, **1:**3 **2:**95
TYWOD, **7:60-1** **7:**28
TYWODFAEN, **7:61**
TYWYDD, **7:61-3** **3:**123 **4:**45, 68 **7:**54, 167
TYWYSOG CYMRU, **7:63-4** **1:**131 **3:**129 **4:**168

TH

THEATR, **7:65** **1:**45 **6:**144 **7:**48
THERMOMEDR, **7:66** **5:**33
THROMBOSIS, **7:67** **4:**18
THUS, **7:67**

U

UCHELWYDD, **7:69** **5:**130
UNDEB Y GWERINIAETHAU SOSIALAIDD SOFIETAIDD (YR UNDEB SOFIETAIDD), **7:69-72** **2:**70-2 **4:**101 **5:**57 **6:**73, 165 **7:**223, 226, 227
UNDEBAU LLAFUR, **7:72-4** **6:**175
UNOL DALEITHIAU AMERICA, **7:74-6** **1:**15, 28, 30, 40, 54, 58, 80, 99, 118, 122, 138 **2:**21, 36, 46, 74, 77, 86 **3:**60, 61 **4:**92, 125 **7:**51, 194, 206, 226, 227

Ural, Mynyddoedd, **1**:62
URANIWM, **7:76-7** **2**:90, 106 **7**:6, 105, 112
URDD GOBAITH CYMRU, **7:77-81** **1**:9, 77 **2**:1, 17 **3**:58 **6**:182 **7**:175

V
VAUGHAN WILLIAMS, Ralph, **7:82-3** **7**:89, 174
Verdi, **5**:107 **7**:41
Vesuvius, **3**:93 **4**:118 **6**:13
Vietnam, **2**:71
VINCI, Leonardo da, **7:83-4** **3**:1 **4**:72 **5**:132 **7**:134, 136
Volga, Afon, **1**:3, 18

W
WAGNER, Richard, **7:85-6** **5**:108
WALIAU, **7:207-11**
WELSH NOT, Y, **7:86-7** **7**:117
WESLEY, John a Charles, **7:87-8** **2**:15 **5**:171
WESTMINSTER, Abaty, **7:88-9** **2**:12, 13, 75
Westminster, **1**:52, 55 **2**:30
Whitney, Eli, **2**:76
WILBERFORCE, William, **7:90** **1**:132
Wilkinson, Isaac, **2**:124
WILLIAM GONCWERWR, **7:90-1** **1**:124 **2**:23, 25, 114 **4**:63 **5**:82 **7**:52, 88
WILLIAMS, D. J., **7:91-2** **1**:134 **4**:123 **7**:207
WILLIAMS, Grace, **7:92-3** **5**:109
WILLIAMS, Griffith John, **7:93-4** **4**:98 **7**:126
WILLIAMS, Ifor, **7:94**
WILLIAMS, J. Lloyd, **7:94-5**
Williams, Kyffin, **7**:142
WILLIAMS, Waldo, **7:95**
WILLIAMS, William, Pantycelyn, **7:95-6** **1**:22 **3**:40, 76 **5**:135 **7**:88
Willows, Ernest, **1**:79
Wladfa, Y, **5**:140 **7**:218
Wooller, Wilfred, **2**:83
WREN, Christopher, **7:97-8** **7**:32
Wright, Orville a Wilbur, **1**:71
WRIN, **7:99**
WYAU, **7:99-100** **7**:146
WYCLIFFE, John, **7:100** **1**:96
WYDDFA, YR, **7:100-1** **2**:13, 112 **3**:81 **4**:119
WYDDOR, YR, **7:101-2** **4**:14
Wynn o Wydir, Syr John, **2**:55
WYNNE, Ellis, **7:102-3** **1**:107, 130 **6**:24
Wysg, Afon, **2**:18

Y
Yangtse Kiang, **1**:18, 62
YDFRAN, **7:104** **1**:109
Yersin, Alexandre, **6**:2
YMBARÉL, **7:104-5**
YMBELYDREDD, **7:105-6** **1**:65 **2**:90 **6**:62, 63 **7**:41, 112
YMENNYDD, YR, **7:107-8** **6**:186
YMFUDO, **7:108**
YMLUSGIAID, **7:108-9** **5**:71
Ymneilltuwyr, **1**:94 **2**:10 **5**:171 **7**:188
YNAD HEDDWCH, **7:109-10**
YNNI, **7:110-12** **4**:5, 36
YNNI NIWCLEAR, **7:112-13** **1**:65 **3**:70 **7**:42, 77, 106, 156
YNYS, **7:113-14** **2**:66, 95
Ynysoedd Falkland, **7**:203, 218
YSBIENDDRYCH, gw. TELESGOP
YSBYTAI, **7:114-15**
YSGOLION, **7:115-18** **7**:86, 199
Ysgol Sul, **1**:134 **2**:42 **7**:115
YSGRIFENNU, **7:118-19** **7**:101
YSGYFAINT, **7:119-20**
YSGYFARNOG, **7:120-1**
YSTLUM, **7:121-2** **5**:13
YSTRAD-FFLUR, **7:122-3** **1**:2
YSTWYLL, YR, **7:123-4** **2**:84 **3**:49 **5**:18
Ystwyth, Afon, **1**:8
YWEN, **7:124**

Z
Zaïre, **2**:73, 74
Zambesi, Afon, **1**:18, 19
Zeppelin, Frederick, **1**:80
Zeus, **2**:118

British Library Cataloguing in Publication Data

Chwilota.
Volume 7.
1. Children's encyclopaedias in Welsh – Texts
I. Jones, D. Gwyn (David Gwyn), *1918-*
039'. 9166

ISBN 0-7083-1055-9